Paul Kegan

Raumbegrenzende Konstruktionen
2. Band

ISBN/EAN: 9783744663892

Hergestellt in Europa, USA, Kanada, Australien, Japan

Cover: Foto ©Lupo / pixelio.de

Weitere Bücher finden Sie auf **www.hansebooks.com**

Paul Kegan

Raumbegrenzende Konstruktionen

2. Band

HANDBUCH

DER

ARCHITEKTUR.

Unter Mitwirkung von Fachgenoffen

herausgegeben von

Oberbaudirector
Profeffor Dr. Josef Durm
in Karlsruhe,

Geheimer Regierungsrath
Profeffor **Hermann Ende**
in Berlin,

und

Geheimer Baurath
Profeffor Dr. **Eduard Schmitt**
in Darmftadt,

Geheimer Baurath
Profeffor † Dr. **Heinrich Wagner**
in Darmftadt.

Dritter Theil:

DIE HOCHBAU-CONSTRUCTIONEN.

2. Band:

Raumbegrenzende Conftructionen.

2. Heft.

Einfriedigungen, Brüftungen und Geländer:
Balcone, Altane und Erker.
Gefimfe.

ZWEITE AUFLAGE.

ARNOLD BERGSTRASSER VERLAGSBUCHHANDLUNG (A. KRÖNER).
STUTTGART 1892.

Handbuch der Architektur.

III. Theil.

Hochbau-Conſtructionen.

2. Band, Heft 2.

(Zweite Auflage.)

INHALTS-VERZEICHNISS.

Seitlich begrenzende Conſtructionen.

Tafel bei S. 432:

Einzelheiten vom Ausstellungssaal des Museums für Naturkunde zu Paris.

Berichtigungen.

S. 130, Zeile 14 v. o.: Statt «a. B. Fig. 609» zu lesen: «a. B. Fig. 908».
S. 161, » 9 v. u.: Statt «Das letzte Gesimse» zu lesen: «das drittletzte Gesimse».
S. 503, » 11 u. 12 v. u.: Statt «Fig. 436 u. 850» zu lesen: «Fig. 436 u. 507».

C. Einfriedigungen, Brüstungen und Geländer; Balcone, Altane und Erker.

Von Dr. Eduard Schmitt [1].

16. Kapitel.

Einfriedigungen.

Die Umwehrungen, zu denen außer den Einfriedigungen auch die im nächften Kapitel zu befprechenden Brüftungen und Geländer gehören, begrenzen nach
den Seiten hin Räume, welche in der Regel nach oben keinen Abfchluß (keine
Raumbegrenzung) erhalten. Insbefondere trifft dies bei den Einfriedigungen,
welche zur Umfchließung von Garten- und Parkanlagen, von Höfen und Ge-
höften, von Friedhöfen und Gräberanlagen, von Häufergruppen und Städten etc.
dienen, faft immer zu.

Ift hiernach der Zweck der Einfriedigungen im Allgemeinen auch der
gleiche, fo ift er für die verfchiedenen Fälle ihrer Verwendung doch ziemlich
verfchieden und in Folge deffen auch ihre Anordnung und Conftruction eine
recht mannigfaltige. Für völlig ausreichenden Sicherheitsabfchluß find hohe
und fefte Mauern erforderlich, unter Umftänden vertheidigungsfähige Conftructionen zu Schutz und Trutz. Einfriedigungen, die eine bloße Schutzwehr bilden
follen, können als zwar dichte, aber mäfsig hohe Mauern ausgeführt werden.
Andere Umwehrungen diefer Art haben zwar auch einen Sicherheitsabfchluß,
allein nur gegen unbefugtes Eindringen, zu bilden, fo daß eine theilweife Durchficht durch diefelben geftattet werden kann. So hält man z. B. die Einfriedigung
kleinerer, nach der Straße zu gelegener Vorgärten vor den Häufern fo luftig
und durchfichtig als möglich, weil der im Garten befindliche Pflanzenfchmuck
der Wirkung des Gebäudes im hohen Grade zu Gute kommt. Bei noch anderen
Umfchließungen ift diefe Durchficht geradezu Erfordernifs, und zur Einfriedigung
von öffentlichen Anlagen, Beeten, Gräbern etc. dienen nur niedrige Einfaffungen,
die einen eigentlichen Sicherheitsabfchluß im oben angedeuteten Sinne nicht
darbieten.

Wenn hiernach fchon die Conftruction der Einfriedigung eine mannigfaltige ift, fo wird fie es noch mehr durch die verfchiedenen Bauftoffe, die zur
Verwendung kommen können, und je nach den verfchieden hohen Anfprüchen
an Zierlichkeit, elegantes Ausfehen, Monumentalität etc.

Die einfachfte Art der Einfriedigung erhält man durch lebendige Hecken,
deren Anlage und Pflege indefs nicht in das Gebiet des Bauwefens gehört.

[1] In 1. Auflage mitbearbeitet von Profeffor † Franz Ewerbeck in Aachen.

Handbuch der Architektur. III. 2, b. (2. Aufl.)

weßhalb hier auch nicht weiter darauf eingegangen zu werden braucht. Sonſt werden Einfriedigungen in natürlichem und künſtlichem Steinmaterial, in Holz, Schmiedeeiſen, Gußeiſen und Bronze ausgeführt, wobei nicht ausgeſchloſſen iſt, daß verſchiedene Stoffe bei einer und derſelben Conſtruction auftreten.

Unter den äußeren Kräften, welche auf eine Einfriedigung einwirken, ſpielt der Winddruck die Hauptrolle; die ſonſtigen in Frage kommenden Beanſpruchungen ſind meiſtens entweder untergeordneter Art, ſo daß ſie dem Winddruck gegenüber vernachläſſigt werden können, oder ſie ſind zufälliger Natur, ſo daß ſie ſich einer Berechnung entziehen. Eine Ausnahme bilden nur Einfriedigungen, die zum Theile einſeitigem Erddrucke zu widerſtehen haben.

Gärtner theilt in der unten angegebenen Quelle[2] mit, daß nach ſeiner Beobachtung beim großen Sturme am 17. December 1869 zwei mit einem leichten eiſernen Gitter verbundene, aus Rathenower Backſteinen in Cement gemauerte, mehrere Jahre alte Pfeiler der Garteneinfriedigung vor dem Hauſe in der Potsdamer Straße 108 zu Berlin umgeworfen worden ſeien. Das Gitter beſtand aus ganz ſchmalen ſchmiedeeiſernen Stäben; die Pfeiler waren 1,96^m hoch, hatten einen quadratiſchen Querſchnitt von 42^{cm} Seitenlänge und ein Gewicht von 427 kg.

Nach Theil I, Band 1, zweite Hälfte (2. und 3. Aufl. Abſchn. 1, Kap. 2, a, 4) dieſes »Handbuches« beträgt die Größe des Winddruckes für 1^m der ſenkrecht zur Windrichtung ſtehenden Ebene bei einer größten Windgeſchwindigkeit von 30^m rund

$$p = 120 \text{ Kilogr.};$$

dabei ſchließt die Windrichtung mit der Wagrechten einen Winkel von nahezu 10 Grad ein. Bei Aufſuchung des auf lothrechte oder ſchwach geneigte Mauern wirkenden Winddruckes ſieht man zweckmäßig von der Neigung der Windrichtung gegen die wagrechte Ebene ab und führt den Winddruck als wagrechte Kraft ein; der Fehler hat größere Sicherheit zur Folge. Wenn die vom Winde getroffene ebene Fläche einer Mauer F Quadr.-Meter enthält, ſo iſt der Winddruck

$$N = p\,F = 120\,F \text{ Kilogr.}$$

Als Angriffspunkt der Mittelkraft kann der Schwerpunkt der getroffenen Fläche eingeführt werden.

Für Bauwerke in beſonders ausgeſetzten Gegenden, wo bekanntermaßen ſtarke Stürme wehen, muß eine größere Ziffer eingeführt werden. Legt man 40^m Windgeſchwindigkeit zu Grunde, ſo wird $p = 200$ Kilogr. und $N = 200\,F$ Kilogr.

Beabſichtigt man die Einfriedigung in mehrere Felder, die durch Pfeiler unterbrochen werden ſollen, zu theilen, und ſind in der Nähe Gebäude vorhanden, deren Front parallel läuft, ſo ſind die Axen dieſer Gebäude thunlichſt inne zu halten. Ein Wechſel in der Länge der Felder iſt unbedenklich, namentlich wenn in dieſem Wechſel ein gewiſſer Rhythmus durchzuführen iſt.

Springen Gebäude in die Einfriedigung hinein, ſo muß ſich letztere den erſteren ſtets unterordnen; auch dürfen Umrißlinie und Profile der Gebäude niemals verdeckt werden; am beſten iſt es, mit der Einfriedigung ſo weit zurückzutreten, daß die Gebäude frei bleiben. Einſpringende Winkel, welche nur der Verunreinigung anheimfallen, ſind möglichſt zu vermeiden. Unregelmäßige Grundſtückecken können entweder ausgebaut oder abgeſtumpft werden; im letzteren Falle eignen ſie ſich zur Anordnung erhöhter Sitzplätze, Veranden, Lauben etc.[3]

[2] Deutſche Bauz. 1870, S. 3.
[3] Nach: Baugewerksztg. 1874, S. 1131.

a) Einfriedigungen aus Stein.

Mit mehr oder weniger hohen Einfriedigungen waren fchon die orientalifchen und griechifchen Tempelbezirke umgeben; fo zu Theben, Athen, Olympia u. a. O. Sie hatten einestheils den Zweck, die im Heiligthume vorzunehmenden Cultverrichtungen profanen Blicken zu entziehen, fodann aber auch die im Tempel vorhandenen Schätze und Koftbarkeiten gegen Raub und Plünderung zu fichern.

In ähnlicher Weife find auch die mittelalterlichen Klofter-Anlagen von oft 5 bis 6 m hohen Mauern umzogen, um das Ordensgebiet von der Außenwelt zu trennen und daffelbe gegen gelegentliche Ueberfälle ficher zu ftellen. Diefe Mauern umfchloffen, außer der Kirche und den durch das Klofter-leben bedingten Bauten und Höfen, befonders auch große Obftgärten, wie z. B. bei den Klofter-Anlagen

Fig. 1.

zu Cluny, Loccum und der Certofa bei Pavia, bei letzterer von außergewöhnlich großem Umfange. Bisweilen waren diefe Mauern mit Zinnenbekrönung verfehen, allerdings mehr zur Decoration, als zur Vertheidigung, da im letzteren Falle ein dahinter gelegener Rundgang erforderlich gewefen fein würde. Zur Verftärkung derfelben dienten vorliegende oder durchgreifende Pfeiler, welche in größeren oder geringeren Abftänden angeordnet wurden (Fig. 1 u. 2).

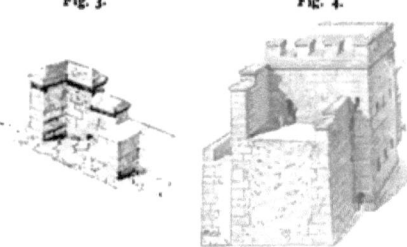

Fig. 2.

Von gewaltigen, zinnengekrönten Mauern, unterbrochen durch mächtige Thürme, waren die Städte Babylon und Niniveh umgeben; auch die Palaftbezirke der babylonifchen und affyrifchen Könige, welche fich auf hohen, aus Backfteinen errichteten und wahrfcheinlich mit Kalkftein-Quadern bekleideten Terraffen erhoben, waren durch Mauern mit treppenförmig angeordneten Zinnenbekrönungen ab-gefchloffen; mächtige Treppen- und Rampen-Anlagen führten zu diefen Terraffen empor.

Intereffant find ferner die unter dem Namen »Cyclopen-Mauern« bekannten Einfchließungen der Städte Griechenlands und Etruriens aus der Pelasger-Zeit. Aus riefigen, theils behauenen, theils un-behauenen Quadern errichtet, zeigen fie, obgleich entweder gar kein Bindemittel oder vielleicht Lehm zur Herftellung der Mauern verwendet wurde, eine außerordentliche Feftigkeit. Aehnliche Conftructionen treten bei den alten Königsburgen Griechenlands auf, von denen diejenigen von Tiryns und Mykenae die hervorragendften find.

Fig. 3. Fig. 4.

Das an den fpäteren antiken Stadtmauern angewendete Befefti-gungsfyftem, wie folches an den wohlerhaltenen Mauern von Pompei zu fehen ift, beftand aus einer in der Krone oft 8 m breiten Mauer, die nach außen hin durch etwa 1,5 bis 2,0 m hohe Zinnen abgefchloffen war. (Letztere find in Pompei zum befferen Schutze des Vertheidigers mit nach innen verkröpften Anfätzen verfehen; fiehe Fig 4.) Hinter den Zinnen be-fand fich der Rundgang. Die mit möglichfter Vermeidung aller fpitzen Winkel angelegte Mauer war in beftimmten Abftänden durch höher hinaufgeführte Thürme unterbrochen (Fig. 4), deren Entfernung von einander derart bemeffen war, dafs die zwifchen ihnen liegende Mauer durch die auf den Thürmen aufgeftellten Wurfmafchinen gedeckt wurde. Bei großen Abmeffungen beftand der Kern der Mauer aus einer Dammfchüttung oder aus Steinbrocken und Mörtel, zu beiden Seiten durch Mauerwerk eingefchloffen.

Fig. 5.

Zinnen mit Wehrgang.

Die mittelalterlichen Werke waren in den älteren Perioden ähnlich con-ftruirt, änderten fich aber fchon zur Zeit der Kreuzzüge in fo fern, als den Umfaffungsmauern mit ihren Zinnen in Kriegszeiten noch die fog. Wehrgänge, aus Holz conftruirte, etwa 1,5 bis 2,0 m nach außen hin vorkragende Galerien, hinzugefügt wurden; diefelben waren mit fchmalen Schlitzen im Fußboden und in den Seitenwänden, fo wie mit einem auch den hinteren Theil der Mauer deckenden Holzdache verfehen (Fig. 5). Da indefs diefe Galerien, obwohl fie fo

1*

viel als irgend möglich durch naffe Decken, Thierfelle u. f. w. gefchützt wurden, häufig in Brand geriethen, fo führte man feit dem XIV. Jahrhundert vielfach ähnliche Conftructionen ganz in Stein aus, z. B. am Schlofs Pierrefonds bei Compiègne (Fig. 6).

Beifpiele charakteriftifcher, faft ganz unverfehrt erhaltener alter Stadtmauern bieten uns u. a. die Städte Avignon und Carcaffonne in Frankreich (aus dem XII. bis XIV. Jahrhundert), Nürnberg und Rothenburg o. d. T. in Deutfchland.

4.
Conftruction.

Einfriedigungen üben in der Regel nur einen geringen Druck auf den Baugrund aus, fo dafs man bezüglich ihrer Gründung meift nicht allzu forgfältig vorzugehen pflegt. Indefs follte man mit der Fundamentfohle unter allen Umftänden bis mindeftens in die froftfreie Tiefe hinabgehen, weil die Einfriedigungsmauer völlig frei fteht und bei eintretendem Thauwetter das einfeitige Auffrieren des Bodens (was namentlich bei von Oft nach Weft gerichteten Mauern eintreten wird) fchädliche Bewegungen im Baugrund herbeiführen kann.

Fig. 6.

Galerie am Schlofs Pierrefonds bei Compiègne.

Um an Gründungskoften zu fparen, hat man wohl auch nur einzelne Pfeiler bis auf den guten Baugrund herabgeführt und dazwifchen Gurtbogen gefpannt; eine Proberechnung mufs ergeben, ob dies vortheilhafter ift, oder ein für die ganze Mauer durchgehendes Fundament.

Das zur Ausführung einer gemauerten Einfriedigung verwendete Material mufs befonders witterungsbeftändig fein, weil diefelbe meift vollftändig frei fteht und daher an beiden Seiten den Witterungseinflüffen ununterbrochen ausgefetzt ift. Namentlich hat der Sockel ftarke Angriffe (durch Auffpritzwaffer etc.) zu erleiden, fo dafs für diefen das erreichbar befte Material gewählt werden follte.

Im Uebrigen werden zur Herftellung gemauerter Einfriedigungen Quader, Backfteine, Bruchfteine und Beton angewendet.

5.
Quader-
mauern.

Ueber die Anordnung, fo wie über die conftructive und formale Ausbildung einer fteinernen Einfriedigung entfcheidet in jedem einzelnen Falle der Zweck, welchen diefelbe zu erfüllen hat, ferner die Natur des einzufchliefsenden Grundftückes und die Befchaffenheit des Geländes, auf welchem diefelbe errichtet werden foll. Wo ein Grundftück einen ausreichenden Sicherheitsabfchlufs erhalten und auch ein Durchblick in daffelbe oder aus demfelben nicht möglich fein foll, werden maffive Mauern von 2,5 bis 3,0 m Höhe zu errichten fein, die bei Haufteinen eine Dicke von nicht unter 25 bis 40 cm erhalten und bei Backfteinen 1 bis 2 Stein ftark gemacht werden; indefs ift bei fo geringen Mauerdicken erforderlich, dafs in Abftänden von 3 bis 4 m Pfeilerverftärkungen angeordnet werden.

Für öffentliche Gärten, Parkanlagen, Friedhöfe etc. kann man nur den unteren Theil der Einfriedigung als mehr oder weniger hohe, maffive Quadermauer ausführen, den oberen Theil dagegen durchbrochen halten (Fig. 7 u. 8); bei folcher Anordnung läfst fich der Charakter grofser Feftigkeit und ausgeprägter Monumentalität erreichen, insbefondere dann, wenn man die Architektur der zugehörigen Thore und Thorpfeiler in entfprechender Weife ausbildet.

Bei ausgedehnten Umfchliefsungen empfiehlt es fich, die Mauer nach aufsen hin in Bogenftellungen aufzulöfen und den rückwärtigen Theil derfelben mit 20 bis 30 cm ftarkem Mauerwerk zu fchliefsen (Fig. 9). Man erzielt hierdurch folgende Vortheile:

5

1) wefentliche Materialerfparnifs, welche allerdings bei einer reichen Durchbildung von Pfeilern und Bogen, der fchwierigen Ausführung wegen, vielfach
keine Koftenerfparnifs ergeben wird;

2) wirkungsvolle Gliederung der Wandflächen, und

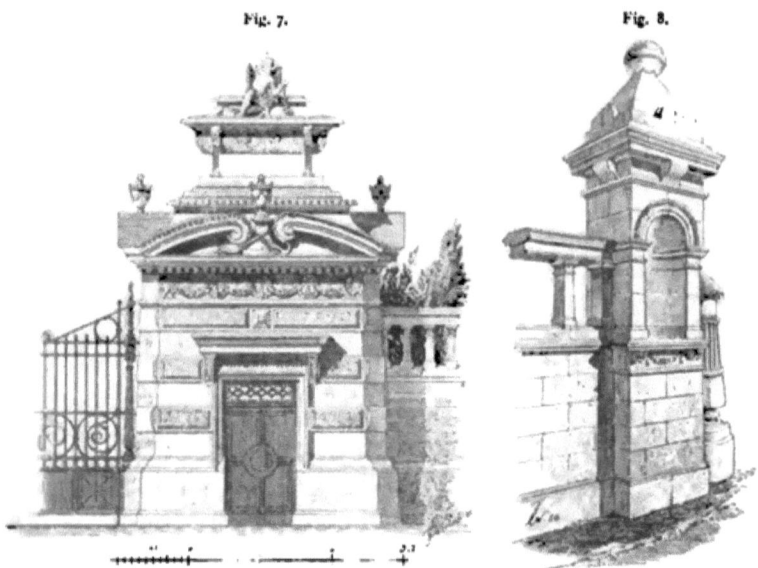

Fig. 7.   Fig. 8.

3) erhöhte Standfeftigkeit der Pfeiler, weil durch die Bogenfpannung die
von den Bogen aufgenommene Laft des Mauerwerkes auf die Pfeiler übertragen wird.

Eine ähnliche Behandlungsweife empfiehlt fich, wenn, wie dies nicht felten vorkommt, eine
Einfriedigungsmauer auf längere oder kürzere Strecken den Charakter einer Stützmauer annimmt. Die
eigentliche Mauer wird alsdann, behufs Sicherung der dahinter ge-

Fig. 9.

legenen Erdmaffen, mit ftarker Böfchung angeordnet, und die Pfeiler-
Arcaden fchneiden in letztere ein (Fig. 10). Oben wird die Ein-
friedigung durch eine Baluftrade abgefchloffen, welche zugleich die
Umwehrung der von den geftützten Erdmaffen gebildeten Plattform
(Terraffe) bildet [1].

Ueber die conftructive Behandlung der Böfchungsflächen und der wagrechten Abfchlüffe von Quadermauern ift bereits im vorhergehenden Hefte diefes
»Handbuches« das Erforderliche gefagt worden.

Für aus Backfteinen hergeftellte Einfriedigungsmauern ift in Rückficht darauf, dafs folche frei ftehende
Mauern durch die Witterungseinflüffe viel zu leiden

b.
Backftein-
mauern.

[1] Ueber Stützmauern, ihre Conftruction und formale Anordnung fiehe Theil III, Band 6 (Abth. V, Abtha. 2,
Kap. 1: Stützmauern) diefes »Handbuches«.

haben, stets das beste Material zu wählen; denn sonst sind fast ununterbrochene Ausbesserungen erforderlich. Auch bei gutem Material ist eine Asphaltisolirung zu empfehlen. Mit der Mauerstärke sollte man nicht unter 38 ᶜᵐ gehen.

Einfriedigungen aus Backsteinen haben vor Mauern aus Quadern oder aus Bruchsteinen den Vortheil, dass sie bei Verwendung von Formsteinen und durch Zusammenstellung verschiedenfarbigen Materials, ohne grosse Kosten zu veranlassen, eine unendliche Anzahl von Combinationen und reiche Farbenwirkungen gestatten. Die Gliederung der Mauer wird beim Backstein-Rohbau selbstverständlich stets aus dem Ziegelformat, besonders aus der Breite desselben (12 ᶜᵐ), abzuleiten sein. Wie überall beim Backstein-Rohbau, ist auch bei Einfriedigungsmauern auf eine derbe, kräftige Profilirung der Hauptwerth zu legen, da feine Einzelheiten bei der verhältnismäßig oft vorkommenden dunklen Farbe des Materials nicht zur Geltung kommen. Die Fugen (sowohl Lager-, als auch Stossfugen) sollen thunlichst das Mass von 8 ᵐᵐ nicht überschreiten.

Fig. 10.

In Fig. 11[a]) ist eine Backsteinmauer dargestellt, deren Sockel mit Hausteinen verkleidet ist und an der, zur Belebung der Außenfläche, Hausteinstreifen angebracht sind.

Fig. 13 zeigt ein Beispiel einer reicheren Einfriedigungsmauer im gothischen Stil mit Verwendung verschiedenartiger Profilsteine, welche in Fig. 12 u. 14 besonders dargestellt sind. Die Mauer kann aber auch ganz geschlossen und die Pfeiler können nach Art der romanischen Wandgliederung oben durch Rundbogen mit einander verbunden werden (Fig. 15), oder das Pfeilersystem kann ganz in größere Bogen aufgelöst und die Durchbrechungen können ganz oder theilweise durch schmiedeeisernes Gitterwerk ausgefüllt sein (Fig. 16).

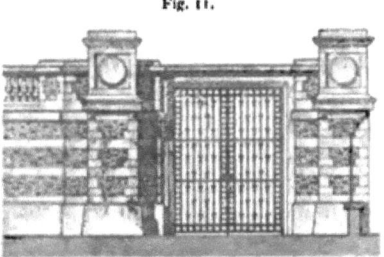

Fig. 11.

Es ist schon oben angedeutet worden, dass, bei sonst gleicher Standfestigkeit, für glatte, undurchbrochene Backsteinmauern eine wesentliche Materialersparnis erzielt werden kann, wenn man anstatt einer in gleicher Dicke durchgeführten Mauer einzelne

Vom Schloss zu Wittouck[b]. Von w. Gr.

stärkere Pfeiler errichtet und zwischen diese schwächere Mauerstücke, sog. Mauerschilder, setzt. Je nach örtlichen Verhältnissen kann man die Pfeiler bloss nach innen oder bloss nach außen oder an beiden Fluchten vortreten lassen (Fig. 17 bis 19). Der Vorsprung nach einer Seite kennzeichnet gewöhnlich die Zugehörig-

---

b) Facf.-Repr. nach: Bryaert, H. *Travaux d'architecture en Belgique exécutés en Belgique.* Brüssel.

keit der Mauer zu dem auf diefer Seite gelegenen Befitzthum, der beiderfeitige Vorfprung das gemeinfchaftliche Eigenthumsrecht.

Wenn indefs aus irgend welchem befonderen Anlafs die betreffende Mauer weder an der Innen-, noch an der Aufsenfeite vorfpringende Theile haben darf,

Fig. 13.

Fig. 14.

Fig. 12.

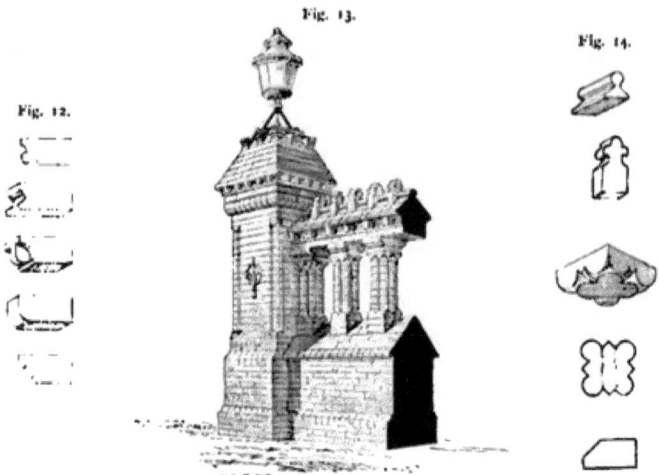

vielmehr beiderfeits ganz glatt erfcheinen foll, fo kann man auch Hohlmauern zur Ausführung bringen. Zwei fchwächere (½ Stein ftarke) Mauern werden in einem Abftande von 1 bis 1¼ Stein errichtet, und in je 2,0 bis 2,5 ᵐ Entfernung werden Verbindungspfeiler von 1 bis 1½ Stein Breite durchgemauert (Fig. 20).

Fig. 15.

Fig. 16.

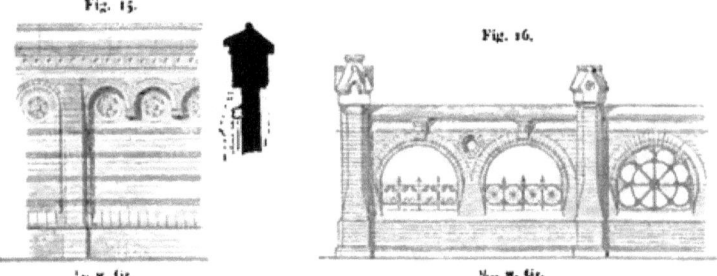

Es ift ohne Weiteres erfichtlich, dafs diefe Conftruction theuerer, wie die erft-erwähnte zu ftehen kommt.

Für leichte Einfriedigungen verwendet man in Frankreich mehrfach hohle Terracotten, fo z. B. die von *Boric* angegebenen, welche die in Fig. 21[a]) dar-geftellte Form und die dafelbft eingetragenen Abmeffungen haben: die Lager-

---

[a]) Facl.-Repc. nach *La femaine des confle.* Jahrg. 10, S. 112.

flächen find gerieft. Fig. 22 °) ftellt eine aus folchen Steinen ausgeführte Einfriedigung dar.

Haben Backftein- oder Quadermauern einem anfteigenden Gelände zu folgen, fo empfiehlt es fich, fie nicht in fchräg fich erhebender Linie demfelben anzu-schmiegen; die ftaffelförmige Anord-nung (Fig. 23) verdient vielmehr den Vorzug.

Die conftructive Durchführung der Böfchungsflächen und der Abdeckungen von Backfteinmauern ift bereits im vor-hergehenden Hefte diefes »Handbuches« behandelt worden.

Fig. 17.
Fig. 18.
Fig. 19.
Fig. 20.

1.
Bruchftein-mauern.

Einfriedigungen aus Bruchfteinen werden faft nur als maffive, häufig ganz glatte Mauern (Fig. 24 °), bisweilen von Verftärkungspfeilern unterbrochen, ausgeführt; unter 50 cm Mauerdicke wird man nur bei fehr regelmäfsig brechendem und fehr lagerhaftem Material gehen dürfen. Bei Anwendung von Schicht-fteinen ift die Ausführung von ftärkeren Pfeilern und zwifchengefetzten Schildern zu empfehlen. Solche Mauern zu putzen, ift nicht zu empfehlen und nur in den im vorhergehenden Hefte diefes »Handbuches« bezeichneten Fällen zuläffig. Gutes Ausfugen, unter Umftänden die Herftellung einer dem Cyclopen-Mauerwerk ähnlichen Conftruction find in der Regel vorzuziehen.

Fig. 21 °).

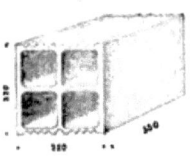

*.
Steinmauern.

Für die Einfriedigung ländlicher Gehöfte oder ähnlicher Anlagen ift der in Kaften einzuftampfende Kalk- oder Cementbeton ein fehr wohlfeiles und folides Material, befonders dort, wo kleine Findlinge zur Verfügung ftehen, wie z. B. im öftlichen Deutfch-land, wo die Findlinge von den Feldern abgelefen und angefammelt werden, alfo keine nennenswerthen Koften verurfachen. Solche Mauern dürfen keine ge-ringere Dicke als 40 bis 50 cm erhalten; Vorfprünge find thunlichft zu vermeiden.

Fig. 22 °).

9.
Abdeckung.

Gemauerte Einfriedigungen müffen vor dem fchädlichen Einfluffe des auffallenden Meteorwaffers gefchützt werden. Defshalb ift ihre Krone vor Allem abzufchrägen oder abzurunden, und zwar fymmetrifch nach beiden Seiten oder nur nach einer Seite (nach dem einzufchliefsenden Grundftück) hin; bei Mauern, die nach einer öffentlichen Strafse zu gelegen find, und bei für zwei benachbarte Grundftücke gemeinfchaft-lichen Mauern wird der Abdeckung nach beiden Seiten Gefälle gegeben; fonft darf auf das benachbarte Grundftück kein Waffer geleitet und die Krone nur einfeitig abgefchrägt werden.

Für die Abdeckung von Einfriedigungsmauern ift immer das wetter-beftändigfte Material, welches zur Verfügung fteht, zu verwenden; auch laffe man die Abdeckung möglichft weit vorfpringen, damit die Mauerflächen thun-

°) Facf.-Repr. nach: *Moniteur des arch.* 1869, Pl. 60.

licht wenig vom abtropfenden Regenwaffer zu leiden haben. Am fchlechteften bewährt fich in letzterer Beziehung natürliches oder künftliches Steinmaterial, welches ftark wafferauffaugend ift.

Bei Quadermauern werden als oberer Mauerabfchlufs Deckplatten, die beiderfeits von der Mauerflucht vorfpringen, oder Deckquader angewendet (Fig. 25 bis 28). Bei Backfteinmauern kann man gleichfalls Deckplatten aus natürlichem Stein benutzen, aber auch mit Backfteinen einen guten Erfolg erzielen, wenn man der Conftruction eine befondere Sorgfalt zuwendet (Fig. 29). Häufig wählt man Ziegel-Rollfchichten; doch wird das Eindringen des Regenwaffers beffer durch Backftein-Flachfchichten (am beften aus Steinen mit glafirten Ober- und Stirnflächen) verhütet, weil die Zahl der Stofsfugen wefentlich verringert ift. Noch vortheilhafter ift es, die Lagerfugen dadurch zu decken, dafs die höheren Schichten die unteren falzartig übergreifen (Fig. 30).

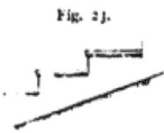

Fig. 23.

Die durch Fig. 22 (S. 8) veranfchaulichten Mauern aus hohlen Terracotten erhalten als Abdeckung fattelförmig geftaltete Hohlfteine; die Stofsfugen der

Fig. 24.

Von einem Haufe zu Marly-le-Roi [1].
½ w. Gr.

felben werden zur Wafferabhaltung mit befonderen Deckziegeln (Fig. 31 ᵃ) überdeckt.

Die in Art. 6 (S. 7) erwähnten hohlen Backfteinmauern werden entweder gerade fo abgedeckt, wie die maffiven, oder man richtet die Plattenabdeckung fo ein, dafs das Waffer in die Hohlräume des Mauerwerkes und von da nach außen, bezw. nach innen geleitet wird.

Die Einfriedigungsmauern des Zellengefäng- niffes im Haag (Fig. 32) haben Deckfteine aus Portland-Cement erhalten, welche eine muldenför- mige Oberfläche haben, fo dafs das Regenwaffer von beiden Seiten nach der Mitte zu abfließt und von da durch kleine, in den Deckfteinen an- gebrachte Löcher innerhalb des Hohlraumes ab- fließen und nach außen abgeführt werden kann. Die Ausmündungen find mit eifernen Roften ver- fehen, damit Ratten und Mäufe nicht eindringen können[*]).

Fig. 25.

Fig. 26.

Fig. 27.

Fig. 28.

Fig. 29.

Fig. 30.

Es wird fofort klar, dafs das hier- durch bedingte Einführen des Waffers in die Mauer felbft als nicht zweckmäßig bezeichnet werden kann; ein folches Verfahren ift defshalb nur dann zu recht- fertigen, wenn zwingende Gründe dazu nöthigen.

Für Bruchfteinmauern können fämmtliche angeführte Mittel Anwendung finden, aber auch Abdeckungen mit Dach- ziegeln (namentlich genügend großen Falzziegeln), Schiefer- platten, Blech etc. benutzt werden. Hierüber, fo wie über die Abdeckung frei ftehenden Mauerwerkes überhaupt, ins- befondere auch über Schutz deffelben gegen die Näffe, ift Näheres fchon im vorhergehenden Hefte diefes »Handbuches« gefagt worden.

Fig. 31 ᵇ).

10. Herfthnung. Für maffive Einfriedigungen, welche in freier Lage einem ftarken Winddrucke ausgefetzt find, mufs die Dicke rechnerifch ermittelt werden. In diefer Richtung find zwei Punkte zu beachten.

1) Der Wind kann zunächft ein Umkanten der Mauer hervor- bringen; diefem mufs die Maffe des Mauerwerkes entgegenwirken. Ift h die Höhe der Einfriedigungsmauer (Fig. 33), fo beträgt nach Art. 2 (S. 2) der Winddruck auf das lauf. Meter derfelben ph; da derfelbe in halber Höhe angreifend gedacht werden kann, fo ift fein Um- kantungs-Moment $ph \frac{h}{2} = \frac{ph^2}{2}$. Denkt man fich den Querfchnitt der Einfriedigungsmauer rechteckig von der Dicke d und ift γ das Gewicht der Raumeinheit ihres Materials, fo ift $dh\gamma$ das Gewicht diefer Mauer für das lauf. Meter und das dem früheren entgegen- wirkende Moment $dh\gamma \frac{d}{2} = \frac{d^2 h \gamma}{2}$. Soll nun s-fache Sicherheit vorhanden fein, fo mufs

$$\frac{sph^2}{2} = \frac{d^2 h \gamma}{2} \text{ werden, woraus } d = \sqrt{\frac{sph}{\gamma}}$$

Fig. 32.

wird. Hierin kann bei Mauern, welche keinen Erfchütterungen, Stößen etc., fo wie anderen zufälligen Beanfpruchungen ausgefetzt find, $s = 2$, fonft aber $s = 2,5$ gefetzt werden.

[*]) Siehe: Deutfche Bauz. 1880, S. 547.

Bei diefer Berechnungsweife ist angenommen, daß das Umkanten in der Nähe der Gelände-Ober-fläche stattfindet, daß alfo das Fundament der Einfriedigung-mauer völlig feft steht. Dies wird indefs in der Regel nicht der Fall fein, weil das Erdreich an der dem Winde entgegengefetzten Seite meift nachgeben wird. Würde man demnach ein Umkanten in der Tiefe der Fundament-Bafis annehmen wollen, fo hätte man für den Winddruck den um die Fundamenttiefe ver-mehrten Hebelsarm einzuführen und für das Eigengewicht die Maffe des Fundamentmauerwerkes hinzuzufügen; allein alsdann dürfte auch der paffive Druck des ausweichenden Erdreiches nicht vernachläffigt werden. In den meiften Fällen wird die obige Berechnungsweife ausreichen, um fo mehr, als dabei auch noch von der Zugfeftigkeit des Mörtels, mittels deffen das Tagmauerwerk auf dem Fundament gelagert ift, abgefehen wird.

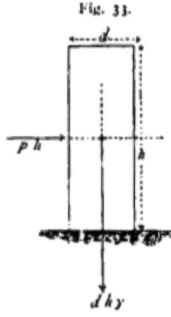

Fig. 33.

Beifpiel. Eine Einfriedigungsmauer von 1,8 m Höhe foll aus Back-fteinen ausgeführt werden; um ihre Dicke zu berechnen, fei nach Art. 2 (S. 2) der Winddruck p mit 120 kg für 1 qm, das Einheitgewicht γ des Mauerwerkes zu 1,8 und der Sicherheits-Coefficient $s = 2$ angenommen. Alsdann wird

$$d = \sqrt{\frac{2 \cdot 120 \cdot 1,8}{1800}} = 0,49 \text{ Met.};$$

hiernach müfste die Mauer 2 Stein ftark ausgeführt werden.

Wenn eine Einfriedigungsmauer theilweife durch-brochen ift, fo kann für die durchbrochenen Theile die vom Winde getroffene Fläche entfprechend kleiner eingeführt werden: für die maffiven Theile derfelben (Pfeiler etc.) mufs indefs die Berechnung der Mauer-ftärke in der eben vorgeführten Weife gefchehen.

2) Der Winddruck kann aber auch das Abgleiten oder Abfcheren der Mauer in Erdgleichenhöhe (des Tagmauerwerkes auf dem Fundamentmauerwerk) hervorbringen. Die Gröfse der abfcherenden Kraft N, d. i. des Winddruckes, ift nach dem unter 1 Gefagten zu ermitteln; derfelben wirkt die Schubfeftig-keit T des angewendeten Mörtels entgegen.

Nach Theil I, Band 1, zweite Hälfte diefes »Handbuches« ift der Flächen-inhalt des auf Abfcheren beanfpruchten Querfchnittes

$$F = \frac{N}{T}.$$

alfo, wenn man Alles auf das lauf. Meter der Einfriedigung bezieht und die in Fig. 33 angegebenen Bezeichnungen beibehält,

$$d = \frac{p\,h}{T}.$$

Die gröfste zuläffige Schubbeanfpruchung T des Mörtels kann, bei 10-facher Sicherheit, zu 0,8 bis 1,6 kg für 1 qcm angenommen werden.

Für das obige Beifpiel wird, wenn $T = 1$ kg für 1 qcm, bezw. 10000 kg für 1 qm eingeführt wird,

$$d = \frac{118 \cdot 1,8}{10000} = 0,21 \text{ Met.}$$

Bei Mauern, die ohne Mörtel aufgeführt werden, oder wenn der Mörtel, wie bei Quadermauern etc., nur zur Ausfüllung der Fugen dient, wirkt dem Winddruck die in der betreffenden Lagerfuge wirkende Reibung entgegen. Der Reibungs-Coefficient kann im vorliegenden Falle im Mittel zu 0,6 an-genommen werden.

b) Einfriedigungen aus Holz.

Wegen der Vergänglichkeit des Materials finden Einfriedigungen aus Holz viel feltener Anwendung, als folche aus Stein und Eifen. Ihr Vorkommen befchränkt fich hauptfächlich auf ländliche Gebäude, kleinere Bahnhofs-Anlagen zoologifche und botanifche Gärten etc., ferner auf Anlagen für vorübergehende Zwecke, wie Ausftellungen etc.

1) Die allereinfachfte hölzerne Einzäunung erhält man durch Benutzung von Naturftämmchen geeigneter Form, wie Fig. 34 dies zeigt. Auch die in Fig. 35 dargeftellte Ausführung gehört zu den einfachften ihrer Art.

Eine gleichfalls fehr einfache Conftruction befteht darin, dafs man auf niedrige hölzerne oder fteinerne Pfoften wagrechte Hölzer oder Riegel legt; diefe Hölzer, die eine Art Bruftwehr bilden, werden auf Holzpfoften aufgezapft,

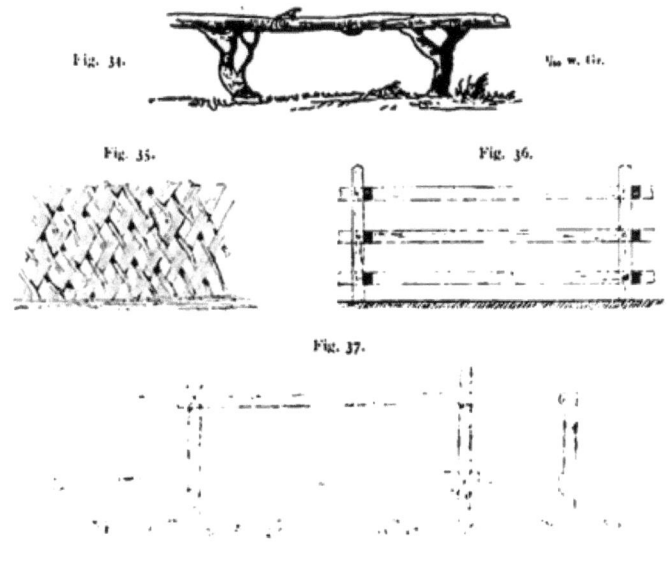

Fig. 34.   1/20 w. Gr.

Fig. 35.   Fig. 36.

Fig. 37.

Pfahlzaun. — 1/45 w. Gr.

mit fteinernen Pfoften durch eiferne Dornen verbunden oder in Vertiefungen die an den Köpfen der Steinpfoften hergeftellt werden, eingefetzt.

Nicht felten wird für leichte Umzäunungen das fog. Schluchterwerk (Fig. 36 u. 37) angewendet. Bei diefem werden in Entfernungen von 2 bis 3 ᵐ hölzerne Pfoften in den Boden eingefchlagen oder eingegraben und alsdann 2 bis 4 Querhölzer oder Riegel an denfelben befeftigt. Pfoften und Riegel beftehen entweder aus Rundholz (Fig. 37), oder fie werden behauen und gehobelt (Fig. 36). In der Regel werden Pfoften und Querhölzer an der Verbindungsftelle etwas ausgefchnitten, fo dafs fie an diefen Punkten in einander greifen; alsdann findet die Befeftigung durch Nägel oder mittels Draht ftatt.

Zu den einfacheren Ausführungen gehören auch die Pfahlzäune (Fig. 38), die im Wefentlichen aus in den Erdboden eingefchlagenen fchwächeren Pfählen beftehen, die durch einen Querriegel mit einander verbunden werden; ftärkere und längere Pfähle, welche in Abftänden von 2,0 bis 2,5 ^{m} eingerammt werden, geben der ganzen Conftruction den erforderlichen Halt. Die Verbindung der Pfähle mit dem Riegel gefchieht entweder durch Nagelung oder mittels Draht (Fig. 40).

Eine dem Schluchterwerk verwandte Conftruction erhält man, wenn man an die Aufsenfeite der lothrechten Pfoften ftatt der Querhölzer Bretter nagelt;

Fig. 38.

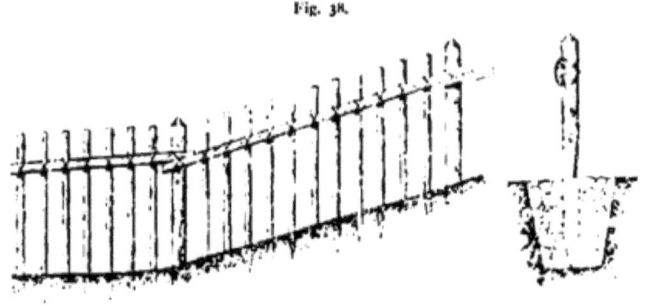

Pfahlzaun. — $^1/_{50}$ w. Gr.

Fig. 39.   Fig. 40.

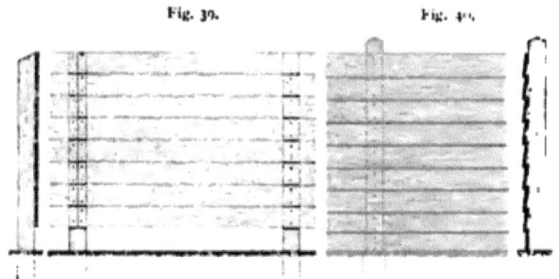

Einfache hölzerne Zäune. — $^1/_{40}$ w. Gr.

diefelben werden entweder über einander gefetzt oder man läfst fie, um die Fugen zu decken, einander jakoufieartig übergreifen (Fig. 39 u. 40). Man hat in folchen Fällen ftatt hölzerner Pfoften auch folche aus Eifen angewendet; insbefondere find I-Eifen geeignet, welche mit dem Stege fenkrecht zur Einfriedigungsebene zu ftellen find; die Bretter werden alsdann zwifchen die I-Eifen eingefchoben.

2) Einfriedigungen aus Lattenwerk erfordern gleichfalls als ftützende Conftructionstheile ftärkere Holzpfoften; auch hier werden zwei, felbft drei Querhölzer oder Riegel an denfelben befeftigt und die Latten auf diefe aufgenagelt. Letzteres gefchieht entweder einfeitig (an der Aufsen- oder Bundfeite) oder befler

derart, dafs man jedes Querholz aus zwei Stücken beftehen läfft und dafs die Latten zwifchen die beiden Halbhölzer, bezw. zwifchen zwei Bohlen gefafft und mit diefen vernagelt werden.

Durch letztere Anordnung wird der Vortheil erreicht, dafs nicht einzelne Latten von Muthwilligen etc. losgeriffen werden können.

Die Riegel werden gewöhnlich mittels einfacher Zapfen in die lothrechten Pfoften eingelaffen; hierdurch entfteht allerdings eine fallende Fuge, welche Waffer in das Holzinnere dringen läfft. Defshalb würde fich eine Verbindung nach Art der Verfatzung oder des Bruftzapfens mehr empfehlen.

Stehen die Latten lothrecht (Fig. 41), fo werden fie meift fo nahe an einander gerückt, dafs ein Menfch nicht durchkriechen kann; gegen das Durch-

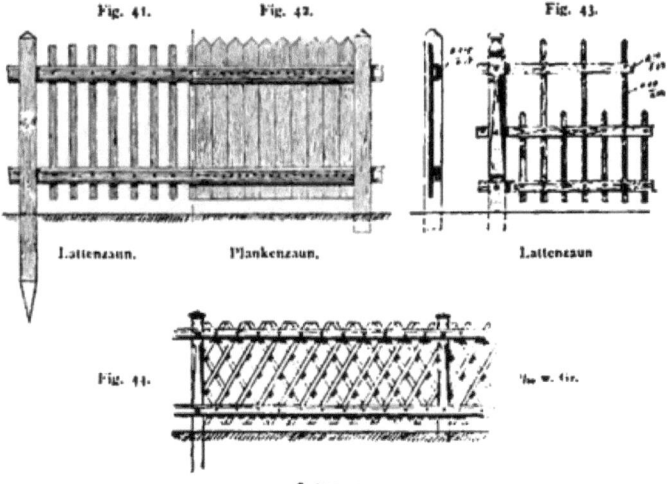

Fig. 41.   Fig. 42.   Fig. 43.

Lattenzaun.   Plankenzaun.   Lattenzaun

Fig. 44.

Lattenzaun.

fchlüpfen kleinerer Thiere fchützt man fich dadurch, dafs man die Latten im unteren Theile dichter ftellt, als im oberen (Fig. 43). Man kann aber auch die Latten fchräg ftellen, wodurch ein zierlicheres Ausfehen des Zaunes erzielt wird (Fig. 44). Eine noch reichere Ausftattung kann man durch Lattenanordnungen wie in Fig. 45[*]) erreichen. Die Latten find entweder regelmäfsig gefchnitten, häufig auch gehobelt, oder fie find nur fchwache Rundhölzer, mit oder ohne Rinde.

Hierher gehören auch die aus fchwächeren, meift gefpaltenen, bezw. geriffenen Latten hergeftellten Zäune, die man häufig kurzweg Spaliere, wohl auch Stackete nennt; ferner die aus ganz dünnen Spalierlättchen gebildeten Zäune, die feit längerer Zeit fabrikmäfsig erzeugt werden. Ganze Gitterfelder aus diefem Material werden in den Handel gebracht und brauchen blofs auf dem durch lothrechte Pfoften und Querhölzer gebildeten Gerippe feft gemacht zu werden.

*) Ev.-l.-Repr. nach. Moniteur des arch. 1861, Pl. 30.

3) Planken-Einfriedigungen oder Einplankungen machen ein ähnliches
Gerüst aus lothrechten Pfoften und wagrechten Querhölzern erforderlich, wie die
Lattenzäune; die Planken oder Bretter, 2 bis 3 ᶜᵐ ftark, werden in der Regel an
der Aufsenfeite der Einfriedigung [19]) auf die Querhölzer genagelt (Fig. 42); doch
können auch hier die Planken zwifchen zwei Halbhölzer oder Bohlen gefafft
werden. Soll der Zaun möglichft wenig Durchficht geftatten, fo ftellt man die
Planken thunlichft dicht an einander; fonft ift es vortheilhafter, fie in 1 bis 2 ᶜᵐ

13.
Plankenzaune.

Fig. 45.

Lattenzaun [*]).

Fig. 46.

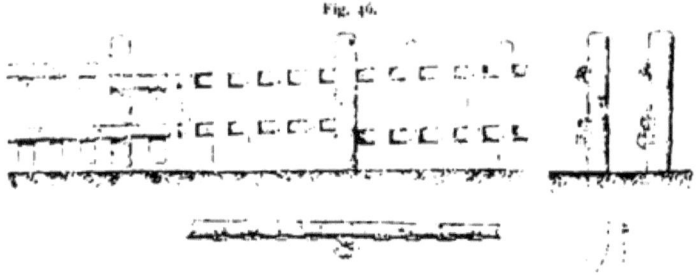

Plankenzaun. — ¹⁄₂₀ w. Gr.

Abftand anzuordnen, weil alsdann die Luft durch die Fugen ftreichen und vorhandene Feuchtigkeit rafch trocknen kann. Wenn durch die Einplankung die
Durchficht in keiner Weife verwehrt werden foll, fo werden die Planken in noch
viel gröfseren Abftänden angeordnet (Fig. 46).

Soll ein Bretterzaun ganz dicht ausgeführt werden, fo können entweder
die Rückfeiten der Bretter und der Pfoften bündig liegen, wobei letztere fichtbar

---

[19]) Wenn ein Latten-, bezw. ein Plankenzaun gegen ein benachbartes Grundftück ftöfst, fo wird die Latten-,
bezw. Plankenbenagelung ftets dem letzteren zugekehrt; bei Eigenthumsftreitigkeiten über alte Einfriedigungen pflegt
diefer Umftand in der Regel entfcheidend zu fein.

find, oder die Bretter können über die Pfoſten hinweggehen und verdecken
letztere. Die zweite Anordnung bedingt zwar einen Mehrverbrauch an Brettern,
gewährt aber die Annehmlichkeit, daſs man bei Bemeſſung der Pfoſtenabſtände
auf die Bretterbreite keine Rückſicht
zu nehmen braucht.

Gegen das Durchhängen lang
geſtreckter Felder von Latten- und
Plankenzäunen iſt das Anbringen
von einfachen oder gekreuzten Ver-
ſtrebungen an der Rückſeite der
Latten, bezw. Planken zu empfehlen.

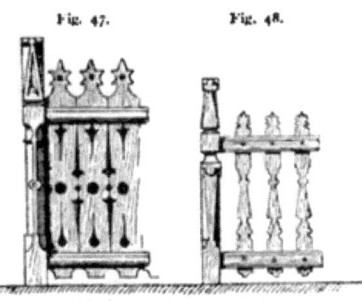

Fig. 47.   Fig. 48.

Man läſſt die Latten und Planken nicht gern bis auf den Boden
herabreichen, weil ſie durch die Erd-
feuchtigkeit, insbesondere aber durch
das Aufſpritzwaſſer leicht in Fäulniſs
übergehen (Fig. 41 bis 46). Wo dies
dennoch aus irgend welchen Gründen

Plankenzäune. — 1/40 w. Gr.

geſchehen muſs, entferne man unter der Einfriedigung die Humuserde und
erſetze ſie durch Sand oder Kies.

Weiterer künſtleriſcher Ausbildung ſind von den vorgeführten Ein-
friedigungsarten eigentlich nur die Plankenzäune fähig, welche durch Schlitze
und ausgeſägte ornamentale, bezw. geometriſche Figuren verziert werden können
(Fig. 47 bis 49. Bei der Compoſition ſolcher Motive iſt
darauf zu achten, daſs die Hauptlinien derſelben möglichſt
mit der Faserung des Holzes zuſammenfallen. Sehr verwend-
bare Vorbilder in dieſer Hinſicht liefern die Schweizer Holzbauten.

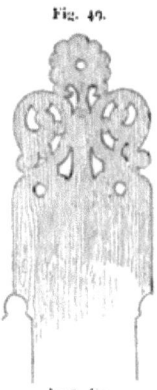

Fig. 49.

14.
Schutz
des
Holzwerkes. Die lothrechten Pfoſten, welche faſt allen Arten von
hölzernen Einfriedigungen den erforderlichen Halt zu gewähren haben, erhalten je nach der Höhe 10 bis 15 cm
Querſchnittsabmeſſung und werden entweder durch runde
Naturſtämme (mit oder ohne Rinde) gebildet oder regel-
mäſsig vierkantig zugehauen, bezw. zugeſchnitten, häufig
auch glatt zugehobelt; das Glatthobeln der Pfoſten, ſo wie
des ſämmtlichen zu Einfriedigungen verwandten Holzwerkes
hat hauptſächlich den Zweck, das raſche Abflieſsen des auffallenden Meteorwaſſers zu fördern. Auch empfiehlt es ſich,
alle über der Erde gelegenen Kanten des Holzwerkes,
namentlich der Pfoſten, abzufaſen, wodurch das ſonſt unver-
meidliche Abſplittern der Kanten in wirkſamer Weiſe verhütet wird.

1/11 w. Gr.

Die Pfoſten werden bisweilen unten mit einer Spitze verſehen und mit dieſer
in den Boden eingerammt; häufiger läſſt man den unterſten Theil des Stammes
(auf 0,7 bis 1,0 m Länge) ganz unbearbeitet, ſetzt dieſen in ein in den Boden
gegrabenes Loch und ſtampft ihn darin mit Erde feſt. Noch beſſer iſt es, dieſen
Theil mit Steinen zu umpacken (Fig. 38 u. 46), damit das Niederſchlagswaſſer
nicht unnöthig lange am Holze ſtehen bleibt.

Diefer in der Erde befindliche Theil der Pfoften verrottet in Folge der Bodenfeuchtigkeit bald. Man fchützt ihn dagegen, indem man ihn am Feuer ankohlt oder mit Theer beftreicht, bezw. tränkt; auch das Umftampfen mit fettem Lehm oder Letten wird angewendet. Vortheilhafter ift es, wenn man ein fog. Confervirungsmittel anwendet; in Theil I, Band I, erfte Hälfte diefes »Handbuches« (Art. 144, S. 174[11]) ift über das einzufchlagende Verfahren das Erforderliche enthalten. Namentlich wird das amerikanifche Verfahren empfohlen, wornach die Pfoften einige Zeit in heißes Leinöl getaucht werden; alsdann beftreut man diefelben in noch feuchtem Zuftande mit Holzkohlenftaub und wiederholt dies erforderlichenfalls fo lange, bis fich eine leichte Krufte gebildet hat.

Der Kopf der Pfoften muß gegen den fchädlichen Einfluß der atmofphärifchen Niederfchläge gefchützt werden; das fchräge Anfchneiden (einfeitig oder conifch, bezw. pyramidal) des Hirnholzendes hilft einigermaßen. Wirkfamer ift es indefs, wenn man den Kopf fchräg abfchneidet und ein allfeitig vorfpringendes Deckbrett darauf nagelt oder wenn man eine Blechkappe auffetzt. Auch die oberen Hirnenden der Planken pflegt man bisweilen durch eine Deckleifte (nach Art der Fig. 50) gegen den Einfluß des Tagwaffers zu fchützen; Latten

Fig. 50.

½ w. Gr.

werden aus gleichem Grunde fchräg angefchnitten. Eben fo werden die Riegel auf ihre ganze Länge abgewäffert.

Nicht felten bleibt das Holzwerk einer hölzernen Einfriedigung ohne allen Anftrich, da man bei ausgedehnten Anlagen diefer Art die Koften fcheut. Indefs verlängert ein Oelfarben- oder ein fonft geeigneter Anftrich, der allerdings von Zeit zu Zeit erneuert werden muß, die Dauer einer folchen Umzäunung in hohem Grade. Noch wirkfamer ift es, wenn man das gefammte Holzwerk einer derartigen Einfriedigung durch Anftrich mit Carbolineum oder Durchtränken mit einem der eben erwähnten anderen Confervirungsmittel fchützt.

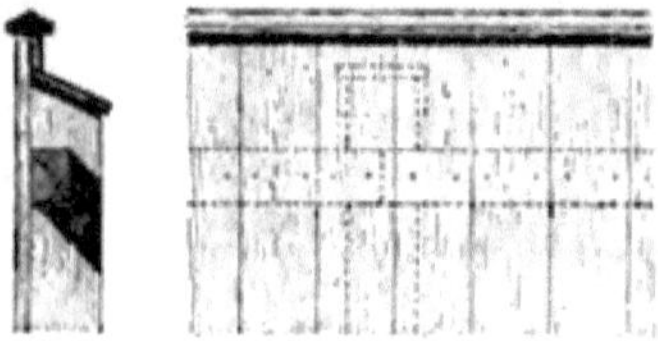

Wenn die Höhe der Einfriedigung und die Entfernung ihrer Pfoften gegeben find, fo laffen fich die durch den Winddruck bedingten Querfchnittsabmeffungen der letzteren berechnen, oder wenn man diefe Abmeffungen annimmt (auf Grundlage der im vorhergehenden Artikel angegebenen Ziffern, bezw. nach den verfügbaren Hölzern), fo kann man den Abftand der Pfoften ermitteln.

Die in Art. 22 für das Widerftandsmoment der Pfoften noch abzuleitende Formel

$$\frac{J}{a} = \frac{p \Im h}{2 K}$$

hat auch hier Giltigkeit, wenn man für Holz $K = 70$ kg auf 1 qm einführt. Auch hier fetzt diefe Berechnung voraus, dafs die Pfoften im Boden unverrückbar feft ftehen.

In Rückficht darauf, dafs an den Aufsenflächen des Holzwerkes in verhältnißmäßig kurzer Zeit das Verrotten des Stoffes beginnt, fo wie im Hinblick auf etwa vorkommende Befchädigungen etc. empfiehlt es fich, zu den fo berechneten Querfchnittsabmeffungen noch ein Erfahrungsmaß zuzufügen. Daffelbe

15. Berechnung.

[11] 2. Aufl.: Art. 212, S. 209.

Handbuch der Architektur. III. 2, b. (2. Aufl.)　　　2

kann, je nachdem das Holzwerk ungeſchützt iſt oder einen Anſtrich erhalten oder mit einem geeigneten Conſervirungsmittel getränkt werden ſoll, mit bezw. 6, 5 und 4 cm angenommen werden.

Bei undurchbrochenen Einfriedigungen, die in Holz nicht ſelten vorkommen, läſſt ſich die vom Winde beanſpruchte Fläche $\mathfrak{F}$ ohne Weiteres beſtimmen; allein ſelbſt bei durchbrochenen Zäunen iſt, in Rückſicht auf die gröſseren Abmeſſungen des Holzes, eine Berechnung in vielen Fällen möglich, ſo daſs man nur ſelten zu einer bloſsen Schätzung Zuflucht zu nehmen braucht.

Auch die in Fig. 41 bis 46 vorkommenden wagrechten Riegel laſſen ſich als Balken auf zwei Stützen, die eine gleichmäſsig vertheilte Laſt zu tragen haben, berechnen; eben ſo die Latten in Fig. 39 und die Planken in Fig. 37 u. 40.

Beiſpiel. Eine Einfriedigung von ($h =$) 1,4 m Höhe beſtehe aus hölzernen Pfoſten von quadratiſchem Querſchnitt (mit der Seitenlänge d), auf welche wagrechte Bretter, dicht über einander geſetzt, genagelt ſind; die Pfoſten ſtehen je 2 m von einander ab; der Winddruck ſei zu ($p =$) 120 kg für 1 qm angenommen.

Für die Pfoſten iſt die vom Winde beanſpruchte Fläche $\mathfrak{F} = 2 \cdot 1{,}4 = 2{,}8$ qm, das Trägheitsmoment $\mathcal{J} = \frac{1}{12} d^4$ und $a = \frac{1}{2} d$; ſonach wird das Widerſtandsmoment

$$\frac{\mathcal{J}}{a} = \frac{2 d^4}{12 d} = \frac{120 \cdot 2{,}8 \cdot 140}{2 \cdot 70},$$

woraus

$$d = \sqrt[3]{2016} = \backsim 13 \text{ cm}.$$

Setzt man Pfoſten ohne jeden Anſtrich voraus, ſo ſind nach Obigem noch ca. 6 cm hinzuzufügen, ſo daſs ſich die Querſchnittsabmeſſung mit 19 cm ergiebt.

Für ein Brett von der Dicke δ und der Breite b (in Centim.) beträgt der Winddruck auf das lauf. Centimeter $\frac{b \cdot 120}{100 \cdot 100} = 0{,}012\, b$. Das gröſste, in der Mitte des Brettes angreifende Moment iſt [14]

$$M = \frac{0{,}012\, b \cdot 200 \cdot 200}{8} = 60\, b.$$

Wendet man auch hier die Formel für die Biegungsfeſtigkeit [15]

$$\frac{\mathcal{J}'}{a'} = \frac{M}{K}$$

an, ſo iſt $\mathcal{J}' = \frac{1}{12} b \delta^3$ und $a' = \frac{1}{2} \delta$; ſonach

$$\frac{2 b \delta^3}{12 \delta} = \frac{60\, b}{70},$$

woraus

$$\delta = \backsim 2{,}3 \text{ cm}.$$

c) Einfriedigungen aus Metall.

Zur Abſperrung des Verkehres, zur Verhütung unbefugten Eindingens in das Innere der Gebäude, ſo wie zur Begrenzung einer Gebäudeabtheilung wurden im Alterthume mehrfach Bronze-Gitter verwendet. Solche Gitter bildeten den Abſchluſs der Vorhallen griechiſcher Tempel, und wenn auch keine Beiſpiele dafür ſich erhalten haben, ſo iſt doch mit ziemlicher Sicherheit anzunehmen, daſs dieſelben aus rechteckigen Rahmen beſtanden, welche durch ſtrahlenartig nach der Mitte hin gerichtete Sproſſen oder maſchenartiges Stabwerk ausgefüllt waren.

Zu den älteſten erhaltenen Bronze-Gitterverſchlüſſen gehören die aus der Carolingiſchen Zeit ſtammenden, wahrſcheinlich von griechiſchen Künſtlern gegoſſenen des Münſters zu Aachen, welche im Weſentlichen offenbar noch die antike Conſtructionsweiſe zeigen (Fig. 51 bis 54). Derartige gegoſſene Gitterabſchlüſse wurden indeſs im Mittelalter nur ſehr ſelten verwendet, weil die Herſtellung derſelben,

[14] Nach Gleichung 1592 (2. Aufl.: Gleichung 1713) in Theil I, Band 1, zweite Hälfte dieſes Handbuches.

[15] Nach Gleichung 36 (2. Aufl.: Gleichung 41) ebendal.

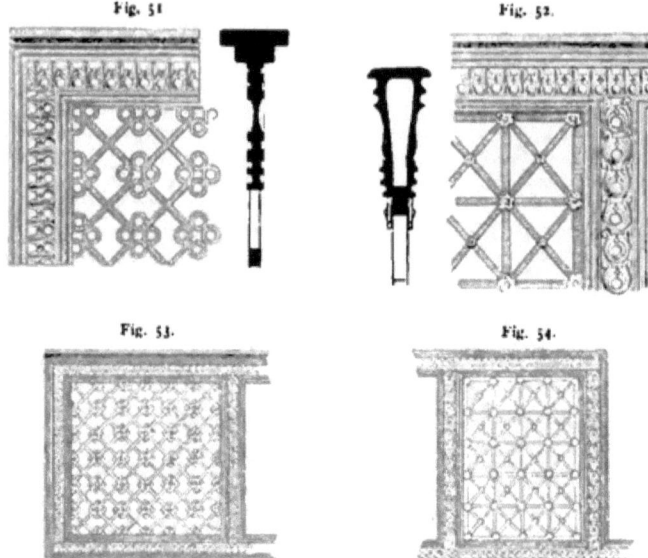

Fig. 51. Fig. 52.

Fig. 53. Fig. 54.

wegen des koftfpieligen Materials und der fchwierigen Technik theuer und das Gitter überdies leicht zerbrechlich war.

An Stelle der Bronze tritt ein anderes Material, das Schmiedeeifen, welches wegen feiner großen Elafticität und wegen der großen Zierlichkeit, welche den daraus gefchmiedeten Formen eigen ift, bei freien Gitterabfchlüffen fowohl vor dem Bronze-Guſs, als auch vor dem fpäter zu betrachtenden Gufseifen unbeftreitbare Vorzüge befitzt. Die Alten, welchen keine fo entwickelte Eifen-Induſtrie zur Seite ſtand, als den Handwerkern unferer Zeit, und welche fich daher ihr Stab- oder Rundeifen erſt mühfam mit der Hand vorbereiten mußten, haben trotzdem auf diefem Felde Werke gefchaffen, welche noch heute unfer Staunen erregen; wir fehen hier eine fo durchaus vollendete, in der Ausführung exacte Technik, welche gleichfam ſpielend die größten Schwierigkeiten löſt, daß die Bau- und Kunfthandwerker von heute gleiche Leiftungen kaum anfweifen können.

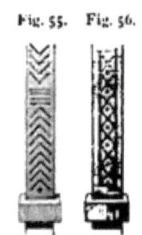

Fig. 55. Fig. 56.

Für Abfchlußgitter kommt in den älteren Zeiten des Mittelalters befonders das Stab- und Flacheifen in Betracht, welches fowohl zu rechteckigen Rahmen und ihren Unterabtheilungen zufammengefügt, als auch zur Herftellung der diefelben ausfüllenden band- oder rankenartigen Ornamente benutzt wurde. Was zunächft das Rahmenwerk anbelangt, fo wurden die dazu benutzten Stangen entweder glatt gelaffen, oder fie erhielten einen leichten Schmuck durch fymmetrifch vertheilte, eingehauene Striche oder Punkte, wodurch zugleich etwaige Unregelmäfsigkeiten in Form und Farbe, welche bei dem mit der Hand gefchmiedeten Eifen, befonders in den breiteren Flächen, unangenehm auffallen konnten, gefchickt verdeckt wurden (Fig. 55 u. 56).

17. Rahmenwerk

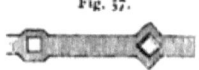

Fig. 57.

Vorzügliche Wirkungen wurden ferner dadurch erzielt, daß die quadratifche Stange, bezw. auch das Flacheifen durch Wendung eine andere Lage annahm oder auch in ihrer ganzen Ausdehnung fchraubenförmig um ihre Axe gedreht wurde, wodurch der Charakter der Stange leichter und zierlicher geſtaltet und zugleich die Einförmigkeit der langen Fläche durch pikante Licht- und Schattenwirkungen gebrochen wurde (Fig. 58).

2*

Fig. 58.

Fig. 59.

Fig. 60.

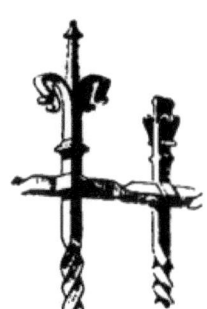

Vom fchmiedeeifernen Arm eines
Taufſteindeckels zu Ypern.

Von einem Handläufer
des Domes zu Regensburg.

Die Verbindung der lothrechten mit den wagrechten Rahmeneifen war gewöhnlich fo, wie in Fig. 57 angedeutet, d. h. die verticalen Stangen wurden durch entfprechende Oeffnungen der horizontalen Eifen hindurchgefteckt (Fig. 57 u. 58). Dabei ragen die lothrechten Stangen über die wagrechten Rahmen hervor und find oben zu Knöpfen, Knospen, Blumen etc. ausgefchmiedet, wie Fig. 58 zeigt.

Fig. 61.

Von einem Gitter
der Kathedrale
zu Barcelona.

Fig. 62.

Diefe Art der Technik, die Herftellung von Kunftformen aus dem vollen Eifen, erfordert eine auſerordentliche Sicherheit und Gefchicklichkeit der Hand und ift daher auch unter den mittelalterlichen Werken der Schmiedekunft ziemlich felten. In Fig. 59 u. 60 find zwei Arbeiten diefer Art dargeftellt.

In den fpäteren Perioden des Mittelalters und befonders der Renaiffance trat an Stelle diefer äuſerft fchwierigen Technik die leichter auszuführende Treibarbeit in Blech und die Drahtarbeit in Verbindung mit erfterer. Die Wirkung der aus diefen Materialien hergeftellten Decorationen ift allerdings nicht weniger befriedigend, als diejenige der Arbeit aus dem vollen Eifen; im Gegentheile ift der Effect oft noch gröſer (Fig. 61).

Von auſerordentlich reicher und zierlicher Wirkung find die befonders dem XVI. und dem XVII. Jahrhundert angehörenden Blumenbildungen, deren Kern eine über Kegelformen hergeftellte Drahtfpirale bildet, umgeben von getriebenen Blättern (Fig. 62).

Erwähnenswerth find noch die perfpectivifchen Gitter der Barock- und Rococo-Zeit, die, entgegen dem von den Gittern aller vorhergegangenen Stilperioden zum Ausdruck gebrachten Streben des Abfchliefens, ihr eigenes Vorhandenfein als einer abfchliefenden Fläche zu verleugnen und eine in weite Ferne fich erftreckende, laubengangähnliche Architektur vorzutäufchen fuchen[14]. Fig. 63[15]) zeigt ein Beifpiel hierfür.

18.
Füllung.

Zur Ausfüllung der einzelnen Gitterfelder wurde in der Frühzeit des Mittelalters gewöhnlich das flache Bandeifen benutzt, welches zu mannigfaltigen, fpiralförmig aufgerollten Ornamenten ausgefchmiedet und mittels einzelner Ringe (Bundringe, Fig. 68) oder durch Vernietung am Rahmen befeftigt wurde. Die Stellung des Flacheifens ift verfchieden, bald die breite Seite des Bandes der Tiefe nach eingefügt, bald parallel zum Gitterfelde. Es fei hier bemerkt, daſs die erftere Anordnungsweife das Gitter fchwerer erfcheinen läſst, als letztere, weil bei fchräger Stellung die breite Seitenanficht vorzugsweife gefehen wird (Fig. 64, 65 u. 68).

14) Siehe: Meßmer, F. Die perfpectivifchen Gitter des 18. Jahrhunderts. Zeitfchr. f. bild. Kunft, Jahrg. 9, S. 33.
15) Facf.-Repr. nach ebendaf., S. 43.

Später treten übrigens auch reichere Profilbildungen dieser Bandeifen auf, wie Fig. 66, 67, 70 u. 71 zeigen: gerippte Bandflächen und folche mit abgerundeten Kanten. Diefe Rankenzüge werden gewöhnlich zu Knöpfen, Rofetten oder Blättern ausgefchmiedet, welche dem Charakter der jedesmaligen Architektur-Periode entfprechen, oder diefe Endigungen find durch Anfchweißung mit der Ranke verbunden (Fig. 69 bis 71). Erft der Spät-Gothik, befonders aber der Renaiffance-Periode, ift die Verwen-

Fig. 63.

Gitter als Chorabfchluß in der ehemaligen Auguftiner-, jetzt Seminarkirche zu Kreuzlingen [18].

dung von Rundeifen eigenthümlich, welches in ähnlicher Weife zu fpiralförmig gekrümmten Decorationen mit Blattendigungen ausgefchmiedet wurde. Die fo hergeftellten Gitter, deren Spiralen fich in mannigfaltigfter Weife, dem Gewebe einer Spinne vergleichbar, durchdringen, indem an den Kreuzungsftellen der eine Gitterftrang durchbohrt und mit verdicktem Auge verfehen wird, endigen in der Mitte gewöhnlich in einer reichen Blumenbildung mit doldenförmig geformter Drahtfpirale, oder fie zeigen uns hier platt gefchmiedete, phantaftifch gebildete Köpfe und Figuren, deren Flächen durch mit dem Meiffel eingravirte Zeichnung belebt find (Fig. 72); befonders fchöne Gitter diefer Art finden fich in

Fig. 64.

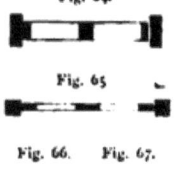

Fig. 65.

Fig. 66.　　Fig. 67.

Danzig (Fig. 73). Der Effect diefer außer-ordentlich zierlich wirkenden Gitter wurde durch reiche Polychromirung und Vergoldung noch erhöht.

Staunenswerth ift ferner die Mannig-faltigkeit der Motive an Blatt- und Rofetten-bildungen, welche an den Schmiedearbeiten der Renaiffance-Zeit auftreten. Bald find fie einfach platt gefchmiedet, bald in reichfter Modellirung getrieben, befonders an den älteren Werken, welche überhaupt edler find (Fig. 74 bis 86). Diefe Blätter, Rofetten und Knospen find durchweg originell erfunden, aber ftets mit Rückficht auf die befondere Technik, in welcher fie ausgeführt werden follen, erdacht.

Fig. 68.

Das XVI. und das XVII. Jahrhundert bezeichnen überhaupt den Höhepunkt in der Kunft der Schmiedearbeiten, fowohl hinfichtlich der Compofition, als auch hinfichtlich der richtigen Behandlung des Materials. Es muß allerdings zugegeben werden, daß die technifche Behandlung, befonders des

Fig. 69.　　　　Fig. 70.　　　　Fig. 71.

Fig. 72.　　　　　　　Fig. 73.

Vom Dom zu Braunfchweig.　　　　　　　Aus Danzig

decorativen Elementes, im XVIII. Jahrhundert noch wefentliche Fortfchritte machte; aber dabei tritt, entfprechend der Architektur diefer Zeitperiode, eine folche Verwilderung und für das Material fo wenig paffende Behandlung der Formen ein, dafs wir an diefen Werken hauptfächlich die erftaunliche Gefchicklichkeit und Geduld des Handwerkers bewundern können, welcher diefe barocken und unorganifchen Schnörkel bis in ihre kleinften Endigungen und Blattverzweigungen mit der größten Sauberkeit auszuführen verftand (Fig. 87).

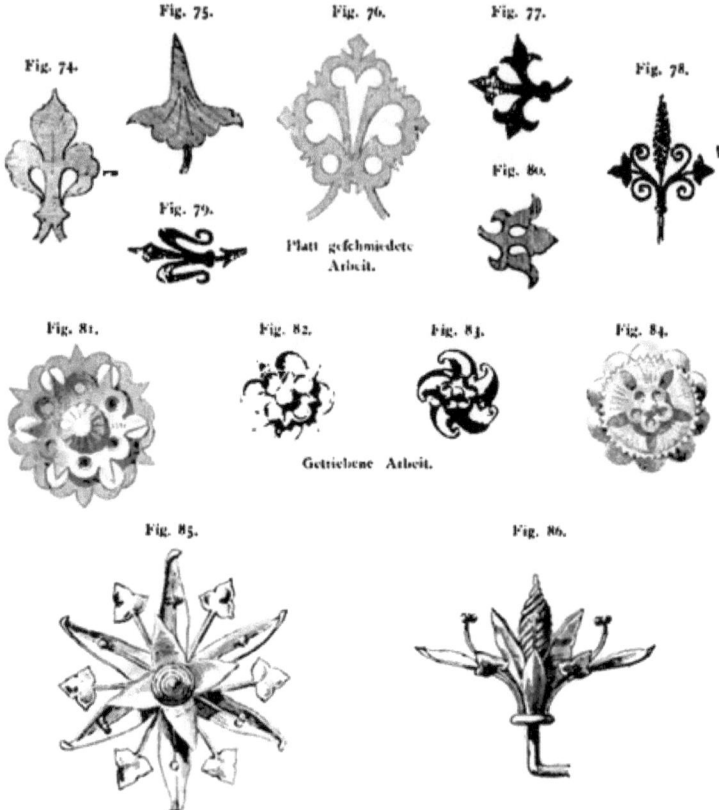

Fig. 74.
Fig. 75.
Fig. 76.
Fig. 77.
Fig. 78.
Fig. 79.
Fig. 80.

Platt gefchmiedete
Arbeit.

Fig. 81.
Fig. 82.
Fig. 83.
Fig. 84.

Getriebene Arbeit.

Fig. 85.
Fig. 86.

Schließlich feien hier noch die netzartigen, ganz aus Blech gearbeiteten Gitterwerke erwähnt, denen wir häufig an den Monumenten begegnen, fo z. B. am Denkmal der Scaliger zu Verona (Fig. 88); das Vierpaßmotiv diefes Gitters enthält in der Mitte eine kleine Treppe, das Wappen der Scaliger. Der Kunftwerth diefer Arbeiten fteht natürlich bedeutend niedriger, als derjenige der weiter oben befchriebenen.

Die im Vorftehenden flüchtig gefchilderte technifche und künftlerifche Behandlungsweife der Eifenarbeiten unferer Vorfahren giebt uns zugleich die wichtigften Anhaltspunkte für die Behandlung von Einfriedigungsgittern; wir

19.
Einfriedigungen
aus
Schmiedeeifen.

finden in diefen Werken Fingerzeige für die der
jedesmaligen Structur und den Abmeffungen des
Eifens entfprechende, richtige formale Gliederung, fo wie für die Ausbildungen folcher Kunftformen, welche der Technik des Schmiedeeifens
entfprechen. Das Uebertragen einer der Stein-
oder Holz-Architektur angehörenden Stilform
wird daher immer nur dann zuläffig fein, wenn
eine Umbildung diefer Form mit Rückficht auf
die befondere Schmiedeeifen-Technik ftattgefunden hat.

Hinfichtlich der zur Verwendung gelangen-
den Eifenforten ift zu bemerken, dafs fich das
Quadrateifen in Stärken von mindeftens 10 bis
etwa 25 ᵐᵐ vorzugsweife zu lothrechten Stangen
eignet, welche oben zu Lanzenfpitzen, Knospen etc.
ausgefchmiedet werden können; doch kann auch
das Rundeifen in ähnlicher Weife benutzt werden. Die Lanzenfpitzen, Knospen etc. können an
die Quadrat- und Rundeifenftäbe auch nur angefchraubt werden, was die Koften wefentlich
verringert; dagegen wird dem durch Muthwillen,
Diebftahl etc. hervorgerufenen Entfernen der aufgefchraubten Theile Vorfchub geleiftet.

Fig. 87.

Bei den Einfriedigungen der Vorgärten an den Häufern und in ähnlichen Fällen mufs man mit
der Anwendung folcher Spitzen oder gar Widerhaken fehr vorfichtig fein. Diefelben follen allerdings das Ueberfteigen verhüten oder doch mindeftens erfchweren; allein fie können auch gänzlich
Unfchuldigen gefährlich werden. Nicht felten verletzen fich Kinder an derartigen Spitzen, und aus
den Fenftern Geftürzte find fchon vom Vorgartengitter geradezu aufgefpiefst worden.

Kommen Quadrateifen zur Verwendung, fo können diefelben aus decorativen
Gründen an einzelnen Stellen gewunden werden (Fig. 58). Von der Firma *Arn.
Georg* in Neuwied wird ein Stanz- oder
Walzblech-Stabzaun (Fig. 89) erzeugt,
deffen einzelne Theile auf Sondermafchi-
nen hergeftellt werden und durch die
eigenartige Form einen hohen Grad von
Steifigkeit befitzen.

Fig. 88.

Die Entfernung der lothrechten
Gitterftäbe von einander ift je nach dem
Zwecke der Einfriedigung verfchieden.
Hat die letztere einen Raum, ein Grundftück etc. überhaupt nur abzugrenzen, fo
kann der Abftand diefer Stangen ein
ziemlich grofser (bis zu 40 ᶜᵐ) fein. Wenn
indefs das unbefugte Eindringen in den
abgefchloffenen Raum verhütet werden
foll, fo müffen die Stäbe mindeftens fo
nahe an einander geftellt werden, dafs ein
Menfch nicht durchfchlüpfen kann (nicht
über 20, höchftens 25 ᶜᵐ); foll auch das

Vom Denkmal der Scaliger zu Verona.

Durchkriechen kleiner Thiere (Hunde, Hühner etc.) verhütet werden, so sind die Stäbe noch näher an einander (bis zu 8ᶜᵐ lichtem Abstand, für Katzen noch viel geringer) zu stellen, wenn es nicht vorgezogen wird, die Vergitterung im unteren Theile dichter zu halten, als im oberen.

Von der hier erwähnten Engstellung der lothrechten Stangen kann indeß abgesehen werden, wenn die Felder zwischen denselben eine Ausfüllung mit ornamental gebogenen Stäben etc. derart erhalten, daß hierdurch einem Durch-schlüpfen etc. schon vorgebeugt wird.

Fig. 89.

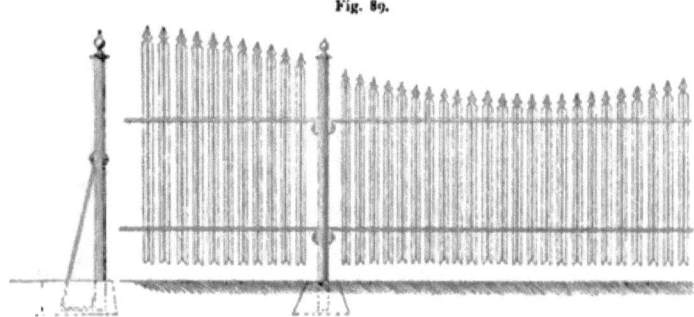

Stanz- oder Walzblech-Stabzaun von *Arn. Georg* zu Neuwied.

Mit den lothrechten Stangen eines sog. Stabgitters sind die vorzugsweise den Längenverband des Gitters bildenden wagrechten Stangen in Verbindung zu bringen. Letztere bestehen am einfachsten aus Flacheisen von 20 bis 40 ᵐᵐ Breite, und die lothrechten Stäbe werden entweder durch die Flachschienen hindurchgesteckt und mit ihnen vernietet oder verstemmt (Fig. 90 u. 91), oder

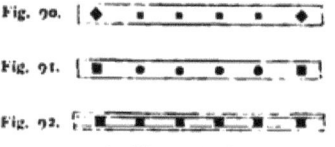

Fig. 90.

Fig. 91.

Fig. 92.

man nimmt je zwei Flacheisen, stellt die-selben hochkantig, legt sie an die beiden Seiten der lothrechten Stäbe und ver-nietet sie mit letzteren (Fig. 92); die zweite Anordnung hat den Vortheil, daß die wag-rechten Stäbe sich nicht so leicht durch-biegen, wie bei der ersteren. Bei der Ein-friedigung in Fig. 93 bestehen die wagrechten Stäbe aus Winkeleisen; die loth-rechten Stäbe sind dreikantig und in der aus der Abbildung ersichtlichen Weise mit ersteren verbunden.

Einfache Vergitterungen, welche wenige Kosten verursachen sollen, bestehen in der Regel nur aus den lothrechten und zwei wagrechten Stangen; von letz-teren wird eine im untersten Theile angeordnet, die andere, je nach der oberen Endigung der lothrechten Stäbe, bald mehr, bald weniger nach oben gerückt. Bisweilen genügt eine einzige derartige Stange (Fig. 94[*]); in anderen Fällen kommt ein drittes, selbst ein viertes wagrechtes Band hinzu. Bei Vergitterungen, welche einen kräftigen Sicherheitsabschluß bilden sollen, namentlich bei solchen, welche Einbruch etc. zu verhüten haben, ist es die Regel, bloß zwei einander

---

[*] Fers.-Rept. nach: *La semaine des const.*, Jahrg. 11, S. 428.

kreuzende Lagen von Eisenstangen anzuwenden; in Theil III, Band 6 diefes
»Handbuches« (Abth. IV, Abfchn. 6, Kap. 1: »Sicherungen gegen Einbruch«) wird

Fig. 93.

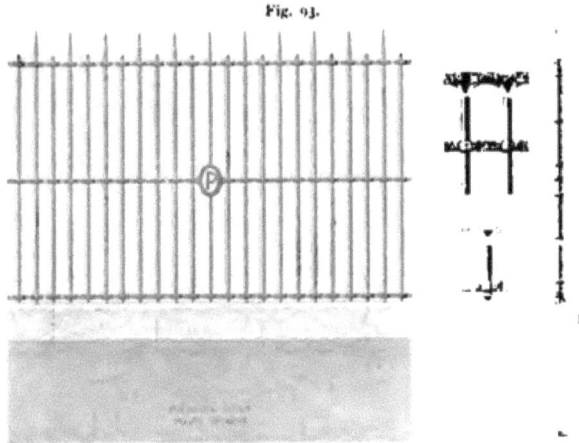

Einfriedigung von Entrepôt zu Bercy[17]. — 1/40 w. Gr.

von folchen Conftructionen noch im Befonderen zu fprechen und über die erforderlichen Einzelheiten dort das Nöthige zu fagen fein.

Bei reicherer Aus-
ftattung der Einfriedi-
gungen erhalten die
von den loth- und wag-
rechten Stangen gebil-
deten Gitterfelder eine
Ausfüllung, die aus
Flach- und Rundeifen,
unter Umftänden auch
aus Draht hergeftellt
wird. Die Compofition
der Füllung felbft kann
aufserordentlich ver-
fchieden geftaltet wer-
den, wie die in Fig. 95
bis 110 mitgetheilten
Beifpiele zeigen.

Die Füllungstheile
werden durch Niete
und Schrauben, bis-

Fig. 94.

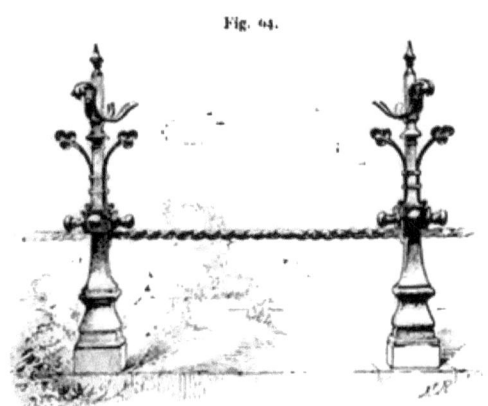

Grabeinfriedigung[18].

weilen auch durch Bundringe und Klemmbänder, mit den loth- und wagrechten
Stangen verbunden. Ueber das Zufammenfügen der letzteren unter einander

[17] Facf.-Repr. nach: *Encyclopédie d'arch.* 1886, Pl. 1081.

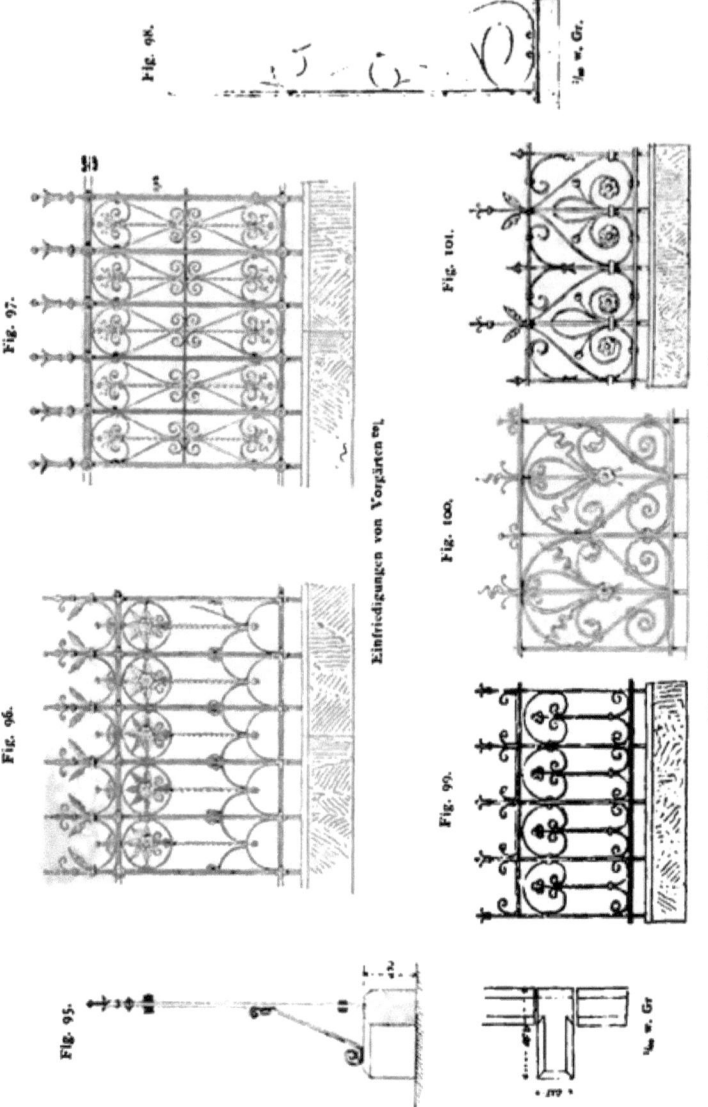

Fig. 98.

Fig. 97.

Fig. 96.

Fig. 95.

Fig. 101.

Fig. 100.

Fig. 99.

Einfriedigungen von Vorgärten.

Einfriedigungen von Gräbern, Gartenanlagen etc.

¹/₂₀ w. Gr.

Fig. 102 bis 110.

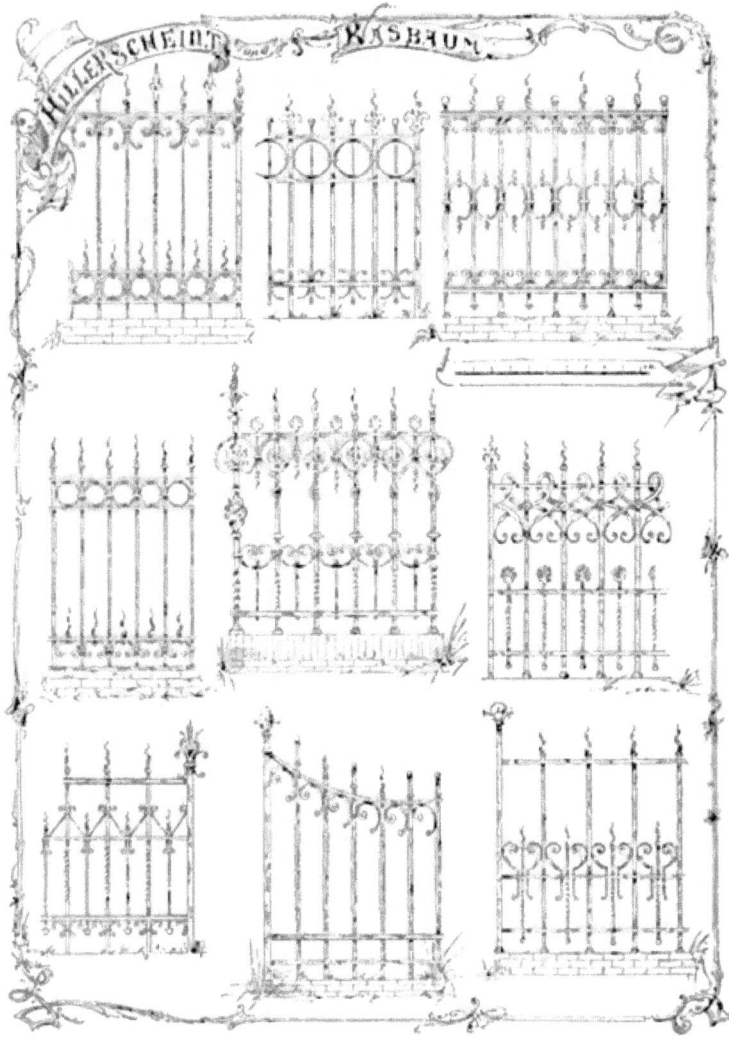

*) Diese Einfriedigungen wurden vom Schlossermeister *Friedrichs* zu Hannover angefertigt.

und mit den Füllungstheilen find die erforderlichen Conftructions-Einzelheiten in Theil III, Band 1 diefes »Handbuches« (Abth. I, Abfchn. 3: »Conftructions-Elemente in Eifen«, insbefondere Kap. 3: »Eckverbindung, Endverbindung und Kreuzung von Eifentheilen«) zu finden. Fig. 111[19]) giebt ein Beifpiel einfchlägiger, forgfältig ausgeführter Verbindungen.

Schmiedeeiferne Einfriedigungen werden auf einen gemauerten Sockel von nicht unter 30 cm Höhe aufgeftellt und auf diefem befeftigt. Am beften ift es, diefen Sockel ganz aus Haufteinen herzuftellen; zum mindeften muß er mit Steinplatten abgedeckt fein. In letztere, bezw. in die Quader-Deckfchicht des

Fig. 111[19]).

Sockels, wird entweder jeder einzelne lothrechte Stab der Vergitterung eingelaffen und darin mit Blei, Schwefel oder Gyps[20]) vergoffen, oder die lothrechten Stangen werden mit Hilfe von Bolzen bezw. Stiften in einer auf dem Sockel aufruhenden

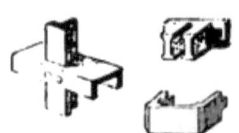

Flacheifenftange befeftigt und die letztere mittels Steinfchrauben auf dem Sockel feft gemacht. Letztere Conftruction geftattet es namentlich, die Einfriedigung auf größere Längen in der Werkftätte zufammenzufügen, und erleichtert fo das Aufftellen.

Wenn der Einfriedigung nicht in anderer Weife (fiehe Art. 21) die erforderliche Standfeftigkeit verliehen wird, fo müffen einzelne ihrer lothrechten Stäbe nach rückwärts verftrebt werden, was am einfachften in der durch Fig. 96 angegebenen Weife gefchieht. In Fig. 98 u. 114 hat die Verftrebung eine formale Durchbildung erfahren, und durch Fig. 112 ift eine andere Art der Stabverftärkung dargeftellt.

Der gemauerte Sockel eiferner Einfriedigungen erhält bisweilen Brüftungs-, felbft noch größere Höhe (Fig. 113), fo daß man es alsdann mit einer im unteren Theile fteinernen, im oberen Theile eifernen Umwehrung zu thun hat. Eine folche Anordnung wird durchgeführt, wenn der Fuß der Einfriedigung befonders folid und widerftandsfähig fein foll, wenn das Durchkriechen von kleinen Thieren und dergl. völlig zu vermeiden ift, etc.

Bei längeren aus Schmiedeeifen ausgeführten Einfriedigungen im Freien (Vorgärten etc.) ift auf Vorkehrungen Bedacht zu nehmen (Lafchen mit länglichen Nietlöchern etc.), welche denfelben die durch die Wärmeunterfchiede bedingten Längenänderungen geftatten. Diefe Rückficht wird leider meift gänzlich außer Acht gelaffen; in Folge deffen kommen verbogene oder verzogene eiferne Einfriedigungen häufig vor.

Einfriedigungen aus Gußeifen find wegen der Sprödigkeit und leichten Zerbrechlichkeit diefes Materials im Allgemeinen weniger zu empfehlen, wenngleich das Gußeifen die Möglichkeit darbietet, alle gewünfchten Architekturformen in Anwendung zu bringen; doch dürfte diefe Eigenfchaft weniger einen Vortheil, als eine Gefahr in fich fchließen. So erfcheint nichts ungereimter, als eine griechifche Säulen-Colonnade oder ein gothifches Maßwerk in Eifen zu

20. Einfriedigungen aus Gufseifen.

---

[19]) Nach: La femaine des conft. 1867, S. 399.
[20]) Das Einbleien ift dem Einfchwefeln und Eingypfen vorzuziehen (vergl. Theil III, Band 1, Art. 109, S. 87 [2. Aufl.: S. 90] diefes »Handbuches«).

Fig. 112. giefsen und als Einfriedigung anzuwenden. Diefe Bauformen find für
Stein gefchaffen und werden durch
die Ausführung in Gufseifen herab-
gewürdigt, zumal da die Farbe des
Materials im Freien nicht gezeigt
werden kann, fondern die Oberfläche durch einen Oelfarbenanftrich
gegen Roften gefchützt werden mufs;
aufserdem ift der Mafsftab, welcher
für eine derartige Ausbildung ge-
wühlt werden mufs, gewöhnlich viel
zu klein.

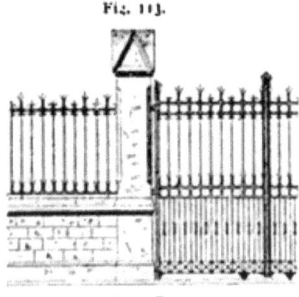

Fig. 113.

¹⁄₄₀ w. Gr.

In Folge deffen wird für Ein-
friedigungen von gröfserer Höhe und für folche, die einen wirklichen
Sicherheitsabfchlufs bilden follen, Gufseifen verhältnifsmäfsig nur felten
benutzt; die Anwendung befchränkt fich im Wefentlichen auf niedrige
Umfchliefsungen von Gartenbeeten, öffentlichen Anlagen auf ftädtifchen
Plätzen, von Gräbern etc. (Fig. 116), fo wie auf die im nächften Kapitel
noch zu befprechenden Brüftungen und Geländer.

¹⁄₄₀ w. Gr.

*11.
Pfeiler,
Pfoften,
Thore etc.*

Die fchmiedeeifernen, wie die gufseifernen Einfriedigungen werden auf
gröfsere Längen nur felten ohne Unterbrechung ausgeführt; fie werden vielmehr
in bald gröfseren, bald kleineren Abftänden durch fteinere Pfeiler (Fig. 113 u. 115)
oder kräftige eiferne Pfoften (Fig. 117) unterbrochen. Hierdurch erhält die
Einfriedigung einerfeits einen befferen Halt; andererfeits wird für das Ausfehen
der Vergitterung eine gewiffe Einförmigkeit
vermieden. Solche Pfeiler, bezw. Pfoften find
immer an den Ecken und an jenen Stellen
nothwendig, wo Thüren oder Thore anzubringen find; die Angeln, um welche die letzteren fich zu drehen haben, find ftets in
folchen Pfoften zu befeftigen, eben fo die
Längsbänder, welche die lothrechten Gitterftäbe mit einander verbinden.

In Pfeilern aus Hauftein werden fowohl die Thürangeln, als auch die angren-
zenden Eifentheile der Einfriedigung durch
Einbleien, Eingypfen oder Einfchwefeln befeftigt. Dienen gröfsere Mauerkörper, die aus
Quadern und Backfteinen, felbft aus Bruchfteinen hergeftellt werden, zur Unterbrechung
und Stützung des Gitters, fo werden die
Angeln der Thore im Mauerwerk (fchon während der Ausführung) verankert.

Für einfache fchmiedeeiferne Vergitterungen werden kräftigere Pfoften aus dem
gleichen Material angewendet, wozu fich L-,
I- und Quadrant-Eifen am meiften empfehlen
dürften. Auch ift für die Pfoften eiferner

Fig. 114.

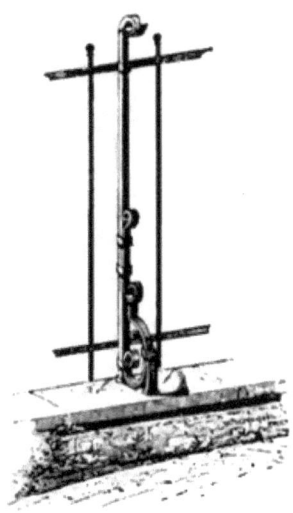

Einfriedigungen Gufseisen ein ganz geeignetes Material. Da hierbei ftärkere Abmeffungen in Anwendung kommen, find die oben bezüglich feiner Feftigkeit gegen daffelbe geäufserten Bedenken weniger fchwer wiegend, und der Umftand, dafs man folchen Pfoften leicht eine geeignete formale Ausbildung (Fig. 116) geben kann, fpricht zu ihren Gunften. Ruht die Einfriedigung auf einem gemauerten Sockel, fo mufs diefer an den Stellen, wo Pfoften angeordnet werden follen, eine entfprechende Verftärkung in Form von Vorfprüngen etc. erhalten (Fig. 118).

Gufseiferne Pfoften werden hohl hergeftellt und meift fäulen- oder candelaberartig geftaltet. Oben erhalten fie in der Regel einen Knopf oder eine Vafe als Abfchlufs, und unten wird eine kräftige, am beften dreieckige oder quadratifche Fufsplatte an diefelben angegoffen. Mit Hilfe letzterer und mittels 3, bezw. 4 Steinfchrauben wird ein folcher Pfoften auf einem Sockelquader folid befeftigt (Fig. 118). Sollen diefe Pfoften zum Tragen größerer Thürflügel dienen,

Fig. 115.

Einfriedigung vom *Square de la Place du petit Sablon* zu Brüffel[*]. — $\frac{1}{10}$ w. Gr.

fo ift eine größere Verbreiterung ihres Fufses, bezw. eine mehrfeitige Abfteifung derfelben nothwendig. Eine derartige kräftige Verftrebung wird im gleichen Falle auch bei fchmiedeeifernen Pfoften nothwendig, und felbft Pfeiler aus Hauftein müffen unter Umftänden mittels eiferner Anker an benachbarten Theilen feft gehalten werden, wenn fchwere Thorflügel an ihnen hängen und ihre Maffe nicht grofs genug ift, um die erforderliche Standfeftigkeit zu erzielen. Unter Umftänden kann für die eifernen Pfoften die Anwendung von Grund- oder Fundamentankern, wie folche bereits im vorhergehenden Bande diefes »Hand-

*) Facf.-Repr. nach: Bavarat, a. a. O.

buches« (Art. 276, S. 182[**]) befchrieben worden
find, oder eine anderweitige Verankerung (Fig.117)
nothwendig werden.

Ueber die Conftruction der Thüren und
Thore felbft, fo wie ihrer Angeln und des fonftigen Zubehörs ift in Theil III, Band 3, Heft 1
diefes »Handbuches« (Abth. IV, Abfchn. 1, B:
Thüren und Thore) das Nöthige zu finden.

Alle eifernen Einfriedigungen find mit einem
fchützenden Anftrich zu verfehen. In der Regel
wird ein Oelfarbenanftrich gewählt, meift in einem
einzigen Farbenton; doch läfst fich durch geeignete Wahl verfchiedener Farbentöne die Wirkung erhöhen, und man kann in diefer Be-

Fig. 116.

ziehung noch Weiteres erzielen, wenn man, wie fchon oben angedeutet, eine
Bronzirung oder gar Vergoldung der Eifentheile in Anwendung bringt.

22.
Berechnung. Wenn eine eiferne Einfriedigung blofs aus lothrechten Stäben befteht, die
durch zwei oder mehrere wagrechte Bänder zufammengehalten werden, und

Fig. 117.

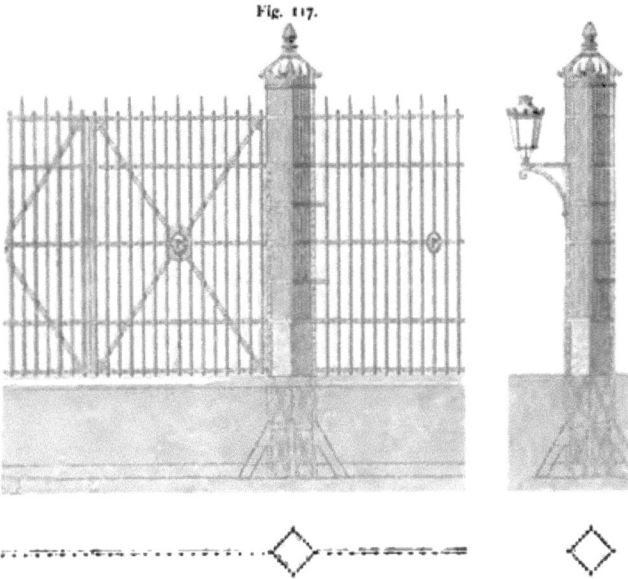

Einfriedigung vom Entrepôt zu Bercy[28]. — $^1/_{20}$ w. Gr.

wenn jeder der lothrechten Stäbe im Steinfockel genügend befeftigt ift, fo ergiebt
die Berechnung diefer Stäbe auf Winddruck — wegen der geringen Fläche, die
fie dem Winde darbieten — viel zu geringe Abmeffungen; die zufälligen Bean-

---

[**] 2. Aufl.: Art. 282, S. 196.
[28] Fach-Repr. nach: *Encyclopédie d'arch.* 1886, Pl. 1073.

Fig. 118.

fpruchungen der Einfriedigung durch Stöße etc. find viel größer, als die Wirkung des Windes; da aber erstere der Berechnung fich entziehen, ift man bei der Wahl der Abmeffungen folcher Einfriedigungen auf die Erfahrungsergebniffe angewiefen.

Wenn hingegen nur einzelne ftärkere Stäbe oder Pfoften aus Schmiedeeifen oder Gußeifen mit dem Fundament in geeigneter Weife verbunden und die dazwifchen gelegenen Conftructionstheile der Einfriedigung (feien es andere lothrechte Stäbe oder anders geftaltete Füllungen) nur mit diefen Pfoften (mittelbar oder unmittelbar) vereinigt find, fo hat ein folcher Pfoften die Hälfte der beiden Winddrücke aufzunehmen, welche auf die zwei Felder wirken, die von diefem Pfoften bis zu den beiden (links und rechts) nächft gelegenen reichen.

Ift $\mathfrak{F}$ die Fläche, für welche der Winddruck in Frage kommt, und ift h die Höhe des betreffenden Pfoftens, fo ift nach Art. 10 (S. 10, unter 1) das Biegungsmoment am Fuße des Pfoftens[*)]

$$M = \frac{p\,\mathfrak{F}\,h}{2}.$$

Wenn nun $\mathfrak{J}$ das Trägheitsmoment des Pfoftenquerfchnittes für eine zur Einfriedigung parallele Schweraxe, a den Abftand diefer Axe von der gefpannteften Fafer und K die größte zuläffige Beanfpruchung des Eifens bezeichnet, fo ift[**)] das Widerftandsmoment

$$\frac{\mathfrak{J}}{a} = \frac{M}{K} = \frac{p\,\mathfrak{F}\,h}{2\,K}.$$

Für Schmiedeeifen ift $K = 750^{kg}$ und für Gußeifen $K = 200^{kg}$ für 1^{qm} einzuführen, während für p die in Art. 2 (S. 2) gemachten Angaben zu benutzen find. Die Druckfläche $\mathfrak{F}$ muß durch Schätzung beftimmt werden. Wäre die Einfriedigung nicht durchbrochen und ftehen die beiden (links und rechts) nächftgelegenen Pfoften um e_1 und e_2 ab, fo würde $\mathfrak{F} = \frac{e_1 + e_2}{2}\,h$ fein; je nach dem Grade der Durchbrechung ift hiervon ein größerer oder kleinerer aliquoter Theil in die Rechnung einzuführen.

Beifpiel. Eine fchmiedeeiferne Einfriedigung fei ($h =$) 2 ^{m} hoch; die aus $\mathbf{I}$-Eifen herzuftellenden Pfoften derfelben ftehen je 3 ^{m} von einander ab; der Winddruck betrage ($p =$) 120 ^{kg} für 1 ^{qm}. Alsdann würde, wenn die Einfriedigung nicht durchbrochen wäre, der Winddruck $p\,\mathfrak{F} = 120 \cdot 3 \cdot 2 = 720^{kg}$ betragen, und das Widerftandsmoment wird

$$\frac{\mathfrak{J}}{a} = \frac{720 \cdot 200}{2 \cdot 750} = 96.$$

In den »Deutfchen Normal-Profilen für $\mathbf{I}$-Eifen« wäre das Profil Nr. 15[**)] mit 15 $\times$ 7 ^{cm} Querfchnitts-Abmeffungen und einem Widerftandsmoment von 99 das hier zu wählende.

Da indeß das Geländer durchbrochen ift, fo ift die vom Winde beanfpruchte Fläche viel kleiner. Angenommen, diefelbe betrage nur 30 Procent der Gefammtfläche, fo wird auch das Widerftandsmoment nur 0,3 des früheren Werthes betragen, alfo

$$\frac{\mathfrak{J}}{a} = 0,3 \times 96 = 28,8$$

fein. In diefem Falle würde das Profil Nr. 9 mit 9,0 $\times$ 4,6 ^{cm} Querfchnitts-Abmeffungen und einem Widerftandsmoment von 26,2 nahezu ausreichend, das nächft größere Profil Nr. 10 mehr als genügend fein.

*) Nach Gleichung 171 (2. Aufl.; Gleichung 183) in Theil I, Band 1, zweite Hälfte diefes »Handbuches«.

**) Nach Gleichung 30 (2. Aufl.; Gleichung 34) ebendal.

***) Siehe die Tabelle auf S. 198 (2. Aufl.: S. 257) in Theil I, Band 1, erfte Hälfte diefes »Handbuches«.

Die vorstehende Berechnung setzt voraus, daß der Pfosten auf seiner Stein-
unterlage unverrückbar befestigt oder eingespannt ist, bezw. daß die letztere
selbst in Folge des Winddruckes nicht
umkanten kann. Das Eigengewicht
des Steinsockels, einschließlich seines
Fundamentes, muß demnach so groß
sein, daß die nöthige Standsicherheit
erzielt wird.

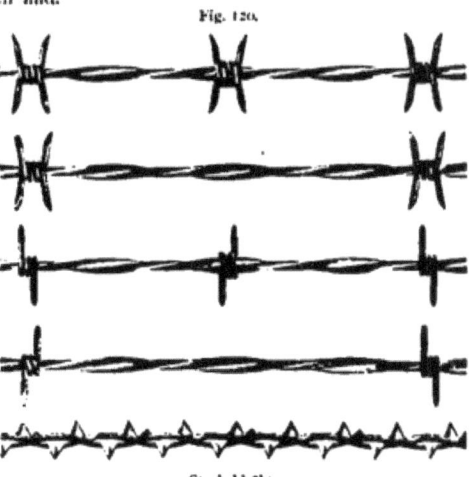

Fig. 119.

Kett015;ninfriedigung.
$\frac{1}{20}$ w. Gr.

Pfosten, deren Abmessungen in
der hier gezeigten Weise berechnet
sind, werden immerhin vom Winde
gebogen werden können, so daß die
in Art. 19 (S. 29) angedeuteten Ver-
strebungen nicht entbehrlich sind.

Fig. 120.

23.
Sonstige
Einfriedigungen. Außer den im Vor-
stehenden vorgeführten
eisernen Einfriedigun-
gen kann man für
untergeordnete Zwecke
eiserne Umschließungen
in einfacherer Art her-
stellen. Hierzu gehören
vor Allem Ketten (Fig.
119) und Drahtseile,
welche man zwischen
steinerne oder eiserne,
selbst zwischen hölzer-
ne Pfosten hängt oder
spannt. Weiters sind
Drahtzäune zu erwäh-
nen, welche aus bald
weit-, bald engmaschi-
gem Drahtgeflecht oder
Drahtgespinnst bestehen
und meist durch eiserne

Stacheldrähte.

in den Boden gesetzte, lothrechte Stangen den erforderlichen Halt
bekommen. Insbesondere wäre auch der in neuerer Zeit vielfach
angewendeten Stacheldrahtzäune (Fig. 120) Erwähnung zu thun.

Bezüglich letzterer sei bemerkt, daß man mit der Anwendung desselben recht
vorsichtig sein sollte. Man darf sie niemals dort stattfinden lassen, wo die Einfriedigung nahe an Verkehrswegen hinläuft; die Stacheln können namentlich Reitern
und Pferden leicht gefährlich werden. Hingegen ist der Stacheldrahtzaun für die
Erhöhung vorhandener Einfriedigungen recht geeignet; man führt letztere, der
Kostenersparniß wegen, nur etwa 2 m hoch aus und macht das Ueberstcigen durch
Aufsetzen eines Stacheldrahtzaunes unmöglich; in solcher Höhe können die Stacheln
zufällige Beschädigungen kaum verursachen.

Alle derartige Anlagen sind kaum in das Gebiet der Bau-
constructionen einzureihen, so daß ein näheres Eingehen auf die-
selben an dieser Stelle wohl unterbleiben kann.

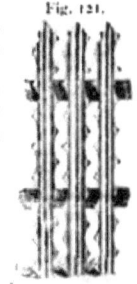

Fig. 121.

Stachelzaun
von *Sonnenthal*[*)].

*) Fachkgr. nach: Baugewks.-Ztg. 1884, S. 158.

Durch den *Sonnenthal*fchen Stachelzaun (Fig. 121²²), der fich bei guter
Ausführung jedenfalls durch große Standfeftigkeit auszeichnet, foll das Ueberfteigen faft zur Unmöglichkeit gemacht werden; doch find die früher gegen ähnliche Conftructionen geäußerten Bedenken auch hier nicht außer Acht zu laffen.

Die Stachelpfähle find aus ftarkem Wellblech hergeftellt; die Seiten und Spitzen find den
Blättern der Stechpalme nachgebildet. Sie werden entweder an hölzerne Querriegel angenietet oder
aber an Flacheifenftangen, geeigneten Formeifen etc. angenietet oder angefchraubt.

17. Kapitel.
Brüftungen und Geländer.

Unter einer Brüftung (hie und da auch Parapet genannt) verfteht man   *14.*
einen bis zur Bruft hinaufragenden Conftructionstheil, welcher aus Stein, Holz   *Allgemeines.*
oder Metall beftehen, völlig gefchloffen oder theilweife geöffnet fein kann und
als Schutzwehr gegen das Hinabfallen von einer Höhe (Plattform, Balcon,
Galerie, Empore, Altan, Terraffe etc.) angelegt wird, übrigens unter Umftänden
auch noch andere Zwecke erfüllen kann. Die Fenfterbrüftungen, von denen
noch in Theil III, Band 3, Heft 1 diefes »Handbuches« die Rede fein wird,
decken diefen Begriff vollkommen. Auch manche Attika, in fo fern fie ein
flaches Dach begrenzt, kann als Brüftung aufgefaßt werden.

Geländer ift eine mehr oder weniger durchbrochene Brüftung. Beide haben
in der Regel einen wagrechten Abfchluß nach oben hin in Form einer Deckplatte, einer Bruftlehne, einer Handleifte, eines wagrecht liegenden Holzes
(Bruftriegels) etc. zur Stütze der Hand oder des Oberkörpers; Brüftungen und
Geländer an Treppen- und Rampen-Anlagen¹²) machen eine Ausnahme, indem
diefelben mit ihrer Oberkante den betreffenden Steigungsverhältniffen folgen.

Die Conftructionstheile einer Brüftung liegen in den meiften Fällen in
einer lothrechten Ebene; Brüftungen, hinter denen in der Regel gefeffen wird
(wie z. B. die Logen-Brüftungen in Theatern, die Brüftungen der Emporen in
Kirchen etc., die Geländer wenig vorkragender Balcone etc.) erhalten nicht felten
eine gefchweifte (im unteren Theile nach außen ausgebauchte) Profilform, um
für die Füße der Sitzenden bequemen Raum zu fchaffen.

Die Höhe der Brüftungen und Geländer über der zu fchützenden Plattform
beträgt zwifchen 0,9 und 1,1 ᵐ. Brüftungen, die niedriger als 90 ᶜᵐ find, werden
dann ausgeführt, wenn hinter der Brüftung in der Regel nur gefeffen wird und
zu diefem Zwecke fefte Sitzplätze vorhanden find. Sonft können Brüftungen
von fo geringer Höhe nur dann Anwendung finden, wenn fich verhältnißmäßig
nur felten Menfchen dahinter befinden und auch diefe immer nur in geringer
Zahl; für nicht fchwindelfreie Perfonen find fo geringe Brüftungshöhen ftets
gefährlich. Wo ftarkes Gedränge fich bewegender Menfchenmaffen zu erwarten
ift, foll die Brüftung nicht unter 1 ᵐ hoch gemacht werden; Brüftungen an ftark
frequentirten Terraffen, Geländer an verkehrsreichen Brücken etc. erhalten 1,05
bis 1,20 ᵐ Höhe; noch größere Höhen kommen zwar vor, find aber nicht nothwendig und in dem Falle unzuläffig, wenn verlangt wird, daß man über die
Brüftung hinab in die Tiefe fehen kann.

¹²) Siehe in diefer Beziehung auch Theil III, Band 6 diefes »Handbuches«, Abth. V, Abfchn. 2, Kap. 2: Terraffen
(Art. 147, S. 135; 2. Aufl.: Art. 143, S. 151).

Je steiler eine Treppe ist, desto höher muß ihr Geländer sein. An der Vorderkante der Trittstufe gemessen, soll die Höhe 0,85 bis 1,00 ᵐ betragen.

Die Brüstungen müssen so fest construirt sein, daß sie unter dem Drucke der hinter denselben stehenden und sich dagegen stützenden Personen nicht ausweichen; bei der Berechnung hat man einen Seitenschub von 400 bis 500 ᵏᵍ für das lauf. Meter in Anfatz zu bringen.

Nach einem Gutachten, betreffend den Schutz der Perfonen in öffentlichen Verfammlungsräumen, welches von einer Commiffion des Architekten-Vereines zu Berlin 1885 erstattet worden ist, sollen Brüstungen und Geländer einem seitlichen Drucke vom Gewichte einer doppelten Menschenreihe Widerstand leisten können, so daß etwa 6 Perfonen oder ein Druck von 450 ᵏᵍ auf das lauf. Meter zu rechnen sind.

a) Brüstungen und Geländer aus Stein.

75. Brüstungen mit Arcatur, bezw. Maßwerk.

Von Brüstungen und Geländern aus griechischer und römischer Zeit hat sich wenig erhalten. Sie waren entweder als geschlossene Steinfüllungen oder auch durchbrochen als Bronze-Geländer construirt. Eine Nachahmung letzterer in Stein zeigen die Brüstungen des Obergeschoffes der Stoa des Königs *Attalos II.* in Athen (Fig. 122[31]), welche in vier verschiedenen Motiven aufgefunden worden sind; diefelben sind ca. 1 ᵐ hoch und nicht vollständig durchbrochen, sondern als volle Steinplatten mit aufliegendem Maschenwerk construirt.

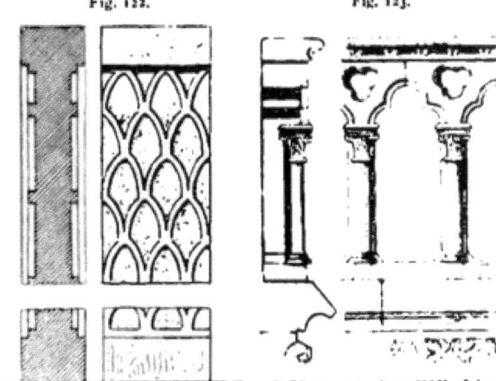

Fig. 122.

Von der Stoa des Königs *Attalos II.* zu Athen[29].

Fig. 123.

Brüstung aus dem XIII. Jahrhundert[30].

Als Brüstungen müssen auch die Zinnen der antiken und mittelalterlichen Städte und Burgmauern angesehen werden (siehe Art. 3, S. 3), desgleichen die Galerien, welche die Dächer der gothischen Kirchen umgeben und welche in der Regel auf dem Rande der Hauptgesimse ihren Platz fanden. Als Säulen-Arcatur, bezw. als Maßwerk-Galerie mit reichen Durchbrechungen construirt, bilden sie zugleich einen wesentlichen Schmuck der gothischen Façade, welche durch sie einen malerischen und

Fig. 124.

Von der *Notre-Dame*-Kirche zu Paris.

²⁹) Nach: Zeitfchr. f. Bauw. 1875. Bl. 46.
³⁰) Nach: VIOLLET-LE-DUC, E. E. *Dictionnaire raisonné etc.* Bd. 2. Paris 1859. S. 80.

Fig. 125.

Von der *St. Nicolai-Kirche* zu Frankfurt a. M.

zugleich zierlichen Abfchlufs
erhält (Fig. 123, 124 u. 125).

Die Verwendung einer Arcatur
ift im Allgemeinen bequemer, als die
des Mafswerkes, weil die Säulchen
je nach Bedürfnifs eng oder weit von
einander aufgeftellt werden können,
wohingegen die Verwendung einer
Mafswerk-Galerie, wenn ungleiche
Gefimslängen zu bekrönen find, wie
beim Mittelfchiff und den viel kleineren Choufeiten, oft Unbequemlich-
keiten fchafft, da das Mafswerk nicht
beliebig unterbrochen werden kann
Bei kurzen Längen, bei denen es
nicht möglich ift, die Grundform
häufig zu wiederholen, dürfte die Mafswerkbildung auch nicht recht zur Geltung kommen, da die günf-
ftige Wirkung derfelben auf der häufigen rhythmifchen Wiederkehr des Grundmotivs beruht.

Im Inneren der mittelalterlichen Kirchen find ferner die Emporen vielfach
mit fteinernen Brüftungen abgefchloffen, desgleichen die unteren Partien der
Triforien-Galerien.

Von ganz gewaltiger Wirkung find die Zinnenbrüftungen verfchiedener
italienifcher Bauwerke, wie diejenigen des *Palazzo vecchio* zu Florenz und des
Palazzo pubblico zu Siena (Fig. 126), welche fich über mächtig ausgekragten
Confole-Gefimfen erheben; auch diejenigen verfchiedener mittelalterlicher Rath-
häufer und Hallen in Belgien (Brügge, Ypern u. a. O.) machen einen impofanten
Eindruck. Für kleinere Bauwerke des Profanbaues ift indeffen eine folche Ausbildung nicht am Platze; fie zieht dem alfo bekrönten Gebäude — nicht mit
Unrecht — das Epitheton einer »er-
logenen Burg-Architektur« zu.

Fig. 126.

Vom *Palazzo pubblico* zu Siena.

In der mittelalterlichen Profan-
Architektur wurden befonders Terraffen, Altane, Balcone und Treppen
mit oft reichen Brüftungen verfehen.
Von reichfter Wirkung ift u. A. die in
Fig. 127 dargeftellte Bekrönung der
füdlichen Vorhalle des Münfters zu
Freiburg (aus dem Jahre 1620), welche
zugleich beweist, mit welcher Vorliebe
man in einigen Gegenden Deutfchlands
noch fpät-gothifche Formen verwendete, in einer Zeitperiode, in welcher
fich die Kunft der Renaiffance fchon
dem Verfalle zuneigte.

Derartige eigenthümliche Formen-
verfchmelzungen traten fowohl in
Deutfchland, als auch in Frankreich
an den Bauwerken der Renaiffance-
Periode zahlreich auf. Ganz befonders
eigenartige Combinationen zeigen uns
in diefer Hinficht die Profanbauten

Nürnbergs, Colmars etc., welche, wie
z. B. an den Baluftraden des (übrigens
ganz in Renaiffanceformen gehaltenen)
Peller'fchen Hofes zu fehen, ebenfalls ein zähes Fefthalten an den fchon
entarteten fpätgothifchen Mafswerk-
bildungen documentiren. Aehnliches
zeigt fich an einer Galerie im *Geffert-*
fchen Haufe zu Nürnberg (Fig. 128).

Fig. 127.

Bekrönung der füdlichen Vorhalle am Münfter
zu Freiburg.

In Italien vollzog fich der Uebergang von den mittelalterlichen zu den
Renaiffanceformen leichter und zwang-
lofer, was neben anderen Motiven wohl
darin hauptfächlich feinen Grund haben
dürfte, dafs auch die Formenbildung des
Mittelalters in diefem Lande faft durchweg eine gewiffe Verwandtfchaft mit
der Antike zeigt. Dies tritt z. B. an den gothifchen Bauwerken Venedigs ganz
fchlagend zu Tage, welche doch von allen italienifchen Werken im Allgemeinen
den am meiften aus-
geprägten gothi-
fchen Charakter be-
fitzen. So befteht
die Baluftradenbil-
dung der dortigen
Paläfte vielfach aus
antikifirenden
Rundfäulen, welche
durch ganz winzige
Spitzbogen mit ein-
ander verbunden
find, eingefchaltet
zwifchen derbe

16.
Brüftungen
mit
Säulen.

Fig. 128.

Galerie am *Geffert*'fchen Haufe zu Nürnberg.

Rundfäulen oder Pfeiler (fiehe Fig. 129). Von diefer Ausbildung zur vollftändigen
Renaiffance-Brüftung ift nur ein Schritt: es bedurfte nur der Weglaffung des
Spitzbogens. Die Gefammtwirkung ift übrigens faft diefelbe, wie Fig. 130, die

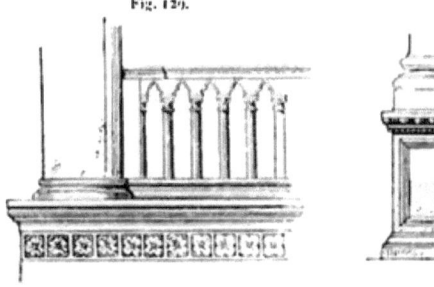

Fig. 129.

Von der Loggia des Dogen-Palaftes zu Venedig.

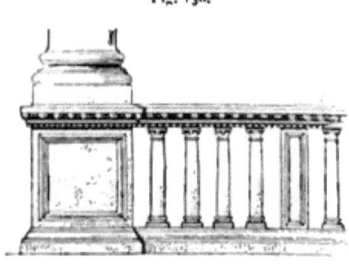

Fig. 130.

Von der *Loggia del Configlio* zu Padua.

Baluftrade von der *Loggia del Configlio* zu Padua, fo wie ferner die Baluftrade vom *Palazzo del Configlio* in Verona, der eben erwähnten ganz ähnlich, beweifen. In ganz gleicher Weife findet fich diefes Motiv als Baluftrade einer Wendeltreppe an dem noch dem XIV. Jahrhundert angehörenden *Palazzo Minelli* zu Venedig durchgeführt (Fig. 131).

Neben der Säule wurde indefs, und zwar viel häufiger, die Docke oder der Baluster zur Unterftützung der Deckplatte, bezw. des Handläufers benutzt. Die Docke ift ein meist mit Kapitell und Bafis verfehener, mehr oder weniger gefchweifter, gleichfam elaftifcher Körper, welcher in der Renaiffance und der darauf folgenden Barock-Periode in zahlreichen Variationen auftritt. Bald zeigt er, die Function der Säule übernehmend, die einfeitige Richtung von unten nach oben (Fig. 133); bald hat er, mehr decorativ als conftructiv benutzt, eine doppelte Richtung von der Mitte aus nach oben und unten aufzuweifen (Fig. 134); bald ift er kreisförmig im Querfchnitt, bald rechteckig, bald ganz glatt gelaffen, bald reich verziert (Fig. 132) etc. Fig. 135 zeigt eine der reichften Docken diefer Art.

Die Verwendung der Docke verdient jedenfalls vor derjenigen der Säule defshalb den Vorzug, weil fie, je nach ihren Abmeffungen, nach ihrer Profilbildung und fonftigen Gliederung, des verfchiedenften Ausdruckes fähig ift, von demjenigen der höchsten Zierlichkeit und Eleganz bis zur maffivften Derbheit, und weil fie daher, entfprechend der von ihr zu übernehmenden Laft und entfprechend den benachbarten Architekturtheilen, ganz verfchieden gegliedert werden kann. In der Spät-Renaiffance und im Rococo kommen übrigens oft fehr häfsliche Ausbildungen diefer Art vor.

Es fei hier noch bemerkt, dafs die Stellung der Docken eine möglichst dichte fein mufs, mindeftens derartig, dafs die Zwifchenräume der Dockenbreite entfprechen; in der Regel wird es fich aber empfehlen, fie noch dichter zu fetzen, fo dafs fich die Kapitell-Abaken faft berühren [31]).

Fig. 131.

Vom *Palazzo Minelli* zu Venedig.

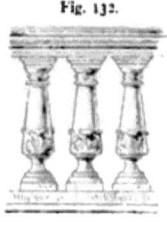

Fig. 132.

Fig. 133.

Fig. 134.

Vom *Palazzo Bevilacqua* zu Verona.

[31]) Ueber die Geftaltung der Baluftraden zu Treppen fiehe Theil III, Band 6 diefes »Handbuches«, Abth. V, Abfchn. 2, Kap. 2, a: Terraffen (Art. 147, S. 131; 2. Aufl.: Art. 150, S. 102).

Neben der Säule, dem Pfeiler und der Docke, welche die
Function des Tragens der Deckplatte oder des Handläufers am
klarsten ausdrücken, können sich die Durchbrechungen der Brüstung selbstverständlich noch auf mancherlei andere Weise gestalten,
z. B. etwa derartig, daß die Brüstung als Steinrahmen auftritt,
welcher von der Mitte aus nach allen Seiten hin verspannt erscheint; doch ist in diesem Falle darauf zu achten, daß die als
Versteifungen wirkenden Decorationen eine dem Material entspre-
chende genügende Dicke behalten.

Sollen reichere, rein ornamentale Decorationen verwendet
werden, so empfiehlt sich die völlige Durchbrechung der Brüstung
nicht, weil die Belastung derselben durch die Deckplatte ästhetisch
unzulässig erscheint. Die Decorationen werden in diesem Falle als
kräftiges Relief aus einer Steinplatte herausgearbeitet werden
müssen, einen angehefteten Schmuck darstellend. Dahin gehören
die gleichsam aus einer festlichen Bekränzung in Stein übertrage-
nen Laub-, Blumen- und Fruchtgehänge (Festons), mit Knöpfen oder
Rosetten angeheftet und von flatternden Bändern umgeben (Fig.
136), ferner alle jene, häufig mit Thier- und Menschen-, besonders
mit Kinderfiguren verflochtenen, stilisirten Rankenzüge und Blatt-
zweige, von denen die italienische Renaissance reizvolle Compositionen geschaffen hat, auf welche hier nicht näher eingegangen werden kann (Fig. 138). Derartige Compositionen können

Von der
Kanzeltreppe
im Dome zu
Siena.

Fig. 136.

in vielen Fällen auch in Sgra-
fitto ausgeführt werden, und ein
solches Verfahren empfiehlt sich
besonders dann, wenn das Relief, etwa wegen zu großer Entfernung vom Auge des Be-
schauers, nicht recht zur Geltung
kommt.

Die außer-italienische Renaissance, besonders die deutsche
und die vlämische, verwendet an
dieser Stelle selten Rankenwerk,
sondern mehr geometrische Ge-
bilde von derber, plastischer Wirkung, wie z. B. die Cartouche in
Verbindung mit Umrahmungen

Fig. 137.

Balkonbrüstung von der *Cancelleria* zu Rom.

und vortretenden prismatifchen oder kugelförmigen Steinboffen (Fig. 137). Der Hintergrund des Ornamentes, welches je nach der beabfichtigten Wirkung ca. 2 bis 5 ᶜᵐ aufliegt, ift in diefem Falle natürlich gefchloffen. Bei Geländern dagegen find die Ornamente ganz durchbrochen, wie z. B. die fchöne Geländerbrüftung des fog. *Dagoberts*-Thürmchens auf dem alten Schloffe zu Baden (Fig. 139) zeigt.

Fig. 138.

Erkerbrüftung eines Haufes zu Colmar.

Fig. 139.

Brüftung des *Dagoberts*-Thürmchens zu Baden-Baden.

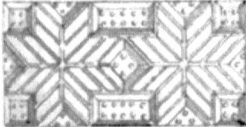

Fig. 140.

Fenfterbrüftung von einem Haufe zu Dordrecht.

Bezüglich der Ausbildung der Brüftungen in der Backftein-Architektur liefern die älteren holländifchen Bauwerke anziehende Beifpiele. Die ornamentalen Motive an denfelben find, wie Fig. 140 zeigt, meift mufivifch eingelegt; die vortretenden Quader in den angeführten Beifpielen find aus gelblichen Sandfteinen hergeftellt.

In conftructiver Beziehung find bei fteinernen Brüftungen die folgenden Punkte zu beachten.

1) Die Brüftung darf dem hinter ihr ausgeübten Schube durch Umkanten nicht nachgeben; ihr Gewicht mufs alfo fo grofs fein, dafs durch daffelbe die erforderliche Stabilität erreicht wird. Die in Art. 10 (S. 10) für die Standficherheit von Einfriedigungen angeftellte Berechnung kann auch hier ohne Weiteres Anwendung finden, wenn man nur ftatt des Winddruckes den in Art. 24 (S. 36) ziffermäfsig angegebenen Seitenfchub einführt.

2) Die Brüftung darf auf ihrer Unterlage nicht verfchoben werden können. Selten wird die Reibung dies allein verhüten können; meiftens wird eine Verkämmung oder eine Verbindung mittels Feder und Nuth in Anwendung kommen — Mittel, von denen bereits im vorhergehenden Bande diefes »Handbuches« (Art. 100, S. 79 bis 82²⁷) die Rede war und wo auch in Fig. 231²⁸) eine einfchlägige Abbildung beigefügt ift. Allein auch die Verbindung mittels Dübel oder Dollen, worüber im gleichen Bande (Art. 106, S. 86²⁹) gefprochen worden ift, kann mit Vortheil benutzt werden — voraus-

19. Conftruction

²⁷) 2. Aufl.: Art. 100fl., S. 81ff.
²⁸) 2. Aufl.: Fig. 231, S. 82.
²⁹) 2. Aufl.: Art. 106, S. 86.

gefetzt, dafs die Dübel durch einen genügend großen Querfchnitt die entfprechende Scherfeftigkeit haben.

3) Auch die einzelnen über und neben einander gelegenen Theile einer fteinernen Brüftung dürfen nicht verfchoben werden können. In diefer Beziehung find nicht nur die eben unter 2 angedeuteten Mittel heranzuziehen; fondern überhaupt ift Alles zu beachten, was im vorhergehenden Bande diefes »Handbuches« über Steinverband (S. 18 bis 48[ab]) und Steinverbindung (S. 70 bis 81[cn]) gefagt worden ift.

4) Die Deckplatten der Baluftraden follen über den Docken nicht geftoßen werden, wefshalb es nothwendig wird, in gewiffen Abftänden ftärkere Zwifchenpfeiler (Poftamente etc.) einzuschalten; die Deckplatten reichen alsdann von einem folchen Pfeiler zum nächften hinweg (fiehe Fig. 233).

b) Brüftungen und Geländer aus Holz.

30. Allgemeines.
Hinfichtlich der Conftruction und formalen Behandlung der hölzernen Brüftungen und Geländer gilt daffelbe, was im vorhergehenden Kapitel (unter b) hinfichtlich der Einfriedigungen aus Holz gefagt wurde; auch hier ift als oberfter Abfchlufs ein Deckbrett, erforderlichenfalls ein Handläufer aus Holz anzunehmen (Fig. 141 u. 143).

Treppengeländer aus Holz unterliegen, wenn im Freien angeordnet, derfelben Behandlungsweife (Fig. 142).

Die lothrechten Pfoften bilden denjenigen Conftructionstheil eines Geländers, der ihm die nöthige Standficherheit gewährt; auf diefe Pfoften wird die Handleifte oder der fog. Bruftriegel aufgefetzt und in der Regel durch Verzapfung damit verbunden. Im Freien wird die obere Fläche des Bruftriegels abgefchrägt, bezw. abgerundet, damit auffallendes Regenwaffer rafch abgeführt wird; im Uebrigen find beim Bruftriegel, bezw. bei der Handleifte fcharfe Kanten thunlichft zu vermeiden, weil letztere leicht abfplittern und auch beim Angreifen, Daggegenlehnen etc. unangenehm wirken.

31. Berechnung.
Die Berechnung der hölzernen Geländerpfoften kann in folgender Weife vorgenommen werden. Es bezeichne J das Trägheitsmoment (auf Centim. bezogen) eines Pfoftens für eine zum Gelander parallele Schweraxe, a (in Centim.) den Abftand diefer Schweraxe von der gefpannteften Fafer, h (in Met.) den Abftand des Querfchnittes von der Handleifte und e (in Met.) die Entfernung der Geländerpfoften von einander; ferner fei die zuläffige Beanfpruchung des Holzes zu 70 kg für 1 qcm angenommen. Alsdann wird das Widerftandsmoment

$$\frac{J}{a} = 57{,}1\,e\,h.$$

Für den quadratifchen Querfchnitt der Pfoften mit der Seitenlänge b wird

$$b = 7\sqrt[3]{e\,h}\ \text{Centim.}$$

Für $h = 1^m$ und $e = 1, 2, 3^m$ wird hiernach bezw. $b = 7, 9, 10$ cm.

Für den Bruftriegel bezeichne J' das Trägheitsmoment für eine lothrechte Schweraxe des Querfchnittes, a' den Abftand der gefpannteften Fafer und e' den Abftand der Geländerpfoften (beides in Met.) von einander; ift die zuläffige Beanfpruchung des Holzes die gleiche, wie eben angenommen, fo ift nach *Winkler*[1])

$$\frac{J'}{a'} = 7{,}1\,e'{}^2.$$

[a]) 2. Aufl.: S. 19 bis 72.
[c]) 2. Aufl.: S. 72 bis 90.
[1]) Vorträge über Brückenbau etc. Eiferne Brücken, Heft IV: Querkonftruktionen, 2. Aufl. Wien 1881. S. 417, 470, 506.

Fig. 141.

Fig. 142.

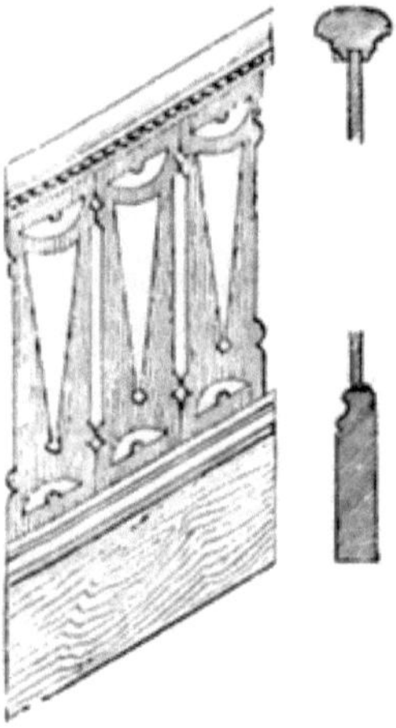

Fig. 143.

Einfache hölzerne Geländer.

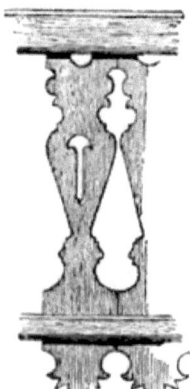

Bei kreisförmigem Querschnitt vom Durchmesser d wird

$$d = 4{,}11 \sqrt[3]{e^2} \text{ Centim.}$$

Sonach wird für $e = 1, 2, 3^m$ bezw. $d = 4{,}2, 6{,}7, 8{,}7^{cm}$.

34.
Einfache
Holz-
geländer.

Die einfachsten Holzgeländer bestehen im Wesentlichen nur aus den eben erwähnten lothrechten Pfosten und der Handleiste; erstere werden auf der vorhandenen Unterlage oder auf einem besonderen Schwellholz befestigt, sei es mittels Verzapfung oder unter Zuhilfenahme von Eisen. Nicht selten wird noch zwischen dem Schwellholz und der Handleiste ein Zwischenriegel angeordnet, der alsdann von einem Pfosten zum anderen reicht und in jeden derselben eingezapft wird.

Gegen das Durchfallen von kleineren Gegenständen etc. schützen derartige Geländer nur wenig. Will man solches verhüten, so versehe man den Brustriegel an der Unterfläche und das Schwellholz an der Oberfläche mit je einer Nuth und schiebe alsdann zwischen beide eine Bretterschalung, sog. Füllbretter ein; unter Umständen können die Nuthen auch durch aufgenagelte Leisten gebildet werden. Man erhält in solcher Weise eine Anordnung, welche den in Art. 13 (S. 15) bereits besprochenen Plankenzäunen verwandt ist und auch noch in so fern damit übereinstimmt, als man hier ebenfalls durch Schlitze und ausgesägte Ornamente (Fig. 142 u. 143), bezw. geometrische Figuren eine unter Umständen ziemlich reiche formale Ausstattung des Geländers erzielen kann. In Rücksicht auf die Zerbrechlichkeit des Holzes muss das Aussägen der Füllbretter auch hier mit Vorsicht geschehen. Weiters ist für das zu erzielende Muster zu beachten, dass nicht nur die Füllbretter für sich einen hübschen Umriss haben sollen, sondern dass auch die Zwischenräume, welche von den Umrisslinien derselben eingeschlossen werden, hübsch geformt sind. Solche Geländer heissen wohl auch Netzwerk.

Die Füllbretter werden bisweilen auch noch unterhalb des unteren Schwellholzes fortgesetzt und erhalten dann ausgesägte oder sonst gezierte Endigungen (Fig. 143).

35.
Docken-
geländer.

Im Inneren der Gebäude erweisen sich die beschriebenen Constructionen in den meisten Fällen als in der Wirkung zu schwer, und daher ist hier ein Docken- oder Traillen-Geländer vorzuziehen. Die Traillen sind Stäbe, welche der Steindocke entsprechend, aber in weitaus zierlicheren Abmessungen construirt sind; sie können, wie jene, eine einseitige

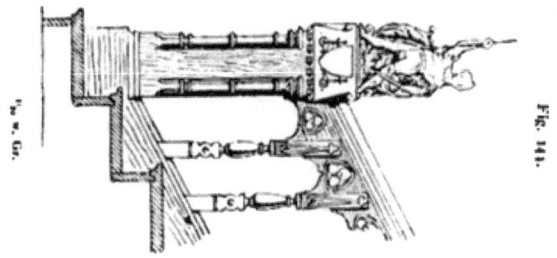

Fig. 144.

$^1/_{20}$ w. Gr.

Fig. 145. Fig. 146.

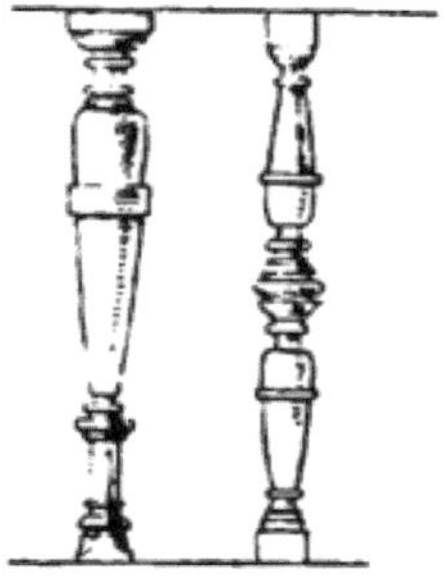

Fig. 148.

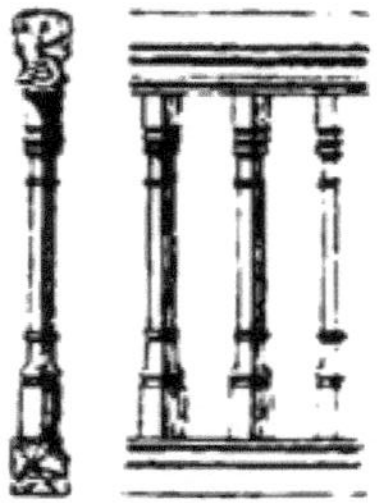

Von der Empore in der Kirche zu Flavigny[81].

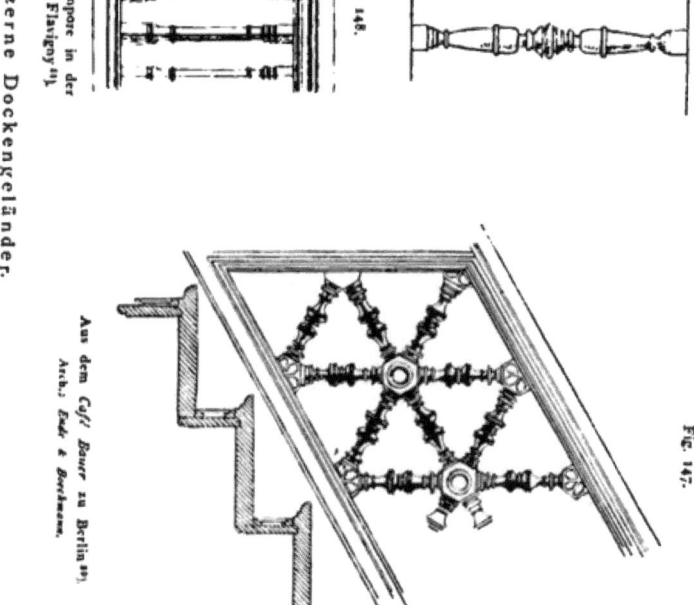

Fig. 147.

Aus dem *Café Bauer* zu Berlin[80].

Arch.: *Ende & Boeckmann.*

Hölzerne Dockengeländer.

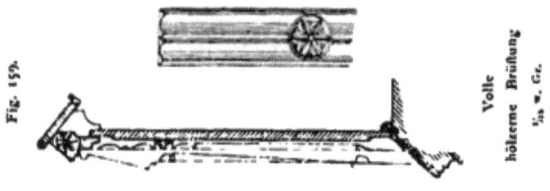

Fig. 159.

Volle
hölzerne Brüstung
½₀ w. Gr.

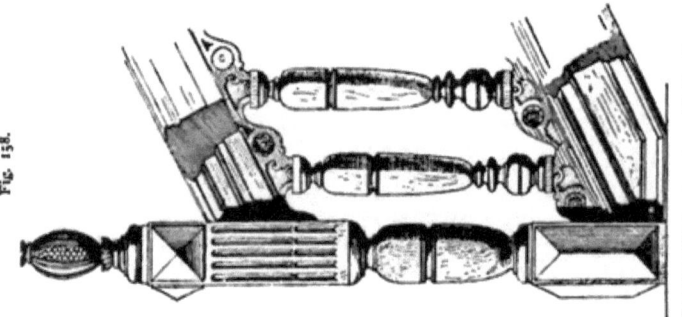

Fig. 158.

Treppengeländer aus dem *Mufie Plantin*
zu Antwerpen[*]. — ½₁₀ w. Gr.

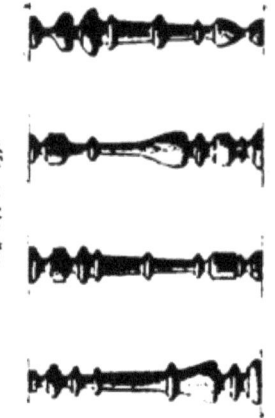

Fig. 149 bis 157.

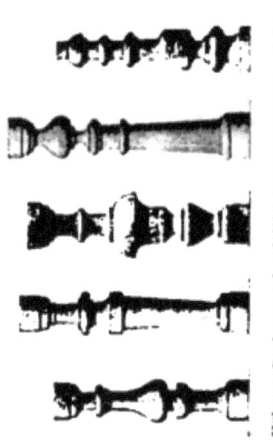

Hölzerne Docken aus dem XVII. und XVIII Jahrhundert[*].
½ w. Gr.

oder doppelte Richtung zeigen und glatt gedrechfelt oder mit reicherem Schnitzwerk verfehen fein (Fig. 145, 146, 149 bis 157[8]). Die Stäbe follen fo nahe an einander angeordnet werden, dafs Kinder nicht hindurchfallen können; die Entfernung derfelben darf fonach nicht mehr als 16 [c]m betragen.

Bei Treppengeländern find die Traillen entweder auf den Wangen oder auf den Stufen felbft oder feitlich am Treppenlaufe zu befeftigen, dabei auch hier ftets fo dicht anzuordnen, dafs kleine Kinder nicht zwifchen ihnen hindurch fallen können. Ein eigenthümliches, fehr wirkfames Geländer erhält man dadurch, dafs man die Docken in einem Sechseck anordnet und von einem rofettenartigen Vereinigungspunkte in der Mitte ausftrahlen läfst (Fig. 147[29]).

Verfchiedene Geländerausbildungen im Stile der vlämifchen Renaiffance des XVII. Jahrhunderts bewahrt das *Mufée Plantin* zu Antwerpen, wovon eine in Fig. 158[6] mitgetheilt ift. Ein nach der gothifchen Geftaltungsweife entfprechendes Geländer zeigt Fig. 144. Auch die Emporen-Brüftungen des Mittelalters find als Docken- oder Traillen-Geländer ausgeführt worden, wie das Beifpiel in Fig. 148[41] beweift.

Am Fufse der hölzernen Treppen, am fog. Treppenantritt, pflegt man, gleichfam als Ausgangspunkt des Geländers, einen kräftigeren Geländerpfoften anzuordnen (Fig. 158, 160 bis 165[43], der bald einfacher geftaltet wird, bald reichere formale Ausbildung erhält.

In den meiften Fällen ift es, fowohl der befferen Wirkung wegen, als auch aus anderen Gründen, vorzuziehen, die Brüftungen gefchloffen zu halten, alfo nicht zu durchbrechen. Die Conftruction derfelben ift dann ähnlich derjenigen einer Wandtäfelung und befteht aus Rahmen und eingeftemmten Füllungen, welche etwa noch durch kräftiger vortretende Pfeiler mehr Relief erhalten können. Eine treffliche Wirkung erzielt man durch Verwendung verfchiedener Holzforten (z. B. Eichenholz für das Rahmenwerk und Tannenholz für die Füllungen etc.) unter Hinzuziehung von Malerei. Das Holzwerk bleibt der Haupt-

Fig. 160 bis 165[43].

fache nach in feinen natürlichen Farben beftehen, wird vielleicht nur gebeizt oder erhält unter Umftänden blofs einen Oelanftrich; die Abfafungen der Kanten, Hohlkehlen etc. find durch lebhafte Farben (je nach den Umftänden zinnober-roth, grün oder golden) mehr hervorzuheben. Die Füllung felbft kann entweder flaches Relief erhalten oder, da ein folches bei größerer Entfernung vom Auge nicht immer zur Geltung kommen wird, aufgemalte, befonders lineare Ornamente (etwa in rothbraunen Tönen) oder Einlagen dunkler Holz-Ornamente. In Fig. 166 bis 170 find verfchiedene Beifpiele diefer Art mitgetheilt.

[29] Facf.-Repr. nach: *Revue gén. de l'arch.* 1865, Pl. 29.
[6] Nach: Architektonifches Skizzenbuch 1877 ,S. Berlin.
[41] Nach: Ewerbeck, F. A. A. Neumeifter, Die Renaiffance in Belgien und Holland. Leipzig 1883—85.
[43] Nach: Viollet-le-Duc, E. E. *Dictionnaire raifonné etc.*, Bd. I. Paris 1854. S. 98.
[44] Facf.-Repr. nach: *Building news*, Bd. 71, S. 76.

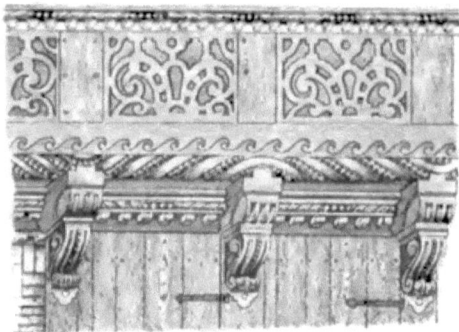

Fig. 166.

Von einem Hause zu Helmstedt.

Fig. 167.

Fig. 168.

Fig. 169.

Fig. 170. Brüstung mit eingravirten Ornamenten

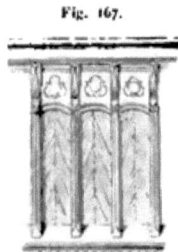

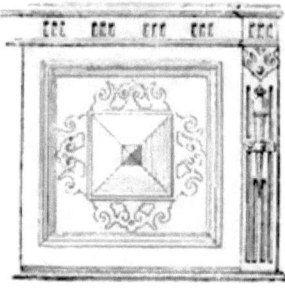

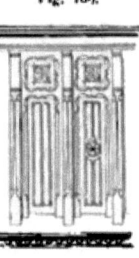

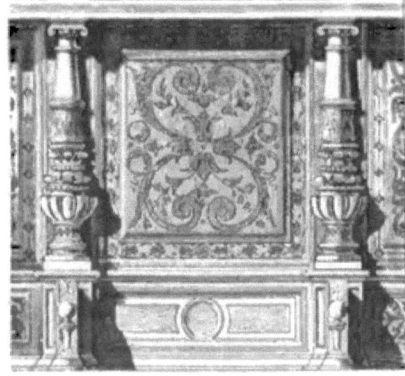

vom Chorgestühl im Dome zu Monza.

Volle hölzerne Brüstungen.

Die Brüftungen der Renaiffance find ebenfalls entweder Traillen-Geländer oder nach Art einer Täfelung in Rahmen und Füllung gearbeitet; doch find die Gefammtverhältniffe, die Profilirung und die decorative Behandlungsweife von den gothifchen Werken fehr verfchieden. Während letztere in ihren Füllungen meift recht fchlanke Verhältniffe zeigen, nähern fich diejenigen der Renaiffance mehr dem Quadrat und dem lang geftreckten Rechteck; die Profilbildung und die fonftige Formengebung geftalten fich mehr im Geifte der Antike; die Flächen enthalten entweder flaches Relief oder Tarfiaturen oder Malerei; auch findet wohl eine völlig ornamentale Durchbrechung der Füllungstafel ftatt. Der Stil diefer Werke ift natürlich nach der Zeitperiode, fo wie nach dem Laude aufserordentlich verfchieden.

c) Geländer aus Metall.

35.
Allgemeines.

Bezüglich der Verwendung von Schmiedeeifen, Bronze oder Gufseifen zu Geländern, bezw. der Art und Weife der Verarbeitung diefer Materialien gilt im Allgemeinen das im vorhergehenden Kapitel (unter c) Gefagte. Es empfiehlt fich aber, diefe Bautheile, fo weit fie im Inneren von Gebäuden zur Verwendung kommen und in fo fern fie der Hand zur Stütze dienen follen, wie z. B. bei Treppen, mit hölzernen Deckleiften oder Handläufern zu verfehen (Fig. 171 bis 175), weil das Holz als fchlechter Wärmeleiter im Winter die Kälte nicht fo rafch abgiebt; aus gleichem Grunde und des eleganteren Ausfehens wegen

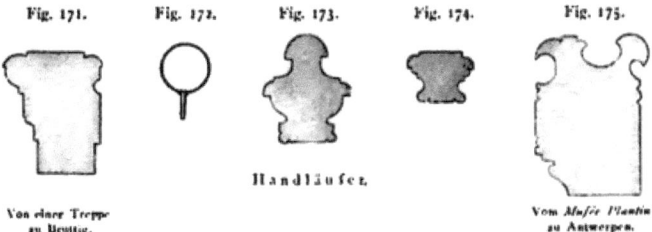

Fig. 171.   Fig. 172.   Fig. 173.   Fig. 174.   Fig. 175.

Handläufer.

Von einer Treppe zu Breflig.   Vom Mufée Plantin zu Antwerpen.

umhüllt man die Handleifte wohl auch mit farbigem Sammt, mit Plüfch etc. Bei äußeren Brüftungen dagegen und da, wo keine fo häufige Berührung durch die Hand zu erwarten ift, werden wohl auch Handleiften aus Meffing verwendet.

Wie fchon in Art. 30 (S. 42) angedeutet wurde, bilden den wichtigften, weil eigentlich ftützenden Conftructionstheil eines eifernen Geländers die lothrechten oder Geländerpfoften oder Ständer; von ihrer Verbindung mit jenem Bautheil, der durch das Geländer zu fchützen ift, hängt die Sicherheit des letzteren ab. Diefe Verbindung ift (nach Art. 24, S. 36) fo anzuordnen, dafs befonders das Umbiegen nach außen beim Anlehnen nicht möglich ift; bei hervorragend dichten Geländern foll, in Rückficht auf Winddruck, auch einiger Widerftand gegen ein Biegen nach einwärts geleiftet werden. Ift die gewünfchte Sicherheit durch die Befeftigung, Verankerung etc. der Pfoften in der Unterlage allein nicht zu erreichen, fo mufs entweder eine Verftrebung an der Aufsenfeite angeordnet werden, oder, wo das Anbringen von Streben nicht zuläffig ift, werden Zugbänder, bezw. ähnliche auf Zug beanfpruchte Conftructionstheile an der inneren Seite angeordnet.

Eiferne Geländer werden bisweilen im unteren Theile dichter, als im oberen gehalten, damit Kinder und kleinere Thiere nicht durchfallen können.

36.
Stabgeländer.

Wenn man von der Verwendung der Bronze, des Meffings und einiger anderer Bauftoffe, die nur in Anwendung zu kommen pflegen, wenn man einen hohen Grad von Eleganz und Pracht erzielen will, abfieht, fo kommen hauptfächlich fchmiedeeiferne und gufseiferne Geländer in Frage, und diefe find in der Regel entweder als Stabgeländer oder als Füllungsgeländer ausgebildet; feltener find Drahtgewebe, die indefs für gewiffe Zwecke einen ganz geeigneten Brüftungs-abfchlufs liefern können.

1) Das einfachfte Stabgeländer entfteht, wenn man in Entfernungen von 1 bis 4 ᵐ lothrechte Pfoften aufftellt, an diefen die Handleifte und aufserdem mindeftens noch eine, unter Umftänden auch zwei oder mehrere wagrechte Stangen befeftigt.

Für die lothrechten Pfoften werden in der Regel Rund-, beffer Quadrateifen verwendet; doch können auch ⊤-, ⊔-, zwei Winkel- oder zwei ⊔-Eifen gewählt werden. Die Handleifte wird aus Flacheifen, Quadrateifen, Halbrundeifen[45] oder beffer aus fog. Handleifteneifen[45] gebildet und auf den Pfoften durch Schraubung, bezw. Nietung feft gemacht; für die übrigen wagrechten Stangen wählt man Flach-, Rund- oder Quadrateifen; die Verbindung mit den Pfoften gefchieht gleichfalls mittels Niete oder Schrauben.

Ift bei einem Geländerpfoften J das Trägheits-moment (auf Centim. bezogen) für eine zum Geländer parallele Schweraxe, u (in Centim.) der Abftand diefer Schweraxe von der gefpannteften Fafer, h (in Met.) der Abftand des Querfchnittes von der Handleifte, e (in Met.) die Entfernung der Geländerpfoften und nimmt man die zuläffige Beanfpruchung des Schmiedeeifens zu 750 ᵏᵍ für 1 ᑫᵐ an, fo ift nach *Winkler*[44] das Widerftandsmoment

$$\frac{J}{u} = 5{,}3 \, e \, h$$

zu wählen. Für einen quadratifchen Querfchnitt von der Seitenlänge d wird $J = \frac{1}{12} d^4$ und

$$d = 31{,}7 \sqrt[3]{e\,h} \text{ Millim.}$$

Für $h = 1$ ᵐ und $e = 1, 2, 3, 4$ ᵐ wird hiernach bezw. $d = 32, 40, 46, 50$ ᵐᵐ.

Bezeichnet man bei einer Handleifte mit J das Trägheits-moment für eine lothrechte Schweraxe des Querfchnittes, mit a' den Abftand der gefpannteften Fafer, mit e die Entfernung der Geländerpfoften (in Met.) von einander und läfst man für Schmiedeeifen die gleiche Beanfpruchung wie oben zu, fo wird nach *Winkler*[44] das Widerftandsmoment

$$\frac{J}{a'} e = 0{,}66 \, e'^2.$$

Für Flacheifen von der Breite b' und der Höhe d' (in Centim.) wird

$$b'^2 \, d' = 4 \, e'^2.$$

Hiernach würde für $e' = 1, 2, 3, 4$ ᵐ und bei $d' = 15$ ᵐᵐ bezw. $b' = 16, 33, 49, 65$ ᵐᵐ.

Für Handleifteneifen ift, bei Benutzung der Normal-Profile[45] von der Breite b', nahezu $J = 0{,}021 \, b'^4$ und $\frac{J}{u} = 0{,}015 \, b'^3$; daher wird

$$b' = 24 \sqrt[3]{e'^2} \text{ Millim.}$$

Hiernach wird für $e' = 1, 2, 3, 4$ ᵐ bezw. $b' = 24, 38, 50, 60$ ᵐᵐ.

Eine andere, äufserft praktifche und widerftandsfähige Conftruction folcher einfachfter Stabgeländer befteht darin, dafs man die Pfoften in Eifengufs (mit kreisrundem, quadratifchem, polygonalem oder ⊥-förmigem Querfchnitt) herftellt und für die wagrechten Stangen fchmiedeeiferne Rohre (fog. Gasrohre[45]) benutzt; an den Kreuzungspunkten der wagrechten Stangen mit den lothrechten Pfoften find an letztere Verftärkungen angegoffen, welche eine Höhlung enthalten, durch

---

[45] Siehe die vom »Verband deutfcher Architekten- und Ingenieur-Vereine« und vom »Verein deutfcher Ingenieure« aufgeftellten Normal-Profile in: Theil I, Band 1, erfte Hälfte diefes »Handbuches«.

[44] Vorträge über Brückenbau. Eiferne Brücken. Heft IV; Querkonftruktionen. 2. Aufl. Wien 1884. S. 422.423.440.

[45] Siehe Theil I, Band 1, erfte Hälfte diefes »Handbuches«.

welche die Rohre gefchoben werden. An die gufseifernen Pfoften laffen fich auch leicht geeignete Fufsplatten angiefsen, mittels deren eine eben fo einfache, wie fichere Befeftigung des ganzen Geländers auf der betreffenden Plattform etc. möglich ift (Fig. 176 u. 177).

Wählt man diefelben Bezeichnungen, wie oben, und läfst man beim Gufseifen eine Beanfpruchung von 200 kg für 1 qcm zu, fo mache man nach *Winkler*[11])

$$\frac{Z}{a} = 20\,e\,h,$$

worin *e* und *h* in Met. einzuführen find.

Für den quadratifchen Pfoftenquerfchnitt wird daher

$$d = 49{,}3\sqrt[3]{e\,h}\ \text{Millim}.$$

Für *h* = 1 m und *e* = 1, 2, 3, 4 m wird hiernach bezw. *d* = 49, 62, 71, 78 mm.

Fig. 176.

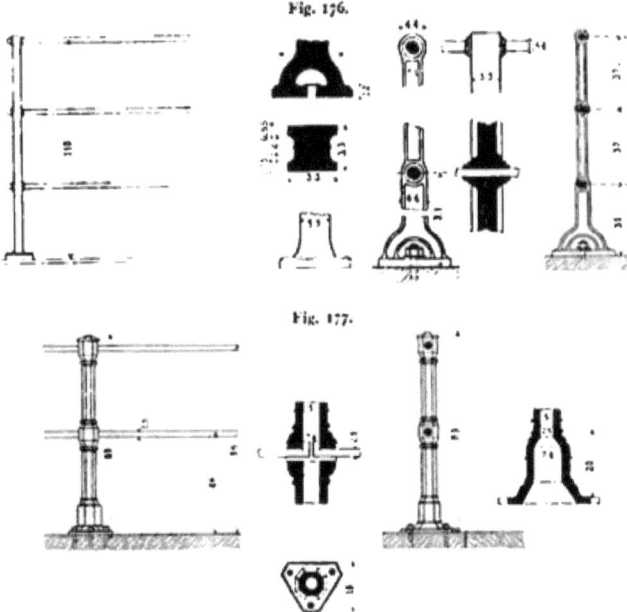

Fig. 177.

Einfache fchmiederiferne Stabgeländer. — ca. ⅟₂₅ w. Gr.

2) Eine gleichfalls einfache Conftruction von Stabgeländern entfteht, wenn man in Abftänden von etwa 10 bis 25 cm lothrechte Stäbe aufftellt und diefe durch die Handleifte abfchliefst; bisweilen wird noch eine Fufsleifte angeordnet, oder es werden wohl auch noch ein oder zwei wagrechte Eifenbänder zwifchen Hand- und Fufsleifte verlegt. Das über die Vereinigung der fich kreuzenden Stäbe in Art. 19 (S. 25) für Einfriedigungen Gefagte gilt auch hier; im Uebrigen giebt Fig. 178 auch noch den erforderlichen Auffchlufs.

Will man bei einem derartigen oder bei einem der im Folgenden noch zu befchreibenden Stab-geländer, eben fo bei den Füllungsgeländern, die Stärke der Geländerleifte berechnen, fo wird man gut

Fig. 178.

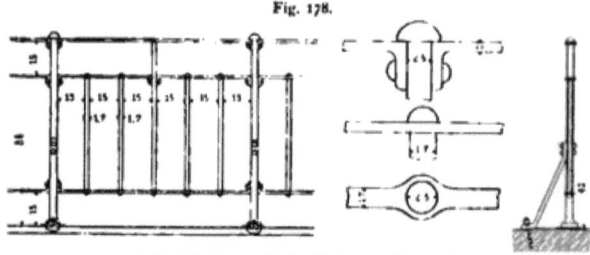

Schmiedeeisernes Stabgeländer. — 9/10 w. Gr.

thun, von den zwischen den Geländerpfosten gelegenen Constructionstheilen, auch wenn fie mit der Handleifte in unmittelbare Verbindung gebracht find, abzufehen; das Eigengewicht der Handleifte wird man ftets vernachläffigen dürfen.

3) Eine fehr mannigfaltige Ausbildung hat diefe Conftruction erfahren, wenn die lothrechten Stäbe aus Gufseifen hergeftellt find; man läfst fie dann nicht mehr glatt, fondern profilirt und verziert fie in bald einfacherer, bald reicherer Weife (Fig. 179 bis 184). Solche gufseiserne Geländerftäbe verfchiedenartigfter Form bilden feit vielen Jahren einen weit verbreiteten Handelsartikel; an die Stäbe wird oben, erforderlichenfalls auch unten, ein Schraubengewinde angefchnitten, fo dafs die Verbindung mit der Handleifte, bezw. der Fufsleifte mittels Schraubenmutter gefchieht.

Seltener giefst man eine gröfsere Zahl von lothrechten Stäben, einfchliefs-

Fig. 179. Fig. 180. Fig. 181. Fig. 182. Fig. 183. Fig. 184.

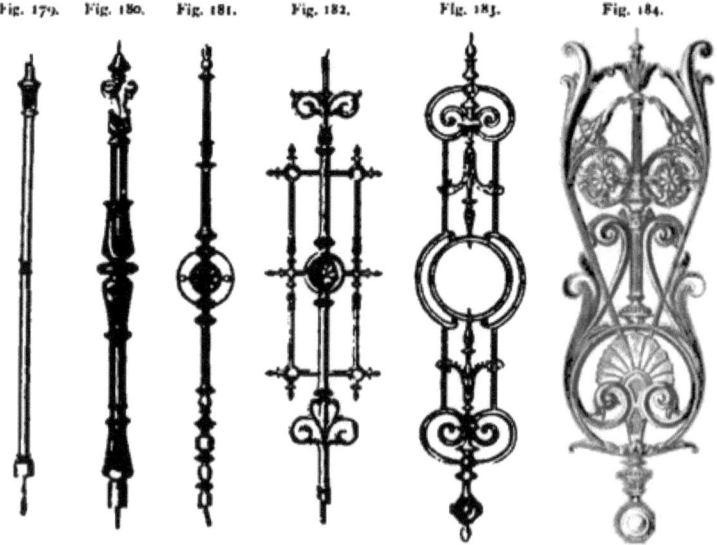

Gufseiserne Geländerftäbe.

lich der zugehörigen Partie der Hand- und Fußleiste, unter Umständen auch noch anderer wagrechter Stäbe, aus einem Stücke (Fig. 185).

4) Die unter 2 vorgeführten fchmiedeeifernen Stabgeländer erhalten eine weniger fteife und eintönige Ausbildung, wenn man neben lothrechten und wagrechten auch fchräg geftellte Stäbe in Anwendung bringt. In Fig. 186 bis 189 find Beifpiele hierfür gegeben, die auch Einzelheiten für die Verbindung der verfchiedenen Stäbe unter einander liefern. Eine andere Verbindung, welche unter Zuhilfenahme fchmiedeeiferner Ringe gefchieht, ift in Fig. 190 u. 191 [44]) dargeftellt.

Fig. 185.

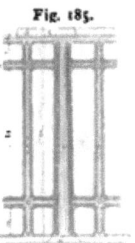

Gußeifernes Stabgeländer. — ¹/₂₀ w. Gr.

Fig. 186.

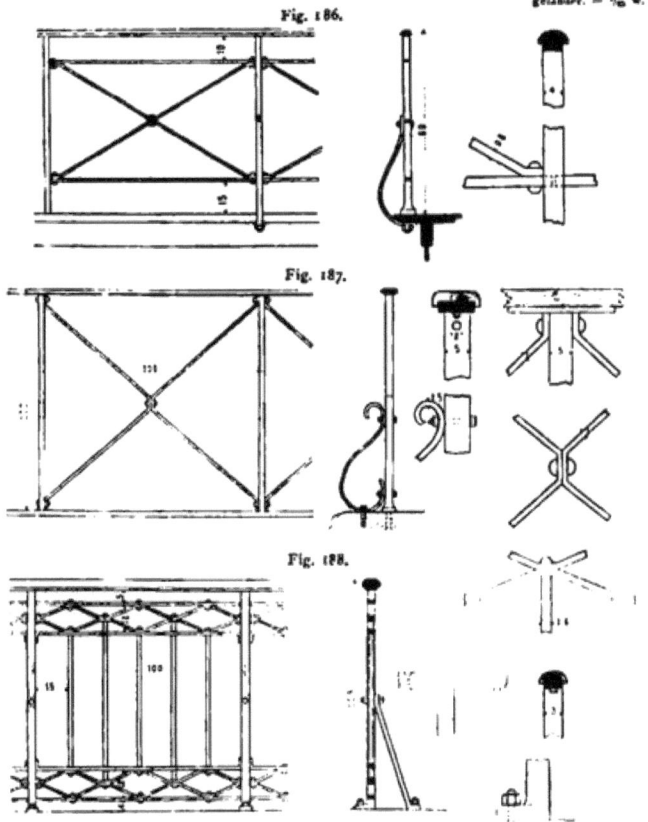

Fig. 187.

Fig. 188.

Schmiedeeiferne Stabgeländer. — ca. ¹/₁₅ w. Gr.

[44]) Facf.-Repr. nach: La femaine des confr., Jahrg. 17. S. 222.

Fig. 189.

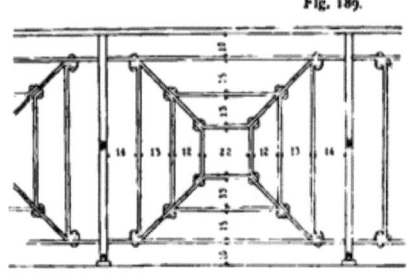 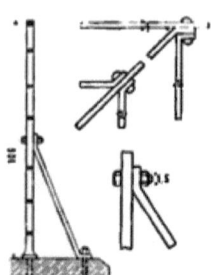

Schmiedeeiserne Stabgeländer. — ca. 1/25 w. Gr.

Hiermit eng verwandte Anordnungen können, wie Fig. 192 zeigt, auch in Gußeisen zur Ausführung kommen.

Fig. 190[16].

Fig. 191[16].

37.
Füllungs-
geländer.

Bei den eisernen Füllungsgeländern werden durch die Handleiste und die lothrechten Pfosten, unter Umständen auch durch Anordnung weiterer wagrechter und lothrechter Stangen, rechteckige Felder gebildet, in welche die Füllungen eingesetzt werden. Für die formale Gestaltung schmiedeeiserner Füllungen dieser Art ist in Art. 18 (S. 20) bereits das Erforderliche gesagt worden. In Fig. 193 bis 195 sind einige Beispiele hierfür aufgenommen. Ein weiteres einschlägiges Beispiel, ein Balcongeländer, zeigt Fig. 199[17]; darin sind auch die Verbindungen der einzelnen Geländertheile unter einander dargestellt.

Fig. 192.

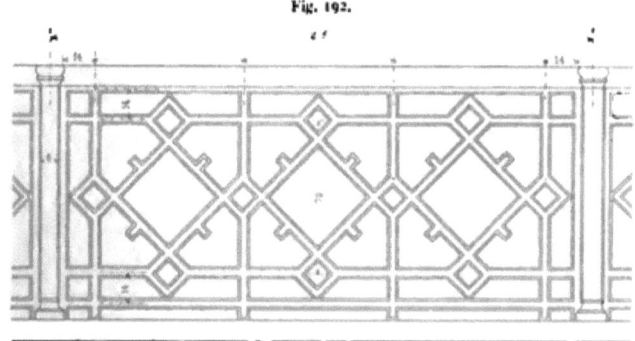

Gußeisernes Geländer. — 1/25 w. Gr.

[16] Facs.-Repr. nach: Moniteur des arch. 1884. Pl. 20.

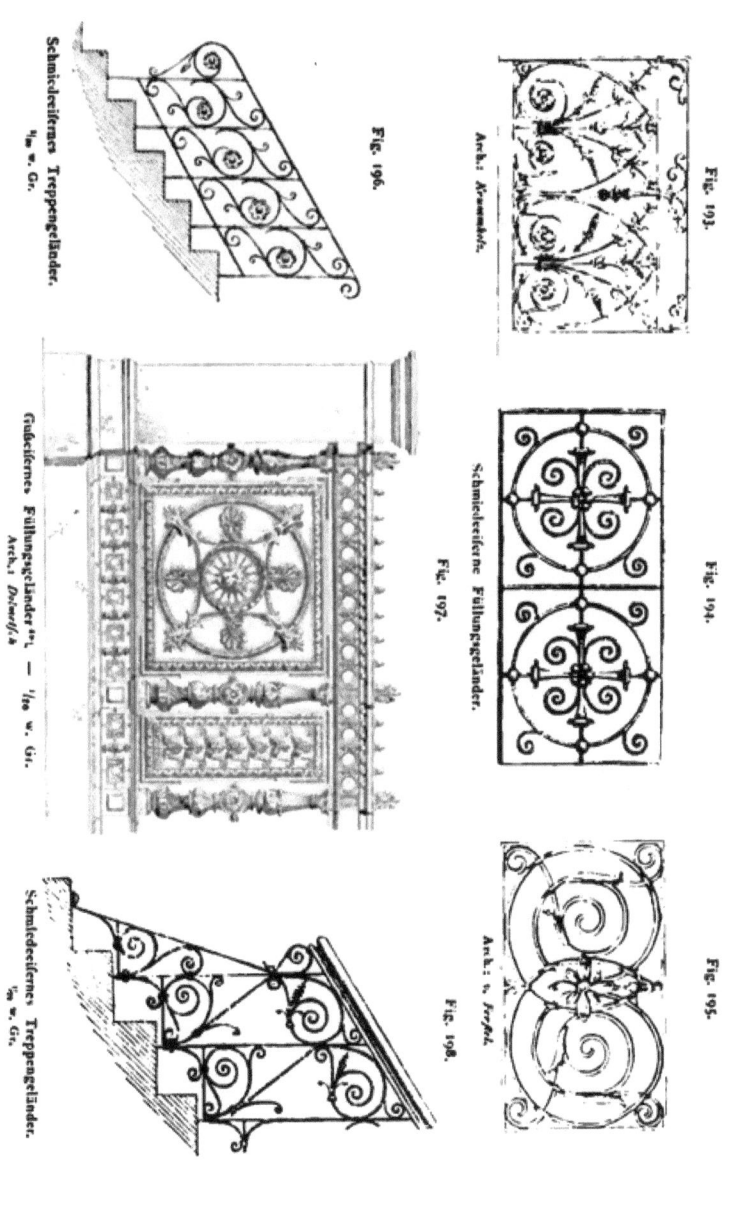

Fig. 193.

Arch.: Kramstädt.

Fig. 194.

Schmiedeeiserne Füllungsgeländer.

Fig. 195.

Arch.: v. Forster.

Fig. 196.

Schmiedeeisernes Treppengeländer.

¹⁄₂₀ w. Gr.

Fig. 197.

Gußeisernes Füllungsgeländer**). — ¹⁄₄₀ w. Gr.

Arch.: Dollenskyk.

Fig. 198.

Schmiedeeisernes Treppengeländer.

¹⁄₂₀ w. Gr.

Nicht felten find gufseiferne Füllungsgeländer zur Ausführung gekommen (Fig. 197[**]). Die conftructiven Bedenken, die bei den Einfriedigungen aus gleichem Material geäufsert wurden, kommen hier nicht in Betracht; die dort in formaler Beziehung ausgefprochenen Bedenken dürfen allerdings auch bei den Geländern nicht aufser Acht gelaffen werden.

Sollen Treppenläufe mit eifernen Geländern verfehen werden, fo wird die formale Behandlung nicht allein von dem gröfseren oder geringeren Reichthum, womit das Innere des Gebäudes ausgeftattet ift, fondern vor Allem vom Material der Treppe felbft (ob Stein, Holz oder Eifen), ferner von deren Con-ftruction (ob aufgefattelte oder in Wangen eingreifende oder frei tra-gende Stufen) und fchliefslich von der Anordnung des Geländers (ob auf der Wange, bezw. auf den Stu-fen oder ftehend feitlich an den Läufen befeftigt) fehr wefentlich ab-hängen; auf diefen Gegenftand kann indefs hier nicht näher einge-gangen werden, da hierüber in Theil III, Band 3, Heft 2 diefes »Handbuches« die Rede fein wird. Abgefehen von der hierdurch her-beigeführten verfchiedenartigen Ge-ftaltungsweife wird das Geländer noch in fo fern ganz verfchieden behandelt werden können, als die einzelnen Geländerabtheilungen ge-nau dem Profile der Treppenftufen folgen, alfo auch diefelbe Abtrep-pung zeigen (Fig. 196 u. 198), oder aber auf letztere keine Rückficht genommen wird und das Geländer mehr einen fortlaufenden Fries zwi-fchen zwei anfteigenden parallelen Stäben darftellt (Fig. 201 u. 202).

Fig. 199.

Schmiedeeifernes Balcongeländer [**].

Im Uebrigen können Stab- und Füllungsgeländer in Anwendung kommen. Bei erfteren ift hauptfäch-lich zu berückfichtigen, dafs die Handleifte und die zu derfelben parallelen Stangen nicht mehr wagrecht, fondern dem Steigungsverhältnifs der Treppe entfprechend anzuordnen find. Die loth-rechten Stäbe werden entweder in die einzelnen Stufen, bezw. in ihre Wangen eingelaffen (bei Stein darin verbleit), oder aber in einer Fufsleifte mittels Ver-fchraubung und diefe auf der Wange befeftigt, oder der Stab erhält unten eine folche Endigung, dafs er nach Fig. 200 mittels einer Krücke feitlich an der Treppenwange angebracht werden kann.

[*] Nach: Die Baubütte.

Fig. 300.

Fig. 301.

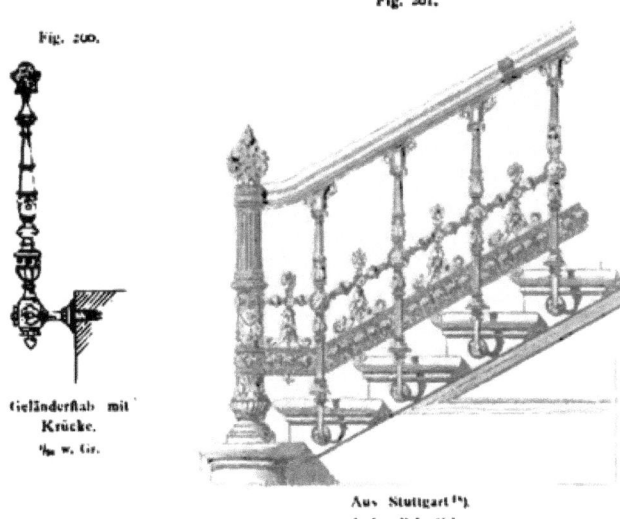

Geländerstab mit
Krücke.

⁰/₁₀ w. Gr.

Aus Stuttgart[16].
Arch.: *Dolmetsch.*

Fig. 302.

Gufseiserne Treppengeländer. — ¹/₁₂₀ w. Gr.

Bei Anwendung von Füllungsgeländern muß bei der formalen Durchbildung der Füllung auf den anfteigenden Charakter der Treppe Rückficht genommen werden.

Am Fuße der mit einem Geländer zu verfehenden Treppe, alfo auf der unterften Stufe derfelben, wird eben fowohl aus conftructiven, wie aus äfthetifchen Gründen häufig ein kräftigerer und auch reicher ausgeftatteter Geländerpfoften angeordnet (Fig. 201 u. 202); er verleiht dem Geländer unter Umftänden einen foliden Halt und kann wohl auch zum Tragen einer Laterne etc. benutzt werden.

Zu den fchönften Brüftungen der italienifchen Renaiffance gehören die herrlich ornamentirten Balconbrüftungen der Emporen in der *Incoronata* zu Lodi, welche innerhalb tiefer, mit Tonnengewölben uberfpannter Nifchen auf Confolen über Flachbogen ausgekragt find[19].

- - -

18. Kapitel.

Balcone, Altane und Erker.

Das vorliegende Kapitel befchäftigt fich mit mehr oder minder vorgebauten, bezw. ausgekragten und offenen Theilen eines Gebäudes, welche aus den oberen Gefchoffen den unmittelbaren Austritt in das Freie geftatten und meift an Schlöffern, Landhäufern etc. angebracht werden, um einen Ueberblick über die Umgebung und eine fchöne Ausficht zu gewinnen. Man läfft alfo in gewiffem Sinne den Fufsboden eines Innenraumes über die äußere Mauerflucht vortreten, macht diefen vorfpringenden Theil deffelben in der Regel durch eine Thür zugänglich und umfriedigt ihn, um den darauf befindlichen Perfonen den nöthigen Schutz zu gewähren.

Ruht der fragliche Bautheil auf den Mauern eines unter demfelben befindlichen Gebäudeflügels oder -Ausbaues (Thurmes, Erkers, Salons etc.) oder ift er durch Säulen, Pfeiler (bei fchmuckreicheren Bauten durch Karyatiden, Atlanten, Hermen etc.) unterftützt, kurz, reicht feine Unterftützung bis auf, bezw. unter den Erdboden herab, fo pflegt man ihn Altan zu nennen. Die Bezeichnung Balcon befchränkt man auf folche Ausbauten, die ganz frei auf Confolen oder Balkenvorfprüngen aufruhen. Ift ein folcher vorgekragter Ausbau allfeitig von Wänden umfchloffen, fo heifst er Erker[20].

Der Begriff des Altans deckt fich mit jenem des deutfchen »Söllers«, obwohl man auch die auf ganz flachen Dächern entftehenden Plattformen mit dem Namen »Altane« belegt. Altane ergeben fich häufig bei Vorbauten eines Gebäudes, welche nicht zur vollen Höhe der übrigen Gebäudetheile geführt werden, nicht felten ohne befondere Abficht, da, wie *Boeckmann*[21] ganz richtig bemerkt, es immerhin angenehmer ift, aus einem höher gelegenen Fenfter auf einen Altan zu blicken, als auf ein Dach[22].

Eine befondere Art von Altanen bilden die in amerikanifchen Städten üblichen *Roof-gardens*, alfo Dachgärten, die gegenwärtig auch in Berlin Nachahmung finden.

Bei öffentlichen Vergnügungsftätten, Clubhäufern etc. ift das ganze Gebäude oder ein Theil deffelben nach oben durch eine Plattform abgefchloffen, auf welcher Gartenanlagen, Schaubühnen, Reftaurants etc. untergebracht find. Diefe Dachgärten find zweifelsohne dadurch entftanden, daß in den

[19] Siehe: Grüner, L. *Decorations and frescos of churches and palaces of Italy.* Paris und London 1842.
[20] Siehe auch Theil IV, Halbband 1, Art. 141 (2. Aufl.: Art. 143) diefes »Handbuches«.
[21] In: Deutfches Bauhandbuch. Bd. II, Theil 2. Berlin 1884. S. 122.
[22] Hiernach ift mit dem Begriff »Altan« der des Hochliegens unmittelbar verbunden. Man nennt wohl auch die auf ganz flachen Dächern entftehenden Plattformen »Terraffen«; doch follte man diefe Bezeichnung auf tiefer liegende Plattformen befchränken. (Siehe auch Theil III, Band 6 diefes »Handbuches«, Abth. V, Abth.-n. 2, Kap. 2, a: Terraffen.)

großeren Städten der Vereinigten Staaten der Grund und Boden viel zu theuer ist, um in Straßenhöhe Erholungs- und Wirthschaftsgärten vorsehen zu können; um solches zu erreichen, muß man zu den oberen Abschlüssen der Häuser seine Zuflucht nehmen.

**40.
Geschichtliches.** An griechischen und römischen Bauten sind Balcon-Anordnungen nicht erhalten, wenn man nicht die Ueberreste in Pompei an der sog. *Casa del balcone pensile* dafür nehmen will; dieses Bauwerk besitzt einen auf Holzbalken ausgekragten Bautheil, der mehr einer Erker-, als einer Balconbildung entspricht. Mächtige Auskragungen von Podesten in Verbindung mit frei tragenden Treppen, Consolebildungen mit Hängeplatten darüber als Standort für figürlichen Schmuck etc. finden sich vielfach an den Bauwerken der an vorzüglichen Steinmaterialen reichen Gegenden von Central-Syrien, aus dem III. bis V. Jahrhundert n. Chr. stammend, z. B. in Palmyra u. a. O. Im Uebrigen scheint aber die erste Anwendung von Balconen in unserem modernen Sinne viel später gemacht worden zu sein. Im Abendlande tritt die erste Anwendung dieser Bauformen — vermuthlich beeinflußt durch orientalische Constructionen dieser Art — wohl erst nach den Kreuzzügen auf, und zwar zum Zwecke der Vertheidigung einer Mauer oder eines Gebäudes, wie bereits in Art. 3 (S. 3) erwähnt worden ist, Anfangs aus Holz, später aus Stein hergestellt.

Als Erholungs- und Aussichtsplatz vor Wohngemächern fand indessen der Balcon im Mittelalter nur selten Verwendung, wenigstens nicht in der nordischen Gothik. In Italien kommen einige Ausbildungen dieser Art vor, besonders an den Palästen Venedigs (Fig. 203 u. 204), im Uebrigen jedoch auch hier selten. Erst die italienische Renaissance bediente sich der Balcone in ausgedehnterem Maße, während die nordische Renaissance, mit Berücksichtigung der ungünstigen klimatischen Verhältnisse, welche die Benutzung der Balcone nur einige Monate im Jahre gestatten, im Allgemeinen mehr an der geschlossenen Erkerbildung fest hielt.

Fig. 203.

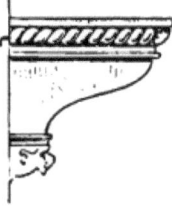

Fig. 204.

Balcon-Consolen
aus Venedig.

a) Balcone, Galerien und Altane.

**41.
Gesammt-
anordnung.** Für die Gesammtanordnung der Balcone ist hauptsächlich der Ort ihrer Verwendung von großem Einfluß. Für eingebaute Façaden wird die Balconausbildung in der Regel im Grundriß ein Rechteck darstellen, wobei die Kragsteine oder Consolen durch die Fensterpfeiler der oberen Geschosse ihre Hinterlast erhalten (Fig. 205). An Gebäudeecken dagegen wird die Ausbildung, je nach der Grundrißgestalt des Hauses, die mannigfaltigsten Lösungen erfahren können und sich entweder auf die Ecke beschränken (Fig. 206 bis 208, 210), be-

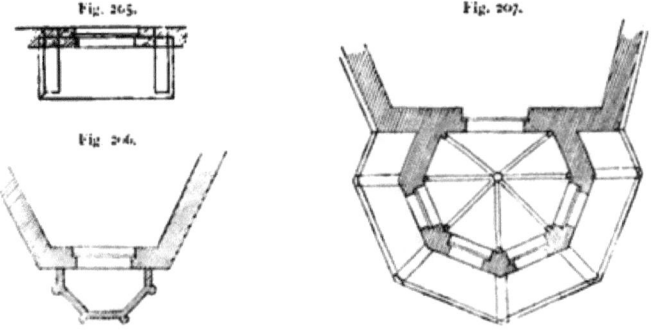

Fig. 205.

Fig. 207.

Fig 206.

Balcon-Anordnungen.

Fig. 208.   Fig. 209.

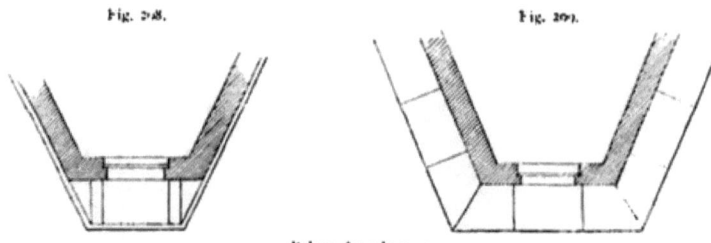

Balcon-Anordnungen.

fonders wenn diefe eine felbftändige, von den Langfeiten unabhängige Faffung erhalten hat (Fig. 207), oder fich auch über die Ecke hinaus an den Langfeiten des Gebäudes fortfetzen (Fig. 209).

Fig. 210.

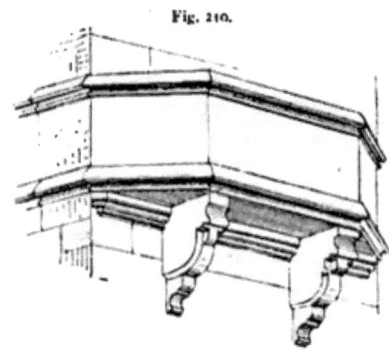

Steinerner Eckbalcon[?].

Bisweilen hat der Balcon eine bedeutende Längenentwickelung, fo daß er fich längs einer ganzen Gebäudefront oder doch eines größeren Theiles derfelben erftreckt; alsdann wird er wohl auch Galerie oder Laufgang genannt.

Balcone in bedeutender Zahl und größerer Länge finden fich häufig an Gafthöfen und Penfionshäufern in durch Naturfchönheit fich auszeichnenden Gegenden, in Bade- und Curorten etc.

Wiewohl, dem Gefagten zufolge, Balcone und Galerien hauptfächlich im Aeußeren der Gebäude angebracht zu werden pflegen, fo kommen doch derartige ausgekragte Bautheile — in gleicher oder ähnlicher Anordnung — auch an den Umfaffungswänden großer Innenräume vor, wie z. B. in den Zufchauerräumen der Theater, in Concert- und Tanzfälen, in Bibliotheken und in Reitbahnen, in Parlaments- und Turnfälen etc.; felbft die Emporen, Orgelbühnen etc. mancher Kirchen gehören hierher.

Laufgänge dienen bisweilen auch gleichen Zwecken, wie die Flurgänge in den Gebäuden, alfo zur Vermittelung des Verkehres innerhalb der letzteren. Auch zur Erfüllung mehr untergeordneter Zwecke, wie z. B. zur Bedienung von hoch gelegenen Fenftern, Deckenlichtern, Einrichtungen für künftliche Erhellung, Schornfteinen etc., werden Laufgänge angeordnet. Selbft als Zufluchtsftätten bei etwaigem Ausbruch von Bränden (fiehe hierüber Theil III, Band 6 diefes »Handbuches«, Abth. V, Abfchn. 1, Kap. 1: Sicherungen gegen Feuer) werden Laufgänge immer häufiger angelegt.

Nicht felten find an Gebäuden mehrere, verfchiedenen Gefchoffen angehörige Balcone, unter Umftänden auch Galerien etc. über einander angebracht. Die Anordnung kann alsdann im Wefentlichen eine dreifache fein:

1) Die betreffenden Balcone etc. find von einander völlig unabhängig; jeder derfelben ift durch befondere Confolen, Streben etc. unterftützt (Fig. 211[54]).

2) Der unterfte Balcon ruht auf Confolen oder dergl.; an den Eckpunkten deffelben errichtete Freiftützen tragen den zunächft darüber gelegenen Balcon u. f. f. (Fig. 212[65]).

12.
Anordnung
mehrerer
Balcone etc.
über
einander

[53] Nach: Unserwitter, G. G., Entwürfe zu Stadt- und Landhäufern. 2. Aufl. Glogau 1862-63.
[54] Facf.-Repr. nach: Daly, C. L'architecture privée au dix-neuvième fiècle etc. Paris 1864, Bd. 1, Sect. 2, Pl. 35.
[55] Facf.-Repr. nach: Architektonifche Rundfchau. Stuttgart 1889, Taf. 32.

Fig. 211.

Von einem Haufe in der Avenue Victoria zu Paris[*]).

In w. Gr.

Arch.: Charpentier.

Fig. 212.

Wohnhaus *Panizza* zu Mainz [18]).

Arch.: Baum.

Fig. 213.

Von einer Villa zu Deauville [56]).

Arch.: Hofbauer.

3) Dem Boden zunächſt iſt ein Altan errichtet; unabhängig davon und durch beſondere Conſolen etc. geſtützt befindet ſich darüber ein Balcon (Fig. 213 bis); unter Umſtänden ſind deren auch mehrere angeordnet.

Die Conſtruction der Balcone und ihre formale Ausbildung ſind je nach dem Bauſtoff, dem Bauſtil, dem Orte der Verwendung etc. ſehr verſchieden; indeſs wird man bei jedem derſelben folgende drei Hauptbeſtandtheile unterſcheiden können: 41. Beſtand- theile.

1) die Plattform, welche gleichſam die Verlängerung der Fußboden-Conſtruction im anſtoßenden Innenraume bildet;

2) die Unterſtützung dieſer Plattform, welche aus Kragſteinen, Conſolen, Streben, Bügen, Bogen, Freiſtützen etc. beſtehen kann, und

3) die den Balcon umſchliefsende Brüſtung, bezw. das Geländer.

Die Art der Unterſtützung der Plattform iſt hauptſächlich von der Größe und Ausladung der letzteren abhängig. Springt dieſe Plattform nur um Weniges vor der Mauerflucht vor, wie z. B. an den Häuſern Süd-Italiens (Neapel, Palermo), ſo iſt gar keine beſondere Unterſtützung nothwendig; die betreffende Steinplatte wird eingemauert und erhält durch das darüber ſich erhebende Mauerwerk Hinterlaſt.

Die Balcone werden aus Hauſteinen, aus Backſteinen, aus Holz, aus Eiſen oder aus der Vereinigung einiger dieſer Bauſtoffe hergeſtellt.

1) Balcone, Galerien und Altane aus Hauſteinen.

Wenn, wie in Fig. 205 angedeutet iſt, die Balconplatte auf zwei einzelnen Kragſteinen ruht, ſo ſind auf die vom Bauſtil des betreffenden Gebäudes abhängige Formgebung und Gliederung der letzteren, Größe und Ausladung der Balconplatte ſelbſt von weſentlichem Einfluſs. Die gothiſchen Kragſteine geſtalten ſich 41. Unterſtützung der Balcone.

Fig. 214.   Fig. 215. 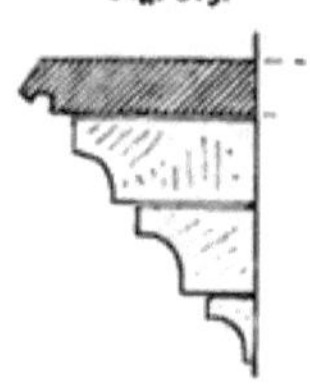   Fig. 216.

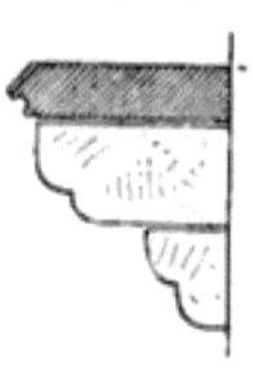

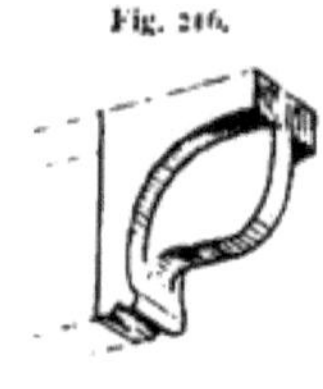

Fig. 217. 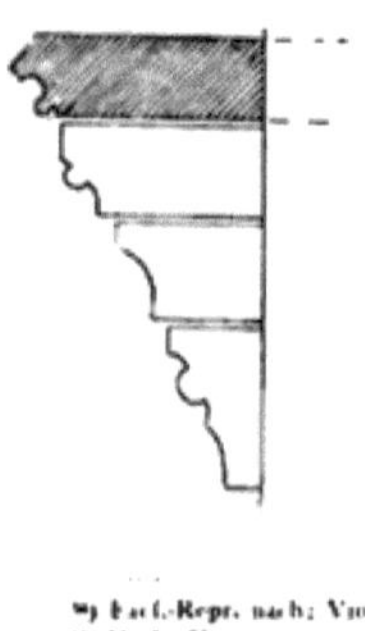   Fig. 218.    Fig. 219.

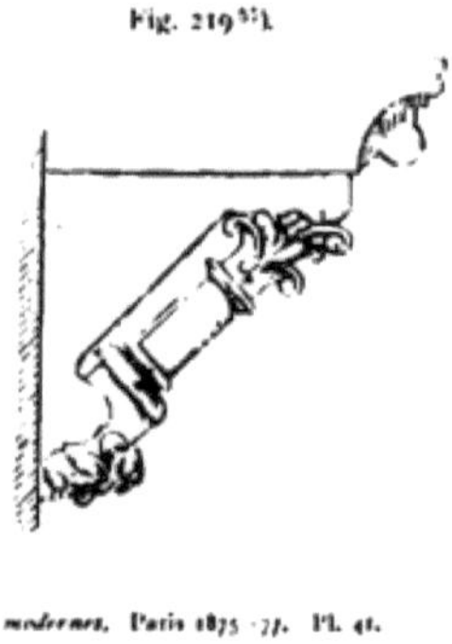

*) Farb.-Repr. nach: VIOLLET-LE-DUC, E. E. & F. NARJOUX. Habitations modernes. Paris 1875-77. Pl. 41.
1) Nach: UNGEWITTER, a. a. O.

meist fehr einfach und fetzen fich oft nur aus über einander angeordneten Stein-
blöcken zufammen, welche an der Stirnfeite eine convex oder concav geftaltete
Gliederung zeigen und deren Seitenflächen ganz glatt find; je nach der Größe
der Belaftung kann hierbei die Formgebung einen leichteren oder fchwereren
Charakter zeigen (Fig. 214 u. 215). Reichere Geftaltungen gehen aus der Vereinigung beider Gliederungen hervor (Fig. 216 u. 217). Allein auch die gerade,
etwa nach der Drucklinie geftaltete Abfchrägung (Fig. 219[57]) kann eine charakte-
riftifche Balconunterftützung abgeben. Da-
bei ift ein reicherer ornamentaler oder figür-
licher Schmuck, vorzugsweife der Kopffeite
des Kragfteines (Fig. 220[58]), keineswegs ausgefchloffen; befonders kommt die Darftellung hockender oder kauernder Figuren als
Träger irgend eines Conftructionstheiles in
der mittelalterlichen Kunft recht häufig vor;
auch Köpfe find vielfach zu finden (Fig. 218).

Die italienifche Renaiffance nimmt die
antike Confolenform des korinthifchen Hauptgefimfes wieder auf und weifs hiermit fowohl durch die im verfchiedenartigen Sinne
verwendete Stellung, als auch durch die
Zeichnung und Profilirung derfelben, fo wie
durch Combinationen diefer Formen mit
Quadraten, Rechtecken u. f. w. die verfchie-
denartigften Eindrücke zu erzeugen, wie aus
Fig. 221 bis 227 hervorgeht.

Fig. 220.

Confole an einem Haufe zu Troyes[58].
(Anfang des XVIII. Jahrhunderts.)

Bezüglich Fig. 226 fei noch bemerkt, dafs in diefer Form der Ausdruck zweier Functionen zu
erkennen ift: der vordere Theil der Confole deutet die wagrecht vorkragende, laftaufnehmende Endigung
des Werkfteines durch das in der Antike gebräuchliche Volutenfchema aus, während der untere Theil

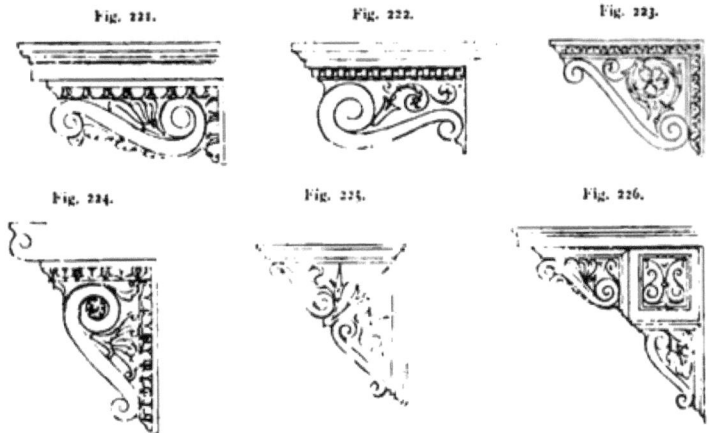

Fig. 221. Fig. 222. Fig. 223.

Fig. 224. Fig. 225. Fig. 226.

[58] Nach: Viollet-le-Duc, E. E. Dictionnaire raifonné etc. Bd. 4. Paris 1859. S. 318.

Fig. 227.

Confole vom *Pfinzer*-Denkmal am Dom zu Conno.

der Confole im Sinne der Druckfeſtigkeit gebildet iſt. Zwiſchen beiden Formen ergiebt ſich eine quadratiſche Fläche, deren decorative Behandlung am beſten als ein von der Mitte ausſtrahlendes Ornament oder auch, wie im vorliegenden Falle, als aufwärts gerichtetes Motiv zu charakteriſiren iſt.

Im Gegenſatze zur gothiſchen Confolenform, deren Bedeutung als Träger vorzugsweiſe durch die Geſtaltung des Profils ausgedrückt wird, während die Seitenflächen mehr oder weniger indifferent erſcheinen, greifen in der Renaiſſance die Seitenflächen als voll berechtigt in die Decoration mit ein, die ſtructive Bedeutung des Profils ergänzend oder den übrig bleibenden Flächenraum leicht ausfüllend.

Die deutſche und die flämiſche Renaiſſance benutzt zu ihrer Confolenbildung im Weſentlichen ebenfalls das antike Volutenſchema, vielfach in Verbindung mit Masken, Köpfen, Agraffen und ornamentalen Motiven (Fig. 228 bis 230), welche aber gewöhnlich mehr geometriſcher Art ſind, wie Umrahmungen, ſich kreuzende Stäbe oder Bänder, die ſich an ihren Enden häufig volutenartig aufrollen, und andere Formen, Alles in derben, kräftigen Profilen ausgeführt.

Fig. 228.   Fig. 229.   Fig. 230.

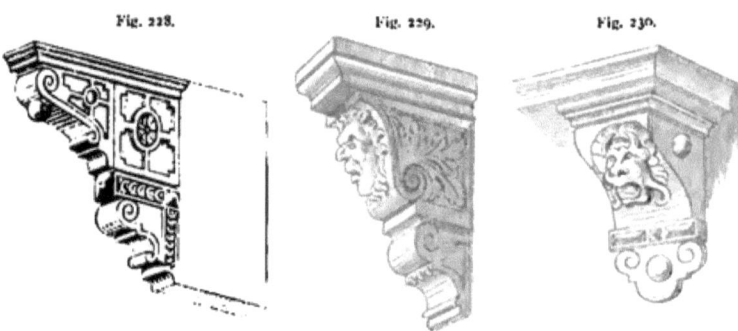

Die Kragſteine, bezw. die Conſolen werden in die betreffende Mauer, vor
der ſie vorſpringen, eingemauert. Der rückwärtige, einzumauernde Theil derſelben erhält alsdann am beſten eine parallelepipediſche Geſtalt, ſo daſs er ſich

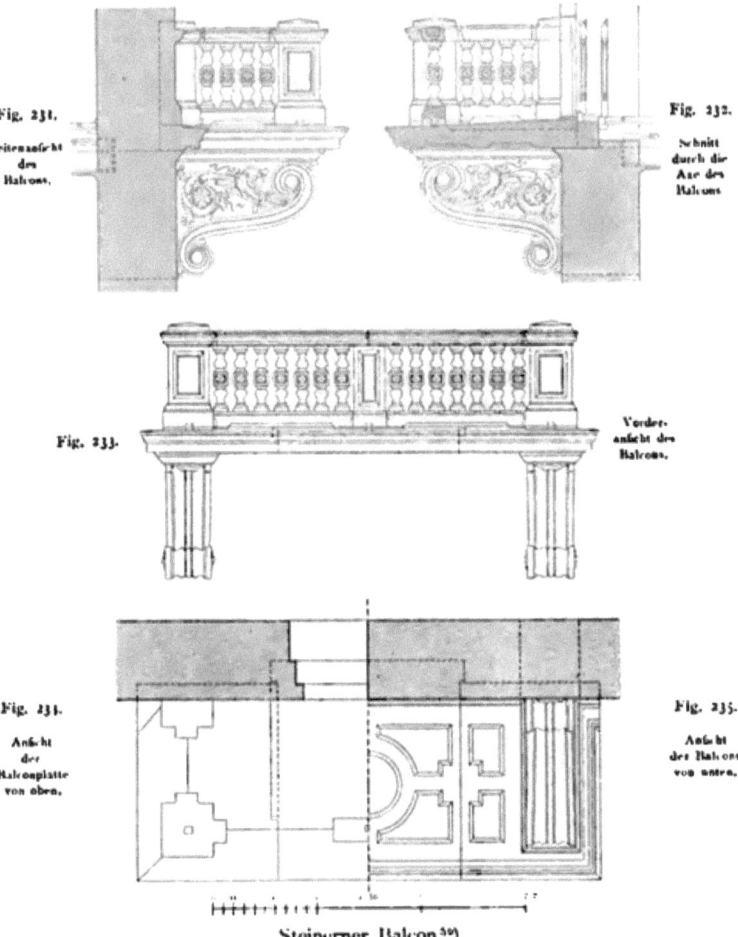

Fig. 231.

Seitenanſicht
des
Balcons.

Fig. 232.

Schnitt
durch die
Axe des
Balcons.

Fig. 233.

Vorder-
anſicht des
Balcons.

Fig. 234.

Anſicht
der
Balconplatte
von oben.

Fig. 235.

Anſicht
des Balcons
von unten.

Steinerner Balcon [39]).

mit wagrechten Lagerflächen und lothrechten Stoſsflächen dem Mauerverbande
anſchlieſst. In Rückſicht auf das den Balcon nach außen drehende Umkantungsmoment ſei der einzumauernde Theil der Conſole nicht zu kurz; es empfiehlt ſich,

[39]) Nach: Goertz, G. Neue und neuſte Wiener Balconſtructionen etc. Wien.

denfelben durch die ganze Mauerftärke hindurch reichen zu laffen. Auch fei das Mauerwerk, auf welchem die Confole lagert, und dasjenige, welches unmittelbar auf derfelben ruht, befonders folide, am beften in Cementmörtel hergeftellt. Die Conftruction derjenigen fteinernen Balcone, welche wohl am häufigften vorkommen dürften, zeigen Fig. 231 bis 235[57]).

Eine noch nicht befriedigend erklärte Erfcheinung ift das bisweilen vorkommende Abbrechen fandfteinerner Confolen unter Balconen, ohne dafs fichtbare äufsere Einflüffe wahrnehmbar find und nachdem fie Jahrzehnte lang keine Spur von Feftigkeitsverminderung oder Zerftörung haben erkennen laffen. Das Abbrechen findet faft immer dicht an der Gebäudeflucht ftatt, fo dafs *Gruner*[58]) die Ver-mulhung ausfpricht, dafs im Inneren des eingemauerten Confolentheiles Structurveränderungen eintreten;

Fig. 236.

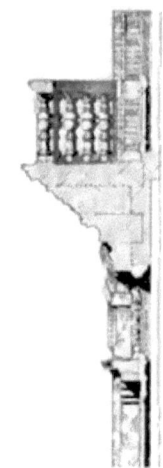

Von einem Haufe zu Berlaer[59]). — 1/20 w. Gr.

man braucht dabei nur zu berückfichtigen, dafs das Steinmaterial (die Steinplatten), aus dem die Con-folen gearbeitet werden, in den meiften Fällen entgegen dem natürlichen Lager (auf das Loos geftellt) verwendet werden, dafs fomit aufser der Beanfpruchung auf Biegung auch noch das Zerfpalten (durch Druck) auf Zerftörung des Zufammenhanges hinwirkt. Defshalb ift bei Ausführung fteinerner Balcone Vorficht geboten.

Eine fowohl im Mittelalter, als auch in der deutfchen und in der franzö-fifchen Renaiffance ziemlich häufig vorkommende Balconausbildung ift diejenige, bei der die Grundform des Balcons fich achteckig geftaltet und die Unterftützung deffelben nicht durch zwei oder mehrere Kragfteine bewirkt wird, fondern durch eine einzige, von unten nach oben fich trichterförmig (nach Art einer Trombe) erweiternde Confole gefchieht Fig. 236[61]) u. 237). Zur Bildung einer folchen Con-fole wird eine Anzahl ganz allmählich vorkragender, mit entfprechenden Profilen verfehener Werkftücke über einander gefetzt (Fig. 238). Bei derartigen Aus-

[58]) In: Civiling. 1864, S. 533.
[61]) Facf.-Repr. nach: *Moniteur des arch.* 1859, Bl. 32—33.

Fig. 237.

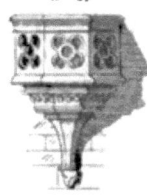

Fig. 238.

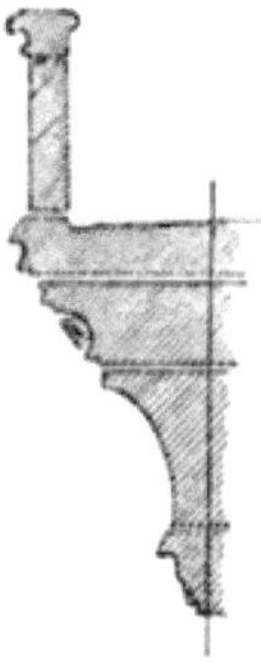

bildungen geht allerdings die unter dem Balcon liegende Wandfläche zur Ausnutzung für eine Thür- oder Fensterfläche zumeist ganz oder gröfstentheils verloren; auch ist diese Form nur bei grofsen Mauerstärken und genügender Hinterlast der eingemauerten Consolenstücke ausführbar, da der Schwerpunkt des Balcons gewöhnlich ziemlich weit aufserhalb der Wandfläche liegen wird. Im Uebrigen wird eine solche Form der Unterstützung auch dann gern gewählt, wenn der Balcon an einer abgeschrägten Gebäudeecke anzuordnen ist (Fig. 239 [62]).

Hinsichtlich der Profilirung derartiger Consolen verdient hervorgehoben zu werden, dafs die formale Wirkung derselben gar zu oft durch eine Häufung gleichwerthiger kleiner Profile, als Wulste und Hohlkehlen, beeinträchtigt wird; es empfiehlt sich daher, bei der Composition, eines wirksamen Gegensatzes halber, den Wechsel kleiner, kräftig modellirter Stäbchen, Hohlkehlen, Eierstäbe etc. mit grofsen glatten Flächen in das Auge zu fassen.

Schliefslich sei noch erwähnt, dafs wenig vorkragende Balcone, die über Hauseingängen gelegen find, bisweilen durch Wandfäulen, Pilaster, Anten, Hermen, Atlanten, Chimären etc., welche gleichzeitig den Thorweg flankiren, gestützt werden (Fig. 240 bis 242); sie bilden alsdann — in gewissem Sinne — einen integrirenden Bestandtheil der betreffenden Portalgliederung. In einzelnen Fällen find niedrige Consolen und Säulen, Pilaster etc. gleichzeitig angewendet worden.

Fig. 239.

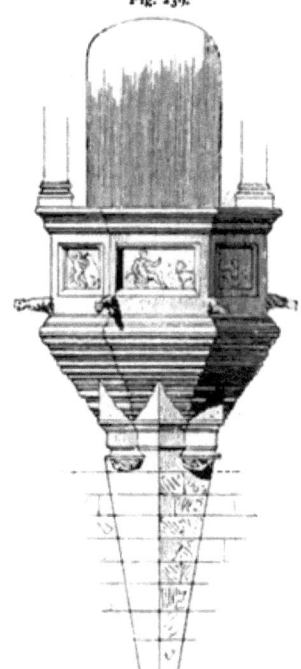

45. Unterstützung der Altane.

Wie schon in Art. 38 (S. 57) angedeutet wurde, werden die Stützen der Altane häufig durch Säulen oder andere Freistützen gebildet; bei reicher geschmückten Bauwerken wendet man an deren Stelle oder mit denselben vereint Atlanten, Karyatiden, Hermen etc. an (Fig. 245 u. 246 [63]). Nicht felten entsteht hierbei unter dem Altan ein Portal, eine Vorhalle etc., welche häufig als Prachteingang (Fig. 243 [64]), als Unterfahrt (Fig. 244 [66]) etc. dient. Auch erkerartige Vor-

Vom Schlofs zu Blois [62]).

[62]) Nach: Archives de la commission des monuments historiques. Paris.
[63]) Facs.-Repr. nach: Die Bauhütte.
[64]) Facs.-Repr. nach: Architektonische Rundschau. Stuttgart, 1887, Taf. 91 u. 92.
[65]) Facs.-Repr. nach: Twinen, M. A. Monumentale Prolanbauten etc. Berlin 1889. Serie 1, Taf. 23.
[66]) Facs.-Repr. nach: Architektonische Rundschau. Stuttgart, 1885, Taf. 34.

Fig. 240.

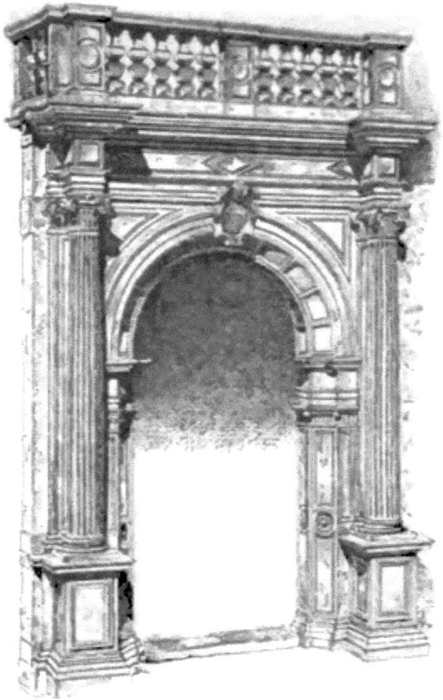

Vom *Palazzo Papafava* zu Venedig[93]).
(XVI. Jahrh.)

Fig. 241.

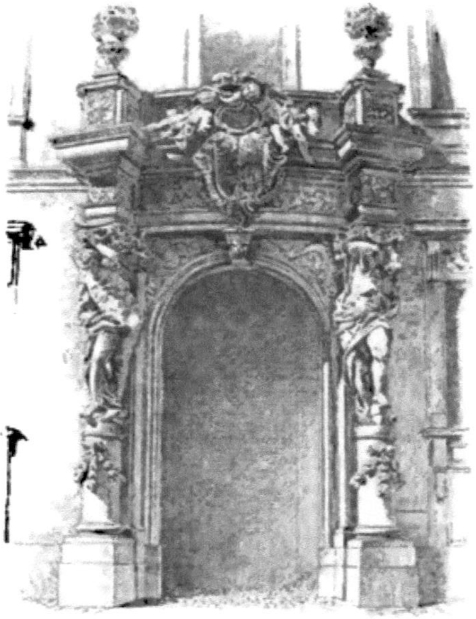

Arch.: *Domen. Martinelli.*

Vom Palais *Lichtenstein* zu Wien[93]).
(XVII. Jahrh.)

Altane.

Vom Hotel *Czartoriszky zu Paris* [67])

Fig. 742.

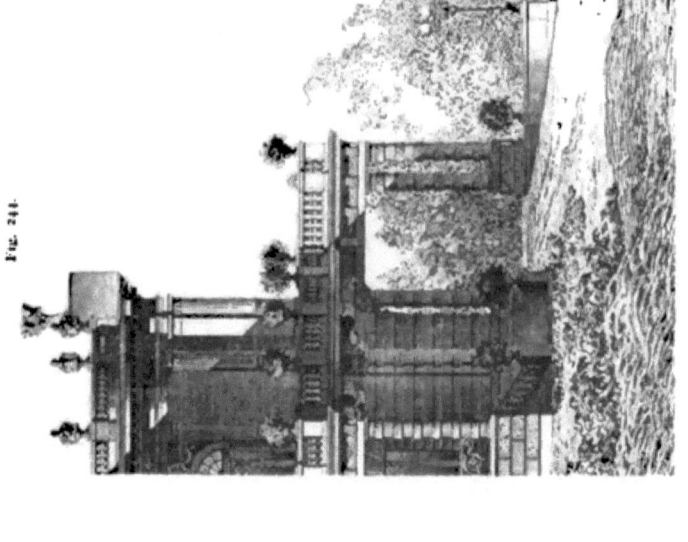

Fig. 244.

Vom Palast *Koronghy* in ...
Arch. *Turner.*

Fig. 243.

Vom Schloß des Grafen *Victor Csáky* zu Szepes-Görgö[?].
Arch. *Idem.*

Altane.

bauten an Gebäuden werden nach oben zu durch einen Altan abgeſchloſſen (Fig. 248⁶⁴).

Ein Gebäude mit einer größeren Zahl von Altanen (auch einer durch Stützmauern begrenzten Terraſſe) zeigt Fig. 247⁶⁵).

In den meiſten Fällen wird der Boden eines Balcons durch einen oder mehrere Steinplatten gebildet, welche in einer Stärke von 15 bis 20 ᶜᵐ frei auf die Kragſteine aufgelegt werden oder beſſer ſo weit in das dahinter befindliche Mauerwerk eingreifen, daſs die Platte die Breite der äußeren Laibung der auf den Balcon führenden Thür deckt (Fig. 232, 234 u. 257).

Iſt die Entfernung zwiſchen zwei Conſolen, welche in der Regel aus den Axenweiten

Fig. 245.

Aus S. S. Gervaſio e Protaſio zu Venedig⁴⁵).

des betreffenden Gebäudes hervorgeht, zu grofs oder das Material in ausreichender Länge nicht zu beſchaffen, ſo empfiehlt es ſich, den Fuſsboden des Balcons aus mehreren, durch Falzung mit einander verbundenen Platten

Fig. 246.

Vom Palais Epſtein zu Wien⁴³).
Arch.: v. Hanſen.

herzuſtellen (Fig. 232, 233, 234 u. 256); die mittlere Platte wird hier durch die beiden benachbarten, welche auf den Conſolen aufliegen, getragen.

Man kann aber auch, bei zu grofsem Abſtande der Kragſteine von einander, den Zwiſchenraum zwiſchen letzteren durch einen Flach- oder Rundbogen überſpannen (Fig. 249), wodurch die Abdeckung mittels kleinerer Steinplatten

⁴⁵) Fack.-Repr. nach: L'émulation 1884, Pl. 1.
⁴⁰) Fack.-Repr. nach: Viollet-le-Duc, E. E. à F. Narjoux, a. a. O., Pl. 150.

Fig. 34.

Archit.
Corbière.

Villa
zu
Palavas *).

ermöglicht wird; nur ift in einem folchen Falle für eine entfprechende Verankerung der als Widerlager dienenden Kragfteintheile *A* Sorge zu tragen, weil diefe durch den Bogenfchub zum Ausweichen veranlaßt werden können. Für längere Galerien wurde, wie Fig. 254 bis 256[**]) zeigen, die Anordnung von zwifchen die Confolen gefetzten Wölbbogen gleichfalls in Anwendung gebracht.

Wenn die Steinplatte eines Balcons die Fortfetzung eines Gurtgefimfes bildet, fo ift die Profilirung des letzteren in der Balconplatte möglichft fortzufetzen oder wenigftens die Höhe deffelben beizubehalten. Für die in den Formen der Antike oder der Renaiffance entworfenen Bauwerke trägt die Profilirung der Platte in der Regel den Charakter einer Hängeplatte, welche nach oben und unten hin durch kleinere Glieder (Kymatien) abgefchoffen ift (Fig. 250 u. 251), während für die gothifchen Profile eine Abfchrägung unter 60 Grad und Unterfchneidungsglieder (Hohlkehle und Rundftab, unter Umftänden mit Ornament) Regel ift (Fig. 252 u. 253).

Fig. 248.

Vom *Schiefs'fchen Haus* zu Magdeburg[**]).
Arch.: *Ende & Boeckmann.*

Eine weitere decorative Behandlung der Platte findet wohl auf ihrer unteren Fläche ftatt durch Ausbildung caffettenartiger Vertiefungen mit fchwebenden Blumenkelchen u. dergl. (Fig. 235 u. 259), wodurch zugleich das Gewicht derfelben erheblich verringert werden kann. Zur Abführung des Regenwaffers ift die Platte mit einem fchwachen Gefälle nach außen, von etwa 1:35, zu verfehen.

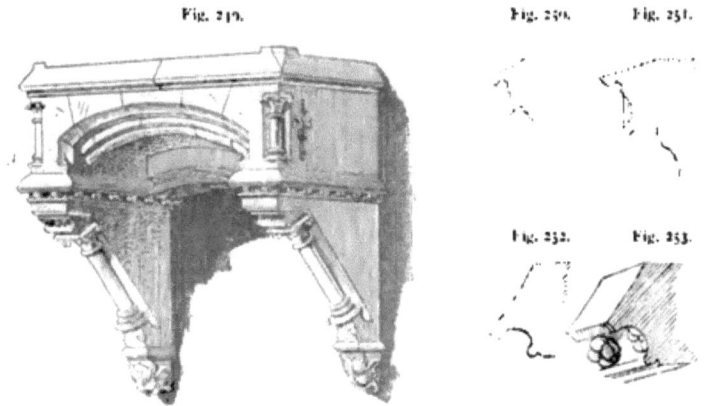

Fig. 249.   Fig. 250.   Fig. 251.

Fig. 252.   Fig. 253.

**) Facf.-Repr. nach: DALY, C. *Motifs hiftoriques d'architecture* etc. 1. Serie. Paris 1864-69. Bd. 1: *Stile Henri III.* Pl. 11.

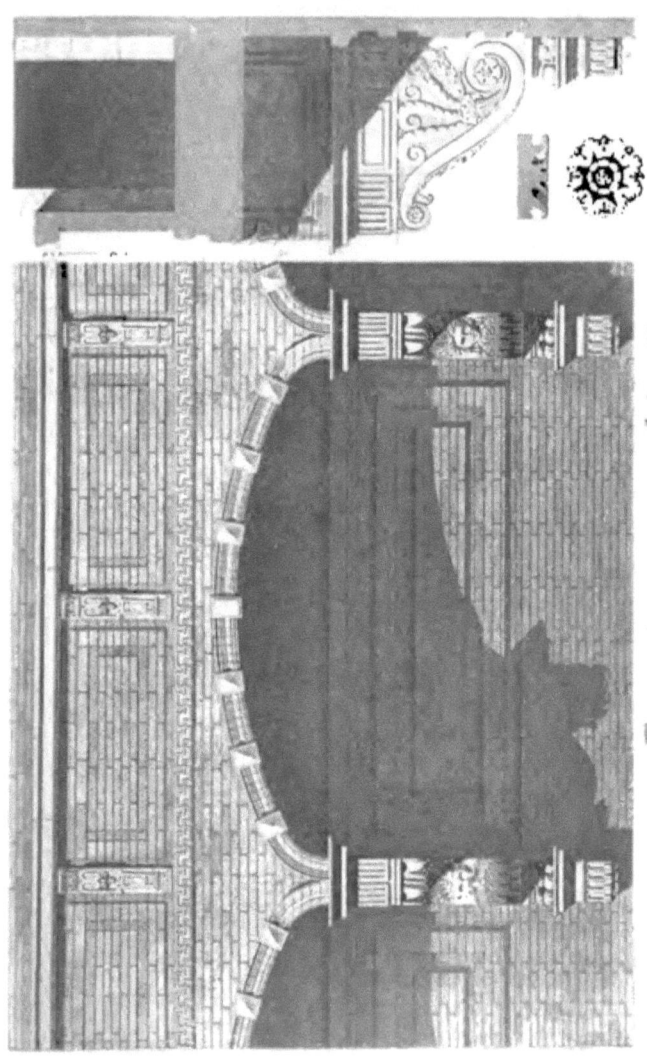

Fig. 255.
Schnitt
durch den
Wulb-
bchnitt.

Fig. 254.
'¼ a. Gr.

Fig. 256.
'⅐ w. Gr.

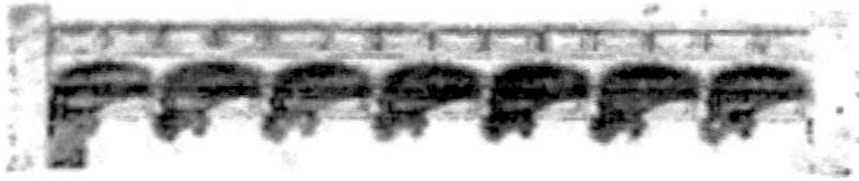

Grösse ¹
zeicht.

Galerie im Hofe des Haufes d'Aff=zat zu Touloufe ²⁰).

(XVI. Jahrh.)

Bei Altanen wird, behufs Herstellung ihrer Plattform, häufig eine ähnliche Substruction nothwendig, wie beim Balcon. Der obere Belag wird fast immer als Cement- oder Asphalteftrich hergestellt.

47.
Geländer. Die Behandlung der Balconbrüftungen und -Geländer entspricht im Allgemeinen derjenigen bei anderweitigen Brüftungen und Geländern, so daß im Wesentlichen nur auf Kap. 17 (unter a) verwiesen zu werden braucht.

Fig. 257.

Fig. 260.

Fig. 261.

Fig. 258.

Fig. 262.

Fig. 259.

Fig. 263.　　Fig. 264.

Fig. 265.　　Fig. 266.

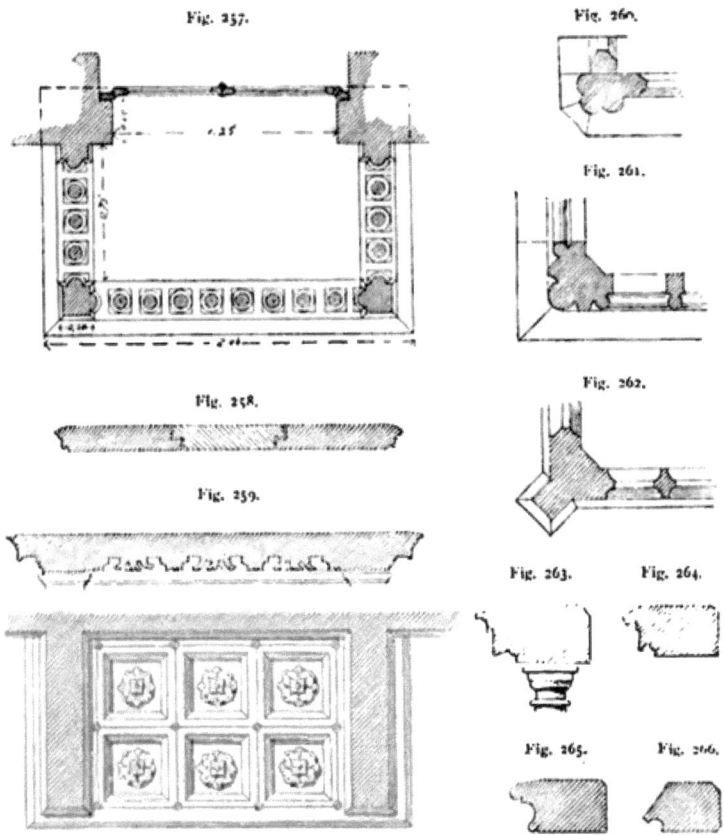

Die Höhe des Geländers wird sich in der Regel nach der Lage der Fensterfohlbank bemessen und beträgt alsdann selten mehr als 75 bis 90 cm. Da aber zur Sicherung vor Unfällen eine Höhe von mindeftens 1 m erforderlich ist, so empfiehlt es sich, die Geländerhöhe unabhängig von der Sohlbankhöhe des Fensters zu beftimmen; eine geeignete architektonische Löfung läßt sich finden.

Bei den im Sinne der Antike oder Renaiffance componirten Balconen befteht das Geländer gewöhnlich aus ftärkeren Eck-, bezw. Mittel- und Wandpfeilern (Fig. 257), welche als decorativen Schmuck eine Vafe etc. erhalten können, mit durchbrochenen oder gefchloffenen Wangenplatten, Baluftern oder auch fchmiedeeifernem Abfchlufsgeländer dazwifchen (Fig. 267 u. 268).

Die Baluftraden gothifcher Balcone können fich in ähnlicher Weife aus Eck-, Mittel- und Wandpfeilern und Platten zufammenfetzen, oder erftere fehlen

Fig. 267.

Orgelbuhne der Kirche
Sta. Maria Maggiore in Trient
Fig. 267.

ganz, wie fchon in Fig. 210 gezeigt wurde; im erfteren Falle endigt der Pfeiler unter dem Handläufer der Balconplatte oder ragt noch ein wenig über diefe hinaus und ift dann ebenfalls durch einen decorativen Gegenftand (oder ein Wappenthier) nach oben hin abzufchliefsen. Hinfichtlich der Pfeileranordnung find die verfchiedenften Löfungen möglich (Fig. 260, 261, 262 u. 270).

Die Deckplatte des Geländers, welche in einer Dicke von etwa 15 cm durchzuführen ift, wird in ihrer Profilausbildung ähnlich behandelt, wie die Balconplatte (Fig. 263 bis 266).

Fig. 268.

Balcon aus Modena.

Die Befeſtigung der Brüſtung, bezw. des Geländers auf der Balconplatte geſchieht am beſten durch eiferne Dübel oder Dollen, welche eingebleit und feſt gekeilt werden (ſiehe auch Art. 29, S. 41); die Brüſtungsplatten hingegen und die Deckplatten der Geländer find mit Hilfe von Klammern zu befeſtigen, welche entweder auf der oberen Fläche oder, falls dies nicht thunlich iſt, an ihrer Rückfeite angebracht werden.

Fig. 269.

Ende des XVII. Jahrh.

Von einem Haufe zu Paris[2]).

Fig. 270.

Fig. 271.

Balcone und Altane, deren Stützen und Plattform aus Hauftein hergeftellt find, werden nicht felten mit eifernen Geländern verfehen. Indem auch in diefer Beziehung auf das vorhergehende Kapitel (unter c) verwiefen werden mag, fei noch befonders der der franzöfifchen Renaiffance entftammenden Balcongeländer mit gefchwungener (unten ausgebauchter) Profilform (Fig. 269 ⁴⁸) gedacht, welche auch in neuerer Zeit wieder vielfach angewendet werden.

2) Balcone aus Backfteinen.

Fig. 272.

Balcon der Turnhalle zu Hannover.

Arch.: *Hower & Schultz*.

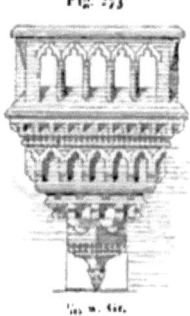

Fig. 273.

Die Conftruction von Balconen aus Backfteinen bei völliger Ausfchliefsung von Haufteinen ift nur durch ganz allmähliche Ueberkragung einzelner Steinfchichten oder aber durch Anwendung von Wölbbogen zur Bildung der Balcon-Plattform zu ermöglichen; in letzterem Falle wird auf das abgeebnete Gewölbe ein Plattenbelag, ein Afphalt- oder ein Cementeftrich aufgebracht. In Fig. 272 und 273 find zwei verfchiedene Balcone fraglicher Art dargeftellt.

3) Balcone, Galerien und Altane aus Holz.

Die Anwendung von hölzernen Balconen empfiehlt fich nur bei gefchützter Lage, etwa unter weit vorfpringenden Dächern, und an denjenigen Seiten des Gebäudes, welche dem Schlagregen nicht ausgefetzt find, da einmal das Holzwerk an fich im Freien keine fehr grofse Dauer befitzt, fodann aber auch eine derartige Conftruction dem Gebäude felbft leicht verderblich werden kann, da die vorftehenden Balkenenden, welche die Plattform des Balcons tragen, dem Inneren Feuchtigkeit zuführen und die Schwammbildung begünftigen. Bei den Schweizer Holzbauten, an denen bekanntlich balconartige, offene Holz-Galerien in ausgedehntefter Weife zur Anwendung gelangen, fieht man daher faft durchweg mit diefen durch Holzfäulen getragene, weit vorfpringende Dächer in Verbindung treten; auch find die Conftructionen felbft, fo wie die Abmeffungen der

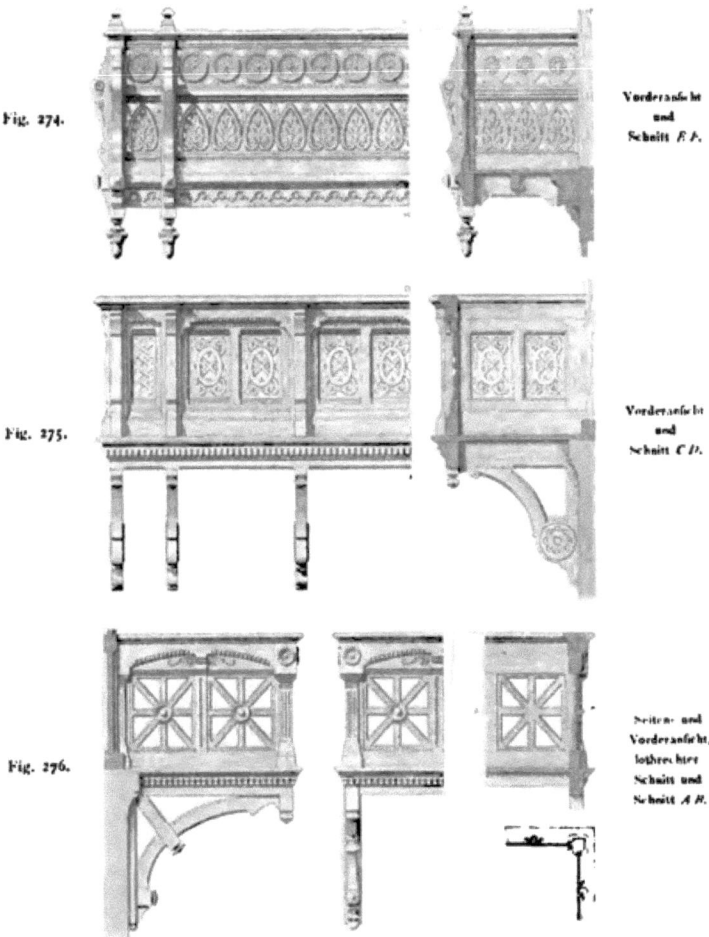

Fig. 274.

Vorderansicht und Schnitt E F.

Fig. 275.

Vorderansicht und Schnitt C D.

Fig. 276.

Seiten- und Vorderansicht, lothrechter Schnitt und Schnitt A B.

Hölzerne Balcone[20]).

⅕ w. Gr.

Arch.: Wanser.

Hölzer, welche an denselben auftreten, ftets derart, dafs fie eine möglichſt lange
Dauer gewährleiſten; überhaupt zeugen faſt alle diefe Werke von einem äuſerſt
gefunden conſtructiven Sinne ihrer Erbauer und können in mehr als einer Beziehung als Muſter dienen.

Auch die deutfchen Fachwerkbauten des Mittelalters und der Renaiffance
liefern eine Reihe praktifch verwendbarer, rationeller Conſtructionen, fo wie ferner
die mannigfaltigften brauchbarſten Motive, befonders für die formale Gliederung
der Stützen oder Confolen des Balcons.

Einige hölzerne Balcone verfchiedenartiger Conſtruction und formaler Geſtaltung zeigen Fig. 274 bis 276[20]).

Die Bedenken bezüglich des fchädlichen Einfluffes der Feuchtigkeit entfallen felbſtredend, fobald es fich um Galerien in Innenräumen handelt; in letzteren werden fie häufig angewendet und bilden nicht felten den Gegenſtand
reicher, felbſt malerifcher Ausfchmückung.

Die Unterſtützung der den Fufsboden des Balcons bildenden Balkenenden,
deren Köpfe vorn entfprechend zu profiliren, bezw. zu decoriren find (Fig. 277
bis 279), gefchieht entweder, namentlich bei kleineren Vorfprüngen, durch volle,

Fig. 277.   Fig. 278.   Fig. 279.

aus einem Block gearbeitete Holz-Confolen oder
-Knaggen oder durch eine Vereinigung von Balken, Streben, Kopfbändern und Wandſtielen,
welche auf Kragſteine geſtellt oder mit dahinter
liegenden Wandpfoſten vereinigt werden können:
die Verbindung der Knaggen, bezw. der Kopfbänder mit den Balken und Wandſtielen gefchieht durch Schlitzzapfen (Fig. 286).

Die formale Behandlung der Knaggen in gothifcher Zeit befchränkt fich
in der Regel auf größere Auskehlungen, Abfafungen und Einkerbungen, unter
ſteter Berückfichtigung der Holzfafern (Fig. 282 u. 292). In der Renaiffance treten
dagegen fchon mit dem XVI. Jahrhundert reichere Ausbildungen auf, bei welchen
allerdings die Structur des Holzes weit weniger berückfichtigt iſt, dafür aber
eine folche Fülle wirkfamer, malerifcher Motive enthalten iſt, dafs das Studium
diefer Bauwerke nicht genug empfohlen werden kann. Vielen derfelben liegt
das Motiv der antiken Stein-Confole zu Grunde (Fig. 283, 289 u. 296).

Bei größeren Ausladungen, wie fie an Balconen gewöhnlich vorkommen,
reicht indeffen die Knaggenbildung nicht mehr aus, und es empfiehlt fich alsdann,
die Balkenenden durch Streben oder Kopfbänder zu unterſtützen (Fig. 281[21]); man
erhält hierdurch ein feſtes Dreieck, welches entweder frei gelaffen oder durch
ein leichtes verziertes Füllbrett gefchloffen werden kann (Fig. 280, 288 u. 295).
Letzteres iſt durch kleine ausgekehlte oder abgefaſte Leiſten zu befeſtigen
(Fig. 290); die Decoration gefchieht durch Ausfägen oder Aufmalen von Ornamenten. Eine Reihe fehr beachtenswerther Stützenmotive finden fich an den
Schweizer Holzbauten, welche bei großen Balconausladungen häufig im all-
mählichen Ueberkragen einzelner, vorn profilirter Balken beſtehen (Fig. 287 u. 293).
Daffelbe Verfahren findet fich auch in Verbindung mit Kopfbändern zur Anwendung gebracht; doch find in diefem Falle die Balkenauskragungen gewöhnlich nach einer Bogenlinie abgeglichen (Fig. 291). Die Strebe felbſt iſt vielfach

[20]) Facf.-Repr. nach: DALY, C., a. a. O., Bd. 2, Sect. 1, Pl. 10.
[21]) Facf.-Repr. nach: Moniteur des arch. 1864, Pl. 31—32.

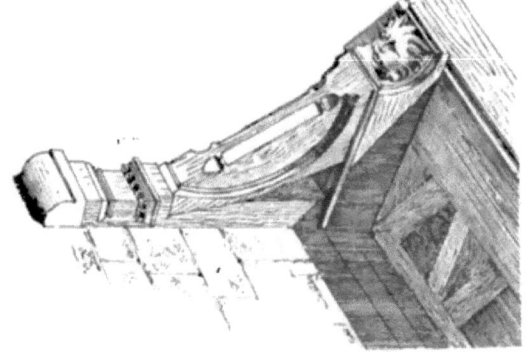

Fig. 280.

Aus Ypern.

Fig. 281.

Blumen-Balcon zu Alvenen[21].

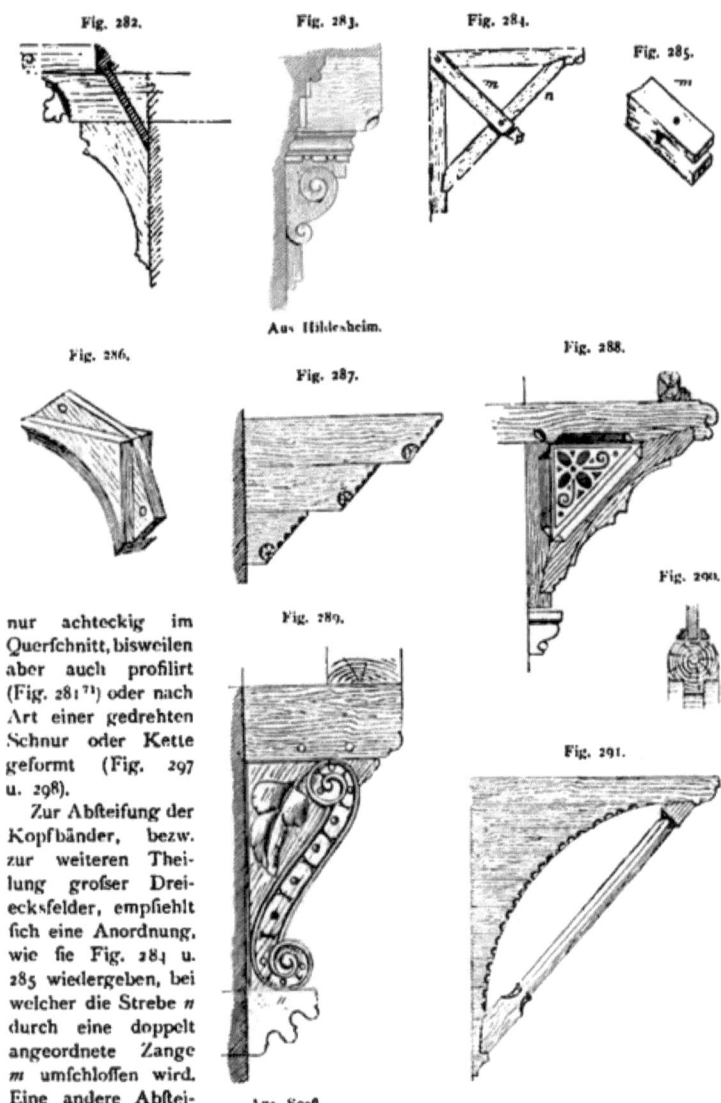

Fig. 282.

Fig. 283.

Fig. 284.

Fig. 285.

Aus Hildesheim.

Fig. 286.

Fig. 287.

Fig. 288.

Fig. 290.

Fig. 289.

Fig. 291.

Aus Soeft.

nur achteckig im Querfchnitt, bisweilen aber auch profilirt (Fig. 281[71]) oder nach Art einer gedrehten Schnur oder Kette geformt (Fig. 297 u. 298).

Zur Abfteifung der Kopfbänder, bezw. zur weiteren Theilung grofser Drei- ecksfelder, empfiehlt fich eine Anordnung, wie fie Fig. 284 u. 285 wiedergeben, bei welcher die Strebe n durch eine doppelt angeordnete Zange m umfchloffen wird. Eine andere Abftei- fung, welche durch Ueberblattung zweier Streben erreicht wird, ift in Fig. 299 dargeftellt; die for- male Wirkung letzterer Ausbildung dürfte jener in Fig. 284 vorzuziehen fein.

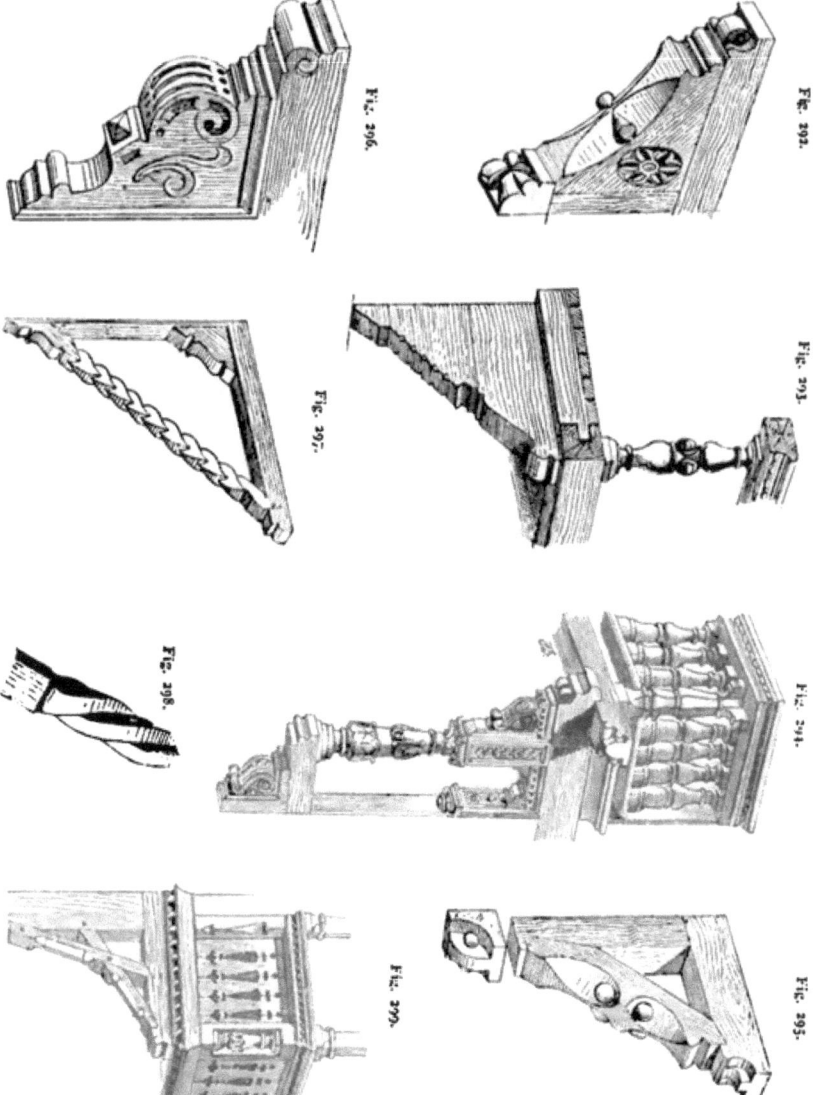

Fig. 292.

Fig. 296.

Fig. 293.

Fig. 297.

Fig. 294.

Fig. 298.

Fig. 295.

Fig. 299.

Nicht felten haben die unterftützenden Theile eine viel reichere Ausbildung erfahren; Fig. 294 zeigt ein Beifpiel diefer Art, deffen Aufbau zum Theile Motiven aus Hildesheim entnommen ift.

Die Plattform der hölzernen Balcone lege man, wenn irgend möglich, etwas tiefer, als den Fufsboden im anftofsenden Innenraume, was durch ein geringes Ausklinken der Balken (um etwa 4 ᶜᵐ) leicht zu erreichen ift; aufserdem

50. Plattform.

forge man auch hier für ein fchwaches Gefälle nach aufsen (Fig. 301). Die Dielung führe man mit kleinen Zwifchenräumen durch und nicht in Feder und Nuth, da es doch nicht zu vermeiden ift, dafs das Regenwaffer auf der Oberfläche ftehen bleibt und durch Eindringen deffelben in die Nuthung das Zerftören des Bodens um fo rafcher erfolgen würde.

Fig. 300.

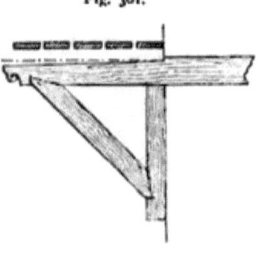

Fig. 301.

Die Plattform der hölzernen Altane ruht in der Regel auf hölzernen Eckpfoften, die fich entweder unmittelbar über dem Boden erheben (Fig. 303[71]), oder, was häufiger vorkommt, auf einem fteinernen Unterbau aufruhen (Fig. 300 u. 302[73 u. 74]). Die Pfoften werden meift an den Kanten abgefaft und erhalten unten und oben eine einfache Gliederung; bisweilen werden die Ecken zwifchen Pfoften und Plattform der Gegenftand einer reicheren Ausbildung und Ausfchmückung, oder durch wagrechte Riegelhölzer werden rechteckige Felder gebildet, in welche bald einfachere, bald zierlichere Füllungen eingefetzt werden.

51. Altane.

Fig. 303[74] zeigt einen hölzernen Altan, an deffen Enden Balconftücke angefügt find.

Das Geländer, deffen formale Durchbildung bereits in Kap. 17 (unter b) befprochen worden ift, befeftige man nicht auf dem Balconboden, fondern an einzelnen Holzftändern, fo dafs das Regenwaffer zwifchen Geländer und Boden abfliefsen kann. Der obere Abfchlufs des Geländers ift, der Dauerhaftigkeit wegen, am zweckmäfsigften aus ftärkeren Hölzern zu conftruiren, etwa wie Fig. 304 angiebt.

52. Geländer.

Hölzerner Altan[71]. ⅒ w. Gr.

[71] Facf.-Repr. nach: VIOLLET-LE-DUC, E. E. & F. NARJOUX, a. a. O., Pl. 169.
[73] Facf.-Repr. nach: DALY, C., a. a. O., Bd. 2, Sect. 4, Pl. 10.
[74] Facf.-Repr. nach: VIOLLET-LE-DUC, E. E. & F. NARJOUX, a. a. O., Pl. 70.

Fig. 302.

Von einer Villa zu Grignon *).

Arch.: *de Baudot*.

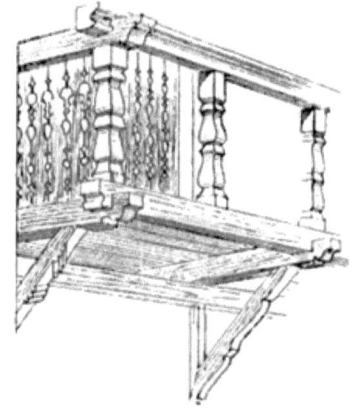

Fig. 303.

Wohnhaus eines Landwirthes bei Ostende [2]
Arch.: Hereau.

Fig. 304.

Von einem
Schweizer
Holzhause.

4) Balcone, Galerien und Altane aus Eifen.

53. Allgemeines.

Die Rolle, welche das Eifen bei Hochbau-Conftructionen überhaupt fpielt, wird von Tag zu Tag bedeutender; auch für die Anlage der Balcone ift diefes Material von nicht zu unterfchätzender Bedeutung, nicht allein, weil man in vielen Gegenden, wegen Mangels an guten Haufteinen, aus Sparfamkeitsgründen dazu greifen mufs, fondern auch, weil eine nicht geringe Anzahl von Gebäuden wegen ihrer eigenartigen Fenfter- und Thür-Conftructionen, fo wie anderweitiger Anordnungen geradezu die Anwendung des Eifens verlangt. Sollen z. B. über grofsen, bis zur Decke hinauf reichenden, nur durch dünne eiferne Säulen von einander getrennten Schaufenftern Balcone angeordnet werden, fo wird man fchwerlich einen anderen Bauftoff für die Träger der Balcone verwenden können, als Eifen, weil durch Anwendung deffelben am wenigften Raum verloren geht und aufserdem für Kragfteine aus Quadern kaum die nöthige Auflagerfläche würde befchafft werden können.

54. Conftruction.

Bezüglich der Conftruction der eifernen Balcone und Galerien herrfcht, fowohl dem Wefen wie der äufseren Erfcheinung nach, eine ziemlich grofse Mannigfaltigkeit. Die wichtigften Typen diefer Art feien im Folgenden vorgeführt.

55. Balcons auf Confolen.

α) In gewiffen Abftänden, deren Gröfse entweder von der Axentheilung des betreffenden Gebäudes, von der Anordnung der Balkenlagen, von der Conftruction der Plattform etc. abhängt, werden zur Unterftützung der Balcone, bezw. der Laufgänge an die betreffende Mauerflucht fchmiedeeiferne oder gufseiferne Confolen befeftigt (Fig. 305 bis 311).

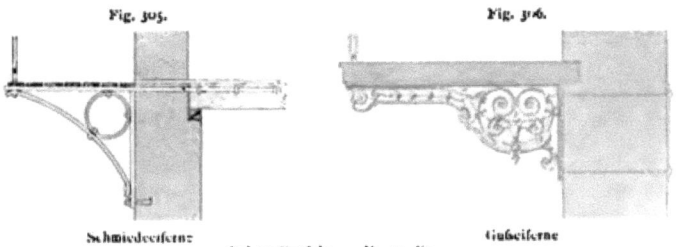

Fig. 305.　　　　　　　　　　　　　Fig. 306.

Schmiedeeiferne　　　　　　　　　　　　Gufseiferne

Balcon-Confole. -- ¹⁄₂₀ w. Gr.

Für die fchmiedeeiferne Confole ift die Geftalt eines rechtwinkeligen Dreieckes mit einer wagrechten und einer lothrechten Kathete die einfachfte Form; doch weicht man von derfelben vielfach ab, fei es, dafs man die fchräg geftellte Strebe nicht gerade, fondern gekrümmt anordnet, fei es, dafs man zur Verftärkung der letzteren noch Füllglieder (Zangen, Ringe etc.) einfetzt, fei es endlich, dafs man, behufs Erzielung einer reicheren formalen Durchbildung, folche Füllglieder als Motive für eine ornamentale Ausftattung benutzt (Fig. 305, 307 bis 310[73]).

Schmiedeeiferne Confolen für die hier hauptfächlich in Frage kommenden Zwecke nach Art der Blechträger oder der Gitterträger (Fig. 309[74]) zu conftruiren, kommt verhältnifsmäfsig felten vor.

---

[73] Facf.-Repr. nach: Viollet-le-Duc, E. E. d F. Nanjoux, a. a. O., Pl. 59.

[74] Nach: Klafen, L. Handbuch der Hochbau-Conftructionen in Eifen etc. Leipzig 1876.

Fig. 307.   Fig. 308.

Balcon-Confolen aus der Eifen-Conftructions-
und Kunftfchmiede-Werkftatt von *Ed. Puls*
zu Berlin. — $\frac{1}{20}$ w. Gr.

Gußeiferne Confolen, welche gleichfalls mit einem wagrechten und einem
lothrechten Rahmftück zu verfehen find,
erhalten im Uebrigen eine Durchbildung,
welche der antiken Confolenform des
korinthifchen Hauptgefimfes entlehnt ift.
In den Einzelheiten ift die Geftaltung
eine ungemein mannigfaltige, namentlich
auch in Bezug auf einfacheren und reicheren Schmuck. Solche Confolen find fchon
feit längerer Zeit Handelsartikel geworden (Fig. 306 u. 311 [77]).

Die auf der Confole ruhende Laft ruft ein Umkantungsmoment hervor,
welches durch entfprechende Verankerung der Confole unfchädlich gemacht
werden muſs.

Bei fchmiedeeifernen Confolen ift es am einfachften und auch am ratio-
nellſten, das wagrechte Rahmſtück entfprechend
nach rückwärts zu verlängern, daffelbe durch die
Mauer hindurchzuftecken und an einem der Trag-
balken der Balkenlage zu befeftigen (Fig. 305). Die
Einzelheiten der Conftruction find eben fo durchzuführen, wie in Theil III, Band 1 (Abth. I, Abfchn. 3, Kap 5: Anker) diefes »Handbuches« für
Balkenanker gezeigt worden ift.

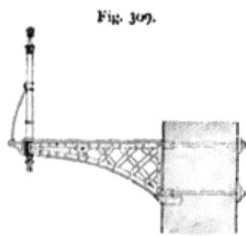

Fig. 309.

91 ^{m} lange Galerie
an der Villa *Krupp* bei Effen [76].
$\frac{1}{40}$ w. Gr.

Bei gußeifernen Confolen geftalte man das
lothrechte Rahmſtück thunlichſt breit, einerfeits
um ein möglichſt breites Auflager auf der Mauer
zu erzielen, andererfeits um auf jeder Seite der
Confole entfprechend ftarke Schraubenbolzen durch-
ftecken zu können; letztere reichen durch die
Mauer hindurch und werden an der Rückfeite derfelben, nachdem die Ankerplatte vorgelegt wurde, mit Hilfe von Schraubenmuttern feft angezogen (Fig.
306). Dies ift die am häufigften vorkommende Befeftigung von gußeifernen
Confolen; eine ähnliche Anordnung ift jedoch bisweilen auch bei fchmiedeeifernen
Confolen zu finden (Fig. 309). Wenn es indefs möglich ift, die Schraubenbolzen
an anderen hiezu geeigneten Conftructionstheilen (Trägern etc.) zu verankern, fo
ift letzteres vorzuziehen.

Die unteren Bolzen dienen felbftredend nur zur Fefthaltung der Confole an der Mauer, während
die oberen als eigentliche Verankerungsbolzen auftreten. Aus der Belaftung der Confole läfst fich der
erforderliche Querfchnitt diefer Bolzen berechnen. Ift M das größte die Confole beanfpruchende
Biegungsmoment, T die im Ankerbolzen herrfchende Zugfpannung und h die Höhe der Bolzenaxe über
dem Fuſspunkt der Confole, fo ift

$$M = Th, \text{ woraus } T = \frac{M}{h}.$$

Ift die Spannung in den Bolzen ermittelt, fo läfst fich der Querfchnitt leicht berechnen.

Beifpiel. Bei der in Fig. 309 dargeftellten, von *Klafen* conftruirten Galerie an der Villa *Krupp*
bei Effen, welche 1,2 ^{m} Ausladung hat, beträgt das Eigengewicht ca. 100 ^{kg}, und die Nutzlaft
(Menfchengedränge) wurde zu 400 ^{kg} für 1 ^{qm} angenommen; hieraus ergiebt fich eine gleichmäßig ver-

[77] Nach: BREYMANN, G. A. Allgemeine Bau-Conftructions-Lehre etc. Theil III. 4. Aufl. Stuttgart 1877.
Taf. 101.

Fig. 310.

Wohnhaus bei Kopenhagen. — Schnitt durch die Flurhalle[20]. — $^1/_{45}$ w. Gr.

theilte Gesammtlast von 500 ^{kg} für 1 ^{qm}. Da die Consolen 3,3 ^{m} von einander abstehen, hat jede derselben eine Last von $1,2 \cdot 3,3 \cdot 500 = 1980$ ^{kg} aufzunehmen. Das größte Biegungsmoment ist annähernd

$$M = \frac{1980 \cdot 120}{2} = 118\,800 \; ^{cmkg}.$$

Beträgt die mit h bezeichnete Höhe 47 ^{cm}, so ist

$$T = \frac{118\,800}{47} = 2528 \; ^{kg}.$$

Läßt man eine Zugbeanspruchung des Ankerbolzens mit 800 ^{kg} für 1 ^{qcm} zu, so wird ein Bolzenquerschnitt von $\frac{2528}{800} = 3,1$ ^{qcm} erforderlich; da im vorliegenden Falle nur ein Bolzen vorhanden war, so wurde sein Durchmesser mit 2,2 ^{cm}, bezw. der Querschnitt mit 3,8 ^{qcm} gewählt.

Dienen zwei Bolzen zur Verankerung, so braucht selbstredend jeder derselben nur den halben Querschnitt zu erhalten.

Bei ganz einfachen Laufgängen, welche untergeordneten Zwecken dienen, wird die Bodenplatte aus quer über die Consolen gelegten Bohlen hergestellt (Fig. 305). Bei sonstigen Galerien und Balconen kann man Eisenplatten, am besten gerippt oder gerieft, auf denselben befestigen; liegen die Consolen weit aus einander, so sind die Eisenplatten in der Längsrichtung des Balcons zu unterstützen, wozu sich hochkantig gestellte Flacheisen (Fig. 311) oder Winkeleisen eignen.

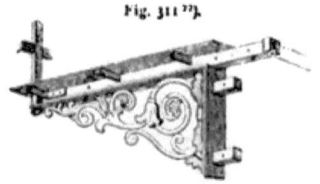

Fig. 311[77].

Man hat vielfach auf die eisernen Confolen auch fteinerne Balconplatten verlegt (Fig. 306), wiewohl die formale Durchbildung einer folchen Vereinigung verfchiedener Bauftoffe auf Schwierigkeiten ftöfst.

Die Geländerpfoften werden am beften auf den Confolen befeftigt; manche der letzteren erhalten nach vorn zu eine folche Endigung, welche die Verbindung mit den Geländerpfoften thunlichft erleichtert. So z. B. befitzen Confolen aus Gufseifen nicht felten eine hülfenartige Endigung etc.

Sind auf die eifernen Confolen fteinerne Balconplatten gelegt, fo werden die Geländer auf letzteren, in der fchon unter 1 angegebenen Weife, befeftigt[78]).

β) Eine gleichfalls einfache Unterftützung der Balcone befteht darin, dafs man zwei, je nach Erfordernifs auch mehrere, wagrechte eiferne Balken aus der Mauerflucht um das entfprechende Längenftück vorkragen läfst und diefelben derart einmauert oder mit anderen Trägern, bezw. fonftigen Conftructionstheilen fo vernietet, bezw. derart verbindet, dafs man jene Balken als eingefpannt betrachten kann. Solche Balken follen im Folgenden als »Balconträger« bezeichnet werden. Die Anordnung geftaltet fich befonders einfach, wenn die Balconträger die Verlängerung der Deckenbalken bilden.

Unter den Walzeifen find es hauptfächlich I-Eifen und Eifenbahnfchienen, welche als Balconträger zur Anwendung kommen. Ueber die Berechnung folcher Confole-, Krag- oder Freiträger ift in Theil I, Band 1, zweite Hälfte (Abth. II, Abfchn. 2, Kap. 2, a, unter 2[79]) alles Erforderliche zu finden.

Dafelbft ift auch ein Beifpiel ausgerechnet, welches fich auf einen fchmiedeeifernen Balconträger von 2 ᵐ freier Länge bezieht; derfelbe hat als Eigengewicht eine gleichmäfsig vertheilte Belaftung von 500 ᵏᵍ für das laufende Meter und eine Nutzlaft von 800 ᵏᵍ für das laufende Meter zu tragen, auſſerdem noch das Gewicht der Brüftung mit 600 ᵏᵍ in 1,8 ᵐ Abftand von der Mauer. Nr. 26 (bezw. 28) der »Deutfchen Normal-Profile für I-Eifen« wird als geeignet ermittelt.

Bei der Einmauerung, bezw. Einfpannung der Balconträger ift im vorliegenden, wie in allen folgenden verwandten Fällen in befonders forgfältiger Weife vorzugehen. Zunächft ift Alles zu beachten, was in Theil III, Band I. Abfchn. 3, Kap. 7, unter c) über »Auflager eiferner Träger« gefagt worden ift. Die Ausführung befonders guten Mauerwerkes an der Auflagerftelle, noch beffer das Verfetzen eines Auflagerquaders, ift niemals zu unterlaffen. Noch vortheilhafter ift es, auſſerdem eine gufseiferne Druckvertheilungsplatte, über deren Abmeffungen an der eben angezogenen Stelle das Erforderliche zu finden ift, einzulegen (Fig. 312. Damit eine innige Berührung zwifchen Auflagerftein und Eifenplatte ftattfindet, breite man zwifchen beiden ein Bett aus dünnem Cement-Mörtel aus.

Fig. 312.

Bei eingefpannten Trägern ift indefs hiermit nicht genug gethan; es mufs noch dafür geforgt werden, dafs das Gewicht der auf dem einge-

[78]) Im vorliegenden, wie in allen folgenden Fällen ift über die Einzelheiten der »Verbindung von Eifentheilen«, in fo weit deren hier nicht eingehender gedacht wird, in Theil III, Band 1 (Abth. 1, Abfchn. 3, Kap. 1) diefes »Handbuchs« das Nöthige zu finden.

[79]) 1. Aufl.: Abfchn. 3, Kap. 2, a, unter 2.

β) Balcone auf ausgekragten Trägern.

spannten Trägertheile ruhenden Mauermasse thatsächlich zur Wirksamkeit kommt und dass nicht ein Ausreissen diefes Mauerwerkes (nach der in Fig. 312 punktirten Linie) stattfinden könne. Hierzu ist erforderlich, dass auch über dem eingespannten Trägertheile eine eiserne Druckvertheilungsplatte angeordnet und das Mauerwerk über derselben aus hart gebrannten Backsteinen in Cement-Mörtel und in gutem Verbande ausgeführt wird (Fig. 312). Noch günstiger wird die Druckvertheilung wirken, wenn man auch über der Eisenplatte einen Hausstein anordnet.

Die Plattform des Laufganges, bezw. des Balcons stellt man auch hier in der Weise her, dass man auf die vorkragenden Balconträger hölzerne Bohlen oder eine eiserne Platte, am vortheilhaftesten gerippt oder geriffelt, und mit Gefälle nach aussen versehen, legt.

Die Geländerpfosten werden am besten an den oberen Flanschen der Balconträger befestigt. Bei schmiedeeisernen Pfosten diefer Art geschieht diese Befestigung mittels eiserner Winkel und entsprechender Vernietung, bezw. Verschraubung. An Pfosten von Gusseisen giesst man eine geeignete Fussplatte an und verschraubt diese mit dem Trägerflansch.

Wird auf eine besonders solide Befestigung des Geländers Werth gelegt oder ist eine besonders grosse seitliche Beanspruchung des Geländers in Rücksicht zu ziehen, was bei längeren Galerien etc. zutreffen kann, so ordne man zur weiteren Stützung des Geländers an feiner Rückseite noch schräge Streben an, oder, wo dies nicht zuläffig, verwende man eine der Befestigungsweisen, wie fie im vorhergehenden Kapitel, in Fig. 186 u. 187 (S. 52), dargestellt worden find.

Ist auch eine folche Verbindungsweise, fei es aus äfthetifchen oder anderen Rückfichten, nicht ausführbar, fo kann man im vorliegenden, wie in allen folgenden verwandten Fällen eine fehr folide Befestigung der Geländerpfosten erzielen, wenn man statt des I-förmig profilirten Balconträgers zwei]-Träger anwendet. Die untere Endigung der Pfosten ist dann derart flach auszubilden, dass man diefelbe zwifchen die Stege der][-Eifen einfetzen und mit letzteren entsprechend verfchrauben kann.

Sowohl bei der im vorhergehenden Artikel vorgeführten Confolen-Unterftützung, als auch bei der eben befprochenen Conftruction kommt es vor, dafs man am freien Ende der Confolen, bezw. der Balconträger die Längsverbindung mittels Flach-, Winkel- oder ⌷-Eifen herftellt. Diefelbe kann bei längeren Laufgängen nur den Zweck haben, einen Zufammenhang innerhalb der Gefammt-Conftruction herzuftellen; fie kann aber auch bei ungleichmäßiger Belaftung eine Druckübertragung herbeiführen, und fie kann endlich, namentlich bei größerem Abftande der ftützenden Theile, eine folidere Befeftigung des Geländers ermöglichen (Fig. 311).

57. Balcone mit Streben. γ) Haben die im vorhergehenden Artikel befprochenen Balconträger nicht die nöthige Tragfähigkeit, fo unterftützt man diefelben (Fig. 313) durch Streben (entfprechend den bei Holz-Balconen angewendeten Kopfbändern oder Bügen) Da es fich im Wefentlichen um Laften ohne bedeutende Erfchütterungen handelt,

fo können folche Streben aus Gufseifen hergeftellt werden; dabei find folche Querfchnittsform und fonftige Geftaltung zu wählen, wie fie einem auf Knickfeftigkeit beanfpruchten Conftructionstheile entfprechen. In Fig. 320 wird hierfür ein Beifpiel gegeben und auch gezeigt werden, wie man für die Verbindung mit dem Balconträger und für geeigneten Anfchlufs an die Mauer forgen kann.

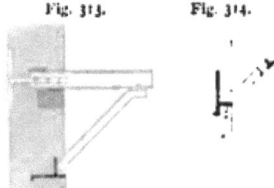

Fig. 313.   Fig. 314.

Fig. 315.

Schmiedeeiserner Balcon *).

Häufiger werden folche Streben aus Schmiedeeifen conftruirt (Fig. 313). In Rückficht auf die Beanfpruchung derfelben und auf thunlichft leichte Verbindung mit dem Balconträger eignen fich T-Eifen für diefen Zweck vortrefflich; doch

Fig. 316.

Vom
Théâtre Lyrique
zu Paris [2].

können auch Quadrat-, Winkel- und Kreuzeifen zur Anwendung kommen. Befondere Sorgfalt ift der Lagerung des Strebenfufses zuzuwenden. Am rationellften ift die Anwendung eines gufseifernen Schuhes, der fich mit wagrechter und lothrechter Druckvertheilungsplatte dem Mauerwerk anfchliefst (Fig. 313 u. 314); letzteres ift in der Umgebung des Schuhes befonders folid (hart gebrannte Backfteine in Cement-Mörtel etc.) auszuführen.

Fig. 317.

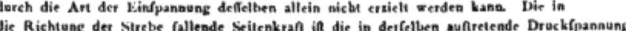

Den Druck, den die Strebe *a c* (Fig. 317) aufzunehmen hat, ermittelt man leicht, wenn man zunächft denjenigen Theil der Belaftung auffucht, der im Träger *ab* auf den Punkt *a* entfällt. Diefer zerlegt fich in eine Seitenkraft fenkrecht zur Strebe *a c* und in eine folche in der Richtung derfelben. Erftere trachtet eine Drehung der ganzen Conftruction um den Punkt *c* hervorzubringen und mufs durch befondere Verankerung des Trägers *ab* aufgehoben werden (Fig. 317), fobald dies durch die Art der Einfpannung deffelben allein nicht erzielt werden kann. Die in die Richtung der Strebe fallende Seitenkraft ift die in derfelben auftretende Druckfpannung.

[1] Farb-Repr. nach: *Moniteur des arch.* 1869, Pl. 72.

[2] Farb-Repr. nach: Narjoux, F. *Paris. Monuments élevés par la ville 1850—1880.* Paris 1877—81. Bd. 3.

Fig. 318.

Eiferner Blumen-Balcon *).

Statt gerader Streben werden wohl auch gekrümmte verwendet, wie dies die Galerie in Fig. 319 zeigt; diefe Abbildung bietet auch ein Beifpiel für denjenigen Fall dar, wo die (hier aus Winkeleifen hergeftellte) Strebe an einem eifernen Pfoften befeftigt wird.

Eine von der geradlinigen Verftrebung noch mehr abweichende Form erhält die Unterftützung der Balcone, wenn es fich um eine befonders reiche, bezw. zierliche Geftaltung derfelben handelt; Fig. 315 ⁸⁰) giebt ein Beifpiel hierfür.

δ) Statt der Verftrebung der Balconträger von unten eine Aufhängung derfelben nach oben zu in Anwendung zu bringen, ift zwar conftructiv zuläffig und wurde in einzelnen Fällen auch ausgeführt; allein es wird nur felten Gelegenheit vorhanden fein, von einer folchen Conftruction Gebrauch zu machen. Die Galerien der Theater- und Circus-Gebäude zeigen bisweilen eine derartige Anordnung (Fig. 316 ⁸¹).

Fig. 319.

In w. Gr.

ε) Eiferne Blumen-Balcone erhalten zuweilen eine ganz eigenartige, von den vorgeführten Anordnungen abweichende Geftaltung und Befeftigung (Fig. 318 ⁸²).

Nicht felten werden neben dem Eifen auch Backfteine als tragendes Material

58. Balcone aus Eifen und Stein.

angewendet. Eine verhältnifsmäfsig einfache und zweckentfprechende Conftruction ift die durch Fig. 320 dargeftellte.

I-förmig geftaltete Walzeifenträger a werden entfprechend eingemauert und zwifchen diefe ½ Stein ftarke Stichkappen b gefpannt; wegen des ftarken Seitenfchubes find die Balconträger durch Ankerftangen c mit einander zu verbinden. Zur Unterftützung der Balconträger a find Streben d angeordnet; die Befeftigung derfelben an jenen Trägern einerfeits und an der Mauer A andererfeits ift durch an die Streben angegoffene Platten bewirkt, welche mittels Schrauben befeftigt find.

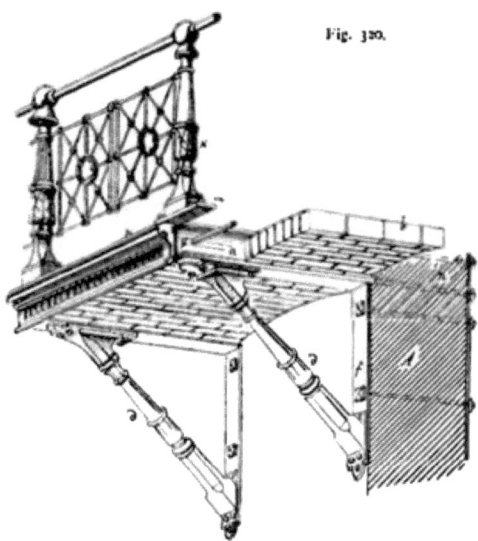

Fig. 320.

⁸²) Facf.-Repr. nach: Moniteur des arch. 1890, Pl. 1.

Um den Druck auf die Mauer A thunlichſt zu vertheilen, iſt eine Unterlagsplatte f verwendet worden.

Zur Verdeckung der Trägerköpfe g, ſo wie der Stirnflächen der Stichkappen wurde ein profilirtes Metallblech h vorgeſetzt. Die Pfoſten des Geländers haben gleichfalls angegoſſene Fußplatten, ſo daſs Schraubenbolzen, welche durch letztere und den oberen Flanſch der Trägerköpfe g hindurchgehen, zur Befeſtigung des Geländers verwendet werden konnten.

Eine längere Galerie verwandter Conſtruction zeigt Fig. 321[83]).

Ueber den Backſteingewölben wird ſtets eine Ausebnung vorzunehmen und alsdann ein entſprechender Belag (Dielung, Cement, Aſphalt, Terrazzo, Mettlacher Platten oder andere Flieſen) aufzubringen ſein. Das Ausebnen wird entweder durch Aufbringen von Steinbrocken und Uebergießen mit dünnem Cementmörtel oder mit Hilfe von Beton bewirkt.

Wird der Abſtand der eiſernen Balconträger ſo groſs, daſs die Ausführung von Stichkappen nach Fig. 320 auf Schwierigkeiten ſtöſst, ſo ordnet man ein flaches Tonnengewölbe in einer um 90 Grad verſetzten Lage an. Selbſtredend muſs alsdann für das Gewölbe an der Außenſeite das äußere

Fig. 321.

Galerie im Eingangshof des Gefängniſſes zu Paris,
Rue de la Santé[84].

Widerlager erſt geſchaffen werden, was entweder dadurch geſchieht, daſs man an die Trägerköpfe ein entſprechend ſtarkes ⊏ Eiſen (mittels genügend langer Laſchen) anſchraubt oder, wie in Fig. 322 angegeben iſt, verfährt.

83) Fac⸗Repr. nach: Narjoux, F., *Paris. Monuments élevés par la ville 1850—1880.* Paris 1877—81.

Handbuch der Architektur. III, 2, b. (2. Aufl.)   7

Hier find über die freien Enden der Balconträger zwei Eifenbahnfchienen gelegt und diefe nach rückwärts entfprechend verankert. Das letztere ift auch bezüglich der die Träger ftützenden Streben gefchehen.

An Stelle der Backfteingewölbe können auch Betonplatten, welche zwifchen den Trägerflanfchen eingeftampft werden, ferner kann Wellblech, erforderlichenfalls Trägerwellblech treten. Auch *Monier*-Platten, ca. 6ᶜᵐ dick, die auf einen Roft aus Längs- und Querträgern gelagert werden, haben fchon Verwendung gefunden.

c). Ummantelte Eifen-Conftructionen. Obgleich fich nun fowohl bei Anwendung von Eifen allein oder auch bei Benutzung von Eifen und Stein eine entfprechende formale Ausbildung der Confolen, der Balcon-Plattform und des Geländers wohl erreichen läfft (fiehe Fig. 320), fo wird in der neueren Baupraxis leider diefer Weg, da er etwas unbequem ift und weil die Gufseifenformen wegen ihrer größeren Zierlichkeit mit den übrigen aus Stein gebildeten Formen nicht immer zufammengehen wollen, nur äußerft felten betreten. Allerdings ift es viel leichter, fich um die Geftaltung einer Conftruction gar nicht zu kümmern und diefelbe fpäter durch irgend eine gar nicht aus erfterer hervorgehende Hülle von Zink, Gyps, Cement u. f. w. zu umgeben. Am bedenklichften ift ein derartiges Verfahren in der Anwendung auf die Confolen und den Boden, ihrer hervorragenden conftructiven Bedeutung halber, da man die im Inneren derfelben etwa entftehenden Schäden wegen der Umhüllung nicht fofort entdeckt. Allerdings ift die Anwendung derartiger Surrogate in den meiften Fällen ganz erheblich billiger, und durch das fabrikmäßige Anfertigen derfelben in großen Maffen, welche dem bauenden Publicum eine möglichft große Auswahl bietet, wird diefe Conftructionsweife derart verbreitet, dafs

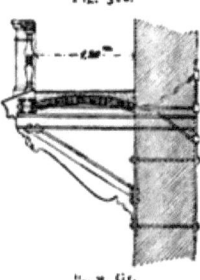

Fig. 322.

diefelbe, in fteinarmen Gegenden befonders, kaum jemals wieder vollftändig verdrängt werden dürfte.

Greift man zu diefen Surrogaten, fo ift jede Form, welche man denfelben giebt, recht, falls fie nur mit den übrigen Formen und Gliederungen des Gebäudes übereinftimmt. Zu Confolenausbildungen eignen fich daher gleichmäßig fämmtliche in Fig. 214 bis 231 befprochene Formen, und zwar in gleicher Weife für gebrannten Thon, Cement, gegoffenes und geprefftes Zink; für die Profile der Deckplatte befonders Umhüllungen von Zink, wie in Fig. 263 bis 266 u. f. w. angegeben; für die Geländerausbildungen Cement, Zink und Terracotta, wie in Fig. 130 bis 139 u. f. w. dargeftellt. Gufseifen ift an diefer Stelle mit Ausnahme von größeren Pfeilern feiner leichten Zerbrechlichkeit wegen nicht zu empfehlen; doch ift in Fig. 116 ein Motiv mitgetheilt, welches mit einigen Abänderungen benutzt werden könnte; fchmiedeeiferne Geländer, ebenfalls mit einigen Umänderungen für Balcone brauchbar, finden fich in Fig. 179 bis 184, ferner in Fig. 193 bis 195 u. 170 u. f. w.

Bei folcher Verkleidung, bezw. Ummantelung des eifernen Gerippes kommt in der Conftruction der Plattform häufig ein neuer Conftructionstheil hinzu, nämlich ein der Grundrifsbegrenzung des Balcons folgendes Rahmftück. Schon bei einfachen rechteckigen Balconen mit fichtbarer Eifen-Conftruction wird an den Kopfenden der Balconträger ein folches Rahmftück vor-, bezw. aufgefetzt, fei es, um bei Wirkung von Einzellaften eine beffere Druckvertheilung zu erzielen, fei es, um das Geländer darauf zu befeftigen, fei es endlich, um diefes Rahmftück für die Boden-Conftruction felbft dienftbar zu machen (fiehe Art. 55, S. 91 und Fig. 311).

Hat der Balcon eine polygonale Grundrifsgeftalt, fo ift zum Hervorbringen derfelben ein folches Rahmftück unbedingt nothwendig, und das Gleiche ift der Fall, wenn es fich um halbrunde Balcone handelt. Im letzteren Falle hat man fogar das in Form eines Halbkreifes, einer halben Ellipfe, eines Korbbogens gekrümmte Rahmftück als den eigentlichen Balconträger ausgebildet, hat es alfo an den beiden Enden durch Einmauerung oder Vernietung mit anderen Trägern eingefpannt. Auch hier kommen hauptfächlich I- und C-Eifen-Profile zur Anwendung.

Fig. 323.

Solche gekrümmte Balconträger werden hiernach fowohl auf Biegung, als auch auf Verdrehung (Torfion) in Anfpruch genommen, worauf bei der Querfchnittsermittelung gebührend Rückficht genommen werden mufs.

Kornen hat in der unten genannten Zeitfchrift[*] die vorliegende Frage theoretifch erörtert und für einzelne Fälle die nachftehend mitgetheilten Ergebniffe erzielt.

Fall I: Der Träger fei nach einem Halbkreife gekrümmt (Fig. 323) und für die Längeneinheit mit p belaftet. — Mit einer für I- und C-Eifen zuläffigen Annäherung ergiebt fich für das erforderliche Widerftandsmoment W der Ausdruck:

$$W_I = 1{,}70\ \frac{p\,r^2}{K}\,,$$

worin r den Halbmeffer des fraglichen Halbkreifes und K die gröfste zuläffige Beanfpruchung des Walzeifens für die Flächeneinheit bezeichnen.

Fall II: Der Träger fei mit zwei fymmetrifch angeordneten Einzellaften P (Fig. 323) belaftet. — Ift α der der Laft entfprechende Centriwinkel, fo wird mit einiger Annäherung das erforderliche Widerftandsmoment

$$W_{II} = 1{,}70\ \frac{P\,r\cos\alpha}{K}$$

Fall III: Für beliebig viele, aber fymmetrifch angeordnete Einzellaften P ergiebt fich hiernach das erforderliche Widerftandsmoment

$$W_{III} = 1{,}70\ r\ \frac{\Sigma(P\cos\alpha)}{K}\,.$$

Fall IV: Bei gleichmäfsig vertheilter Belaftung und beliebig vielen, aber fymmetrifchen Einzellaften ergiebt fich durch Addition der Werthe von W_I und W_{III} das erforderliche Widerftandsmoment

$$W_{IV} = \frac{1{,}70\ r}{K}\ [p\,r + \Sigma(P\cos\alpha)].$$

Bezüglich der Anordnung und des Aufbaues eiferner Altane kann nur auf das in Art. 50 (S. 85) über Holz-Altane Gefagte verwiefen werden. An Stelle der hölzernen Eckpfoften treten eiferne (meift gufseiferne) Säulen, und auch die übrigen Neben- und Ziertheile werden aus Eifen oder anderem Metall hergeftellt.

53. Eiferne Altane.

5) Ueberdachung und Entwäfferung der Balcone und Altane.

Die Balcone der oberften Gefchoffe werden bisweilen überdacht. Einen vollftändigen Abfchlufs gegen das Regenwaffer kann man dadurch wohl kaum erreichen; denn das betreffende Dach müfste nach allen Seiten fehr weit vorfpringen, wenn es allen Schlagregen abhalten follte. Ein folches Dach gewährt auch Schutz gegen Sonnenfchein, was durch Hinzufügen von Vorhängen und

54. Ueberdachung.

[*] Kornen, M. Theorie gekrümmter Erker- und Balconträger. Deutfche Bauz. 1883, S. 107.

Fig. 324.

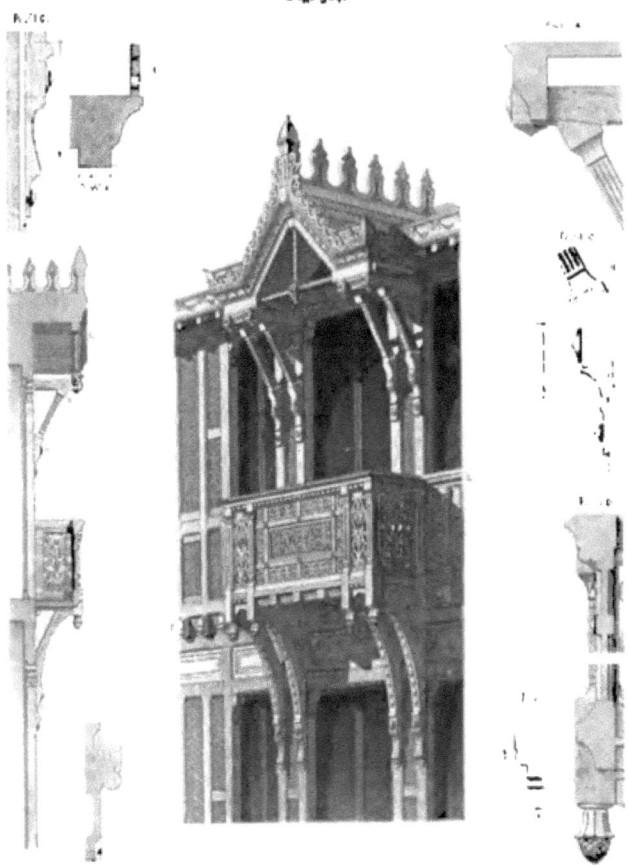

Querschnitt 1/10 w. Gr.
Einzelheiten ca. 1/10 w. Gr.

Vom *Chalet* der Kaiferl. Commiffion

Marquifen in noch höherem Grade erzielt werden kann. Letztere vermögen auch
Schutz gegen widrige Winde zu gewähren.

Die hierbei in Frage kommenden Dächer find entweder einfache Confole-
Dächer[88]), die man nach Art der Vordächer[89]) zur Ausführung bringen kann,
oder es werden pult- und fatteldachförmige, wohl auch baldachinartige Conftructionen angeordnet, die im rückwärtigen Theile im Mauerwerk gelagert find
und im vorderen Theile auf Säulen aufruhen, welche fich im Balcongeländer

[88]) Siehe: Theil I, Band 1, zweite Hälfte (Abfchn. 3, Kap. 3, unter b) diefes Handbuches.
[89]) Siehe: Theil III, Band 6 (Abth. V, Abfchn. 3, Kap. 3: Vordächer) diefes Handbuches.

Fig. 325.

für die Weltausstellung zu Paris 1867[*]).

Arch.: Harét.

erheben (Fig. 315, 324, 326 u. 327). Je grösser die Zahl folcher Freiftützen ift und je mehr diefelben der Breite nach entwickelt find, defto mehr nähern fich folche »überdachte Balcone« den »Erkern«; auch darf alsdann die nahe Verwandtfchaft mit den »Veranden«[**]) nicht überfehen werden.

Bisweilen wird die Ueberdachung der Balcone, Altane etc. dadurch gebildet, dafs man eine oder zwei Flächen des das betreffende Gebäude bedeckenden

[*] Facf-Repr. nach: Daly, a. a. O., Bl. 2, Sect. 1, Pl. 11-12.
[**] Siehe: Theil IV, Halbband 1 (Abth. IV, Abfchn. 7, Kap. 1: Stubadien und Gardten, Pergolen und Veranden) diefes »Handbuches.

Daches in geeigneter Weife fortfetzt und nöthigenfalls ftützt (Fig. 213, 303, 325 u. 328).

62.
Entwäfferung.

Für die Abführung des Regenwaffers, welches auf die Plattform der Balcone und der Galerien oder auf die Plattform der Altane fällt, mufs in geeigneter Weife geforgt und auch darauf geachtet werden, dafs folches Waffer nicht in den an den Balcon, Altan etc. ftofsenden Raum gelangen kann. Zu diefem Ende pflegt man gewöhnlich der Plattform des Balcons etc. ein geringes Gefälle nach aufsen zu geben, und ordnet nicht felten diefe Plattform auch etwas tiefer an, als den Fufsboden im anftofsenden Raume. Ift der Boden der Galerie oder des Balcons aus Holz hergeftellt, fo wird derfelbe bisweilen — theils um ihn vor dem zerftörenden Einflufs des Waffers zu fchützen, theils der befferen Entwäfferung wegen — mit einem Belag von Zink- oder Bleiblech verfehen.

Fig. 326.

Vom Weinhaus zu Zütphen[*].

Bei folcher Anordnung tropft das Waffer von den Aufsenkanten des Balcons, Altans etc. nach unten. Dies ift nicht immer zuläffig, namentlich wenn unter dem Balcon etc. ein reger Fufsgängerverkehr ftattfindet. Alsdann mufs man den Wafferabflufs an einem, höchftens an zwei Punkten concentriren und zu diefem Ende entweder die Gefällsverhältniffe der Bodenplatte, bezw. Plattform fo einrichten, dafs das Waffer nach diefen Punkten fliefst, oder man mufs zu diefem Ende befondere Rinnen anlegen. In fteinerne Balconplatten können folche Rinnen eingehauen werden; fonft mufs man rings um die Aufsenkanten des Balcons, Altans etc. kleine Traufrinnen aus Zink- oder Kupferblech anbringen.

Um das Waffer aus diefen Rinnen nach unten zu leiten, kann man in einfachfter Weife am tiefften Punkte ein Speirohr anbringen, aus dem fich das Waffer frei ergiefst; auch die Anordnung von decorativ ausgeftatteten, fteinernen und eifernen Wafferfpeiern ift dem Mittelalter und der Renaiffance nicht fremd geblieben (fiehe Fig. 230, S. 68).

[*] Facf.-Repr. nach: Architektonifche Rundfchau, Stuttgart, 1890, Taf. 31.

An den Strafsenfronten unserer Städte wird ein derartiger freier Waffer-abfluß in der Regel behördlich nicht geftattet, fo daß nichts Anderes übrig bleibt, als das gefammelte Balcon-, bezw. Altanwaffer durch ein befonderes Fall-rohr (von etwa 2 bis 3 ^{cm} Durchmeffer) aus Zinkblech an der Façadenmauer nach unten zu führen, wodurch allerdings die Anficht der letzteren nicht ver-

Fig. 327.

Wohnhaus zu Hamburg *).¶

fchönert wird. Mit einem folchen Fallrohre kann in verfchiedener Weife ver-fahren werden:

α) Man führt das Fallrohr bis auf den Bürgerfteig herab und läfft das Waffer frei ausfliefsen. Die geringe Waffermenge, welche aus einem folchen

*) Facf.-Repr. nach: Viollet-le-Duc, E. E. & F. Nasfout, a. a. O., Pl. 26.

Landhaus eines Landwirthes bei Nyborg *[1]).

Rohre bei Regen austritt, wird man wohl in vielen Fällen anstandslos frei über den Bürgersteig fliefsen laffen können.

β) Ist letzteres nicht zuläffig, fo kann man im Bürgersteig in der Quer-richtung kleine gufseiferne Schlitzrinnen verlegen, welche das Waffer auf den Fahrdamm leiten. Die Gefahr, dafs solche Rinnen fich leicht verstopfen*[2]), darf nicht überfehen werden.

γ) Ist die oberirdifche Ableitung des Balcon-, bezw. Altanwaffers nicht angänglich oder wird fie behördlicherfeits nicht geftattet, fo mufs dafür geforgt werden, dafs die in Rede ftehenden Balcon-, bezw. Altan-Fallrohre ihr Waffer dem Strafsen-Canal zuführen können. Dies kann mittelbar oder unmittelbar gefchehen, d. h. man kann das Balcon-, bezw. Altanrohr entweder in ein nahe gelegenes Regenfallrohr der Dachtraufe einleiten oder diefelben mittels einer befonderen Rohrleitung an den Strafsen-Canal anfchliefsen.

Die Regenfallrohre der Dachtraufen werden vor dem Canaleinlauf häufig mit einem Wafferverfchlufs verfehen; alsdann ift der Anfchlufs der Balcon-,

---

*) Facf.-Repr. nach: VIOLLET-LE-DUC, E. E., & F. NARJOUX, a. a. O., Pl. 17.

**) Das von den Balconen, Altanen etc. abfliefsende Waffer ift fchon an und für fich nicht immer rein, da der auf diefen Plattformen fich anfammelnde Staub und Rufs von diefem Waffer mitgeführt werden.

bezw. Altan-Fallrohre unbedenklich, wiewohl nicht überfehen werden darf, daſs das quer über die Façade ziehende Röhrchen letztere in der Regel verunziert. Wenn hingegen die Regenfallrohre zur Lüftung der Strafsen-Canäle dienen, fo dürfen Wafferverfchlüffe nicht mehr angeordnet werden, und die Canalluft wird bei beginnendem Regen durch die Balcon-, bezw. Altan-Fallrohre in Balcon-, bezw. Altanhöhe ohne Weiteres aus- und bei geöffneter Balconthür ungehindert in die anftofsenden Räume etc. eintreten. Will man in einem folchen Falle auf das Einführen der Balcon-, bezw. Altan-Fallrohre in das Dachtraufen-Fallrohr nicht verzichten, fo muſs man in erfteren vor der Einmündung in letzteres einen kleinen Wafferverfchluſs einfchalten.

Indem bezüglich der Einrichtung und Conftruction der Wafferverfchlüffe in Waffer-Ableitungen auf Theil III, Band 5 diefes »Handbuches« verwiefen wird, fei an diefer Stelle bemerkt, daſs der hier in Frage kommende Wafferverfchluſs die Geftalt eines aufrechten Knierohres erhalten kann, welches, des befferen Ausfehens wegen, an einer thunlichft verborgenen Stelle der Façade anzubringen iſt. Da folche Wafferfäcke im Winter einfrieren können, fo ftelle man fie aus im Querfchnitt ovalen Bleirohren her, welche erft nach längerer Zeit in Folge der Froftwirkung in die Kreisform übergehen; *Dietrich* empfiehlt auch einen Verfuch mit Hartgummi.

Schlieſst man die Balcon-, bezw. Altan-Fallrohre unmittelbar an den Strafsen-Canal an, fo darf dies gleichfalls nur unter Einfchaltung eines geeigneten Wafferverfchluffes gefchehen. Allerdings darf nicht vergeffen werden, daſs Wafferverfchlüffe bei trockener Luft bisweilen den Dienft verfagen und daher das Eindringen der Canalluft in die an Balcone, Altane etc. anftofsenden Räume nicht vollftändig verhindern[*5].

b) Erker.

63.
Gefchichtliches

Die Erker fcheinen, gleich den Balconen, dem Orient zu entftammen und von dort aus zuerft als fortificatorifche Anlagen in die abendländifche Baukunft des Mittelalters übergegangen zu fein.

In diefem Falle war ihr Zweck, für die Vertheidiger eines Werkes einen vor dem zinnengekrönten Wehrgange vorfpringenden, mit Schiefsfcharten verfehenen, gedeckten Platz zu gewähren, welcher zugleich eine Vertheidigung nach beiden Seiten ermöglichte (Fig. 329 [*1]). Wenn er im Fuſsboden Oeffnungen hatte, geftattete er auch, den Feind von oben zu bewerfen oder ihn mit fiedendem Pech zu übergieſsen (Guſserker [*2]).

Allein auch als ein zum anftofsenden Zimmer gehöriger Beftandtheil, als ausgekragte Apfide einer Capelle etc., tritt fchon in der romanifchen Baukunft der Erker auf, wie verfchiedene Beifpiele (Capellen-Erker der Kamperhof-Capelle zu Cöln, fo wie der Burg Trifels in der Pfalz und die Apfisausbildung in der Kirche zu Roermond) beweifen. Das letztgenannte Beifpiel (Fig. 330 [*3]) zeigt die überaus zierlichen Formen der Uebergangsperiode, wie fie befonders in den Rheinlanden durchgeführt erfcheinen; der Erker bildet eine Auskragung der Emporen des Seitenfchiffes und umfchlieſst einen kleinen Altar.

Viel häufiger allerdings begegnen wir diefen Conftructionen im fpäteren Mittelalter, wo fie als polygonale, mit Mafswerk und Strebepfeilern gefchmückte Ausbauten unter dem Namen »Chörlein«, befonders in Nürnberg, vorkommen. Am mannigfaltigften geftalten fich diefelben an den Werken der deutfchen und der franzöfifchen Renaiffance, bald halb- oder dreiviertelkreisförmig, bald polygonal, bald auch als Rechteck aus der Gebäudefläche vortretend oder auch in mannigfaltigen Stellungen aus der Ecke fich entwickelnd, manchmal nur als kleines Schaufenfter vorkragend, bisweilen aber auch als gefchloffener Sitzraum durch mehrere Gefchoffe hindurchgehend. Seltener iſt die Ausbildung der Erker in Italien, welches im Allgemeinen die offene Loggienausbildung (Fig. 332 [*4]) oder die Anlage eines bedeckten Balcons (Fig. 331 [*5]) vorzieht.

[*1] Siehe auch: DIETRICH, E. Die Entwäfferung der Balcone und Erker. Deutfche Bauz. 1869, S. 606.
[*2] Nach VIOLLET-LE-DUC, E. E. *Dictionnaire raifonné* etc., Bd. 5. Paris 1861.
[*3] Siehe auch Theil II, Band 4, Heft 1 diefes »Handbuches«, insbefondere Abfchn. 1, A, Kap. 14: Zinnen, Wehrgänge, Erker und Schiefsfcharten.
[*4] Nach: IBACH, F. Rheinlands Denkmale des Mittelalters. Serie III. Cöln u. Neuſs 1867—69.
[*5] Facf.-Repr. nach: Die Baubütte.

Von wunderbarer Zierlichkeit und höchſtem maleriſchen Reiz ſind die aus Holz conſtruirten Erker der Baukunſt des Islam, an denen beſonders Cairo ſehr reich iſt[**]. Die Wände derſelben, deren Durchbrechungen mit zierlichem Lattenwerk oder gedrechſelten Stäben unter dem Namen *Muſcharobiyen*[**]) bekannt, erfüllt ſind, werden aus Pfoſten und Riegeln conſtruirt und erfahren gewöhnlich durch kleinere achteckige Ausbauten noch eine weitere Bereicherung. Dieſe Erker bauen ſich auf gewölbeartig verſchalten Holzträgern auf und ſind oben durch weit vorſpringende Dachflächen mit reichen, ſpitzenartig geſchmückten Verzierungen abgeſchloſſen (Fig. 333[100]). Sie gewähren mit ihren duftig durchbrochenen Wänden, welche die reizvollſten Licht- und Schattenwirkungen im Inneren an Wänden und Fußböden hervorrufen, einen im höchſten Grade anmuthigen und angenehmen Ruheplatz.

Ungemein beliebt iſt der Erker, bezw. das Erkerfenſter (*bow*-, *oriel*-, *jut*- und *bay-window*) in der engliſchen Wohnhaus-Architektur, und auch in Deutſchland ſind in den letzten Jahren, namentlich durch die Wiederanwendung der Formen der deutſchen Renaiſſance, ſehr viele Erker zur Ausführung gekommen: die Bildung eines kleinen Raumes, der an das Wohnzimmer, an den Salon etc. ſtößt, in den man ſich zurückziehen kann, ohne von letzterem abgeſchloſſen zu ſein, hat manches Reizvolle und giebt auch zu hübſchen architektoniſchen Löſungen Anlaß.

Man nennt wohl auch Anlagen, wie Fig. 238 (S. 74) »Erker« und hat in ſo fern einen Anlaß dazu, als dieſelben im Gebäudeinneren denſelben Zweck erfüllen und den gleichen Eindruck hervorrufen, wie die Erker. Da aber ein Erker ſtets eine aus der Gebäudefront frei ausgekragte Conſtruction iſt, ſo ſind Anlagen, wie die eben bezeichnete, nur Vorbauten, welche man vielleicht zur beſſeren Kennzeichnung »erkerartige Vorbauten«, bezw. »Façaden-Vorſprünge« nennen könnte. Auch die vorhin gedachten *bow* und *bay-windows* in England ſind meiſtens ſolche erkerartige Vorſprünge.

Ueber ſog. Dacherker ſiehe in Theil III. Band 2, Heft 5 (Abth. III, Abſchn. 2, G, Kap. 41: Dachfenſter) dieſes »Handbuches«.

61 Anordnung.

Die einfachſte Anordnung eines Erkers bilden

Fig. 329.

Von der Abtei zu St. Michel-en-mer[**]).

Fig. 330.

Chorlein an der Münſterkirche zu Roermond[**]).

[**] Siehe das Schaubild einer Straße zu Cairo in Theil II, Band 3, zweite Hälfte (Fig. 14, S. 19 [2. Aufl.: Fig. 15, S. 20]) dieſes »Handbuches«.

[**] Siehe ebendaſ., Fig. 65 u. 66, S. 58 u. 59 [2. Aufl.: Fig. 81 u. 82, S. 70 u. 71].

[100] Nach: *Prisſe-d'Avennes*. *L'art Arabe d'après les monuments du Caire etc.* Paris 1869–77.

die mit nur zwei Seitenflächen vorfpringenden kleinen Erkerfenfter-Ausbildungen, welche fich vielfach in den Gebirgsgegenden der Schweiz, Tyrols und Ober-Italiens vorfinden und von denen in Fig. 337 u. 338 zwei Beifpiele mitgetheilt

Fig. 331.

Balcon bei Mercato Nuovo zu Florenz[1].

find. Derartige kleine Erkerauskragungen können nur den Zweck haben, einen vollftändigen Ueberblick über die Strafse zu ermöglichen; indefs vermögen fie behagliche, vom anftofsenden Zimmer abgefonderte Sitzplätze nicht abzugeben.

Fig. 332.

Loggia zu Arezzo.

Fig. 333.

Ezbka zu Cairo [60].

Fig. 336.

Fig. 335.

Fig. 334.

Erker am Castell zu Trient.

Erker zu Dijon.

Soll ein Erker, wie dies gewöhnlich gewünfcht wird, mit
Sitzplätzen ausgeftattet werden,
fo find feine Grundrifs-Abmef-
fungen fo grofs zu wählen, dafs
mindeftens zwei Perfonen darin
Platz finden können, alfo nicht
unter 1,5 m Länge und 0,7 m Tiefe
im Lichten. Im Uebrigen können
Grundform und Anordnung der
Erker eben fo mannigfaltig, wie
diejenige der Balcone fein. Man
findet rechteckige, polygonale,
runde etc. Erker und in gleicher
Weife Anordnungen mit aus der
Gebäudeflucht vorkragenden Er-

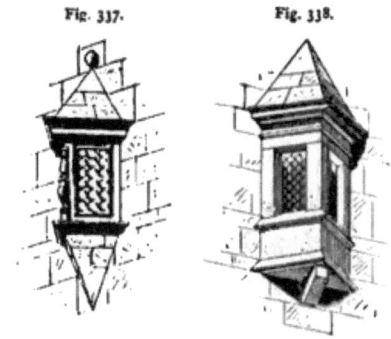

Fig. 337.   Fig. 338.

Erker in Graubünden.

kern, fo wie folche, die an die Ecken verlegt worden find. In letzterer Beziehung fei noch die hier eigenartige Anordnung in Fig. 339, 342 u. 343 [101]), welche
fowohl im Mittelalter, als auch in der Renaiffance häufig vorkommt, befonders

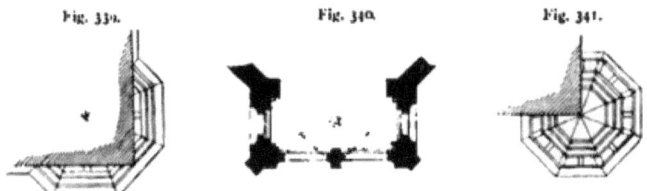

Fig. 339.   Fig. 340.   Fig. 341.

erwähnt, die bei Eckhäufern nur dann empfehlenswerth ift, wenn der Abfchlufs
des Erkers nach oben in fchlanker Dachform ausgeführt werden kann.

Wenn man Erker an Gebäudeecken anordnet, fo verhüte man es, diefelben vor der Gebäudeflucht zu weit vorzufchieben, da durch ein zu ftarkes Vorfpringen nicht nur die Conftruction fehr
erfchwert, fondern auch die Wirkung der Façade oft erheblich gefchädigt wird. Hingegen empfiehlt
es fich, den Erker fo anzuordnen, dafs die Ge-
bäudeflucht mit der über Ecke geftellten Frontfeite
des Erkers zufammenfällt (Fig. 340 u. 343). Bei
kreisrunder, bezw. polygonaler Grundform verlege
man den Mittelpunkt der Grundrißfigur ganz nach
rückwärts, wie Fig. 339 u. 343 dies zeigen. Die
Anordnung nach Fig. 341 würde nur dann zu empfehlen fein, wenn die Erkerbildung durch mehrere
Gefchofle hindurchzugehen hätte und ihr oberer
Abfchlufs durch eine fchlanke Haube zu bewirken
wäre, fo dafs diefelbe einer Art Eckthurm gleichen
würde.

Anderweitige Erkeranordnungen
find durch Fig. 334 bis 336, 345 u. 347
dargeftellt, die franzöfifchen Gebäuden

Fig. 342.

Von einem Erker zu Rufach.

[101]) Nach Viollet-le-Duc, F. E. *Dictionnaire
raisonné* etc. Bd. 5. Paris 1861.

Fig. 343 [100]).

Fig. 344.

Ansicht des Erkers.

Fig. 345.

Vom Gafthaus zur Krone in
Enfisheim [100]). — 1/100 w. Gr.

Fig. 346.

Grundriß.

Von einem Bauernhaufe zu Cröff an der Mofel.

entftammen: Fig. 334 u. 335 mit dachförmigem
Abfchlufs nach oben, Fig. 347 mit Balconbildung
über dem Erker; in Fig. 343 u. 347 ift die gothifche Bauweife, in Fig. 335 diejenige der italie-
nifchen Hoch-Renaiffance nicht zu verkennen. Auch der in Fig. 336 wieder-
gegebene Erker vom *Caftello vecchio* zu Trient trägt oben einen Balcon.

Schließlich ftellen Fig. 344, 346 u. 348 zwei in Holz-Fachwerk ausgeführte
Erker dar. Fig. 344 rührt von einem Bauernhaufe in Cröff an der Mofel her;

[100]) Facf.-Repr. nach: Architektonifche Rundfchau. Stuttgart. 1886, Taf. 50.

dies find die in den Mofel- und Rhein-
gegenden typifchen Formen des Fachwerk-
baues, und fie zeichnen fich durch eine
treffliche decorative Behandlung des Holzwerkes aus; das betreffende Haus hat zwei
folcher Erker (Fig. 346), welche an den
Eckräumen des Obergefchoffes auskragen.

65.
Oberer
Abfchluß.

Wie aus den eben vorgeführten Beifpielen hervorgeht, kann ein Erker nach
oben zu abgefchloffen werden:

Fig. 347.

Fig. 348.

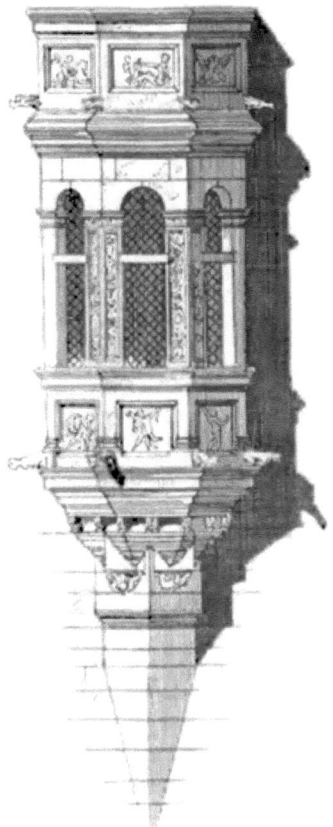

Erker am Schloß zu Blois.

1) durch ein Pult- oder Satteldach
(Fig. 344);

2) durch ein bald flacheres, bald
fpitzeres Thurmdach, welch letzteres
namentlich bei Eckanordnungen vorkommt (Fig. 334 u. 348) und wodurch
nicht felten der ganze Erker das Ausfehen eines kleinen Thurmes erhält;

3) durch ein Dach, welches hau-
benförmig oder in anderer Weife geftaltet ift (Fig. 335), und

4) durch einen offenen Balcon
(Fig. 336, 345 u. 347).

Bezüglich der Entwäfferung der Erker gilt das in Art 62 (S. 102) Gefagte.

Die Conftruction der Erker fällt in vielen Stücken mit derjenigen der Balcone zufammen, insbefondere bezüglich der Ausbildung der ftützenden Theile und des Fufsbodens; doch wird letzterer, weil vollftändig gedeckt, beim Erker meiftens aus Holz conftruirt und bildet in der Regel eine unmitelbare Fortfetzung des im anftofsenden Raume vorhandenen.

Die Herftellung der Umfaffungswände ift fehr verfchiedenartig und hängt in erfter Reihe von den dazu verwendeten Bauftoffen und dem gewählten Bauftil ab. Als Bauftoffe werden hauptfächlich nicht zu harte Haufteine (Sand- und Kalkfteine), Backfteine, Holz und Eifen in Betracht kommen. Um die Belaftung thunlichft zu verringern, werden häufig Lochfteine oder auch porige Backfteine angewendet.

Fig. 349.

Vom *Hôtel Lamoignon* zu Paris [103].

Bezüglich der Conftruction fteinerner Erker ift dem im Vorhergehenden Gefagten nur wenig hinzuzufügen Die Unterftützung des Erkers durch zwei Tragfteine (fiehe Fig. 329 u. 336) kommt verhältnifsmäfsig feltener, als bei den Balconen vor; dagegen findet man die Stützung durch eine von unten nach oben fich allmählich erweiternde Confole viel häufiger, als bei Balconen (fiehe Fig. 330, 334, 335 u. 337); die eigenartige, durch die Anordnung des Erkers an einer Gebäudeecke hervorgerufene Unterftützung deffelben durch zwei folche trombenförmig geftaltete Confolen (fiehe Fig. 342 u. 343), wodurch die Stütze des Erkers gleichfam in zwei Theile zerlegt wird, ift befonders hervorzuheben; die Verfchmelzung diefer beiden Confolen zu einem zufammenhängenden Ganzen zeigt Fig. 349 [102].

Weiters ift der Anordnung zu gedenken, bei welcher der Erker im unterften Theile durch eine (bisweilen auch zwei) niedrige, an die betreffende Wand gelehnte Säule geftützt wird — eine Anordnung, welche in der deutfchen Renaiffance mehrfach zu finden ift (Fig. 345).

Ueber die conftructive Anordnung der nach Art der Tromben geftalteten Erkerunterftützungen giebt Fig. 238 (S. 68) im Allgemeinen Auffchlufs. In Fig. 350 bis 352 [104] find die Querfchnitte dreier folcher Erkerunterftützungen aus der Bauperiode der Gothik dargeftellt, aus denen gleichfalls die Anordnung wagrechter Steinfcharen erfichtlich ift. Spitze Kantenwinkel laffen fich hierbei häufig dadurch vermeiden, dafs man bei der Vertheilung der Lagerflächen auf die herzuftellenden Gefimsprofile entfprechende Rückficht nimmt. Entftehen deffen ungeachtet am Zufammentreffen der wagrechten Lagerfugen mit der äufseren Profilbegrenzung der Confole zu fpitze Kantenwinkel (unter

[102]) Facf.-Rcpr. nach: *Revue gén. de l'arch.* 1873. Pl. 2.
[104]) Nach: Ungewitter, G. Lehrbuch der gothifchen Conftructionen. 3. Aufl. Leipzig 1875. Taf. 1.
Handbuch der Architektur. III. 2, b. (2. Aufl.)   8

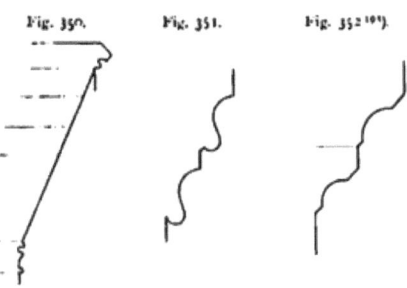

Fig. 350.   Fig. 351.   Fig. 352 [105]).

50 (Grad), fo knicke man die Fuge und ordne fie im äußeren Theile fenkrecht zur gedachten Profillinie an. Aus gleichem Grunde hat man wohl auch den Steinfchnitt nach Art der einhüftigen Gewölbe (Fig. 353) durchgeführt; im letzteren Falle darf felbftredend eine Eifenverankerung niemals fehlen. Allein auch bei fonftigen Anordnungen wird man ohne Eifenverbindungen nur felten auskommen; die auf der Conftruction ruhenden Laften find fo groß und die Biegungsfeftigkeit des Steines verhältnißmäßig fo gering, daß der Stein allein nur bei fehr geringer Ausladung genügen dürfte. Alle bezüglichen Vorfchläge [105]), die erforderliche Standfeftigkeit bloß durch einen zwar recht fcharffinnig erdachten, aber umftändlichen Steinfchnitt zu erzielen, gehören mehr in das Gebiet des Gekünftelten, als der Conftruction. In den meiften Fällen wird man, nach Art der fchon bei den eifernen Balconen vorgeführten Anordnung (fiehe Art. 59, S. 98), zunächft durch einen der Grundrißbegrenzung des Erkers folgenden eifernen Ring den erforderlichen Zufammenhalt der Conftruction zu erftreben und alsdann durch nach rückwärts gehende Verankerungen dem von den Laften hervorgerufenen Umkantungsmoment entgegen zu wirken haben. Man hat in letzterer Beziehung fogar fchon Anordnungen in Vorfchlag gebracht, bei denen der Erkerboden durch einen im Mittelpunkte feiner Grundrißfigur angebrachten Eifenbolzen, der bis unter die Fundamentfohle reicht und dort in bekannter Weife verankert ift, feft gehalten wird [106]).

Fig. 353.

68. Hölzerne Erker.

Wenn auch noch der hölzernen Erker Erwähnung gefchieht, fo handelt es fich dabei hauptfächlich um die in Holz-Fachwerk ausgeführten Anlagen diefer Art. Die Unterftützung hölzerner Balcone wurde in Art. 49 (S. 81) fo eingehend behandelt, daß an diefer Stelle Weiteres kaum hinzuzufügen ift; es wäre nur noch der bereits in Fig. 344 erfichtlich gemachten Unterftützung zu erwähnen, welche offenbar dem gleichen Grundgedanken entfpringt, wie die fteinernen Erkerftützen in Fig. 330, 334 u. 335. Fig. 354 u. 355 [107]) zeigen die Conftruction des in gothifchen Formen ausgeführten Erkers am Schloß Hinnenburg in Weftfalen.

69. Eiferne Erker.

Die Herftellung eines Erkers in Eifen ift zwar conftructiv nicht ausgefchloffen, dürfte aber wegen der zu ftarken Abkühlung des Metalls im Winter, fo wie wegen zu großer Erwärmung im Sommer für Wohnzwecke fich nicht empfehlen.

Erker, ganz aus Gußeifen hergeftellt, wurden früher mehrfach und werden gegenwärtig gleichfalls hie und da noch ausgeführt (Fig. 356 [108]); doch ift ihre Anwendung theils aus äfthetifchen, theils aus den eben angegebenen Gründen

[104] Siehe z. B.: La conftruction moderne, Jahrg. 1, S. 112.
[105] Nach ebendaf., S. 92, 93.
[106] Nach: Allg. Bauz. 1875, Bl. 1, 4.
[107] Fachskopir. nach: L'emulation 1892, Pl. 43.

Fig. 354.

Fig. 355.

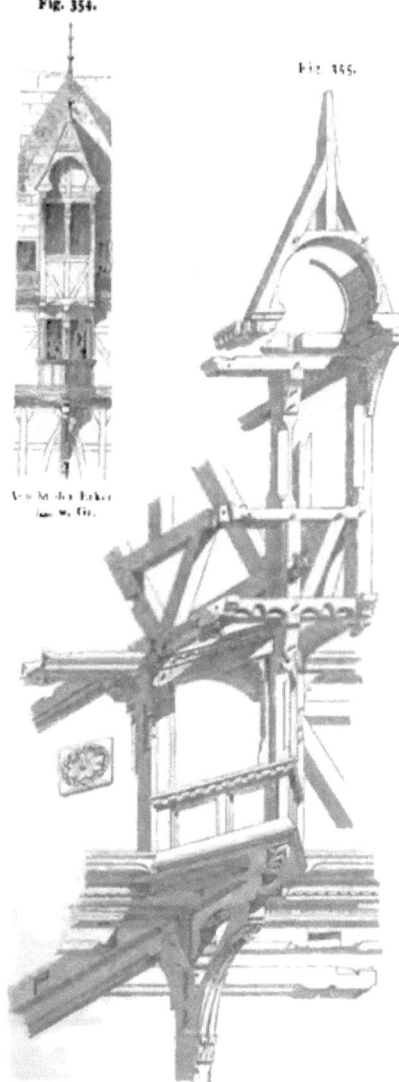

Aus Mcl.ri Erker
(nat w, Gr.

Holz-Construction des Erkers,
Vom Neubau auf Schloß Hinnenburg[109].
Arch.: Schäfer.

eine fehr befchränkte. Das
Letztere gilt auch bezüglich
der ganz aus Schmiedeeifen
hergeftellten Erker, die man
hauptfächlich dann gern zur
Anwendung bringt, wenn man
einen aus einem Raume vorfpringenden, apfidenartigen Ausbau als kleines Gewächshaus
-Blumenerker, Fig. 357[109]) u.
358[110]) ausbilden will.

Finden fonach bloß aus
Eifen hergeftellte Erker immerhin eine nur befchränkte Anwendung, fo find Erker-Con-
ftructionen defto häufiger, bei
denen alle wichtigeren ftützenden und tragenden Theile aus
Eifen gebildet find; dem fo entftehenden conftructiven Eifen-
gerüft wird alsdann — unter
Zuhilfenahme von Backfteinen,
Cement, Zink und anderen Surrogaten — das Ausfehen einer
Hauftein-Conftruction gegeben.
Ueber den Werth eines folchen
Verfahrens gilt das in Art. 59
(S. 98) bereits Gefagte.

Im Einzelnen ift die Con-
ftruction der wagrechten Träger, die man hier als »Erkerträger« zu bezeichnen haben
wird, und der unter Umftänden
diefelben unterftützenden Streben, bezw. Confolen hier die
gleiche, wie bei den Balconen;
nur ift dasjenige, was in Art. 56
(S. 92) bereits bezüglich der
Durchführung der Einfpannung
von Eifenträgern gefagt worden ift, im vorliegenden Falle
von erhöhter Wichtigkeit, weil
durch das auf die freien Enden
der Träger aufgefetzte Erkermauerwerk ein fehr grofses

[109] Facf.-Repr. nach: Daly, C. Architecture privée au XIXme fiècle etc. Paris 1864.
Bd. 1, Pl. 11.
[110] Facf.-Repr. nach: Reené gén. de
l'arch. 1872, Pl. 39.

Umkantungsmoment hervor-
gerufen wird.

Für die Erkerträger kom-
men auch hier hauptfächlich
Eifenbahnfchienen, ⌶- und ⌶-
Eifen in Frage.

Beifpiel. Ein Erkerträger, welcher 1,2 ᵐ aus der Mauer vorkragt, hat
am freien Ende eine Einzellaft von
1000 ᵏᵍ und außerdem eine gleichmäßig vertheilte Laft von 600 ᵏᵍ für
1 ᵠᵐ zu tragen. Wenn man, der Einfachheit der vorliegenden Verhältniffe
wegen, die größte zuläffige Beanfpruchung des Walzeifens zu 1000 ᵏᵍ für
1 ᵠᵐ annimmt, welches I-Profil ift zu
wählen?

Das größte Biegungsmoment ift
im fraglichen Falle

$$M = 1000 \cdot 120 + \frac{600 \cdot 1,2 \cdot 120}{2},$$

$$M = 163\,200 \text{ cmkg};$$

fonach das Widerftandsmoment

$$W = \frac{163\,200}{1000} = 163,2,$$

fo daß nach den »Deutfchen Normal-
Profilen für Walzeifen« das Profil
Nr. 18 (mit $W = 162$) zu wählen fein
würde.

In einigen Einzelheiten
zeigen fich wohl in der Boden-
Conftruction der Erker, aus
den obwaltenden Verhältniffen
entfpringend, manche Ver-
fchiedenheiten den Balconen
gegenüber.

1) In Rückficht auf die
wefentlich größere Belaftung
wird fich häufig die Höhe der
Erkerträger fo grofs ergeben,
dafs fie mit der verfügbaren
Conftructionshöhe nicht in Einklang zu bringen ift. In einem
folchen Falle empfiehlt fich
die Anwendung fog. Zwillings-
balken, alfo am einfachften
zweier unmittelbar neben einander gefetzter ⌶-Eifen von
der nothwendigen Profilgröfse.

Fig. 356.

Von einem Privathaus zu Brüffel[100]).

2) Anftatt, wie in Art 57 (S. 92) vorgeführt wurde, die Erkerträger durch
Streben zu unterftützen, kann man auch (nach Fig. 358) Zugbänder in An-

Fig. 357.

Von einem Haufe im Park zu Monceaux [10]).
½₀ w. Gr.

wendung bringen. Ein folches Zugband wird am einfachften aus Rundeifen
hergeftellt, und am unteren Ende wird ein flacher Lappen angefchmiedet, mit
dem es an den Träger befeftigt wird. Am rückwärtigen Ende werden Schraubengewinde angefchnitten; eine entfprechende Ankerplatte wird auf-
gefchoben und mittels einer Schraubenmutter die erforderliche
Verankerung bewirkt.

Fig. 358.

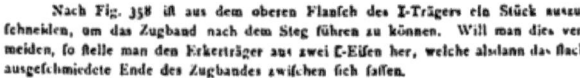

Nach Fig. 358 ift aus dem oberen Flanfch des I-Trägers ein Stück auszufchneiden, um das Zugband nach dem Steg führen zu können. Will man dies vermeiden, fo ftelle man den Erkerträger aus zwei [-Eifen her, welche alsdann das flach
ausgefchmiedete Ende des Zugbandes zwifchen fich faffen.

3) Um den Boden felbft zu bilden, werden zwifchen den die Erkerträger
bildenden I-, bezw. [-Eifen wohl auch *Monier*-Gewölbe eingezogen oder Platten
aus Stampfbeton, bezw. nach Art der *Rabitz*-Decken hergeftellt, oder auf die
eiferne Subftruction werden Platten aus natürlichem Stein gelagert und auf
diefe das Umfaffungsmauerwerk des Erkers gefetzt.

4) Während bei der Plattform eines Balcons ein denfelben ringsum be-
grenzendes Rahmftück häufig nicht vorhanden und auch nicht nothwendig ift,
kann daffelbe bei den Erkerböden kaum entbehrt werden, da es das Umfaffungsmauerwerk des Erkers zu tragen hat. Man kann diefes Rahmftück entweder

Fig. 359.

Blumenerker an einem Haufe zu Paris[110]).

⅒ w. Gr.

mit den aus der Mauer ausgekragten Erkerträgern in gleicher Höhe anordnen, daffelbe alfo zwifchen den letzteren (an ihren freien Enden) befeftigen, oder man kann daffelbe auch auf die freien Enden jener Träger auflagern. Auch hier gefchieht es fehr häufig, daß man, um einerfeits nicht zu viel Conftructions-höhe zu beanfpruchen und andererfeits die für das Erkermauerwerk erforder-liche Auflagerbreite zu erreichen, zwei Walzeifenbalken (zwei Eifenbahnfchienen oder zwei I-Eifen) unmittelbar neben einander legt.

Ein hier einfchlägiges Beifpiel ift in Theil III, Band 1 (Art. 303, S. 205, unter 3[111]) diefes »Hand-buches« rechnerifch durchgeführt. Es handelt fich dort um einen im Grundriß rechteckig geftalteten Erker von 1,0 m Ausladung, 2,3 m Breite und den näher bezeichneten Belaftungs-verhältniffen. Die Eifen-Conftruction befteht aus zwei vorgekragten Eifenbahnfchienen unter den Seitenwänden und einem auf ihren freien Enden gelagerten Träger unter der Vorderwand. Für den letzteren werden zwei neben einander gelegte Eifenbahnfchienen von 8 cm Höhe ermittelt; bezüglich der Erkerträger ergiebt die Berechnung, daß Eifenbahnfchienen von 13 cm Höhe mehr als ausreichend find.

5) Bei runden Erkern wird auch hier (ähnlich wie bei den runden Balcones) das entfprechend gekrümmte eiferne Rahmftück allein als Träger der darauf ruhenden Laft conftruirt. Die Grundlagen für die Berechnung folcher gekrümmter Erkerträger find[114]) bereits in Art. 59 (S. 99) gegeben worden.

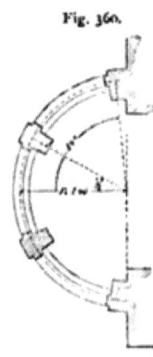

Fig. 360.

Beifpiel. Der in Fig. 360 fkizzirte, im Grundriß halbkreisförmige Erker lafte mit feinen Fenfterpfeilern und Brüftungsmauern auf entfprechend gekrümmten Eifenträgern; die Laft jedes Mittelpfeilers betrage 3000 kg, jedes Endpfeilers 2000 kg und jene der Brüftungsmauer 250 kg für das laufende Längenmeter. Die in Frage kommenden Centriwinkel find in Fig. 360 ein-getragen; der Halbmeffer r = 1,4 m, und die gröfste zuläffige Beanfpruchung A' des Walzeifens werde zu 750 kg für 1 qcm angenommen. Alsdann ift nach der auf S. 99 für das Widerftandsmoment W_{IV} aufgeftellten Gleichung:

$$W_{IV} = \frac{1,75 \cdot 140}{750} \cdot (250 \cdot 1,4 + 3000 \cos 28^0 + 2000 \cos 84^0),$$

$$W_{IV} = 0,317 (350 + 2640 + 209) = \sim 1014.$$

Nach den »Deutfchen Normal-Profilen« entfprechen diefem Widerftands-moment zwei I-Eifen Nr. 28 mit $W = 2 \cdot 547 = 1094$.

Reicht ein Erker durch mehr als ein Gefchoß hindurch, fo ift bei der Berechnung — in Folge deffen auch bei der Conftruction — deffelben darauf zu achten, ob die unterfte Boden-Conftruction den gefammten Erkeraufbau oder nur den Theil bis zu dem zunächft darüber gelegenen Boden zu tragen hat; denn in vielen Fällen wird fich der letztere leicht fo conftruiren laffen, daß er die darüber ruhende Laft aufzunehmen im Stande ift.

Schließlich fei noch bemerkt, daß es für Erkeranlagen nicht genügt, bloß die im Vorhergehenden angedeuteten Berechnungen auszuführen, fondern das noch eine Unterfuchung ftattzufinden hat darüber, ob die nöthige Hinterlaft vorhanden ift, d. h. ob das durch den Erker hervorgerufene Moment, welches die Frontmauer umzukanten trachtet, durch das von der laftenden Mauermaffe geleiftete Gegenmoment aufgehoben wird. Ergiebt eine folche Stabilitäts-Unter-fuchung, für welche in Theil I, Band 1, zweite Hälfte (2. Aufl. Art. 159 [S. 138]; 3. Aufl. Art. 157 [S. 153]) die erforderlichen Anhaltspunkte zu finden find, daß fich die Maffen das Gleichgewicht nicht halten, fo muß man den Ueberfchuß

[111]) 2. Aufl.: Art. 310, S. 232.
[114]) Nach: Deutfche Baus. 1885, S. 607.

durch Aufhängen der Mauermaffe unter dem Träger an feiner Einfpannungs-
ftelle oder durch die Verankerung der Frontmauer mit den Balkenlagen zu
erfetzen oder aber den Hebelsarm, an dem die Erkerlaft wirkt, zu verkleinern
trachten.

Literatur

über »Balcone und Erker«.

Die Conftruktion der Balkone. HAARMANN's Zeitfchr. f. Bauhdw. 1869, S. 177.
MÜLLER, Einiges über Erker- und Balkon-Anlagen. Baugwk.-Ztg. 1883, S. 684.
La tourelle dans l'architecture moderne en Allemagne. La construction moderne, Jahrg. 1, S. 376, 389.
Balcons und Erker. HAARMANN's Zeitfchr. f. Bauhdw. 1891, S. 111.
REGNART, L. *Pignons et bow-windows. La femaine des confte.,* Jahrg. 16, S. 147.

D. Gesimse.

Von Adolf Göller.

Der Ausdruck »Gesims« wird in verschiedenen Bedeutungen gebraucht. Zunächst bezeichnet er das erste Element der plastischen Flächen-Decoration in der Architektur und im Kunstgewerbe, nämlich die schmückende Auszeichnung eines Flächenrandes durch einen prismatischen Flächenzug, dessen Kanten dem Rande gleich gerichtet sind und dessen Flächen entweder glatt oder sculpirt auftreten. Das »Gesims« in dieser Bedeutung steht dem »Saum« oder der »Bordure« der farbigen Flächen-Decoration gegenüber und ist entweder krönendes oder fussbildendes oder umrahmendes Gesims. Theilende oder Bandgesimse als weitere Art einzuführen, ist überflüssig; was man darunter versteht, kann auch entweder als ein krönendes Gesims allein aufgefasst werden oder als die Verbindung eines solchen mit darauf gesetztem Fussgesims oder als die Verbindung zweier umrahmender Gesimse.

Man spricht nun aber von einem Dachgesims als von der Traufbildung eines Daches in Holz oder Eisen, auch wenn der prismatische Flächenzug nicht auftritt und sogar, wenn es sich gar nicht um eine Decoration der Dach- oder Wandfläche handelt; eben so bezeichnet man jede Randbildung einer Giebelwand und jedes Vortreten eines Daches über eine Giebelwand als Giebelgesims. Hierin liegt offenbar eine Uebertragung des Wortes Gesims auf Einzelheiten der Construction, welche fast immer mit einem Gesims erscheinen, aber nicht nothwendig damit erscheinen müssen. Die Gesimsbildungen der letzten Art sind, als Constructionen betrachtet, wichtiger und mannigfaltiger, als die Gesimse im strengen Sinne; daher musste die vorliegende Darstellung der Gesims-Constructionen sie ebenfalls umfassen, ja sogar vorwiegend auf sie gerichtet sein.

Gegenüber der »Bauformenlehre« (Theil I, Band 2 dieses »Handbuches«) war eine Grenze zu ziehen. Wie beim architektonischen Schmuck überhaupt, so ist auch bei den Gesimsen die Schönheit der äusseren Form der Zweck des Gestaltens; daher lässt sich ihre Construction — im Gegensatz zu Wand-, Decken- und Dach-Constructionen — nicht immer ohne Mitbetrachtung der erzielten formalen Erscheinung darstellen. Da nun in diesem »Handbuch« Bedeutung und Umfang der Formenlehre deren Trennung von der Constructionslehre durchaus verlangt haben — wie im Vorwort zu dieser Abtheilung (siehe Theil III, Band 1, S. 2) hervorgehoben wurde — da ferner eine doppelte Vorführung derselben Formen und formbestimmenden Gedanken vermieden werden musste, so handelte es sich um einen Grundsatz der Abgrenzung, wonach die Gesimse theils der Formenlehre (siehe Theil I, Band 2 dieses »Handbuches«), theils der Constructionslehre zuzuweisen waren.

Obgleich zwei Auffaffungsweifen derfelben Bauglieder, verhalten fich Conftruction und formale Erfcheinung bei verfchiedenen Gefimfen doch verfchieden zu einander, indem bei den einen die äufsere Form gegeben und der Weg zu ihrer Herftellung zu fuchen, bei den anderen umgekehrt die Conftruction in den Grundzügen gegeben und deren Verwerthung oder Ergänzung zu einer gefälligen Bauform zu fuchen ift. Bei den vornehmeren Gefimsformen, die durch Ueberlieferung aus der Vergangenheit auf uns gekommen find und weitaus das reichfte Formengebiet der hiftorifchen Bauftile darftellen, z. B. bei einem korinthifchen oder gothifchen Hauptgefims, ift die äufsere Form, die Geftalt der Oberfläche, der erfte Gedanke und die Conftruction der nachfolgende, der jenem in irgend welchem Material in irgend welcher Weife einen Körper zu fchaffen hat. Bei anderen dagegen, z. B. bei einem reichen Sparrengefims, ift fchon vor Vollendung der äufseren Form ein beftimmtes Material zu einer beftimmten ftatifchen oder raumbildenden Leiftung beigezogen, d. h. es ift eine Conftruction vorhanden, und die architektonifche Ausgeftaltung hat fie als zweiter Gedanke nur noch durch Zugabe fchmückender Linien zu verfchönern, ohne fie zu verwifchen. Oder es find, wie z. B. bei einem Backfteingefims, nur die Materialftücke und das technifche Verfahren ihrer Verbindungsweife, d. h. die Elemente der Conftruction als erfter Gedanke vorhanden, und die formale Erfcheinung ift als zweiter Gedanke mit ihrer Hilfe und gleichzeitig mit der Conftruction zu gewinnen.

Für jene vornehmeren Gefimfe ift die Formenlehre ein unendlich weites Feld, während die Conftructionslehre nur wenig über fie zu fagen hat. Ob ein Gefims griechifch oder gothifch oder romanifch, ob es ein Fufsgefims oder krönendes Gefims ift, dies macht für die Conftruction keinen Unterfchied; fie fügt bei allen diefen Gefimsformen in gleicher Weife ihre Steinprismen oder ausgehobelten Hölzer und Bretter oder Metallgufs und Blechtheile an einander; daher konnte in der vorliegenden Darftellung bei folchen Gefimfen die formale Erfcheinung kein Gegenftand der Erörterung fein; insbefondere waren die unendlich mannigfaltigen Formen der Haufteingefimfe der hiftorifchen Bauftile auszufchliefsen. Wo aber die Conftruction oder die Elemente der Conftruction gegeben und als Beftandtheil der endlich zu erreichenden Erfcheinung zu verwerthen find, wie eben bei den Sparrengefimfen oder folchen in Backfteinen, überhaupt bei Gefimfen, die dem fog. Conftructionsftil angehören, da mufs die Conftructionslehre auch von der architektonifchen Geftalt fprechen, weil hier jeder Schritt der Conftruction zugleich durch eine Abficht auf die formale Erfcheinung hervorgerufen wird. Hiernach ift das Folgende nur Darftellung der Conftruction für die Gefimfe der hiftorifchen Bauftile, dagegen Conftructionslehre und Formenlehre zugleich für die Gefimfe des Conftructionsftils.

Da die Gefimfe faft den ganzen rein architektonifchen Schmuck der Bauwerke darftellen, da ferner über den aus der Conftruction hervorgehenden Flächenfchmuck an geeigneter Stelle eine Ueberficht eröffnet ift, fo kann die vorliegende Darftellung der Conftruction der Gefimfe zugleich als eine »Formenlehre des Conftructionsftils« gelten.

19. Kapitel.

Gefimfe in natürlichen oder künftlichen Steinen und Putzgefimfe.

Das vorliegende Kapitel betrachtet die Gefims-Conftructionen in Stein als Rohbau-Arbeiten oder mit Putz ohne Rückficht auf eine etwa vorhandene Verbindung mit einer Dachrinne; es umfafst alfo zwar auch die Hauptgefimfe oder Trauf- und Giebelgefimfe fammt ihrer Verbindung mit der Dach-Conftruction, aber nur fo weit fie einen Theil der Außenmauer eines Haufes bilden. Die Dachrinnen als Beftandtheile der Hauptgefimfe find in Kap. 22 behandelt.

a) Gefimfe in Hauftein.

1) Allgemeines.

Bei aller Mannigfaltigkeit ihrer Formen zeigen die Haufteingefimfe, als Conftructionen betrachtet, nur vier Elemente, nämlich:

α) Schichten mit fortlaufenden Gefimsgliedern, die glatt oder fculpirt find;
β) Kragfteinreihen;
γ) Bogenreihen;
δ) Auffatzmauern oder Brüftungen.

Die meiften Haufteingefimfe aller Bauftile erfcheinen nur mit dem erften Element, d. h fie bilden an einander gereihte, prismatifch geftaltete Steinftücke, die wie gewöhnliche Werkftücke in den Verband der Mauer (oder des Gewölbes oder der Steindachfläche) eingreifen, oder fie find durch Aufeinanderbauen mehrerer folcher profilirter Steinfchichten unter Wahrung der Regeln des Quaderverbandes erzeugt. Die Profilirung als Erfindung der Linie für den Normalfchnitt des Gefimfes gehört nur in fo fern der Conftruction an, als fie bei äußeren Gefimfen Rückficht auf den Wafferablauf zu nehmen hat, wozu insbefondere Unterfchneidungen oder Waffernafen der krönenden Gefimfe und geneigte Deckflächen (fog. Wafferfälle oder Wafferfchläge) gehören (vergl. Fig. 337 u. 377).

71.
Fortlaufende Gefimsglieder.

Fig. 361.

Entwurf des Verfaffers.
½ w. Gr.

Kragſtein-
reihen.
Die gereihten Kragſteine erſcheinen als liegende oder ſteile Conſolen ebenfalls bei Geſimſen aller Bauſtile mit Einſchluſs des Conſtructionsſtils, entweder
eine Kranzplatte oder Steinrinne oder eine Bogenreihe tragend, aus einem
Werkſtück beſtehend oder durch mehrere Steinſchichten gebildet und genügend
weit in die Mauer eingreifend. Der in der Mauer ſteckende Theil wird bei
ſtarker äuſserer Belaſtung auch wohl ſchwalbenſchwanzförmig nach innen verbreitert, um beſſer gegen ein Verdrehen in lothrechtem Sinne geſchützt zu ſein.
Häufig iſt jedoch die Kragſtein-Conſtruction nur von den Architekturformen vor-
geſpiegelt, d. h. die Conſolen bilden keine Werkſtücke für ſich, ſondern ſind zu
zweien oder dreien mit den zwiſchen ihnen ſtehenden Mauertheilen aus einem
Stück gebildet, und bei Conſolen-Geſimſen aus weichem Stein wird ſogar die

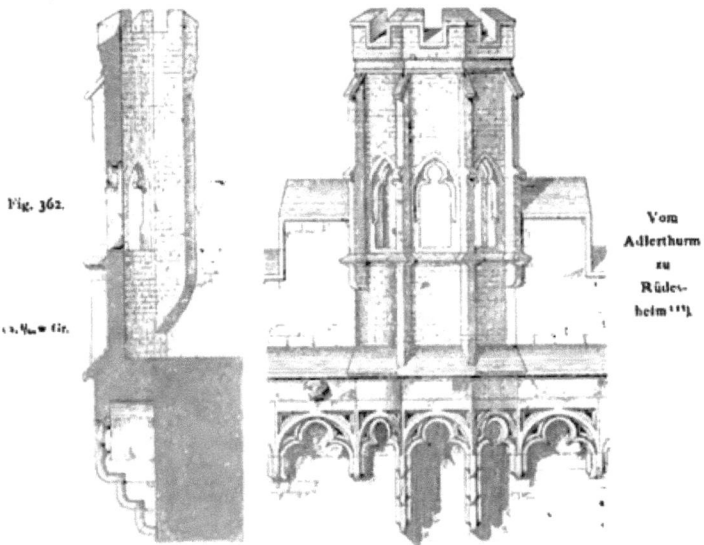

Fig. 362.

ca. ¾₀ w Gr.

Vom
Adlerthurm
zu
Rüdes-
heim[118].

ſcheinbar getragene Kranzplatte mit den darunter ſtehenden Conſolen aus einem
Stück gehauen, da dieſe ſonſt leicht abbrechen würden. Auch als Unterſtützung
von vorkragenden Bogen aus Hauſtein werden die Kragſteine zuweilen den
Bogenſtücken oder den Werkſtücken unter der Bogenreihe angearbeitet. Die
echte Kragſtein-Conſtruction erſcheint in Fig. 361 (2 Schichten), 362 (3 Schichten[118],
413, 924 u. 927, wogegen Fig. 386 u. 922 Scheinkragſteine darſtellen, die mit der
Deckplatte aus einem Stück gehauen ſind.

Bogenreihen.
Auch die Bogenreihen ſind nicht immer — wie in Fig. 361 — wirkliche
Mauerbogen aus keilförmigen Steinen, vorkragend aus der Mauerfläche unter
Aufruhen auf Kragſteinen oder — bei geringem Vortreten — ohne eine ſolche
Unterſtützung; ſondern ſie ahmen bei Ausführung in kleinerem Maßſtabe nur

[118] Kat f.-Repr. nach: Zeitſchr. f. Bauw. 1880, Bl. 9.

die Form des Mauerbogens nach und bilden von einem Bogenfuß zum anderen
nur ein einziges Werkſtück (Fig. 362), in welches auch das umſchloſſene Bogenfeld einbezogen werden kann, oder es erſcheint wenigſtens nur eine (lothrechte)
Bogenfuge im Scheitel.

Die Auffatzmauer oder Geſimsbrüſtung iſt entweder volle Steinmauer mit
eigenem Krönungsgeſims, auch wohl mit Fuſsgeſims (Attika, Fig. 390) oder durchbrochene Steinbrüſtung in Form eines Maſswerkes (Fig. 363 [111]), einer Baluſtrade

(Fig. 391) u. ſ. f. oder endlich Zinnenkranz (Fig.
361 u. 362). Entweder iſt ſie wirkliche Brüſtung
an einem Balcon, an einem Umgang am Fuße des
Daches), an einer Terraſſe u. ſ. w., oder ſie iſt nur
architektoniſch als Brüſtung ausgeſprochen, ohne
eine ſolche zu ſein, indem ſie entweder nur wenig
vor die Mauerfläche tritt oder das Dach trägt.
Sogar das Zinnenmotiv kommt in der letzten Verwendung nicht ſelten vor (wie in Fig. 618 bei
Backſteinzinnen).

Fig. 363.

Von der Kathedrale zu Paris [111].
ca. ⅛ w. Gr.]

Abgeſehen von der Verſchiedenheit, die auf
dieſen vier Conſtructions-Elementen und ihrer Vereinigung beruht, iſt ein Unterſchied in der Herſtellung der Hauſteingeſimſe nur dadurch geboten,
daſs in härterem Steinmaterial die Ausarbeitung
der Geſimsform vor dem Verſetzen der Werkſtücke
erfolgt, während in weichem Stein, vorwiegend
in jüngeren Kalkſteinſorten, die Geſimsſtücke oft
als geſägte quaderförmige Blöcke (oder nur mit
einer großen Schmiege anſtatt der Geſimsglieder)
verſetzt und erſt nach Vollendung der Außen-

75.
Ausarbeiten
auf dem
Werkplatz
oder
auf dem
Bau.

mauern ihren Profilen und Sculpirungen entſprechend ausgehauen oder ausgehobelt, bezw. ausgeſtochen werden. Zwiſchen beiden Verfahren beſtehen
viele Zwiſchenſtufen, in welchen das Ausarbeiten theils mehr auf dem Werkplatz, theils mehr am Bau vorgenommen wird. Oft muſs ein nachträgliches
Aufeinanderrichten der Geſimskanten benachbarter Steine am Bau auch dann
ſtattfinden, wenn die Stücke auf dem Werkplatz fertig geſtellt waren, da die
Form nicht immer genügend genau erhalten iſt. Bei Bogengeſimſen läſst man
zuweilen für dieſen Zweck die Geſimsfläche, auf einige Centimeter von der
Fuge entfernt, nur im Rauhen ausgearbeitet ſtehen.

Die Stoſsfugen oder lothrechten Fugen der Geſimſe in Hauſtein werden
zumeiſt, um möglichſt fein zu erſcheinen, als ſog. Sägefugen hergeſtellt, d. h.

beim Verſetzen wird die Fuge durch Hin- und Herführen einer Zimmermanns-
ſäge unter Zugießen von Sand und Waſſer überall auf gleiche Dicke gebracht
und dann das zuletzt geſetzte Geſimsſtück an das vorangehende angerückt.
Hierdurch wird die Weite der Stoſsfuge außen faſt auf Null gebracht; im
Inneren darf ſie ſich verbreitern. Ob mit oder ohne Sägen hergeſtellt, müſſen
die Stoſsfugen der Hauſteingeſimſe nach dem Verſetzen mit dünnem Kalk- oder
Cement-Mörtel ausgegoſſen werden, indem ſonſt das an der Mauer herab-
ſtrömende Regenwaſſer durch die Fugen rinnt und unter ihnen feuchte, ſchwarze

Flecken erzeugt, die befonders auf Putzflächen häfslich ausfehen. Bei manchen harten und glatten Gefteinsarten tritt anftatt des Kalk- oder Cement-Mörtel-ausguffes, der felbft bei möglichft rauher Behandlung der inneren Stofsflächen nur fchwer haften würde, eine Füllung der Fuge mit einem wachsartigen Stein-kitt auf.

72.
Abdecken
der
Gefimfe.

Gurt- und Hauptgefimfe aus beftimmten Kalk- und Sandfteinarten bedecken fich leicht mit einer fchwarzen Schicht aus Rufs, Staub und Mooswucherung nicht nur an der Deckfläche, fondern auch an der Hängeplatte, wodurch fie felbft fchwarze Streifen auf den Façaden bilden, anftatt dafs erft unter ihnen der Schlagfchatten als dunkler Streifen die Fläche belebt. Diefe widerwärtige Störung einer Architektur in Hauftein wird durch die Abdeckung der Gefimfe mit Zinkblech oder Dachziegeln oder Schiefern vermieden oder erheblich ge-mindert. Bei denjenigen Hauptgefimfen in Stein, deren oberftes Glied ein Rinn-leiften aus Zinkblech bildet (z. B. Fig. 609) ift deutlich zu beobachten, dafs die Kranzplatte die fchwarze Krufte oder Mooshülle nicht aufweift, ein Beweis, dafs nur der auf der Deckfläche der Gefimfe liegende und vom Regen ab-gefchwemmte Staub das Material zu der Krufte auf der Kranzplatte liefert. Eine folche Abdeckung der Gefimfe fchützt zugleich die Stofsfugen am beften gegen das Durchrinnen des Regenwaffers und fichert einem zur Verwitterung geneigten Stein eine längere Dauer; doch ift fie bei härterem Steinmaterial ent-behrlich, eben fo bei den fteilen Wafferfällen der Gefimfe gothifchen Stils.

Man wählt dazu am häufigften und wirkfamften Zinkblech, und zwar etwa Nr. 12, 13 und 14. Die Be-feftigung des inneren Blechrandes gefchieht bei Gurt-gefimfen durch deffen Einftecken in die nächfte Lager-fuge unter Verftemmen in derfelben mit Blei oder Verkeilen in Abftänden von etwa 30 cm mit kleinen ver-zinkten Eifenftiften flach rechteckigen Querfchnittes Fig. 364 u. 365. Ein lothrechtes Aufbiegen des Blech-randes, bezw. ein höheres Aufbiegen, als bis zur nächften Lagerfuge, ift weder bei Rohbau noch bei Verputz der Oberwand zweckmäfsig; im letzten Falle ift das Abfafen des Putzes anftatt des ftumpfen Auftopfens an das Blech zu empfehlen.

Beim Abdecken eines geneigten oder bogen-förmigen Gefimfes, etwa am Giebel, kann im All-gemeinen keine wagrechte Lagerfuge zum Einftecken des inneren Blechrandes benutzt werden; alsdann ift an ihrer Stelle gleich 2 bis 3 cm tiefe Nuth gleich laufend mit dem Gefims in die Oberwand einzuhauen. Bei den Traufgefimfen wird der innere Rand der Deckbleche (meift im Zufammenhang mit der Rinnen-Conftruction) am Traufbrett des Daches abgebogen und angenagelt oder mit Haften feft gehalten (fiehe Fig. 907, 908 u. 916 u. a.).

Der äufsere Blechrand überragt die Steinkante um 1 bis 2 cm, indem er geeignete Umbüge zum Ver-fteifen und zum günftigen Abtropfen des Waffers er-hält (Fig. 366, 368, 369, 370), auch wohl aufgerollt

Fig. 364. Fig. 365.
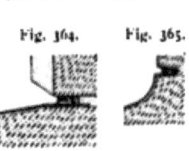
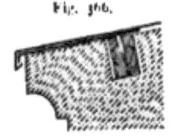
Fig. 366.
Fig. 367.

Fig. 368. Fig. 369.
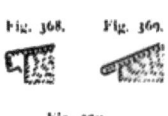
Fig. 370.
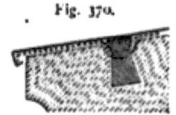

und dabei meist mit eingeschobenem verzinktem Eisendraht verstärkt wird (Fig. 372 u. 373). Ein stärkeres Vorspringen, als 1 bis 2 ᶜᵐ, würde dem Heben des Bleches durch den Sturm zu viel Angriffsfläche bieten. Die Kanten der Umbüge an den Wassernasen sollen senkrecht zur Walzfaser des Zinkbleches, also gleich laufend mit der kurzen Seite der Zinktafel gerichtet sein; anderenfalls würden sie leichter abbrechen.

Um das Blech am äußeren Rande fest zu halten, wobei in erster Linie dem Abheben durch den Sturm zu begegnen, aber auch die Beweglichkeit des Zinkbleches bei Temperaturänderung nach Kräften zu wahren ist, giebt es verschiedene Verfahren. Nach Fig. 366 ist ein Randstreifen aus starkem verzinktem

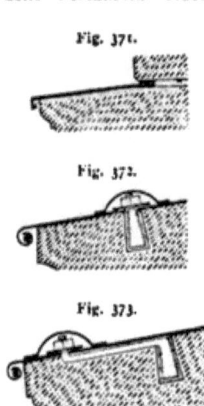

Fig. 371.

Fig. 372.

Fig. 373.

Eisenblech etwa 5 bis 10 ᶜᵐ breit, das sog. Vorstoßblech, auf die ganze Länge des Gesimses angeordnet; es erhält gewöhnlich am äußeren Rande einen Abbug nach unten, der in den Falz des Deckbleches eingreift, kann aber auch gerade endigen, wie in Fig. 366. Dieses Vorstoßblech wird an kleine Dübel aus trockenem Eichenholz genagelt, die wo möglich mit Holztheer getränkt oder sonst in geeigneter Weise imprägnirt sein und nur nach der Längenrichtung des Gesimses, nicht auch gegen den äußeren Rand, im Dübelloch spannen sollten. Sie lassen sich parallel zum Gesimsrand nach unten erweitern und dadurch gegen Ausreißen sichern, wenn man sie nach Art der Schwalbenschwanzzapfen des Zimmermanns in einen trapezförmigen Theil und einen später einzutreibenden rechteckigen Span zerlegt (Fig. 367). Die Entfernung der Dübel von einander beträgt nicht über 60 ᶜᵐ, diejenige vom äußeren Gesimsrand 4 bis 8 ᶜᵐ, je nachdem der Stein härter oder weicher ist; wenn sie abwechselnd näher und ferner dem Rande gesetzt werden, so ist das Blech gegen Aufkippen durch den Sturm besser geschützt. Diese erste Art, das Deckblech fest zu halten, dürfte für die meisten Fälle als ausreichend und nicht theuer zu empfehlen sein; sie hat die Vorzüge, das Deckblech auf die ganze Randlänge zu versteifen und kein Durchbohren desselben zu erfordern.

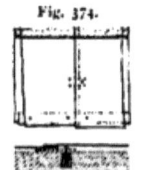

Fig. 374.

Das Vorstoßblech kann auch noch in anderer Weise mit dem Stein verbunden werden, nämlich durch Eingießen mit Bleidübeln, die ebenfalls nach unten kräftig verbreitert sind, wie in Fig. 370 dargestellt; doch ist dieses Verfahren nur bei härterem Stein zu empfehlen, da das Blei seines Schwindens wegen nach dem Eingießen verstemmt werden muß, um das Dübelloch auszufüllen, und dies einem weichen Stein schädlich ist.

Fig. 368, 369, 370 zeigen anstatt der durchlaufenden Vorstoßbleche nur Haften aus starkem verzinktem Eisenblech (durch das Punktiren ihrer Linien von durchlaufenden Blechen unterschieden), etwa 6 bis 12 ᶜᵐ lang, 5 bis 10 ᶜᵐ breit, nicht unter 60 ᶜᵐ von einander entfernt und am Stein befestigt wie die Vorstoßbleche, mit je einem Dübel oder deren zwei.

In Fig. 371 erscheinen anstatt der Haftbleche verzinkte Flacheisen, nicht

über 60 ᶜᵐ von einander entfernt, verfenkt im Stein. Sie werden in der Lagerfuge über dem Gefims feft gehalten, in welche fie fchon beim Aufführen des
Mauerwerkes einzulegen find, und erhalten am inneren Ende zur befferen Verankerung in der Fuge einen kleinen Aufbug, fo weit ihn die Dicke der Mörtel-
fuge zuläfft. Das Deckblech felbft wird in diefelbe Fuge eingefpannt, wie zuvor
angegeben. Bei Traufgefimfen oder fehr breiten Gurtgefimfen find folche Haftftäbe nahe dem äuseren Ende entweder an Eichendübel zu fchrauben (mit verfenkten Schraubenköpfen) oder mit Steinfchrauben feft zu halten. Diefe letzteren haben entweder die in Fig. 372, bezw. 373 dargeftellte Form; das Deckblech ift alsdann auszufchneiden, um der Schraubenmutter Raum zu geben, und
der Ausfchnitt durch eine aufgelöthete Zinkblechhaube, ähnlich wie in den
genannten Abbildungen, wieder zu fchliefsen. Oder die Eifenftäbe werden
gekröpft, fo dafs die Schraubenmuttern nicht über die Steinfläche vorragen und
das Deckblech ohne Ausfchnitt darüber weggehen kann. Oder endlich es
erfcheint diejenige Form der Steinfchraube, bei welcher die Mutter in den Stein
eingegoffen und der Bolzen eingedreht wird; dabei ift fein Kopf im Eifenftab
zu verfenken, fo dafs auch bei diefem Verfahren das gefährliche Durchbohren
des Deckbleches vermieden wird. Diefe letzte Art der Befeftigung des Deckbleches, mit gekröpfter Form der Steinfchraubenmutter, ift die theuerfte, aber
für fehr breite Deckflächen in weichem Hauftein auch die ficherfte. Wenn noch
anftatt des Abbiegens der Hafteifen ein durchlaufender verzinkter Blechwinkel,
parallel zum Gefimsrand, an die Stabenden gefchraubt wird, den das Deckblech
ähnlich, wie bei Fig. 906, faffen kann, fo können die Haftftäbe mit gröferen
Entfernungen von einander (90 bis 100 ᶜᵐ) gefetzt werden, und der vordere
Blechrand ift am beften gegen eine Verbiegung gefchützt, die in Folge ihrer
unregelmäßigen Schlagfchatten bei Sonnenbeleuchtung häfslich ausfieht.

Minder gut ift es, das Deckblech felbft durch Steinfchrauben nieder-
zuhalten, fei es nach Fig. 372, wobei ein härteres Steinmaterial geftattet, die
Schraube dem Steinrand nahe zu ftellen, fei es nach Fig. 373, mit gekröpfter
Schraube. Jedenfalls erfordert diefe Anordnung eine ftärkere Zinkblechnummer,
etwa Nr. 14 oder 16, und ein Verfteifen des äuseren Blechrandes durch Aufrollen mit eingeftecktem Draht. Die Schrauben find beffer mit Portland-Cement,
als mit Blei einzugiefsen und ihre Muttern wieder mit aufgelötheten Zinkhauben
zu überdecken; dabei ift wegen der Bewegung des Deckbleches durch die Temperaturänderung reichlich Spielraum nöthig. Die Erfahrung lehrt, dafs die aufgelötheten Zinkhauben leicht abfpringen.

Die Deckbleche erfcheinen in Längen gleich der Breite der Zinktafeln,
alfo im Allgemeinen annähernd gleich 80 oder 100 ᶜᵐ. Ihre Stofsfugen werden
durch ein Uebereinandergreifen um 1,5 bis 2,0 ᶜᵐ und ein Verlöthen der oberen Tafel
auf die untere gebildet. Das Verlöthen trägt allerdings der Ausdehnung des
Materials in der Längenrichtung keine Rechnung; aber das Einklemmen des
inneren Randes würde eine an der Fuge erzielte Beweglichkeit doch beeinträch-
tigen, und bei einem Ueberfalzen der Bleche könnte, der geringen Neigung
wegen, leicht Waffer eindringen.

Ift eine Deckfläche breiter als etwa 40 ᶜᵐ, fo mufs das Deckblech auch noch
in der Mitte der Breite am Stein feft gehalten werden. Dies gefchieht (um ein
Durchbohren zu umgehen) je an der Stofsfuge der Bleche, und zwar nach Fig. 374
(Grundrifs und Höhenfchnitt fenkrecht zur Stofsfuge). Das unten liegende Blech
erhält eine an feine Unterfläche angelöthete Hafte aus verzinktem Eifenblech,

deren vorstehender Lappen an einen Eichendübel genagelt wird; das folgende Blech löthet man ohne Zusammenhang mit der Hafte dem ersten auf. Bei Deckflächen von über 60 ᶜᵐ Breite empfehlen sich zwei solcher Haften für jede Stofsfuge, und bei einer Breite über etwa 80 ᶜᵐ greift man am besten zur Eindeckung nach dem Leistensystem, indem man die Leisten mit verzinkten Eisenwinkeln und Steinschrauben mit versenkten Köpfen am Stein befestigt.

Das Abdecken der Hausteingesimse mit Flachziegeln, Hohlziegeln, Falzziegeln oder Dachschiefern, die in Cement- oder mageren Kalkmörtel gelegt werden und den Steinrand ebenfalls um 1 bis 3 ᶜᵐ überragen, kommt mehr nur bei Hauptgesimsen und über Einfriedigungsmauern vor. In jenem Falle hängt die Abdeckung des Gesimses zuweilen mit der Bedachung zusammen.

So weit die Stein-Construction an sich zu betrachten ist, geben im Uebrigen nur diejenigen Fälle zu einer Beschreibung Anlafs, in welchen ein feineres Steinmaterial (Granit, feinerer Kalkstein, Marmor etc.) mit Rücksicht auf den hohen Preis in möglichst geringer Masse verwendet werden, oder ein Gesims mit grofser Ausladung die Abdeckung einer verhältnismäßig schwachen Mauer bilden, oder ein niedriges Gesims eine grofse Lichtöffnung frei tragend überdecken soll. Diese drei Fälle sind im Folgenden unter 2, 3 u. 4 behandelt.

2) Anordnungen für geringen Verbrauch an Haustein-Material.

Das einfachste und fast überall in Anwendung kommende Hilfsmittel dieser Art ist das Hintermauern der Gesimsstücke mit Backsteinen oder rauheren natürlichen Steinen oder Beton. Im ersten Falle ist Cement-Mörtel für die Hintermauerung vorzuziehen, da bei Kalkmörtel die einzelne Lagerfuge stärker schwinden, also die Hintermauerung bei der gröfseren Zahl solcher Fugen sich stärker setzen würde. Bei sehr geringem Einbinden in die Mauer sind die Gesimsstücke durch Steinklammern in der oberen Lagerfuge mit der Hintermauerung zu verbinden.

Eine weiter gehende Construction derselben Art ist die Bekleidung von Sockelmauern in Backstein oder Bruchstein mit hochkantig gestellten Hausteinplatten (Fig. 375). Die eigentlichen Sockelgesimsstücke sind Blockstücke; sie greifen tiefer in die Mauer ein und halten die bekleidenden Platten in flachen Nuthen oder in Falzen. Ein reichlicher Spielraum in der Lagerfuge über den Platten hat dafür zu sorgen, dass das stärkere Setzen der Hintermauerung mit ihren vielen Mörtelfugen vor sich gehen kann, ohne daſs die lothrechten Platten den Mauerdruck erhalten. Bei höheren Sockelmauern können auch mehrere Reihen solcher Vorstellplatten auftreten, die von zwischenliegenden niedrigen Binderschichten aus Blockstücken gehalten werden; Fig. 375 bietet eben diesen Fall.

Fig. 376 zeigt eine Construction, nach welcher Sockelstücke aus Granit einer Backsteinmauer nach deren Ausführen vorgesetzt worden sind. Die Eisenklammern wurden nach dem Aufstellen der

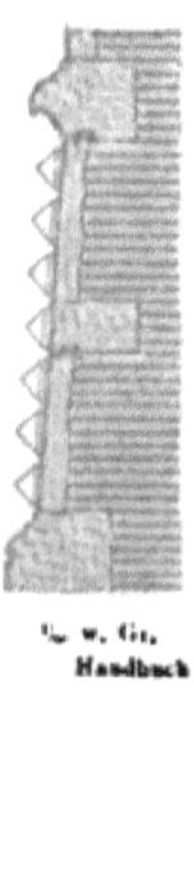

26. Hintermauern der Gesimsstücke.

27. Verkleiden mit Hausteinplatten.

Fig. 375.

Fig. 376.

Sockelftücke in die beim Mauern ausgefparten, tiefen und nach innen ver-
breiterten Höhlungen eingefetzt und zuletzt diefe mit Mauerwerk in Portland-
Cement ausgefüllt.

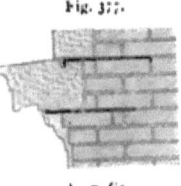

Fig. 377.

Fig. w. Gr.

so.
Lagerung
auf
Eifenfäben.

Ein ftark ausladendes Gurtgefims in einem fehr
theueren und harten Kalkftein-Material wurde nach Fig.
377 auf vortretende Flacheifen gelegt und oben mit
Steinklammern in das Mauerwerk eingebunden. Die
Gefimsftücke, 1,0 bis 1,5 m lang, erhielten je 2 oder
3 Eifenftäbe und -Klammern. Unter den Flacheifen find
die tragenden Gefimsglieder in Putz gezogen.

81.
Läuferftücke
mit
Zapfen.

Das in Fig. 378 dargeftellte Auflegen von wenig
in die Mauer einbindenden langen Läuferftücken des
Gefimfes in feitlichen Falzen von Binderftücken kann
zwar erheblich an Material erfparen, fetzt aber ein fehr feftes und dauerhaftes
Steinmaterial voraus und wird bei einem folchen im Allgemeinen fo viel Mehr-
aufwand an Arbeitslohn erfordern, dafs die Erfpar-
nifs gegenüber durchaus genügend einbindenden
Läuferftücken nicht grofs ift.

82.
Abhängigkeit
der
Gröfse der
Werkftücke
von ihrem
Einheitspreis.

Bei Gefimfen in Sandftein und weicheren Kalk-
fteinforten finden fich, abgefehen von der gewöhnlichen Hintermauerung, derartige Hilfsmittel höchft
felten. Dort wird vielmehr mit fo grofsen Werk-
ftücken gearbeitet, als die Höhe des Gefimfes zuläfst, wenn auch bezüglich des Hineinbindens in die
Mauer nicht unnöthig viel gefchieht. Befonders
grofse dreitheilige Gebälke und Giebel conftruirt
man in weicherem Hauftein-Material, wenn es nicht

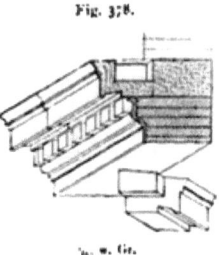

Fig. 378.

Fig. w. Gr.

allzu weit vom Steinbruch verbraucht wird, in
möglichft grofsen Blöcken, oft 1 cbm und darüber grofs, und dies ift trotz
der fchwereren Hebegerüfte und Hebemafchinen, die nothwendig werden, erfahrungsgemäfs nicht unökonomifch. Im entfchiedenen Gegenfatz hierzu fteht
die Bauweife mit feinem hartem Steinmaterial, das an fich fehr theuer ift
und auf grofse Entfernungen ausgeführt wird. Die Gefimsgliederung der
Façaden, obwohl gleichzeitig mit der Hintermauerung ausgeführt, erhält hier
mehr den Charakter einer Verblendung in der Art des feineren Buckftein-
baues; die Gefimfe werden in weit kleinere Schichten zerlegt; oft bilden
einzelne tragende Glieder oder die krönenden Glieder eines Architravs eine
Schicht für fich, und manche Werkftücke gehen über die Gröfse anfeln-
licher gebrannter Formfteine kaum hinaus. Das Verklammern der Werkftücke
mit der Hintermauerung in Verbindung mit einem guten Mörtel mufs hier die
Kräfte erfetzen, die dort das Ineinanderfügen mächtiger Blöcke für den Zufammenhang der Mauer fchafft. Die äufserfte Confequenz diefer Bauweife ift die
nachträgliche Incruftation der Façaden mit einer dünnen Marmorgliederung nach
dem Vorgang vieler Bauwerke der italienifchen Gothik und Renaiffance.

3) Grofse Ausladungen auf verhältnifsmäfsig fchwachen Mauern.

83.
Gleichgewichts-
verhältniffe.

Bei Herftellung grofser einfeitiger Ausladungen abdeckender Gefimfe ift
nicht nur die Laft des in der Ausladung liegenden Mauermaterials felbft, fondern auch eine zufällige Belaftung durch ungünftig aufgeftellte Arbeiter, einfeitig

liegenden Schnee und einseitig wirkenden Sturm in das Auge zu faffen, und es muß zunächst unter Vorausfetzung des Zufammenwirkens aller diefer Kräfte unterfucht werden, ob jeder Mauerabfchnitt über jeder wagrechten Fuge im Gleichgewichte fei. Dabei genügt es nicht, daß der Schwerpunkt jedes folchen Mauertheiles überhaupt unterftützt fei, fondern das Loth durch den Schwerpunkt muß auch noch genügend weit in das Innere der betrachteten Lagerfuge fallen; denn jene Bedingung kann erfüllt fein und trotzdem im äußeren Theile der Lagerfuge das zuläffige Maß überfchreiten oder die Unficherheit durch einen großen Höhenabftand des Schwerpunktes von der Kippfuge eine fehr große fein. Im Allgemeinen foll das Loth durch den Schwerpunkt noch in das mittlere Drittel der Lagerfuge fallen; doch läßt fich genauer betrachtet eine folche einzige Grenze für alle Fälle nicht wohl begründen; denn bei einem harten Steinmaterial darf das Schwerpunktsloth der Kippkante fich mehr nähern als bei einem weichen, eben fo bei einer tiefen Schwerpunktslage der Oberlaft mehr, als bei hoher. Ift eine ausreichende Unterftützung des Schwerpunktes nicht zu erreichen, fo bedarf es der weiter unten genannten künftlichen Hilfsmittel zur Herftellung des Gleichgewichtes.

Aber nicht nur die wagrechten Fugen find als mögliche Trennungsflächen für ein Umkippen des Gefimfes in Betracht zu ziehen, fondern auch lothrechte Längsfugen. Befonders beim Vormauern von Haufteinfchichten an einer Backfteinmauer kann fich die Haufteinverkleidung mit ihrer ftärkeren und einfeitig ausladenden Belaftung durch Kippen nach außen von der Hintermauerung trennen, wenn nicht eine ausreichende Zahl genügend ftark belafteter Werkftücke genügend weit über jede folche Trennungsfuge binden oder weniger weit einbindende Werkftücke durch genügend lange wagrechte Eifenklammern mit der Hintermauerung zufammengefaßt find.

Wenn auf einem weit ausladenden Gefims eine Holzdach-Conftruction aufgelagert oder eine Verankerung des Gefimfes mit dem Dachwerk hergeftellt wird, fo ift hierdurch die Sicherheit vergrößert, auch wenn das Gefims fchon für fich allein ftandfähig wäre; insbefondere ift die Beihilfe einer folchen Verbindung zu fchätzen, fo lange der Mörtel in der Mauer noch nicht erhärtet ift. Aber es ift im Auge zu behalten, daß die Holztheile im Falle eines Brandes in Wegfall kommen, alfo im Allgemeinen nicht als günftige Gewichtsvergrößerung des inneren Gefimstheiles mit berechnet werden dürfen. Die Mauer fammt dem Gefims foll auch ohne die vergänglichen Holztheile im Gleichgewichte fein, eine Forderung, die allerdings in der Praxis manchmal nicht erfüllt wird.

Es würde fich empfehlen, das Gleichgewicht eines großen, ftark einfeitig ausladenden Haufteingefimfes wo möglich nur durch genügende Gegenbelaftung und kräftiges Ueberbinden der Längsfugen zu Stande zu bringen, da das anderenfalls in der Mauermaffe liegende Streben nach Bewegung durch künftliche Hilfsmittel felten auf die Dauer ganz unfchädlich gemacht werden kann und in Verbindung mit den Erfchütterungen des Grundes und der Mauer felbft früher oder fpäter zu Formveränderungen führt. Oft ift ein genügendes Gegengewicht für die Gefimsausladung fchon dadurch zu erreichen, daß man die oberen Mauerfchichten auch nach innen vortreten läßt, wie dies Fig. 380, 386 u. 487 zeigen, und faft in allen Fällen könnte eine Verftärkung der Mauer auf die ganze Höhe ein natürliches Gleichgewicht ermöglichen.

Eine folche Conftructionsweife ift aber bei Neubauten oft unverhältnismäßig theuer, bei Umbauten, Aufbauten und Herftellung reicherer Architektur-

*) Gegenbelaftung.

*) Verankerung.

9*

gliederung an älteren Bauwerken fogar vielfach nicht mehr möglich, und alsdann muſs die hohe Zugfeſtigkeit des Schmiedeeifens dem Hauſtein aushelfen.
Die hierher gehörigen Conſtructionen beſtehen im Allgemeinen darin, daſs man
die Werkſtücke mit ausladendem Uebergewicht durch lothrechte Zuganker am
inneren Mauerhaupt (oder nahe demfelben im Inneren der Mauer) mit den tiefer
liegenden Schichten verkettet. Ein ſchwaches I-Eiſen, bei kleineren Geſimſen
auch wohl ein ſtarkes Flacheiſen, das über die Werkſtücke weggeht, wird von
den Zugankern in Abſtänden von 0,8 bis 2,0 ᵐ gefaſſt und hält dadurch die
Werkſtücke nieder. Wie viele nicht oder wenig ausladende Mauerſchichten
mindeſtens mit den ſtark vortretenden Geſimstheilen zu einem Stück zuſammen-
gefaſſt werden müſſen und welches der Zug iſt, der in den lothrechten Eiſen-
ankern äuſerſtenfalls auftreten kann, ſo lange die Zugkraft des Mörtels nicht
mithilft, dies läſſt ſich wieder durch Auffuchen der Lage des Schwerpunktes
und durch Anfetzen der ſtatiſchen Momente ermitteln. Je tiefer liegende
Schichten in die Verankerung einbezogen werden, deſto günſtiger geſtaltet ſich
der Theorie nach das Gleichgewicht; andererfeits wird man aber nicht nur mit
Rückſicht auf den Eiſenverbrauch zu lange Zuganker vermeiden, ſondern auch,

weil ſolche mit der Temperatur zu
ſehr veränderlich und im Falle eines
Brandes der ſtarken Dehnung wegen
faſt werthlos wären. Daſs man für
die verankerten Geſimstheile die
Wirkung des Eiſens durch ein befonders gutes Bindemittel der Mauer
unterſtützt, daſs man ferner die Laſt
des ausladenden Uebergewichtes
durch Anwendung hohler Backſteine
oder durch Hohlräume in der Hintermauerung der Werkſtücke auf das
Geringſtmögliche herabmindert, iſt
ſelbſtverſtändlich, und dieſe Bemer-
kung gilt nicht weniger für unver-
ankerte Geſimſe mit ſtarker Ausladung. Die Verankerung iſt bei
vielen ausgeführten Conſtructionen
mit dem oben genannten Vortreten
der oberen Mauerſchichten nach innen
verbunden, z. B. bei Fig. 380.

Als erſtes Beiſpiel für ein ver-
ankertes Geſims in Hauſtein zeigt
Fig. 379 das Hauptgeſims der techniſchen Hochſchule zu Charlottenburg. Die Confolenſtücke des Kranzgeſimſes bilden dabei die Kragſteine,
welche verankert ſind, während die
weniger ausladenden Werkſtücke
zwiſchen denfelben wenig einbinden

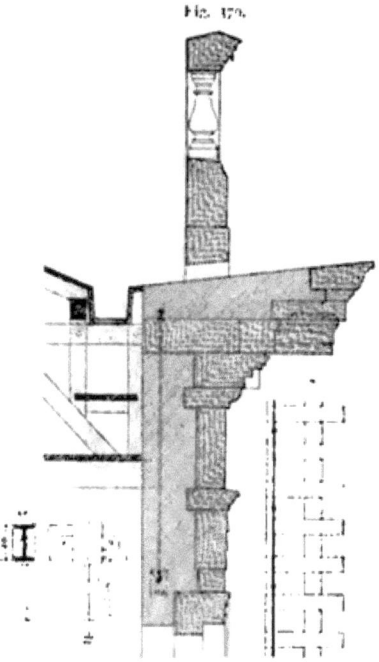

Fig. 379.

Vom Hauptgebäude der techniſchen Hochſchule
zu Charlottenburg.[113]
ca. ¹⁄₂₀ w. Gr.

[113] Nach: Centralbl. d. Bauverw. 1887. S. 443.

und in die Verankerung nicht einbezogen wurden. Der Beschreibung dieser Conftruction [118]) ift das Folgende zu entnehmen.

 Das Drempel- (Knieftock-) Mauerwerk ift 0,73 m ftark, bietet alfo kein hinreichendes Auflager für das rund 1,40 m ausladende Hauptgefims und genügt in feiner Breite nur für die unter den Kragfteinen liegenden Gliederungen. Allerdings belaftet die Dachbrüftung an der Vorderfront die Kragfteine derart, dafs eine befondere Verankerung an diefer Stelle überflüffig gewefen wäre; doch wurde fie auch hier angewendet, weil fie nur geringe Koften verurfachte, alle Absteifungen aber überflüffig machte, fo dafs die Ausführung fich wefentlich vereinfachte. Rings um das Gebäude wurden über die Kragfteine hin kleine I-Eifen oben ftehenden Querfchnittes, des kleinften vorhandenen, gelegt und diefe in Entfernungen von 1,80 m (die Axenweite des Gebäudes beträgt 3,40 m) durch 2,60 m lange Anker mit gufseifernen Schuhen niedergehalten. Der Trägerquerfchnitt hat ein Widerftandsmoment von 21 083, wird jedoch nur mit 1323 in Anfpruch genommen; fein Gewicht beträgt 6,5 kg für 1 m. In gleicher Weife würde ein Querfchnitt des Ankers von 0,8 qcm genügt haben; doch wurde der Gefahr des Roftens wegen ein Rundeifen von 1,8 cm Durchmeffer verwendet. Die Anker find oben in eine Hülfe ausgefchmiedet, durch welche fich die I-Eifen durchfchieben liefsen. Die Längen der letzteren waren fo berechnet, dafs auf ihre Stöfse, welche noch durch verfchraubte Lafchen gefichert wurden, ftets eine Ankerhülfe traf. Der gufseiferne Schuh hat neben ftehende Form. Bei der Aufmauerung waren die Anker fogleich an richtiger Stelle angebracht und an den Schuhen Oeffnungen gelaffen worden, um nach dem Einfchieben der I-Eifen die Muttern anziehen zu können. Die Ausführung war eine bequeme und fichere. Das Hauptgefims wurde aufserhalb der Mauerkante mit poröfen Lochfteinen, innen mit gewöhnlichen Steinen hintermauert. . . . Die einzelnen Glieder des Gefimfes find in bekannter Weife unter fich verklammert und mit der Hintermauerung verankert. — Noch ift zu diefer Conftruction zu bemerken, dafs die hebelartig tragenden Kragfteine oder Confolenftücke auf Biegung in Anfpruch genommen find, alfo ein fefteres Steinmaterial erfordern. In weichem Sandftein oder Kalkftein wäre die Conftruction nicht oder nur mit größerer Höhe der Confolen anwendbar, und in jenem Falle müffen die Kranzplattenftücke felbft durch die ganze Mauer binden und innen hinabgeankert werden, wie bei Fig. 393.

 Ein zweites Beifpiel der Verankerung eines weit ausladenden Haupteingefimfes bietet Fig. 380 [119]). Hier erfcheint das Gefims am Firft eines Pultdaches und ohne Dachbrüftung. Die Anker faffen ebenfalls die Confolen-Werkftücke durch Vermittelung eines I-Eifens, find jedoch durch zwei gekuppelte Hänge-

Fig. 380.

Von einem Wohnhaus zu Berlin [118]). — ca. 1/10 w. Gr.

Arch.: *Gropius & Schmieden.*

[118] Facf.-Repr. nach: Zeitfchr. f. Bauw. 1876, Bl. 61 u. 63.

Fig. 381.

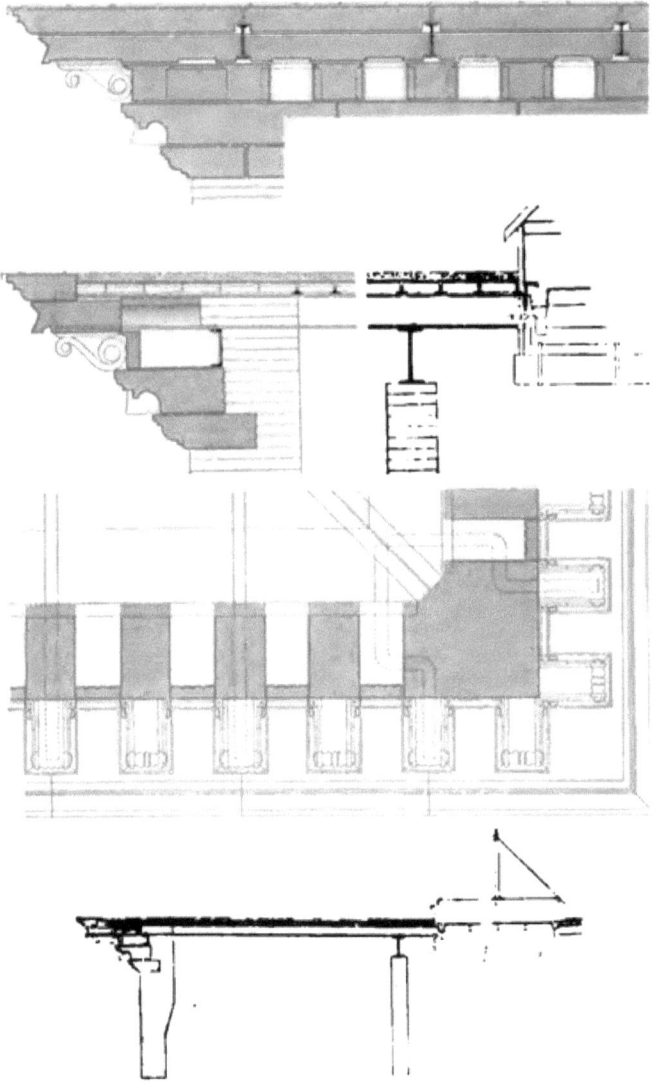

Von den Reichsbankgebäuden zu Leipzig und Chemnitz[112].
1/20 u. 1/2 w. Gr.

ftangen anftatt einer einzigen gebildet, und an Stelle der Gufseifenlegfchoiben am Fufse der Stangen wird ein durchlaufendes I-Eifen von ihnen gefafst.

Bei geeigneter Höhenlage einer inneren Decken-Conftruction mit Eifenbalken laffen fich diefe verwerthen, um ein weit ausladendes Hauptgefims aus Werkftücken zwifchen, bezw. über ihren vor die Mauer vortretenden Köpfen zu tragen. Beifpiele bieten die Hauptgefimfe der Reichsbankgebäude in Leipzig und Chemnitz[111]. Die Eifenbalken (Fig. 381[112]) tragen dort zugleich die Holzcement-Bedachung des Haufes; doch ift das Uebertragen der Conftruction auf Gebäude mit fteilen Dächern über der Eifenbalkendecke leicht möglich; ja diefer Grundgedanke könnte fogar auch in der Weife verwerthet werden, dafs das Eifenbalken-Syftem nur über der Mauer felbft vorhanden und durch lothrechte Zuganker nahe der inneren Hauptfläche an tiefere Schichten hinabgebunden wäre, ähnlich wie dies Fig. 487 für ein Hauptgefims aus gröfseren Terracotten darbietet. Die wefentlichen Züge der Conftruction find wie folgt befchrieben.

Die Hängeplatten find vorn zwifchen die Dachträger eingefchoben und ruhen auf ihren unteren Flanfchen. Als Gegengewicht wirken hinten aufser der Dachlaft die angefchraubten Unterzüge. Als Auflager für diefe Dachträger ift auf die Hinterkante des Zahnfchnittes eine ⊏-Pfette gelegt, welche den Druck der Dachlaft, der Hängeplatte und der Sima auf die Hinterkante des Zahnfchnitt-Werkftückes überträgt. Die Confolen find mit ihren hinteren Enden in das ⊏-Eifen eingefchoben und verdecken eine um die andere die Unteranfichten der Dachträger. Diefe Ausführungsweife dürfte vor derjenigen mit Ankern den Vorzug der gröfseren Billigkeit haben, da insbefondere die Hängeplatten verhältnifsmäfsig kleine Stücke find. Ferner ift das Verfetzen leichter und, weil nur ruhende Laft vorhanden, eine gröfsere Sicherheit gegenüber der beftändigen Beanfpruchung der Anker auf Abreifsen und der Hängeplatten auf Abbrechen erreicht. Beim Bankgebäude in Chemnitz beträgt die Ausladung 1,50 m, beim Neubau in Leipzig 1.50 m. Indefs werden fich auch noch gröfsere Ausladungen in gleicher Anordnung leicht und billig herftellen laffen.

Für ein weicheres Steinmaterial dürfte in der That diefe Conftructionsweife der zuvor befchriebenen nach Fig. 486 vorzuziehen fein, da die Beanfpruchung der Steine auf Biegung hier weit geringer ausfällt.

Eine intereffante Verankerung weit ausladender Kranzgefimstheile in Hauftein bietet das bekannte Hauptgefims am *Palazzo Strozzi* in Florenz von *Cronaca*. Das Ankermaterial ift hier der Hauftein felbft in Geftalt lothrecht geftellter, kurzarmiger Klammern in ⊏-Form, die am inneren Mauerhaupt die Schichten mit einander verknüpfen. Als Vorbild für moderne Conftructionen wird diefe fteinerne Verankerung nicht in Frage kommen; denn ein Steinmaterial, das in folchem Mafse auf Zug und Biegung beanfprucht werden könnte, ift felten zur Verfügung, und mit Eifen erreicht man den Zweck weit einfacher. Immerhin fcheint der Erbauer dem Eifen, das ja als Ankermaterial fchon damals vielfach Verwerthung fand, mit Abficht aus dem Wege gegangen zu fein.

4) Frei tragende Steingefimfe mit Unterftützung oder Entlaftung durch Eifen.

Man hat es hier entweder mit Gefimfen über verfchloffenen Lichtöffnungen zu thun, fo dafs ein Falz für eine Zarge in Holz oder Eifen vorzufehen ift oder mit Freigebälken in Stein. Hat das Gefims Architrav und Fries, wie bei den architektonifchen Ordnungen, fo bildet im Allgemeinen der Architrav allein oder auch der Architrav fammt dem Fries einen Steinbalken von genügender Höhe, um fich von einer Stütze zur anderen frei tragen zu können, eben fo ein Krö-

[111] Veröffentlicht in: Centralbl. d. Bauverw. 1887, S. 401.
[112] Nach ebendaf.

nungsgefims ohne Architrav und Fries unter der Vorausfetzung einer geringen Breite der Lichtöffnung. Derartige frei tragende Gefimfe bedürfen keiner anderen Conftructionsmittel, als die unterftützten; es ift höchftens zu beachten, dafs die Druckfläche zwifchen Steinbalken und Unterftützungspfeilern nicht mehr gepreßt werden darf, als mit 20 bis 40 ᵏᵍ für 1 ᵠᶜᵐ, je nach der Härte des Steinmaterials, und dafs nach griechifchem Vorbild allzu fchwere Steinbalken durch Zerlegen ihres Querfchnittes in zwei oder drei neben einander ftehende hochkantige Rechtecke vermieden werden können.

Frei tragende Gefimfe erfcheinen bei Frei- und Wandordnungen auch derart, dafs der Architrav im Widerfpruch mit feiner Form als fcheitrechter Mauerbogen conftruirt ift. Beifpiele bieten befonders die Parifer Bauten; der Hauftein tritt dort, wegen feiner geringen Biegungsfeftigkeit im frifchen Zuftande, auch bei kleiner Breite der Lichtöffnung nur felten als Steinbalken auf. Bei genügender Sicherheit der Widerlager gegen feitliches Ausweichen bedarf es für einen folchen fcheitrechten Bogen keiner ungewöhnlichen Hilfsmittel, oder es wird höchftens das Verbinden der Werkftücke mit angearbeiteten flach dreieckigen Zapfen im Inneren der Lagerfläche beigezogen, wie dies ohne Erfchwerung des Verfetzens möglich ift und fchon beim flachen Segmentbogen einen Schutz gegen Senkung einzelner Steine oder der ganzen Wölbung bildet. Wenn die äußeren Lagerfugen des Bogens flache Neigung erhalten müffen, fo würden zu fpitze Winkel an den Steinkanten entftehen; man vermeidet fie durch lothrechtes Abbrechen der Lagerfuge im unterften Blatt des Architravs.

Diefen gewöhnlichen Fällen des frei tragenden Gefimfes gegenüber kommt es jedoch bei Gebäuden mit großen Schaufenftern, Einfahrten etc. häufig vor, dafs diefe Lichtöffnungen bis unter das Krönungsgefims ihres Gefchoffes hinaufreichen und dabei das Gefims nicht hoch genug ift, um fich fammt der Belaftung durch das Mauerwerk der Obergefchoffe über die Lichtöffnung hinweg frei tragen zu können. Meift liegen dabei auch noch die Deckenbalken in Holz oder Eifen gerade in gleicher Höhe mit dem Gefims, fo dafs fie den Steinbalken oder fcheitrechten Bogen, den es darftellt, noch mehr belaften und durch ihre Auflagerungseinfchnitte zugleich fchwächen. Hier bedarf das Gefims einer Unterftützung durch Eifenträger oder des Hinaufhängens an folche oder einer Entlaftung oder anderer Sicherftellungen mit Hilfe des Eifens.

Für den erften Fall find fechs verfchiedene Anordnungen zu finden.

*9
Unterftützen
durch
Eifenträger.
a) Die erfte befteht im Auflegen der Gefimsftücke auf einem fichtbar bleibenden Träger aus Gufseifen oder Schmiedeeifen. Als Gufsträger ift er gerade oder mit bogenförmigem Unterrand geftaltet und meift durch Eintheilung in Friefe und Füllungen mit Ornament gegliedert; als Schmiedeeifenbalken befteht er aus einem I- oder ⊏-Eifen oder zwei bis vier gekuppelten Stabeifen mit diefen Querfchnitten. ⊏-Eifen liegen dabei gewöhnlich mit der Stegrückenfläche in der Façadenebene und werden mit Haufteinfarbe angeftrichen, fo dafs fie wie Steinbalken ausfehen; I-Eifen ftehen meift etwas zurück; über Schaufenftern werden fie gern als Schrifttafeln verwerthet, oder fie nehmen folche auf. Ob der Träger zwifchen den Steinpfeilern noch mit Eifenfäulen geftützt ift oder nicht, hat auf die Gefims-Conftruction keinen Einfluß. Diefe Löfung ift fowohl der Conftruction der Architektur nach die gefundefte; fie allein vermeidet die Schwächen und die Widerfprüche in der äußeren Erfcheinung, welche den anderen fünf Löfungen anhaften, und gewinnt daher mit Recht allmählich größere Verbreitung. Den normalen Fall bietet Fig. 382 für den geraden

Schmiedeeifenträger, eben fo Fig. 870 und diefelbe Abbildung mit Fig. 871 auch für den bogenförmigen Gußträger, der jedoch anftatt der Auflagerung auf Säulen gewöhnlich auf den Steinpfeilern neben der Lichtöffnung ruht.

Fig. 382.

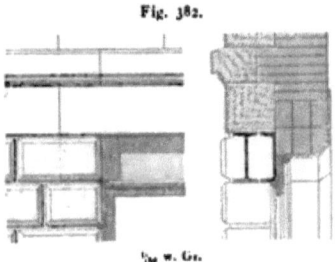

⅒ w. Gr.

Zu einer guten Unterftützung des Gefimfes und der darauf ruhenden Mauermaffen gehört, daß der äußerfte Träger nur wenig hinter das Mauerhaupt zurückgelegt wird, und dies gilt auch für die folgenden Löfungen. Die Erfüllung diefer Forderung bringt es aber mit fich, daß der Träger fehr nahe der äußeren Steinkante auf dem Pfeilerquader aufliegt, alfo an diefer Stelle keine Steinwange mehr vor fich übrig läßt, fondern auch mit dem aufgelagerten Theile fichtbar bleiben muß. Dies kommt in der That für I-Träger bei einfachen Gebäuden häufig vor, wäre aber mancher befferer Façaden-Architektur unzuträglich. Eine ftarke Belaftung des Trägers könnte auch leicht das Abfpringen der Lagerfläche des Steines herbeiführen. Man begegnet diefen beiden Mängeln der Conftruction häufig dadurch, daß man die Mauerfläche über der Lichtöffnung um einige Centimeter hinter die Pfeilerftirnfläche zurückfetzt, alfo die Pfeiler zu einer Lifenen-Architektur ausbildet, und das Gefims über ihnen verkröpft. Zuweilen werden auch nur die tragenden Glieder des Gefimfes verkröpft und die Kranzplatte ununterbrochen durchgeführt, wenn die Architektur die Fortfetzung der Lifene im Obergefchofs zu vermeiden hat.

Fig. 383.

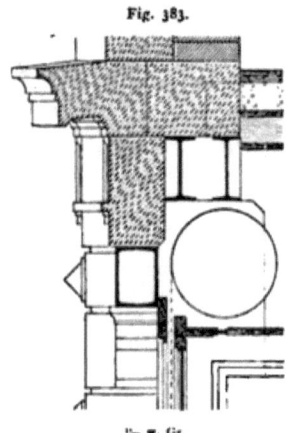

⅒ w. Gr.

Fig. 383 giebt einen lothrechten Durchfchnitt für den Fall des verkröpften Gefimfes. Zwei ᒋ-Eifen, mit den Flanfchen gegen einander geftellt, bilden den aufsen fichtbaren Träger; fie greifen fo weit in den Pfeiler ein, daß die Preffung ihrer Lagerfläche auf dem Stein (je nach deffen Härte) 20 bis 40 ᵏˢ für 1 ᵠᶜ nicht überfchreitet, gewöhnlich etwa 20 bis 30 ᶜᵐ. Ihr architektonifcher Anfchlufs an den Pfeiler ift durch je eine Hauftein-Confole in der Laibung des Pfeilers gebildet, die an den Auflagerquader angearbeitet ift, aber vom Träger belaftet werden darf. Zwei I-Eifen, mit Rückficht auf die Rollladentrommel höher gelegt, unterftützen im Inneren die durchbindenden Kranzgefimsftücke und die Deckenbalken.

β) Die zweite Löfung, als Conftruction übereinftimmend mit der erften, verkleidet den vorderften Schmiedeeifenbalken mit einem Holzgefims. Da im Allgemeinen Stofsfugen des Steingefimfes über der Lichtöffnung nicht zu vermeiden find, fo entfteht hier der Widerfpruch, daß das fchwache Holzgefims die fchwer belafteten Steine zu tragen fcheint.

γ. Als drittes Verfahren, dargeſtellt durch Fig. 384, findet ſich ein geringes Auswinkeln der Geſimsſtücke, ſo daß die Träger nur mit einem Theile ihrer Höhe unter dem Geſims liegen. Dabei iſt gewöhnlich der vorderſte Träger mit einem Holzgeſims verkleidet, das entweder nur ſeine Vorderfläche oder auch die Unterfläche bedeckt.

δ) Die vierte Löſung (Fig. 385) geht mit dem Auswinkeln der Geſimsſtücke ſo weit, daß die Trägerunterfläche mit der Steinunterfläche bündig liegt und der Stein ſelbſt die Vorderfläche des erſten Trägers verdeckt. Die Unterfläche der Träger, ſo weit ſie der äußeren Laibung angehört, bleibt entweder ſichtbar, oder ſie wird mit einem Holzgeſims verkleidet, das die Bekrönung des Futterrahmens der Lichtöffnung darſtellt. Die Werkſtücke, mit winkelförmigem Querſchnitt, reiten gleichſam einſeitig

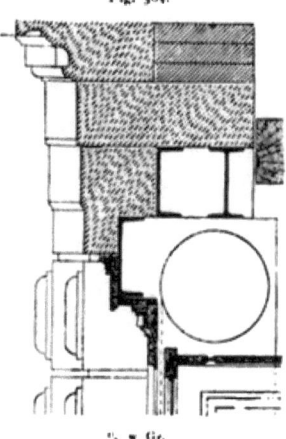

Fig. 384.

⅒ w. Gr.

auf dem äußeren Träger oder auf zwei gekuppelten Trägern; weiter innen liegende Eiſenträger, zum Zweck der Bildung einer Anſchlagsfläche für die Holztheile etwas höher gelegt (bei Schaufenſtern zur Raumſchaffung für die Rollladentrommel ſogar meiſt weit höher), tragen entweder die Hintermauerung der Geſimsſtücke oder die über dem Geſims liegenden Mauerſchichten und nehmen zugleich die Deckenbalken auf, wenn dieſe nicht parallel zur Mauer gerichtet ſind. Bei größerer Länge werden alle Träger durch Querverſchraubung ihrer Mittelrippen oder durch Verſchnürung ihrer Ober- und Unterflanſche mit Flacheiſen gegen ſeitliches Ausbiegen oder Verſchieben geſchützt und ihre Zwiſchenräume mit Beton ausgefüllt. Der Fugenſchnitt des Geſimſes über der Lichtöffnung iſt meiſt derjenige des ſcheitrechten Bogens, jedoch in möglichſt langen Stücken, ſo daß nur 2 oder 4 ſchräge Fugen erſcheinen.

Auch hier iſt wohl zu beachten, daß der vorderſte Eiſenbalken genügend weit nach außen gelegt werden muß, ſo daß der Schwerpunkt der lothrechten Schnittfläche des oberen Mauerwerkes über den Raum zwiſchen den Trägern zu liegen kommt und kein Kippen des Mauerwerkes nach außen oder Verdrehen der Trägerquerſchnitte nach außen möglich iſt. Um aber dieſe Bedingung zu erfüllen, muß gewöhnlich die Vorderwand der Geſimsſtücke, welche als lothrechte Steinwange außerhalb der Träger hängt und ſo hoch wie dieſe iſt, ſehr dünn werden, nämlich nur 10 bis 15 ᶜᵐ, und hierin liegt eine große Schwäche dieſer Conſtruction. Bei der geringſten Bewegung im Mauerwerk iſt das Abſpringen dieſer dünnen Steinlappen an den Stoßfugen zu befürchten, und dieſe Gefahr wird auch durch Offenlaſſen der Fugen nicht ganz aufgehoben. Nicht minder groß iſt der äſthetiſche Mangel der Conſtruction; ſie verſchweigt das eigentlich Tragende vollſtändig und ſpiegelt als Träger einen gebrechlichen ſcheitrechten Bogen vor, der ſich nicht einmal unbelaſtet frei tragen könnte.

Auch dieſe Löſung erfordert meiſt das Vortreten des Pfeilers und das Verkröpfen des Geſimſes über demſelben; anderenfalls iſt kaum ein genügendes

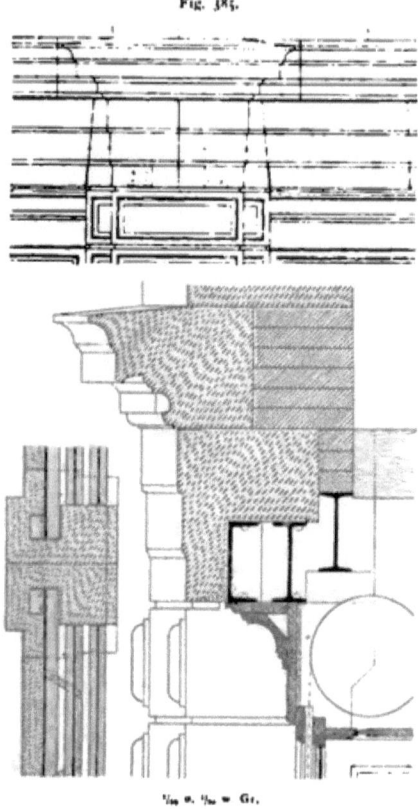

Fig. 385.

¹/₁₀ e. ¹/₂₀ = Gr.

Auflager für die Träger zu gewinnen. Bei der dargestellten Construction ist die verbreiterte Lagerfläche noch benutzt, um das Trägerauflager durch außen angenietete kurze Winkelstücke zu verstärken, die nicht nur die Druckfläche auf dem Stein vermehren, sondern auch das Kippen der Träger gegen außen beſſer verhüten ſollen (ſiehe den Grundriß in Fig. 385).

ε) Harte Kalkſteine und Granite können — nach einer fünften Löſung — in Form hochkantig geſtellter Platten von 10 bis 15 ᶜᵐ Dicke einem äußeren I-Träger als Verkleidung vorgeſetzt werden, und die Eiſenträger unterſtützen dann die obere Geſimsſchicht oder Mauerſchicht unmittelbar. Die Platten ruhen auf dem Unterflanſch des äußeren Trägers und ſind durch wagrechte Steinſchrauben, die vor dem Verſetzen in ihre Rückſeite eingegoſſen werden, mit deſſen Steg verbunden. Jeder Stein erhält mindeſtens drei ſolche Schrauben, wovon zwei etwas über dem mittleren Drittel der Höhe, die dritte unter demſelben. Ueber den Platten bleibt die Lagerfuge hohl. Die Trägerunterfläche kann wieder durch ein Holzgeſims verdeckt werden, das der Thür- oder Rollladenzarge aufgeſetzt iſt. Eine gute Querverſchraubung oder Verſchnürung der Träger mit Betonausfüllung ihres Zwiſchenraumes iſt um ſo nothwendiger, je größer ihre Länge, je ſchwerer die angehängten Platten und je einſeitiger die obere Laſt.

η) Die ſechſte und letzte Löſung bildet die Verkleidung der äußeren Eiſenträger mit dünnen Marmortafeln, die einestheils den Fries des Geſimſes darſtellen und als Schrifttafeln benutzt werden können, anderentheils die Unterfläche der Träger bedecken. Die Flanſche des äußeren, in [-Form auftretenden Trägers ſehen nach innen, und die Tafeln ſind mit Mutterſchrauben an ſeinen Steg, bezw. an die Unterflanſche der beiden äußeren Träger befeſtigt, wobei die Schraubenmuttern als Metallknöpfe mit Ornament ausgebildet ſind. Die lothrechten Marmortafeln können auch höher als die Träger ſein und dabei noch an die Mauerfchichten über den Trägern gebunden werden, fei es mit Schrauben, fei es mit Steinklammern.

Bei allen difen Conftructionen müffen die Trägerquerfchnitte durch Rechnung beftimmt oder geprüft werden, wobei nicht nur die Mauerlaft, fondern auch die Laft der auf den Trägern und der Mauer gelagerten Decken-Conftructionen zu berückfichtigen ift. Auch wird man fich — wie zum Theile fchon ausgefprochen — Sicherheit verfchaffen über die ausreichende Lage des Schwerpunktes der Laft über den Balken, und zwar fowohl desjenigen für die Mauer allein, als auch desjenigen für die Mauer fammt den an ihr hängenden Deckenlaften, wobei in zweifelhaften Fällen zu beachten ift, dafs diefe angehängten Laften veränderlich find.

Wenn das frei tragende Gefims in der Form eines Freiarchitravs erfcheint, indem ein Holz- oder Glasverfchlufs der Lichtöffnung fehlt, fo ift ein fichtbar bleibender Eifenträger meift durch die Rückficht auf die Architektur ausgefchloffen, eben fo ein folcher, der mit Holzgefimfen verkleidet wäre, und das Verfenken der Träger im Stein in der Art von Fig. 385 würde im Allgemeinen nur eine fehr gebrechliche Conftruction ergeben. In diefem Falle erfcheinen bei einem Steinmaterial mit ungenügender Tragfähigkeit verfchiedene andere Löfungen mit Hilfe des Eifens, die übrigens auch über gefchloffenen Licht-öffnungen Verwerthung finden können.

90.
Scheitrechte
Bogen
mit ver-
klammerten
Werkftücken.

Zunächft läfst fich die früher genannte Conftruction des fcheitrechten Bogens ohne Unterftützung für mäfsige Spannweite und geringe Belaftung des Gefimfes weiter ausbilden. Anftatt der Verzapfung der Steine werden dabei je 2 oder 3 Steinklammern in Z-Form mit breiten Armen in die Lagerfugen eingelegt, etwa ⅔-mal fo hoch als die Lagerfuge felbft und mit dem oberen Arm in den äufseren, dem Auflager näher liegenden Stein eingreifend, während der untere Arm gegen die Bogenmitte gerichtet ift. Sie werden je in die Lager-fläche des inneren Steines vor feinem Verfetzen eingegoffen, was mit voll-ftändigem Ausfüllen aller Hohlräume gefchehen kann; der obere Arm wird nach dem Verfetzen mit gleicher Sicherheit von oben her in äufseren Stein vergoffen, fo dafs das Verfchieben der Steine längs der Lagerfuge ausgefchloffen ift.

Diefe Conftruction ift im Wefentlichen erftmals von *Perrault* an der Louvre-Colonnade zur Ausführung gelangt; die Lichtweite zwifchen den Säulen beträgt dort etwa 4 m, und es erfcheinen zwei fcheitrechte Bogen über einander, der eine den Architrav, der andere den Fries bildend, je mit 9 Werk-ftücken. In derfelben Weife find die Unterzüge der inneren Steindecke conftruirt. Dabei wurde zum Schutz gegen Ausweichen der Widerlager eine Verankerung derfelben vorgenommen; lothrechte Stäbe von 5,1 cm Dicke ftehen in den Axen der Säulen, hoch über diefe hinausragend, und find über jedem der fcheitrechten Bogen durch eine wagrechte Zugftange verbunden, die in die obere Lagerfläche des Bogens verfenkt ift.

91.
Aufhängen
am
Eifenträger.

Bei gröfseren Spannweiten und Belaftungen bedarf der fcheitrechte Bogen des Aufhängens an darüber liegende Eifenträger oder ftärker gefprengte Mauer-bogen, die ihn zugleich entlaften. Fig. 386 bietet eine Löfung diefer Art, die mit verfchiedenen Varianten auftreten kann. Zwei ⌐-Träger find über den fcheitrechten Bogen in Architravform gelegt, ohne ihn zwifchen den Säulen zu belaften. Lothrechte Querplatten, die mit Winkeleifen zwifchen ihre Stege ein-gefetzt wurden, vereinigen fie zu einem Kaftenträger, der auch gegen das feitliche Verdrehen feines Querfchnittes bei etwa vorkommender einfeitiger Belaftung grofse Sicherheit bietet. Für feine Auflager ift durch beiderfeits angefetzte Winkeleifen ein möglichft breiter Fufs mit reichlich bemeffener Druck-fläche hergeftellt, auch der Gefahr des feitlichen Kippens gegen aufsen oder innen beffer begegnet. An diefen Träger find die Architravftücke hinauf-gehängt, indem fie auf zwei wagrechten Flacheifen ruhen und diefe durch loth-rechte Rundeifenftäbe mit wagrechten T-Eifen verankert find, die nach dem

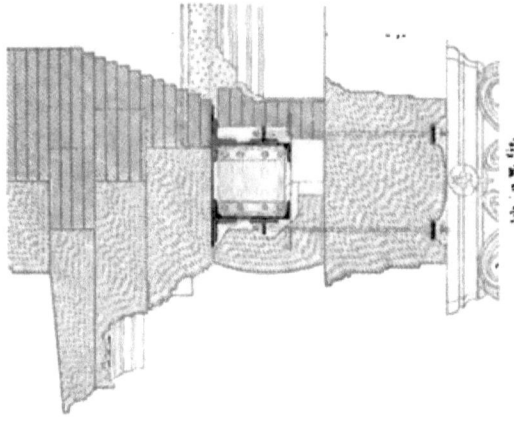

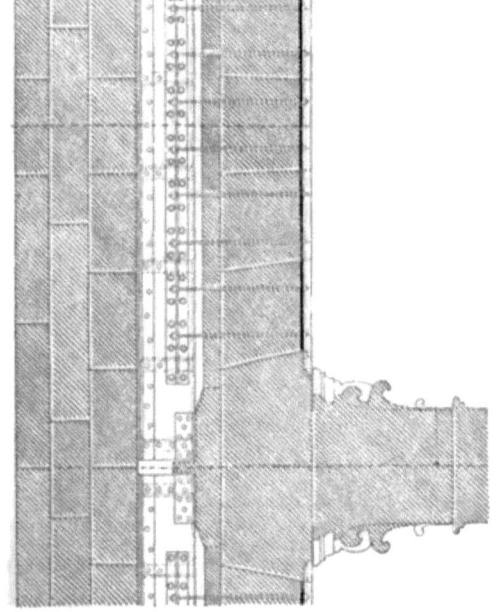

Fig. 386.

Legen der Träger an ihre Stege angefchraubt werden. Die Flacheifen find in der Füllung der Architrav - Unterfläche fichtbar und endigen an der Wiederkehr der Füllungsumrahmung. Die vorftehenden Schraubenmuttern der Hängeftäbe werden durch mitaufgefchraubte, profilirte Metallknäufe verdeckt. Je nach der Größe der Conftruction und der Härte des Steines erhält jedes Werkftück 4 Hängefchrauben oder nur deren 2, im letzten Falle auf eine Diagonale geftellt. Dabei ift ein Haufteinmaterial vorausgefetzt, das fich leicht bohren läßt, wie eben weiche Kalkfteine und Sandfteine.

Bei der Ausführung darf das Lehrgerüft für die Architravftücke diefe nur an Verfetzboffen auf den glatten Außenftriefen der Architrav - Unterfläche unterftützen und muß die Füllung von unten her zugänglich laffen. Die Schraubenlöcher in den Steinen werden vor dem Verfetzen gebohrt; diejenigen in den T-Eifen neben den Eifenträgern richten fich mit ihrer Lage nach der aus dem Verfetzen der Steine fich ergebenden Stellung der Hängeeifen und werden erft nach proviforifchem Anfchrauben der T-Eifen an die Träger angezeichnet und eingebohrt. Die Friewerkftücke find den Trägern vorgefetzt und ruhen auf dem fcheitrechten Bogen; die Kranzgefimftücke belaften nur die Träger. Das Ausarbeiten der Gefimsglieder des Architravs kann erft nach Vollendung der Conftruction gefchehen. Die Auskragung des Backfteinmauerwerkes nach innen ift fo bemeffen, daß der Schwerpunkt des vom Kaftenträger unmittelbar geftützten Mauerwerkes möglichft genau über dem Schwerpunkt des Trägerprofils liegt, um einem Beftreben nach feitlicher Verdrehung von Anfang an zu begegnen. Die Gefammtlaft auf dem Träger, nach welcher fein Profil beftimmt wurde, beträgt etwa 60 000 kg bei 5,93 = Axenabftand der Säulen.

Varianten diefer Conftruction find mit anderen Vorrichtungen für das Aufhängen der Werkftücke möglich, bei welcher die unten fichtbaren Eifenbänder vermieden werden, z. B. mit einem Angreifen jeder Hängeftange im Inneren der Lagerfugenfläche mit Hilfe eines Querbolzens, der in beide benachbarte Werkftücke eingreift und von oben her vergoffen wird (wobei der Schlußftein, wegen feines Verfetzens von oben her, ein befonderes Verfahren erfordert). Ferner können die früher befchriebenen Z-förmigen Steinklammern zum Aufhängen des Bogens benutzt werden, indem man fie mit lothrechten, ofenförmigen Lappen verfieht, an welchen die Hängeftangen, ebenfalls mit Oefen endigend, nach dem Verfetzen des Bogens angefchraubt werden. Nur ift dabei die Z-Form der Klammern, der veränderten Zugrichtung wegen, fo umzukehren, daß die unteren Arme gegen die Auflager gerichtet find.

Bei feftem, gefundem Steinmaterial kann es endlich auch genügen, die Hängeftangen fteinfchraubenartig verbreitert in die obere Lagerfläche der Architravftücke einzugiefsen.

Andere Varianten der Conftruction entftehen dadurch, daß die Werkftücke nur einmal in jeder Lagerfuge (bezw. nur einmal an ihrer oberen Lagerfläche) aufgehängt werden, indem die Hängeftangen in der Mitte der Bogenlaibung, alfo zwifchen den Trägern angebracht find und an Legfcheiben angreifen, die über ihren Oberflanfchen oder über das Gurtungsblech weggelegt find, ähnlich wie bei Fig. 392.

123.
Aufhängen
an
Entlaftungs-
bogen.

An die Stelle der Eifenträger, die den fcheitrechten Bogen unter fich tragen und entlaften, kann auch ein ftark gefprengter Mauerbogen treten, wofern genügende Höhe für einen folchen vorhanden ift. Diefer Fall ift etwa geboten, wenn ein Giebel oder eine hohe Attika ohne Durchbrechung über dem wagrechten Gefims erfcheint. Die Hängeftangen durchbohren dann auch die Bogenwerkftücke und greifen an ihrer oberer Lagerfläche mit breiten Legfcheiben an. Das Ausweichen der Füße des Entlaftungsbogens muß entweder durch anliegende Mauermaffen ausgefchloffen fein oder durch Zuganker verhindert werden, welche die Bogenfüße mit einander verbinden, was die Conftruction bald fehr umftändlich macht. Da die Entlaftungsbogen zudem einer äußeren Verkleidung mit wagrecht gefchichteten Steinplatten bedürfen, fo wird man mit Eifenträgern meift beffer auskommen.

Complicirte Conftructionen der befchriebenen Art bilden die Giebel der Louvre-Colonnade und des Pantheon in Paris; beim letzteren find fogar zwei Entlaftungsbogen über einander geftellt, fo daß die fechsfäulige Giebelfront die Hohlräume von 10 Entlaftungsbogen einfchliefst, und die Werkftücke der fcheitrechten Bogen wurden von oben her ausgehöhlt, um ihr Gewicht zu vermindern. Bei anderen älteren Parifer Conftructionen ift der Bogen von wagrechten Stangen in feiner Längenrichtung durchbohrt, die theils Zugftangen find, theils von den Hängeftangen gefaßt werden [113]. Anordnungen, die nur in dem weichen, leicht formbaren Parifer Kalkftein möglich find und auf neuere Werke kaum eine Uebertragung finden werden.

[113] Siehe: Rondelet, J. *Traité théorique et pratique de l'art de bâtir.* Paris 1797—17. Buch VII.

In Fig. 387[120] erscheint eine kleinere neue Conftruction mit einem Entlaftungsbogen, an welchem ein Architrav aufgehängt ift, und zwar ein weit vortretender, ftark belafteter Wand-Architrav. Der Bogen findet über den Freiftützen ein ficheres Auflager mit Aufnahme feines Seitenfchubes; er entlaftet
zwar nur den inneren Theil des Architravs von der hohen Mauerlaft der Obergefchoffe; doch ift der äufsere Theil nur durch wenige Gefimsfchichten befchwert,
da die Mauerflucht der Obergefchoffe ftark zurückweicht. Der Architrav befteht
nur aus zwei Stücken, die über dem Schlußftein einer bogenförmigen Lichtöffnung geftofsen find. Um diefen nicht zu belaften, wurden fie in der Stofsfuge
von einem Hängeeifen gefafst, dafs fie an den Scheitel des Entlaftungsbogens
hinauf heftet

Fig. 387.

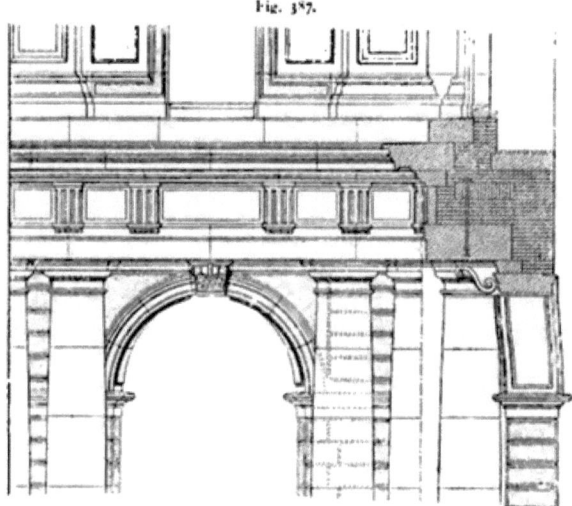

Vom Mufeum für Völkerkunde zu Berlin[121]. — $\frac{1}{100}$ w. Gr.

Arch.: *Ende & Boeckmann.*

Nach Fig. 388[121] ift das Eifen nicht als Balken und Hängeeifen, fondern
als Säule zur Unterftützung eines frei tragenden Haufteingefimfes beigezogen.
Architrav und Fries bilden einen fcheitrechten Bogen von 5,30 m Spannweite,
und diefer Bogen ift an zwei Zwifchenpunkten durch Gußeifenfäulenpaare geftützt. Das Kranzgefims ift zugleich die Bodenplatte eines Balcons von etwa
75 cm Ausladung; da jedoch das Steinmaterial für eine frei ausladende Platte
die genügende Biegungsfeftigkeit nicht gehabt hätte, fo mufsten Architrav und
Fries eine ftark vorgeneigte Vorderfläche annehmen, fo dafs die ungeftützte
Ausladung der Balconplatte nur noch mit etwa 30 cm übrig blieb.

Während in den bisher aufgezählten Conftructionen frei tragender Haufteingefimfe der Eifenbalken als Unterftützung und Entlaftung des Steinträgers

[120] Nach: Zeitfchr. f. Bauw, 1887, Bl. 13.
[121] Facf.-Repr. nach: *Revue gen. de l'arch.* 1879, Pl. 14.

Fig. 388.

Von einem Wohnhaus zu Paris[*]. — $\frac{1}{20}$ u. $\frac{1}{50}$ w. Gr.
Arch.: *Prigniet*.

erfcheint, bildet er bei den zwei folgenden nur feine Entlaftung   Wenn für den Sturz einer grofsen Lichtöffnung oder den Architrav einer Freiordnung grofse, gefunde Steine zur Verfügung ftehen, die wenigftens ihr Eigengewicht über die Lichtöffnung hinweg frei zu tragen vermögen, fo verwerthet man fie in diefer Weife, hat fie aber von allem über ihnen liegenden Mauerwerk zu entlaften.   Fig. 389 bietet ein derartiges Gefims aus Granit über einem Schaufenfter.   Der Architrav, etwa 40 ^{cm} hoch, und die darauf geftellte Friesplatte tragen fich auf etwa 3 ^{m} frei; zwei hinter der Friesplatte liegende $\mathbf{I}$-Balken unterftützen das Kranzgefims mit dem darüber liegenden Mauerwerk, ohne dafs diefes auch die Friesplatten belaftet. Letztere find mit dem Architrav verdollt und mit den Eifenträgern verklammert, um fich nicht feitlich verfchieben zu können. Ein genügendes Zurücktreten des oberen Mauergrundes erzielt, dafs der Schwerpunkt der Belaftung der Eifenträger nahezu über die Mitte ihres Zwifchenraumes zu liegen kommt. An den inneren Eifenträger ift eine Decken-Conftruction aus fchwächeren Eifenbalken und Beton angehängt.

Eine gröfsere Conftruction diefer Art bietet Fig. 390[**]; fie ift am Gebäude der technifchen Hochfchule zu Charlottenburg ausgeführt.   Der Befchreibung ift das Folgende zu entnehmen.

Fig 389.

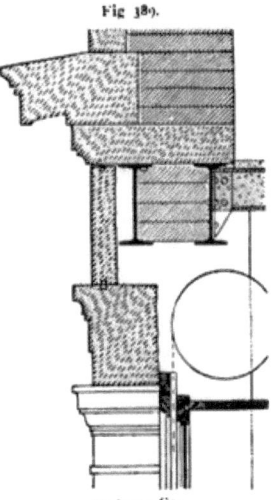

$\frac{1}{10}$ w. Gr.

Beim Hauptgefims über dem Mittelbau kam es, abgefehen von der in Art. 85 (S. 132) befchriebenen Verankerung der weit ausladenden Gefims-Confolen darauf an, die 5,50 ^{m} langen Architrave vollftändig zu entlaften. Trotz ihrer bedeutenden Stärke von etwa 1 ^{m} im Geviert war das Durchbrechen um fo mehr zu befürchten, als fie nicht allein das Hauptgefims, fondern auch einen Theil der fehr hohen Dachbrüftung zu tragen gehabt hätten, welche nicht auf den Umfaffungsmauern, fondern mitten zwifchen diefen und der Säulenreihe fteht. Die Erfahrungen bei der Vorhalle des Börfengebäudes in Berlin mahnten zu befonderer Vorficht. Durch zwei Träger, welche ihre Auflager über den Säulen haben, fonft aber die Architrave in keinem Punkte berühren, find letztere gänzlich entlaftet und haben nur die dünnen Deckplatten der Halle zu tragen. Die Friesplatten find zur Hälfte ausgeklinkt und hängen fo auf dem kleinen I-Träger, wobei die Fuge zwifchen ihnen und dem Architrav völlig hohl geblieben ift. Ueber den Friesplatten baut fich das Gefims in der vorher befchriebenen Weife auf (d. h. nach Fig. 379). Der größere genietete Blechträger trägt kurze I-Eifen, die ihr zweites Auflager auf der Frontwand finden. Zwifchen diefen I-Eifen find flache Kappen gefpannt, die

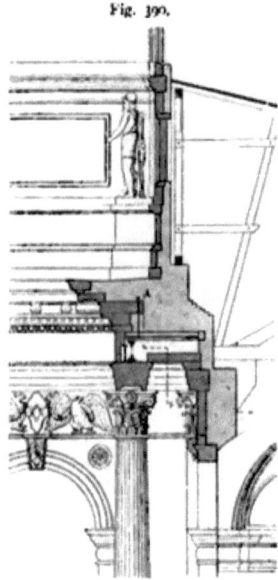

Fig. 390.

übermauert dann die hohe Dachbrüftung zu tragen haben, zugleich aber zur Verankerung des Hauptgefimfes benutzt find. Die einzelnen Glieder des letzteren find in bekannter Weife unter fich verklammert und mit der Hintermauerung verankert.

Eine Entlaftung des Haufteinfturzes auch von einem Theil feines Eigengewichtes ift in der oben für den fcheitrechten Bogen angegebenen Weife möglich, indem der Sturz oder das Architravftück mit 2 oder 4 Steinfchrauben, die an feine obere Lagerfläche eingegoffen find, an die Unterflanche des entlaftenden Eifenbalkens hinaufgehängt wird. Diefe Conftruction fetzt jedoch ein gefundes Steinmaterial voraus, und es find dabei Schrauben über der Mitte der Lichtöffnung zu vermeiden; anderenfalls könnte leicht die Schwächung des Steines durch die Schraubenlöcher größer ausfallen, als die Entlaftung. Auch kann die Conftruction durch ein zu ftarkes Anziehen der Steinfchrauben gefährlich und durch ein zu fchwaches werthlos werden.

Von den im Vorftehenden befchriebenen Conftructionsmitteln für das Verankern großer Ausladungen und für das Aufhängen und Entlaften frei tragender Haufteingefimfe finden fich zuweilen mehrere in einem Gefims vereinigt. Hierher gehören Fig. 391 u. 392.

Fig. 391[119]) bietet gleichzeitig die Verankerung eines weit ausladenden Hauptgefimfes und die Entlaftung eines fehr weit vortretenden Wand-Architravs von der darüber liegenden Laft eines Kranzgefimfes und einer Decken-Conftruction. Die Kranzplattenftücke find in derfelben Weife zwifchen Eifenbalken eingefchoben, wie bei Fig. 381, und das innere Ende

<small>94.
Gleichzeitiges
Verankern
und
Entlaften.</small>

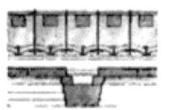

Vom Mittelbau der technifchen Hochfchule zu Charlottenburg[116]. (Aus W. Gr.)

diefer Eifenträger ift zum Schutz gegen Kippen an ein tiefer liegendes, in die Mauer eingefpanntes Eifengebälk nach unten geankert. Die Entlaftung des Architravs ift durch drei hohe gewalzte I-Träger und zugleich durch das vorgenannte Eifengebälk gebildet; diefes trägt die Werkftücke der Unterglieder des Kranzgefimfes, fo daß der Architrav nur von den leichten Friesftücken belaftet ift. Da er die weit vorfpringenden Schlußfteine der Bogen nicht zu ftark befchweren

<small>[116]) Facf.-Repr. nach: Zeitfchr. f. Bauw. 1887, Bl. 13.</small>

Handbuch der Architektur. III, 2, b. (2. Aufl.)   10

durfte, um kein Kippen derſelben nach außen herbeizuführen, ſo wurden die Architravſtücke in der Stoßfuge über den Schlußſtein durch Hängeeiſen gefaßt und an die Köpfe der Deckenbalken hinaufgeheftet.

In der größten Mannigfaltigkeit und mit koloſſalen Maßen finden ſich die Hilfsconſtructionen, die das Eiſen der Hauſtein-Architektur darbieten kann, am Juſtizpalaſt in Brüſſel verwerthet. Durch den Stil dieſes Bauwerkes war jede im Bogen überdeckte Lichtöffnung am Aeußeren und im Inneren ausgeſchloſſen, und doch waren die meiſten Lichtöffnungen ſo groß zu geſtalten, daß auch die größten Werkſtücke nur für einen Bruchtheil der Spannweite und der zugehörigen Geſimsausladungen ausgereicht hätten. Hiernach mußten die Ueberdeckungen den Charakter von Eiſen-Conſtructionen annehmen, die mit Hauſtein behängt und verkleidet ſind.

In Fig. 392 [114]) iſt die größte in dieſer Weiſe durchgeführte Conſtruction dargeſtellt, nämlich die Ueberdeckung des Haupteinganges durch ein dreitheiliges Gebälk mit etwa 14 ᵐ frei tragender Länge, 5,20 ᵐ Höhe und 3,70 ᵐ Ausladung von Architrav-Vorderfläche bis Sima-Außenkante mit Belaſtung durch einen Giebel, dem eine Attika aufgeſetzt iſt und der mit ihr zuſammen 7,80 ᵐ Höhe erreicht. Hier waren alſo nicht nur die Hilfsmittel für große frei tragende Längen nothwendig, ſondern auch eine große Ausladung zu bewältigen und das Ganze von einer ſehr bedeutenden Mauermaſſe zu entlaſten, ſo daß hier Hilfsconſtructionen aller drei früher beſchriebenen Arten zugleich für ein Geſims beigezogen werden mußten. Fig. 392 iſt zu einem Theile äußere Anſicht, zum anderen Höhenſchnitt parallel zum Geſims durch die innere Decken-Conſtruction.

Fig. 391.

Vom Muſeum für Völkerkunde zu Berlin [115]L. — ¹/₁₀₀ w. Gr.
Arch.: Ende & Boeckmann.

Der Architrav mit etwa 1,60 ᵐ Höhe iſt als ſcheitrechter Bogen aus 15 Werkſtücken zuſammengeſetzt, von denen jedes etwa 2 ᶜᵇᵐ mißt. Ueber die niedrige Frieſ-ſchicht des Geſimſes ſind zwei gekuppelte Blechbalken gelegt (mit je 2,70 ᵐ Höhe, 4 × 15 ᵐᵐ Stegdicke, 6 bis 7 × 15 ᵐᵐ Gurtungsdicke, 60 ᶜᵐ Gurtungsbreite und beſonders ſtarken Querverbindungen durch Gußeiſeneinlagen), und an dieſe Träger ſind die Werkſtücke des Architravs durch Rundeiſen von 85 ᵐᵐ Durchmeſſer aufgehängt, die an hohen Legſcheiben über den Trägern mit Schraubenmuttern angreifen und die Frieſ-ſchicht durchbohren. Dieſe Hängeeiſen faſſen die Werkſtücke in den Bogenfugen nahe dem Schwerpunkt ihrer Flächen mit eingegoſſenen wagrechten Querbolzen.

Da die Träger über dem inneren Theile der Frieſ-ſchicht liegen, ſo blieb zum Auflagern des Kranzgeſimſes nur der äußere Theil übrig. Dieſer hätte trotz der mit Hilfe eines großen Viertelſtabes gewonnenen Verbreiterung nicht genügt, um das weit ausladende Kranzgeſims zu unterſtützen, und trotz

114) Facſ.-Repr. nach: Coſtad, M. Neuere Eiſenconſtructionen des Hochbaus in Belgien und Frankreich. Berlin 1889. Taf. 3.

der ftaffelförmigen Längenftofsfuge hätte entweder ein Kippen des Kranzgefimfes nach aufsen oder ein Verdrehen des ganzen Gebälkquerfchnittes mit Einfchlufs des aufgebängten Architravs eintreten müffen, abgefehen von der gefährlich grofsen Belaftung der kleinen Lagerfläche auf dem Fries. Daher mufste

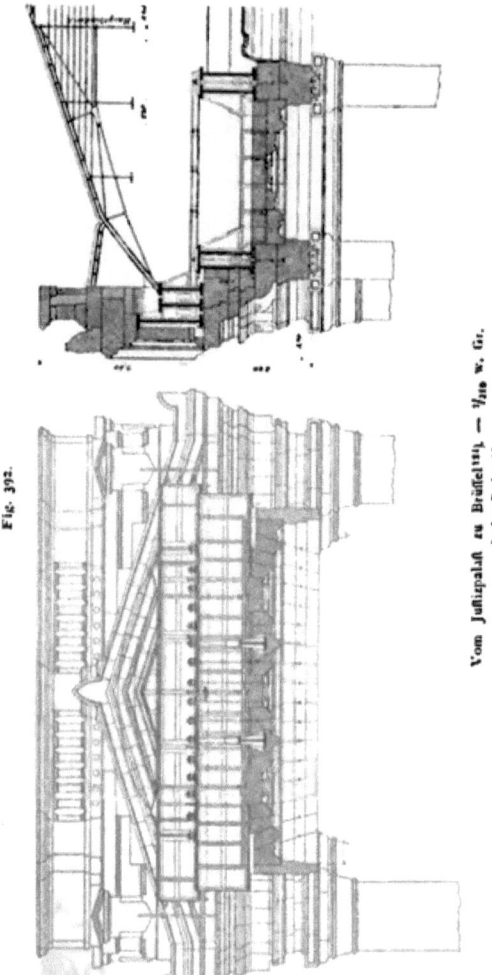

Fig. 392.

Vom Juftizpalaft zu Brüffel[184]. — ¹⁄₁₀₀ w. Gr.
Arch.: Poelaert.

auch die fchwere Maffe des Kranzgefimfes von einer Eifen-Conftruction gehalten werden. Die Friesfchicht des Gefimfes ift durch 4 weit vortretende Confolen getheilt, deren Profil aus dem Querdurchfchnitt er-fichtlich ift, und diefe Con-folen find an die zwei klei-neren Eifenträger aufge-hängt, die über dem Kranz-gefim erfcheinen, eben fo die äufseren Kranzplatten-fteine an den äufserften Trä-ger. Im Uebrigen hält eine Verzahnung der Stofsfugen die Werkftücke im Gleich-gewicht.

Die 3 oberen Träger dienen gleichzeitig zur Ent-laftung des Kranzgefimfes. Der aufsen liegende ift ent-fprechend den zwei Lager-fugen des Giebel-Kranz-gefimfes, deffen Werkftücke er zu tragen hat, in der Mitte feiner Länge mit zwei geneigten geraden Linien abgegrenzt; die beiden an-deren find durchaus von gleicher Höhe und tragen die Hintermauerung des Giebels fammt Attika mit Hilfe eines Mauerbogens. Diefer ftützt fich auf zwei Widerlagftücke in Eifen, die auf die oberen Träger-gurtungen gefetzt find, und entlaftet dadurch auch den mittleren Trägertheil. Diefe Entlaftung des Kranzgefim-fes und unmittelbare Unter-ftützung des Giebels waren nur dadurch möglich, dafs der dreifeitige Giebelgrund, im Gegenfatz zu aller Tra-dition, nicht die Fortfetzung der Vorderwand von Ar-chitrav und Fries bildet, fondern faft die lothrechte Ebene der Kranzplatte er-reicht. Uebrigens ift diefe Anordnung nicht mit Abficht auf die befchriebene Conftruction gewählt worden; denn auch die übrigen Giebel des Bauwerkes zeigen diefelbe eigenartige und fchwere Abänderung der Vorbilder des Alter-thumes und der Renaiffance.

10*

Auch der Architrav über dem Inneren der Vorhalle, der im Durchschnitt nach der Gebäudeaxe erscheint, ist in derselben Weise als scheitrechter Bogen an zwei Eisenträger gehängt, wie derjenige am Aeußeren. Die beiden Paare von Eisenbalken tragen zwei Querbalken in I-Form, an denen die Rippenquader der Decke der Vorhalle aufgehängt sind, und dazwischen spannen sich die Cassetten-Werkstücke der Decke als flaches scheitrechtes Gewölbe mit künstlichem Fugenschnitt.

So empfindlich die Formen einer solchen Architrav-Architektur in Haustein im Widerspruch stehen mit den sichtbaren Fugen der Werkstücke und ihrem versteckten eisernen Knochengerüste, so ist doch die Bewältigung dieser Formen in so kolossalem Maßstab als eine bedeutende Leistung der Construction rückhaltslos anzuerkennen.

5) Giebelgesimse in Haustein.

Bei den Giebelgesimsen mit geradlinigem Rande in Haustein liegen die profilirten prismatischen Werkstücke auf einer schiefen Ebene und haben das Bestreben, auf dieser abzugleiten, wenn auch bei flachen Giebeln die Reibung dieses Bestreben nur wenig zur Geltung gelangen läßt. Es bedarf deßhalb im Allgemeinen eines kräftigen Eckstückes am Fuße des Giebels, das mit wagrechter Lagerfläche in das Mauerwerk unter dem Giebelgesims eingreift, auch wohl einen Haken bildet, und mit einer schrägen, senkrecht zum Giebelrand gestellten Stoßfläche an die geneigte Gesimsschicht anschließt. Die Giebelspitze wird ebenfalls durch ein Werkstück mit wagrechter Lagerfläche gebildet. Bei steilen Giebeln genügt das Giebeleckstück nicht, um dem Abrutschungsbestreben der Gesimsstücke zu begegnen. Alsdann wird in der Mitte der Giebellinie ein Gesimsstück eingeschaltet, das ebenfalls in den Verband der Giebelmauer hineingreift; je nach Länge und Neigung der Giebellinie erscheinen auch wohl zwei, drei oder mehr solcher Binder. Bei Gesimsen geringer Höhe über schwachen Mauern würden die Läuferstücke auf der geneigten Lagerfläche des geringen Gewichtes wegen nicht sicher genug liegen; sie müssen in diesem Falle, abgesehen von der Verbindung durch Steinklammern, mit halbrunden oder rechteckigen, von oben in der Mitte der Stoßfuge sichtbaren Zapfen in jene Binder eingreifen oder schwalbenschwanzartig von ihnen gehalten werden. Zuweilen greifen auch wohl sämmtliche Giebelgesimsstücke mit wagrechten und lothrechten Fugen in den Verband der Giebelmauer ein, wodurch allerdings größere Kosten für die Steinhauerarbeit erwachsen, als im anderen Falle. Bei flachen Hausteingiebeln wird diese Anordnung oft getroffen, um zu spitzige Kantenwinkel an den Steinen der Giebelmauer zu vermeiden; anderenfalls müssen die wagrechten Lagerfugen der Giebelmauer schon unterhalb des Gesimses rechtwinkelig zur Giebelneigung gebrochen werden.

Um große Ausladungen von Giebelgesimsen in Haustein handelt es sich nur bei solchen des griechischen und römischen Stils oder der italienischen Renaissance, also bei geringerer Neigung, und die künstlichen Hilfsmittel, welche für die großen Ausladungen von Traufgesimsen in Haustein beschrieben wurden, lassen sich daher ohne große Veränderung auch auf die Giebelgesimse anwenden. Zwar ergiebt sich bei bestimmten Giebelrandbildungen die Schwierigkeit, daß das Eisen, das über die niederzuhaltenden Werkstücke der Kranzplatte weggehen soll und nach unten zu ankern ist, beim Giebel nicht über den Werkstücken erscheinen darf, weil es sonst über die Dachfläche zu liegen käme. Aber als Flacheisen kann es ja in die Platten versenkt werden, und bei größeren Anforderungen an seine Biegungsfestigkeit kann die Anordnung von ftarken Winkel- oder ⌐-Eifen helfen, welche mit dem Oberflanfch den hinteren Oberrand der Werkftücke faffen oder — bei der zweitgenannten Profilform — auch liegend verwerthet find. Bei Fig. 393 ift in Folge der Anordnung eines Blechrinnleiftens für das Giebelgefims das Verfenken entbehrlich geworden.

Fig. 393.

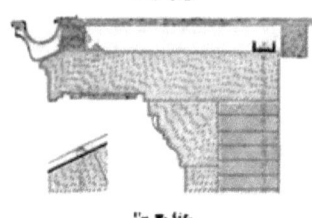

¹⁄₁₀ w. Gr.

Auch die Conftruction mit den fenkrecht zur Mauer ftehenden auskragenden Eifenträgern in ⊥- oder ⅃-Form, die in die Stofsfugen der Kranzplattenftücke eingelegt und am inneren Mauerhaupt hinabgeankert werden (fiehe Fig. 381), läfst fich auf den Giebel übertragen und auch hier können fich diefe Eifenträger als Köpfe der Dachpfetten aus der Dach-Conftruction unmittelbar ergeben, in welchem Falle die Verankerung entfällt. Die Gefimsftücke werden wieder von den Unterflanfchen der Eifenträger nahezu auf die ganze Größe der Ausladung unterftützt, liegen ficherer, als bei der erftbefchriebenen Anordnung und find weniger ftark auf Biegung in Anfpruch genommen, wefshalb diefe Conftruction für weiches Steinmaterial entfchieden mehr zu empfehlen ift. Allerdings würden hierbei die Unterflächen der Eifenträger an der Unterfläche der Kranzplatte fichtbar werden und nur in den feltenen Fällen verdeckt werden können, wo die Architektur des Giebels eine Confolenreihe unter der Kranzplatte aufweist. Aber auch diefer Uebelftand läfst fich mit einer Anordnung, wie fie Fig. 487 als Durchfchnitte parallel zur Giebelfläche und fenkrecht zum Giebelrande darftellt, beheben.

Fig. 394.

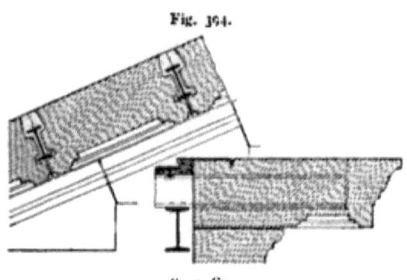

¹⁄₁₀ w. Gr.

Dabei find die Platten zuerft proviforifch auf ein Lehrgerüft zu legen und die reichlich zu bemeffenden unregelmäfsigen Hohlräume der Stofsfugen mit Portland-Cement oder Blei auszugiefsen. Einige der tragenden Eifen find wirkliche Dachpfetten; die anderen endigen nach Verbinden mit dem Dachbinder, der hinter der Giebelmauer liegt.

Neben die bei den befchriebenen Conftructionen vorausgefetzten Giebelgefimfe mit geradlinigem Rande, der fich der ebenen Dachfläche anfchliefst, ftellen fich als zweite Gruppe diejenigen, bei welchen die Giebelmauer eine reichere Umrifslinie annimmt und mehr oder weniger hoch über die Dachfläche hinaufgeführt ift, z. B. die Stufengiebel oder die volutenbegrenzten Giebel der Deutfch-Renaiffance oder die Kielbogengiebel des gothifchen Stils. Hierüber ift auf den Anfchlufs der Giebelgefimfe an die Dachfläche und an die Traufgefimfe zu verweifen.

97.
Giebelgefimfe mit nicht geradlinigem Rande.

Fig. 395.

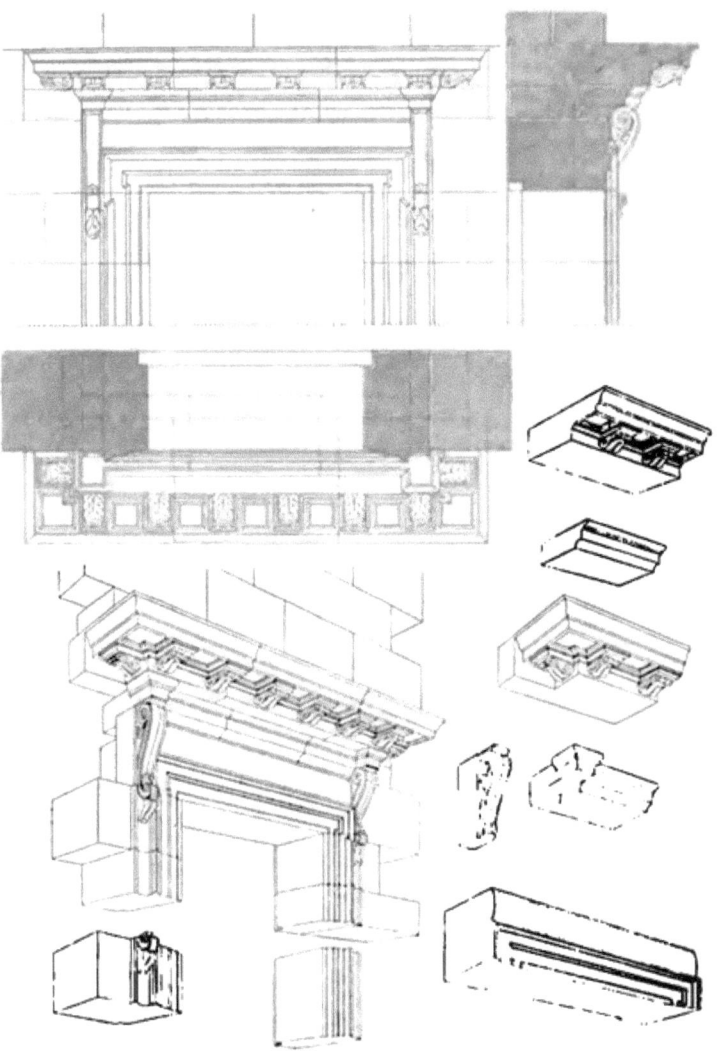

6) Gefimfe in Haustein
bei Umrahmungen von Fenstern und Thüren.

Wenn Hausteingefimse an einer Umrahmung von Fenstern und Thüren auftreten, so find es immer folche eines hiftorifchen Baustils; ihre Form ist alfo hier als gegeben zu betrachten und nur als Steinschnitt-Aufgabe aufzufassen. Letztere löst sich in der überwiegenden Mehrzahl der Fälle einfach nach den allgemeinen Regeln des Haustein-Verbandes; nur bei denjenigen »Verdachungen«,

96.
Umrahmung
von
Fenstern und
Thüren.

Fig. 396.

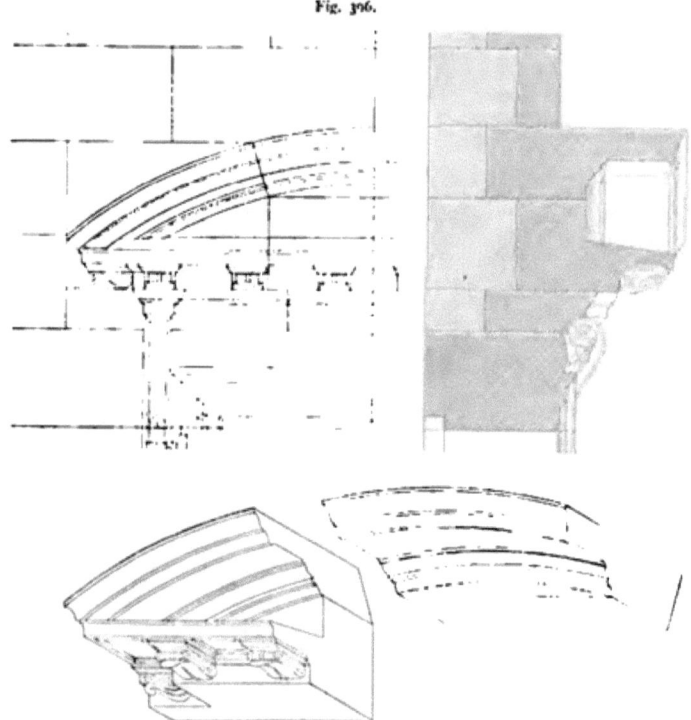

welche als wagrechte Krönungsgefimse oder Giebelbekrönungen auf Seiten-Confolen aufgelagert find, ist der Steinschnitt oft etwas schwieriger. Fig. 395 bringt die Löfung für die wagrechte, Fig. 396 für die Segmentbogen-Giebelbekrönung diefer Art zur Anfchauung.

Wagrechte Verdachungen aus weichem Haustein bedürfen einer etwas geneigten Deckfläche und der Abdeckung mit Zinkblech, wofür die Anordnung nach Fig. 371 meist genügen wird. Bei größeren wagrechten und Giebelgefimsen mit und ohne Blechabdeckung ist es zu empfehlen, das auf die Deckfläche fallende Waffer durch geeignete Randbildung möglichft nahe der vorderen Ecke zum Abtropfen zu bringen. Ohne diefe Maßregel läuft es rechts und links von der Bekrönung an der Wandfläche hinab und erzeugt durch den mitgeführten Staub und Ruß dunkle Streifen.

Diejenigen Gefimfe an Umrahmungen und Bekrönungen, bei welchen der Hauftein in Verbindung mit Backfteinen auftritt, find unter b (Gefimfe aus gebrannten Steinen) befchrieben.

b) Gefimfe aus gebrannten Steinen in Rohbau.

1) Allgemeines.

99. Gefchichtliches. Der Backfteinbau mag fchon bei den Aegyptern und Affyrern Gefimsglieder in gebrannten Steinen aufgewiefen haben; aber erhaltene Backfteingefimfe find erft aus der Zeit der Römer bekannt. Urfprünglich an das dreitheilige Haufteingebälk anfchließend und feine Formen mit Vereinfachung nachbildend (Tempel des *Deus rediculus*, *Amphitheatrum caftrenfe*[178]), gelangte die römifche Backftein-Architektur gegen die altchriftliche Zeit auch zu felbftändigen Gefimsformen durch geeignete Zufammenftellung von vortretenden Schichten, Rollfchichten, Strandfchichten, Zahnfchnitten, Confolenreihen u. f. f., und hierbei wurden nicht nur rechteckige Stücke, fondern auch fchon Formfteine verwerthet. (Uebrigens mag auch bei den Römern diefe Architekturformengruppe alter fein, als die Bauwerke, an denen wir fie heute noch finden.) Die aufgezählten Gefimselemente vermehrten fich etwa vom VII. Jahrhundert an, nach Anderen allerdings erheblich fpäter, durch das wichtige Motiv des Rundbogenfriefes, der bald nach feiner Einführung fchon in zwei Bogenreihen über einander und fpäter auch in zwei gleich hoch liegenden, fich durchkreuzenden Bogenreihen, endlich mit Zickzacklinien anftatt der Bogen ausgeführt wurde. Der romanifche Stil in Italien und Deutfchland ging über die bisher genannten Elemente der Backfteingefimfe nicht hinaus; höchftens wäre die Einführung des Stufengiebels zu erwähnen. Der gothifche Stil dagegen brachte der Backftein-Architektur einen bedeutenden Auffchwung, indem er nicht nur die Verwerthung reicher Formfteine und Terracotten einführte und den größtmöglichen Aufwand an Gliedern im einzelnen Gefims bei der höchften Mannigfaltigkeit jener Elemente erreichte, fondern auch für den Backfteingiebel durch die Ausftattung mit Stufen, Fialen und Relief-Maßwerk eine Fülle verfchiedener Erfcheinungen gewann. Unter den gothifchen Gefimsmotiven in Backftein ift befonders die Bogenreihe auf ftark auslaufenden Confolen, in Verbindung mit der Zinnenbrüftung, hervorzuheben. Die Renaiffance verwerthete die Errungenfchaften der Gothik, indem fie die technifchen Verfahren der Herftellung der Formfteine und Terracotten übernahm und nur römifche Profilirung, römifche Motive für die Sculpirung der Glieder und römifche Ornamente an die Stelle der gothifchen fetzte. Ein vollftändiges Bild der Entwickelung des Backfteinbaues von den einfachften Blockfteingefimfen bis zu den reichften Terracotten-Gefimfen bietet Italien mit den römifchen und altchriftlichen Backfteinbauwerken in Rom und Ravenna einerfeits und den romanifchen, gothifchen und Renaiffance-Bauten von Mailand, Venedig, Bologna, Ferrara und anderen oberitalienifchen Städten andererfeits. In Norddeutfchland ift, abgefehen von der Neuzeit, nur das Mittelalter durch eine größere Zahl reicherer Backfteingefimfe vertreten; die Früh-Renaiffance hat fchon wenige Vertreter der Backftein-Architektur, und in fpäteren Renaiffance fehlen fie durchaus, wenn man nicht die Verbindung des Backfteinbaues mit Haufteingefimfen, Lifenen, Eckquadern u. f. f., wie fie befonders ein Kennzeichen der niederländifchen Renaiffance bildet, bei welcher aber Gefimsglieder in Backftein und Terracotten felten find, als eine Fortfetzung der mittelalterlichen Backftein-Architektur erklären will.

100. Material. Was die Conftruction der Rohbau-Gefimfe aus gebrannten Steinen betrifft, fo finden fich drei Arten der letzteren verwerthet, und zwar die folgenden:

α) Rechteckige, d. h. quaderförmige Backfteine, entweder von den gewöhnlichen eingebürgerten Maßen als ganze oder halbe oder Viertel- oder Dreiviertelfteine (Vollfteine oder Lochfteine) oder andererfeits — übrigens felten — mit ungewöhnlichen Maßen.

β) Gebrannte Formfteine. Unter folchen find hier prismatifche Steine verftanden, deren Grundfläche eine andere Figur als das Rechteck ift; auch bogen-

) Siehe Theil II, Bd. 2, diefes Handbuches, S. 152.

förmige Seiten, denen cylindrifche Flächen entfprechen, kann die Grundfigur
darbieten; fie find ebenfalls entweder Vollfteine oder Lochfteine. Der Architekten-
Verein zu Berlin hat die Herftellung beftimmter »Normal-Formfteine« vor-
gefchlagen, die zu wagrechten Gefimsgliedern, Giebelgefimfen, Fenfter- und
Portaleinfaffungen befonders häufig Verwendung finden können und nun von
den meiften Ziegeleien geliefert werden. Diefe Normal-Formfteine und ihre
Maße find in Fig. 429 zufammengeftellt.

γ) Feinere Terracotten, nämlich gebrannte Steine mit minder einfachen
ftereometrifchen Formen, als die bisher genannten, oder mit Ornamenten.

Ein Gefims kann an feiner Oberfläche ausfchliefslich gebrannte Steine nur
einer der drei genannten Arten darbieten, z. B. ausfchliefslich rechteckige Steine
oder ausfchliefslich feinere Terracotten. Oder es können mehrere Arten zugleich
auftreten, z. B. Formfteine neben Terracotten. Eben fo können fich Hauftein-
Gefimselemente mit folchen aus Backfteinen, Formfteinen oder Terracotten verbinden; ja es ift fogar die Unterftützung einer Kranzplatte aus Hauftein durch
Friefe und tragende Glieder aus gebrannten Steinen ein häufiges Gefimsmotiv,
weil fich auf diefe Weife ohne erhebliche Koftenvermehrung ftärker ausladende,
kräftiger bekrönende und dauerhaftere Gefimfe erzielen laffen, als mit ausfchliefslich gebrannten Steinen. Auch weit ausladende Bogenreihen in Backftein auf
Kragfteinen in Hauftein gehören hierher.

101.
Rückficht
auf die
Hinter-
mauerung

Bei allen Gefimfen an Backftein-Rohbaumauern, feien jene in Hauftein oder
in gebrannten Steinen auszuführen, ift es zu empfehlen, die Höhe der Gefimsfchichten als ein Vielfaches der gewöhnlichen Backfteinfchichtenhöhe anzunehmen, bezw. fie gleich diefer zu machen, fo dafs jede Lagerfuge des Gefimfes mit einer Lagerfuge der Mauerinneren zufammentrifft, ohne dafs in diefem
mit der Schichtenhöhe gewechfelt werden müffte. Nicht dafs diefe Regel ohne
Ausnahme zu gelten hätte; wenn fie für die formale Erfcheinung eines Gefimfes
ungünftig ift, fo wird man fie bei Seite fetzen; aber ihre Beachtung macht die
Ausführung bequemer.

102.
Farbiger
Schmuck.

Im durchgeführten Backftein-Bauftil treten bei den Gefimfen, wie bei den
Wandflächen die gebrannten Steine meift mit verfchiedenen Farben auf, die
durch ihre regelmäßig wiederholten Figuren und Gegenfätze die architektonifche
Wirkung fteigern. Ferner kann für einen Theil der Steine das Glafiren der
Sichtflächen (oder wenigftens eines Relief-Ornamentes auf den Sichtflächen) beigezogen werden, wodurch fie fich, abgefehen vom Reiz des Glanzes und der
Farbe, lebhaft dunkel oder hell von den anderen abheben. Sogar Aufsenwände,
durchaus mit glafirten Ziegeln ausgeführt, kommen vor. Friefe der Gefimfe oder
Füllflächen zwifchen Confolen, Bogenfelder etc. erfcheinen auch wohl mit mehrfarbigem Ornament auf der einzelnen Steinftirn (z. B. als Mettlacher oder Sinziger Plättchen oder mit farbigem Relief-Ornament und Glafur (Majolica). Alle
diefe Ziermittel, obgleich für die formale Erfcheinung fehr wichtig, haben felbftverftändlich auf die Conftruction keinen Einflufs.

103.
Putz oder
Befichkruften.

Farbengegenfätze anderer Art finden fich bei manchen Gefimfen aus gebrannten Steinen dadurch erzielt, dafs weifse Putzflächen, rauh oder fein, auch
wohl nur dünne Beftichkruften, zwifchen oder neben den Backfteinflächen, auftreten; nicht nur Formfteingefimfe älterer Bauwerke, fondern auch folche der
modernen Architektur mittelalterlicher oder altdeutfcher Richtung machen von
diefem Ziermittel Gebrauch (fiehe Fig. 435, 436, 441, insbefondere 626). Ueber
das Beiziehen weifser Mörtelfugen zum Zweck der Bildung von Farbengegen-

fätzen fiehe unten. Bei Gefimfen, die aus gebrannten und natürlichen Steinen gemifcht find, gelangt ebenfalls die Materialfarbe oft zu kräftiger Mitwirkung, die durch das Glafiren eines Theiles der Backfteine noch erhöht fein kann.

104.
Zufammen-
wirken
mit
Schmuck
der Wandfläche.

Viele Backfteingefimfe über Backftein-Rohbau- und Putzwandflächen wer-den in ihrer architektonifchen Erfcheinung ergänzt und gefteigert durch einen dem Conftructionsftil zugehörigen Flächenfchmuck der Wand, d. h. durch Zier-motive, die als Linienmufter, Farbenmufter, Reliefmufter im Zufammenhang mit der Conftruction der Wand ftehen und fich über ihre ganze Fläche verbreiten. Diefe Motive find im Zufammenhang mit denjenigen anderer Wand-Conftruc-tionen in Kap. 20, unter b befchrieben.

Von der Pünktlichkeit in der Herftellung der Formen der Einzelftücke, wie im Vermauern derfelben hängt die architektonifche Wirkung der hier betrach-teten Gefimfe wefentlich ab, faft mehr als vom Entwurf der Formen, und es gilt dies um fo mehr, je einfacher die Formen, alfo zumeift für Gefimfe aus rechteckigen Steinen und einfachen Formfteinen. Bei windfchiefen rauhen Stein-flächen und verzogenen, unreinen Kanten wirkt die beferfundene Gefimsform gering, wie die früher an beftimmten Orten in gewöhnlichen Backfteinen (Hinter-mauerungsfteinen) ausgeführten Gefimfe beweifen.

Die wafferdichte Abdeckung der äufseren Gefimfe in gebrannten Steinen gefchieht entweder durch Anordnung fteiler Flächen aus den in Fig. 29 u. 30 (S. 10) dargeftellten glafirten, trapezförmigen Formfteinen und Nafenfteinen, oder mit geneigt liegenden, rechteckigen und glafirten Backfteinen, oder mit Dach-platten, Hohlziegeln, Falzziegeln und Dachfchiefern in Cement-Mörtel gelegt, oder mit Zinkblech. Bezüglich des letzten Materials ift auf die Abdeckung der Putzgefimfe (unter c) zu verweifen.

2) Gefimfe ausfchliefslich aus rechteckigen (quaderförmigen) Backfteinen.

107.
Wagrechte
Gefimfe
aus
rechteckigen
Backfteinen.

Unterfucht man alle vorkommenden Formen folcher Gefimfe, fo findet fich, dafs fie aus wenigen Grundmotiven beftehen, die am einzelnen Gefims mehr oder weniger vollzählig, auch wohl mehrere Male auftreten können und in allen möglichen Reihenfolgen über einander geftellt erfcheinen. Diefe Motive find die folgenden:

α) Vortretende Backfteinfchichten, entweder als theilende Glieder mit der Höhe einer Schicht oder mehrerer, oder als Uebergang von einer loth-rechten Ebene zu einer anderen (Fig. 398 u. 406).

β) Rollfchichten. Die Backfteine treten an der Hauptfläche hochkantig geftellt auf, mit einer Höhe gleich 2 oder 3 gewöhnlichen Schichten (Fig. 398). Da fich die Backfteinfchicht mit Einfchlufs der Fuge zu 73 bis 77, gewöhnlich 75 mm mauert, fo läfst fich mit den 12 cm breiten Normal-Backfteinen eine Roll-fchicht gleich 2 gewöhnlichen Schichten nicht herftellen; die Steine müfsten hierzu 13.8 bis 14.2 cm breit fein oder als Verblender, da bei diefen die Lager-fuge niedriger gehalten wird und die Steine 69 mm dick find, 14.4 cm breit für die gewöhnliche Schichtenhöhe von 75 mm. Demnach müffen entweder befondere rechteckige Steine für die Rollfchicht geformt oder ganze Steine auf die rich-tige Höhe zugehauen werden. Meift reichen die Rollfchichten nicht bis zur Mauerecke, fondern endigen mit 2 oder 3 liegenden Schichten; auch find fie von folchen oft in rhythmifchem Wechfel unterbrochen (Fig. 398).

Die Gefimsbildung verwerthet die Rollfchicht in zweierlei Weife, entweder nur als Linienmufter, mit allen Steinhäuptern in einer lothrechten Ebene, meift bündig mit der Mauerfläche (Fig. 398, linke Seite); oder als Reliefmufter mit einem Zurückftehen jedes zweiten Steines (Fig. 398, rechte Seite; Wechfel der Farbe ift in beiden Fällen möglich.

γ) Stromfchichten oder Kreuzlagen. So heißen bekanntlich alle Backfteinfchichten, deren Steine im Grundriß einen fchiefen Winkel mit der Mauerflucht bilden. Im Allgemeinen hat letzterer 45 Grad. Die Steine können liegend, alfo mit 65, bezw. 69 mm Höhe, oder hochkantig mit einer Höhe von 2 oder 3 Backfteinfchichten verwendet fein und ftehen meift mit der Vorderkante in der Mauerflucht (Fig. 397 u. 399). Liegende Stromfchichten werden oft zwei-, drei- und mehrmal über einander wiederholt, entweder lothrecht über einander ftehend (Fig. 420) oder unter fchachbrettartiger Verfetzung der vor- und zurückfpringenden Ecken (Fig. 400). Bezüglich der Höhe der hochkantig geftellten Steine gilt daffelbe, wie für die Rollfchicht.

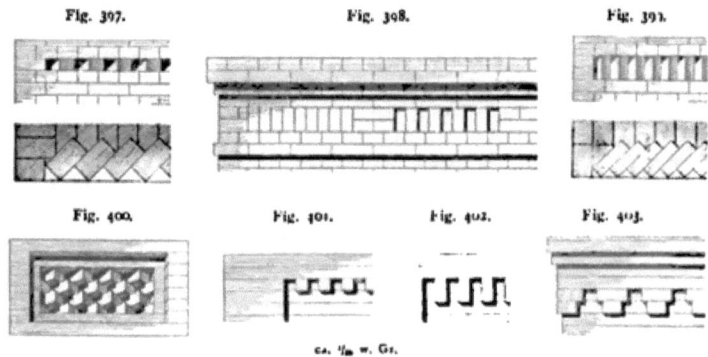

Fig. 397.   Fig. 398.   Fig. 399.

Fig. 400.   Fig. 401.   Fig. 402.   Fig. 403.

ca. ¹⁄₂₀ w. Gr.

δ) Zahnfchnitte (Fig. 401 u. 402), gewöhnlich mit einer Schichtenhöhe oder deren zwei vorkommend, felten höher. Sie löfen fich meift in Lifenen auf, wie Fig. 401 zeigt, können aber auch bis zur Ecke geführt fein (Fig. 419 u. 421). Das fchachbrettartige Uebereinanderftellen von zwei oder mehreren Zahnfchnitten ift mit und ohne Gegenfatz der Farbe von Zähnen und Zwifchenräumen ein häufiges Motiv.

ε) Staffelfriefe (Fig. 403 u. 404). Bei denfelben erfcheint anftatt der Lothrechten in der Zinnenlinie der Zahnfchnitte die einfache oder doppelte oder mehrfache Staffel, ohne daß jedoch das Mufter von den zwei lothrechten Stirnflächen der Zahnfchnitte abgehen würde. Die Staffeln können eine, zwei oder mehr Schichten hoch, gleich hoch oder ungleich hoch fein. Bezüglich der Auflöfung an der Ecke gilt daffelbe wie beim Zahnfchnitt. Fig. 405 zeigt einen zweifachen Staffelfries in Lifenen aufgelöft. Stark vortretende Staffelfriefe werden auf die nachgenannten Confolen aufgefetzt, oder fie ruhen — bei größerer Breite der Staffeln — auf Lifenen, die zu einer lothrechten Gliederung der Wandfläche unter dem Gefims verwerthet find, ähnlich wie in Fig. 598 für den Giebel gezeichnet.

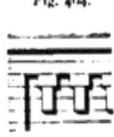

Fig. 404.

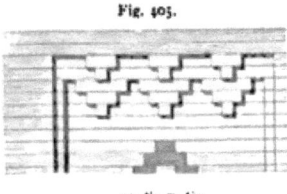

Fig. 405.

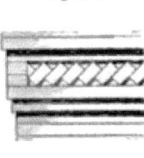

Fig. 406.

ca. ¹/₃₀ w. Gr.

ζ) **Bandfriefe.** Sie bilden wagrechte fchmückende Streifen, gewöhnlich unter den tragenden oder krönenden Gefimstheilen gelegen, und gewinnen ihren formalen Reiz, wie überhaupt die Flächenmufter der Backftein-Architektur, entweder durch eine reichere Stellung der Fugenlinien (Fig. 409 u. 410) oder durch Bildung gefälliger geometrifcher Figuren mit zwei oder drei verfchiedenen Far-
ben ihrer Steine, oder endlich durch plaftifche
Mufter, nämlich durch Vor- und Zurücktreten der Steinftirnen. Die drei Arten von
Schmuckformen bieten der Erfindung ein weites Feld und werden vielfach combinirt (Fig.
406, 407, 408, 418 u. a.). In Holland findet man
bei folchen Bandfriefen zuweilen auch die
Mörtelfugen als breite weiße Streifen mit
Glück in die Farbenzufammenftellung einbe-

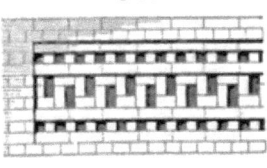

Fig. 407.

ca. ¹/₃₀ w. Gr.

zogen, fei es, daß fie allein den Gegenfatz zur Farbe der Steine bilden, fei es, daß diefe felbft fchon mehrere Farben darbieten.

η) **Confolenreihen.** Die Confolen aus rechteckigen Backfteinen kommen in vier Motiven vor, die (abgefehen von anderen noch möglichen Verhältniffen zwifchen ihren Maßen) in Fig.
409 bis 412 dargeftellt find.
Sie ftützen entweder wag-
rechte vortretende Schichten
aus Backftein oder Hauftein
oder ftark vortretende Staffelfriefe oder die nachgenannten
Bogenreihen. Bei Fig. 409
treten die über einander gelegten Steine nur nach vorn
vor, in 2, 3 oder mehr
Schichten, ¹/₂ Stein breit oder
³/₄ Stein breit, oder mit un-
gewöhnlicher Steinbreite. Die
Größe des Zwifchenraumes ift

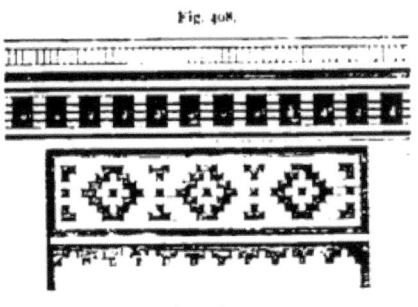

Fig. 408.

ca. w. Gr.

beliebig oder vielmehr nur nach der Länge zu richten, welche von der Confolen-
reihe auszufüllen ift. Die Confolen in Fig. 410 treten nach allen drei Seiten gleich viel vor und beftehen aus beliebig vielen gleich oder ungleich hohen wagrechten Abfchnitten mit einer, zwei oder mehreren Schichten. Der Grundriß der unterften Schicht kann auch länglich rechteckig anftatt quadratifch fein,

z. B. einen halben Stein lang bei einem Vortreten von einem Viertelstein. In Fig. 411 erscheint ein liegender halber Stein parallel zur Hauptfläche auf einem hochkantigen, denselben auch nach vorn überragend, oder auf zwei neben einander gestellten hochkantigen (Fig. 928); Fig. 412 endlich bietet den liegenden halben Stein um 45 Grad gegen die Hauptfläche verdreht. Bei Fig. 409 bis 411 find die Consolenabstände beliebig; die Consolen nach Fig. 412 können nur hart an einander sitzend auftreten, wie es die Abbildung zeigt, so dafs die liegenden Steine eine Stromschicht bilden. Die am weitesten vortretende Kante oder Fläche aller Consolenformen liegt entweder bündig mit der getragenen Fläche, wie bei Fig. 410 u. 412, oder etwas hinter derselben, wie bei Fig. 409 u. 411. Auch für die Consolenreihen ist eine Auflösung in Ecklisenen und theilende Lisenen der Wandflächen möglich und sehr häufig. Wenn Lisenen fehlen, so ist meistens die Eckconsole breiter, als die gewöhnlichen; überhaupt giebt es für alle hier aufzuzählenden Gesimsmotive verschiedene Eckauflösungen, die sich leicht aus den Grundformen ableiten lassen und hier nicht erschöpft werden können. Ein rhythmischer Wechsel in den Abständen einer Consolenreihe ist meist nur bei größerer Länge des Gesimses ein dankbares Motiv. Wo große

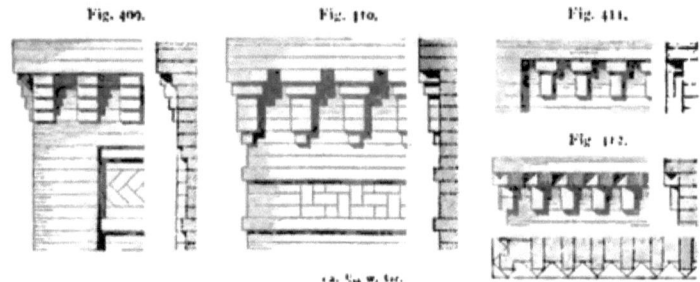

Fig. 409. Fig. 410. Fig. 411.

Fig. 412.

Zwischenfelder der Consolen auftreten, erscheinen in denselben zuweilen Einzelfiguren als Farben- oder Reliefmuster, wofür Fig. 419 ein Beispiel.

b) **Vorkragende Bogenreihen oder Bogenfriese**, mehr oder weniger stark vortretende Mauerbogen in Halbkreis-, Segment- oder Spitzbogenform aufgesetzt auf Consolen in Backstein oder Haustein (Fig. 413), auch wohl ohne Unterstützung durch Consolen, jedoch nur bei geringem Vortreten, als »romanischer Bogenfries«. Sie übersetzen gleichsam die Kranzplatte der Consolen-Gesimse des Hausteines in die Formensprache der Backstein-Architektur und gestatten besonders mit Haustein-Consolen eine stärkere Ausladung und kräftigere Bekrönung der Bauwerke, als die übrigen Gesimsmotive in Backstein. Nur bei größeren Spannweiten und Halbmessern findet sich die Ausführung in rechteckigen Backsteinen; gewöhnlich müssen sie, der starken Krümmung der Bogen wegen, aus keilförmigen hergestellt werden und fallen dann, streng genommen, den Motiven der Formsteine zu. An der Ecke werden sie entweder in Lisenen aufgelöst, indem der letzte Bogen unmittelbar auf die Lisene sich aufsetzt oder eine Relief-Console an der Seitenfläche der Lisene sitzt; auch theilende Wand-Lisenen erscheinen bei Gebäuden mit diesem Gesimsmotiv. Oder die Ecke ist von einer Console gebildet, die bei Backstein gewöhnlich weit breiter sein mufs,

Fig. 413.

als die übrigen (Fig. 423), bei Haufteinen meift fchräg durch die Ecke geht, wie es Fig. 413 zeigt, und wobei fich der letzte Bogen mit eigenthümlichem Fugenfchnitt nach rückwärts verjüngt. Noch andere Ecklöfungen, z. B. mit einer gewöhnlichen Confole neben einer breiteren eckbildenden, oder mit den nachgenannten vorkragenden Pfeilern, find möglich und unfchwer zu finden. Bei Bogenreihen mit grofsen Abftänden der Confolen werden die Zwifchenfelder der letzteren zuweilen mit gefälligen Einzelfiguren als Farben- oder Reliefmufter in Backftein gefchmückt, ähnlich wie bei Fig. 419, oder es erfcheinen darin kreisförmige oder rechteckige Fenfter, wie eben bei Fig. 413, oder endlich Terracotten-Ornament, wie bei Fig. 423.

Hierher find auch die Reihen von gröfseren vortretenden Mauerbogen zu rechnen, welche Wandnifchen bilden, indem fie auf Lifenen oder Halbfäulen aufgefetzt find, ein wichtiges und uraltes Motiv der Wandgliederung in der Backftein-Architektur, z. B. Fig. 478 u. 618.

i) Dachbrüftungsmauern oder Attiken. Als Hauptgefimfe tragen die Backfteingefimfe, wie diejenigen in Hauftein, häufig eine Brüftung, fei es, dafs wirklich eine Plattform oder ein Umgang das Bauwerk nach oben abfchliefst, wodurch eine Brüftung nothwendig wird (Fig. 484), fei es, dafs der gemauerte Auffatz dem Fufs des Daches als blofse Decoration vorgefetzt ift und hinter fich die Rinne trägt (Fig. 451 u. 923), fei es endlich, dafs die Rinne auf dem Auffatz aufgelagert erfcheint (Fig. 423). Die Formen der Brüftung oder des Auffatzes find fehr verfchiedenartig; einfache oder bandfriesartig decorirte Backftein-Mauerflächen mit wagrechtem Krönungsgefims oder nach irgend welchem Mufter durchbrochene Mauerflächen (z. B. nach Fig. 414 oder 415) oder Zinnen in irgend welcher Geftalt, wofür Fig. 416 ein Beifpiel, oder das Zinnenmotiv nur in Relief nachgebildet, ohne Durchbrechung der Mauer, oder offene Bogenreihen (Fig. 451).

Fig. 414. Fig. 415. Fig. 416.

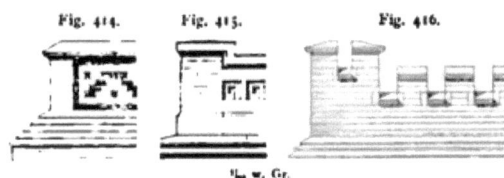

x) Vorkragende Pfeiler, das Gefims überragend, als Mittel zum günftigen architektonifchen Abfchlufs der Gefimfe oder zur Bildung einer lebhaften Umrifslinie, entweder die ganze Höhe der Mauer theilend oder ein Stück

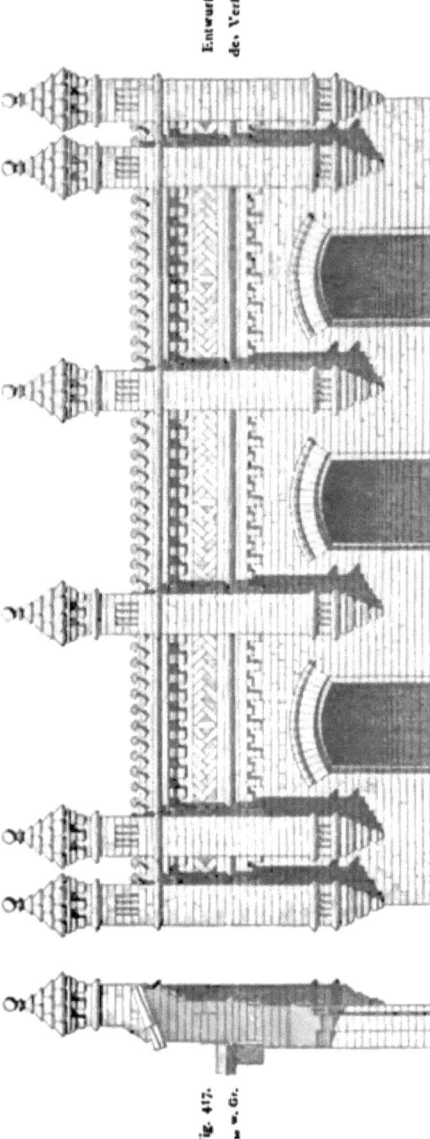

Fig. 417.
1:w. Gr.

weit unterhalb des Gesimses auf Consolen aufgesetzt und über dem Gesims in irgend welcher Weise endigend, entweder nur die Ecken der Mauer bildend oder mehrfach auftretend, ihre Länge regelmäßig eintheilend. Das Motiv entspricht der gothischen Fiale und kommt vorwiegend bei Backsteingesimsen im gothischen Stil vor, wird aber auch auf solche im Constructionsstil übertragen. Der Schaft der Pfeiler ist bei Ausführung in gewöhnlichen Backsteinen rechteckig und entweder parallel zur Mauerflucht oder im Grundriß unter 45 Grad zur Mauer gestellt, zuweilen mit farbigen oder plastischen Mustern in der bei den Bandfriesen angegebenen Weise verziert. Die Gesimsglieder schneiden sich an die Seitenflächen der Pfeiler stumpf an, oder einzelne Glieder sind um die Pfeiler herumgeführt. Den einfachsten Fall mit rechteckigen gerade stehenden Pfeilern zeigt Fig. 417. Bei Fig. 418 sitzen die Pfeiler in der Ebene der Mauer, und durch das Zurücktreten des Gesimses ist dafür gesorgt, daß seine Glieder nicht über die Pfeiler vorragen.

Aus den aufgezählten einfachen Gesimselementen lassen sich reichere ableiten, wenn man mehrere derselben in einem wagrechten Gesimsabschnitt zusammensetzt. Es finden sich z. B. die Mauerflächen zwischen Backstein-Consolen oft durch die unter α genannten vor-

Fig. 418.

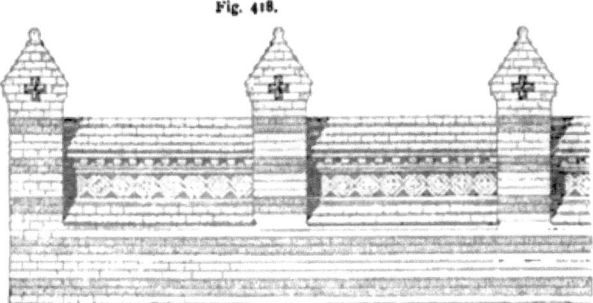

Entwurf des Verf. — 1/30 w. Gr.

tretenden Backſteinſchichten gegliedert (Fig. 409 u.
419). Oder es werden neue
Conſolenformen gebildet,
indem die Flächen der in
großem Maßſtab ausge-
führten Conſolenformen
nach Fig. 409 u. 410 mit
kleinen Zahnſchnitten oder
mit Staffelfrieſen oder mit
Conſolen nach Fig. 411 u.
412 beſetzt werden. Oder
es wechſeln vortretende
Backſteinſchichten regel-
mäßig mit gleich hohen
und gleich weit ausladen-
den Zahnſchnitten ab. Oder
kurze Conſolenreihen nach
Fig. 411 u. 412 wechſeln
mit gleich ausladenden vollen Backſteinſchichten ab.

Fig. 419.

Entwurf des Verf. — ca. 1/40 w. Gr.

Fig. 420 [20]).

Oder eine Conſolenreihe deckt einen Zahnſchnitt
derart, daß je ein Zahn oder ein längeres Stück
Zahnſchnitt zwiſchen je zwei Conſolen ſitzt, ein Motiv,
in dem der Zahnſchnitt auch durch einen Staffelfries
erſetzt ſein kann. Oder zwei Conſolenformen wechſeln mit einander ab, entweder in einfachem Wechſel
oder derart, daß zwiſchen je zwei größeren Conſolen zwei oder drei kleinere ſitzen. Noch andere
mögliche Combinationen ſind leicht zu finden und
in der Ausführung häufig; Zuſammenſtellungen mit
einem complicirten Geſetz für den Wechſel der vereinigten Elemente ſind jedoch ſelten dankbar.

[20]) Facſ.-Repr. nach: VIOLLET-LE-DUC, E. E. L'art Ruſſe. Paris 1877.

Fig. 421.

Fig. 422.

⁹⁄₁₀ w. Gr.

ca. ¹⁄₁₀ w. Gr.

169.
Bildung
ganzer
Gefimfe

In welcher Auswahl, Aufeinanderfolge und Gröfse die aufgezählten Elemente an den Gefimfen zur Verwerthung gelangen müffen, um günftig zu wirken, ift dem Gefühl des Entwerfenden zu beftimmen überlaffen. Mafsverhältnifszahlen, wie etwa bei den architektonifchen Ordnungen, giebt es hier nicht. Als einzige Regel ift vielleicht das Vermeiden der Gleichwerthigkeit auf einander folgender Gefimsabfchnitte zu Gunften der Erzielung lebhafter Contrafte und deutlicher Verfchiedenheit der Höhen der einzelnen Abfchnitte zu empfehlen. Wo es fich um tragende und getragene Glieder handelt, kommt auch das ftatifche Gefühl im äfthetifchen Eindruck zur Geltung: man wird nicht auf fchwere Confolen ein paar dünne Mauerfchichten legen oder unter vorkragende Bogen mit hoher Mauerlaft darüber nur fchmale Kragfteine fetzen. Aber auch in diefer Beziehung finden fich fo grofse Schwankungen bei anerkannt fchönen Gefimfen diefer Art, dafs es fich nicht verlohnt, Verhältnifszahlen aufzufuchen. Beifpiele ganzer Gefimfe ausfchliefslich oder vorwiegend aus rechteckigen Backfteinen bieten Fig. 408, 417, 419, 420[128], 421, 422, 423, 424[177], 425, 426, 693 (Trauffeite) u. 928.

Das letzte Gefims hat nicht nur verfchiedene Farben und Größen der rechteckigen Backfteine, fondern auch geneigt liegende Steine und kleine weiße Beftichflächen aufzuweifen, die in der Polychromie lebhaft mitwirken. Auch Fig. 928 erfcheint in drei ver-

Fig. 423.

⁹⁄₁₀ w. Gr.

---

[177] Facf.-Repr. nach: Zeitfchr. f. Bauw, 1905,
Bl. 1.

Handbuch der Architektur. III. 2, b. (2. Aufl.)

fchiedenen Farben. Bei Fig. 425, einem Kaminkopf-Gefims, ift die Abdeckung
mit kleinen Gußeifenplatten zu beachten, die an Randrippen zufammengefchraubt
find, um das Heben fchwerer Hauftein-Deckplatten zu vermeiden. Die übrigen
Beifpiele bedürfen keiner Erklärung.

Fig. 424.

Vom Bahnhof Friedrichftraße der Berliner Stadtbahn[1].
ca. ¹/₄₀ w. Gr.

Bei den Giebelgefimfen in Backfteinen find zwei Gruppen von Motiven zu
unterfcheiden, nämlich:

a) Reichere Geftaltungen der Giebelrandlinie, insbefondere Auszeichnungen
der Spitze und der Fußpunkte; diefe Motive find nicht für alle Backfteingiebel
möglich, und es ift in diefer Beziehung auf Art 149 zu verweifen.

Fig. 425.

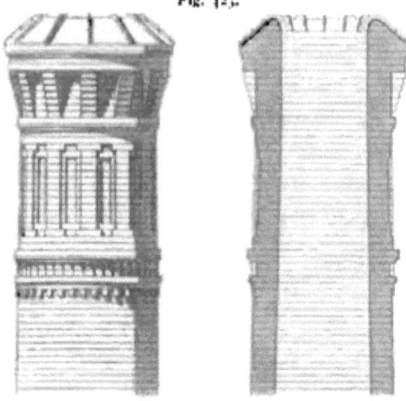

'... w Gr.

Fig. 426 [*].

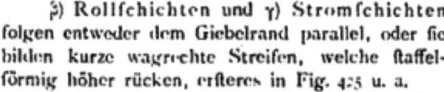

Ca. ⅙ w. Gr.

b) Gefimsmotive, die mit der Dachneigung gleich gerichtet auffteigen, entweder ungegliedert oder als Reihungen eine beftimmte Form regelmäßig wiederholend. Alle zehn für die wagrechten Gefimfe aufgezählten Motive laffen fich unmittelbar oder mit geringer Veränderung auf den Giebel übertragen, und zwar wie folgt. Die als Beifpiele vorzuführenden Abbildungen zeigen die Motive zum Theil mit Formfteinen; doch ift leicht abzuleiten, wie fie mit rechteckigen Steinen ausfehen würden.

α) Die vortretende theilende Backfteinfchicht fteigt entweder dem Giebelrand parallel auf, oder fie bildet eine ftaffelförmige Linie, deren lothrechte Strecken ein vielfaches der Schichtenhöhe oder gleich diefer find. Beim Uebergang von der Giebelmauerebene zu einer vorkragenden lothrechten Gefimsebene erfcheint ebenfalls diefe rechtwinkelige Staffellinie, die entweder für fich allein die ganze Gliederung des Giebelrandes bilden kann oder in Verbindung mit Confolen oder anderen Gefimselementen auftritt (Fig. 456, 596, 693 u. 714).

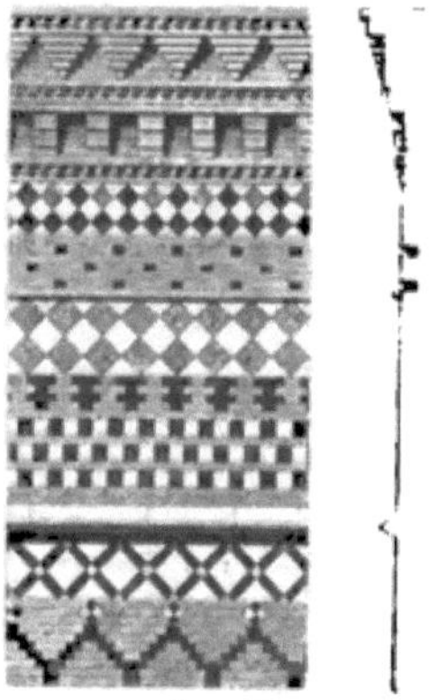

β) Rollfchichten und γ) Stromfchichten folgen entweder dem Giebelrand parallel, oder fie bilden kurze wagrechte Streifen, welche ftaffelförmig höher rücken, erfteres in Fig. 425 u. a.

δ) Zahnfchnitte und ε) Staffelfriefe find in allen ihren Ausbildungsweifen auf den Giebel übertragbar, müffen aber ihre Abftände nach der Schichtenhöhe und Giebelneigung richten (Fig. 456 u. 838). Das Aufruhen auf einer Lifenenreihe ift auch am Giebel möglich und liefert eine häufig verwerthete lothrechte Gliederung der Giebelwand (Fig. 598).

ζ) Bandfriefe fteigen meift parallel zum Giebelrand auf, bilden aber auch wohl ftaffelförmig höher rückende wagrechte Streifen mit oder ohne Auszeichnung der Ecken.

η) Die Confolenformen bleiben am Giebel diefelben wie bei wagrechten Gefimfen; die Stellung ift faft immer die lothrechte, entweder als Unterftützung der oben genannten ftaffelförmigen Ueberkragung der Giebelrandfläche oder — und zwar fehr häufig — der Staffelfriefe (Fig. 595) oder der auffteigenden Bogen-

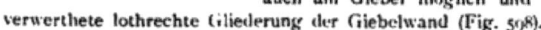

[*] Nach: Encyclopédie d'arch. 1851, Pl. 753.

11*

reihen) Fig. 422 u. 720); nur die leichten Confolenformen finden wohl auch fenkrecht zum Giebelrand geftellt Verwerthung. Unter der oben genannten Giebelftaffel können die Confolen paarweife oder zu dreien mit gleicher oder ungleicher Höhe gruppirt werden und liefern damit reichere Motive.

b) Die Bogenreihen können am Giebel fowohl; ftaffelförmig, d. h. mit gleich hoch liegenden Kämpferpunkten für den einzelnen Bogen, auffteigen, als auch dem Giebelrand folgen, indem fie einhüftig werden (Fig. 427 u. 428). Bei Fig. 707 richten fich die Bogen nach der Lage der Pfettenköpfe des Daches und würden bei zwei oder drei Zwifchen-

Fig. 427.

pfetten anftatt der einzigen fich häufiger wiederholen. Ein wichtiges Motiv bilden auch für die Giebelgliederung die auf Lifenen (oder Halbfäulen) aufgefetzten Wandbogen; ja fie erfcheinen am Giebel noch häufiger, als unter wagrechten Gefimfen (Fig. 607, 610 u. 620).

c) Gemauerte Auffätze über geradlinigen Giebelgefimfen, den Brüftungen oder Attiken über wagrechten Gefimfen entfprechend, find mit den oben erwähnten reicheren Randbildungen der Giebelmauer und den Auszeichnungen von Fufs oder Spitze nicht zu verwechfeln, indem bei diefen das geneigte Giebelgefims fehlt. Doch können jene Auffätze gleich diefen Randbildungen die mannigfaltigften Formen annehmen, z. B. ftaffelförmige Umriffe mit oder ohne Krönungsgefimfe der Stufen, mit oder ohne Durchbrechung der Stufen, mit oder ohne Voluten und Obelisken auf den Stufen, ferner auffteigende Zinnen, gefchweifte Umriffe aller Art u. f. w. Die wagrecht abgefchloffene Brüftung erfcheint mit oder ohne Durchbrechung nur über fehr flachen Giebeln.

x) Die vorkragenden Pfeiler find am Giebel ein fehr häufig verwerthetes, meift dankbares Motiv, fei es nur als Auszeichnung von Fufs und Spitze (z. B. Fig. 603) oder der Fufspunkte allein, fei es auch zwifchen Fufs und Spitze als lothrechte Theilung der Giebelfläche (vorderer Giebel in Fig. 618), fei es mit der Vorderfläche parallel zur Mauer oder unter 45 Grad im Grundrifs geftellt. Bei fehr fteilen Giebeln geftaltet fich im letzten Falle das Anfchneiden der Gefimsglieder an die Pfeilerflächen etwas complicirt.

Die Motive, die bei wagrechten Gefimfen fich in Lifenen auflöfen laffen, geftatten dies auch am Giebel, und in der That treten in vielen Fällen eckbildende oder auch theilende Lifenen an den Backfteingiebeln auf. Dabei ift zu beachten, dafs die Linie, nach welcher ein Gefims mit ftaffelförmigem unterem Rand oder mit Bogenreihen und Confolen auffteigt, fich nicht immer genau parallel dem Giebelrand erhalten läfft. Die nothwendig regelmäfsige Eintheilung des wagrechten Ab-

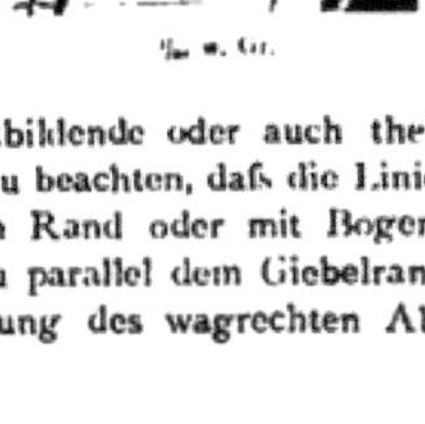

Fig. 428.

ftandes zweier Lifenen durch die lothrechten Gefimslinien einerfeits und die
Schichtenhöhe andererfeits beftimmen fchon für fich allein die Staffellinie des
Gefimfes, und es ift Zufall, wenn man diefe der Neigung des Giebelrandes genau fich
anpafft. Die Schwierigkeit wird um fo gröfser, je weniger Axen des Gefimfes
zwifchen zwei Lifenen zu ftehen kommen; übrigens fchadet die kleine Ab-
weichung beiden Richtungen meift nicht viel.

Giebelgefimfe vorwiegend oder ausfchliefslich aus rechteckigen Steinen
bieten Fig. 595, 596, 606, 620, 693 u. 721.

Ueber die Beziehungen der Giebelgefimfe zum Dach und zur Traufbildung
wird im vorliegenden Kapitel (unter d) das Erforderliche gefagt werden.

Fig. 429.

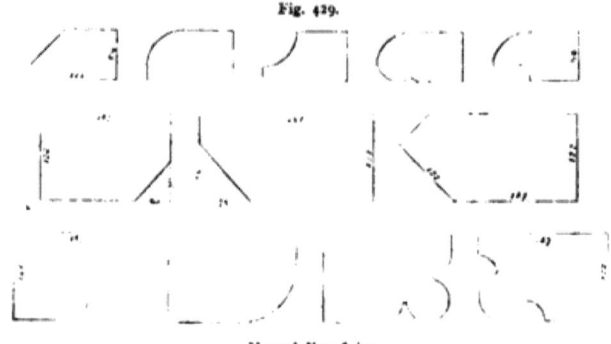

Normal-Formfteine.

3) Gefimsmotive aus gebrannten Formfteinen
(d. h. prismatifchen Steinen von nicht rechteckiger Grundfläche).

Den unter 2 aufgezählten 10 Elementen wagrechter Backfteingefimfe entfprechend erfcheinen hier ebenfalls 10 Motive, die fich mit Erfatz der rechteckigen Steine durch Formfteine beliebigen Profils aus jenen ableiten laffen.
Es find die folgenden. Durch Zufammenfetzen von zweien derfelben in einem
wagrechten Gefimsabfchnitt, in derfelben Weife, wie in Art. 107 (S. 149) für
rechteckige Steine befchrieben worden, ergeben fich auch hier noch weitere,
reichere Gefimselemente derfelben Art.

α) Glatte Gefimsglieder oder Gefimfe aus liegenden Formfteinen
irgend welcher Profilirung. An den ausfpringenden Ecken find eigens modellirte,
größere Stücke nothwendig; einfpringende Ecken (und allenfalls auch auf-
fpringende mit fehr ftumpfem Winkel) werden
mit Gehrungsfugen durch Zuhauen der gewöhnlichen Gefimsteine hergeftellt. Beifpiele folcher
Gefimsglieder bieten Fig. 413, 430, 464 u. a. Hier
ift auch die Abdeckung von Gefimfen und Mauer-
vorfprüngen durch gebrannte Steine in Trapez-
form oder durch die fog. Nafenfteine zu nennen;
die erften erfcheinen in Fig. 449, 450 u. 451, die
Nafenfteine in Fig. 448 u. 423. Die Nafe hat den
Zweck, die Lagerfuge gegen das Eindringen des

Fig. 430.

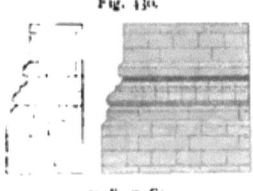

ca. ¾ w. Gr.

111.
Elemente
für
wagrechte
Gefimfe.

Waſſers zu ſchützen. Da
dieſe Steine hart gebrannt
oder noch häufiger ſogar
glaſirt werden und die ent-
ſtehende Deckfläche ſehr
ſteil iſt, ſo iſt dieſe Art der
Abdeckung vorſtehender
Geſimſe und Backſtein-
flächen genügend dauer-
haft und gleichwerthig mit
gutem Hauſtein oder Zinkbedeckung.

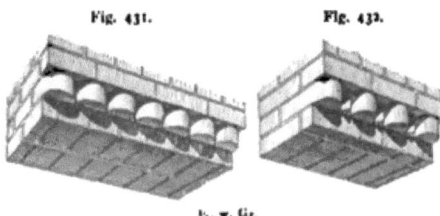

Fig. 431.　　　　Fig. 432.

ß) Glatte Geſimsglieder aus rollſchichtenartig hochkantig geſtellten Formſteinen irgend welcher Profilirung (Fig. 413, 430 u. a.). Bei
höheren Geſimſen wechſeln ſie meiſt mit liegenden Geſimſchichten ab. Bezüglich der Eckbildung mit oder ohne
eigens geformten Eckſtücke gilt das-
ſelbe wie bei dieſen; zuweilen bildet
auch ein Hauſtein die Ecke für alle
Geſimsſchichten zugleich.

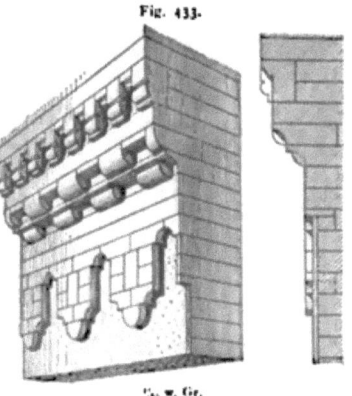

Fig. 433.

γ) Liegende Reihungen aus
Formſteinen oder Geſimsgliedern aus
Formſteinen mit liegendem Profil
(Fig. 431 u. 432). Solche Geſimsglieder
entſtehen, wenn man die rechtwinkelig
gebrochene Steinkante in der Lager-
fugenebene der Stromſchicht durch
eine reichere Linie erſetzt, z. B. den
Kreis, den Spitzbogen, das halbe
Achteck u. ſ. f. Dabei ſind die Formſteine liegend oder ſtehend verwendet,
und es iſt entweder nur ein Formſtein
wiederholt, oder es wechſelt ein ſolcher regelmäßig mit einem recht-
eckigen Stein, oder es wechſeln zwei verſchieden profilirte Formſteine regelmäßig
mit einander ab.

Oft werden zwei, drei oder mehr gleich gebaute Glieder dieſer Art unter
ſchachbrettartiger Verſetzung der Vorſprünge und Hohlräume über einander
geſtellt, ähnlich
wie in Fig. 400,
und dabei die
Gegenſätze der
Flächen zuwei-
len durch Ver-
ſchiedenheit ih-
rer Farbe ver-
ſtärkt.

δ) Stehen-
de Reihungen
oder Zahn-

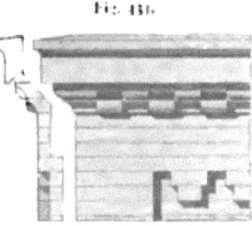

Fig. 434.

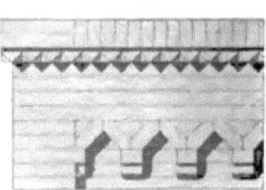

Fig. 435.

Fig. 436 [...].

'n w. Gr.

schnitte aus Formsteinen (Fig. 433 [oberstes Motiv], 435 u. 412, ferner Fig. 470 [unterstes Gesimsglied] u. s. w.). Diese Reihungen bilden Gesimsglieder, in welchen ein Formstein der Höhe nach (und zwar in einer Ebene senkrecht zur Mauer) profilirt mit einem rechteckigen Backstein abwechselt oder auch zwei Formsteine verschiedener Profilirung regelmäßig abwechseln. Sie find ein oder zwei Schichten hoch, selten höher, und leiten gewöhnlich, wie die Zahnschnitte der Haufteingesimse, zu einer Ausladung über, erscheinen also tragend. Wie bei der

Fig. 437.

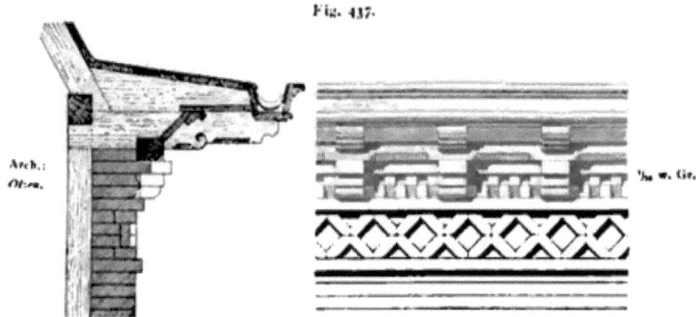

Arch.:
Often.

'/₁₀ w. Gr.

liegenden Reihung werden zuweilen zwei, drei und mehr gleich gebaute Zahnschnitte mit schachbrettartiger Versetzung der Zähne und Zwischenräume über einander gestellt und die Gegensätze der Flächen durch zweierlei Farben der Steine erhöht; befonders häufig ift das mittlere Motiv in Fig. 433 u. 434: Auflösung in Lifenen oder Eckbildung ohne Lifenen.

Fig. 438 [...].

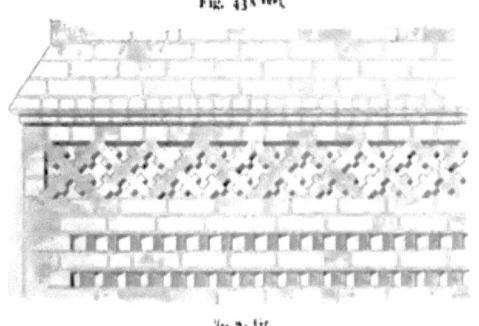

Vg. w. Gr.

ε) Staffelfriefe und Zickzackfriefe aus Formfteinen. Die rechteckigen Steine der früher genannten Staffelfriefe (Fig. 403, 404 u. 405) erscheinen hier entweder durch solche mit liegender Profilirung oder (häufiger) durch solche mit

[...] Fach.-Repr. nach: Adler, F. Mittelalterliche Backftein-Bauwerke des preußischen Staates. Berlin 1863—69. Bl. IV u. XVII.

ftehender Profilirung oder endlich durch folche
Formfteine erfetzt, welche in der Stirnanficht
eine reichere Umrifslinie darbieten, als das
Rechteck der gewöhnlichen Backfteine. Diefe
tragenden Friefe löfen fich meiftens aber nicht
immer in gleich profilirte oder unprofilirte Lifenen oder Wandpilafter auf (Fig. 433 unten,
435 u. 436 [129]).

ζ) Bandfriefe aus Formfteinen (Fig. 421,
437, 438, 443, 447 u. 450). Anftatt der rechteckigen
Steine der früher befchriebenen Bandfriefe erfcheinen Formfteine mit reicherer Umrifslinie der
Stirnfeite, die entweder nur durch die Stellung
der Fugenlinien oder auch durch Verfchiedenheit der Farbe oder durch Vor- und Zurücktreten der Stirnflächen ein regelmäfsiges geo-
metrifches Mufter bilden.

η) Confolenreihen aus Formfteinen. Die
früher befprochenen vier Confolenformen aus
rechteckigen Steinen ergeben eine Reihe von
weiteren, wenn man das Rechteck zuerft im
Grundrifs, dann in der Seitenanficht, dann in der
Vorderanficht durch eine reichere Umrifslinie
erfetzt. Bei den kleinen Confolen der dritten
und vierten Form können auch wohl die ftehenden Steine ftehende Profilirung, die liegenden
liegende Profilirung erhalten. Einige Motive für
kleinere Confolen aus gebrannten Formfteinen
bieten Fig. 437, 439, 440, 441, 442 u. 449. Die
Zwifchenfelder find entweder mit gewöhnlichen
Backfteinen oder glatten Formfteinen oder mit
Terracotten in Tafelform (etwa mit Füllungen
oder Rofetten oder anderem Relief-Ornament) ausgefetzt.

ϑ) Vorkragende Bogenreihen mit Formfteinen. An die Stelle der
rechteckigen Steine der früher befchriebenen Bogenreihen treten hier keilförmige
(Fig. 423) und an die Stelle der glatten Bogenftirn vielfach die archivoltenartig
mit einem Gefims eingefafste, wobei die Glieder entweder glatt oder im
Charakter der Reihung verziert
erfcheinen (Fig. 442 u. 449).
Oder es ift jeder Bogen aus
einem einzigen Formftein, auch
wohl aus zwei gegen einander
geftellten oder endlich aus zwei
hinter einander geftellten Platten gebildet (Fig. 448). Weit
vortretende Bogen find immer auf Confolen in Haufftein
oder gebrannten Steinen aufgefetzt. Bei geringem Vortreten

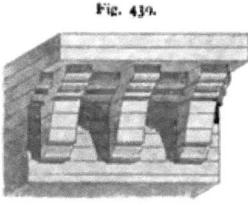

Fig. 439.

1/10 w. Gr.

Fig. 440.

1/10 w. Gr.

Fig. 441.

1/10 w. Gr.

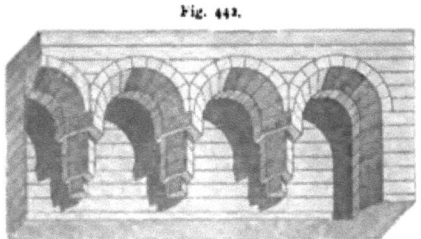

Fig. 442.

1/10 w. Gr.

Fig. 443.

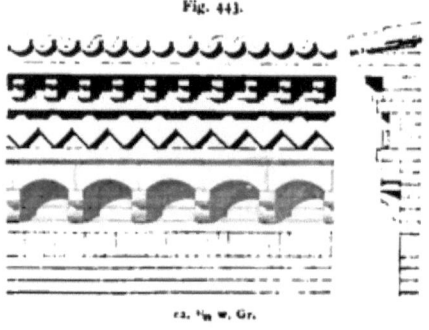

ca. ⅛ w. Gr.

Fig. 444 (¹²⁰).

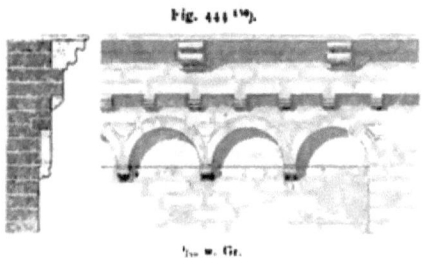

⅒ w. Gr.

(Fig. 444 ¹²⁰) erhält das Motiv den Namen ›Rundbogenfries‹ oder ›Kleinbogenfries‹, und häufig fehlen alsdann die Confolen. Für die Ausfüllung der Bogenfelder gilt daffelbe wie für die Zwifchenfelder der Confolenreihen, und für die Eckbildung und Auflöfung in Lifenen daffelbe wie bei den rechteckigen Steinen.

In der Backftein-Gothik erfcheint anftatt des Rund- oder Segmentbogens auch der Spitzbogen ohne die gothifchen Nafen oder mit folchen Kleeblattbogen, Fig. 445 ¹²¹) u. 453 ¹²²), und im Romanifchen und Italienifch-Gothifchen der Kreuzbogenfries, d. h. die Durchkreuzung zweier Bogenfriefe (Fig. 446 ¹²³).

ι) Dachbrüftungen oder Attiken oder Auffätze als Beftandtheile von wagrechten Gefimsen aus Formfteinen (Fig. 417, 451, 453 u. 484.

ϰ) Vorkragende Pfeiler und Fialen aus Formfteinen, als lothrechte Theilungsglieder die Gefimfe durchfchneidend und überragend oder zur Eckbildung verwerthet. Hier find weit reichere Querfchnittsformen der Fialen möglich, als mit den rechteckigen Steinen (Fig. 417 u. 418); es erfcheinen Sechseck, Achteck mit Eckrundftäben oder fcharfen Kanten und Füllungen, ferner die Kreisform und die aus dem fchräg ftehenden Quadrat abgeleiteten Figuren mit gefchweiften Seiten u. f. f. Beifpiele würden durch Uebertragung der Fialen

Fig. 445 ¹²⁴).

ca. ⅛ w. Gr.

aus den Giebeln in Fig. 463, 603, 611 u. 612 auf geeignete wagrechte Gefimfe, oder durch Profiliren der lothrechten Kanten derjenigen in Fig. 417 u. 418 erhalten. An der Ecke verwandelt fich die Fiale zuweilen in ein kräftiges hoch ragendes Thürmchen (achteckiger Thurm in Fig. 618). Hierher gehören auch Eckbildungen mit Erkerthürmchen, die das Gefims nicht nach oben überragen, z. B. am höheren Thurm in Fig. 618, ferner in Fig. 470.

Gröfsere wagrechte Gefimfe vorwiegend aus Formfteinen bieten Fig. 418 (mit Fries aus Mettlacher Plättchen),

¹²⁰) Facf.-Repr. nach; Ausm. a. a. O., Bl. XXII.
¹²¹) Facf.-Repr. nach; Kuster, L. Beiträge zur Kenntnifs der Backftein-Architektur Italiens, Berlin 1890—92. Bl. XVI.
¹²²) Facf.-Repr. nach; Ausm. a. a. O., Bl. XXII.
¹²³) Facf.-Repr. nach ebendaf., Bl. XXXVI.

Fig. 446 [188].

Fig. 447 [189].

¹⁄₂₀ w. Gr.

ca. ¹⁄₂₀ w. Gr.

Fig. 448.

Fig. 413, 437, 438, 443, 444, 445, 446, 448, 449, 450, 451, 452, 453, 603 (Traufseite) u. 707 (Gurtgesims).

Das Schornstein-Kopfgesims in Fig. 448 ist mit Hauben geringer Größe abgedeckt, die durch einen Eisenring an ihrem Fuße vereinigt sind und das Zinnenmotiv nachbilden. Die angedeuteten Farbengegensätze müßten sehr starke sein, um nicht unter einem Kohlenstaubüberzug des Kopfes verloren zu gehen. Als Formsteinmotive erscheinen außer den glatten Gliedern Bandfries und Bogenfries auf Consolen; der Staffelfries braucht nur rechteckige Steine.

Bei den Hauptgesimsen in Fig. 449 u. 450 sind glasirte Steine in zwei Farben neben den gelbrothen unglasirten beigezogen, und zwar bedeutet die Punktirung der Fläche grüne Glasur, die Schraffirung braune. Hiernach sind grün glasirt die Terracotta-Klötzchen mit den Blättern unter den Rinnen, ein Theil der Bogensteine in Fig. 449, die Maßwerksteine im Fries von Fig. 450 (auf gelbrothem Grund), und die im Schlagschatten befindlichen Hohlkehlensteine in derselben Abbildung. Braun glasirt sind die Deckflächen zwischen den Rinnenklötzchen mit Einschluß der Nasenschicht, ferner das Zierband um die Bogen in Fig. 449 und die

Entwurf des Verf. — ⁴⁄₄₀ w. Gr.

Fig. 449.

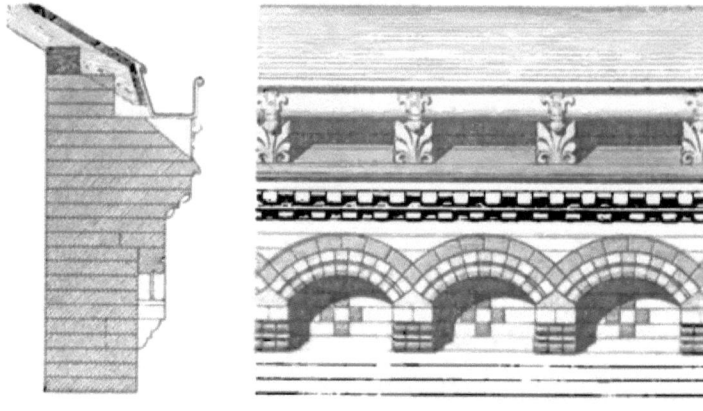

Fig. 450.

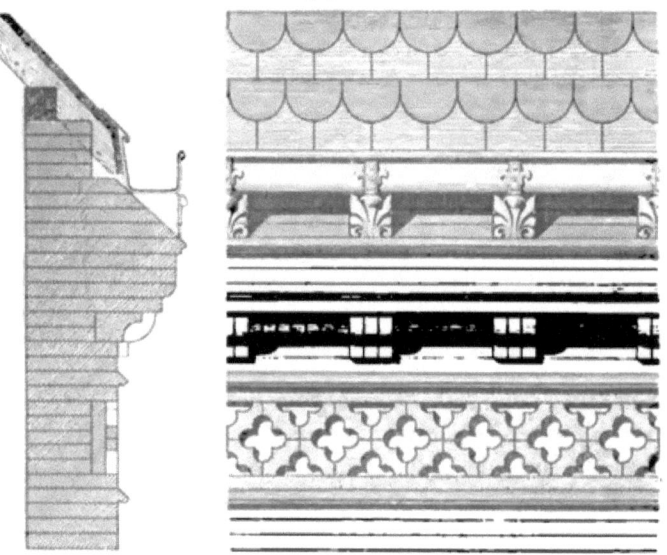

Von der *Johannes*-Kirche zu Altona.

ca. 1,5 w. Gr.

Arch.: *Olsen.*

Fig. 451.

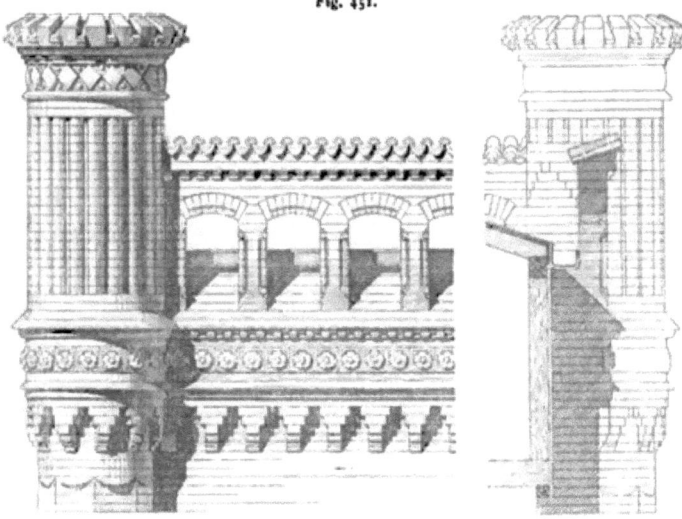

Motiv aus Hamburg. — 1/45 w. Gr.

Kreuze in den Bogenfeldern, endlich die beiden Nasenschichten über und unter dem Fries in Fig. 450 Auch die Kupferrinne mit den verzierten Haltern und das Dach mit dem Gegensatz röthlicher und schwarzer Schiefer wirken in der Polychromie der Baustoffe mit.

Fig. 451 ist das Krönungsgesims eines quadratischen Bauwerkes mit flachem Zeltdach, dessen Traufrinne hinter einer Brü-stung auf offenen Arcaden liegt und dessen Ecken durch höher geführte Thürmchen mit gebündeltem Schaft und Zinnenbekrönung aus Hau-stein ausgezeichnet sind. Die Brüstung ist mit Hohlziegeln abgedeckt und der Raum für die Rinne an der Ecke durch Auswinkelung der Thürm-chen gewonnen, so dass die Innenwand der Brüstung un-ten ein volles Quadrat bildet. Neben den Formsteinen er-scheinen auch Friese aus Ter-racotten in Plattenform.

In Fig. 452 ist das Grundmotiv des Bogenfrieses auf Consolen zur reichsten Wirkung gesteigert mit Hilfe eines vielgliederigen Gesimses an der Bogenlinie, das auch einen Zahnschnitt aus Form-steinen aufweist. Die Con-

Fig. 452.

Motiv aus Bologna. — ca. 1/30 w. Gr.

folen find auskragende rechteckige Pyramiden mit Krönungsgefims; fie tragen den Bogenfries durch Vermittelung eines Kämpfergefimfes, das den Uebergang von der Ecke der Confolen zum zurücktretenden Bogengefims durch fchräg ftehende lothrechte Flächen vermittelt.

Fig. 453.

Unglinger Thor zu Stendal[???].
ca. 1/100 w. Gr.

Das Gefims in Fig. 454[???] hat dem Motiv der Zinnenbrüftung mit Hilfe von Formfteinen zu größter Bedeutung verholfen, indem es die einfachen Linien der lothrechten Kanten durch Gefimsftäbe erfetzte, die fich auf einer ftark geneigten Bankfläche anfchneiden, und die Zwifchenflächen unter kräftiger Vertiefung mit Maßwerk fchmückte. Die Brüftung erfcheint über einem wagrechten Gefims aus Formfteinreihen mit Kleeblattbogenfries. Zum Gegenfatz glafirter und unglafirter Steine tritt hier noch das Weiß der dünnen Putzfchichten in den Maßwerkfeldern, in den Bogenfeldern und -Zwickeln, am Krönungsgefims der Zinnen. Daffelbe Zinnen-Hauptgefims erfcheint über einem zweiten mit etwas veränderten Formen an dem Bauwerk, das in Fig. 453[???] mit Einzelheiten in Fig. 453[???] dargeftellt ift. Hier find fchon Terracotten mit Relief-Ornament hinzugetreten.

Ein größeres Formfteingefims ift auch das Traufgefims in Fig. 603; es befteht der Höhe nach aus zwei Theilen, von denen der untere um die Eckfäule herum auf die Giebelfeite übergeht, der obere an die Eckfäule fich anfchneidet und nach oben in einem Blechrinnleiften endigt.

Im Uebrigen find die aufgezählten Beifpiele wagrechter Formfteingefimfe durch die vorangeftellte allgemeine Befprechung diefer Gefimsgruppe genügend erklärt.

Was die Giebelgefimsmotive aus gebrannten Formfteinen betrifft, fo find fie wieder entweder reichere Giebelrandbildungen und Auszeichnungen von Fußpunkten und Spitze, in welcher Beziehung auf Art. 112 (S. 173) zu verweifen ift, oder nach der Dachneigung fortlaufende Motive. Die Einzelaufzählung diefer letzteren ift aber entbehrlich, da fie fich mit Hilfe des über die wagrechten Formftein-

gefimfe Gefagten aus den Giebelmotiven mit rechteckigen Steinen leicht ableiten laffen.

174

Als Beifpiele gehören hierher Fig. 427, 456, 457, 458, 459, 460, 461, 462, 481, 562, 603, 707, 712 u. 720.

In Fig. 427 find Segmentbogen aus Formfteinen mit gleich hoch liegenden Kämpferpunkten auf Confolen aus rechteckigen Steinen und einem Formftein aufgefetzt; Terracottenfüllungen fchmucken

Fig. 454 [94].

Vom Steinthorthurm in Brandenburg. — ca ⅛₅ w. Gr.

die Bogenfelder. Darunter erfcheint die Giebelftaffel von Zahnfchnitten aus Formfteinen getragen. Beide Motive löfen fich in Lifenen auf. Das Gefims ift mit einer profilirten Haufteinplatte über einer geneigt ftehenden Rollfchicht abgedeckt.

[94] Facf.-Repr. nach: Adler, a. a. O., Bl. IV.

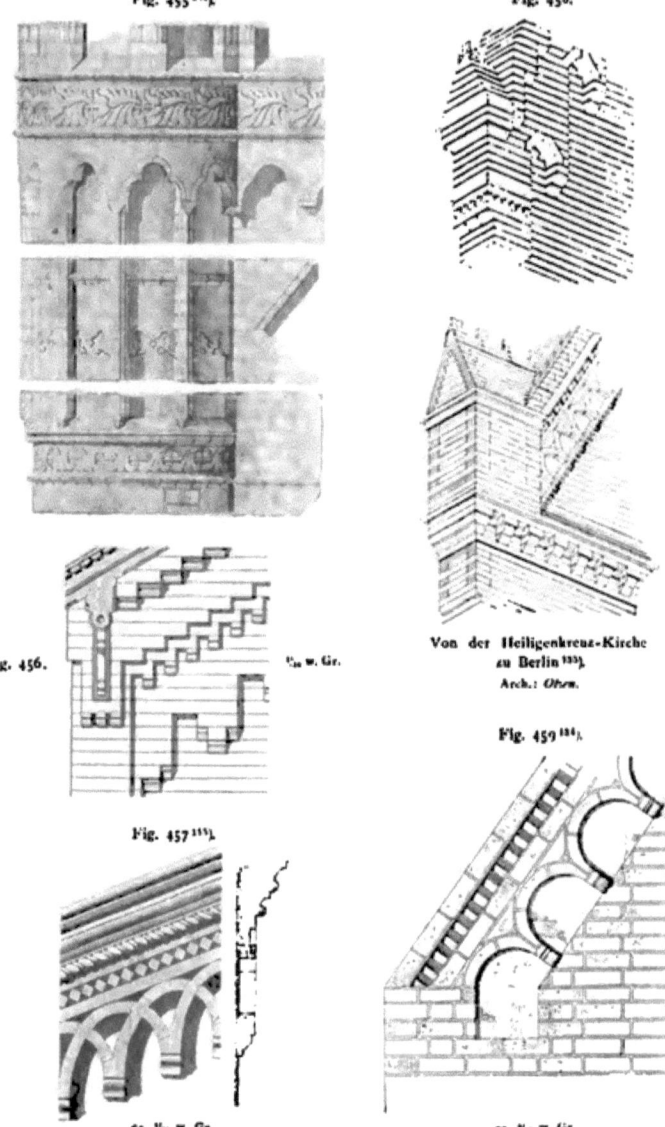

Fig. 455 [¹¹⁰].

Fig. 458.

Fig. 456.

¹⁄₁₆ w. Gr.

Von der Heiligenkreuz-Kirche
zu Berlin [¹³³].
Arch.: Otzen.

Fig. 459 [¹³⁴].

Fig. 457 [¹¹⁵].

ca. ¹⁄₁₆ w. Gr.

ca. ⁴⁄₂₀ w. Gr.

Fig. 456 ist eine Zuſammenſtellung verſchiedener Giebelmotive aus Formſteinen und rechteckigen Steinen, und zwar: erſtens der rechtwinkeligen Giebelſtaffel aus Formſteinen, die in etwas anderer Form auch in Fig. 712 von Conſolen geſtützt wiederkehrt; zweitens deſſelben Motivs aus rechteckigen Steinen ohne Conſolen; drittens deſſelben Motivs aus rechteckigen Steinen mit Unterſtützung durch Formſtein-Conſolen; viertens des Staffelfrieſes mit zwei Stufen aus Formſteinen. Das erſte Motiv ſtößt an die

Fig. 460.

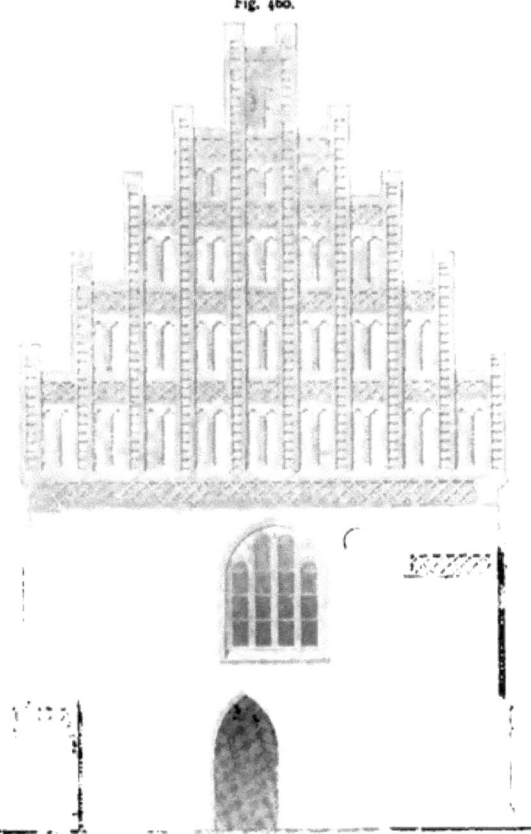

Von der Capelle des heil. Grabes im Kloster Heiligengrabe [184].

ca. ⁹/₁₀₀ w. Gr.

Dachpfette an; das zweite löst ſich in eine hängende Liſene unter der Pfetten-Conſole, das dritte mit dem vierten in eine ausgewinkelte Ecklifene auf.

Der Rundbogenfries erſcheint ſenkrecht zum Giebelrand geſtellt in Fig. 457 [185], als Spitzbogenfries mit derſelben Richtung in Fig. 458 [186] unten, und als lothrecht ſtehender Kreuzbogenfries in

[184] Nach: Stizler, O. Die Bauformenlehre etc. Leipzig 1867.
[185] Facſ.-Repr. nach: Adler, a. a. O., Bl. LV.

Fig. 461 [137]).

ca. ⅛ w. Gr.

Fig. 458 [134]). Hier findet fich zugleich eine Bekrönung aus vier glatten Gefimsfchichten von liegenden Formfteinen, deren Lagerfugen parallel zum Giebelrand liegen, wogegen folche in Fig. 481 zwar ebenfalls parallel zum Giebelrand, aber rollfchichtenartig gemauert und in Fig. 463 [135]) u. 603 mit wagrechten Lagerfugen vorkommen. Die beiden letzten Abbildungen find auch Beifpiele für die vorkragenden Pfeiler aus Formfteinen, welche das geneigte Giebelgefims durchbrechen oder abfchliefsen; in beiden Fällen find die Fialen über Ecke geftellt, auf die ganze Giebelhöhe durchgefübrt und mit fchlanken Pyramiden unter Auszeichnung der Spitze abgefchloffen. Fig. 461 [137]) u. 462 [136]) (jene ift Einzelheit zu Fig. 460) gehören zwar zu den oben unter a genannten Randbildungen, könnten jedoch eben fowohl auf einem gerad-

Fig. 462 [136]).

ca. ⅛ w. Gr.

linig geneigten Giebelrand aufruhen und mögen daher in Ermangelung anderer Beifpiele als folche für die oben unter c genannten ftufenförmigen Auffätze aus Formfteinen gelten.

Der Bogenfries ift in Fig. 458 u. 603 oben als Kleeblattbogenfries, in Fig. 720 als Rundbogenfries mit Rofettenfüllung der Bogenfelder auf den Giebel übertragen.

Gefchweifte Randgefimfe aus rollfchichtenartig geftellten Formfteinen mit Fugen fenkrecht zum Rand, alfo convergirend, erfcheinen in Fig. 562 (Darftellung des Giebels als Rohbau).

4. Gefimsglieder aus feineren Terracotten.

Hierher find alle gebrannten Steine mit minder einfachen ftereometrifchen Formen als Quader und Prisma, oder folche mit Ornament zu rechnen. Sie treten auf:

α) Als Blockftücke, in den Verband des Backfteinmauerwerkes eingreifend, wie gewöhnliche liegend oder rollfchichtenartig oder ftromfchichtenartig oder im Bogen geftellte Backfteine (in Fig. 464 der Eierftab und Herzblattftab, in Fig. 435 u. 470 die Pyramidenreihe).

β) Als Platten von etwa 2 bis 6 cm Stärke, gewöhnlich als nachträglich angebrachte lothrechte Verkleidung des Backfteinmauerwerkes, auffitzend auf einer vorfpringenden Schicht und oben von einer folchen gehalten. Es ift dafür zu forgen, dafs der Mauerdruck fchwächere Platten diefer Art nicht in Anfpruch nimmt (in Fig. 464 der Fries). Leichte, dünne Plättchen können auch ohne

[137] Facf.-Repr. nach: Kugen, a. a. O. Bl. XVII.
[134] Facf.-Repr. nach ebendaf., B. XXXVII
[136] Nach: Steindorff, II. Vorlegeblätter für das Studium der Baukunst.

Handbuch der Architektur. III. a. b. (2. Aufl.)   12

114.
Conftructionsformen
der
Terracotten.

Fig. 463.

Fig. 464.

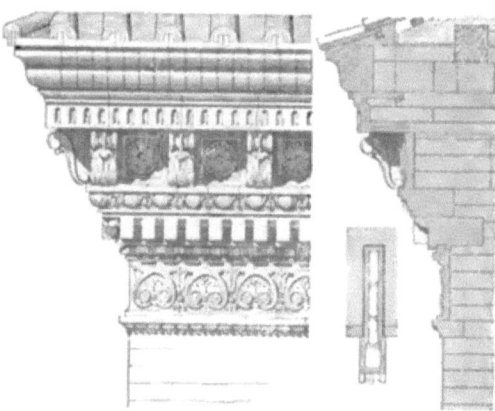

Motiv aus Faenza. — ca. 1/15 w. Gr.

Unterſtützung von unten her nur dem Mauerwerk mit gutem Cement-Mörtel angeheftet oder in die Fugen genagelt werden.

γ) Als Schalen von ca. 2 bis 4 ᶜᵐ Dicke mit winkelförmigem oder L-förmigem Querſchnitt (in Fig. 416 die Kranzplatte), oder mit rings einfaſſenden Rippen auf der Rückwand oder endlich. auch mit theilenden Rippen (»Stegen«). Mit den Rippen greifen die Thonſchalen in den Verband des Mauerwerkes ein; ſie werden daher im Allgemeinen nicht nachträglich dem Mauerwerk vorgeſetzt. Theilende und rings einfaſſende Rippen bilden zugleich eine Verſtärkung der lothrechten Thonwand.

δ) Als Hohlkörper von beliebigen Formen, nur nach einer Seite offen, oder als Thonrohre mit beliebigem Querſchnitt, alſo nach zwei Seiten offen, gewöhnlich in weit größeren Abmeſſungen, als die Backſteine und in das Mauerwerk einbezogen wie Werkſtücke in Hauſtein (in Fig. 464 die Conſolen, ferner Fig. 487[110]).

Als Platten, Schalen und Hohlkörper finden die Terracotten auch zur Verkleidung von Holzwerk oder Eiſen Verwendung (ſiehe darüber in Kap. 20, unter b).

Ob ein Geſimsglied aus Terracotten in dieſer oder jener der vier genannten Conſtructionsformen auftritt, hängt von ſeiner Höhe und Belaſtung ab. Bildet es eine niedrige Schicht nicht über zwei gewöhnliche Backſteinſchichten hoch, ſo erſcheint es meiſt als Blockſtück; iſt es aber höher, ſo würde das Zerſchneiden durch wagrechte Fugen das Ausſehen ſtören und die Herſtellung als Blockſtück zu viel Maſſe ergeben, alſo das Stück ſchwer zu brennen ſein; deſshalb findet ſich hierbei meiſt die Platten- oder Schalenform. Röhrenförmige Terracotten treten vielfach als Kranzplattenſtücke auf, die ſich von einer Conſole zur anderen frei tragen, während die Form des nur nach einer Seite offenen Hohlkörpers etwa bei hohen, weit ausladenden Conſolen erſcheinen kann.

Runge ſagt[111]) über die Verbindung der Formſteine und Terracotten mit der Mauer bei den von ihm aufgenommenen oberitalieniſchen Terracotten-Geſimſen aus der Zeit der Gothik und Früh-Renaiſſance. »Nur in ſelten Fällen war eine Unterſuchung der Verbindung der Blendſteine mit der Wand möglich. Nicht ſelten beſtand die Verblendung in kleinen ſchwachen, oft nur ⅜ bis 1 Zoll ſtarken Platten, die mit gutem Mörtel an die Wand befeſtigt, dann aber auch nicht ſelten beſchädigt waren. Selbſt größere Platten bis zu 10 und 12 Zoll Höhe hatten nur 1 Zoll Stärke, ſetzten unten

115. Verbindung mit der Mauer.

[10] Ueber das Formen und Brennen der Terracotten ſiehe: Neumann, Der Backſtein, Sonderabdruck aus Zeitſchr. f. Bauw. 1877 u. 1878.

[11] A. a. O.

auf einem kleinen Vorsprung auf und wurden oben durch einen ähnlich übertretenden Theil gehalten. In der Regel aber fand sich eine vollkommene Verbindung wie bei gleichzeitig ausgeführtem Mauerwerk vor, während jene schwächeren Verblendungen wohl zum Theil erst nach Aufbau der Mauer, wenn gleich ursprünglich beabsichtigt, nachträglich angefügt wurden.«

116. Einrichtung.

Wie oben erwähnt, können feinere Terracotten entweder nur einen Theil des Gesimses neben gebrannten Steinen anderer Art bilden, oder das ganze Gesims besteht aus Terracotten. Im letzten Falle ist gewöhnlich die Gesimsform schon einem historischen Baustil angepasst, ja oft sogar Nachahmung von Hausteinformen des römischen oder Renaissance-Stils, wie z. B. bei Fig. 464, 485, u. 486, und es treten dann Motive auf, deren Eintheilung nach den früher aufgezählten 10 Backstein-Gesimsmotiven zwar noch möglich wäre, aber keinen Werth mehr hätte (Perlstäbe, Eierstäbe, Mäander, Meereswellen, Blattstäbe, Rosetten, Füllungen mit einfacherem oder reicherem Umriss u. f. f.). Aber auch der Constructionsstil verwerthet noch häufig feinere Terracotten in den Gesimsen, gewöhnlich in Verbindung mit einfacheren Formsteinen, und hat hierfür eine Reihe von Motiven, die eine Weiterbildung jener früher aufgezählten Elemente durch Beiziehen grösseren Formenaufwandes darstellen, immer aber mit Rücksicht auf das leichte Herausschlüpfen aus den Hohlformen entworfen sind. Um eine erschöpfende Darstellung der erzielbaren Formen kann es sich hier — abgesehen von der zu grossen Menge des Erfindbaren — schon desshalb nicht mehr handeln, weil hier die formale Erscheinung nur noch in geringem Grade durch die Construction, d. h. durch Herstellungs- und Zusammenfetzungsweise der einzelnen Stücke bedingt ist. Die gewählten Beispiele sind im Folgenden besprochen.

117. Beispiele.

In Fig. 465[113]) find die kleinen Consolen unten, die gedrehte Schnur und der Bandfries zu den Terracotten zu rechnen. Das Gesims in Fig. 466[114]) hat einen Bandfries mit glasirtem, wenig vortretendem Flachornament auf unglasirtem Grund, hergestellt mit 5 Modellen, wovon 4 quadratische Plättchen find und eines ein längliches Rechteck.

Fig. 465.

Von der Kirche *San Stefano* zu Venedig[114]).

[113]) Facf.-Repr. nach: Runge, L. Beiträge zur Kenntniss der Backstein-Architektur Italiens. Neue Folge Berlin 1853. Bl. XX, 3.
[114]) Facf.-Repr. nach: Adler, a. a. O., Bl. XCIII.

Fig. 466 [105].

ca. 1/20 w. Gr.

In Fig. 467 [104] find unter einer Terracotta-Rinne mit cannelirter Außenwand hohe Terracotta-Confolen mit wagrechter Durchlochung und rechteckige Thonplättchen mit vielfarbigem Ornament verwerthet; im Uebrigen befteht das Gefims aus rechteckigen Backfteinen und Formfteinen. Die zwei Eifenträger der Fenfterüberdeckung haben eine Ausfüllung ihres Zwifchenraumes durch wagrechte Thonplatten erhalten und ruhen auf zwei verzierten Kopfbindern aus Terracotta, welche als Kragfteine in die Laibung vortreten.

Fig. 468 [113]) bietet das Deckgefims einer Einfriedigungsmauer. Zwei fchalenförmige Terracotten mit geneigten Deckflächen und Stegen bilden die Gefimskrönungen beider Hauptflächen; die von ihnen gebildete Scheitelfuge erweitert fich oben zu einer trapezförmigen Nuth, die mit einer Formfteinreihe

Fig. 467 [114])

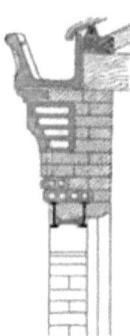

ca. 1/2 w. Gr.

in Cement-Mörtel zapfenartig gefchloffen ift. Diefe bildet zugleich einen Rundftab über der Fuge, der das Waffer auf die geneigten Deckflächen abführt. Unter den Terracotten ftehen einfache Gefimsmotive aus rechteckigen Backfteinen.

Das Gefims in Fig. 469 [116]) befteht zwar im Wefentlichen aus Haustein, hat jedoch zwifchen den Confolen Füllungsplatten mit farbigen Ornamenten aufzuweifen und führt damit im Hauptgefims den Gegenfatz von Hausteinen und mehrfarbigen gebrannten Steinen durch, der das Grundmotiv der Façadengeftaltung bildet und auch im hohen Gurtgefims mit den Majolica-Schildern wiederkehrt.

Fig. 468 [113].

ca. 1/20 w. Gr.

In Fig. 590 ift ebenfalls die Deckplatte Haustein, und zwar mit Abfchluß durch eine Hängerinne; die tragenden Glieder find Terracotta-Confolen mit Füllungsplatten aus demfelben Material und zwei Formfteinfchichten.

Unter einem Sparrengefims und als Ausfüllung zwifchen feinen Confolen und Streben erfcheinen Terracotta-Gefimfe in Fig. 470 u. 662. Bei diefem bilden das

[10] Nach: Chabat, P. La brique et la terre cuite etc. Paris 1881.
[11] Facf.-Repr. nach: Zeitfchr. f. Bauw. 1876, S. 156.
[12] Facf.-Repr. nach: Revue gén. de l'arch. 1872. Pl. 19.

Fig. 469 (469).

ca. ⅒ w. Gr.

Arch. Hermann.

Fig. 470.

Entwurf des Verf. — ⅟₄₀ w. Gr.

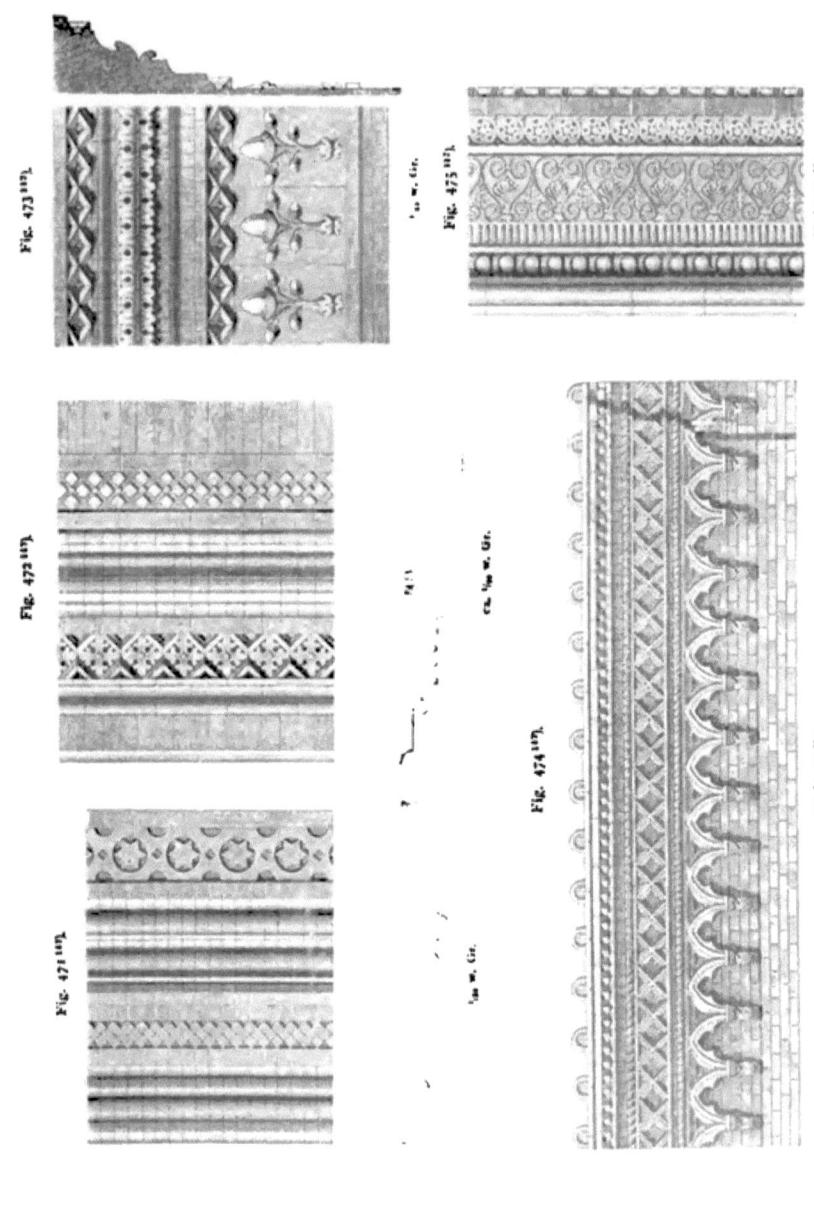

Fig. 473 ¹¹⁷.

⅓ w. Gr.

Fig. 475 ¹¹⁷.

ca. ⅙ w. Gr.

Fig. 472 ¹¹⁷.

Fig. 471 ¹¹⁷.

⅓ w. Gr.

ca. ¼ w. Gr.

Fig. 474 ¹¹⁷.

ca. ⅑ w. Gr.

Hauptmotiv große Halbkreiswandbogen mit Rofetten in den Eckzwickeln, welche glafürte Thonplatten mit farbigem Ornament oder gemalte Putsflächen umrahmen; ferner find Confolen unter den Klebepfoften und ein Bandfries unter ihnen als Terracotten hergestellt. Zum Gegenfatz der Materialfarben von zweierlei Verblendsteinen, Terracotten und Holz treten jene farbigen Ornamente in den Wandnifchen und folche auf einem Theile der Holzflächen. In Fig. 470 find von den Zimmerhölzern ebenfalls rechteckige Wandfelder gebildet und diefe durch rechteckige Terracotten-Füllungen gefchmückt; unter der Schwelle der Klebepfoften bilden Terracotten und Formfteine einen Rundbogenfries mit Bandfries und Krönungsgliedern. Auch bei Fig. 661 ift ein Terracotten-Gefims mit Confolenreihe und Füllungstafeln unter ein Sparrengefims gefetzt und das aus quadratifchen Thonplatten im Netzverband gemauerte Wandfeld zwifchen je zwei Lifenen mit einem Bandgeflecht aus Terracotta umrahmt. Endlich gehört das Traufgefims in Fig. 712 hierher; doch fehlen bei diefem die Klebepfoften oder Bretter-Confolen unter den Sparren; die Terracotten-Glieder als Confolenreihe mit Rofettenfüllungen und als Bandfries laufen ununterbrochen unter dem Sparren durch.

Ein Fortfchreiten des Gehaltes an Terracotten gegenüber den beigefügten Backfteinen und Formfteinen ergiebt die Vergleichung der alt-italienifchen wagrechten und lothrechten Gefimfe in Fig. 471, 472, 473, 474 u. 475[117]; in Fig. 464 befteht nur noch die Sima des Gefimfes aus Formfteinen, und in Fig. 476[118]) ift die ausfchließliche Zufammenfetzung aus ornamentalen Terracotten erreicht. Die beiden letzten Gefimfe bieten zugleich ftärker ausladende Confolen als Hohlkörper, jenes eine eben

Fig. 476.   ca. ⁹⁄₁₀₀ w. Gr.

Aus Bologna[118]).

Fig. 477.

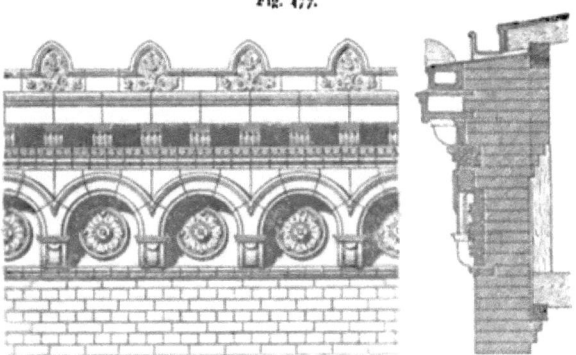

Von einem Krankenhaus zu Berlin[119]). — ca. ¹⁄₁₅ w. Gr.

[117]) Fach-Rept. nach: Runge, a. a. O., Bl. X, XVI, XXII, XXIV, XXXXV u. XXXXVI.
[118]) Nach: Die Bauhütte, Bl. 131 (aufgenommen von Hordete).
[119]) Mit Benutzung eines Abbildung in: Deutsche Bauz. 1884, S. 484.

fo geſtaltete Kranzplatte und dieſes als meiſtbedeutendes Motiv den Muſchelfries, der in etwas ver-
änderter Form, nämlich ohne Confolen und mit Vorneigen des Wandgrundes durch ſtetige Krümmung,
in Fig. 723 wiederkehrt. Hier tritt er an die Stelle des Frieſes in einem dreitheiligen Gefims, deſſen
Kranzgefims eine Hauſteinplatte mit tragenden Gliedern in gebranntem Thon, und deſſen Architrav ein
Bandgeflecht in demſelben Material darſtellt.

Fig. 495, 496 u. 497 zeigen Archivolten-Gefimſe in Terracotta; die ſculptirten Glieder ſind
Bandgeflechte, Blattſtäbe, gedrehte Schnüre, Roſettenreihen. In Fig. 496 erſcheint auch eines jener
zahlreichen Motive, die in der Terracotten-Architektur, wegen ihres leichten Herausſchlüpfens aus der
Hohlform, beliebt ſind und dadurch entſtehen, daß in der Mitte jedes Feldes in irgend einem Netz
geſetzmäßig ſich kreuzender gerader oder auch gekrümmter Linien ein vertiefter Punkt angenommen
und mit allen Randpunkten des Feldes geradlinig verbunden wird.

Fig. 478.

Von der Univerſitäts-Bibliothek zu Halle a. S.[100].
ca. 1/14 w. Gr.
Arch.: v. *Tiedemann*.

Der Rundbogenfries des Gefimſes in Fig. 477[110]
iſt wie eine Hauſtein-Bogenreihe aus keilförmigen
Blockſtücken mit angepreßtem Gefims hergeſtellt; er
ruht auf ſtark einbindenden Confolen, und große Platten mit Roſetten füllen die Bogenfelder. Um die
Außenlaſt der hohen Kranzplatte und der Attika nicht
auch dem Bogenfries aufzuladen, ſondern ſie möglichſt
unmittelbar auf das Mauerinnere abzuſtützen, müſſen
auch die oberen Confolen bis mindeſtens zur Mitte der
Mauer einbinden und innen noch kräftig belaſtet ſein.

Die reichſten wagrechten Gefimſe mit Terracotten
zeigen Fig. 478[110], 479[111] u. 899 und zwar die erſten
mit Einbeziehung von Hauſtein-Kranzplatten. Die
Hauptmotive ſind auch Confolenreihen, Bogenfrieſe,
Bandfrieſe, mit niedrigen, ſculptirten oder glatten Zwi-
ſchengliedern. Als ein Beiſpiel für lebhafte Farben-
gegenſätze und Glaſur iſt ſchließlich das Gefims in Fig.
480[112] zu nennen; die bunten und glaſirten Flächen,
welche den Gegenſatz zu der gelbröthlichen Grundfarbe
zu bilden haben, ſind die Füllungen zwiſchen den Confolen, die Schrifttafel und die bandgeflechtumrahmten
Bogenzwickel unter dieſer. Zugleich iſt dieſe Abbildung

[110] Facſ.-Repr. nach: Zeitſchr. f. Bauw. 1898. Bl. 4.
[111] Facſ.-Repr. nach ebendaſ., 1871. Bl. 50.
[112] Nach: Chabat, a. a. O., Pl. LII.

Fig. 479.

Vom Thurm des Rathhauſes zu Berlin[113].
ca. 1/44 w. Gr.
Arch.: *Waeſemann*.

Fig. 480.

Fig. 481 [161].

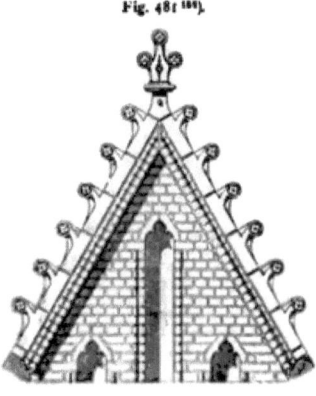

ca. ¼₀ w. Gr

Vom Pavillon der *Union céramique* auf der Weltausstellung
zu Paris 1878 [159]. — ca. ¼₃₀ w. Gr.

ein Beispiel reichster Form einer Rinnenaußenwand in Terracotta, die als Attika
über der Kranzplatte behandelt ist.

Giebelgesimse mit Terracotten find
Fig. 459, 481 [161], 482 [161] u. 483 [163]; das
erste bietet nur wenige Terracotten neben

vorwiegenden Formsteinen, das zweite Kantenblumen in Terracotta, die mit einer Basis in Form
winkelförmiger Platten auf dem Giebelrand reiten; das dritte hat wieder farbiges Ornament mit Glasur
und eine reichere Randbildung aufzuweisen, deren Terracotten mit Randrippen in den Verband der
wagrechten Mauerschichten eingreifen, wie der beigefügte Durchschnitt anschaulich macht.

Fig. 482 [161].

ca. ¼₀ w. G

[161] Fach-Rege, nach: Zeitschr. f. Bauw. 1864, Bl. 41.
[161] Mit Benutzung einer Abbildung in: Charvt, a. a. O.
[163] Nach Stützer, a. a. O.

Fig. 483 [¹⁸⁴]).

Die Nachbildung von Haufteinformen oder wenigftens die Anlehnung an folche bei aufrecht erhaltenem
Einfluſs der Technik des gebrannten Thones auf die Einzelformen erfcheint in Fig. 485 u. 486, und zwar in der
letzten mit befonders hohem Reichthum. Die Conftruction
ift weiter unten (in Art. 121) erklärt.

5) Herftellung grofser Ausladungen bei Rohbau-Gefimfen aus gebrannten Steinen.

Da man es hier mit einem Zufammen-
bauen der Gefimfe aus kleineren Stücken zu
thun hat, fo find die Ausladungen im Verhältniſs zur Höhe im Allgemeinen gering, und

118.
Hauftein
Confolen.

im Gegenfatz zu der frei vortretenden Kranzplatte der Haufteingefimfe blofs
durch geringes Vortreten jedes Gliedes über das vorhergehende gewonnen.
Grofse Ausladungen find nur durch befondere Hilfsmittel erreichbar, und zwar
mit Beiziehung von Hauftein oder von Eifen oder von befonders grofsen Terracotten in Hohlkörperform

Hauftein-Confolen treten vielfach als Stützen von weit vorkragenden Bogenreihen auf (fiehe Fig. 413), oder mit aufgelegten Kranzplattenftücken oder
Architravftücken, die in Terracotta als Schalen oder profilirte Röhren geformt
find. In beiden Fällen können folche Confolen, wenn die Ausladung auch im
Verhältniſs zur Mauerftärke fehr bedeutend ift, nahe der inneren Hauptfläche
mit tiefer liegenden Mauerfchichten verankert werden, ganz wie bei Fig. 379
u. 487 [¹⁸⁵]) die Confolefteine, bezw. die Eifenträger.

119.
Sichtbare
Eifentheile.

Wo Hauftein nicht zur Verfügung ſteht und auch gröfsere Terracotten
ausgefchloſsen find, da können Rohbau-Gefimfe in Backftein nur mit fichtbar
bleibenden Eifentheilen gröfsere Ausladungen annehmen, weil anders das ftatifche
Gefühl nothwendig verletzt werden müfste. Die kleinen Backfteine oder Formfteine würden durch die Lage ihrer Fugen die bemühende Vorftellung erwecken,
dafs fie nur durch die Mörtel-
verkittung im Gleichgewicht erhalten werden. Fig. 484 bietet

Fig. 484.

ein Gefimsmotiv mit fichtbaren
Eifentheilen, nämlich eine vorkragende Bogenreihe auf Eifenträgern in I-Form aufgefetzt, die
als Vorfprünge der Deckenbalken in ähnlicher Weife aus dem
Inneren des Gebäudes kommen,
wie bei Fig. 381, aber auch ohne
eine folche Decken-Conftruction,
nur mit Hinabverankerung in
der Mauer felbft, nach Art von
Fig. 487 auftreten könnten. Ein
Gufseifenplättchen mit Ornament

Entwurf des Verf.   ¹/₁₀ u. ¹/₁₅ w. Gr.

**) Mit Benutzung einer Abbildung im
Centralbl. d. Bauverw. 1882.

bildet die Stirn der Eifenträger und ift an ihren Steg längs einer lothrechten Rippe auf feiner Rückenfläche angefchraubt.

Bedeutende Ausladungen find auch mit Terracotten-Confolen erreichbar; fie werden hohl hergeftellt und tragen, wie jene Stein-Confolen, entweder eine Bogenreihe oder Architravftücke oder Kranzplattenftücke in gebranntem Thon. Das Gefims in Fig. 485[157]) ift ein Beifpiel für den letzten Fall. Zwei große Confolen, wovon die obere nahezu 1 m lang, bilden über einander geftellt und innen genügend belaftet die Unterftützung der Kranzplatte, die in jedem Confolenfeld aus einer äußeren, winkelförmigen Terracottenfchale und einer mit Falz darüber greifenden Füllungsplatte mit Rofette befteht. Auch die Wandflächenftücke zwifchen den Confolen, die tragenden Glieder unter ihnen und der Blattfries des Gefimfes find fchalenförmige Terracotten. Die Krönungsglieder der Kranzplatte beftehen dagegen aus gezogenem und der Rinnleiften aus gepreßtem Zinkblech.

Ein weiteres Conftructionsmotiv ergiebt fich, wenn die aus der Mauer vortretenden Eifenträger in Fig. 484 mit Umhüllung oder unterer Verkleidung durch Terracotten auftreten, wobei diefe gewöhnlich die Formen einer Hauftein-Confole entlehnen.

Treten an die Stelle der Gewölbe zwifchen den verkleideten Eifenträgern ebenfalls Terracotten als Kranzplattenoder Architravftücke, fo erfcheint eine letzte Gruppe von Rohbau-Gefimfen in gebrannten Steinen. Gewöhnlich bilden fie die Form weit ausladender Haufteingefimfe an der Traufe oder am Giebel nach; eine Architektur in felbftändigen Terracottenformen greift felten zu großen Ausladungen mit künftlichen Hilfsmitteln. Eine hierher gehörige

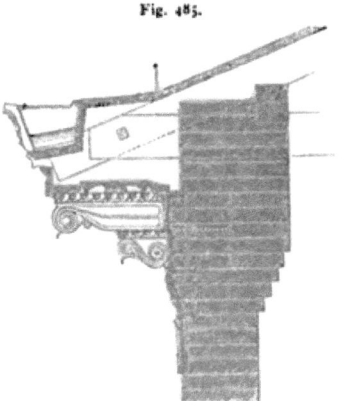

Fig. 485.

Vom Städtifchen Allgemeinen Krankenhaus zu Berlin[157]. — 1/50 w. Gr.
Arch.: *Gropius & Schmieden*.

Conftruction bietet Fig. 487[158]) mit den Anfichten in Fig. 486[158]), die im Wefentlichen nach einer Darftellung des reichen Kranzgefimfes römifch-korinthifchen Stils vom Kunftgewerbe-Mufeum in Berlin gezeichnet ift und eine Ausladung von etwa 1,60 m erkennen läßt.

Ueber jede Gefims-Confole ift ein Eifenträger in I-Form gelegt, aus der Mauer auskragend und durch ein wagrechtes C-Eifen, das über die inneren Enden aller Träger weggeht, an tiefere Schichten hinabgeankert. Jede der Confolen befteht aus zwei Theilen, die als hohle Terracotten geformt find; der untere ift durch genügendes Hineinbinden in die Mauer im Gleichgewicht; der obere Theil ruht mit dem inneren Ende auf dem unteren Stück auf und ift nahe dem äußeren Ende an die Eifenträger hinaufgehängt. Die Aufhängevorrichtung ift beigezeichnet; um das untere wagrechte Flacheifen, das die Seitenwände der Confole durchbohrt und trägt, an die zwei Hängeeifen anfchrauben zu können, ift das Terracottenftück am Stirnende offen. Die Confolen tragen außen die Kranzplattenftücke, und diefe find zugleich mit dem Träger-Unterflanfch verankert, um nicht nach außen ausweichen zu können. Der mit Löwenmasken befetzte Rinnleiften bildet eine Terracottenfchicht für fich. Zwifchen den Confolen, aufgelagert auf Gefimsvorfprüngen, ruhen je vier gebrannte Thonftücke, nämlich eines für den Caffeten-

157) Facf.-Repr. nach: Zeitfchr. f. Bauw. 1870, S. 10.
158) Facf.-Repr. nach: Centralbl. d. Bauwefen, 1882, S. 381.

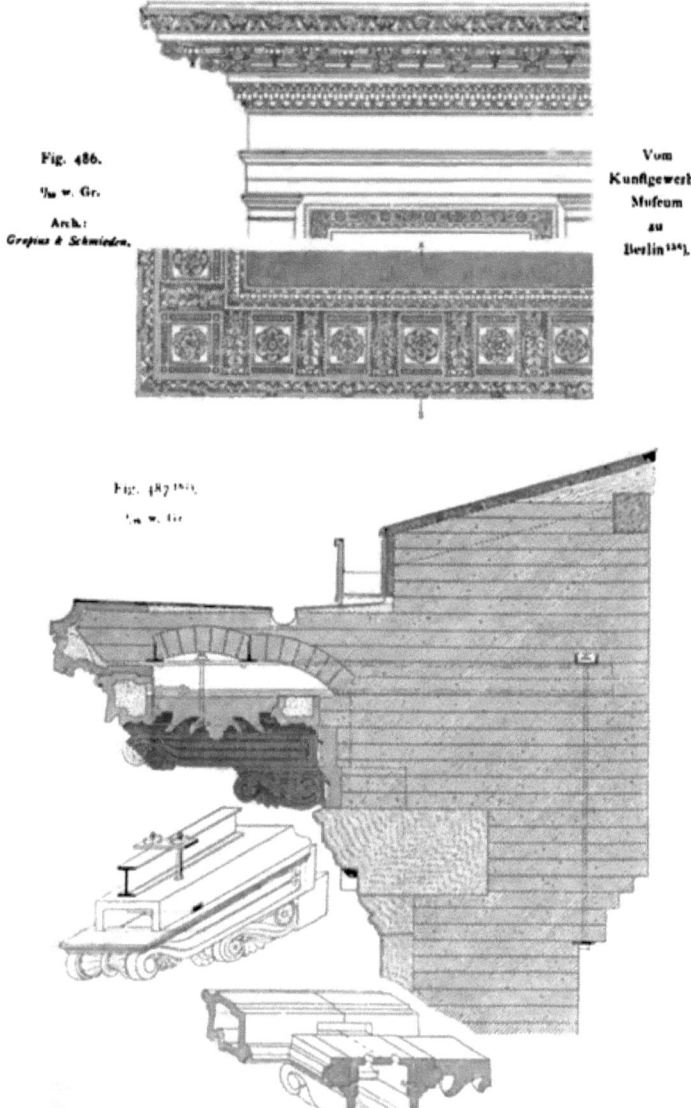

Fig. 486.

¹/₁₀ w. Gr.

Arch.:
Gropius & Schmieden.

Vom
Kunftgewerbe-
Mufeum
zu
Berlin¹²⁹).

Fig. 487¹³⁰).

¹/₁₀ w. Gr.

grund mit großer Rosette und drei für feine Umrahmung. Um diese Terracotten und die Consolen nicht zu belasten, sind zwei ⊥-Eisen über die I-Träger hinweggelegt und flache Backsteinkappen dazwischen gespannt, welche das abdeckende Mauerwerk aufnehmen. Die Hohlräume der Kranzplatten-Terracotten sind mit Cement-Beton ausgefüllt.

Die mit den beiden Consolen und einem Kranzplattenstück angestellten Belastungsproben haben eine sehr bedeutende Tragfähigkeit dieser Terracotten ergeben, wonach sie weit größere Lasten auf weit größeren frei tragenden Längen hätten aufnehmen können und einem guten Haustein gleich zu achten sind.

In anderen Fällen sind die Köpfe der Eisenträger unmittelbar benutzt, um die Kranzplattenstücke zu halten, indem sie in diese hineingreifen. Fig. 488 bietet hierfür ein Beispiel als Giebelgesims; doch ist die Construction eben sowohl auf Traufgesimse anwendbar. Die Terracotten in Schalenform mit Querrippen umhüllen die Köpfe der Eisenträger, an deren Stege Blechwinkelstücke mit aufrechten Flanschen angenietet sind.

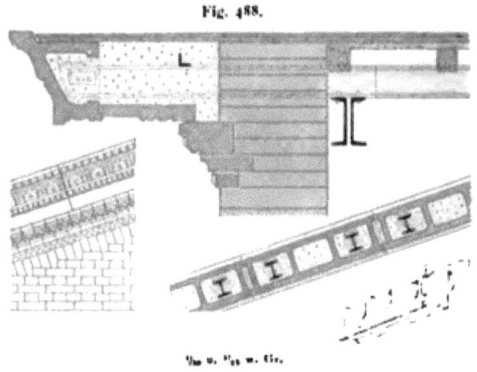

Fig. 488.

Der innere Theil der Kranzplatten-Unterfläche bildet der großen Ausladung wegen eine befondere Reihe von plattenförmigen Terracotten, die einerfeits mit Falz auf den äußeren Kranzplattenstücken, andererfeits auf den tiefen fchichten der Mauer aufruhen. Dabei ift eine fymmetrifche Gliederung der Unterfläche gewahrt. Durch das Ausgießen der Hohlräume mit Cement-Beton bilden jene Blechwinkel eine Verankerung der Terracotten mit den Trägern und verhindern jede Bewegung. Bei der Ausführung werden die Terracotten vor dem Ausgießen auf einem Lehrgerüfte genau in die richtige Lage gebracht.

223. Umhülltc Halzträger.

Fig. 489 bietet ebenfalls ein Giebel-Kranzgesims in Terracotten; doch find diese hier an eine Dach-Construction in Holz angefetzt, wie auch die darunter ftehende Wand als Holz-Fachwerkwand mit Thonplattenverkleidung erfcheint.

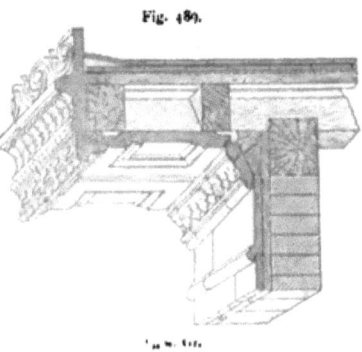

Fig. 489.

Die Ausladung ift in Holz durch einen äußerften Sparren (Flugfparren) vorgebildet, der wegen der Unzuläffigkeit von Pfettenköpfen hebelartig durch Wechfelfparren getragen wird (ähnlich wie in Fig. 708). Unter den letzteren, auf der lothrechten Bretter- oder Lattenverkleidung der Wand, fitzt eine Holzleifte mit abgefchrägter Vorderfläche. Auf diefe Hölzer find die äußeren Terracottenftücke, bezw. die tragenden Gefimsglieder genagelt, auch wohl angefchraubt, wofür die Löcher im Thon vor dem Brennen herzuftellen find. Dabei ift zu beachten, daß kein Nagel dem Waffer ausgefetzt ift, indem die Ziegel der Bedachung, am Anfchluß an die Terracotten in Mörtel gelegt, auch die oberen Nägel fchützen. Die Stücke am Giebelfaum find an ihren Stoßfugen überfalzt. Die Tafeln der Kranzplatten-Unterfläche, gleichzeitig mit den Stücken der tragenden Gefimsglieder anzubringen, ruhen mit Falz

beweglich und ohne Spannung auf den vorgenannten Theilen; fie find auch unter fich mit Falz verbunden und durch Anheften an die inneren geneigten Wechfelfparren gegen Abrutfchen gefchützt.

Ein Gefims mit folcher Holzunterlage verändert feine Form leichter, als
mit Eifenpfetten und bedarf eines guten Schutzes der Holztheile gegen das Eindringen des Dachwaffers.

b) Frei tragende Gefimfe aus gebrannten Steinen in Rohbau.

Solche Gefimfe finden ihre natürliche Löfung nach Fig. 490 im Aufruhen
auf einem fichtbar bleibenden Eifenträger oder auf mehreren gekuppelten
Trägern. Da diefe, um ein gutes Auflager zu haben, hinter dem Mauerhaupt

123.
Gefimfe
mit
fichtbaren
Eifenträgern.

Fig. 490.

Motiv aus Hamburg. — ca. 1/45 w. Gr.

zurückbleiben müffen (wie bei Fig. 381 bis 386) und eine Verkröpfung des Gefimfes über dem Pfeiler im Allgemeinen zu vermeiden fein wird, fo erfcheint
als Uebergang zur Mauerflucht über den Trägern ein mäfsig vorkragendes Backfteingefims, im gezeichneten Falle eine Confolenreihe mit nur zwei Schichten
und zwei Confolenformen im Wechfel. Für die Lage der Laft über den Trägern
ift das für die eben fo unterftützten Haupteingefimfe Gefagte zu beachten.

Ohne fichtbar bleibende Eifenbalken bilden die frei tragenden Rohbau-
Gefimfe in gebrannten Steinen mehr nur akademifche Probleme; ausgeführte
Beifpiele dürften fehr felten fein. Sie wären etwa anwendbar als Terracotta-
Verkleidung der Eifenbalken oder durch einen Mauerbogen entlafteten Eichen-
holzbalken über Schaufenftern und rechteckigen Einfahrten an Gebäuden in
Backftein-Rohbau; ferner als innere Unterzüge derfelben Art oder als Architrave
von Freiordnungen. Allerdings enthält ein architravartiges Ueberdecken einer
Lichtöffnung oder eines Raumes mit fichtbaren Fugen der gebrannten Steine

124.
Umhüllte
Eifenbalken.

einen noch größeren Widerspruch, als die Haufteingefimfe nach Fig. 384 u. 385, und das ftrengere Urtheil wird den flachen Mauerbogen oder fichtbaren Eifenträger vorziehen.

Die Befeftigung der Terracotten an einem Eifenbalken könnte etwa den folgenden Weg einfchlagen. Man nietet L-förmige oder Z-förmige Eifenblechlappen, ähnlich wie bei Fig. 567, in geeigneter Stellung an die Mittelrippe des Trägers, verfieht die Rückfeite der Terracotten mit Längs- und Querrippen, bringt fie auf einem Lehrgerüft in die verlangte Lage und giefst den Zwifchenraum von Eifen und Terracotta mit Cement-Mörtel, bei inneren Gefimfen mit Gyps aus. Das Bindemittel verankert nach dem Erhärten beide Theile, indem es die Trägerflanfche, Blechlappen und Thonrippen umhüllt. Diefe Art der Umhüllung eines Trägers bietet zugleich im Falle eines Brandes die nothwendige Sicherung des Eifens gegen unmittelbare Berührung durch das Feuer.

Frei tragende Terracotten-Gefimfe bildeten vermuthlich fchon im Alterthum die Gebälke mancher vorgriechifcher und tuskifcher Holztempel, indem entweder nur die Vorderfeite des hohen Holz-Architravs zum Schutz gegen den Regen mit gebrannten Thontafeln verkleidet oder der ganze Balken damit umhüllt war und auch die Stirnflächen der vortretenden Dachfparren durch ein lothrechtes Traufbrett mit Terracotten-Verkleidung gefichert wurden [139].

7) Gefimfe aus gebrannten Steinen bei Umrahmungen von Fenftern und Thüren.

125.
Li höffnung
aus
gebrannten
Steinen.

Die ausfchliefslich aus gebrannten Steinen gebildete Lichtöffnung kann auf der Backftein-, Bruchftein- oder Putzwand auftreten. Sie ift aus Gründen der Conftruction immer mit einem Bogen überdeckt (Halbkreis-, Segmentbogen, elliptifcher Bogen, Spitzbogen) oder ganz kreisförmig; zufammengefetzte Fenfter-Lichtumriffe, wie fie im Barockftil und im fpät-gothifchen Stil vorkommen, können hier aufser Betracht bleiben. Die ausfchliefslich aus gebrannten Steinen hergeftellte Fenfterbankfläche ift immer fteil geneigt.

Der Gefimsfchmuck läfst, wie bei den Fenfterbildungen in Hauftein, zwei Grundgedanken erkennen. Entweder find Pfeiler und Ueberdeckung durch ihren Schmuck als folche charakterifirt; d. h. der Pfeiler nimmt eine der auch anderwärts auftretenden Formen eines Backftein-Mauerkörpers an, und der überdeckende Bogen ift im Sinne der Hauftein-Archivolte oder des boffirten Haufteinbogens ausgeftaltet. Die nach diefem Grundgedanken entworfenen Einfaffungen mögen »Trägereinfaffungen« heifsen, da die Kunftform eines Trägers das Wefentliche an ihnen ift und die Pfeiler auch ohne Schmuck auftreten können. Oder ein Gefims bildet einen »Rahmen«, fei es um die ganze Lichtöffnung, als »hängender Rahmen«, fei es nur um die drei oberen Ränder, als »ftehender Rahmen«, wobei die lothrechten Gefimfe des Rahmens auf einem Gefims oder auf dem Fufsboden aufgeftellt find. Beim Rahmen find Stütze und Bogen von übereinftimmender Normalfchnittlinie und ohne Kapitell oder Kämpfergefims in einander übergeführt; einen Ausdruck für den Gegenfatz der ftatifchen Leiftungen von Pfeiler und Ueberdeckung will diefe Kunftform nicht bieten.

Neben den Trägereinfaffungen und Rahmen ift eine dritte Gruppe von Einfaffungen dadurch erhalten, dafs ein Rahmen in eine Trägereinfaffung oder in einen zweiten Rahmen, eine Trägereinfaffung in einen Rahmen oder in eine

[139] Vergl. Theil II, Band 2 diefes »Handbuches«, S. 207 u. ff. — ferner: Semper, G. Der Stil etc. 2. Aufl. Band 1, S. 425 u. Taf. III.

zweite Trägereinfaffung eingefchloffen ift. Eine weitere, beim Haufteinfenfter des Barockftils mannigfaltig ausgebildete Combination, bei welcher die vereinigten Kunftformen auf einander gelegt werden (wie man einen Bildrahmen vor einen zweiten breiteren hängen kann), findet fich mit gebrannten Steinen nur in feltenen Beifpielen. Combinationen von drei und mehr Einfaffungen hat der Backfteinbau romanifcher und gothifcher Richtung an Fenftern und Portalen; im Uebrigen treten folche zuweilen bei gekuppelten Lichtöffnungen auf.

126.
Farbenfchmuck allein.

Ein Schmuck für Pfeiler und Bogen kann ohne jedes Gefims mit Hilfe von verfchiedenfarbigen Backfteinen erzielt fein, indem etwa die Steine des Bogens abwechfelnd roth und gelb auftreten, oder abwechfelnde Dreigruppen rother und gelber Steine bilden u. f. f., auch wohl als dritte dunklere Farbe noch eine liegende grüne Schicht dem Bogen concentrifch aufgelegt ift, und der Pfeiler ebenfalls wagrechte Streifen in zwei Farben oder irgend ein anderes Farbenmufter zeigt. In Fig. 491 geben die drei Einzelabbildungen rechts oben drei folcher Motive für den Bogen und eines für den Pfeiler. Anftatt des Gegenfatzes verfchiedener Farben findet fich eben fo häufig der wirkfamere, zugleich durch den Glanz der Flächen fchmückende, aus glafirten und unglafirten Steinen.

Ein Farbengegenfatz kann auch dadurch gebildet fein, dafs Bogen und Gewände fich als rothe Backfteinflächen vom weifsen (rauhen oder glatten) Putzgrund der Wand abheben (fiehe Fig. 504); eben fo können weifse Figuren in Putz oder Beftich die Backfteinfläche der Umrahmung felbft nach einem gefälligen Mufter durchbrechen (Fig. 491, eine der inneren Archivolten der Figurengruppe). In Fig. 492 ift rauhes Bruchfteinmauerwerk als hellere Farbe der Backfteineinfaffung zur Seite geftellt; hier fehlt jeder andere Schmuck. Endlich können verfchiedenfarbige Backfteine auf weifsem Putzgrund auftreten (Fig. 499 u. 500).

127.
Farbenfchmuck als Ergänzung des Plaftifchen.

Dafs Farbengegenfätze der Steine den einzigen Schmuck einer Fenfterumrahmung darftellen, ift möglich; doch ift dies ein feltener Fall. Ueberwiegend häufig findet fich die Mehrfarbigkeit zugleich mit einem Gefimsfchmuck. Während die Backftein-Architektur der italienifchen Renaiffance meift ausfchliefslich durch plaftifche Zierformen in feinen Terracotten ihre Wirkung erzielt, ift in der Gothik der Farbengegenfatz die felten fehlende Ergänzung der Gefimsgliederung an den Fenfter- und Thüreinfaffungen, und daffelbe gilt von der modernen Backftein-Architektur derjenigen Richtungen, die an das Gothifche anknüpfen (Hannover'fche Schule, fiehe Fig. 508, 515 u. 525).

128.
Drei Arten gebrannter Steine.

Die Gefimfe an Bogen und Rahmen treten entweder ausfchliefslich vor die Wandfläche vor, wie bei den Hauftein-Archivolten und Rahmen der römifchen Baukunft und der italienifchen Renaiffance, oder ausfchliefslich hinter die Wandfläche zurück, wie beim gothifchen Haufteinbogen und Pfeiler, oder theilweife vor, theilweife zurück, wie bei manchen Haufteineinfaffungen der deutfchen Renaiffance. Wie bei den wagrechten Gefimfen, fo erfcheinen auch an den Umrahmungen die drei in Art. 100 (S. 152) genannten Arten gebrannter Steine: quaderförmige Backfteine, gebrannte Formfteine und feinere Terracotten. Die meiften Fenfter und Thüren zeigen nur die zwei erften; die reichften Formen fetzen fich ausfchliefslich aus Terracotten, die einfachften aus Verblendfteinen in in Quaderform zufammen. Die in Fig. 429 dargeftellten Normal-Formfteine find für die Umrahmungen nicht minder wichtig, als für die wagrechten Gefimfe.

Fig. 491.

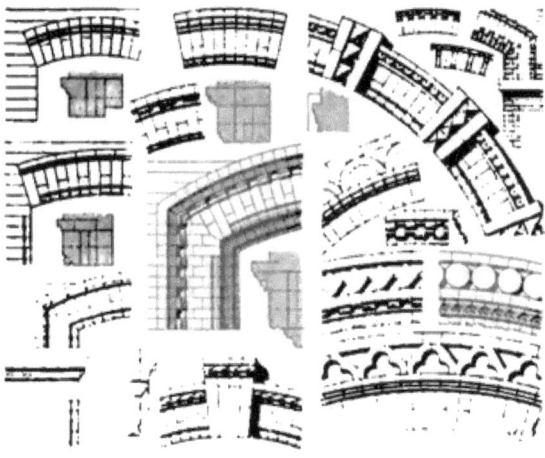

119.
Träger-
einfaßungen.

Fig. 491 zeigt in der Einzelabbildung links oben die einfachste mit Gefimsfchmuck auftretende Einfaffung. Eine Gefimsleifte bekrönt den überdeckenden
Bogen im Sinne der Archivolte, und zwar derart, dafs feine Steine felbft Formfteine find. Der Pfeiler ift noch ohne Schmuck, fo dafs nach Wegnahme jener
Leifte nur die »Conftructionsform« oder »Werkform« übrig bliebe. In der nach

Fig. 492.

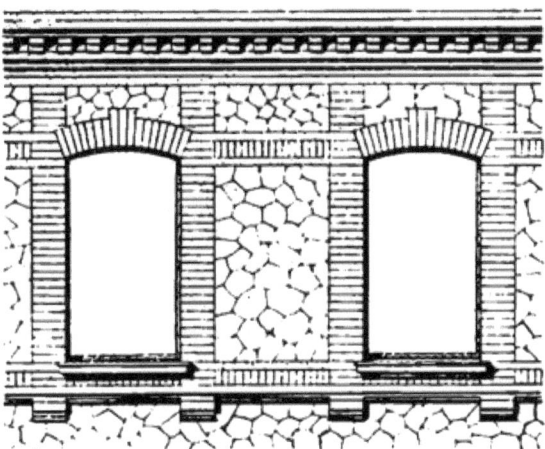

Motiv aus Berlin (mit Putzfeldern).

unten folgenden Abbildung ift die Gefimsleifte des Bogens aus befonderen liegenden Formfteinen gebildet, und der Pfeiler hat an der lothrechten Kante einen Rundftab als Gefimsfchmuck erhalten, der fich auch an der Unterkante des Bogens wieder findet. Um das Zufammenfchneiden beider Gefimsglieder zu umgehen, hören fie entfernt von der Ecke auf, ein oft verwerthetes Hilfsmittel. Die rechts anfchliefsenden Einzelabbildungen zeigen etwas reichere Gefimfe des Bogens. In Fig. 493[160]) erfcheint das Motiv in Verbindung mit farbigem Schmuck fowohl des Bogens als des Pfeilers.

Fig. 493[160]).

Während hier die fegmentförmige Archivolte mit der letzten Radialfuge aufhört, ift fie in der Einzelabbildung links unten (in Fig. 491) auf ein Kämpfergefims des Pfeilers aufgefetzt und zu diefem Zwecke durch Gehrung in die Lothrechte übergeführt. Diefelbe Form der Endigung der Archivolte findet fich aber oft auch beim Fehlen eines Kämpfergefimfes, und zwar fowohl beim Segmentbogen, als beim Halbkreis. Um reine Fugen und genügend grofse Steine an der Gefimsecke der Archivolte zu erhalten, mufs man oft eigens geformte Eckftücke einführen (dies gilt vom Rahmengefims gleichfalls); die mittlere Einzelabbildung zeigt ein folches Eckftück beim Rahmen. Im Allgemeinen aber ift mit einer Gehrungsfuge unter Zuhauen der Steine zu helfen, wie dies die Einzelabbildung links unten darftellt. In derjenigen rechts oben hat der Pfeiler ein Kämpfergefims, der Bogen nur farbigen Schmuck. Reichere Formen der Archivolte in gebrannten Steinen zeigen die Einzelabbildungen der rechten Seite und des unteren Randes; bei einer folchen wirken weifse Putzflächen mit; auch der Fall der Auszeichnung des Scheitels durch eine Nachbildung des Schlufsfteines der Hauftein-Archivolte ift vertreten. Reichere und reichfte Terracotten-Archivolten find in Fig. 494 bis 497 u. 521 dargeftellt.

Als weitere Beifpiele folcher Einfaffungen gehören hierher Fig. 498, 510, 515 u. 525 (fo fern bei allen nur die äufseren Theile der Einfaffungen in Betracht gezogen werden), 509 u. 534 (mit der Pfeiler- und Bogengeftaltung ohne inneren Theil von 504), 424, 451, 463 u. 603 (unteres Fenfter, innere Theile), 628, 712 u. 715 (bei diefen dreien ohne innere Theile).

Fig. 494.

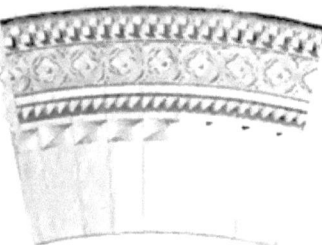

Von einem Wohnhaus zu Bologna[161].

[160] Nach: Spittler, a. a. O.
[161] Nach: Runge, a. a. O.

13*

Fig. 495 ¹⁰⁾).

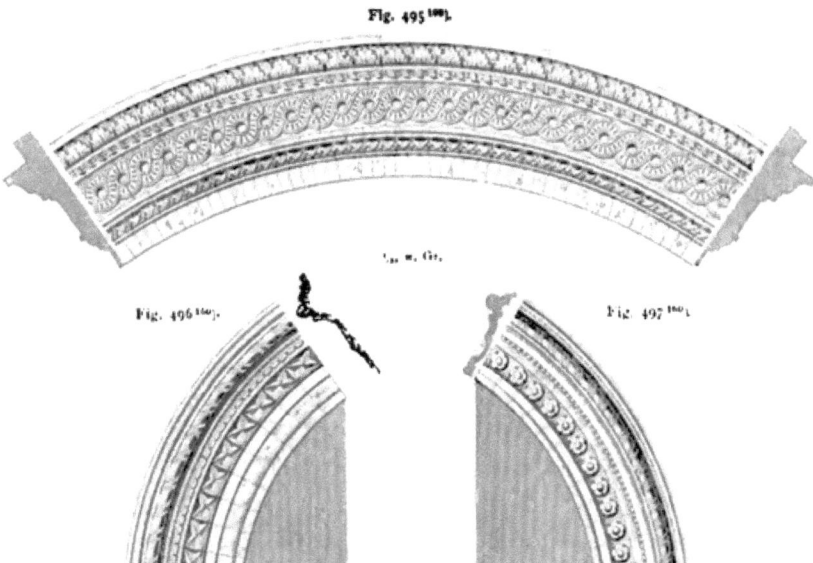

¹/₂₀ w. Gr.

Fig. 496 ¹⁰⁾). Fig. 497 ¹⁰⁾).

Sehr reiche Trägereinfaſſungen im Sinne der Archivolte, ganz in Terracotten hergeſtellt, bilden die äuſſeren Theile der Einfaſſungen in Fig. 520 u. 532; bei jener iſt die Stütze als Pilaſter mit Ranken- und Blätterkapitell geſtaltet, und der Bogen ſetzt das Motiv der Pilaſterfüllung fort; bei dieſer iſt zwar die Stütze eine Hauſteinſäule; doch könnte die Form auch in gebrannten Steinen ausgeführt werden.

In Fig. 498 iſt eine Trägereinfaſſung (als äuſſerer Theil) dadurch erhalten, daſs der boſſirte Hauſteinbogen und der Hauſteinpfeiler mit Eckboſſen und Kämpfergeſims in Backſteinen nachgebildet ſind. In Fig. 499 iſt ein Anklang an den boſſirten Pfeiler durch Verzahnung und Farbengegenſatz erzielt; ähnlich in Fig. 500.

Fig. 498.

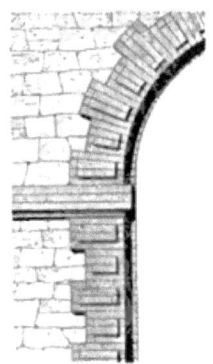

130.
Bekrönungen. Den im Sinne der Archivolte geſtalteten Ein- faſſungen werden zuweilen Krönungsgeſimſe aufgeſetzt; ſie ſind entweder, wie in der Hauſtein-Architektur, wag- recht, oder concentriſch zum äuſſeren Rand der Archi- volte. Fig. 501 zeigt den erſten Fall; dem Halbkreis iſt ein Rechteck umſchrieben, und dieſes trägt das wag- rechte Geſims, das im vorliegenden Beiſpiel einen Band- fries als weiteren Schmuck erhalten hat. Auch beim Terracotten-Fenſter in Fig. 521 könnte der rechteckige Rahmen um Pilaſter und Archivolte weggeblieben und die Bekrönung den zwei Zwickeln unmittelbar aufgeſetzt ſein; dann wäre auch dieſes Fenſter hierher zu rechnen. Zwei Beiſpiele für das concentriſche Krönungsgeſims, das in Hauſtein ſtilwidrig wäre, aber im Backſteinbau oft

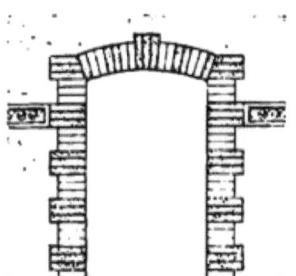

Fig. 499.

Fig. 500.

auftritt, find in Fig. 502 u. 503 dargeftellt. Bekrönungen beider Art erhalten
zuweilen Eck- und Scheitel-Akroterien,
wie die letztgenannte Abbildung fie zeigt.
Beim reichen Terracotten-Fenfter in Fig.
532 ift nicht ein Gefims, fondern ein
von allem Ueberlieferten abfpringendes
Schmuckftück mit Akroterien der Bogenkunftform aufgefetzt.

Motiv aus Berlin.

Der einfache Halbkreisrahmen erfcheint als »ftehender« Rahmen im mittleren Fenfter von Fig. 603, der Rundfenfterrahmen darüber; ein Segmentrahmen
umfaßt die Wandnifche, in der die beiden unteren Fenfter als Trägereinfaffungen fitzen; ein weiterer ift in Fig. 707 dargeftellt. Ein fchöner Rahmen
mit kegelförmiger, caffettirter
Laibung ift der Bogen um die
Uhr in Fig. 479; das Fenfter
darüber hat als äufseren Theil
der Einfaffung einen breiten
Formftein-Gefimsrahmen. Terracotta-Rahmen reichfter Geftalt bieten Fig. 518, 520, 522
u. 538.

Fig. 501.

Fig. 502.

In Fig. 491 ift die mittlere Einzelabbildung die obere Ecke eines fegment-
förmigen Rahmens. Diefes Beifpiel zeigt,
daß beim Segmentbogenfenfter die Glieder an der inneren Kante zuweilen, wie
bei der Trägereinfaffung, eine Steinbreite
oder zwei von der Ecke entfernt aufhören,
um den Steinfchnitt der Eckbildung zu
vereinfachen; eine folche kurze Unterbrechung bietet aber noch keinen Grund,
von der Bezeichnung »Rahmenfenfter«
abzugehen. Die meiften Archivolten in
Fig. 491 können zugleich als Theile von
Rahmengefimfen gelten.

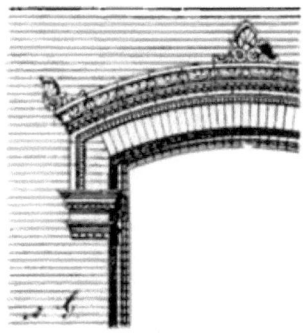

Fig. 503.

Der Fall des ausfchliefslichen Vortretens der Rahmengefimfe ift in Fig. 522
u. 526, derjenige des ausfchliefslichen
Zurücktretens in Fig. 479, 518 u. 528 verwirklicht; ein Gefims, das zu einem Theil
vorfteht, zum anderen zurücktritt, hat die eben erwähnte mittlere Einzelabbildung
in Fig. 491, eben fo Fig. 519, 537 u. a. Den Fugenfchnitt und die Formfteine eines
fehr grofsen Rahmens, wie er etwa im Hallenbau der gothifchen Backfteinkirchen
auftreten kann, zeigt Fig. 535.

Als eine feltene Anordnung ift die Nachbildung der fog. »Ohren« des Hau-
ftein-Fenfterrahmens zu erwähnen (Fig. 504 u. 505 als »hängende« Rahmen); fie
erfordern eigens modellirte Eckftücke für die Gehrungen des Gefimfes.

Fig. 500 u. 506 ahmen die Verzahnung einer Haufteineinfaffung in um-
gebendem Putzgrund nach. Anftatt vorzutreten, könnte die Backfteinfläche
bündig mit der Putzfläche liegen. Beide Umrahmungen können eben fowohl als

Fig. 504.

Fig. 505.

Fig. 506.

Fig. 507.

Fig. 508 [***].

Trägereinfaffungen wie als Rahmen erklärt werden, letzteres, wenn man vom
Fugenfchnitt abfieht.

132.
Bekrönung.

Was von der Bekrönung über
der Archivolte gefagt worden ift, gilt
auch für diejenige über dem Rahmengefims aus gebrannten Steinen. Ein
wagrechtes Verdachungsgefims ift dem
Rahmen in Fig. 507, ein concentri-
fches demjenigen in Fig. 504 und dem
inneren Rahmen in Fig. 526 aufgefetzt.
Auszeichnungen durch Akroterien und
ornamentale Auffätze find auch hier
möglich, wenn auch nicht durch Beifpiele vertreten. Das reiche Rahmenfenfter in Fig. 522 nimmt durch feine
fremdartig aufgefetzte Akroterienzier
eine Sonderftellung ein.

133.
Combinationen.

Eine einfachfte und oft verwerthete Verbindung zweier Umrahmungen
ift diejenige, bei welcher ein Rahmen oder eine Trägereinfaffung eine
Wandnifche einfchliefst, deren ebene
Rückwand die etwas fchmalere Lichtöffnung ohne jede Zierform durchbricht. Die Tiefe der Nifche bewegt
fich am häufigften zwifchen 6 und
25 ᶜᵐ.

Fig. 417 zeigt fie mit einer Trägereinfaffung
einfachfter Geftalt, Fig. 501 u. 508 [***] veran-
fchaulichen fie mit einer etwas reicheren, Fig. 507
mit einem bekrönten Rahmen. Diefe Anordnung
gewinnt mit geringem Aufwand Licht- und
Schattenflächen um die Lichtöffnung und eine
vergrößerte Fläche der ganzen Fenfterform, wodurch fie bedeutender ausfieht und eine größere
Wandfläche beffer ausfüllt. Wenn ein Kämpfergefims oder ein Kapitell einer
Trägereinfaffung vorhanden ift,
fo ftößt es an die Rückwand
der Nifche an und fchneidet
nicht in die Lichtöffnung ein,
wodurch das ungünftige Zufammentreffen eines folchen Gefimfes mit den Holztheilen des
Fenfterkreuzes und der Flügel
umgangen wird; auch diefem
Vorzug zu Liebe wird die befchriebene Anordnung häufig getroffen. (Vergl. Fig. 424, 501,
551, 699 u. 724.)

In Fig. 619 erfcheinen
zwei gekuppelte Segmentbogen-

Fig. 509.

Entwurf des Verf.

fenster innerhalb einer Trägereinfassung mit Segmentbogen, eben so in Fig. 478; doch treten hier nur
die Bogen der Fenster ohne Schmuck auf; die Pfeiler haben einen solchen schon erhalten.

Ein nächster Schritt zu einer reicheren Form ist das Anfügen eines Rahmengesimses an die Kante der Lichtöffnung.

In Fig. 504 u. 607 ist es noch sehr fein, breiter schon in Fig. 509, abermals breiter in Fig. 510[149])
u. 511[149]). Die innere Einzelabbildung in Fig. 491 bietet einen zurücktretenden feineren Rahmen
innerhalb eines breiteren in Segmentform. Vier
gekuppelte Lichtöffnungen mit Rahmen innerhalb
eines größeren hat Fig. 460, zwei solche Fig
512[157]).

Bei gekuppelten Lichtöffnungen ist
die Umrißlinie der Nische oft eine
andere, als diejenige des einzelnen Fensters, wie eben Fig. 460 zeigt; aber auch
schon bei den alleinstehenden Lichtöffnungen ist dies möglich. Ein runder
Rahmen um die Uhr erscheint in Fig.
479 innerhalb eines halbrunden, eben so
in Fig. 607 oben; auch auf das Thor in
Fig. 618 ist zu verweisen.

Fig. 510[149]).

Einen weiteren zu den Combinationen mehrerer Einfassungen zu rech-
nenden Fall bilden die Entlastungsbogen.
Sie ruhen im Allgemeinen auf schmuck-
losen Mauerkörpern auf, die neben
Rahmengesimsen und Trägereinfassungen

134.
Entlastungs-
bogen.

[149]) Nach: Spittler. a. a. O.

Fig. 511[160].

oft unabgetrennt von ihnen ſtehen, und zuſammen mit
ſeinen zwei Widerlagern bildet ein ſolcher Entlaſtungsbogen,
wo fern er mit irgend einem Schmuck auftritt, die Kunſtform einer neuen Trägereinfaſſung. In Fig. 513[160]) iſt ein
breites, gothiſches Rahmengeſims in eine entlaſtende Trägereinfaſſung eingeſchloſſen, ein ſchmales in Fig. 598, in
Fig. 693 ein Rundfenſter, in Fig. 603 (unten) ein Segment-
bogenrahmen. (Siehe ferner Fig. 596 u. 597. In Fig. 707
oben nimmt die Entlaſtung die Form zweier gegen einander geſtützter gerader Rollſchichten an.)

Als Halbkreis und Kleeblattbogen ruht der Entlaſtungsbogen oft auf dem Rahmen oder Träger ſelbſt auf,
wofür Beiſpiele allerdings nur bei den aus Hauſtein und
Backſtein gemiſchten Umrahmungen dargeſtellt ſind, z. B.
in Fig. 549 u. 559. Aber auch in ſolchen Fällen
kann der Entlaſtungsbogen als Beſtandtheil einer
Trägereinfaſſung gelten; denn, indem er ſeine
Laſt durch den Träger hindurch an ſeinen
Stützen oder durch den Quertheil des Rahmens
an ſeinen lothrechten Theile abgiebt, hat er entweder die Stützen mit der entlaſteten Trägereinfaſſung gemeinſchaftlich, oder ſie ſind als
vom Rahmen verdeckt vorzuſtellen.

Im Folgenden ſind die noch nicht oben
erledigten Beiſpiele für die Verbindungen mehrerer Einfaſſungen einzeln in das Auge gefaſſt.

Fig. 512[160].

Fig. 514[160]) zeigt am Fenſter das Incinanderſchachteln
zweier rechteckiger Rahmen in Terracotta, von denen der
äußere an den benachbarten Wandfüllungen wiederkehrt. In
Fig. 515[160]) ſind drei Rahmen und eine Trägereinfaſſung combinirt; die innerſten Rahmen ſind diejenigen der Segment-
fenſter und des Rundfenſters; dann folgt das rechtwinklige
Rahmwerk mit dem zugehörigen Halbkreisſtab, eingeſetzt in
einen feinen Bogenrahmen; dieſen letzten umſchließt die
Trägereinfaſſung, deren Pfeiler mit farbigem Oberſaum und
deren Bogen mit äußerer Geſimsleiſte, Farbengegenſätzen
und radialen plaſtiſchen Zierformen geſchmückt ſind. Fig.
516[160]) hat eine Trägereinfaſſung zweier gekuppelter
Lichtöffnungen aus Säule und Zackenbögen innerhalb
eines Terracotta-Rahmens; dieſer iſt durch einen
ſchmuckloſen Halbkreisbogen entlaſtet; äußere Stützen
der Trägereinfaſſung fehlen; die Bogen ſind aus dem
Rahmen ausgekragt und laſſen unterſtützende Conſolen
vermiſſen. In Fig. 603 iſt daſſelbe Motiv mit Segmentbogen ausgeführt und richtiger behandelt; hier iſt
auch der Entlaſtungsbogen geſchmückt. Verwandt iſt
Fig. 607 mit den drei hohen Wandniſchen. In den
entlaſteten Rahmen, der hier ſehr fein auftritt, iſt

Fig. 513[160].

[135. Weitere Formen von Combinationen.]

[160]) Nach: Appa, a a. O, III, XXXV.
[160]) Nach ebendaf., S. 31.
[160]) Nach: Runge, L. Beiträge zur Kenntniß der
Backſtein-Architektur Italiens. Neue Folge. Berlin 1853.
Bl. IX, X.

Fig. 514.

Von der Kirche *Sta. Maria delle grazie* zu Mailand[161].

unten eine Trägereinfassung, oben ein zweiter Rahmen eingeschachtelt; in den äußeren Nischen find zwei Rahmen eingefetzt, von denen der obere Maßwerk einfchließt. Eine eben folche Wandnifche gothifchen Stils ist Fig. 517[160].

Fig. 515.

Vom Bahnhof zu Flensburg[162].
Arch.: *Otzen.*

[160] Nach: Apian, a. a. O., Bl. XXXV.

Fig. 516.

Fig. 517.

Vom *Palazzo Ducale* zu Urbino[165].

Vom Dom zu Stendal[166].

Das reiche Terracotta-Fenster in Fig. 518[167]) hat eine Trägereinfassung aus vier gekuppelten Lichtöffnungen innen; ein feiner Rahmen mit Zackenbogen-Ueberdeckung umschließt sie und bildet ein Bogenfeld, in dem ein Rosenfenster aus einem Rahmen mit radialem Maßwerk sitzt und deffen Grund ein Reliefmuster schmückt. Diefer Rahmen ift von einem weiteren aus vielen Gliedern umschloffen, der selbst als eine Verbindung von drei oder vier concentrischen Rahmen aufgefaßt werden könnte. Im Maßwerk des Rosenfensters findet fich, indem die Radialstäbe, wie an den Hauftein-Rosenfenstern der Kathedralen von Straßburg, Paris u. f. w., als Säulen mit Kapitellen und Fußgefimfen ausgebildet find, der Grundgedanke der Trägereinfaffung auf die radial gestellten gekuppelten Lichtöffnungen übertragen. Etwas einfacher ift das Fenster in Fig. 519[168]).

Fig. 520[169]) bietet ebenfalls die gekuppelte Trägereinfaffung, in einen breiten Terracotta-Rahmen geschachtelt; die Verbindung ift in eine Nifche mit Trägereinfaffung gesetzt. Im Gegensatz der beiden Bogenformen kommt der Gegensatz der beiden Bauftile zur Geltung, auf deren Grenze das Beispiel fteht.

Fig. 521 ift eine Ueberfetzung des schönen Haufteinfensters an der Cancellaria zu Rom in Terracottaformen; eine Trägereinfaffung aus Archivolte und Pilaftern ift in einen schmalen rechteckigen Rahmen mit wagrechter Friesbekrönung eingeschloffen.

Fig. 522 schließt ebenfalls eine (wohl aus Hauftein gearbeitete) Trägereinfaffung in einen Rahmen, nur mit ganz anderen Formen. Die feinen Bogen find auf Consölchen aufgefetzt, die aus dem Rahmen ausgekragt, bezw. als frei schwebend verkündet find; der sehr breite und reiche Rahmen verwerthet ausschließlich Terracotten; über die Bekrönung ift schon gesprochen.

[167] Nach: Runge, a. a. O., III. VI, XX, II, XII, XIV, 5.

Im romanifchen Portal in Fig. 523[107]) erweifen fich ein Rahmen und fechs Trägereinfaffungen als in einander gefchachtelt; die radialen Backfteinfugen beweifen, daß die Ueberdeckung auch der Conftruction noch aus fieben unabhängig von einander gemauerten, concentrifchen Ringen befteht. Aehnlich ift Fig. 524[107]) entworfen. Nur in eine Trägereinfaffung find die fchmalen Rahmen in Fig. 502 u. 509 eingefetzt. Fig. 525[100]) fchließt an die gekuppelten Lichtöffnungen je einen Halb-

kreisrahmen in eine con-
centrifche Trägereinfaf-
fung und dann die drei
vereinigt in eine äußere
fegmentförmige mit Far-
ben- und Gefimsfchmuck.
Fig. 526 theilt innerhalb
eines bekrönten Rah-
mens eine fegmentförmige
Lichtöffnung durch Stüt-
zen und Querträger, wo-
mit gleichfam eine hin-
ter dem Rahmen ftehende
Trägereinfaffung verkün-
digt ift; der Rahmen ift
in einen zweiten einge-
fchachtelt, der als Com-
bination eines Gefimsrah-
mens mit einem darauf
gelegten, boffirten aufzufaffen ift.

Fig. 527[107]) ift ein
gothifches Maßwerkfen-
fter aus gebrannten Stei-
nen. Das Maßwerk ift
ein Rahmenwerk, weil
die Stützen kein Kapitell
und keine andere Quer-
fchnittsbildung haben, als
die Kleeblattbogen und
Vierpäffe, bezw. Fünf-
päffe. In der dargeftellten
Form ift das Fenfter alfo
Verbindung zweier Rah-
men. Eben fo ift das
Portal in Fig. 528[107]) zu
bezeichnen; das reiche
aus rechteckigen Platten
zufammengefetzte Relief-
Maßwerk über dem Rah-
men ift nur Wandfchmuck
und hat mit dem von den
Formen der Umrahmung
ausgedrückten Gedanken
keinen Zufammenhang.
In Fig. 529[107]) ift dagegen
ein folches Maßwerk
fchmückende Ausfüllung
der Zwickel unter einem

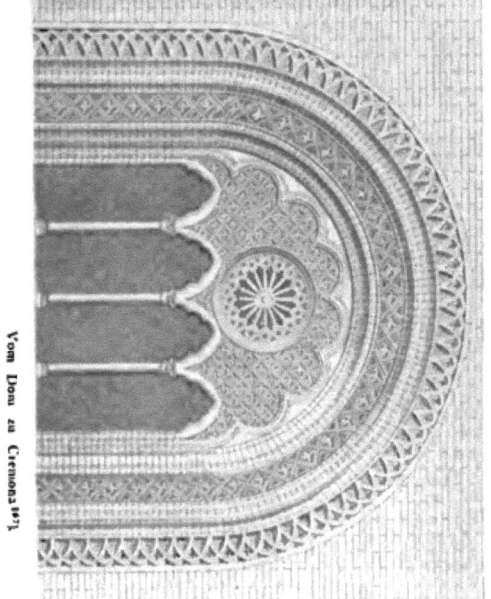

Vom Dom zu Cremona[107])

Fig. 518.

rechteckigen Rahmen, der mit Entwickelung aus der Gefimsgliederung des benachbarten Strebepfeilers um die eigentliche Kunftform gezogen ift. Diefe felbft ift zu den Combinationen zweier Träger-einfaffungen zu rechnen, deren äußerer Bogen eine concentrifche Bekrönungsleifte (ähnlich wie in Fig. 503 aus einem ganz anderen Bauftil) erhalten hat.

[107]) Nach: Adler, a. a. O., Bl. XXVIII, LXIII, XX, X, XXXVIII.

Die Hallenöffnung in Fig. 530[166]) ift Verbindung zweier fchöner Trägereinfaffungen im Stil der Renaiffance.

Die im mittleren Gefchofs der Palaftfront in Fig. 531[166]) auftretenden Fenfter fchliefsen drei Träger-einfaffungen in einander; die innere hat gekuppelte Lichtöffnungen mit Kleeblattbogen und fitzt unter einem Halbkreis; der Segmentbogen der äufseren fetzt fich ohne Schmuck an die ftrebepfeilerartig theilenden Wandlifenen an. Die concentrifchen Gefimfe gehören nicht zur Fenfterform, fondern zum Wandfüllungsrahmen darüber, find alfo Wandfchmuck. Auch beim reichen Terracotten-Fenfter in

Fig. 519.

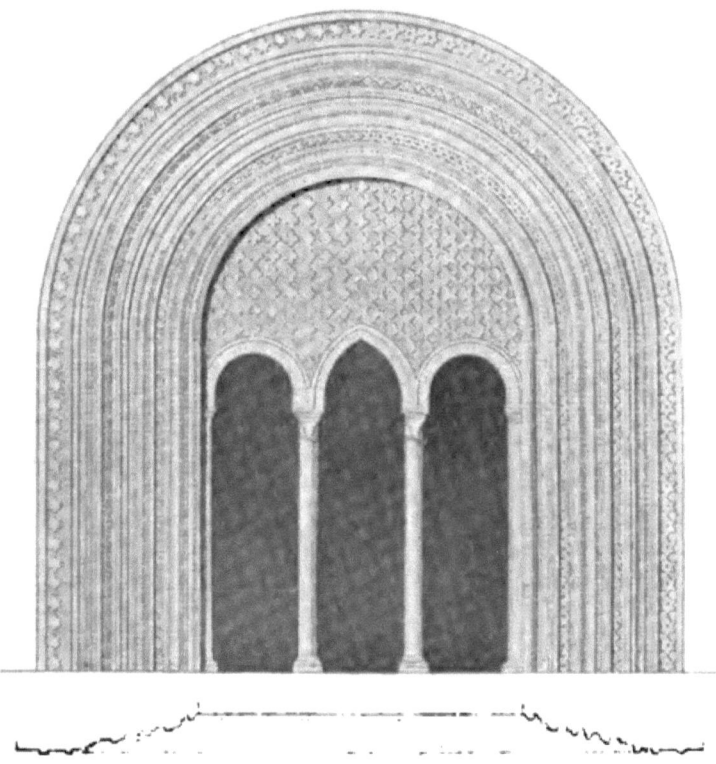

Vom *Palasso pubblico* zu Piacenza [67].

Fig. 532 find drei Trägereinfaffungen in einander gefchachtelt, die fich an den Kapitellen deutlich ab-fondern; die Bekrönung ift fchon oben befprochen. Bereits betrachtete Fälle der Combination wieder-holen Fig. 424, 604 u 715.

Die zahlreichen Beifpiele zeigen, dafs der Gedanke des Ineinander-fchachtelns von Umrahmungen im Conftructionsftil und in allen jüngeren hifto-rifchen Bauftilen zu Haufe ift, und dafs er, wie in der Hauftein-Architektur, fo auch in derjenigen des Backfteines den Weg darftellt, den der Entwerfende be-

Fig. 520.

Vom grofsen Spital zu Mailand [10].

Fig. 521.

Fig. 522.

Aus Bologna.

Von der Univerſität zu Wien.
Arch.: v. *Ferſtel.*

wuſſt oder unbewuſſt geht, wenn
er reichere neue Fenſterformen
zu erfinden ſucht.

Den Umrahmungen von
Lichtöffnungen, welche einen
Verſchluſs aus Fenſter- oder
Thürflügeln aufzunehmen haben,
ſtehen diejenigen an hallenartig
offenen Räumen gegenüber. Im
Hauſteinbau ſind Säulenordnun-
gen und Bogenſtellungen die

136.
Bogen-
ſtellungen.

wichtigſten Motive für Lichtöffnungen dieſer Art; in der Architektur der gebrannten Steine treten aus Gründen der Conſtruction nur Bogenſtellungen
auf. Die Umrahmungen der Einzelöffnung ſind dabei wieder entweder Trägereinfaſſungen oder Rahmen oder Combinationen. Der erſte Fall iſt mit durchaus gleich geſtalteten Stützen nicht durch ein Beiſpiel vertreten; ein ſolches
wäre aber Fig. 520 bei Backſteinſäulen und Weglaſſung des Einbaues zwiſchen
denſelben. Fig. 533[106]) bietet eine Bogenſtellung dieſer Art mit regelmäſsigem
Wechſel zweier Stützenformen. Fig. 534 kann als Ueberſetzung der »römiſchen«
Bogenſtellung in die Sprache des Backſteines gelten; wie dort die Säulenordnung
in Relief einer Bogenſtellung vorgeſetzt iſt, ſo hier eine Liſenenreihe, die ſich in
das Hauptgeſims auflöſt.

Als Rahmenreihe tritt die in Fig. 535 durch ihre Kämpferbildung zur An-
ſchauung gebrachte Bogenſtellung auf. Fig. 509 iſt ein erſtes Beiſpiel einer
Combination, worin Rahmen in Trägereinfaſſungen, Fig. 530 ein zweites, weil
Trägereinfaſſungen in andere ſolche eingeſchloſſen ſind.

Bezüglich der Conftruction, d. h. des Fugenfchnittes und der Form der
gebrannten Steine in den befprochenen Beifpielen reichen die für die wagrechten Gefimfe unter 2, 3 u. 4 angegebenen Vorfchriften auch für die Um-

Fig. 523 **.

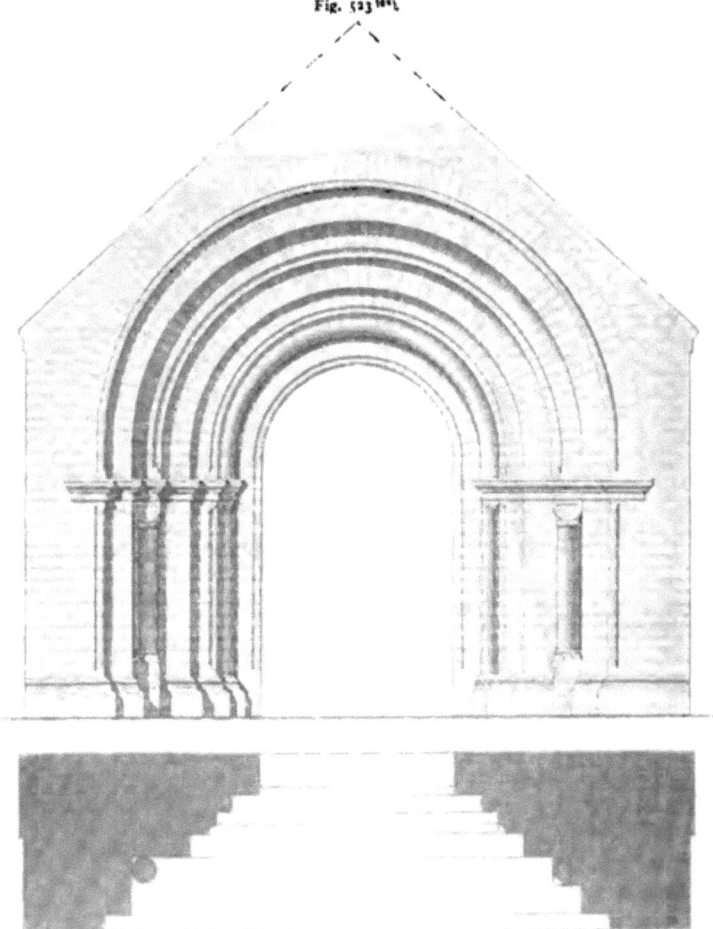

rahmungen aus. Für die gröfsere Zahl der Beifpiele ift übrigens der Fugenfchnitt aus den Abbildungen unmittelbar zu entnehmen.

157.
Hankbildung.
Die Geftaltung des unteren Randes der Einfaffungen befteht dem Gedanken
nach darin, dafs die für die Fenfter- oder Thürpfeiler eingeführten Stützen-

Fig. 524.

Von der Klofterkirche zu Dobrilugk [167].

formen oder lothrechten Rahmenge-
fimstheile entweder auf eine Unterlage
geftellt oder als an der Wand hängend
bezeichnet werden, und dafs zwifchen

Fig. 525.

ihnen eine Bankfläche gebildet wird.
Als hängend ift z. B. die Stütze in Fig.
492 charakterifirt, eben fo die in
Kämpferhöhe erfcheinende in Fig. 503;
folche ausgekragte Stützenfomen, wie
fie in Fig. 515 u. 609 unter Gefimfen
(und in Fig. 804 am Holzfenfter) auftreten, find übrigens an der Backfteineinfaffung felten. Der hängende Rahmen erfcheint in Fig. 504, 505, 506, 537
u. 538; auch diefer Fall ift in Backftein nicht häufig; bei den meiften Umrahmungen in folchem Material ift die
auf eine Unterlage geftellte Stützen-
oder Rahmenform verwirklicht. Die
Unterlage ift entweder der Fufsboden
— dies bei Thüren — oder ein Fufsgefims, oder ein Brüftungsgefims, oder
eine Bank. Die Bankfläche ift die geneigte Deckfläche eines Backftein- oder

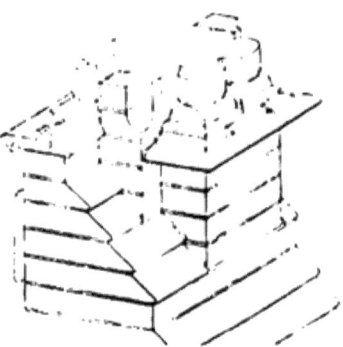

Vom Bahnhof zu Flensburg [168].
Arch.: Ohnt.

Handbuch der Architektur. III. 2, b. (2. Aufl.)   14

Haufteinmauerkörpers oder -Gefimfes; fie fitzt entweder nur zwifchen den Stützen und Rahmen (Fig. 394, 505 u. 509): oder fie dient ihnen als Unterlage (Fig. 516 u. 521); oder beide Anordnungen find in einer Combination von Einfaffungen vereinigt (Fig. 526). Diefer Fall geftaltet fich befonders in den Fenftern gothifcher Richtung intereffant, wofür Fig. 525 mit Einzelheiten ein Beifpiel, worin die hinter einander ftehenden lothrechten Flächen der drei

Fig. 526.

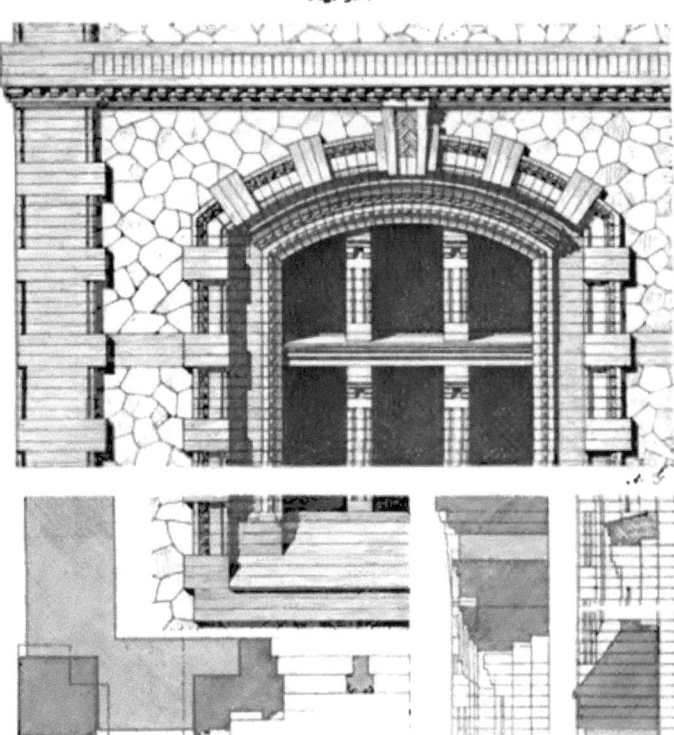

Entwurf des Verf.

combinirten Einfaffungen fich in drei verfchiedenen Höhen an die Bankfläche anfchneiden.

Reichere Formen gewinnt die Fufsbildung des Fenfters durch Einführung einer Brüftung (Fig. 493, 509 u. 521) und durch weiter gehende Gefimsausftattung der Stützenfüfse. Bemerkenswerth ift das Motiv in Fig. 525, bei welchem feitlich vom Fenfter eine Brüftung eingeführt und die fehr fteile Bankfläche faft eben fo hoch ift wie diefe, fo daß nur eine Backfteinfchicht mit lothrechter Stirnfläche als Fortfetzung der Brüftungsfläche unter dem Fenfter durchläuft. Aehnlich in Fig. 510. In Fig. 493 ift unter der fteilen Fenfterbank eine fünf Schichten hohe Brüftung eingeführt, die hinter die Wandfläche zurücktritt, fo daß fich eine zweite Bankfläche an ihrem Fuß bildet. Eben fo in Fig. 536 [161]), wo die lothrechte Ebene der Brüftung fich durch das Einfchließen einer Einfaffung in eine zweite ergab.

Fig. 527 [161].

Bei der fchönen Fußbildung in Fig. 537 [161]) find die Stützenfüße einer inneren Trägereinfaffung auf die Bankfläche eines reichen hängenden Rahmens geftellt; Fig. 538 [161]) zeigt den Rahmen aus Terracotten als einen folchen der Wandfüllung, und zwar in der eigenartigen Form, als ob fein unterer Rand als durch ein confolenartig vortretendes Bankgefims getragen wäre, obgleich er die Form eines hängenden Rahmens hat.

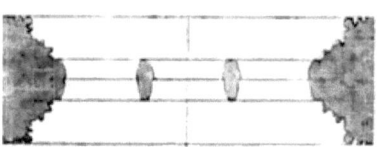

Während in den bisher betrachteten Formen von Umrahmungen ausfchließlich oder nahezu ausfchließlich gebrannte Steine auftraten, find im Folgenden diejenigen in das Auge gefafft, bei welchen der Backftein mit dem Hauftein in Verbindung tritt. Sie finden in der neueren Baukunft ausgedehntefte Verwerthung; aus der Vergangenheit liefern die niederländifche und die norddeutfche Renaiffance die meiften Motive diefer Art.

131.
Umrahmungen
aus
natürlichen
und
gebrannten
Steinen
gemifcht.

Bei einer folchen Verbindung wirkt nothwendig ein Gegenfatz der Farben mit dem plaftifchen Schmuck zufammen. Im Allgemeinen ift der natürliche Stein der hellere, etwa als Weiß oder Gelb gegenüber Backfteinroth oder glafirtem Backfteinbraun; aber auch das umgekehrte Verhältniß tritt auf, z. B. rother Sandftein mit gelbem Backftein, dunkelblauer Kalkftein mit rothem oder gelbem Backftein. Erhöht wird das Spiel der Farben durch Einführung verfchiedenfarbiger oder glafirter und unglafirter Backfteine; doch wirkt eine Zufammenftellung von mehr als drei Farben in der Einfaffung felbft nur felten günftig. Der Grund, auf dem die Umrahmung fteht, ift meift Backfteinroth oder -Gelb; aber auch rauher und feiner Putz oder Mauerwerk aus natürlichen

132.
Farbengegenfatz

[161]) Nach: Runge, L. Beiträge zur Kenntniß der Backftein-Architektur Italiens. Neue Folge. Berlin 1853.

Steinen irgend welcher Färbung und Feinheit find oft als die Grundfarbe in Betracht zu ziehen.

Fig. 528.

Vom Rathhaus der Altftadt Brandenburg [16]).

Die Anfangsftufe der Mifchung gebrannter und natürlicher Steine an einem Fenfter ift die Wahl des Haufteines für die Bank allein, wie fie viele der fchon

Fig. 539.

Von der Stiftskirche St. Stephan zu Tangermünde[167].

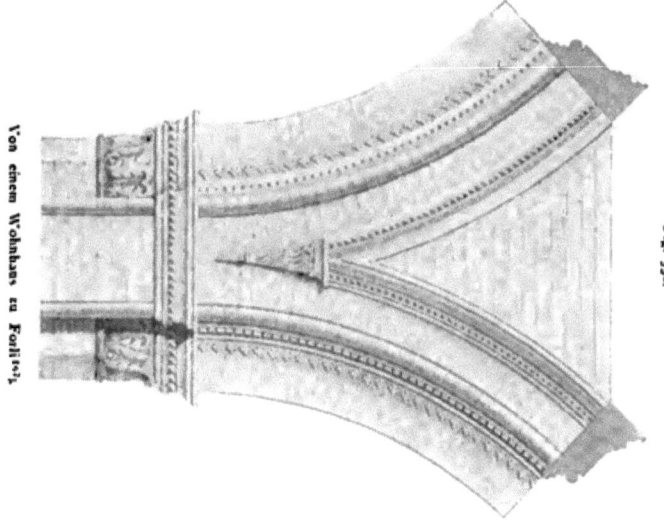

Fig. 530.

Von einem Wohnhaus zu Forli[*].

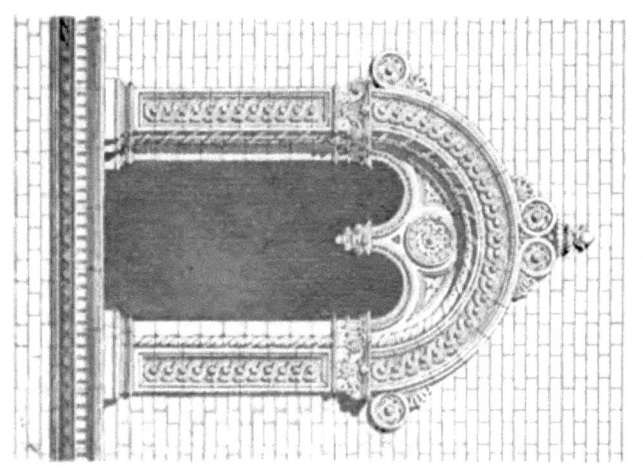

Fig. 532.

Aus Bologna.

Fig. 531.

Von einem Palaſt am Lungarno zu Piſa [147]).

betrachteten Abbildungen zeigen; doch spricht man in diefem häufigften Falle noch kaum von einer gemifchten Conftruction. Bei einer vollftändigen folchen ift

auch die Ueberdeckung ganz oder theilweife in Hauftein hergeftellt; im Uebrigen kann diefer noch Theile der Pfeiler, der Bekrönung, der Entlaftung bilden. Dem Gedanken der Schmuckformenfprache nach find die wenigen einfachen Motive der gemifchten Fenfter meift Trägereinfaffungen, da fich die Vereinigung der Hauftein-überdeckung mit Backfteinpfeilern dem Grundgedanken des Rahmens nicht wohl fügt. Erft bei den vielen zufammengefetzten Formen, welche als Combinationen zweier Einfaffungen zu erklären find, findet er ebenfalls häufige Verwerthung. Im Folgenden find die gewählten Beifpiele befchrieben.

Fig. 533.

Von *San Antonio* zu Padua [47].

Fig. 539 zeigt den einfachften Fall, den Haufteinfturz über Backfteinpfeilern (der Sturz ift zwar hier entlaftet durch einen Bogen aus glafirten Backfteinen und Haufteinen; doch könnte die Entlaftung fehlen, und fie mag zunächft als nicht vorhanden gedacht werden). Die Pfeiler haben einen Rundftab an der Kante als einzigen Schmuck. Die in der Variante Fig. 540 gezeichnete Verzahnung glafirter Steine an den Pfeilerkanten ift oft auf das gerade überdeckte Fenfter über-

Fig. 534.

Entwurf des Verf. — 1/100 w. Gr.

tragen und im Zufammenhang damit eine andere Widerlagerbildung des Entlaftungsbogens geftaltet, wofür die Variante beigezeichnet ift. Die Wegnahme

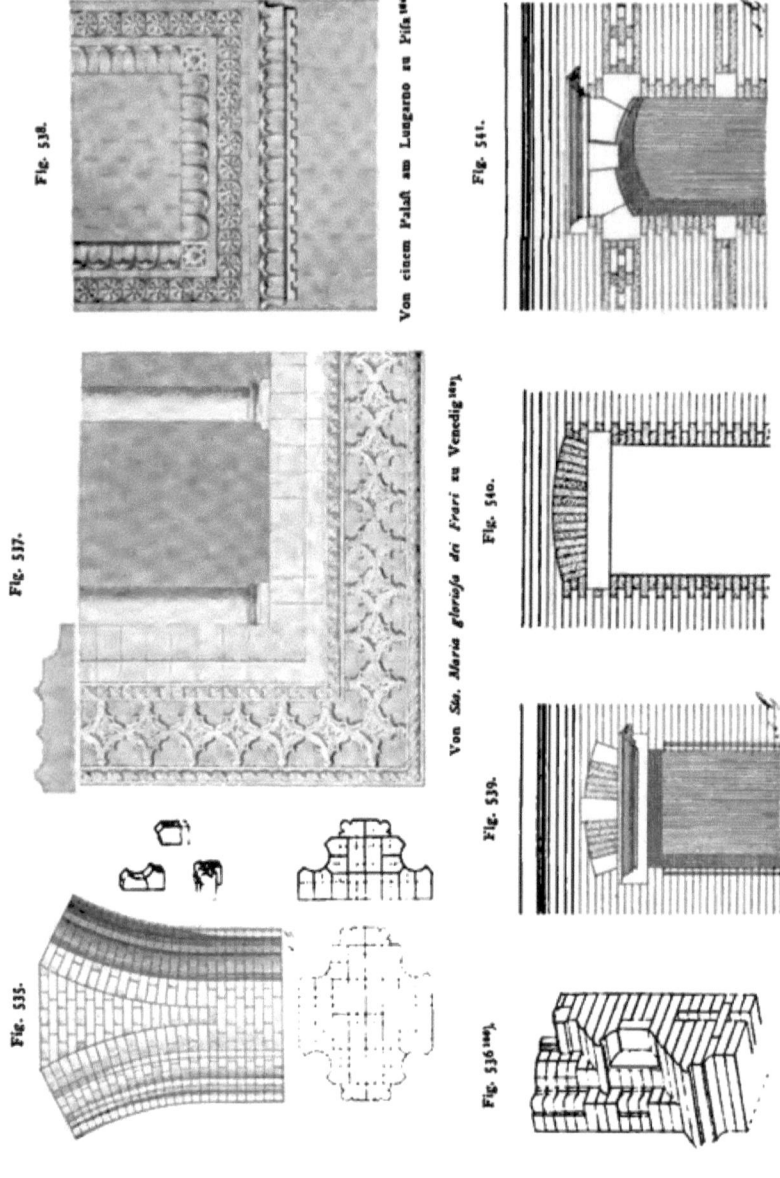

Fig. 538.

Fig. 537.

Fig. 535.

Fig. 536.

Von einem Palaſt am Lungarno zu Piſa.

Von Sta. Maria gloriosa dei Frari zu Venedig.

Fig. 541.

Fig. 540.

Fig. 539.

der Entlaftung und der Gefimfe würde die »Werkform« des gemifchten Fenfters übrig laffen.

In Fig. 541 ift die Ueberdeckung durch einen Haufteinbogen mit wagrechter Bekrönung gebildet und der Hauftein auch am Pfeiler zur Mitwirkung gelangt. Steinwürfel, wie die dargeftellten, werden oft in die Pfeiler des fonft ausfchliefslich aus Backfteinen gemauerten Fenfters eingefetzt, um nach aufsen auffchlagende Läden dauerhaft befeftigen zu können.

Reichere Formen des bekrönten Haufteinfturzes bei fchmucklofer Backfteinpfeilerbildung zeigt Fig. 542. Die Seiten-Confolen der Bekrönung find bei beiden Fenftern aus einem Stück mit dem Sturz gearbeitet; der hierdurch in letzterem leicht erhaltene Falz dient zur Unterbringung der Rolle eines Zugjaloufieladens und wird durch das für folche Läden gebräuchliche Zierblech verdeckt. Durch andere Formen find die Haufteinftürze in Fig. 469 als Träger charakterifirt; fie erfcheinen theils ohne, theils mit Bekrönung. Die Pfeiler find ebenfalls gemifchter Conftruction. In diefem Beifpiel ift die Vielfarbigkeit fehr weit getrieben; drei Backfteinfarben wirken mit derjenigen des Haufteins zufammen; dazu tritt auch der gebrannte Stein mit plaftifchen Zierformen auf.

147.
Entlaftungsbogen.

Fig. 543 zeigt die gemifchte Trägereinfaffung unter einem Hauptgefims. Das Architravftück, das den Sturz bildet, ift mit den Pilafter-Kapitellen und demjenigen, was zwifchen letzteren liegt, aus einem Stück gearbeitet, wodurch wieder ein Falz für die Zugjaloufierolle fich ergeben hat.

In Fig. 544 ift der Haufteinrahmen durch einen Backfteinbogen entlaftet (worin nach dem Früheren fchon eine Verbindung zweier Einfaffungen wenigftens als Vorftufe liegt), und zwar erfcheint das fehr häufige Motiv in einer der einfachften Geftalten. Eben fo in

Fig. 542.

Fig. 609. Fig. 545 u. 546 zeigen ebenfalls noch einfache Varianten, Fig. 547 eine fchon weit reichere, indem hier nicht nur eine Bekrönung des Haufteinrahmens hinzugetreten und die Grenzlinie zwifchen Hauftein und Backftein im Pfeiler lebhafter geworden ift, fondern auch der Entlaftungsbogen in gemifchter Ausführung und ftärkerer Sprengung ein Bogenfeld gefchaffen hat, das mit einem Farbenmufter in Backftein gefchmückt werden konnte.

Fig. 548 u. 549 find Varianten deffelben Gedankens; eine weitere wäre die häufig vorkommende Kleeblattform des Bogens. In Fig. 550 ift der Halbkreisrahmen aus Hauftein durch einen Backfteinbogen entlaftet; in Fig. 551 ift der überdeckende Bogen felbft gemifcht aus Hauftein und Backftein. Fig. 693 zeigt

Fig. 543.

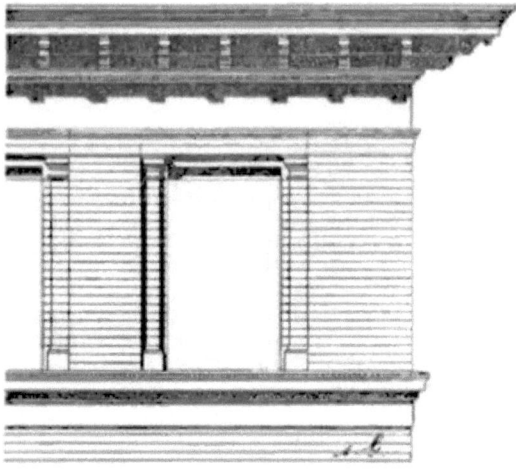

Von einem Wohnhaus zu Stuttgart.

den Hauſtein - Rundrahmen entlaſtet durch den Backſtein-Halbkreisbogen. Die
ſchon oben betrachteten Fenſter in Fig. 539 u. 540 find ebenfalls hierher zu
rechnen, ſobald der Entlaſtungsbogen in Betracht gezogen wird.

Fig. 544.

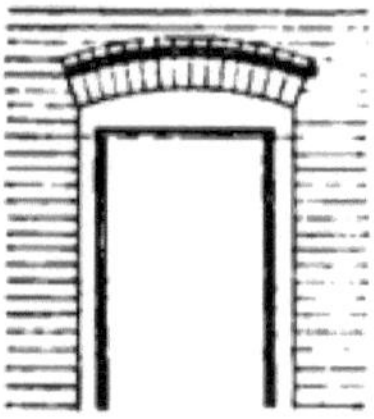

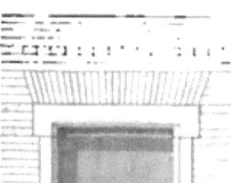

Fig. 545.

Eine einfachſte, aber gegenüber der Vor-
ſtufe mit dem Entlaſtungsbogen vollſtändig ausgebildete Verbindung iſt in Fig. 552 u. 553 dargeſtellt, indem eine Trägereinfaſſung mit eigenen
Pfeilern einen zurücktretenden Hauſteinrahmen
umſchließt. Die Vorzüge einer ſolchen Verbindung in Beziehung
auf Schattenwir-
kung, Erſcheinung
auf großen Wand-
flächen,Umgehung
der bei einem Käm-
pfergeſims mög-
lichen Schwierig-
keiten find beim
reinen Backſtein-
fenſter derſelben
Form hervorgeho-
ben worden.

Nur dadurch,
daß die hier ver-
einigten Formen
mit weiterem Ge-

Fig. 546.

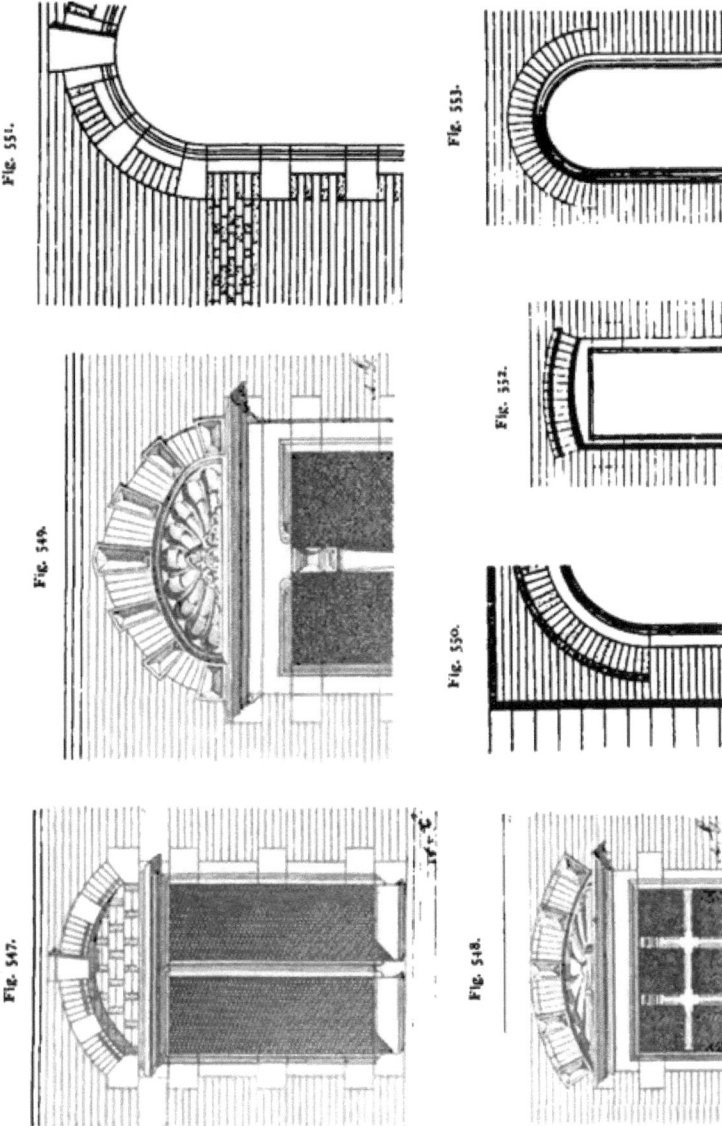

Fig. 551.

Fig. 553.

Fig. 549.

Fig. 552.

Fig. 550.

Fig. 547.

Fig. 548.

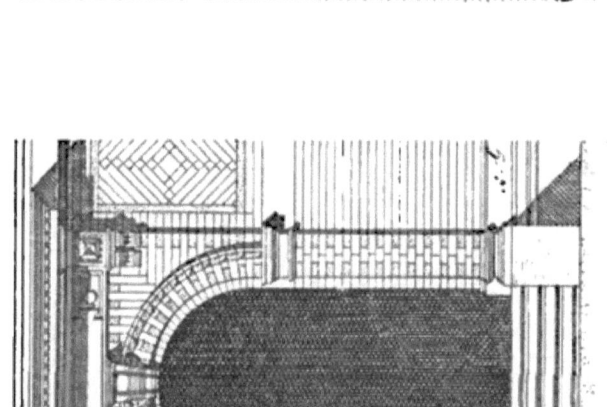

Fig. 555.

Fig. 554.

Entwürfe des Verf.

fimsfchmuck, Bekrönungen, Farbengegenfätzen ausgeftattet wurden, ergaben fich die reicheren Umrahmungen in Fig. 509 u. 712, die fich in mancher Weife variiren laffen. Fig. 554 wäre ebenfalls hierher zu rechnen, wenn im innerften Theile die Fugen weg geblieben wären; doch ift hier auch fchon die Trägereinfaffung felbft

Fig. 556.

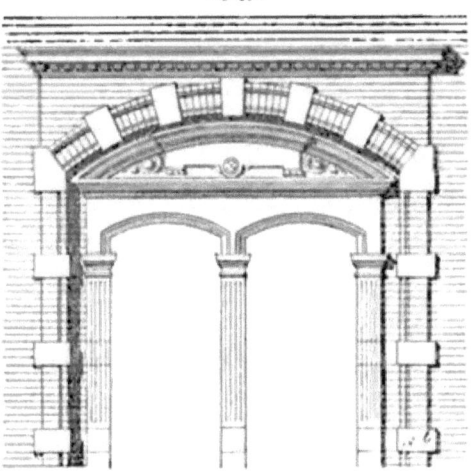

eine folche gemifchter Conftruction, indem Fußgefimfe, Pilafter-Kapitelle und Bekrönung fammt Fries und Seitenconfolen aus Hauftein beftehen. Aus demfelben Gedanken ift Fig. 555 dadurch hervorgegangen, daß der hoch- und quergetheilte Rechtecksrahmen und feine Bekrönung vor dem Einftellen in die Halbkreis-nifche eine Entlaftung im Halbkreis mit Farben- oder Relieffchmuck des gebildeten Bogenfeldes erhalten hat. Endlich geben die kleinen Seitenfenfter in Fig. 715 ein hierher gehöriges Motiv, das mit anderen Mafsverhältniffen oft im Grofsen verwirklicht ift. Fig. 556 zeigt die mit Giebel bekrönte Trägereinfaffung aus Haufteinen innen, den gemifchten Rahmen (oder vielmehr den boffirten und Gefimsrahmen auf einander gelegt) mit Bekrönung aufsen. Denfelben Gedanken verkündet Fig. 557 in anderen Formen. Fig. 558 mag als Vertreterin derjenigen Combinationen beigezogen fein, bei welchen zwei Einfaffungen auf einander gelegt find; ein Haufteinrahmen mit Bekrönung fitzt auf einer Trägereinfaffung und gemifcht aufgebauten Pilaftern und einem gemifcht

Fig. 557.

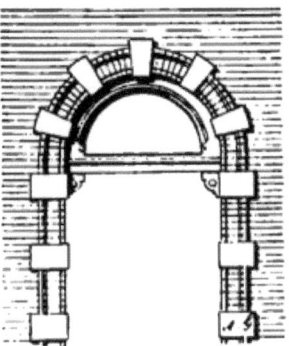

ausgeführten Bogen, der die Entlaftung des Rahmens darftellt. Bei genügender
Gefchofshöhe wäre eine Variante mit Halbkreis möglich.

Fig. 558.

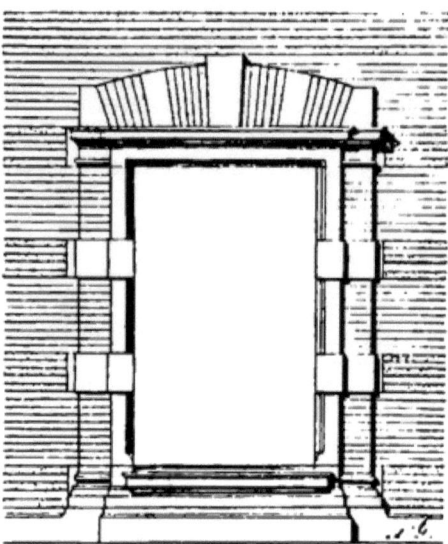

Dreifache Combinationen bilden die Motive in Fig. 559 u. 560. Beim erften
ift der rechteckige Haufteinrahmen in eine Trägereinfaffung aus Hauftein-
Architrav und Pilaftern eingefchloffen,
deren Backfteinfchaft fich von der umgebenden Mauerfläche nicht abtrennt.
Diefe Trägereinfaffung ift durch einen
Bogen gemifchter Conftruction entlaftet. Fig. 560 fchachtelt einen einfachen hoch und quergetheilten Haufteinrahmen in eine Bogenträger-Ein-
faffung, an welcher nur Kapitelle und
Fufsgefimfe der Pilafter aus Hauftein
beftehen. Bemerkenswerth ift der
Fugenfchnitt an den Bogen (das Beifpiel gehört der alten niederländifchen
Renaiffance an). Als dritter Theil
der Combination erfcheint die Pilafter-
ordnung, in deren Felder die Fenfter
eingefchaltet find.

Fig. 559.

Fig. 560.

Aus Amsterdam.

c) Gefimfe und Gefimstheile, gezogen oder gegoffen in Gyps, Kalk oder Cement.

1) Allgemeines.

144.
Form.

Der formalen Erfcheinung nach find diefe Gefimfe diefelben, wie diejenigen in Hauftein: auf einander gebaute Gefimsglieder, entweder glatt oder fculpirt, mit oder ohne Verbindung mit ornamentalen Friefen und Confolenreihen. Am Aeufseren der Gebäude find fie Fufsgefimfe, Gurtgefimfe oder Hauptgefimfe, im Inneren nur Wand- oder Deckengefimfe; wenigftens treten in Putz hergeftellte Sockelgefimfe in Innenräumen im Allgemeinen nur in der Nähe der Oefen auf, wo das Baugefetz keine Holzgefimfe geftattet und Zinkblechgefimfe als zu theuer vermieden werden wollen.

145.
Baustoff.

Als Putzmaterial ift der auf die gewöhnliche Weife gebrannte Gyps bei äuseren Gefimfen fehr vergänglich, daher nicht ohne fchützenden Oelfarben-anftrich verwerthbar und felbft mit diefem der Verwitterung noch leicht anheim-fallend. Der Anftrich mufs regelmäfsig erneuert werden; denn jede kleine Durch-löcherung der Farbenkrufte giebt eine Stelle, an welcher der blofs gelegte Gyps das Waffer ftark anfaugt und der umgebenden Krufte wegen nur langfam wieder trocknen kann, wodurch die Verwitterung an der angegriffenen Stelle rafcher vor fich geht, als wenn ein Anftrich ganz fehlt.

Gefimfe in fettem Kalkmörtel halten fich im Aeufseren fchon etwas beffer, bekommen aber bereits beim Trocknen durch das Schwinden des Materials Riffe; der Anftrich kann fowohl mit Oelfarbe gefchehen, als mit Kalkfarbe, wobei die letztere am beften nicht aufgeftrichen, fondern angefpritzt wird und dann zu einer härteren Krufte eintrocknet, als das Streichen mit dem Pinfel fie ergiebt.

Mifchungen von abgelöfchtem fettem Kalk und Gyps werden ebenfalls zu äuseren Gefimfen verwendet, jedoch nie ohne Oelfarbenanftrich; fie find um fo vergänglicher, je mehr fie Gyps enthalten. Durch die ftereochromifchen und anderen neueren »wetterfesten« Anftriche (*Keim*'fche Mineralfarben u. f. w.[10]), welche eine kiefelfaure Kalkkrufte bilden, fcheint es zu gelingen, Gefimfe aus Gyps und Fettkalk widerftandsfähig gegen Waffer und Froft zu machen.

Gefimfe in Schwarzkalk oder Portland-Cement können auch im Aeuseren als dauerhafte Baulieder gelten, find aber fchwerer zu ziehen, daher weit theuerer als Gypsgefimfe. Weniger um einen fchützenden Ueberzug zu fchaffen, als um die fleckige, unfchöne Farbe des Materials zu verdecken, bezw. körniges Gefüge der Oberfläche zu erhalten, werden auch diefe Gefimfe entweder fatt mit Cementmilch befprengt oder mit einem Anftrich verfehen. Ueber den Anftrich von Putzflächen fiehe das vorhergehende Heft (Art. 96 bis 106, S. 96 bis 106) diefes »Handbuches«.

Im Inneren ift das Material für die Gefimfe, wenn folche nicht aus Stein oder Holz hergeftellt werden, faft ausfchließlich Gyps; bei gezogenen Gefimfen, um das Erhärten zu verzögern, auch wohl Gyps mit Zufatz von abgelöfchtem Kalk, und diefe Materialien, weil gefchützt gegen Feuchtigkeit, genügen hier allen gewöhnlichen Anfprüchen an Dauerhaftigkeit. Auch ausfchließlich fetter Kalkmörtel erfcheint im Süden vielfach als das Material innerer gezogener Gefimfe.

Aeusere Putzgefimfe in Gyps und fettem Kalk müffen immer die in Art. 77 (S. 126) genannte wafferdichte Abdeckung mit Dachplatten oder Falzziegeln oder Dachfchiefern oder Zinkblech erhalten, die das oberfte Gefimsglied um 5 bis 20 ^{mm} überragen foll; andernfalls verwittern fie rafch. Am häufigften ift auch hier die Abdeckung mit Zinkblech und zwar mit Nr. 12 oder 13. Diefes kann entweder auf der gemauerten Unterlage des Putzgefimfes unmittelbar befeftigt werden, fo daß die profilirte Putzfchicht an feine Unterfläche anftößt, oder auf die Deckfläche zuerft wird eine dünne, genau geebnete Putzfchicht und dann erft das Zinkblech gebracht, und zwar unter Trennung der beiden Materialien durch eine Papierlage, da die Berührung frifchen Mörtels dem Zinkblech fchädlich ift. Eine dünne Deckfchicht aus Cement oder Gyps wurde fogar auch für Rohbau-Gefimfe in Backftein als Unterlage des Zinkblechs empfohlen, indem diefes andernfalls nicht genug eben zu erhalten fei.

Die Befeftigung der Bleche in Beziehung auf den inneren Rand ift in beiden Fällen diefelbe, wie beim Haupteingefims; fie werden in die nächfte Lagerfuge über dem Gefims eingefteckt und verftemmt oder verkeilt; der Wandputz ift über dem Blechumbug abzufafen.

Am Vorderrand der Deckbleche treten verfchiedene Anordnungen zur Befeftigung auf. Die erfte derfelben, für Backfteingefimfe in Rohbau die häufigfte, befteht im Verankern des Bleches am Mauerwerk mit einem ftarken Draht, der im Inneren des Mauerwerkes in der lothrechten Ebene einer Stoßfuge zu einer tiefer liegenden Lagerfuge hinabgeführt und dort um einen verfenkt eingefchlagenen Nagel gewickelt wird. Gewöhnlich ift es die Lagerfuge unter der Rollfchicht aus rechteckigen Steinen oder Formfteinen, welche die Kranzplatte des Gefimfes darftellt. Das Deckblech wird von diefem Ankerdraht dadurch gefafst, daß er auf der Blechfläche in der Form der Ziffer 8 gebogen wird oder mit einem rechtwinkeligen Umbug einen angelötheten verzinkten Eifenblechftreifen an die Zinkfläche prefst. Da diefe vom Draht durchbohrt ift, fo ift eine Schutzkappe aus Zinkblech mit genügendem Spielraum über den Draht, bezw. Blechftreifen zu löthen. Die Ankerdrähte wiederholen fich in Ent-

[margin note] 169. Abdecken äußerer Putzgefimfe

fernungen von höchstens 60ᵐ. Bei verputzten Gesimsen setzt diese Befestigungsweise die Ausführung der Zinkbedeckung vor dem Ziehen der Gesimse voraus, oder sie erfordert ein nachträgliches Ausflicken der Stellen um die eingeschlagenen Nägel.

Ein anderes Verfahren zur Befestigung des Vorderrandes der Deckbleche verwendet bei Putzgesimsen und Backstein-Rohbaugesimsen die Randbleche oder Vorstofsbleche, die schon für die Zinkabdeckung der Hausteingesimse (siehe Art. 77, S. 127) genannt wurden und durch Anschrauben an Eichendübeln befestigt werden. Holzdübel sind jedoch in Backsteinmauerwerk schwer auf die Dauer fest zu halten, wenn sie nachträglich von oben her eingesetzt werden. Gröfsere Sicherheit bieten wagrechte, hochkantig stehende, imprägnirte Eichenklötze oder Brettstücke, die in die Façadenmauer hineinstechend und entweder den Vorderrand des Gesimses erreichend oder — bei Rohbau — etwa eine Viertelsteinlänge hinter ihm zurückbleibend, mit eingemauert, wie Backsteine.

Eine dauerhafte Befestigung ohne Zuhilfenahme von Holz erhält man mit verzinnten oder verzinkten »Bockhaften« aus starkem Eisenblech nach Fig. 561 (unten), welche sich in der Lagerfuge unter der obersten Gesimsschicht mit den Unterflanschen fest halten und schon bei Ausführung des Mauerwerkes in Entfernungen von 50 bis 60ᵐ eingesetzt werden. Beim Mauern des Gesimses in Cement und bei rollschichtenartig hergestelltem oberstem Glied genügt schon ein Eingreifen der Bockhaften in die Stofsfugen allein mit einem kleinen Falz an den lothrechten

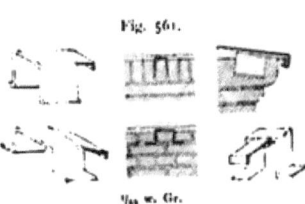

Fig. 561.

¹/₆₀ w. Gr.

Schenkeln (Fig. 561 oben), da sich Cement und Eisenblech erfahrungsgemäfs gut verbinden, und dann sind die Bockhaften nur am Obertheil zu verzinnen oder anzustreichen oder durch eine Papierlage vom Zinkblech zu trennen¹¹¹).

2) Gezogene Gesimse.

Die Herstellung glatter Putzgesimse im Aeufseren und Inneren geschieht in den weitaus meisten Fällen durch Ziehen mit einer Schablone, welche den Querschnitt des Gesimses als Hohlraum darbietet und auf zwei Lehrlatten derart hingeführt wird, dafs ihre Ebene immer senkrecht zur Gesimsrichtung steht. Die Schablone ist aus einem Brettstück ausgeschnitten mit Zuschärfung gegen das Profil; oft ist auch dieses aus Eisenblech ausgeschnitten und auf das Holz aufgesetzt. Die Stellung der Schablone winkelrecht zum Gesims wird durch ein senkrecht zur Schablone auf diese gesetztes rechtwinkeliges Lattendreieck gesichert, dessen eine Seite auf einer der Lehrlatten gleitet. Auf der für das Gesims hergestellten, unten zu besprechenden Unterlage aus Mauerwerk oder Lattenwerk wird das Putzmaterial mit der Kelle aufgeworfen und dann die Schablone durchgeführt; die noch unfertigen Stellen werden wieder beworfen und das Durchführen der Schablone wiederholt, bis endlich das Gesims in Kanten und Flächen ganz rein ist. Dabei führt man nicht hin und her, sondern immer in derselben Richtung. Zuweilen sind der Schablone Vorrichtungen angehängt, um das beim Ziehen abfallende Putzmaterial aufzufangen. Bei kreisförmigen Ge-

¹¹¹) Diese Construction ist im Wesentlichen von Tramm (in: Wochbl. f. Arch. u. Ing. 1874, S. 301) vorgeschlagen; nur würden nach diesem Vorschlag die Bockhaften, wie es Fig. 561 (rechts unten) zeigt, aus zwei entsprechend abgebogenen Eisenblechstreifen oder Bandeisen zusammengesetzt, anstatt aus einem einzigen Bockblech abgekantet.

fimfen, etwa bei Archivolten oder bei Gefimfen auf hohlcylindrifchen Wandflächen, fchreitet die Schablone nicht parallel, fondern radial fort, indem fie fich
um eine wagrechte, bezw, lothrechte Achfe dreht.

Die einfpringenden Ecken der Gefimfe können nicht mit der Schablone gezogen werden, eben fo je nach dem Profil zuweilen die ausfpringenden. Sie
müffen aus freier Hand anmodellirt werden, indem man die Flächen der möglichft nahe an die Ecke gezogenen Gefimsftücke erweitert. Diefe Arbeit muſs
als ziemlich zeitraubend befonders bezahlt werden, weſshalb für derartige Gefimfe
neben dem Preis für das Meter ein Einheitspreis für eine Ecke berechnet wird.
Patentirte Formen von Gefimsfchablonen, zum Ausziehen der Ecken unmittelbar
eingerichtet, haben fich bis jetzt in der Praxis kein gröſseres Gebiet erobert.

Wenn viele Ecken und Verkröpfungen an einem Gefims vorkommen, fo
wird diefes beſſer auf dem Werktifch gezogen und wie ein Holzgefims für die
rechtwinkeligen Gehrungen nach lothrechten Ebenen unter 45 Grad zu feiner
Längenrichtung in Stücke zerfägt, die man fpäter auf der Wandfläche nach Bedarf an einander reiht. Auch können wohl ein- und ausfpringende Eckftücke
auf dem Werktifch einmal durch Zufammenfetzen zweier kurzer gezogener Stücke
hergeftellt und oftmals abgegoffen werden, um fich fpäter den auf der Wand
gezogenen Gefimstheilen einzufügen. Dies ift dann immer nothwendig, wenn die
Ecke eines fonft glatten Gefimfes durch aufgefetztes Ornament oder ein figür-
liches Motiv ausgezeichnet wird; man modellirt dann diefe Decoration jenem
Eckftück vor dem Abgieſsen an.

Treten in einem durch Ziehen herzuftellenden Putzgefims einfache fculpirte
Glieder, z. B. Zahnfchnitte oder im Umriſs eingegrabene Blattftäbe, auf, fo können
diefe bei Gefimfen aus Kalkmörtel oder Kalk und Gyps noch ökonomifch genug
mit geeigneten Stahlinftrumenten ausgeftochen werden, und dies ift auch in beftimmten Ländern gebräuchlich. Reichere fculpirte Glieder aber werden immer,
und auch die minder reichen meiftens für fich, in kürzeren Stücken einmal
modellirt, oftmals in Gyps, bezw, Cement abgegoffen und fpäter in einen entfprechenden, am gezogenen Gefims hergeftellten Hohlraum mit Gyps oder Cement
eingekittet. Handelt es fich jedoch um Gefimfe mit vielen fculpirten Gliedern
und Ornamenten, fo wird auch diefes Verfahren unökonomifch, und es ift dann
beffer, das ganze Gefims in der unten zu befchreibenden Weife aus gegoffenen
Stücken zufammenzufetzen. Oft läſst fich auch ein Gefims zweckmäfsig nach
zwei oder mehreren Höhenabfchnitten feines Profils zerlegen, von denen die einen
gezogen, die anderen durch Aneinanderreihen gegoffener Stücke angefügt werden.
Reichere Ornamente, die nicht eine oftmalige Wiederholung deffelben Motivs
darbieten, werden zuweilen an Ort und Stelle aus Kalkmörtel oder langfam er-
härtendem Stuck mit freier Hand den gezogenen Gefimsgliedern aufmodellirt. Ein
folcher langfam erhärtender Stuck wird durch Bereiten der Gypsmaffe mit Leim-
waffer erhalten, was zugleich eine gröſsere Härte und Zähigkeit der aufgefetzten
Theile ergiebt.

3) Unterlage der Putzfchicht und Herftellung groſser Ausladungen
für gezogene Gefimfe auf Mauern, Fachwerkwänden und Decken.

Am Aeuſseren der Gebäude bilden gewöhnlich vorkragende Mauerfchichten
die Unterlage der Putzfchicht gezogener Gefimfe, feien es Schichten rauhen natürlichen Steines, feien es Backfteinfchichten. Dabei foll fich das Profil der Unterlage dem Gefimsprofil fo weit, als ohne gröſsere Mehrarbeit möglich, derart an-

15*

Fig. 562.

Fig. 563.

Vom Umbau des Schlosses zu Boytzenburg [112].

schliefsen, dafs die Dicke der Putzschicht etwa 2^{cm} beträgt und wenig wechfelt. Natürliche Steine werden nach ebenen Flächen rauh gefpitzt, Backfteine mit dem Mauerhammer zugehauen (Fig. 378, 564 u. 565). Wenn Cement-Gufsmauerwerk die Unterlage bildet, auf welcher die Gefimfe zu ziehen find, fo wird nur bei krönenden Gefimfen ftärkerer Ausladung diefe fchon in der Gufsmaffe vorbereitet, indem die Formkaften der letzteren von Anfang an mit entfprechender Verbreiterung ihres Hohlraumes hergeftellt werden.

Diefer zumeift gebräuchlichen Putzgefimsgliederung, welche einer Mauer aus Bruchftein oder Backftein mit einer dicken Mörtelfchicht auf einer nur im Rauhen vorgebildeten Unterlage die Formen der Hauftein-Architektur anheftet, fteht wenigftens für Backfteinmauern eine andere Technik gegenüber, die in der Zeit der Früh-Renaiffance im nördlichen Sachfen, fo wie in einzelnen Gebieten der Mark Brandenburg, Pommerns und Schlefiens in Uebung war und in jüngfter Zeit für Neubauten Wiederverwerthung gefunden hat. Nach derfelben wird die Gefimsgliederung mit Hilfe von rechteckigen Backfteinen und Formfteinen hergeftellt, wie für Backftein-Rohbau, dann aber fammt der Wandfläche mit einer gleichmäfsigen, dünnen Putzfchicht überzogen. Diefe hat lediglich den Zweck, »einerfeits das Ziegelmaterial gegen Witterungseinflüffe zu fchützen, andererfeits das unruhige Gewirr der Backfteinfugen verfchwinden zu machen und damit auch den feineren Formen eine plaftifche Wirkung zu fichern.« Diefe Technik, obgleich mit Putzflächen auftretend, behält hiernach im Wefentlichen diejenigen Schmuckformen bei, welche dem Ziegelbau als Ergebnifs feiner Conftructionsweife und durch Tradition zu eigen geworden find, und vermeidet den Widerfpruch, der beim Putzbau mit Haufteinformen zwifchen der Architektur und dem Mauermaterial befteht. Beifpiele bieten Fig. 562 u. 563[171]); für die dargeftellte Giebelgefimsgliederung find auch die verwertheten 7 Formfteine beigezeichnet.

Schon bei mittelalterlichen Gefimfen in Backftein-Rohbau finden fich Flächen aus weifsem, dünnem Kalkmörtelbeftich auf zurückgefetztem Grunde, etwa als Grund von Friefen aus Formfteinen, als Felder zwifchen Confolen, als hohe Streifen zwifchen fchmalen Wandlifenen an Giebeln und unter wagrechten Gefimfen oder als Figuren von gefälligem Umrifs, die fich, wie bei farbigen Muftern, regelmäfsig auf der Wand wiederholen. Ein Beifpiel ift mit Fig. 154 fchon oben genannt.

Bei Hauptgefimfen in Putz gezogen handelt es fich um Herftellung fehr ftarker Ausladungen (z. B. für Hängeplatten von Gefimfen im Stil der Renaiffance), wie fie durch das Vortreten gewöhnlicher Backfteinfchichten fich nicht gewinnen laffen. Alsdann müffen entweder natürliche Steine oder Eifentheile beigezogen werden. Fig. 564 zeigt eine Conftruction, wie fie in der Lombardei und im Canton Teffin häufig ift. Die Ausladung ift dabei mit den fehr zähen rauhen Gneisplatten von nur etwa 5^{cm} Dicke erhalten, die das Land zu mäfsigem Preife darbietet; fie find innen durch volle Backfteine belaftet, während aufsen die Unterlage für die Putzglieder durch Aufmauern einiger Schichten aus Lochfteinen möglichft leicht hergeftellt ift; an der Unterfläche der Gneisplatten haftet der Putz ganz gut. Ein ähnliches Verfahren ift in einzelnen Theilen Oefterreichs üblich, wobei harte Sandfteinplatten in gleicher Weife Verwendung finden. Bei den heute zur Verfügung ftehenden Verkehrsmitteln dürfte fich die Verwerthung der Conftruction mit folchen Platten dem Eifen gegenüber auch auf gröfseren Umkreis von deren Bezugsorten empfehlen.

Bei grofser Ausladung auf verhältnifsmäfsig fchwacher Mauer, alfo ungenügender innerer Belaftung der rauhen Platten diefer oder anderer Art müfsten diefe in mehrfach befchriebener Weife nahe dem inneren Mauerhaupt an tiefere Schichten hinabgeankert werden.

Fig. 564.

$\frac{1}{60}$ w. Gr.

Fig. 565 zeigt die gewöhnliche Herftellungsweife gröfserer Ausladungen bei Putzgefimfen auf Backftein. Wagrechte Eifenftäbe, meift von quadratifchem Querfchnitt, fenkrecht zur Mauerflucht gerichtet, in Entfernungen von 20 bis 40 ᶜᵐ, tragen an ihrem äufseren Ende andere parallel zur Mauerflucht gelegte Stäbe, welche die äufsere Unterftützung einer ftark ausladenden Rollfchicht für die Kranzplatte bilden. Die innere Unterftützung findet diefe Rollfchicht auf den weniger vorkragenden Schichten der tragenden Gefimsglieder. Wächft die Ausladung, fo treten anftatt der einen Reihe von Längsftäben deren zwei oder drei auf, fo dafs die äufsere Rollfchicht, abgefehen von ihrem Verband mit einer inneren, beiderfeits auf Eifenftäben ruht. Auch geftaltet fich wohl ein zufammenhängender Roft genügend in die Mauer eingreifend, innen durch volle Mauerfchichten genügend belaftet, und aufsen möglichft wenig befchwert durch Verwerthung von Hohlfteinen oder — fo weit die Rückficht auf guten Verband es zuläfst — durch Herftellung gröfserer Hohlräume im oberen Gefimsmauerwerk. Die Stäbe find durch Lackanftrich vor dem Roften zu fchützen. An der Ecke bedarf es fchief zur Mauer gerichteter wagrechter Stäbe, ähnlich

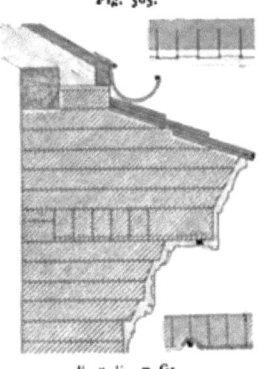

Fig. 565.

$\frac{1}{60}$ u. $\frac{1}{30}$ w. Gr.

wie Fig. 566 angiebt, auch müffen hier die auskragenden Stäbe tiefer in die Mauer hineingreifen oder gar in nachgenannter Weife hinabgeankert werden,

Fig. 566.

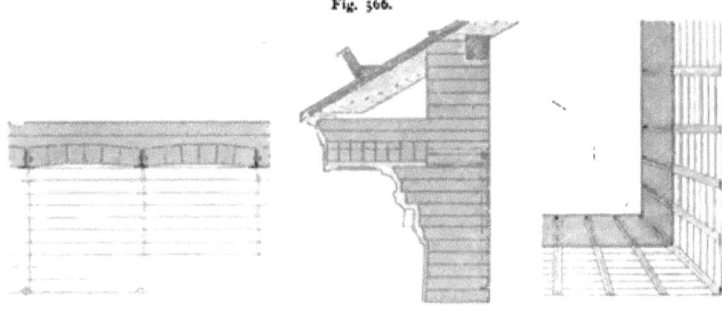

um die innere Belaſtung mit der in weit gröſserer Fläche auftretenden äuſseren in das Gleichgewicht zu ſetzen.

Wenn die Ausladung im Verhältniſs zur Mauerdicke zu groſs iſt und die innere Belaſtung der auskragenden Eiſentheile nicht genügend groſs erhalten werden kann, ſo daſs ein Umkippen des oberen Mauertheiles oder ein Berſten nach einer lothrechten Längsfuge zu befürchten wäre, ſo müſſen die tragenden Eiſentheile entweder mit der Dach-Conſtruction feſt verbunden oder ähnlich wie bei Fig. 557 nahe der inneren Hauptfläche an tiefere Schichten hinabgeankert werden. Erſteres iſt nur bei Eiſen-Conſtruction des Daches oder bei kleineren Gefimſen am Fuſse von Holzdach-Conſtructionen zuläſſig; Fig. 566 iſt die Nachbildung einer in Wien ausgeführten Conſtruction der zweiten Art und gleichſam die Ueberſetzung der in Fig. 381 dargeſtellten Haupteingefims-Conſtruction in das Backſteinmaterial.

Die auskragenden Eiſen ſind hier leichte I-Träger, ca. 70 bis 90 ^{cm} von einander entfernt; zwiſchen dieſelben ſind ſehr flache Backſteinkappen im *Müller'ſchen* Verband eingewölbt, die zugleich die Kranzplatte und die Unterſtützung der oberen Gefimsglieder bilden. Auch eine Conſolenreihe des Gefimſes, beſtehend aus gebranntem Thon oder Cementguſs oder Gypsguſs, könnte an die flachen Gewölbe oder an die Eiſenträger unmittelbar hinaufgehängt werden.

Die Conſtruction iſt ſelbſtverſtändlich auch ohne Verankerung der Eiſenträger anwendbar, wenn die Aufmauerung über den Trägern hoch genug iſt, alſo bei Gurtgefimſen und bei Traufgefimſen mit hoher Attika. Wo der Betonbau ein groſses Gebiet hat, ſtellt man die Unterlage ſtark ausladender Gurt- und Hauptgefimſe mit Eiſenträgern und Cement-Beton her, d. h. man erſetzt die Gewölbe in Fig. 566 durch Beton. Dabei können die Eiſenträger auch nachträglich in das Mauerwerk eingeſetzt und verſpannt oder als ſchwächere Stäbe nur in die Mauerfugen eingetrieben und die Formkaſten für den Beton den Trägern angehängt werden.

In Fig. 567 erſcheint ein ſtärker ausladendes Balcongefims über einer gröſseren Lichtöffnung in ähnlicher Weiſe hergeſtellt.

Ueber die Pfeiler zu Seiten der Lichtöffnung kragen zwei I-Träger aus, deren innere Enden mit dem inneren Sturzträgerpaar verſchraubt ſind. Zwiſchen die auskragenden Träger ſind zwei ſchwächere I-Eiſen eingeſetzt, parallel zur Mauer gelegt, und damit iſt ein Roſt gebildet, der den Beton aufnehmen kann. An der Auſsenfläche der Träger hält ſich der Beton mit Hilfe von Z-förmig gekröpften Flacheiſen, die etwa 60 ^{cm} von einander entfernt, an die Trägerſtege angenietet ſind, oder mit Hilfe einer Umflechtung der Träger mit Eiſendraht. Auf die Beton-Unterlage werden die Gefimſe in Cement gezogen, wie oben angegeben, und Relief-Ornamente in Cementguſs mit Cement-Mörtel angekittet. Auch die Conſolen unter dem Balcon ſind in Cementguſs als Hohlkörper hergeſtellt; ſie werden an den breitfüſsigen, abgebogenen I-Eiſen befeſtigt, indem man ſie nach Ausführung der Balconplatte mit proviſoriſcher Unterſtützung anſetzt und dann durch hoch liegende ſeitliche Oeffnungen mit Cement-Mörtel ausgieſst. Groſse, ſchwere Conſolen werden mit Hilfe eingegoſſener Querſtäbe in Γ-Eiſenform an die auskragenden Träger hinaufgehängt.

In derſelben Weiſe, wie das beſchriebene Balcongefims, erhalten Erkerfuſsgefimſe in Cement eine Unterlage aus Cement-Beton, welche die Form des Gefimſes im Rohen darbietet und zwiſchen Eiſenbalken und conſolenartige Trageiſen geeigneter Zuſammenſtellung eingegoſſen wird.

Alle vier Conſtructionen, die für ſtark ausladende wagrechte Putzgefimſe beſchrieben wurden, geſtatten ein Uebertragen auf Giebelgefimſe mäſsiger Neigung, ohne daſs weſentliche Aenderungen eintreten müſsten. Nur wird im Allgemeinen die innere Belaſtung hier weniger leicht genügend groſs zu erhalten ſein, alſo das Hinabankern der Platten, bezw. Eifenftäbe oder -Träger häufiger nothwendig werden, als bei wagrechten Gefimfen.

153. Aeufsere Gefimfe auf Fachwerkwänden. Wenn auf Fachwerkwänden in Putz gezogene äufsere Gefimfe herzuftellen find und die Unterlage wegen der geringen Stärke der Felderausmauerung nicht durch auskragende Backfteinfchichten gewonnen werden kann, fo erfcheint als Träger der Putzfchicht gewöhnlich das wagrechte Lattenwerk auf Schablonen, mit dem Ueberzug von Gypferrohren oder Gypslättchen, wie es im Folgenden für innere Putzgefimfe befchrieben ift. Wafferdichte Zinkblechabdeckung folcher Gefimfe ift im Aeufseren erfte Bedingung, felbft bei mäfsigen Anforderungen an

Fig. 567.

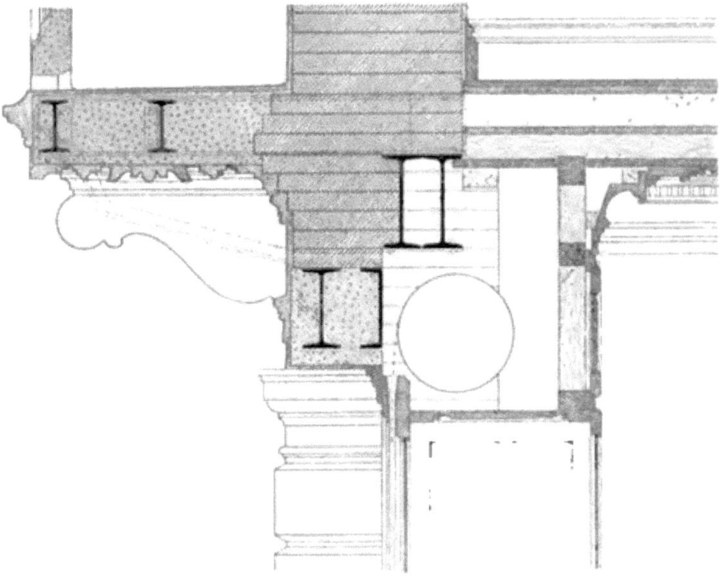

$\frac{1}{25}$ w. Gr.

Dauerhaftigkeit. Grofse wagrechte Unterflächen, wie fie etwa bei Hauptgefims-Kranzplatten auftreten, find in diefer Weife hergeftellt überhaupt nicht dauerhaft, und, die reine Holz-Conftruction, etwa nach Fig. 768, ift hier vorzuziehen.

Für Cementputz-Gefimfe, die übrigens auf Fachwerk felten verlangt werden, genügt ein Ueberziehen der Zimmerhölzer, bezw. des Lattenwerkes oder Bretterkaftens mit Gypferrohren nicht, da Cementputz auf Rohrung nicht haftet; hierfür ift die Holzfläche mit Dachplattenftücken zu überziehen, die mit Gypfernägeln befeftigt werden und in deren Fugen die Cementmaffe eindringen kann. Weit ausladende Gefimfe in Cement werden übrigens auf Holz-Fachwerk beffer mit Hilfe von confolenartig angefetzten Trageifen hergeftellt, die ein Drahtgeflecht oder dünne wagrechte Stäbe tragen und ein mit Formkaften aufzubringendes

Beton-Prisma geeigneten Querschnittes als Unterlage des Putzgefimfes aufzunehmen haben.

Für innere in Putz zu ziehende Gefimfe wird an gemauerten oder aus Cement-Beton aufgeführten Wänden die Unterlage der Putzfchicht in derfelben Weife hergeftellt wie am Aeufseren, fo lange es fich nicht um grofse Ausladungen handelt. Kleine Deckengefimfe werden fogar meift ohne jede vortretende Unterlage in die Ecke zwifchen Wand und Decke eingezogen und fchliefsen fich dabei mit ihrem Profil möglichft der Decke an, um wenig Material zu verbrauchen und geringes Gewicht zu erhalten. Gröfsere Ausladungen von Deckengefimfen und inneren Wandgefimfen erhalten dagegen eine Unterlage aus wagrechtem Lattenwerk, deren Profil fich dem des Gefimfes wieder mit möglichft gleich bleibendem Abftand anfchliefst. Lothrechte parallelgeftellte Bretterfchablonen oder, bei fehr grofsen Abmeffungen, gezimmerte Fachwerke aus fchwachen Hölzern find in Entfernungen von 65 bis 90 cm fenkrecht zur Gefimsrichtung an die Wand, bezw. an die Deckenbalken befeftigt und bilden die Unterlage der wagrechten Verlattung. Wo fie bei Deckengefimfen parallel zu den Balken zu ftehen kommen, werden fie an ihrer Seitenfläche angenagelt; im Uebrigen dienen Bankeifen und Winkelbänder zu ihrer Befeftigung an Mauer, Fachwerkwand oder Balken. Die Verlattung wird mit Gypferrohren verkleidet, wie beim gewöhnlichen Deckenputz auf Rohrung, oder es werden auf etwas enger geftellte Schablonen (mit 30 bis 50 cm Entfernung) die Gypslättchen aufgenagelt, die in manchen Ländern unmittelbar zur Aufnahme des Deckenputzes dienen.

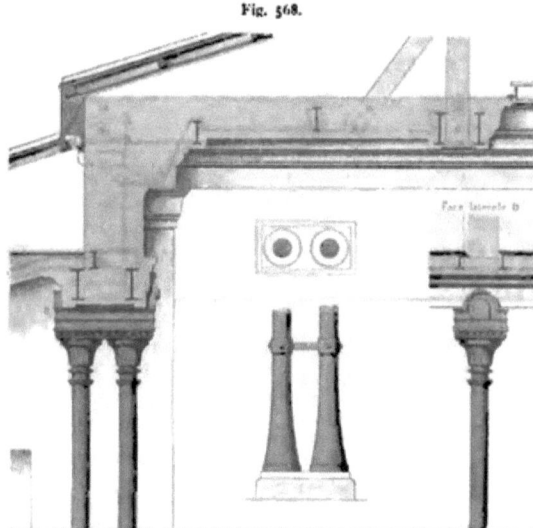

Fig. 568.

Vom Reptilienhaus im *Jardin des plantes* zu Paris[151] — ca. $\frac{1}{10}$ w. Gr.
Arch.: *André*.

Auch mit Ausfchlufs von Holztheilen kann die Unterlage für zu ziehende innere Putzgefimfe gefchaffen werden, indem man eiferne Haken in die Mauerfugen fchlägt oder Trageifen confolenartig an die Mauer fetzt, ein Drahtgeflecht darauf auffetzt und diefes, zum Schutz gegen das Durchfliegen des angeworfenen

___
[151] Dies felbft. nach: *Revue gén. de l'arch.* 1870. Pl. 46.

Materials und zur Aufnahme desjenigen der Deckfläche, mit Holzkohlen hinter-
füllt. Das Uebertragen dieser Construction auf die großen Hohlkehlen spiegel-
gewölbförmiger Decken und stärker ausladende Wand- und Deckengesimse im
Inneren entspricht der Flächenbildung nach den patentirten Systemen *Rabitz* und
Monier, in welchen ein starkes Drahtgeflecht oder ein Gerippe aus schwachen
Eisenstäben umhüllt erscheint mit einer Mörtelmasse, die in weichem Zustand auf
einer provisorischen Unterlage in feine Maschen eingestampft wird und nach
dem Erhärten eine sehr dünne, aber trotzdem widerstandsfähige, stark elastische
feuersichere Schale bildet. Das System *Rabitz* verwendet als Mörtelmasse eine
Mischung von Gyps, Leim u. f. w.; beim System *Monier* wird das Eisengerippe
mit Portland-Cement umhüllt. Näheres über diese neuen Flächenbildungen für
Wände, Decken, Fußböden und feuersichere Umhüllung von Stützen und Trägern
ist im vorhergehenden Hefte (Art. 264 bis 271, S. 329 bis 335) dieses »Handbuches«
zu finden. Für innere Gesimse mit Malerei kann nur das System *Rabitz* in Frage
kommen, wegen der den *Monier*-Flächen anhaftenden Schwierigkeit, auf Cement
zu malen.

Aehnliche Gesims-Constructionen waren in Frankreich schon früher in Gebrauch als Uebertragung der Constructionsweise der wagrechten ungegliederten
Putzdecke auf Deckenhohlkehlen und kleinere Gesimse. Ein solches erscheint in
Fig. 568[173]) als Umrahmung der Decke; eine dicke Gypsschale, auf provisorischer
Bretterunterlage über einen Rost von abgebogenen Eisenstäben und Drahtgeflecht
gegossen, bildet die Unterlage, auf deren rauher Vorderfläche das Gesims in Gyps
gezogen wurde.

4) Frei tragende Putzgesimse.

Sie kommen am Aeußeren der Gebäude, wie im Inneren häufig vor, und
zwar am Aeußeren als Ueberdeckung von rechteckigen Schaufenstern, Einfahrten
und anderen großen Lichtöffnungen mit oder ohne Glasverschluß, gegliedert als
Architrave oder scheitrechte Bogen, im Inneren als verputzte Unterzüge mit gezogenen Gesimsen. In beiden Fällen bilden sie entweder die Verkleidung eines
Holzbalkens oder eines Eisenträgers (gewalzt oder zusammengesetzt) oder mehrerer
vereinigter Eisenträger. Bei geringer Spannweite erscheinen sie auch als Putz-
verkleidung scheitrechter oder flach gesprengter Mauerbogen und bedürfen dann
gegenüber dem bisher über die Unterlage der Putzgesimse Gesagten keiner
weiteren Erklärung.

Ein Holzbalken (oder eine Vereinigung von mehreren neben einander liegenden Holzbalken) bildet die Ueberdeckung einer äußeren Lichtöffnung nur dann,
wenn die Oberwand als Holz-Fachwerk auftritt oder wenn bei einer gemauerten
Oberwand deren Druck durch einen Entlastungsbogen auf die Pfeiler neben die
Lichtöffnung übertragen, also der Holzbalken nur wenig belastet ist. Im Inneren
ist dagegen der verputzte Holzbalken als Unterzug sehr häufig. Zur Aufnahme
des Putzgesimses wird er wie die Zimmerhölzer einer zu verputzenden Fachwerkwand behandelt, d. h. aufgepickt und mit ausgeglühtem Draht auf Gypsernägeln
umflochten, oder berohrt, oder mit Gypslättchen benagelt, oder mit Dachplatten-
stücken umhüllt, die mit Gypsernägeln befestigt werden. Soll das Gesims stärkere
Ausladung erhalten, so ist die Unterlage des ausladenden Theiles zuerst aus
Brettern oder Latten zusammengenagelt auf den Balken zu setzen, damit die
Dicke der Putzschicht nirgends größer wird als 2 bis 3 ᶜᵐ. Aeußere frei tragende
Putzgesimse mit dieser Art der Unterlage sind übrigens wenig dauerhaft, be-

kommen bald Riffe und fallen ftellenweife ab; daher findet fich hier weit häufiger
die Verkleidung des Holzbalkens mit Brettern und Leiften, an welche die gewünfchten Gefimsglieder angehobelt find, wie etwa bei Fig. 774, oder die Gefimsbildung mit Zinkblech.

Für den häufig vorkommenden Fall, in welchem das frei tragende Putzgefims als Verkleidung von Eifenbalken über einer äufseren Lichtöffnung oder
im Inneren auftritt, giebt es verfchiedene Löfungen. Für Gefimfe in Gyps oder
Kalkmörtel kann man die Träger, fo weit das Gefimsprofil reichen foll, mit
einer Hülle von Latten umgeben, auf welchen mit Verrohrung geputzt werden kann.
Die Verlattung wird dabei meift wagrecht auf lothrechte Bretterfchablonen auf-

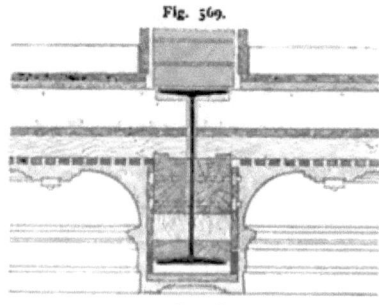

Fig. 569.

ca. ⅛ w. Gr.

genagelt, die im Inneren gewöhnlich an die Seitenflächen der vom
Eifenträger unterftützten Holzbalken
angefetzt werden können (wie bei
Fig. 778), anderenfalls mit Blechwinkeln an die Trägerrippe zu befeftigen find. Oder wagrechte Zimmerhölzer werden an die Trägerrippe angefchraubt, und die Latten
ftehen fenkrecht zur Trägerlänge
(Fig. 569). Auf eng geftellten
Schablonen läfst fich der Putz auch
ohne Verrohrung auf Gypslättchen
ausführen, die über die Schablonen
weggenagelt werden.

Diefe Art, den Träger mit einem Putzgefims zu umhüllen, bietet ihm jedoch
im Falle eines Brandes keinen Schutz gegen unmittelbare Berührung durch das
Feuer; auch ift bei äufseren Gefimfen diefer Art — wie bei der oben genannten

Fig. 570[178]).

ca. ⅛ w. Gr.

Holzbalkenumkleidung — das Holz- und Lattenwerk
leicht der Feuchtigkeit ausgefetzt und die Bildung
von Riffen im Putz zu befürchten. Daher genügt
diefe Conftruction nur geringen Anfprüchen und ift
blofs im Inneren da zu empfehlen, wo eine
Feuerficherheit der Decke ohnehin nicht erreicht
ift. Im Aeufseren findet fich der mit gehobelten
Holzgefimfen umgebene Eifenträger häufiger als
der in der angegebenen Weife geputzte. Wo
gröfsere Feuerficherheit erreicht werden foll, ift es
meift nothwendig, den Träger mit gebrannten
Steinen oder mit Cement-Beton zu umhüllen und
damit die Unterlage für das Putzgefims zu bilden.

Fig. 570[178]) bietet für den I-förmigen Unterzug
eines Eifengebälkes im Inneren eine Umhüllung der
erften Art. Rollfchichtenartig geftellte Steine geeigneten Profils halten fich am Unterflanfch des
Trägers mit Cement-Mörtel feft und bieten dem Putzgefims (in Gyps oder
Cement) eine Unterlage. Nach einer anderen Conftruction derfelben Art tragen

[178]) Facf.-Repr. nach: Centralbl. d. Bauverw. 1887, S. 436

die zwei Formſteinreihen noch eine Reihe wagrechter Thonplatten von trapez
förmigem (oben verbreitertem) Höhenſchnitt als Verkleidung der Unterfläche
des Eiſenträgers zwiſchen ſich.

Man findet auch gewöhnliche, hochkantig ſtehende Backſteine eingeklemmt
zwiſchen Ober- und Unterflanſchen der ⊥-Balken, als Verkleidung des Steges
und als Unterlage der Putzſchicht. Fig. 571 bietet
dieſen Fall; dabei iſt die Unterfläche des Trägers
ſichtbar geblieben. Weitere Hilfsmittel zum Feſt-
halten der Backſteine ſind meiſt entbehrlich; ſie
würden in Drahtſtiften beſtehen, die in die Lagerfuge über dem Träger eingeſchlagen und dann über
ſeine Flanſche abgebogen werden, oder, wenn auch
die Unterfläche des Trägers geputzt werden ſoll, im
Umflechten deſſelben mit Eiſendraht. Auch bei
zwei gekuppelten Trägern bleibt oft ihre Unterfläche ſichtbar, und nur die Ausfüllung des Zwiſchenraumes (mit Backſtein oder Beton) iſt unten geputzt,
wie für die beiden inneren Träger in Fig. 571 gezeichnet.

Fig. 571.

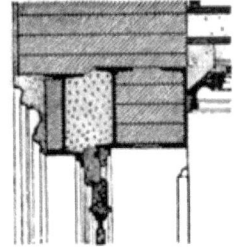

Wenn ſich die Geſimsprofillinie weiter von den
Trägern entfernt und die Trägerunterfläche nicht
ſichtbar bleiben darf, ſo erſcheint eine Umhüllung der Träger mit Beton als
Unterlage des gezogenen Cement-Geſimſes. Dieſen Fall bietet Fig. 567. Der
Beton hält ſich zwiſchen beiden Trägern und an den Flacheiſen, die ihre
Unterflanſche verſchnüren; an der Vorderſeite ſind zu gröſserer Sicherheit
gegen Loslöſen vom lothrechten Steg Z-förmig abgebogene Flacheiſen in Abſtänden von 40 bis 60ᵐ an dieſen genietet. Anſtatt dieſer Lappen kann
auch eine Umflechtung des äuſseren Trägers mit kräftigem Eiſendraht gewählt
werden.

Kleinere Geſimſe in Cement-Mörtel können bei günſtiger Querſchnittsform,
d. h. bei nicht zu ſtarkem Vor- und Zurückſpringen der Profillinie, auch ohne
Beton-Unterlage unmittelbar auf den Eiſenträgern gezogen werden, und zwar
ebenfalls auf einer genügend ſteifen Umflechtung derſelben mit Eiſendraht oder
unter der vorgenannten Sicherung durch angenietete Blechlappen. Das Putzmaterial umklammert dieſe oder andere zweckmäſsig angeſetzte Ausläufer der
Eiſenunterlage und hält ſich, da Eiſen und Cement ſich gut verbinden, ohne
Riſsbildung daran feſt.

In Fig. 568¹⁷⁵) erſcheinen ebenfalls zwei Eiſenbalken mit einem umgebenden und ausfüllenden Cement-Beton, auf welchem ein glattes Geſims gezogen iſt und der zugleich eine Mauer ſammt der anhängenden Deckenlaſt zu
tragen hat.

Ein letztes Verfahren, Putzgeſimſe als Umhüllung von Eiſenträgern oder
Holzbalken herzuſtellen, beſteht in der oben genannten Flächenbildung nach den
Syſtemen *Rabitz* und *Monier*. Die mit dem Drahtgewebe oder Rundeiſengerippe
verſtärkte Mörtelſchale umſchlieſst den Eiſenträger oder Holzbalken mit rechtwinkelig ⊔-förmigem Querſchnitt oder nach einer der Geſimsausladung ſich an-
ſchlieſsenden Profillinie und bildet die Unterlage der mit der Schablone auszu-
ziehenden dünnen Putzſchicht.

5) Gesimse oder Gesimstheile aus Portland-Cement oder Gyps gegossen.

Hier sind zuerst zu nennen diejenigen Gesimse, bei welchen der Kostenersparniß wegen Cement-Gußstücke in derselben Form und Größe auftreten, wie
die Werkstücke bei Hausteingesimsen, welche also gegenüber diesen keinen Unter-
schied der Construction darbieten. Das ganze Gesims kann in Cement-Gußstücken ausgeführt werden oder nur einzelne Schichten desselben, z. B. reicher
sculpirte Glieder oder Consolenreihen, bei welchen das Gießen aus Formen eine
sehr erhebliche Ersparniß gegenüber der Handarbeit des Steinhauers erzielen
läßt. Die Mischung ist hierbei gewöhnlich 1 Theil Cement auf 3 Theile Sand;
bei groberen Formen kann auch feiner Kies beigemengt werden. Durch be-
stimmte Verfahren kann man solchen Cement-Gußstücken ziemlich genau die
Farbe und das Gefüge der Oberfläche des Hausteines geben, neben welchem sie
auftreten.

Vom Einsetzen sculpirter gegossener Gesimsglieder aus Gyps oder Portland-
Cement in Gesimse, die im Uebrigen im selben Material durch Ziehen mit
Schablonen hergestellt wurden, ist schon in Art. 119 (S. 227) gesprochen worden.

Portland-Cement-Gußstücke erscheinen bei den Gesimsen mit Hausteinformen
auch als Platten oder Schalen oder Hohlkörper von 2 bis 4 cm Wandstärke, ähnlich wie die in Art. 114 (S. 179) genannten feineren Terracotten. Ihre Verbindungsweise mit dem Mauerwerk, bezw. ihre Verwendung als Consolen, Archi-
travstücke oder Umhüllung von Eisenbalkenköpfen und Holztheilen ist dann ganz
dieselbe, wie sie in Art. 115 u. 122 für die Terracotten beschrieben ist. Bei Holz-
gesimsen, welche die Hausteinform nachahmen, werden solche Cement- wie auch
Gyps-Gußtheile als Consolen, Rosetten, Eier- oder Blattstäbe u. s. w. oftmals beigezogen, worüber in Kap. 20 (unter g u. h) Weiteres.

Im Inneren erscheint als Material gegossener Gesimse und Gesimstheile fast
immer der Gyps. Die Anwendung gegossener Gesimsglieder beschränkt sich
nach dem Früheren auf die sculpirten und ornamentirten Theile, oder das
ganze Gesims wird aus gegossenen Stücken zusammengesetzt. Das letzte Verfahren hat auch bei vorwiegend glatten Gesimsen den Vorzug, daß die Stücke
in den Stuckatur-Werkstätten nach bestimmten Modellen in Vorrath gearbeitet
werden können und die Stuckaturarbeit am Bau selbst weniger Zeit in An-
spruch nimmt.

Das Gießen geschieht entweder aus unzerlegbaren Gypsformen (sog. »ganzen« Formen) oder aus
zerlegbaren Gypsformen (sog. »Stückformen«) oder aus Leimformen. Die erstgenannten Formen sind nur
für flache, nicht unterschnittene Ornamente oder Sculpirungen anwendbar. Wenig unterschnittene
Sachen werden aus Leimformen gegossen, da sich diese der sulzartigen Consistenz wegen aus den Unter-
schneidungen herausziehen lassen, ohne Gypstheile loszureißen (wenigstens so lange die Form nur wenige
Tage alt ist; später erhärtet sie und ist dann nicht mehr brauchbar). Stark unterschnittene oder ganz
runde Sachen bedürfen zu oftmaligem Gießen immer der »Stückform« oder zerlegbaren Gypsform.

Die in bestimmten Längen gegossenen Stücke des Gesimszuges werden je
nach ihrem Gewichte entweder an Wand oder Decke nur angegypst oder auch
angenagelt oder angeschraubt. Eben so können leichte Consolen, Rosetten u. s. w.
nur angegypst werden, wogegen schwerere Stücke am Mauerwerk mit starken
geschmiedeten Nägeln oder Stiften, am Holzwerk mit Holzschrauben oder Mutter-
schrauben befestigt werden müssen, zuweilen sogar das Gerippe der Decke an
der betreffenden Stelle durch Wechselbalken zu verstärken ist. Die Möglichkeit
des Zerbrechens der Gußstücke und die daraus entstehende Gefahr für die Be-

wohner eines Innenraumes oder die Fufsgänger auf dem Bürgerfteig ift immer
im Auge zu behalten und die Befeftigung derart zu wählen, dafs in diefem Falle
wenigftens keine allzu fchweren Stücke herabftürzen können. In Frankreich befteht mit Rückficht auf die genannte Gefahr eine Vorfchrift, wonach die Ausladung eines in Stuck hergeftellten Gefimfes nicht über 16ᶜᵐ betragen foll; auch
für die Art der Befeftigung find Vorfchriften gegeben, wogegen in Deutfchland
gefetzliche Beftimmungen noch in Ausficht ftehen[175]).

Fig. 572.

Vom Treppenhaus des Mufeums für Naturkunde zu Paris[176]).
¹/₁₄ w. Gr.

Den in der Stuckatur-Werkftätte gegoffenen und fpäter am Bau befeftigten
Stuckgefimfen ftehen diejenigen gegenüber, welche am Beftimmungsort felbft
durch Giefsen über ihre Hohlformen erzeugt werden. Das Verfahren ift in
Frankreich zu Haufe, aber auch in Deutfchland zur Anwendung gelangt; es befchränkt fich bis jetzt auf innere Gefimfe und Deckengliederungen; die Gufsmaffe
ift Gyps mit oder ohne Beimengung von Leim, könnte aber auch Portland-
Cement-Mörtel fein. Solche Gefimfe find nicht mit denjenigen zu verwechfeln,
die auf Cement-Beton oder Gypsgufs mit Cement-Mörtel oder Gyps gezogen
werden; bei diefen ift nur das Innere Gufsmaffe, bei jenen das Ganze.
Fig. 572[176]) zeigt ein Deckengefims mit grofser Hohlkehle in Gypsgufs unter
dem Deckenlicht eines Treppenhaufes. Das Deckenlicht ift von I-Trägern ein-

gefafft, die an die Dach-Conftruction hinaufgehängt find; auf ihre Unterflanfche legen fich bogenförmige T-Eifen mit Abftänden von etwa 60 cm und mit dem Fufsende in der Mauer verfpannt. Zwifchen diefe T-Eifen find fchwache, wagrechte Stäbe eingefetzt, und über den fo gebildeten cylindrifchen Roft ift das Deckengefims auf Hohlformen in Gyps gegoffen worden. Das Verfahren ift im Wefentlichen das Uebertragen desjenigen, welches in Paris für wagrechte, mit Füllungen gegliederte Putzdecken zwifchen Eifenbalken gebräuchlich ift, auf die cylindrifche Deckenfläche. Eine folche ebene Caffettendecke erfcheint im unteren Theile von Fig. 572.

Auch über einigen Sammlung-fälen im Kunftgewerbe-Mufeum zu Berlin wurden Caffettendecken fammt den umrahmenden Gefimfen nach diefem »franzöfifchen Syfteme« hergeftellt, jedoch in eigenartiger Auffaffung, indem aus fchmiedeeifernen Längs- und Querträgern Caffetten hergeftellt wurden, welche unter Zuhilfenahme von Eifenftäben und Drahtgeflecht mit einer Gufsmaffe aus Gyps und Stuck hergeftellt find. Der Gufs erfolgte über Leimformen, welche unten angehängt, nach der Erhärtung leicht zu entfernen waren [177].

6) Gefimfe in Steinftuck und Trockenftuck.

Eine Befeitigung der Gefahr des Herabftürzens der nachträglich angefetzten Stuckgefimsmaffen wird, wenigftens für Innenräume, ohne nennenswerthe Koftenerhöhung erzielt durch die Verwerthung der in den letzten Jahrzehnten eingeführten Arten von Stuck, Steinpappftuck und Trockenftuck, bei welchen die Stücke leichte, zähe Schalen von nur wenigen Millimetern Stärke bilden und doch die Formen kaum minder fcharf erhalten können, als beim gewöhnlichen Stuck. Der Ankündigung des nun zumeift verwendeten »Trockenftucks« ift das Folgende zu entnehmen.

»Die Beftandtheile des Trockenftucks find nachweisbar: Gyps, 33-gradiges Wafferelas und Leimlöfung in beftimmtem Verhältniß zufammengefetzt. Diefe Maffe wird auf ein weitmafchiges, fehr haltbares Jutegewebe in elaftifche Formen gegoffen und dabei Zinkftreifen von 2 cm Breite in geeigneten Abftänden von einander zwifchen je zwei Lagen des Gewebes fo eingearbeitet, dafs der Zufammenhang des fo hergeftellten Gegenftandes durch diefe Streifen faft unzerftörbar wird und letztere zugleich als Befeftigungslappen über die Ränder des Stuckgegenftandes hinausragen.

Die nach diefem Verfahren erzielten Abgüffe werden nach Beendigung des Bindeproceffes in eigens hierzu conftruirter Trockenkammer (Calorifère) einer Temperatur von 50 Grad ausgefetzt und find nach 12 Stunden — klingend trocken wie Porzellan — zur Verwendung fertig.

Befonderer Werth liegt nun noch darin, dafs zu weiterem Verfahren bei der Verwendung diefes Stuckes die Berechtigung erhalten bleibt, ihn »Trockenftucke« zu nennen; denn er wird in klingend trockenem Zuftande, wie er geliefert ift, auch angefetzt, fo dafs er fofort bei der Befeftigung gemalt und vergoldet werden kann.«

Der Trockenftuck bietet alfo auch in Beziehung auf den Zeitverbrauch einen Vorzug gegenüber dem gewöhnlichen Stuck, indem diefer in feuchtem Zuftande und mit frifch bereitetem Gyps angefetzt werden mufs, fo dafs nach feiner Befeftigung an Wand und Decke Maler und Tapezierer das Trocknen abwarten müffen. »Trockenftuck kann ferner in fertig angeftrichenen und tapezierten Zimmern angefetzt werden, ohne Tapeten und Decken zu befchädigen, kann bei Veränderung der Gasleitung u. f. w. an jeder beliebigen Stelle ohne Befchädigung losgenommen und wieder befeftigt werden.«

Das Gewicht eines in Trockenftuck hergeftellten Decorationsftückes erreicht nur den fünften bis vierten Theil des Gewichtes, welches derfelbe Gegenftand

160. Trockenftuck

177) Siehe: Centralbl. d. Bauverw. 1887. S. 443.

in gewöhnlichem Stuck darbietet; dabei ift der Preis nicht höher. Dem Stein-
ftuck oder Staff gegenüber, der bezüglich des Gewichtes, der Dauerhaftigkeit
und der Zeiterfparnifs diefelben Vorzüge darbietet, verlangt der Trockenftuck
weit geringere Koften.

d) Verbindung von Trauf- und Giebelgefimfen in Stein mit der Dach-Conftruction, mit der Dachfläche und unter fich.

Es giebt zwei entgegengefetzte Grundzüge der Geftaltung der Hauptgefimfe,
fowohl für den Giebel als für die Trauffeite. Entweder tritt das Dach über die
Gebäudemauer und ihr oberftes Gefims vor und wird, fo weit es vorfpringt, von
unten fichtbar; oder der untere wagrechte Dachrand, bezw. der geneigte Dachrand, liegt auf der Mauer oder ihrem Steingefims, auch wohl hinter dem Gefims,
fo dafs die Dachunterfläche von aufsen nicht fichtbar wird. Im erften Falle
fpricht man von einem Sparrengefims, im zweiten von einem fteinernen oder gemauerten oder maffiven Hauptgefims, vorausgefetzt, dafs das Gefimsmaterial wirklich Stein oder Backftein ift; denn die Form der fteinernen Hauptgefimfe wird
vielfach in Holz, Gufseifen, Gufszink und Zinkblech nachgeahmt.

Die Sparrengefimfe mit den ihnen verwandten Traufbildungen und die
Nachahmungen der fteinernen Hauptgefimfe in anderem Material werden nach
ihrer Conftruction, wie nach ihrer Verbindung mit dem Dachwerk in den folgenden Kapiteln befprochen; der vorliegende Abfchnitt behandelt die Hauptgefimfe
in Stein und Backftein in ihrer Beziehung: 1) zur Dach-Conftruction, 2) zur Dachfläche und 3) unter fich, d. h. in Beziehung auf das Zufammentreffen von Trauf-
und Giebelgefims.

1) Verbindung der gemauerten Hauptgefimfe mit der Dach-Conftruction.

Sucht man nach den Formen, welche der Anfchlufs der Dach-Conftruction
an eine Aufsenmauer mit maffivem Traufgefims annehmen kann, fo finden fich
folgende Fälle für die Fufsbildung des Dachwerkes. Anftatt der hierfür gezeichneten Dachneigungen und Mafse des Vortretens über die Aufsenmauer
können beliebige andere auftreten.

2) Das Dach ift ein Pfettendach; ein Dachgebälk fehlt (Fig. 573). Dies
ift der bei Hallendächern in Holz faft ausfchliefslich erfcheinende Fall, und
dabei werden gern die Hauptbinder benutzt, um eine Verftärkung der Mauer an
ihrer Stelle einzuführen, wodurch eine in der Conftruction begründete und zugleich architektonifch dankbare lothrechte Theilung des Gefimfes durch vortretende Pfeiler, Lifenen, Fialen, Confolen mit Verkröpfungen u. f. w. gewonnen
wird. Eine folche Verftärkung ift auch in den folgenden Fällen möglich, wenn
gleich nicht fo häufig wie bei Hallendächern; ja fie wird fogar oft als günftiges
Architekturmotiv angeordnet ohne Begründung durch die Stellung der Hauptbinder.

Bei fehr fteiler Dachfläche ftehen die Sparren zuweilen mit der Stirnfläche
auf der Fufspfette oder Dachfchwelle nach Fig. 574. Bei Holzcement- und Zinkbedachung können die Sparren ganz oder nahezu wagrecht werden, alfo in
Dachbalken übergehen (Fig. 575).

3) Das Dach ift ein Pfettendach ohne Knieftock (Fig. 576).

γ) Das Dach ift ein Kehlbalkendach ohne Knieftock (Fig. 577). Der Dachbalken kann auch nach den punktirten Linien über den Sparrenfufs vortreten.

δ) Das Dach ift ein Pfettendach mit Knieftock; die Fufspfette liegt auf der
Mauer (Fig. 585); die Abbildung zeigt auch die Bundftrebe für den Knieftock.

ε) Das Dach ift ein Pfettendach mit Knieftock; die Fufspfette liegt auf einer
hinter der fchwachen Knieftocksmauer aufgeftellten Fachwerkwand (Fig. 586).

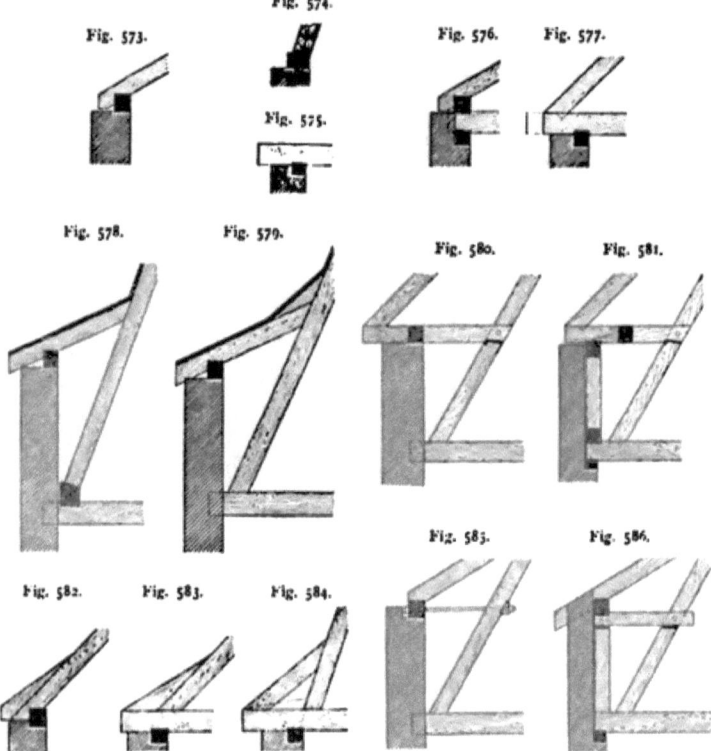

Fig. 573. Fig. 574. Fig. 576. Fig. 577.

Fig. 575.

Fig. 578. Fig. 579. Fig. 580. Fig. 581.

Fig. 582. Fig. 583. Fig. 584. Fig. 585. Fig. 586.

Diefe hat entweder eigene Schwelle, Büge und Riegel mit oder ohne Ausmauerung der Felder, oder fie befchränkt fich auf Pfette, Bundpfoften und
Längsverfteifungsbüge.

ζ) Das Dach ift ein Kehlbalkendach mit Knieftock; die Stichbalken für
die Sparrenfüfse liegen auf der Kniemauer oder Drempelwand (Fig. 580).

η) Das Dach ift ein Kehlbalkendach mit Knieftock; die Stichbalken für
die Sparrenfüfse liegen auf einer hinter der fchwachen Kniemauer aufgeftellten
Fachwerkwand (Fig. 581).

θ) Das Dach ift ein Pfettendach; auf die Sparren find »Auffchüblinge« genagelt (Fig. 582); im Uebrigen liegt einer der Fälle α, β, δ oder ε vor.

ι) Das Dach ift ein Kehlbalkendach mit kleineren Auffchüblingen in der Ecke zwifchen Dachbalken und Sparren (Fig. 583); im Uebrigen liegt einer der Fälle γ, ζ oder η vor. Bei den Dächern vieler neuerer Gebäude im Stil der deutfchen Renaiffance werden die Auffchüblinge fehr flach, und die fteilen Sparren treten ftark zurück, fo daß die in Fig. 584 durch die punktirte Linie angedeutete Form erfcheint.

κ) Das Dach ift ein Kehlbalkendach mit längeren Auffchüblingen, fo daß ein offenes Dreieck von Dachbalken, Sparren und Auffchübling gebildet wird (Fig. 584); im Uebrigen liegt einer der Fälle γ, ζ oder η vor.

λ) Das Dach ift ein Pfettendach mit Stichfparren zur Herftellung der gebrochenen Dachfläche (Fig. 578); im Uebrigen liegt einer der Fälle α, β, δ oder ε vor.

μ) Das Dach ift ein Kehlbalkendach mit Stichfparren zur Herftellung der gebrochenen Dachfläche (Fig. 579).

Nicht jeder diefer 12 Fälle bedingt eine befondere Form der Verbindung von Gefims und Dach; fondern es üben eigentlich nur dreierlei verfchiedene Anordnungen einen Einfluß auf das Gefims aus. Dies find die folgenden:

a) Der Dachfparren erfcheint ohne Dachbalken oder Stichbalkenkopf am Gefimstheil der Mauer (Fälle in Fig. 573, 574, 578, 579, 582, 585 u. 586). Wie der Anfchluß des Daches an das Gefims fich hierbei geftaltet, zeigen die maffiven Hauptgefimfe nach Fig. 590, 599, 907, 921 u. a.

b) Der Dachfparren erfcheint in Verbindung mit einem Dachbalken am Gefimstheil der Mauer, und zwar mit oder ohne eine Mauerlatte unter dem Dachbalken (Fälle in Fig. 576, 577, 580, 581, 583 u. 584). Maffive Traufgefimfe diefer Art bieten Fig. 901 u. 920.

c) Der Dachbalken oder Balkenftich, ganz oder nahezu wagrecht, erfcheint ohne Dachfparren (Fall in Fig. 574). Hierher gehört die Gefimsabdeckung nach Fig. 914.

114.
Giebelgefimfe. Die Beziehung der maffiven Giebelgefimfe zur Dach-Conftruction bietet zwei Fälle: entweder ift die Giebelmauer zum Tragen des Daches in Anfpruch genommen, indem die Pfetten oder Kehlbalken-Unterzüge ein Stück weit in die Giebelmauer eingreifen; da hierbei häufig die Giebelmauer an den Auflagern durch Lifenen verftärkt wird, fo hat die Lage der Längshölzer des Daches oft Einfluß auf die Gefimsbildung. Oder es ift ein Dachbinder hinter die Giebelmauer geftellt, der die Pfetten- und Kehlbalken-Unterzüge trägt und die Giebelmauer unabhängig vom Dachwerk macht. Letzteres gefchieht bei allen hohen Giebeln mit verhältnifmäßig fchwacher Mauer. Zuweilen wird diefe auch mit den Dachpfetten oder anderen Längshölzern des Daches verankert, wobei wieder eine aufsen fichtbare Verankerung die Architektur des Giebels mitbeftimmt.

2. Verbindung der gemauerten Hauptgefimfe mit der Dachfläche.

115.
Traufgefimfe. Zwifchen dem fteinernen Traufgefims und der Dachfläche giebt es verfchiedene Verbindungsweifen zunächft dadurch, daß eine Traufrinne vorhanden fein oder fehlen kann. Bezüglich des vielgeftaltigen erften Falles ift auf Kap. 22 zu verweifen. Wenn eine Dachrinne fehlt (z. B. in Fig. 443 u. 464), fo treten meiftens die Ziegel oder Schiefer des Daches um 2 bis 3 ᶜᵐ über den oberften

Gefimsrand vor und bringen das Waffer vor dem Gefims zum Abtropfen; fie werden, fo weit fie auf Stein oder Backftein zu liegen kommen, in Mörtel gelegt. Oder der vordere Theil der Gefims-Deckfläche ift mit Zinkblech abgedeckt, wie in Art. 77 (S. 120) befchrieben, und die Ziegel oder Schiefer legen fich über den nach oben umgebogenen inneren Blechrand (Wafferfalz), ähnlich wie bei Fig. 907. Für die mit maffivem Gefims auftretende Randbildung des Daches bei Zink- und Holzcement-Bedachung ift auf Theil III, Band 2, Heft 5 (Abth. III, Abfchn. 2, F, Kap. 35 u. 38) diefes »Handbuches« zu verweifen.

Was die Verbindung der maffiven Giebelgefimfe mit der Dachfläche betrifft, fo erfcheinen vier Fälle:

α) Die Bedachung aus Ziegeln, Schiefer, Zink u. f. w. geht über die Giebelmauer weg und fteht über den Giebelrand um 2 bis 3 cm vor (nur wenn der Giebel auf der Nachbargrenze fteht, fehlt der Vorfprung). Dabei find wieder Ziegel und Schiefer, fo weit fie nicht Latten oder Verfchalung finden, mit Mörtel auf die Mauer geheftet, und die Zinkbedachung wird durch Blechftreifen oder Blechhaften am Giebelrand feft gehalten.

β) Die Bedachung überdeckt zwar die Giebelmauer, erreicht aber ihren vorderen Rand nicht, fondern endigt, verfenkt in den Stein, einige Centimeter hinter diefem Rand, fo daß fie in der Vorderanficht des Giebels nicht fichtbar wird.

γ) Eine Blechrinne ift am Giebelrand angeordnet (fiehe Fig. 393, als Durchfchnitt fenkrecht zum Giebelrand) Dies ift theuerer; aber es wird oft dadurch nöthig, daß die Architektur des Giebels ein Sichtbarwerden der Ziegel oder Schiefer des Daches am Giebelrand nicht geftattet und ein weiches Steinmaterial die vorgenannte Löfung ausfchließt; auch geftaltet fich bei diefer Anordnung die Verbindung des Giebels mit einem Blechrinnleiften des Traufgefimfes am einfachften.

δ) Die Giebelmauer ift höher geführt, als das Dach, und die Bedachung ftößt an die Rückfeite der Giebelmauer an, unter Dichtung der Fuge zwifchen beiden Theilen — je nach der Art der Bedachung und der Größe des Höhenunterfchiedes — durch Mörtel oder Zinkblech oder Kupferblech. Diefe Conftruction macht den oberen Umriß der Giebelmauer von der Geftalt des Daches unabhängig und geftattet die reichften Umrißlinien, eine Freiheit, von welcher die Giebel des gothifchen Stils, der venetianifchen Renaiffance und der deutfchen Renaiffance den weiteft gehenden Gebrauch gemacht haben und noch heute die Stufen- und Fialengiebel im Backftein-Conftructionftil Gebrauch machen. Als Beifpiele für diefe Giebelbildung feien zunächft Fig. 607 u. 618 genannt. Sehr hoch über die Dachfläche hinaufgeführte Giebelmauern werden dabei zum Schutz gegen Umwerfen durch den Sturm mit dem Dachfirft verankert, und zwar durch einen fchrägen Eifenftab in der lothrechten Ebene der Firftlinie, der die Giebelmauer nahe der Spitze faßt und gewöhnlich durch Rankenwerk verziert wird. Die Verbindung mit der Mauer ift fo zu geftalten, daß die Verankerung gegen Winddruck von der Vorderfeite, wie von der Rückfeite Dienfte leiftet. Oft ift bei diefer Giebelbildung der geradlinige Umriß des Daches nur an den Fußpunkten und an der Spitze verlaffen, um eine Auszeichnung diefer Punkte zu erreichen, dies z. B. bei Fig. 589. Viele Giebel des römifchen und Renaiffance-Stils führen endlich die Giebelmauer mit geradliniger Begrenzung nur wenige Centimeter höher, als die Dachfläche, fo daß zwar die obere Grenzfläche der Giebelmauer fichtbar bleibt, aber doch ftetig oder nur mit geringem Vorragen an die Dachfläche anfchließt; hierher gehört Fig. 394.

16*

3) Giebeleckbildung gemauerter Hauptgefimfe.

167.
Fode Art
der
Giebel-
eckbildung.

Eines befonderen Studiums in jedem einzelnen Falle bedarf die Eckbildung des fteinernen Hauptgefimfes am Giebelhaus oder das Zufammentreffen von Giebel- und Traufgefims, und je nach Material und Bauftil erfcheinen hier fehr verfchiedenartige Löfungen, die fich jedoch deutlich in zwei Gruppen fondern. Die Giebelbildung der italienifchen Renaiffance, welche gleich der griechifchen und römifchen Architektur die Kranzplatte und den Rinnleiften des Traufgefimfes am Giebel hinauf-führt, hat bei modernen Bauten in Hauftein gewöhnlich einen Blechrinn-leiften der Traufe in einen Steinrinn-leiften des Giebels überzuführen. Dabei entfpricht der Durchfchnitt fenkrecht zum Giebelrand etwa der Fig. 394, der-jenige des Traufgefimfes etwa der fpäteren Fig. 908. Wie fich zwei folche Gefimfe an der Giebelecke vereinigen, zeigt Fig. 587. Die Traufrinne ftöfst

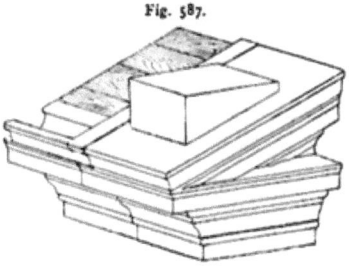

Fig. 587.

abgefchloffen durch ein Stirnblech an das Werkftück der Giebelecke an; der Blechrinnleiften des Traufgefimfes überdeckt um etwa 2 ᶜᵐ den gleich ge-formten wagrechten Rinnleiften des Werkftückes.

Ift eine Giebelrinne in Metallblech nach Fig. 405 angeordnet und entfpricht die Traufrinne wieder etwa der Fig. 608, fo geftaltet fich das Zufammentreffen beider Gefimfe wie in Fig. 588 dargeftellt. Bei weichem Hauftein ift diefe Löfung vorzuziehen, da fie ein Schwarzwerden und Verwittern des Giebelgefimfes beffer verhindert und das freie Abtropfen des Waffers an der Trauffeite des Eckwerkftückes ausfchliefst; die Abbildung bringt zugleich eine Variante minder ftrengen Stils für die Giebelecke zur Anfchauung, bei welcher das wagrechte Gefims am Giebel fehlt.

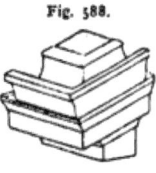

Fig. 588.

168.
Zweite Art
der
Giebel-
eckbildung.

Der befchriebenen, aus dem griechifch-römifchen Stil ererbten Giebeleckbildung mit den ihnen verwandten fteht gegenüber diejenige des Mittelalters, die auch auf die deutfche Renaiffance übergegangen ift und im modernen Conftructionsftil bei den fteinernen Giebelgefimsen faft allgemeine Verwerthung findet. Sie befteht darin, dafs man nach Fig. 589, 590 u. 591 [178]) am Fufs des Giebels die Giebel-mauer durch Auskragung verbreitert und dadurch auf der Rückwand des Gie-bels eine lothrechte Fläche gewinnt, an welcher das ganze Traufgefims fammt feiner Rinne ftumpf anftofsen und damit günftig endigen kann. Das Giebel-gefims ift hierdurch vom Traufgefims völlig unabhängig gemacht, benutzt übrigens zuweilen doch feine oberften Gefimsglieder (z. B. nach Fig. 592 [178]) u. 593 [178]).

Diefer Löfung find auch diejenigen Giebel zuzurechnen, welche den Fufs-punkt durch eine Fiale (auf Confolen oder von unten aufgeführt) auszeichnen

177) Nach: Spittler, a. a. O.
178) Facf.-Repr. nach: Chabat, P. *Dictionnaire des termes employés dans la conftruction.* 2. Aufl. Paris 1881. Bd. 3, S. 603.

Fig. 589.

Entwurf des Verf. — ca. $1/_{100}$ w. Gr.

und fowohl Giebel- als Traufgefims an ihren Flächen ftumpf anftofsen laffen, oder in anderer Weife die Fiale als Hilfsmittel gegen das Zufammenftofsen

Fig. 590.

Entwurf des Verf. — ca. $1/_{60}$ w. Gr.

Fig. 591.

Von der Heiligenkreuzkirche zu Berlin[111].
Arch.: Otzen.

beider Gefimfe benutzen (Fig. 594 u. 603). Eine weitere feltener vorkommende Variante zeigt Fig. 594[179]; hier ift das Traufgefims bis zur Giebel-Vorderwand durchgeführt (bei Confolen-Gefimfen mit Endigung in einer halben Confole) und trägt den ausladenden Theil der höher geführten Giebelmauer. Andere Varianten mit unwefentlichen Aenderungen ergeben fich für diejenigen Fälle, in denen das Bedachungsmaterial über die Giebelmauer hinweg fortgeführt ift.

Da die Verbreiterung der Giebelmauer an ihrem Fufs fchon ein Hinausführen derfelben über die Dachfläche einfchliefst, fo erfcheint bei den meiften ausgeführten Giebeln diefe Eckbildung im Zufammenhang mit einer reicheren Randlinie, die auch über dem Dachfläche die Linie der Dachfläche überfchreitet, wie dies in Art. 167 (S. 244) als vierter Fall der Verbindung von Dachfläche und Giebelmauer befchrieben worden ift. Auf diefe beiden vereinigten Einzelheiten der Conftruction gründen fich die zahlreichen und höchft mannigfaltigen Giebelgefims-Motive der Hauftein- und Backftein-Architektur, die oben in Art. 97 (S. 149) u. 110 (S. 162) nur vorläufig erwähnt werden konnten und im Folgenden durch einige Beifpiele dargeftellt find.

Das Material folcher Giebel ift entweder Hauftein ausfchliefslich oder Backftein ausfchliefs-

169.
Giebelrand-Motive.

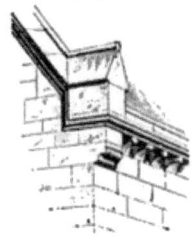

Fig. 592 [178].

lich; oder der natürliche Stein bildet die Ränder fammt den wagrechten Gefimfen und Fensterumrahmungen neben ausfüllenden Mauerflächen aus Backstein.

Die einfachsten Fälle find diejenigen, bei welchen nur die Fußpunkte mit Hilfe der genannten Auskragung eine Auszeichnung erhalten haben und die Spitze entweder gar nicht oder nur durch eine Kreuzblume, einen Obelisken, eine Akroterie oder eine Firststange in Eifen verziert ist. Hierher gehören die zwei Seitengiebel in Fig. 600 [181]) und derjenige in Fig. 599 [180]). Einfache Firstauszeichnungen neben derfelben Fußbildung zeigen die Seitengiebel in Fig. 609 (Auffätze in Backstein mit quer stehendem Satteldach) [182]), ferner Fig. 595 (Auffatz mit Stufen in Backstein). Fig. 589 (Umherkröpfung des Giebelgefimfes mit Giebelbekrönung in Haustein).

Fig. 593.

Fig. 599 (Aufbau zweier gekuppelter Schornfteinröhren, über Ecke gestellt, in Hauftein und Backstein), Fig. 601 (Fialen einen Segmentbogen-Giebelauffatz durchfchneidend), Fig. 602 (breiterer Auffatz mit Segmentbogen-Giebel und umrißbildenden Confolen). Fialen treten zu einer fchwachen Auskragung am Fuß in Fig. 598, die zwar im Uebrigen die Firstauszeichnung mit Stufenauffatz bei quer stehenden Sattelflächen beibehält, aber durch Verbindung beider Auszeichnungen mit einer halb erhaben auf dem Giebelgrunde aufgefetzten Stufenreihe fchon ein fpäter zu nennendes reicheres Motiv mit benutzt. Fialen an Fuß- und Firstauszeichnungen haben die Giebel in Fig. 596, 597, 600 u. 603 erhalten; der erfte, als Backsteingiebel, fügt am First eine Backstein-Fiale zum einfachen Auffatz der Seitengiebel in Fig. 606; der zweite wiederholt diefes Motiv mit reiche-

Von der Heiligenkreuzkirche zu Berlin [184].
Arch.: Otzen.

ren Formen der Fialen und des Auffatzes unter Gliederung der ganzen Giebelhöhe durch die Fialen; der dritte überfetzt es in Hauftein; der vierte ftellt die Fialen neben den Stufenauffatz in Fig. 595. In Fig. 620 ift der Umriß des Firstauffatzes zur auffteigenden Zinnenlinie fortgefchritten, zu einem Motiv, das fich ebenfalls noch mit flankirenden Fialen verbinden könnte.

Fig. 594 [179].

An die Auszeichnungen der Fußpunkte und der Giebelfpitze fügen fich in Fig. 604 im Zufammenhang mit Lifenen fchon diejenigen eines Zwifchenpunktes in jeder Giebelrandlinie; eben fo in Fig. 605 ohne Vorbereitung durch Lifenen; auch mehrere Zwifchenpunkte könnten in derfelben Weife hervorgehoben werden. Hierher gehört als andere Form derfelben Art das einmalige oder mehr-

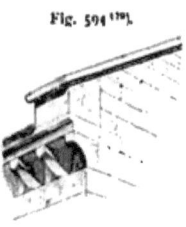

[178] Vgl. Kept. nach: Viollet-le-Duc, E. & F. Narjoux. Habitations modernes. Paris 1877. Pl. 165.
[179] Nach: Deutsche Baus. 1874. Beil. zu Nr. 4.
[180] Nach Dollinger's Aufnahme, gezeichnet von Meindorff.

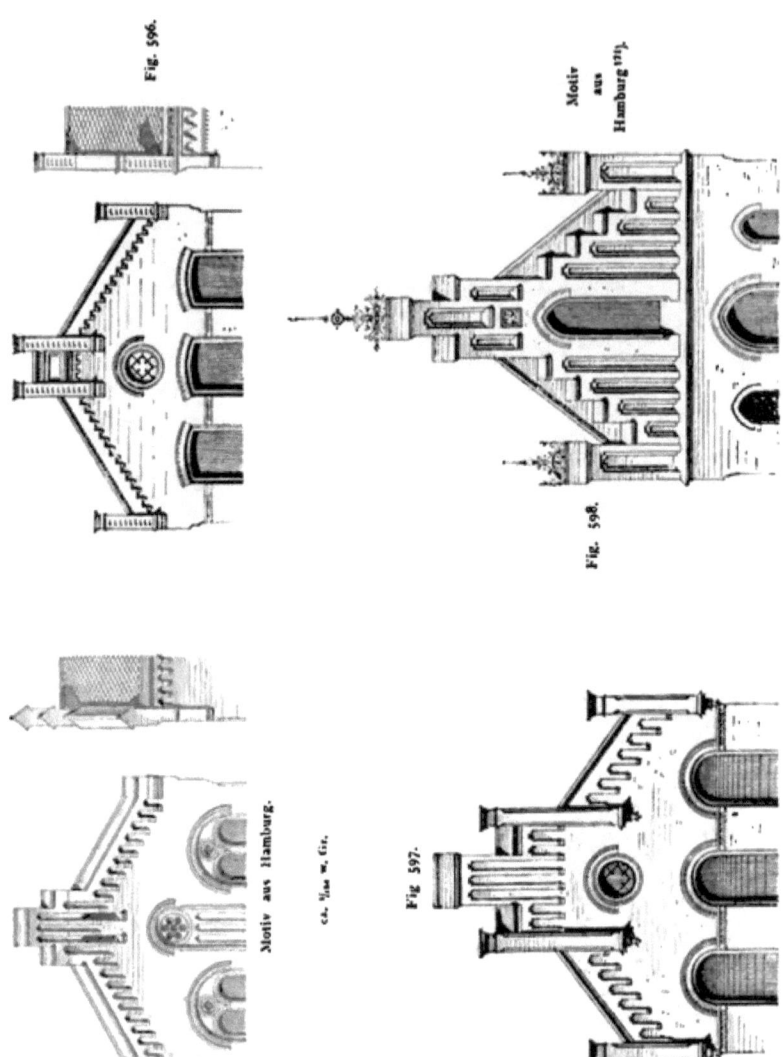

Fig. 596.

Fig. 595.

Motiv aus Hamburg.

Fig. 597.

Fig. 598.

Motiv
aus
Hamburg[171].

malige Brechen eines geradlinigen Giebelgefimfes nach den Linien einer Stufe, das in der deutfchen und niederländifchen Renaiffance mit manchen Varianten wiederkehrt.

Den Auszeichnungen von Fufs und Spitze treten gegenüber oder gefellen fich zu diejenigen Motive, welche in regelmäfsiger oftmaliger Wiederholung die Giebelrandlinie gliedern, und von welchen die Stufenlinie die häufigfte ift. Sie erfcheint für fich allein in Fig. 607; bei der erheblichen Größe und wirkfamen Gefimskrönung der Stufen im Zufammenhang mit den Wandbogen und der

Fig. 599.

Von einem Wohnhaus zu Cambridge[140]).
Arch: Waterhoufe.

Durchbrechung der Mauer über Dach durch das Mafswerk der Rundfenfter verleiht die Einfachheit des Motivs dem Giebel einen bedeutenden Zug. Die Stufen find hier mit rückwärts abfallenden Pultflächen abgedeckt, eben fo im Giebel am linken Rand in Fig. 618, in Fig. 606 dagegen mit quer ftehenden Sattelflächen. Kleine halbkreisförmige Ziergiebel mit Mufchelausfüllung auf den Stufen hat der Giebel in Fig. 608. Diefes aus der venetianifchen Renaiffance ftammende Motiv wird in manchen Varianten ausgeführt, insbefondere mit mehreren Stufen und mit quadrantförmigen, an die lothrechten Ränder angelehnten Halbgiebeln anftatt der halbkreisförmigen.

Fig. 600.

Stationsgebäude zu Lengerich[101].

Arch.: Emmerich.

Eine eigenartige und anfprechende Auflöfung der Stufen in eine Aufeinanderfolge
von Haufteinftützen und Steinbalken mit
Durchbrechung über dem beibehaltenen,
aber fehr feinen Giebelrandgefims ift in
Fig. 609[182]) als Krönung eines Backftein-
giebels verwerthet.

In Fig. 611[183]) mit Fig. 612[183]) u. 613
find Fialen zu den Stufen getreten, ganz
wie bei den zuvor genannten Firftauszeich-
nungen. In jenem Falle gliedern fie die
Giebelwand in ihrer ganzen Höhe und geben
Raum für Relief-Mafswerk; in diefem find
fie wenig unterhalb des Giebelrandes auf
Confolen gefetzt. Fig. 610 bildet den Giebelrand nach auffteigenden Zinnenlinien unter
Abdeckung der Zinnen mit querftehenden
Satteldachflächen und Einführung eines gerade anfteigenden Giebelgefimfes, wodurch
die Zinnen als Dachbrüftung über einem
Dreiecksgiebel verkündet find.

Fig. 614[184]) hat Backfteinftufen, die
durch Haufteingefimfe bekrönt und durch
Hauftein-Voluten fammt Hauftein-Obelisken
zum lebhafteften Umrifs gefteigert find;
gleichzeitig ift die oberfte Stufe durch eine
Giebelkrönung mit Obelisk zu einer Firftauszeichnung geworden. Auch diefes Motiv
kann als Vertreter einer grofsen Giebel-
gruppe der deutfchen Renaiffance und des
Conftructionsftils gelten, welche den Stufen
Zierformen mannigfaltigfter Art zur Erzielung reicherer Umriffe und Schattenwirkung beifügt. Fig. 615 fchliefst zwar
noch an den Gedanken der Stufenbildung
an, läfst aber fchon den lothrechten Stufen-
rand verloren gehen und die Höhe der
Stufen nach oben abnehmen. Letzteres ift
auch in Fig. 616 der Fall; hier ift zwar
die lothrechte Linie der Stufe noch vorhanden, aber durch überkräftiges Voluten-
werk ganz vom Umrifs abgedrängt. Der
Giebel in Fig. 617 behandelt zwei Stufen
nach Höhe und Schmuck fo ftark verfchieden, dafs er kaum mehr der Gruppe mit
wiederholenden Randmotiven zugetheilt werden kann.

183) Nach: Autun, a. a. O. Bl. IX u. X.
184) Facf.-Repr. nach: Architektonifche Rundfchau, Stuttgart.

Fig. 601[184]).

Arch.: Henrici.

Fig. 602[184]).

Arch.: Zaar.

Fig. 603.

Motiv von einem Landhaus bei Lübeck.
⅛ w. Gr.

Fig. 604.

Motiv aus Cöln. — ca. $^{1}/_{150}$ w. Gr.

Fig. 605 [141]).

Arch.: Zaar.

Fig. 606.

Motiv aus Hamburg. — ca. $^{1}/_{200}$ w. Gr.

Fig. 607.

Motiv von einem Wohnhaus zu Lübeck.
ca. ¹/₁₅ w. Gr.

Zu den wiederholenden Ueberfchreitungen des Dachrandes ift die Krabben-
reihe in Fig. 481 gleichfalls zu rechnen. Fialen können auch ohne Verbindung
mit Stufen die Giebelrandlinie durchbrechen, d. h. mit einem geneigten Giebelrand fich verbinden; ein Beifpiel ift der vorderfte Giebel in Fig. 618 [188]).

<hr />

[188]) Facf.-Repr. nach ebendaf., 1867, Taf. 64.

Fig. 609.

Arch.: *Kayser & v. Großheim.*

Fig 610 [120].

Fig. 611.

Arch. *Gentzner.*

* Vom Rathaus der Altstadt Brandenburg [121].

⅑₀₀ W. Gr.

Eine gleichzeitige Ver-
werthung von wiederholenden
Randmotiven und Auszeich-
nungen der drei Endpunkte
oder wenigſtens der Spitze zeigen die großen Giebel in Fig.
463 u. 618. Bei jenem iſt die
Stufenreihe oben und unten
durch auskragende Erkerthürmchen abgeſchloſſen, ein ſehr
dankbares Motiv ſowohl für
die Vorderanſicht, als die Län-
gen- und Schräganſicht des
Hauſes. In Hauſtein erſcheint
der mittlere Giebelerker in
Fig. 619.

In Fig. 463, als Umriſsbild
betrachtet, iſt der rechteckige
Firſtauffatz der Seitengiebel aus
Fig. 606 mit einem Giebel bekrönt und zugleich der geneigte
Giebelrand regelmäſig von Fialen durchbrochen, welche den
Giebel in ſeiner ganzen Höhe
gliedern und ſich an eine geneigte Bodenebene anſchneiden.

Ein weiteres Motiv der
Geſimsgliederung maſſiver Giebel iſt das gleichzeitige Darbieten zweier Giebelumriſſe
durch reliefartiges Aufſetzen
einer mit den genannten Mitteln erzielten Giebel-Architek-
tur auf dem eigentlichen Giebelgrund. Dabei kann der Relief-
Giebel entweder überall innerhalb der Grenzen des rand-
bildenden bleiben oder ihn
beliebig überſchreiten. Ein bezeichnendes Beiſpiel für dieſes
Aufeinanderlegen zweier Giebel-
Architekturſtücke iſt ſchon in
Fig. 598 vorgeführt worden; der
Relief-Giebel überſchreitet hier
den grundbildenden. Ferner
gehört hierher Fig. 620; der
Mittelbau erſcheint hier, wenn
auch aus den Liſenen des Un-
tergeſchoſſes entwickelt, als ein

Fig. 612 [148]).

ca. ¹/₆₀ w. Gr.

Fig. 613.

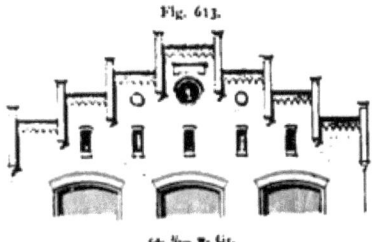

ca. ¹/₁₀₀ w. Gr.

Fig. 614.

Von einer Villa zu Rheine i. W. [181].
Arch.: *Tüshaus & v. Abbema.*

Fig. 615 [181].

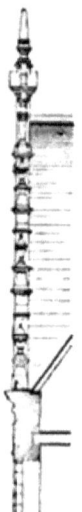

Arch.: *Bramfaut.*

17

faft felbftftändiges Bauwerk. Aehnlich in Fig. 626. Bei Fig. 563 treten die vier mittleren Fialen mit ihren drei unteren Giebeln und der Firftauszeichnung als erfter Umrifs hervor, der denjenigen des Giebeldreieckes ftark zurückdrängt, und in Fig. 607 ift dies zur gröfseren Hälfte nur noch in der ergänzenden Vorftellung des Anfchauenden vorhanden. Weniger ftark trennen fich die zwei Umriffe in Fig. 599 u. 603, und in Fig. 604 kommt das Motiv nur noch zum Durchfcheinen.

Fig. 616.

Arch.: Becker.

Eine letzte Gruppe der Giebel, welche die Dachfläche überragen, find diejenigen, welche jeden Anklang an den geradlinigen Dachrand oder an die Stufenbildung vermeiden und im Streben nach Linienreiz und lebhaftem Umrifsbild zu freiefter Geftaltung des Randes und der Reliefgliederung greifen. Zahlreiche Volutengiebel der deutfchen und niederländifchen Renaiffance find die älteren Vorbilder diefer Art; die gewählten Beifpiele gehören ausfchliefslich der modernen Architektur an.

Fig. 621 kann als eine der einfachften Formen gelten: wagrechte Gefimfe erfcheinen hier nur in der Fufs- oder Kopfbildung; die Voluten beobachten zurückhaltendes Relief. Das Beifpiel ift bezeichnend für das Eingreifen der Haufteine, welche die Randvoluten zufammenfetzen, in das Backfteinmauerwerk der inneren Giebelfläche, ferner für die Verwerthung eiferner Ziertheile von Scheinverankerungen. In Fig. 622 gelangt noch das Durchfcheinen der Stufenbildung zur Geltung; die Randfteine heben fich hier dunkel von weifsem Putzgrund ab; die Randlinie ift nur eine einfache Kante ohne Volutenband und Relief, fo weit nicht die Aufrollung folches erfordert. Fig. 623 u. 624 find bezeichnende Beifpiele für das Ueberführen der wagrechten Gefimfe in die gekrümmten Randlinien mit Wiederkehren und Abflachungen an den Aufrollungen, eben fo für die ausgedehnte Mitbenutzung von Obelisken, Kugeln, Giebeln, Gefimseken zum Zweck der lebhaften Umrifsbildung.

Fig. 617.

Arch.: Becker.

Gegenüber diefer Vermengung der Volutenwandbildung mit den wagrechten Gefimfen ift in Fig. 625 die ftrenge Unterfcheidung beider gewahrt; eben fo bietet das Beifpiel einen Gegenfatz zu den früheren durch die ftärkere lothrechte Theilung der Giebelfläche, welche zwei innere Umrifsbilder von Mauerkörpern mit eigenen Bekrönungen aufzufaffen geftattet.

Ein durchaus in gebrannten Steinen durchgeführter Giebel freiefter Umrifsbildung ift in Fig. 626 dargeftellt. Mit der bewegte Um-

Nach: Vollmer & Jamor. Entwürfe in den Formen des Mittelalters.

Fig. 618.

Backſtein-Architekturſtücke aus Biberach [185]).

Aufgenommen von *Dellinger*.

Fig. 619 [***].

Arch.: *Stier*.

Fig. 621 [***].

Arch.: *Eisenlohr & Weigle*.

Fig. 620.

Motiv
aus
Hamburg.

ca. ⅟₁₅₀ w. Gr.

rifslinie wirken ein kräftiges Vortreten der lothrecht theilenden Hauptlinien und eine Wandgliederung durch fchlanke Nifchen zufammen; in Uebrigen ift der Giebel durch einen lebhaften Flächen- fchmuck mit Figurenbildung gebrannter Formfteine auf weifsem Putzgrund in- tereffant. Ein verwandtes Beifpiel ift in Fig. 562 als Rohbau aufgefafst.

Was der Volutengiebel freiefter Form für die an die Renaiffance an- fchliefsende Richtung, das ift der hohe Aufbau aus Fialen und kleinen Zwi- fchengiebeln mit Kreuz- und Kanten- blumen für den gothifchen Backftein- giebel. Fig. 627 ift ein reicher Vertreter vieler jüngerer Giebel diefer Art; ein folcher in etwas minder formenreicher Ausbildung ift Fig. 463. Die Dreiecksform der urfprünglichen Stirnmauer vor dem Dach ift ganz oder nahe- zu verdrängt zu Gunften einer prächtigen Zierwand mit lebhaf- teftem Umrifsbild und reichfter Reliefgliederung, welche nur noch Spuren der überwundenen gera- den Randlinie übrig gelaffen hat.

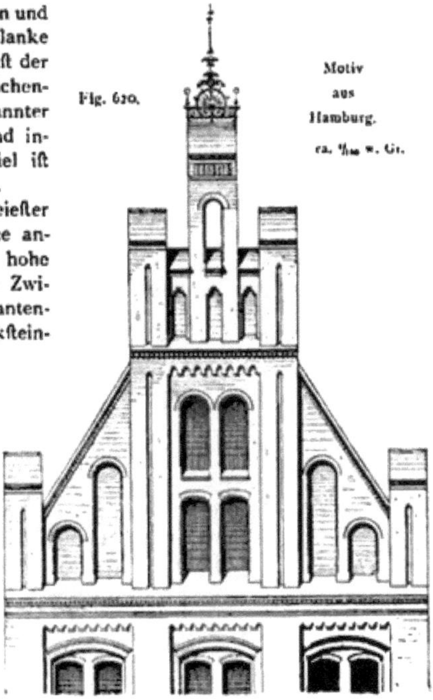

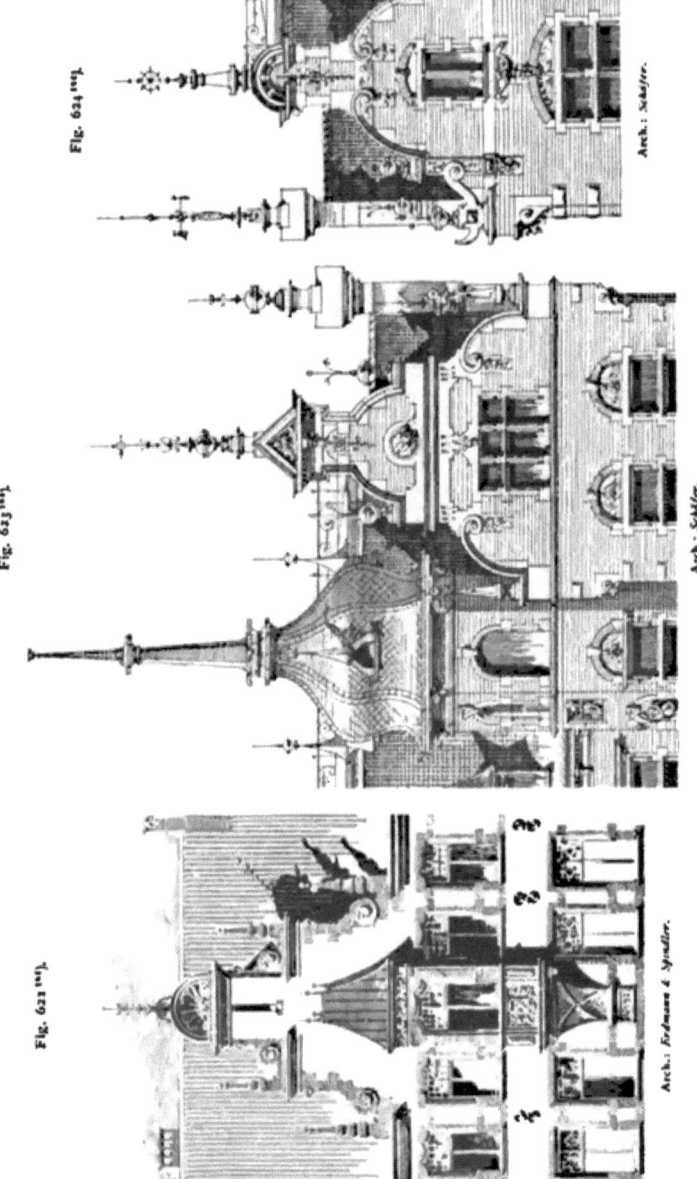

Fig. 631 (texte).

Arch.: Schäfer.

Fig. 630 (texte).

Arch.: Schäfer.

Fig. 629 (texte).

Arch.: Erdmann & Spindler.

Fig. 625.

Belgifche Façade in der *Rue des Nations* auf der Weltausstellung zu Paris 1878[188].

Arch.: *Janlet*.

Fig. 526ᵃ⁾.

Vecl. : Jorgensen-Iderfadt.

Fig. 627.

20. Kapitel.

Gefimse in Holz.

170.
Vor-
bemerkungen.

Die Gefimfe in Holz fcheiden fich der Form nach in folche mit Durchführung des Holzbauftils einerfeits und Nachbildungen von Haufteingefimfen andererfeits. Doch entfprechen diefen unterfcheidenden Merkmalen für die äufsere Form nicht auch nothwendige Verfchiedenheiten der Conftruction. Denn obwohl die Gefimfe im Holzbauftil im Allgemeinen mit fichtbaren Zimmerhölzern von Wand- oder Dach- oder Decken-Conftructionen auftreten und die Nachbildungen der Steinformen nur aus profilirten Brettern und Leiften zufammengefetzt find, fo giebt es doch Gefimfe, die auf diefe letzte Weife hergeftellt werden und den Charakter des Holzbaues aufrecht erhalten, und andererfeits finden fich Nachbildungen von Haufteinformen mit fichtbaren Zimmerhölzern, z. B. mit profilirten Dachbalkenköpfen, welche die Confolenreihe unter einer Hauftein-Kranzplatte vorftellen. Trotz diefes conftructiven Zufammenhanges mit den Gefimfen im Holzbauftil find jedoch im Folgenden die Nachbildungen von Haufteingefimfen als befondere Gruppen ausgefchieden.

Die Gefimfe im Holzbauftil find: Sparrengefimfe, Balkengefimfe, Brettergefimfe oder Blockwandgefimfe, und im erften Falle entweder folche an der Traufe oder am Giebel. Ueber die Conftruction der zu folchen Gefimfen gehörigen Dachrinnen ift das Erforderliche in Kap. 22 zu finden.

a) Sparrengefimfe an der Traufe.

171.
Allgemeine
Züge.

Sie werden gebildet durch das Vortreten der Sparren des Daches über die Aufsenwände des Haufes, wobei ein Stück der Dachunterfläche von aufsen fichtbar wird, und tragen gewöhnlich am äufserften Rande die Dachrinne, wenn eine folche überhaupt vorhanden ift. Die Ausladungen des Daches über die Wand mögen fich am häufigften etwa zwifchen 0,50 ᵐ und 1,50 ᵐ finden; gröfsere und kleinere Mafse find nicht ausgefchloffen. Von den Hölzern der Dach-Conftruction find entweder nur die Sparrenköpfe fichtbar, oder auch die Balkenköpfe, oder nur die Balkenköpfe, oder endlich es ift zum Zweck einer reicheren formalen Erfcheinung irgend ein Zimmerwerk aus Bügen, Pfoften, Unterfchüblingen und Pfetten als wirkliche oder fcheinbare Unterftützung des weit ausladenden Daches eingeführt.

Zur architektonifchen Ausgeftaltung diefer von der Dach-Conftruction gebotenen Grundlagen der Sparrengefimfe werden die Schmuckformen des Holzbauftils in gröfserem oder kleinerem Aufwand beigezogen, nämlich das Profiliren und Schnitzen der Holzköpfe, das Abfafen der Holzkanten nach geraden oder reicheren Umrifslinien der Fafen, das Schnitzen der Holzflächen mit vertieftem Ornament, die Ausftattung der gebildeten Felder mit ausgefägter oder geftemmter Arbeit, das Auffetzen gehobelter oder gefchnitzter Gefimsleiften und gedrehter Rofetten, das Anfetzen von Confolen aus Brettern und endlich die Verwerthung gedrehter Stäbe als Stützen, Streben, Spannriegel, Zangen, auch wohl als Relief-Decoration der Flächen oder der Ecken vierkantiger Zimmerhölzer. Meift erfcheint in Verbindung mit den plaftifchen Zierformen der Reiz der Farbe, fei es mit einem Grundton, der nur in der anderen Färbung der Fafen, Eckftäbe u. f. w. einen mäfsigen Contraft findet, fei es mit kräftigem Wechfel der Farbe verfchiedener Gefimstheile oder endlich mit gemalten Ornamenten auf den Flächen und mit Reihungen von Blättern, Perlen, Rofetten u. f. f. auf den profilirten Leiften.

Unter dem im Holzbauftil behandelten Dachvorfprung, bezw. unter oder zwifchen den eben fo behandelten, dem Dach unterftellten Zimmerwerken auf der Wand können alle früher befprochene Arten der Gefimsbildung in Haufteinen, gebrannten Steinen aller Art, Putz, Gyps- und Cement-Gufstheilen Raum finden,

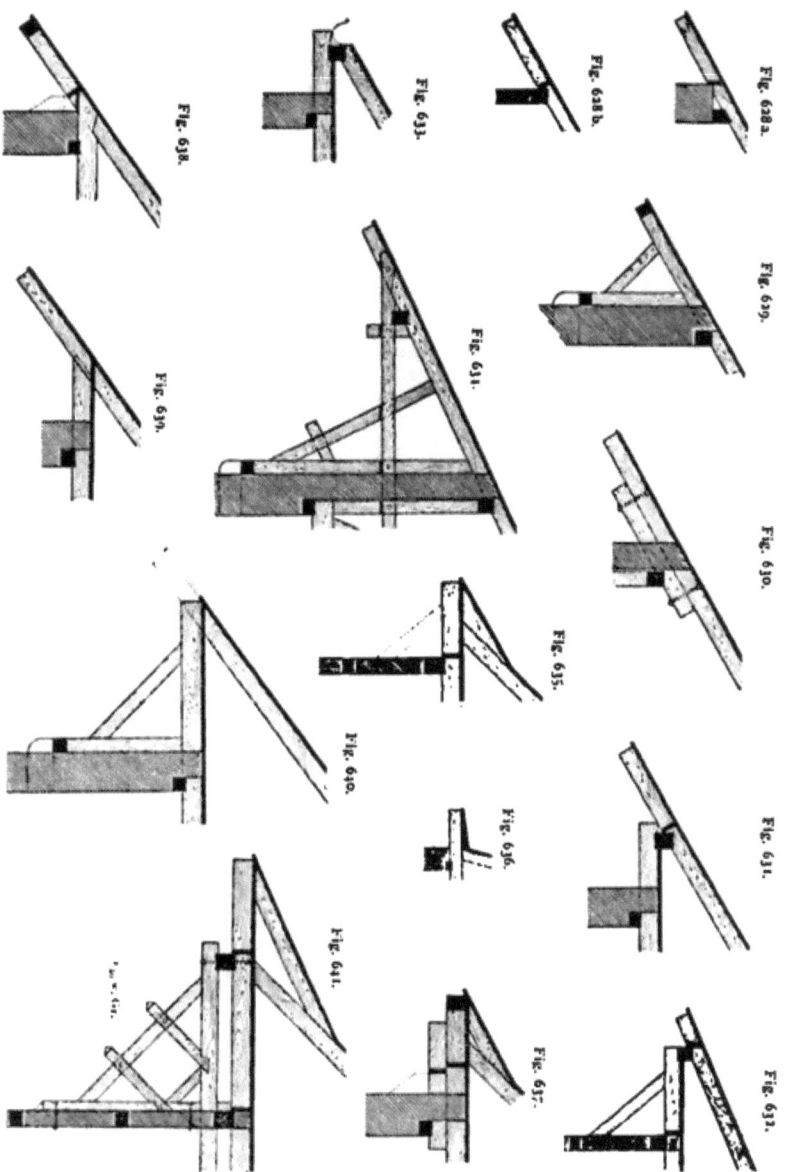

Fig. 628a.

Fig. 628b.

Fig. 633.

Fig. 638.

Fig. 639.

Fig. 630.

Fig. 631.

Fig. 639.

Fig. 632.

Fig. 635.

Fig. 640.

Fig. 636.

Fig. 641.

Fig. 637.

Fig. 634.

fo daſs ein Sparrengeſims nicht nothwendig ein minder bedeutendes Architektur-
ſtück ſein muſs, als ein monumentales Steingeſims. An beſtimmten Bauwerken
der italieniſchen Renaiſſance erſcheint ein dreitheiliges römiſches Conſolen-Geſims
unter dem weit ausladenden Sparrengeſims, an anderen eben ſo ein hohes Geſims aus feinen Terracotten. Die Verwendung billigen Geſimsmaterials iſt hier
wohl gerechtfertigt, da der Dachvorſprung gegen Regen und Sonne Schutz
bietet. Aber auch kahle Wände unter reichen Sparrengeſimſen, einen eigenartigen Contraſt bietend, erſcheinen nicht ſelten und ſind ſogar ein Stilmerkmal
einer beſtimmten Richtung der italieniſchen Villen-Architektur.

Iſt die bekrönte Wand eine Fachwerkwand, ſo tritt ſie in vielen verſchiedenen
Weiſen behandelt auf, und zwar mit Rohbau-Ausmauerung der Felder, mit Bretter-
verſchalung irgend welcher Richtung, gewöhnlich lothrecht (aufgeſetzt auf das
Fachwerk oder in deſſen Felder eingeſchnitten, mit geſaſten oder gekehlten
Fugen oder mit Fugenleiſten), mit ausgeſägten Brettflächen in den Feldern, mit
Verſchindelung, mit Schiefer- oder Blechtafelbedeckung oder mit Putz. In allen
Fällen bietet die Decoration des oberen Randes der Wand ein Hilfsmittel zu
Erhöhung der formalen Erſcheinung des Geſimſes, und die zur Verfügung ſtehen-
den Motive ſind äuſserſt mannigfaltig. Insbeſondere laſſen ſich ſichtbare Wand-
Fachwerke mit den oben genannten Zimmerwerken leicht in eine günſtige Ver-
bindung ſetzen, die als ſcheinbare oder wirkliche Unterſtützung eines groſsen
Dachvorſprunges vielfach beigezogen werden.

Sucht man nach den Grundlagen, welche das Zimmerwerk des Daches für
die architektoniſche Ausgeſtaltung der Sparrengeſimſe darbieten kann, mit anderen
Worten, ſucht man nach den Beziehungen, welche zwiſchen Mauer oder Wand
einerſeits und einem über ſie vorſpringenden Dach andererſeits möglich ſind, ſo
finden ſich etwa die 15 verſchiedenen Fälle, die in Fig. 628 bis 641 dargeſtellt ſind
und von denen die erſte Hälfte der Pfettendach-Conſtruction, die zweite der
Kehlbalkendach-Conſtruction entſpricht. Zu bemerken iſt, daſs bei Fig. 629, 630,
631, 632, 633, 635, 636, 639 u. 640 jeder Sparren die unterſtützenden Beihölzer auf-
nimmt, wogegen die Fachwerke nach Fig. 634 u. 641 nur an den Pfeileraxen oder
Freipfoſten ſtehen und den Hauptgebinden des Daches entſprechen, alſo nur an
jedem vierten bis ſechſten Sparren auftreten. In der letzten Weiſe können
übrigens auch Fig. 631, 632 u. 633 neben ihrer zuvor genannten Bedeutung auf-
gefaſst werden.

Nicht bei allen dieſen conſtructiven Grundlagen ſind die Sparren von unten
ſichtbar; bei einigen ſieht man nur Balken. Doch rechnet man ſolche Trauf-
geſimſe nicht zu den „Balkengeſimſen", ſondern faſst die von unten ſichtbaren
Hölzer als Dachhölzer auf, wenn ſie es auch nicht unmittelbar ſind, und nennt
auch ſolche Formen „Sparrengeſimſe". Es handelt ſich um die conſtructiven
Grundlagen (Fig. 633, 635, 636, 637, 640 u. 641).

Jeder der dargeſtellten Fälle kann nun aber verſchiedene Geſtalt annehmen,
je nachdem das Dach auf einer Mauer oder Fachwerkwand, oder Blockwand
oder Bohlenwand, oder auf Freiſtützen aufgelagert iſt, ferner je nach den Abmeſſungen und der Dachneigung; eben ſo ſtehen in den Fällen von Fig. 634 u.
641 die gezeichneten Zimmerwerke nur als Beiſpiele für eine Reihe von Stabfiguren,
die ſich hier als gefällige, theils wirkliche, theils ſcheinbare Unterſtützung des
groſsen Dachvorſprunges erfinden laſſen.

Der am häufigſten vorkommende und einfachſte Fall der Sparrengeſims-
Conſtruction (Fig. 628a mit gemauerter Auſsenwand, 628b mit Fachwerkwand, 636

beim Kehlbalkendach) hat als gegebenes Zimmerwerk nur die vorfpringenden Sparren und die auf denfelben liegende Dachverfchalung, die, als von unten fichtbar, gewöhnlich gleich den Zimmerhölzern gehobelt und gefast wird. Zweckmäfsig werden ihre Fugen auch gefalzt oder mit Deckleiften einfacheren oder reicher gekehlten Querfchnittes behandelt. Bei Ziegeldeckung des Daches wird gewöhnlich eine gehobelte Bretterverfchalung unter den Ziegellatten zwifchen die Sparren eingefchnitten, um die Ziegel und ihre Latten nicht von unten fichtbar werden zu laffen und fie gegen den Auftrieb des Sturmes zu fchützen (Fig. 643 u. 644). Die Stirnenden der Sparren fafst entweder ein wagrechtes Holz, die »Traufleifte« oder »Saumleifte« genannt (dargeftellt in Fig. 638), welches durch Verzapfung und feitlich an die' Sparren gefetzte Schrauben- oder Winkelbänder an ihnen feft gehalten (Fig. 642) und mit dem äufserften Sparren zur Vermeidung fichtbaren Hirnholzes auf Gehrung verbunden ift. Oder die Sparren werden ohne Saumleifte nach irgend einem gefälligen Umrifs ausgefchnitten oder abgefast,

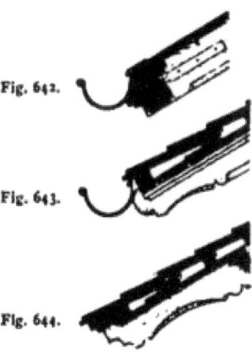

Fig. 642.

Fig. 643.

Fig. 644.

auch wohl durch Schnitzarbeit verziert (Fig. 643 u. 644). Die Traufleifte bietet gegen die häufig zu beobachtende häfsliche Verdrehung der Sparrenköpfe einen Schutz, der bei der anderen Koplbildung fehlt. Anftatt der rechteckigen Querfchnittsform finden fich auch lothrechte oder geneigt ftehende Traufbretter, die zu einer Verzierung ihres unteren Randes durch Ausfchneiden nach einer reicheren Umrifslinie oder zu einer Durchbrechung ihrer Fläche mit ausgefägter Arbeit Gelegenheit geben, die durch den dunkeln Hintergrund, auf welchem der Dachrand fich abzeichnet, meift dankbares Motiv (Fig. 470 u. 645). Ferner ift es möglich, nur den Obertheil des Sparrenkopfes mit der Saumleifte zu faffen und darunter dem Sparren ein lebhaftes Profil zu geben (Fig. 646). Füllbretter fchliefsen die Zwifchenräume der Sparren über der Wand, und die an der Dachunterfläche hierdurch gebildeten Caffetten werden meift mit gekehlten Eckleiften ausgeftattet (Fig. 645, 646, 662 u. a.). Reichere Caffettenbildung erhält man mit Holztafeln in geftemmter Arbeit, die an die Unterfläche der Dachverfchalung angefchraubt oder zwifchen die Sparren auf profilirten Eckleiften aufgefetzt werden, und aufser der gewöhnlichen rechteckigen Füllung auch reichere Füllungsformen in der Art geftemmter Holzdecken darbieten können.

Die Dachfparren find in Deutfchland gewöhnlich 80 bis 100 ᶜᵐ, gemeffen von Mitte zu Mitte, von einander entfernt, und ihre Stärke bewegt fich etwa zwifchen 8 × 13 ᶜᵐ einerfeits und 12 × 15 ᶜᵐ andererfeits. Es ift nicht immer möglich, die Sparrenabftände eines Gefimfes genau gleich grofs zu erhalten; doch machen fich Unterfchiede bis zu etwa 5 ᶜᵐ wenig fühlbar. Zuweilen bildet man eine engere Sparrentheilung, nur für das Gefims, durch das Einfchalten eines kurzen Stichfparrens je in der Mitte zwifchen zwei wirklichen Dachfparren, indem man jenen in ein genügend hoch liegendes Wechfelholz eingreifen läfst, oder man verfchafft fich mit demfelben Hilfsmittel eine Eintheilung mit paarweife gruppirten Sparren. Bei folcher engerer Stellung der Sparren werden fie gewöhnlich fchmaler gehalten, als bei der gewöhnlichen, oder man bringt wenigſtens den auſsen ſichtbaren Kopf auf den ſchmaleren Querſchnitt. Endlich giebt es auch Sparrengeſimſe ohne Sparren, d. h. Nachbildungen der Sparrengeſimſe mit Hölzern, die nicht wirkliche Dachſparren ſind, ſei es, daſs das Dach gar keine Sparren hat, ſondern nur Pfetten, ſei es, daſs die wirklichen Dachſparren zu ſteil oder zu unregelmäſsig geſtellt oder aus anderen Gründen zur Geſimsbildung unbrauchbar wären. Dieſe Scheinſparren ſind mit dem äuſseren Ende an die wirklichen Sparren aufgehängt, und zwar meiſt unabhängig von deren Eintheilung, indem ſie mit einer wagrechten Saumleiſte am Fuſs der Dachſparren verſchraubt ſind (Fig. 653 bietet dieſen Fall). Beſonders iſt die ſteile Dachneigung oft ein Grund für dieſe Geſimsbildung mit

Fig. 645.

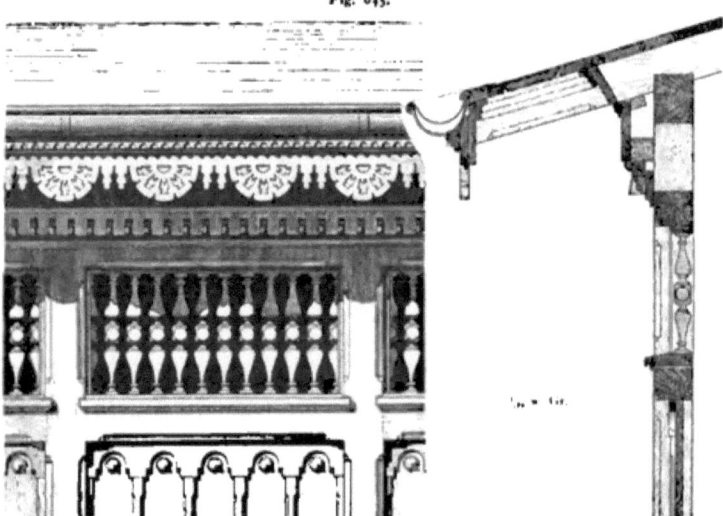

Entwurf des Verf.

Scheinſparren; denn ein Sparrengeſims mit ſteiler Dachunterfläche gelangt nicht einmal für nahe gelegene Standpunkte zur Geltung, indem es ſich faſt immer hinter der Trauflinie verſteckt und zugleich jede ſchmückende Auszeichnung des oberen Randes der Wandfläche zudeckt oder zu ſtark beſchattet.

Die Dachrinne, wenn eine ſolche vorhanden iſt, hängt gewöhnlich als halbkreisförmiger Canal aus Zinkblech, unterſtützt von den eiſernen Rinnenträgern und einer Zierleiſte, auſsen am Traufbrett oder an der Traufleiſte oder an den Sparrenköpfen und kann nur ſehr geringes oder gar kein Gefälle erhalten, wenn ſie nicht mit den übrigen Trauflinien convergiren ſoll, oder wenn nicht etwa ein zweiter Blechcanal mit Gefälle in den auſsen ſichtbaren wagrechten eingelegt iſt. Zuweilen überragen aber auch die Traufbretter den Dachrand nach oben und bilden dadurch mit der Dachfläche einen hohlen rechten oder ſpitzen Winkel, in welchem die Dachrinne untergebracht wird (Fig. 646 u. a.). Dieſe Anordnung

läfst für die Verzierung der Traufbretter
freiere Hand; fie können auch nach
oben in einer reicheren Umrifslinie ausgefchnitten, mit Gefimsleiften befetzt, mit
Schnitzarbeit behandelt, auch wohl mit
Terracotten oder geprefsten Zinkblech-
theilen oder gegoffenen Metall-Orna-
menten gefchmückt werden. In anderen
Fällen ift das Traufbrett als hohe Sima
mit Untergliedern profilirt, oder es hat
eine ftärkere lothrechte Gliederung erhalten durch aufgenagelte Brettftücke in
gleichen Abftänden, die zugleich entweder
nur nach unten oder auch nach oben
einen lebhafteren Umrifs bilden helfen
(Fig. 646 u. 736).

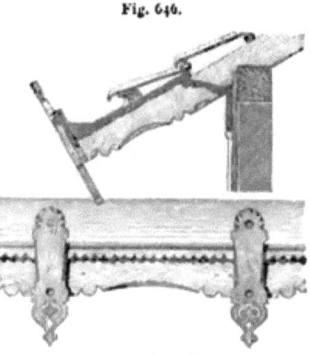

Fig. 646.

Entwurf des Verf.

Das Sparrengefims kann von der
Wand ganz unabhängig fein, fo dafs diefe in irgend einer der früher befchriebenen oder fpäter zu befchreibenden Weifen für fich bekrönt und in fich
abgefchloffen ift (Fig. 645). Es können aber auch beide Theile nach Fig. 470,
629 u. 662 in Verbindung gebracht fein, und zwar zunächft durch Confolen oder
Streben derart, dafs eine folche unter jeden Sparrenvorfprung geftellt ift und
die hierdurch bedingte lothrechte Theilung des Wandgefimfes die Grundlage
feiner architektonifchen Geftaltung bildet. Die Confolen find an gemauerten
oder geputzten Wänden entweder folche mit Steinformen, aus Hauftein, Backftein, Terracotta, Cement, Gyps, oder folche aus Brettern ausgefägt, an Wänden
mit fichtbarem Holzwerk faft immer Bretter-Confolen. Diefe erfcheinen entweder auf Klebepfoften oder unmittelbar auf die Wand gefetzt. Streben oder
Bügen unter den Sparren find entweder nur gefaft, mit einfachem oder
reicherem Fafenumrifs, oder an der Vorderfläche profilirt, oder mit Gefimsleiften
an den Kanten behandelt, oder reicher gefchnitzt, oder als gedrehte Stäbe
geftaltet, entweder auf Wand-Confolen oder Klebepfoften aufgefetzt oder frei
aus der Wand entfpringend angeordnet; das hinter ihnen gebildete Dreieck ift
entweder leer oder durch ausgefägte Arbeit ausgefüllt. Die etwa vorhandenen
Klebepfoften vor gemauerten Wänden find entweder auf Stein-Confolen oder
auf eine durchlaufende Schwelle geftellt und dann zuweilen durch Kreuzbüge
und Riegel zu einem vollftändigen, vor der Mauer oder Putzwand fitzenden, mehr
oder wenig reich ausgebildeten Fachwerk ergänzt.

Wenn in der angegebenen Weife die Sparrenlage für die lothrechte Gliederung des Wandgefimfes mafsgebend wird, fo mufs fie felbft durchaus gleiche
Theile oder auch einen regelmäfsigen Wechfel zweier Theile oder endlich eine
Eintheilung nach irgend einem anderen leicht fafslichen Gefetz genau darbieten, wogegen bei einem vom Wandgefims unabhängigen Sparrengefims
eine Unregelmäfsigkeit der Sparreneintheilung bis zu einer gewiffen Grenze
unfchädlich ift.

Dies find die allgemeinen Züge für die Ausbildung der Sparrengefimfe an
der Traufe, und zwar zunächft auf Grund des einfachften und zumeift erfchei-
nenden Zimmerwerkes nach Fig. 628a, 628b u. 638. Welche Formen die Glieder im Einzelnen annehmen und wie die übrigen Zimmerwerke mit den Hülfs-

mitteln des Holz-Bauftils behandelt werden können, foll durch Einzelbefprechung der gewählten Beifpiele gezeigt werden. Die architektonifche Ausgeftaltung kann fich dabei in vier Richtungen bewegen:

1) Ausbildung des Traufrandes durch reichere Formen der Sparrenköpfe, Saumleiften oder Hängebretter;

2) Auffuchen reicherer Unterftützungsformen der Sparren mit Confolen oder Beiziehen der Zimmerwerke in Fig. 629, 630, 631, 639 u. 640;

3) Auffuchen gefälliger Stabfiguren für die Confolen-Fachwerke zur Unterftützung der äuferen Pfetten gröferer Dachvorfprünge in den lothrechten Ebenen der Hauptbinder des Daches, entfprechend Fig. 631, 632, 633 u. 641;

4) fchmückende Auszeichnung des Oberrandes der Wandfläche.

Der einfachfte Fall des Sparrengefimfes ift in Fig. 693 (Längenanficht und zugehöriger Durchfchnitt) dargeftellt, und es können hierzu Fig. 642, 643, 644 u. 645

Fig. 647.

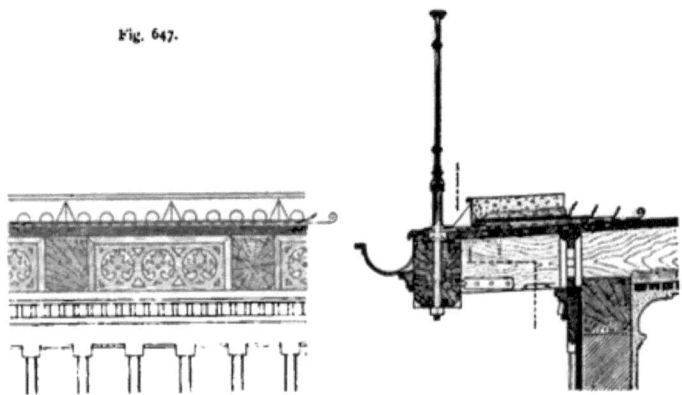

Entwurf des Verf. — ⁹/₈₀ w. Gr.

die Einzelheiten des Traufrandes und der Sparrenprofilirung vorftellen, wo fern die letzte Abbildung als Hängebrett mit gerader Unterkante aufgefafst wird. Fig. 930 giebt eine Variante für die Rinne in gebranntem Thon. Sichtbare Balkenköpfe als fehr flach geneigte Sparren oder entfprechend Fig. 635 u. 636 erfcheinen in Fig. 332, 437, 647 u. 929; im erften Fall mit Profilirung, im zweiten und dritten mit profilirten Füllbrettern und als Unterftützung einer Rinne in gebranntem Thon, im vierten am Holzcementdach.

Um den Luftdurchzug zwifchen den Balken zu erzeugen, der bei geputzter Decke unter der Holz-cement-Bedachung nothwendig ift, find die Füllbretter zwifchen den flach geneigten Dachbalken durch-brochen; unter ihnen hat die verfchalte Wand ein einfaches Krönungsgefims mit Auflöfung in die Fugen-leiften erhalten. Die Rinne hängt an einem hohen Saumholz, das zugleich zum Fefthalten der eifernen lothrechten Stäbe eines auferhalb der Bedachung über dem Randblech aufgeftellten Geländers dient. Die Stäbe find unten als Schrauben geftaltet und mit Hilfe einer oben auf den Balken gefchraubten Blechfcheibe ohne jeden Spielraum in ihrer lothrechten Stellung gefichert; eine etwa 15 cm hohe Zink-blechumhüllung der Stäbe ift auf das Randblech aufgelöthet und oben durch eine an den Stab genietete Eifenblechhülfe überdeckt.

Ausbildung des Traufrandes durch ein Hängebrett mit fortfchreitend reicheren Formen zeigen Fig. 442, 470, 645, 646, 649, 650, 659, 759, 651 mit 652.

Bei Fig. 470 ift der Unterrand gezackt und gefaft; eine Reihe anderer Zackenformen find möglich; bei Fig. 442 erfcheint einfache gefchnitzte Arbeit. Nicht durch eine Darftellung vertreten ift der Fall des Hängebrettes mit ausgefägtem Rande fowohl nach oben, als nach unten, etwa mit Auszeichnung der Axenpunkte durch Akroterien und hängende Zierftücke, ähnlich wie bei Fig. 650. Fig. 759 bietet Anfänge der Durchbrechung bei gezacktem Unterrande und Holzgefimsleifte als Rinnenaußenwand; hierher gehört auch Fig. 332. In Fig. 645 hat die Durchbrechung weit reichere Formen angenommen, ift jedoch durch ein hinterlegtes zweites Brett in ein Reliefmufter verwandelt und dadurch dauerhafter gemacht. Aehnlich bei Fig. 659; hier ift das Brett zugleich Rinnenwand und bei geradem unterem Umrifs oben gezackt. Das Traufbrett in Fig. 648 [147]) bietet zwar wieder einfachere Formen, aber mit der Neuerung der Zufammenfetzung aus lothrechten Brettern, wodurch fich größere Dauerhaftigkeit der Zacken er-

Fig. 648 [147].

⅒ w. Gr.

reichen läfft. Schon reicher ausgebildet ift daffelbe Motiv mit Auszackung nach oben und unten in Fig. 649 (Seitenanficht) mit 650 (Einzelheiten [148]), eben fo in der Traufbildung, die in Fig. 651 [148]) an den Giebel anfchliefst, und abermals reicher in Fig. 649 (Vorderanficht), hier zugleich mit fehr großer Höhe und zwei wagrechten Gefimsleiften. Es bildet hier für ein flaches Pultdach eine Umfäumung, die auf allen vier Seiten in gleicher Höhenlage durchläuft, fo dafs die Neigung des Daches außen gar nicht fichtbar wird; der Höhenfchnitt am Traufende ift in Fig. 650 beigefügt.

In Fig. 646 ift ein geneigtes, ausgefchnittenes, gefastes und mit einer gefchnitzten Leifte bekröntes Traufbrett, das die Außenwand einer auf die Sparren gelagerten Rinne bildet, mit aufrechten Zierbrettern befetzt, die fich vor jedem Sparren wiederholen und den Umrifs gegen oben und unten lebhafter geftalten. Die reichfte der dargeftellten Formen des Traufrandes ift an den Seitenflügeln des in Fig. 651 dargeftellten Bauwerkes erreicht, wofür die Einzelheiten in

[147] Facf.-Repr. nach: Revue gén. de l'arch. 1875, Pl. 59–60.
[148] Facf.-Repr. nach ebendaf., 1869, Pl. 8, 10, 11–12; 1879, Pl. 13.

Fig. 649.

Arch.: *Stille & Durand*

Von den Zuschauer-Tribunen auf der Rennbahn zu Longchamps[***].

ca. ⁷/₁₀₀ w. Gr.

Fig. 652[159]) geboten find. Das lothrecht geftellte Hängebrett ift hier mit gekehlten Leiften befetzt, welche quadratifche Felder bilden, und diefe find mit ausgefägten Sternen und Rofetten ausgefüllt. Je an der Pfeileraxe ift ein höheres
fchwebendes Zierftück mit Bretter-Akroterie und -Voluten eingefchaltet.

Noch lebhaftere, linienreichere Formen können (ähnlich wie in Fig. 709 für
den Giebel gezeichnet) erreicht werden durch Eintheilung der Traufe mit lothrechten Hängepföftchen, die oben und unten mit gedrehten oder gefchnitzten
Endigungen ausgeftattet und durch ausgefägte Füllungen oder Kreuzbügen

Fig. 650.

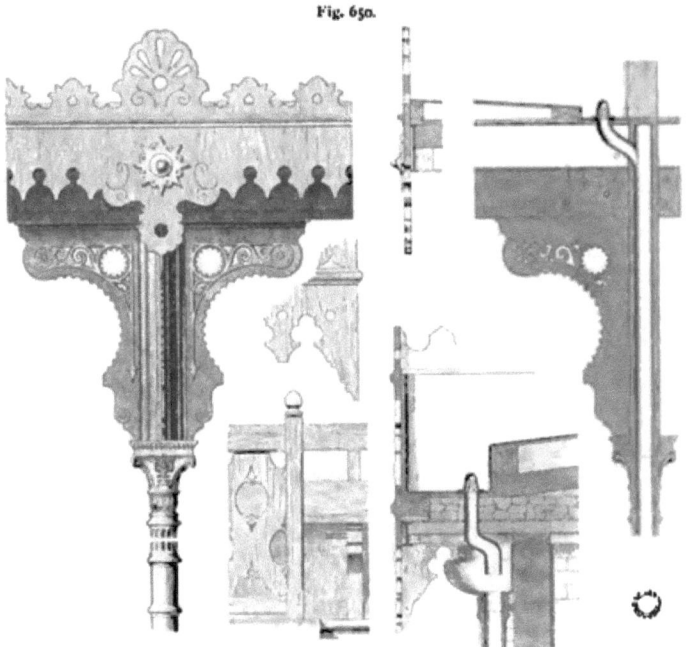

Einzelheiten zu Fig. 649[159]) — ca. 1/9, w. Gr.

u. f. w. verbunden find, und in der That finden fich folche Motive nicht felten
ausgeführt.

Zu den Unterftützungen, die unter jedem Sparren in der Ecke zwifchen Dachunterfläche und Wand auftreten, gehören in erfter Linie die Bretter-Confolen nach
Fig. 662, 759, 659 u. 757; im erften Falle find fie auf Klebepfoften aufgefetzt, die
auf Terracotta-Confolen ftehen; in den beiden letzten erfcheinen fie mit den
reichften Umrißlinien, zum Theile auf gedrehte lothrechte Stäbe geftützt und
paarweife gruppirt. (Hierher gehört auch Fig. 333). Holz-Confolen in reicheren

159) Facf.-Repr. nach: *Encyclopédie d'arch.* 1879, Pl. 591.

Fig. 651.

Pavillon der französischen Forstverwaltung auf der Weltausstellung zu Paris 1878.

Arch.: *Efrouss.*

18*

Formen mit Ver-
werthung von Hau-
ftein-Motiven und
figürlichen Darftel-
lungen bieten Fig.
733 u. 755.

Die architekto-
nifche Erfcheinung
weit ausladender
Sparrengefimfe, ins-
befondere diejenige
in der Schrägan-
ficht, geftaltet fich

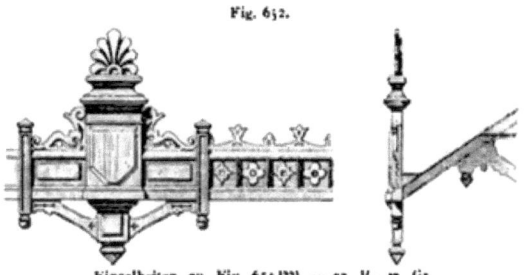

Fig. 652.

Einzelheiten zu Fig. 651 (***). — ca. ¹/₁₀ w. Gr.

weit bedeutender, wenn die fog. »Unterfchüblinge« den Sparren beigefügt werden (fiehe Fig. 630, ein Motiv, das die italienifchen Sparrengefimfe fehr häufig
darbieten). Gewöhnlich reichen die Unterfchüblinge nur ein kurzes Stück weit
in das Innere; mit den Sparren find fie verfchraubt oder auch verfatzt, und wie
diefe felbft werden fie profilirt, gefaft, gefchnitzt oder bemalt nach irgend welchen Motiven. Auch zwei, fogar drei Unterfchüblinge können unter einem
Sparren auftreten und bei fehr großen Ausladungen zugleich eine conftructiv
nothwendige Verftärkung darftellen. Die Breite ift entweder diefelbe, wie diejenige der Sparren, oder ein wenig kleiner.

Hierher gehört Fig. 653, jedoch mit der Veränderung, dass hier die außen
fichtbaren Sparren wegen der fteilen Neigung des Daches nur Scheinfparren find.
Damit fie enger gelegt werden konnten, als die wirklichen Dachfparren, ift eine
ftarke Saumleifte an diefe aufgehängt, welche die Sparrenköpfe mit Mutter-

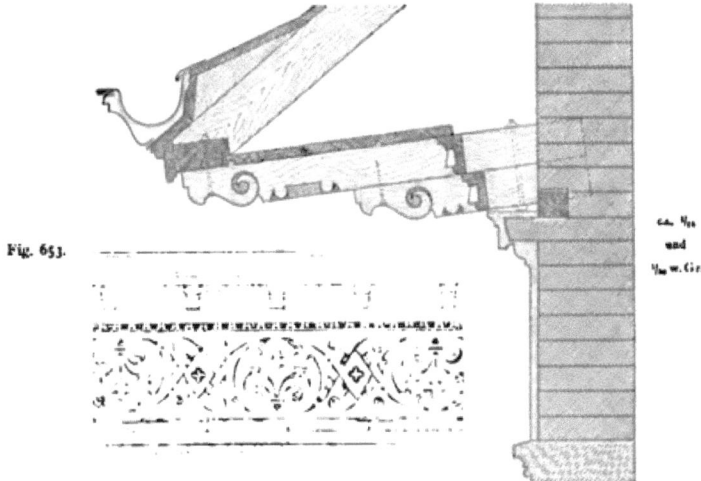

Fig. 653.

ca. ¹/₁₀
und
¹/₁₀ w. Gr.

Entwurf des Verf.

Fig. 654.

Von der belgifchen Façade in der *Rue des Nations* auf der Weltausftellung zu Paris 1878 [1]).

ca. 1/10 w. Gr.

Arch.: *Joulet.*

fchrauben feft hält und zugleich ein Hängebrett als Kranzplatte unter einem Blechrinnleiften trägt. Zwei gleich geftaltete Zahnfchnittleiften füllen die Zwifchenräume der Scheinfparren und Unterfchüblinge aus.

In Fig. 654 [100]) find ebenfalls und aus demfelben Grunde Scheinfparren eingeführt; fie find hier wagrecht, und unter ihnen erfcheinen als Unterfchüblinge in Form kurzer Klötzchen die profilirten und gefchnitzten Köpfe der Dachbalken (fiehe auch Fig. 625, S. 264). Die Sparrenköpfe find mit hängenden gedrehten Knäufen verziert, die Felder zwifchen Sparren und Dachbalken mit Backfteinen ausgemauert. Das ganze Sparrengefims ift ein frei tragendes, indem es auf einem langen Holzunterzug aufruht, der auf Stein-Confolen gelagert an die Pfeiler anfchliefst.

Unter längere Unterfchüblinge können Bretter-Confolen oder Streben u. f. w. geftellt werden, wie unter die Sparren unmittelbar.

Bügen mit oder ohne Klebepfoften nach dem Motiv in Fig. 629 zeigen Fig. 470, 651, 731 u. 734, und zwar mit einfacher und reicher Fafung der Holzkanten mit und ohne Ausfüllung der Felder durch ausgefägte Arbeit. Nach Fig. 655 [101]) find die Streben mit Schnitzwerk verziert und oben mit Umgehung der Conftructionslinien in hoch ragende Zierformen aufgelöft, die den Rinnleiften regelmäfsig durchbrechen.

Eine Verwerthung des Zimmerwerkes nach Fig. 639 erfcheint an der Trauffeite von Fig. 655; fowohl Sparren- als Dachbalkenköpfe find profilirt; die wagrechte Verfchalung über den Balkenköpfen und die geneigte auf den Sparrenköpfen find durch ein fenkrecht zu den Sparren geftelltes Füllbrett in einander übergeführt. Aehnlich ift nach derfelben Abbildung die Traufe des Krüppelwalms unter Benutzung der Kehlftichbalkenköpfe behandelt.

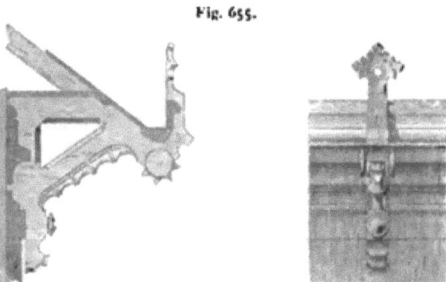

Fig. 655.

Vom *Pavillon de l'Impératrice* auf der Weltausftellung zu Paris 1867 [101]).
ca. ¹/₂₀ w. Gr.

Das Zimmerwerk in Fig. 637 ift im Traufgefims (Fig. 656 [102]) als conftructive Grundlage verwerthet. Ziermittel find das Profiliren der Balkenköpfe und die Gefimsbildung zwifchen ihnen mit ausgehobelten Füllbrettern.

Die Trauffeite zu Fig. 703 bildet ein Sparrengefims, in welchem das Zimmerwerk in Fig. 632 Verwerthung gefunden hat, und zwar könnte dies in der Weife gefchehen fein, dafs Balkenkopf und Strebe unter jedem Sparren auftreten, oder derart, dafs diefe beiden Hölzer nur an den Pfeileraxen der Trauffeite, alfo an jedem vierten bis fechften Sparren, vorhanden wären.

Bei Dächern mit Knieftock oder Drempel ift es möglich, Confolen oder Streben unter den Sparren mit den Köpfen der Dachbalken in Verbindung zu

[100]) Facf.-Repr. nach: *Revue gén, de l'arch.* 1879, Pl. 64.
[101]) Facf.-Repr. nach ebendaf. 1881, Pl. 38.
[102]) Nach: Neumeister, A. & E. Häberle, Die Holzarchitektur Stuttgart 1903-05, Taf. 64.

fetzen. Damit wird ein Hauptgefims als Vereinigung von Sparren- und Balkengefims erhalten, das durch feine gefteigerte Höhe und die größere Mannigfaltigkeit feiner Formen eine fehr bedeutende Bekrönung des Bauwerkes bildet. Zwei
folche Gefimfe erfcheinen in Fig. 657 [197]) u. 659. Das erfte bekrönt eine Mauer
in Backftein; auf den profilirten und gefchnitzten Balkenköpfen ftehen Klebepfoften mit gefchnitzten Bügen als Unterftützung von Stichbalken, die im Inneren
durch Anblattung an Dachftreben gehalten find und fich nach oben in Zierformen
aus gepreßtem Zinkblech auflöfen. Ueber diefen Balken ruht eine wagrechte
Decke mit kräftigen Caffetten aus Zimmerhölzern, Brettern und Eckzierleiften.
Das Gefims überfchreitet die Grenzen des Conftructionsftils; mit Hilfe der gefchnitzten Arbeit ift den Holztheilen das Gepräge des hiftorifchen Bauftils verliehen, den auch die Steinformen verkünden, nämlich der deutfchen Früh-
Renaiffance. Daffelbe gilt von Fig. 658 [192]), in welcher nicht Streben, fondern
gedrehte Klebepfoften die Verbindung von Balken- und Traufgefims darftellen.

Fig. 656 [192]).

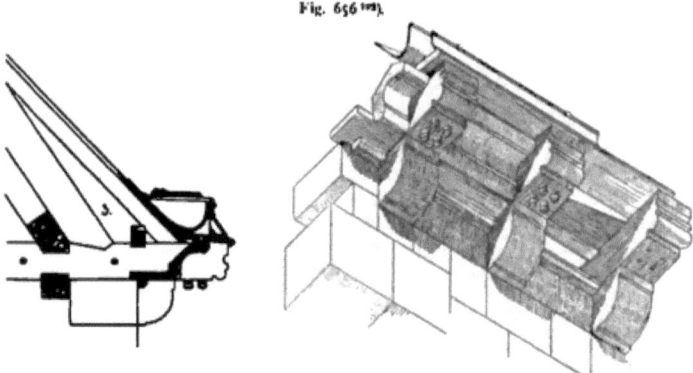

Das Gefims in Fig. 659 [191]) erfcheint über einer Fachwerkwand; die Balkenköpfe tragen hier zunächft eine Schwelle, und auf diefer ftehen die Klebepfoften
mit gedrehtem Untertheil, an welche ftarke Bretter-Confolen als Unterftützung
der wagrechten Dachbalken- oder Scheinfparrenköpfe angefetzt find. Die Deckenfelder über diefen find als geftemmte Arbeit gebildet, und die Wandflächen
zwifchen den Klebepfoften mit gemalten Füllungen gefchmückt. Ueber den Eck-
und Bundpfoften des oberen Gefimfes find die Confolen paarweife gekuppelt; zu
beachten ift die Auflöfung der zwei äußerften Confolen in einen ausgekragten
Eckpfoften mit frei fchwebender gedrehter Endigung nach unten.

Die confolartigen Fachwerke, welche nach Fig. 634 u. 641 die außen liegenden Pfetten oder Balkenunterzüge großer Dachvorfprünge ftützen, find durch
die Beifpiele in Fig. 660 [193]) u. 661 vertreten. Bei jenem findet fich als einzige
Zierform das Fafen und Profiliren der Holzköpfe; das Zimmerwerk bietet die
Kehlbalken-Conftruction; die Balken find außerhalb der Wand durch zwei Unterzüge geftützt und diefe durch vier Confolen-Fachwerke getragen, die ein Längs-

176.
Confolen-
Fachwerke.

[191]) Aus der Autographien-Sammlung von Oberbaurath Profeffor Dollinger in Stuttgart.
[192]) Fa[Le]Repr. nach: Revue gén. de l'arch. 1874. Pl. 31.
[193]) Fa[Le]Repr. nach: Viollet-le-Duc, E. E. Dictionnaire raifonné etc. Bd. 6. Paris 1863. S. 156.

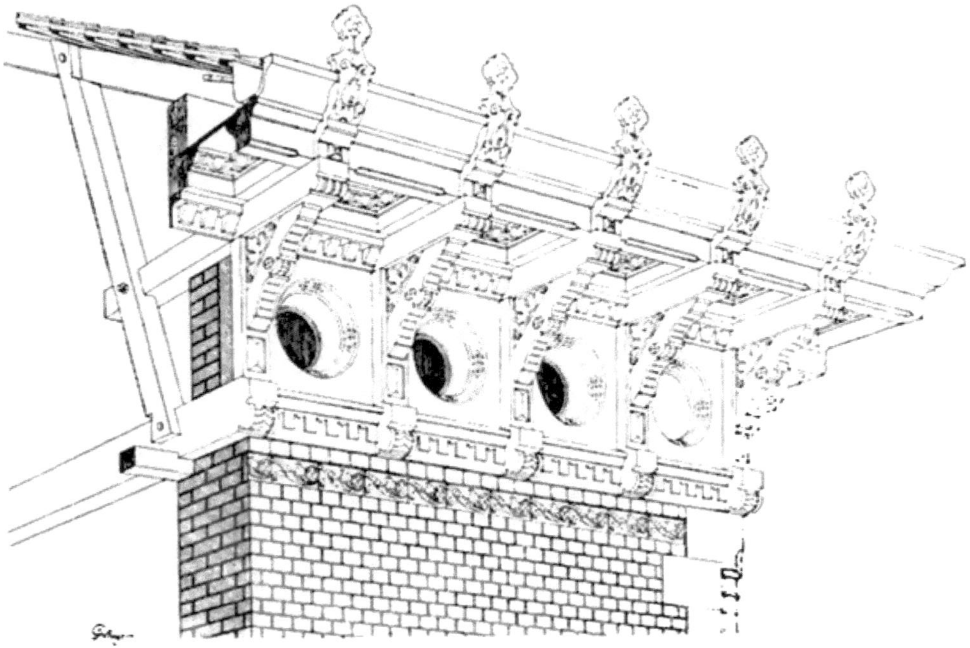

Entwurf zur Construction eines Hauptgesimses.[1]

Fig. 657.

holz verbindet und von denen die zwei inneren höher und anders gebaut find, als die äuſeren.

Dem Traufgefims in Fig. 661 liegt das Stabwerk nach Fig. 641 zu Grunde. Die Fachwerk-Confolen find mit Klebepfoften an Lifenen der Backfteinmauer angefetzt und mit Fafen und ausgefägter Arbeit verziert. Das obere wagrechte

Fig. 658 [100].

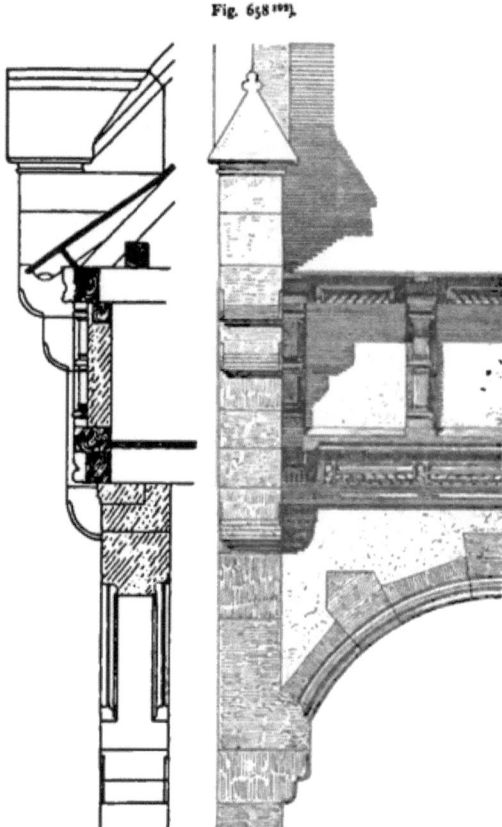

Arch.: *Neher & Kaufmann.*

Abfchlufsholz der Confolen ift die Fortfetzung eines Holzes der Decken-Conftruction; es trägt zwei Unterzüge, auf welchen die vorfpringenden Dachbalken ruhen. Diefe find außen durch ein Saumholz abgefchloffen, auf welchem die Dachrinne liegt, und welches durch hängende Knäufe vor jedem Balken mit reicherer Fafung dazwifchen verziert ift. Akroterien in Zinkblech bekrönen die vordere Wand des Rinnenkaftens. Die Decke des Dachvorfprunges ift zwifchen die Balken eingefchnitten, geftemmt und bemalt; fie verdeckt die Sparren.

Was die Ausbildung der Sparren-Traufgefimfe in der letzten Richtung, d. h. im Schmuck des Oberrandes der bekrönten Wandflächen,

177. Schmuck des Oberrandes bekrönter Wandflächen.

betrifft, fo können hierfür als bezeichnende Beifpiele Fig. 693 (Trauffeite), 422, 437, 470, 662, 648, 653, 647, 645, 722 (Trauffeite) u. 723 (Trauffeite) gelten.

Bei den drei erften ift die Wand eine folche in Backftein und mit Gefimfen aus demfelben Material bekrönt, wogegen Fig. 470 u. 662 [190]) Terracotten-Gefimfe

[100]) Faci-Repr. nach: Deutfche Bauz, 1873, S. 165.

aufweifen, und zwar im letzten Falle mit Farben-Contraften der Steine und mit
gemalten Putzflächen. In den drei letzten Beifpielen hat das Thongefims eine
lothrechte Theilung durch die Axen der Streben oder Confolen erhalten, wogegen
bei den übrigen die lothrechten Linien des einen Gefimstheiles von denen des
anderen unabhängig find. Fig. 648 hat unter einem glatten Formfteingefims einen
hohen Wandftreifen aus Thonplättchen mit mehrfarbigem Ornament aufzuweifen,
und bei Fig. 653 ift der Schmuck des Wandfaumes ein Putzgefims in Haustein-

Fig. 659.

Deutfcher Kaifer-Pavillon auf der Weltausftellung zu Wien 1873 [*]).

formen, deffen Fries und tragende Glieder mit gemaltem Ornament ausgeftattet find.

Das Gefims in Fig. 663 kann als Vertreter einer ganzen Gruppe von Ge-
bäudebekrönungen des Renaiffance-Stils gelten, in welcher Gefimfe aus Haustein
oder aus Putz mit Hausteinformen von der einfachften bis zur reichften Geftalt
weit überragt werden von einem Dachvorsprung aus fichtbaren, ganz oder nahezu wagrechten Sparren mit oder ohne Unterfchüblinge oder Balkenköpfe, mit
oder ohne Streben oder Confolen, mit oder ohne außen liegende Pfetten. Solche
Gefimfe finden fich befonders häufig in Florenz und Siena, nicht nur über vollen
Gebäudemauern oder Bogenftellungen, fondern auch über frei tragenden Archi-

Fig. 660.

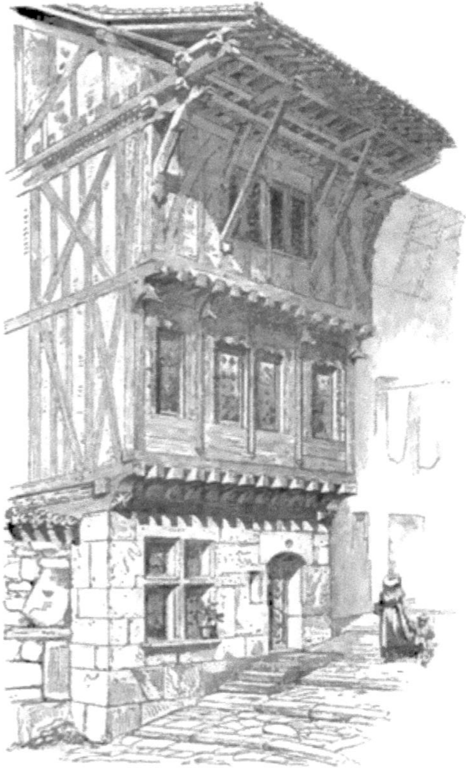

Holzbaus aus dem XIV. Jahrhundert zu Annonay[195].

Fig. 661.

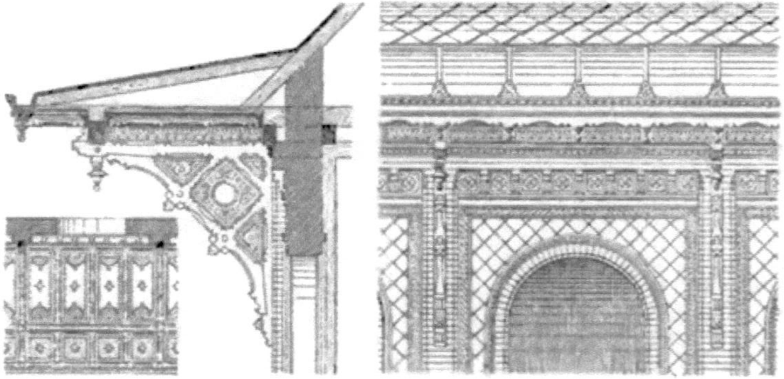

Entwurf des Verf. — ca. 1/20 w. Gr.

Fig. 662.

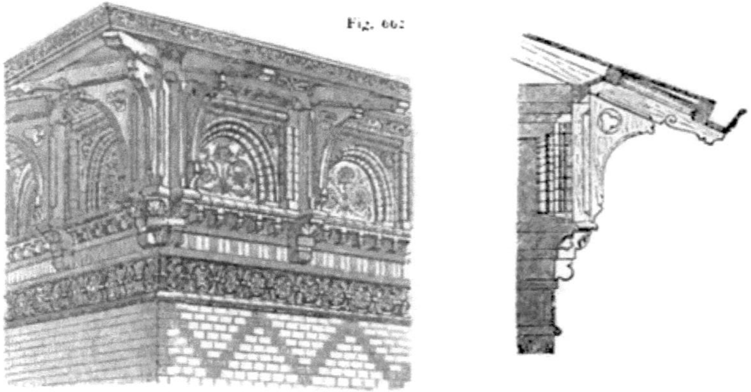

Von der Flora zu Charlottenburg[196]. — ca. 1/20 w. Gr.

Arch.: *Stier.*

traven. Für den erſten Fall ſeien als hervorragende Beiſpiele die Paläſte *Uguccioni* und *Serriſtori* in Florenz genannt, ferner die Halle *Sta. Maria* bei Arezzo, für den zweiten der Palaſt *Guadagni* in Florenz. Auch Terracotten-Geſimſe im Stil der Renaiſſance mit Umbildung der Hauſteinformen in der Art von Fig. 464 kommen in derſelben Verwendung vor. Dieſen älteren Beiſpielen gegenüber, bei welchen zwar meiſt ſehr reich ſculpirte Theile und ſogar drei-theilige Conſolen-Geſimſe auftreten, bei welchen aber die Glieder mit Steinformen immer ohne Zuſammenhang mit der lothrechten Theilung des Sparrengeſimſes durchlaufen, erſcheinen in der modernen Renaiſſance auch ſolche, bei denen beide Theile in Beziehung zu einander geſetzt ſind, etwa indem jedem der eng geſtellten Sparren eine ſteile oder flache Conſole unter der Kranzplatte des Steingeſimſes entſpricht, oder indem die Sparren paarweiſe gruppirt über einer breiteren Conſole oder Triglyphe auftreten, oder indem hohe Streben oder

Fig. 663.

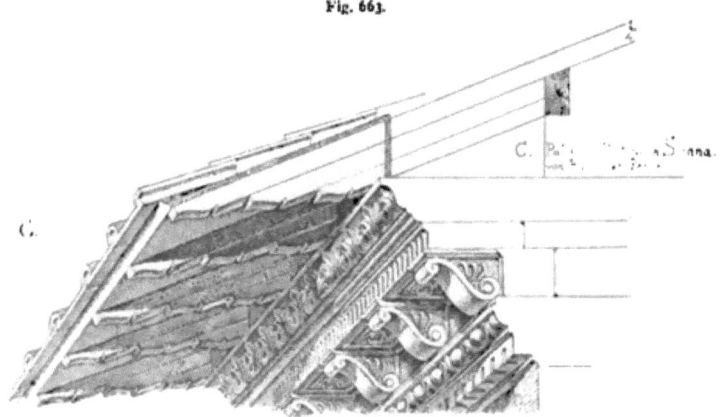

Bretter-Conſolen auf vorkragenden Liſenen oder Stein-Conſolen ſitzen, welche das Steingeſims regelmäßig durchbrechen, u. ſ. f. In allen Fällen tritt der Gegenſatz der Farben von Holz und Stein zu demjenigen ihrer Formen, oder der Ein-farbigkeit der Steinformen tritt eine reiche Polychromie der Holz-Architektur gegenüber, oder endlich es werden auch dieſe verſchiedenfarbig behandelt, ſei es mit Flächen-Ornamenten in einer Farbe auf dem Grund einer anderen, ſei es in derſelben vollen Buntfarbigkeit, wie die Holzglieder. Der Reichthum der in dieſer Richtung erfundenen und noch erfindbaren Formen iſt ſehr groß.

Ein ſpät-gothiſches Hauſteingeſims unter den Streben des Sparrendachvor-ſprunges iſt in Fig. 731 eingeführt; die Flächen zwiſchen den Streben zeigen Fachwerke mit weiß beſtochenen Flächen.

Die Beiſpiele in Fig. 645, 647, 722 (Trauffeite) u. 723 (Trauffeite) bieten Sparrengeſimſe über Holzwänden. Als Auszeichnung der oberen Wandränder erſcheinen hier zumeiſt die nachſtehend als »Brettergeſimſe« bezeichneten Formen, ſo weit ſie Bekrönungen ſind. Bei Wandverſchalungen mit Fugen-leiſten löſen ſich dieſe in krönende Bretter und Leiſten auf, wie in Fig. 749

u. 750; ein einfaches Beispiel hierfür ist Fig. 647, ein reicheres 645; an der Traufseite von Fig. 722 würde das am Giebel gezeichnete Motiv auch an der Traufe
zwischen den Klebepfosten weiter geführt werden können. In Fig. 645 sind die

Fig. 664.

Fachwerkhölzer sichtbar und die Bretterflächen in die Felder eingeschnitten; die
oberen Wandfelder sind durch frei stehende, schlanke Baluster zugleich ver-
schlossen und gegliedert; darüber folgt eine Gesimsleiste mit Zahnschnitt als

tragendes Glied eines Kranzgefimfes, deffen Platte durch ein lothrechtes Brett gebildet wird.

Auch am Traufgefims zu Fig. 723 find die Fachwerkhölzer fichtbar; die beiden Confolen, die in der Giebelanficht den Umrifs bilden, find an jedem Pfoften wiederholt: zwifchen den oberen Confolen ift das Giebelmufter mit den Kreifen und Sternen friesartig fortgefetzt, und darunter erfcheint diefelbe Architektur mit paarweife gruppirten Pfoften, wie unter dem wagrechten Riegel der Giebelanficht; die Hängepföftchen der gröfseren Lichtöffnungen des Giebels theilen dabei auch den durchbrochenen Fries der Trauffeite.

In derfelben Weife könnte das Motiv in Fig. 737 mehrfach wiederholt als hallenartig offene Fachwerkwand unter einem Sparren-Traufgefims auftreten. Gewöhnlich aber wird der obere Rand einer folchen weit einfacher behandelt, und zwar entweder fo, dafs nur der Winkel zwifchen Freipfoften und Pfette durch Streben oder Bretter-Confolen verfteift und verziert wird, oder dafs wenigftens nur ein wagrechter Riegel 20 bis 40 ^{cm} unter der Pfette eingefchaltet und mit ihr durch Hängepföftchen und ausgefägte Arbeit, auch wohl durch fchwache Kreuzbügen und Durchführung der Eckftreben zu einem Gefimsfries ausgeftaltet ift. Grofse Bogenhölzer anftatt diefes Riegels treten in einem Theile von Fig. 731 auf; fie enthalten einen Anklang an die Stein-Architektur, dem auch die Form der Freipfoften entfpricht.

Für Fachwerkwände mit Rohbau-Ausmauerung oder Beftich oder geftemmter Arbeit in den Feldern, ferner für Blockwände oder Bohlenwände, endlich für die Wandverkleidung mit Schindeln, Schiefern und Blechrauten, werden ebenfalls meift Brettergefimfe zum Schmuck des Oberrandes beigezogen, und wie die reichften Gefimfe in Steinformen über der Mauer, fo können die reichften Brettergefimfe mit Confolen, gefchnitzter Arbeit u. f. w. unter den vorfpringenden Sparren als Bekrönung jener Wände Verwerthung finden. Es könnten z. B. die Gefimfe in Fig. 742, 740 u. 739 (ohne die Akroterien) ein Sparrengefims tragen Auch bezüglich der Möglichkeit eines Zufammenhanges der lothrechten Gliederung beider Theile der Gebäudekrönung gilt für folche Brettergefimfe daffelbe, wie für die Steingefimfe.

178.
Traufgefimfe
bei
Dachflächen
aus
Pfetten.

Wenn das Dach ein folches aus Pfetten ift, d. h. wenn die Sparren fehlen und die Bretter der Bedachung unmittelbar auf Pfetten gelegt find, die nur 0,90 bis 1,30 ^{m} Entfernung von einander haben, fo erfcheinen als conftructive Grundlage des Traufgefimfes nur die Köpfe der Hauptfparren der Binder, 3,50 bis 4,50 ^{m} von einander entfernt, und darauf die Traufpfette. Aus dem Früheren ift leicht abzuleiten, welches die einfacheren Geftalten des Traufgefimfes für diefen Fall fein können, indem die Traufpfette die Stelle der früheren Saumleifte oder Traufleifte ausfüllt und mit Fafen, hängenden Knäufen, aufgenagelten Hängebrettern, Zierleiften unter der Blechrinne u. f. w., gerade wie diefes Holz, verziert werden kann. Die Unterftützungen des Dachvorfprunges durch Confolen, Streben oder Fachwerke befchränken fich hier felbftverftändlich auf die lothrechten Ebenen der Hauptfparren. Uebrigens laffen fich auch gewöhnliche Sparrengefimfe beim Dach aus Pfetten leicht dadurch erhalten, dafs man die zwei oder drei unterften Pfetten durch Stichfparren erfetzt, die auf einer Dachfchwelle aufliegen und mit dem oberen Ende in die letzte Pfette eingreifen, oder — mit weniger weit gehender Abänderung der gegebenen Dach-Conftruction — durch geneigte Wechfelhölzer, die zwifchen die zwei unterften Pfetten in Entfernungen von 50 bis 100 ^{cm} eingefetzt find.

b) Mitwirkung von Wandmuftern.

(Gefimfe im Flächenfchmuck.)

170.
Wandmoß-r.

Nicht nur ein oberer Saum der Wand, fondern auch ein Schmuck, der fich über die ganze Wandfläche verbreitet, kann mit einem Traufgefims derart zufammenwirken, dafs diefes durch jenen in feiner architektonifchen Erfcheinung ergänzt und gefteigert wird. Diefer Thatfache mag an diefer Stelle durch eine gedrängte Zufammenftellung derjenigen fchmückenden Wandmufter Rechnung getragen werden, welche dem Conftructions-Stil angehören, d. h. aus der Conftruction der Wand abgeleitet oder von ihr bedingt find. Viele folche Mufter fchliefsen Formen und Verwerthungen von Gefimfen ein, die ohnehin einer Darftellung bedürften, wonach an diefer Stelle eine Betrachtung der »Gefimfe im Flächenfchmuck« geboten wird.

180.
Wandflä be
in natürlichem
Stein.

Die Haufteinwand gehört hierher als Mauer aus verfchiedenfarbigen Steinen und als Mauerverkleidung mit verfchiedenfarbigen Platten aus natürlichem Steinmaterial, insbefondere Marmor. Im erften Falle ift ein Mufter gewöhnlich nur durch einen Wechfel zweier verfchiedenfarbiger, gleich oder ungleich hoher wagrechter Bänder gebildet, indem etwa rothe und weifse Quaderfchichten abwechfeln, auch wohl rauhe Mauerwerke mit Quaderfchichten abwechfeln, oder Eckquader find mit Verzahnung als Einfaffung irgend welchen Rohbau-Mauerwerkes aus natürlichen Steinen anderer Farbe angeordnet. Der zweite Fall ift als Marmorplattenverkleidung und Marmor-Mofaik im italienifch-romanifchen und gothifchen Stil am häufigften verwirklicht. Beide Ziermittel find auch folche des Fufsbodens.

Das am häufigften verwerthete plaftifche Ziermufter der Haufteinwand, die Ruftika oder Boffenbefetzung der Steinhäupter, gehört nur mit dem Bruchboffen, dem zwifchen Schlägen oder Kanten rauh gefpitzten Boffen und dem fog. Eiszapfenboffen dem Conftructions-Stil an; die feineren und reicheren Boffenformen, die Spiegelboffen, Diamantboffen, gemufterten Boffen u. f. w. find Eigenthum beftimmter hiftorifcher Bauftile. Eben fo ift es mit den zurückgefetzten profilirten Fugen (entweder Lagerfugen allein oder allen Fugen) der Quadermauer (fiehe das vorhergehende Heft [Abth. III, Abfchn. 1, A, Kap. 1] diefes »Handbuches«), eben fo endlich mit ihrem Schmuck durch Füllungen. Die Steindecke hat in den vortretenden Gewölbrippen einen in der Conftruction eingefchloffenen Schmuck, wogegen die Caffeten der wagrechten und gewölbten Decken mit der Conftruction nichts zu thun haben und nur hiftorifchen Bauftilen angehören.

181.
Mauerfläche
gemifchter
Conftruction.

Weifse oder gelbe Quaderfchichten in regelmäfsigem Wechfel mit Bändern aus rothen Backfteinfchichten, wobei die Streifen meift ungleich hoch auftreten, find ein fehr häufiges Motiv an den Bauwerken im Conftructions-Stil (und in der niederländifchen Renaiffance), eben fo Faffung der Ecken der Backfteinmauer mit Quadern (Fig. 469, 58) u. 599). Auch rother Sandftein mit gelben Backfteinen und noch andere Farbengegenfätze kommen vor. Sind die Haufteinfchichten boffirt, fo ift das Farbenmufter zugleich ein folches mit Schattenwirkung. Anftatt der Quaderfchichten erfcheinen Streifen aus rauherem Schichtenmauerwerk oder Mofaik-Mauerwerk oder Geröllftein-Mauerwerk im Wechfel mit wagrechten Bändern aus Backftein, die eine, zwei oder mehr Schichten hoch find. Bei der Eckfaffung kehrt fich oft das Verhältnifs um, indem fehr rauhe Mauerwerke aus natürlichem Stein, die keine Ecken bilden können, mit Backfteinen eingefafst werden (Fig. 526). Hierbei beftehen meift auch Fenftereinfaffungen und Gefimfe aus gebrannten Steinen.

282.
Backftein-
Rohbauwand. Die fchmückenden Mufter der Backftein-Rohbauwand find in der Figuren-gruppe 664 durch Beifpiele dargeftellt. Linienmufter, bei welchen die Mauerfugen über die gewöhnlichen Backfteinverbände hinausgehen, um eine intereffantere Zeichnung zu bilden, erfcheinen in den erften Einzelabbildungen (Aehrenverband, Nachahmung von Bandgeflecht, Netzverband), theils die ganze Fläche füllend, theils im Wechfel mit wagrechten Schichten. Oefter, als der befcheidene, aber oft recht fein wirkende Linienfchmuck, erfcheinen farbige Mufter; gewöhnlich treten zwei Farben auf, wovon eine als Grund vorherrfcht, und zwar Gelb und Roth, Roth und Weifs, Grün und Gelb, Schwarz und Roth u. f. w. Drei Farben geben reichere, aber auch leicht unruhige, überladene Zierflächen. Bei zwei Farben ift wieder wagrechte Streifung das einfachfte Mufter; andere find durch vier Beifpiele dargeftellt. Jedes Linienfyftem, das mit wagrechten, unter 45 Grad geneigten und kurzen lothrechten Geraden darftellbar ift, läfst fich fchon mit rechteckigen Backfteinen in ein Farbenmufter überfetzen; reichere Motive entftehen mit Hilfe von Formfteinen, find aber felten. Alle folche Farben-mufter können auch auf Gewölbflächen auftreten.

Jedes zweifarbige Mufter läfst fich in ein Reliefmufter verwandeln, indem man die gebildeten Figuren um 1 bis 3ᶜᵐ hinter den Grund zurücktreten läfst, anftatt fie durch andere Farbe von ihm zu unterfcheiden; auch vortretende Figuren kommen vor. Diefes Ziermotiv verlangt Sonnenbeleuchtung zu klarer, kräftiger Wirkung; auf runden Thürmen liefert es ein anfprechendes Spiel von Licht und Schatten. Einige Beifpiele find in Fig. 665 bis 670 dargeftellt, die einen aus quaderförmigen Steinen ausfchliefslich, die anderen aus Formfteinen beftehend. Die friesartigen wagrechten Streifen wechfeln an den Originalbau-werken (Mofchee *Chudojar-Chan* in Kokand und Minaret *Mira-Arab* in Buchara) mit höheren Zonen der drei erften Mufter ab.

Ein plaftifcher Schmuck der Backfteinwand durch Füllungen, deren um-rahmende Gefimfe mit Formfteinen und Terracotten hergeftellt find, erfcheint in Fig. 465, 469, 514 u. 531. Das farbige Reliefmufter, bei welchem die gebildeten Figuren fowohl zurück- oder vortreten, als andere Farbe zeigen, findet felten Verwerthung.

Bei vier Beifpielen in Fig. 664 erfcheint die durchbrochene Backfteinmauer, im erften mit rechteckigen Backfteinen, in den übrigen mit Formfteinen.

Reichere Farben- und Reliefmufter mit künftlichen Steinen entftehen, wenn fchon die einzelne Steinftirn eine Zeichnung in verfchiedenen Farben oder eine plaftifch vortretende Zierform trägt. Motive der erften Art verwirklicht die Mauerverkleidung mit den Mettlacher oder Sinziger Plättchen, die fonft für Fufsböden dienen, auch Cement-Mofaikplättchen (Grenoble) gehören hierher. Der plaftifche Schmuck diefer Art kann entweder ebenfalls als Verkleidung mit gebrannten Thon- und Cementgufsplättchen auftreten oder mit Blockftücken, die in den Steinverband eingreifen, gebildet fein. Die Zierftücke verbreiten fich entweder, wie Fig. 664 (unten in der Mitte) mit Reliefplättchen zeigt, über die ganze Fläche, oder fie erfcheinen im Wechfel mit wagrechten Streifen Rohbau-Mauerwerkes irgend welcher Art, wofür fowohl farbige, als plaftifche Mufter in der Abbildung geboten find, oder endlich Mauerwerks- und Schmuckflächen greifen mit irgend welcher anderen Felderbildung in einander.

Die verputzte Wandfläche hat nur Farben- und Reliefmuster zu ihrem Schmuck; Linienmuster kommen, abgesehen vom Einreißen oder Einpressen vertiefter Linien als Nachahmung von Fugen, z. B. des Netzverbandes, nicht vor

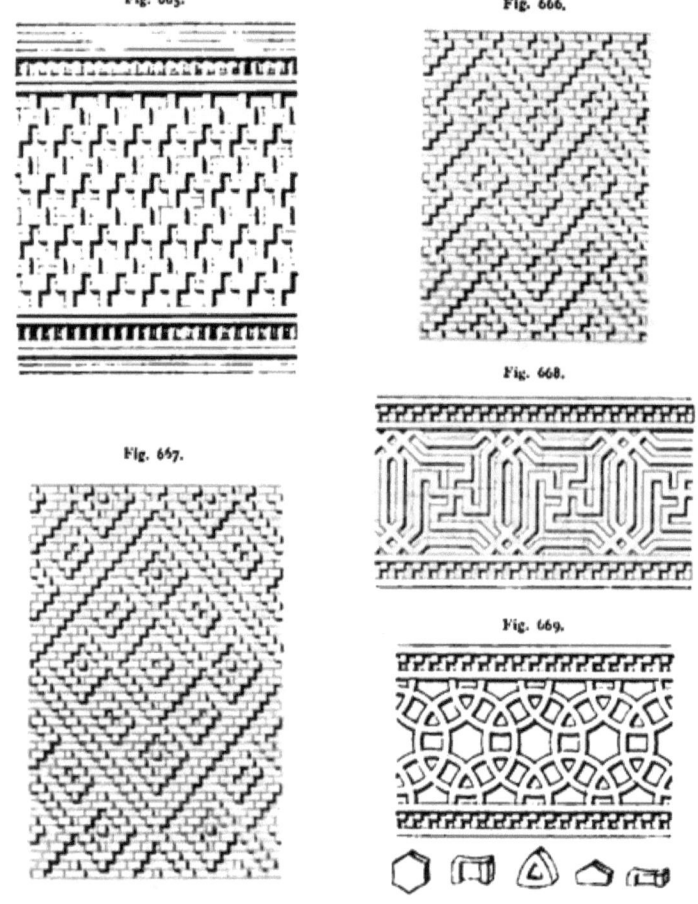

Fig. 665.

Fig. 666.

Fig. 667.

Fig. 668.

Fig. 669.

der Fußboden als Cementestrich hat ebenfalls folche eingepreßte Linienmuster). Jene treten am Aeußeren als Wandmalerei, Sgraffito und mufivifcher Putz[197] auf. Die Nachbildung feiner Gesteinsarten in Stuckmarmor, Glanzstuck und anderen

---

[197] Diefer entfteht dadurch, daß vor dem Erhärten farbige Steinftücke in die Maffe eingedrückt werden, wodurch ihre Oberfläche unregelmäßig rauh wird; vom mufivifchen Verputz zum Mofaik bildet übrigens ein ftetiger Uebergang.

Handbuch der Architektur. III. 2, b. (2. Aufl.) 19

Verfahren mit oder ohne Gegenfätze verfchiedenfarbiger Flächen ift
auf das Innere befchränkt. Ein be-
fcheidener, aber für einfachere Bauwerke oft willkommener Schmuck
ift die Figurenbildung mit den dunkeln Flächen eines Befenwurfes auf
den hell wirkenden Grund eines
glatten Verputzes; Fig. 671 bringt
diefes Ziermittel in einigen Motiven
zur Anfchauung.

Bei feiner Ausführung ftellt man zunächft die ganze Wandfläche als glatten Verputz her, oder es bleiben wenigftens nur unter
den größeren für den Befenwurf beftimmten
Flächen innere Partien ohne den Glattftrich.
Dann werden diejenigen Flächen, welche glatt
bleiben follen, mit Schablonen aus Papier

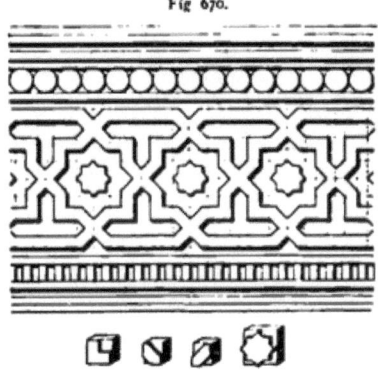

Fig 670.

oder Brettftücken oder Blech bedeckt, endlich ein dünner Mörtel aus magerem Kalk und feinem
Sand mit oder ohne Farbftoff mit einem Befen angeworfen. Dabei hält man mit der linken Hand
einen Stab fchief gegen die Wand und fchlägt mit der rechten den in den Mörtel getauchten Befen
derart daran an, daß der Mörtel in Tropfen an die Wand fliegt. Nach Wegnahme der Schablone ift
das Mufter fertig. Der Befenwurf (auch Spritzbewurf genannt) wird um fo feinkörniger, je dünn-
flüffiger der Mörtel.

Fig. 671.

Entwurf des Verf.

Reliefmuſter hat die Putzwand nur in der Nachbildung der Hauſteinwand mit profilirten Fugen oder mit Boſſen irgend welcher Form oder mit Füllungen. Der Schmuck mit Füllungen, der bei Innenräumen in Verbindung mit dem Reiz der Farbe nicht nur an der Wand, ſondern auch an der ebenen und gewölbten Decke die reichſte Erſcheinung erzielt, kann übrigens eher der Putzwand ſelbſt als Originalmotiv zugetheilt werden, da er bei der Hauſteinwand auf die Fugen keine Rückſicht nimmt, wonach die etwas überfein ausſehende Hauſteinwand mit Füllungs-Architektur als Nachbildung der Putzwand zu erklären wäre.

Die Holz-Fachwerkwand in Rohbau als ein ſichtbar bleibendes Gerippe von wagrechten, lothrechten und geneigten Stäben, deſſen Felder entweder leer geblieben oder mit Mauerwerk ausgefüllt oder mit Brettern geſchloſſen ſind, hat ein erſtes Ziermittel darin, daſs die Stabaxen ein gefälliges, intereſſantes Liniennetz bilden. Fig. 726, 780, 790, 810, 824 u. 829 verrathen das Beſtreben hierzu. Dabei können, wie die Beiſpiele zeigen, entweder nur gerade Linien oder auch gekrümmte als Stabaxen verwerthet ſein. Daſs auch die ſichtbare Balkendecke innerhalb der engen Grenzen, die ihr gezogen ſind, ſolche Figuren zu bilden ſucht, kann Fig. 775 lehren.

184. Holz-Fachwerkwand in Rohbau.

Meiſt in Verbindung mit dieſem erſten, noch ganz in die Conſtruction eingeſchloſſenen Schmuck erſcheint ein zweiter: die lebhaftere Umriſsbildung am einzelnen Stab anſtatt der zwei parallelen Ränder. Die Zimmerhölzer erhalten hierbei durchaus oder zum Theile ſeitliche Naſen, als Anklänge an gothiſches Maſswerk, oder geſchweifte Ränder, welche ein Anſchwellen und Abnehmen der Holzbreite als Anklänge an Baluſterumriſſe erzielen, oder endlich frei erfundene Randbildungen ohne irgend welche Verwandtſchaft. Die hierdurch gebildete gefällige Figur der ganzen Stabwerksfläche gelangt am meiſten zur Geltung, wenn ſie ſich mit dunkelm Holzton vom Grunde eines weißen Putzes oder rauhen Beſtiches abhebt. In der That iſt das Ziermotiv meiſt in dieſer Weiſe verwerthet, und zwar ſo, daſs der Putz mit der Holzfläche bündig liegt. Mit zurücktretender Putzfläche oder Backſtein-Rohbaufläche dürften Beiſpiele aus älterer Zeit nicht vorhanden ſein; doch kann das Motiv auch in dieſer Form ausgeführt werden.

Wenn man auf einen Schmuck dieſer Art ausgeht, ſo wird man faſt nothwendig dazu geführt, weit mehr Stäbe des Fachwerkes einzuführen, als die Conſtruction erfordert, oder ſogar ein dichtes Netz mit engen Feldern daraus zu machen, um möglichſt viele Figuren darzubieten. An älteren Beiſpielen iſt dies oft in der Weiſe geſchehen, daſs manche der nur zierenden Stäbe durch ausgeſägte Dielen oder Brettſtücke erſetzt wurden, die den tragenden Zimmerhölzern bündig aufgeblattet wurden (Fig. 672 [185]). Auf demſelben Wege oder nach Fig. 672 a geſtaltete man die gothiſchen Naſen, die an tragenden Hölzern ſeitlich vortreten ſollten, um dem größeren Arbeitsaufwand auszuweichen, den das Schneiden der Profile auf die ganze Dicke des Holzes erfordert hätte.

Wenn die Felder einer Fachwerkwand leer bleiben oder wenn die Ausfüllung der Felder als ſolche mit Mauerwerk in Rohbau, Putz oder Brettern hinter die Wandebene zurücktritt, ſo erſcheint als häufigſter Schmuck der Zimmerhölzer das Faſen, entweder in der einfacheren Geſtalt, bei welcher die Faſenflächen immer gleich breit ſind und parallele Kanten haben, oder in der reicheren, in der die Ecken der urſprünglichen Stabquerſchnitte bald mehr,

---

[185] Nach: Gladbach, a. a. O.

Fig. 671 100).

Fig. 672 a.

bald weniger abgekantet und lebhaftere Umrifslinien fowohl der Stabvorder- und -Seitenflächen, als der Fafen felbft erzielt find. Bei ausgefüllten Feldern find oft Gefimsleiften in die Ecken zwifchen Ausfüllung und Stabfeitenflächen eingefügt, die an diefe angenagelt find und als Conftructionstheile die Aufgabe haben, die Fuge zwifchen Ausmauerung oder Putz und Zimmerholz zu verdecken und beffer zu fchliefsen, oder mit einer zweiten inneren Leifte die Nuth zu bilden, in welcher eine Bretterfüllung fitzt. Solche Leiften bilden ebenfalls einen Schmuck der Wand, indem fie allen Holzkanten gleich laufend folgen und die Linienzüge reicher machen (Fig. 673).

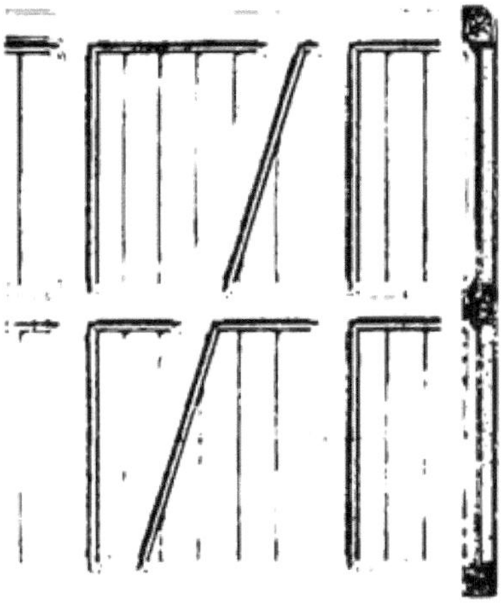

Fafen und Eckleiften geben einen oft benutzten Anlafs, Farbengegenfätze als Ergänzung der plaftifchen Schmuckformen einzuführen. Rothe Fafenflächen auf gelbem Holzton und rothe Linien auf der Stabvorderfläche, die den Rändern gleich laufend folgen, find die einfachften und häufigften hierher gehörigen Farbenmotive (vergl. Fig. 737; verwandt ift Fig. 745).

Als Schmuck einer Rohbau-Ausfüllung der Fachwerkfelder, ob fie bündig mit den Zimmerhölzern oder zurücktretend ausgeführt fein mag, finden fich alle Ziermotive, die oben für die Backftein-Rohbauwand aufgezählt worden find (vergl. Fig. 695, 743 u. 755). Das Begleiten aller

Fig. 673.

Holzkanten mit gleich laufenden Backsteinen dunklerer Färbung, wie dies
Fig. 730 zeigt, ist ein nahe liegendes Motiv; Fig. 743 hat Mosaikplättchen-
verkleidung in den Feldern. Putzflächen find zuweilen mit Ornament bemalt,
etwa wenn ein Anklang an den altdeutschen Fachwerkbau gesucht wird;
Fig. 725 zeigt eine Bemalung an einem Musterhaus im englischen Landhausstil.
(Vergl. ferner Fig. 659.) Bretterflächen können alle Behandlungen zeigen, die in
Art. 186 für die Bretterwand genannt find; bei Wänden offener Hallen find die
Felder, so weit fie nicht als Lichtöffnungen leer geblieben find, meist mit durch-
brochenen Brettflächen ausgefüllt (Fig. 827). Die Holzdecke mit fichtbaren
Balken hat in den Feldern entweder eine Verbretterung mit parallelen Fugen
(Fig. 775) oder Tafeln aus gestemmter Arbeit.

Fachwerke mit leeren Feldern bringen oft einen Gegensatz vierkantiger
oder vielmehr gefaster Zimmerhölzer und gedrehter Stabtheile zur Wirkung,
wobei diese letzten lebhafte geschweifte Umrisse und starke Querschnitts-
verminderungen zeigen. Fig. 589 u. 699 find hierfür Beispiele; eben so ist
bei den Veranden-Motiven in Fig. 827 u. 828 die Verwerthung solcher gedrehter Theile des Stabwerkes angedeutet. Aehnliche geschweifte Umrisse einzelner Stäbe werden unter Einführung quadratischer und regelmäßig acht- oder
sechsseitiger Querschnitte in geschnitzter Arbeit hergestellt.

Geschnitztes Ornament auf den Flächen oder an den Kanten der Zimmerhölzer giebt den theuersten und feinsten Schmuck der Fachwerkwand. Für
diejenigen Wandbildungen, bei welchen keine Felder auszufüllen, sondern die
Hölzer dicht an einander gelegt find, nämlich für die Blockwände, Bohlenwände

185.
Blockwand
und
Bohlenwand.

Fig. 674.

Entwurf des Verf.

und die im Hochbau fehr feltenen Spundwände, ift gefchnitzte Arbeit diefer Art das einzige plaftifche Ziermittel (Fig. 674 u. 764). Dabei verbreiten fich entweder die Flächen-Ornamente ohne Rückficht auf die Fugen über die Wand, indem fie etwa nur die Mittelpunkte, Ecken- oder Seitenmitten der zwifchen Fenftern und wagrechten Gefimfen eingefchloffenen Wandftücke auszeichnen; oder die Fugen zwifchen den Wandhölzern find als Grenzlinien der Ornamentflächen benutzt (Fig. 674). Die Ornamentik ift entweder im Kerbfchnitt oder als ebenes Blatt- und Rankenwerk auf rechtwinkelig zurückgefetztem Grunde oder mit runder Modellirung ausgeführt; Kantenverzierungen pflegen einfache Grund- motive regelmäfsig zu wiederholen.

186.
Bretterwand.

Die Bretterfläche, als äufsere oder innere Bekleidung einer Holz-Fachwerk- wand über ausgemauerte oder leere Felder hinweg, feltener auf einer Mauer oder einem Eifengerippe auftretend, oder eine beiderfeits fichtbare frei ftehende Wand bildend, ift der Conftruction nach entweder eine folche mit parallelen Fugen, oder ihre Bretter überdecken fich fchuppenförmig (gefchuppte Wand- verfchalung), oder ihre Fläche ift in geftemmter Arbeit hergeftellt. Die Bretter- wand mit parallelen Fugen läfst entweder diefe unbedeckt (gefugte, gefalzte, gefpundete, gefederte Verbretterung), oder verdeckt fie durch Fugenleiften.

Schon die Fugenlinien felbft können zu einer Verzierung der Wand da- durch werden, dafs fie ein gefälliges Mufter bilden.

In der Giebelwand in Fig. 675 [684] treten z. B. drei verfchiedene Richtungen der parallelen Fugen und darüber eine Figur aus radial geftellten Fugen auf. Fig. 775 zeigt daffelbe Ziermittel an einer Balkendecke, in deren Felder eine Verbretterung mit einem Gegenfatz zweier Fugenrichtungen eingefchnitten ift. Die Bildung eines Netzes von reiche- ren Figuren mit Hilfe der Fugen der Holztafeln, wie fie beim Parquetboden zu beobachten ift, findet fich, abgefehen von einem fpäter zu nennenden, zugleich plaftifchen Ziermotiv, nicht als Wand- fchmuck.

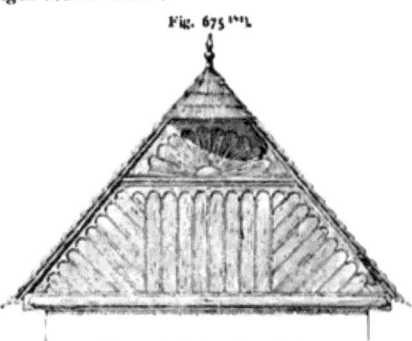

Fig. 675 [684].

Von einem böhmifchen Bauernhaufe.

Auch die in der Conftruc- tion eingefchloffenen (ächten) Farbenmufter, die der Parquet- boden mit verfchiedenen Holzarten erzielt, hat die glatte Bretterwand nicht, wenn man nicht etwa die feinere Holzmofaikarbeit in Prachträumen in Be- tracht ziehen will. Wenn fie Farbengegenfätze für ihren Schmuck verwerthet, fo find es gemalte oder aufpatronirte Linien- und Flächen-Ornamente in Oelfarbe.

Das erfte plaftifche Ziermittel ift das Abfafen der Bretter-, bezw. Fugen- leiftenkanten, wobei die Fafen entweder auf die ganze Länge durchlaufen (Fig. 673) oder ein Stück weit von den Enden entfernt aufhören (fog. ab- geftochene Fafen, Fig. 745 u. 775). Reichere Form liefert das Anhobeln irgend eines Gefimfes an diefe Kanten (fog. gekehlte Verbretterung). Die in Art. 184 (S. 291) befchriebene reichere Ausbildung des Fafens mit gekrümmten Umrifs- linien kommt ebenfalls, aber felten vor (Fig. 737). Ueber die Randbildungen folcher Wandflächen fiehe Art. 221.

Auch die gefchuppte Bretterwand findet ihren Schmuck im Fafen oder Kehlen der vortretenden Bretterkanten. Gekehlte Verbretterungen diefer Art wirken bei geringem Aufwand an Gefimfen recht gefällig. Ein zweites Ziermittel ift bei wagrechter Bretterrichtung das Ausfchneiden der unteren Bretterränder nach einer lebhaften Umrifslinie (Fig. 786, Brüftung).

Auf eine rauhe Verbretterung kann eine zweite aus kleineren Holztafeln aufgenagelt oder gefchraubt werden, deren Fugen parquetbodenartig irgend ein reicheres Linienfyftem bilden, und deren Kanten gefast oder mit einem angehobelten Gefims verfehen werden (Fig. 676). Solche Wandverkleidungen hat in reichfter Ausbildung die Mohammedanifche Architektur; bei den Thürflügeln mit Aufdoppelung finden fie auch im einfacheren Wohnhausbau Verwerthung.

Fig. 676.

Die geftemmte Arbeit ift das Auflöfen der zu bildenden Brettfläche in einfaffende und theilende Streifen (Friefe) einerfeits und eingefaffte Felder (Füllbretter, Füllungen) andererfeits, wobei diefe letzten in feitliche Nuthen der Friefe mit genügendem Spielraum eingreifen und fich darin ausdehnen und zufammenziehen können, ohne dafs eine Fuge fich öffnet. Das erfte Ziermittel ift die Bildung gefälliger Figurengruppen mit den Füllungen, in welchen die formalen Gefetze der Wiederholung, des Gegenfatzes, der rhythmifchen Abwechfelung, der ftrahlenförmigen Gruppirung u. f. f. fich äufsern und auch einfpringende Winkel und gekrümmte Ränder der Einzelfüllung auftreten können. Ein bezeichnendes Beifpiel folcher Figurenbildung ift die geftemmte Decke in Fig. 677.

Zuweilen fteigert man fie noch dadurch, dafs jede oder manche in einer erften Theilung erhaltenen Füllung felbft wieder in eine geftemmte Tafel aus einfaffenden und theilenden Friefen mit mehreren Füllungen aufgelöst wird, fo dafs Friefe von zweierlei Stärke und Breite auftreten; Fig. 678 zeigt eine geftemmte Wandverkleidung diefer Art.

Das zweite und faft allgemein benutzte Ziermittel der geftemmten Arbeit ift das Fafen (Fig. 679) oder Kehlen (Fig. 680) der Frieskanten und das Umrändern der Füllbretter mit fchrägen Ebenen; bei Hartholz können auch die Hirnholzfeiten der Füllbretter ein rein ausgehobeltes Gefims erhalten, alfo auch die Uebergänge ihrer Vorderflächen zu jenen fchrägen Ebenen gekehlt werden. Je mehr die Friesflächen über die Füllbretter vortreten, defto lebhafter fchattirt

Fig. 677.

Fig. 678.

Entwürfe des Verf.

fich der Gefimsrahmen um die Füllungen. Hilfsmittel, diefe Schattenwirkung zu fteigern, hat man in nachträglich den Friesgefimfen aufzufetzenden oder anzufügenden gekehlten Stäben (Fig. 681), in einer getrennten Herftellung der Rahmengefimfe aus ftärkerem Holz als die Friefe felbft find (Kehlftofs in der Nuth des Friefes, Fig. 682), wobei das Füllbrett von den Gefimsftäben und diefe von den ebenen Friefen umrahmt und in einer Nuth feft gehalten find, endlich in den nur in Hartholz ausführbaren »überbauten Füllungen« (auch »überfchobene Füllungen« genannt — Fig. 683), bei welchen die Friefe, von der Vorderfeite gefehen, hinter die Friefe zurücktreten, dafür aber auf der Rückfeite über fie vorftehen, fo dafs beiderfeits Schattenwirkung erzielt ift.

Die reichften Formen der geftemmten Fläche entftehen durch das Beiziehen der Sculpirung der Gefimsglieder, überhaupt der gefchnitzten und gedrehten Arbeit. Hierher gehören Blattftäbe, Perlftäbe, Eierftäbe u. f. f. in den Friesgefimfen anftatt der glatten Glieder, gedrehte und gefchnitzte Knaufe und Rofetten auf den Kreuzungen der Friefe oder auf ihren Mittellinien gereiht, Bandgeflechte, Ranken-Ornamente, Arabesken aller Art, gefchnitzt auf den Flächen der Friefe zwifchen den Gefimfen, Rofetten, Sterne, Relief-Ornament aller Art, gefchnitzt in den Füllungsflächen. Bei Wandflächen des Inneren und Deckenflächen tritt als Ergänzung des formalen Reizes derjenige der Vielfarbigkeit und des Goldglanzes hinzu, wodurch der gröfste Reichthum der Erfcheinung erreicht wird. Für das Ausfehen einer folchen Fläche ift Fig. 779 bezeichnend, wenn man fich reichere Felderformen anftatt quadratifcher vorftellt. Auf minder koftfpieligem Weg wird ein noch immer fehr ausgiebiger Schmuck erzielt, wenn Blattftäbe, Perlftäbe, Eierftäbe, Mäander, Bandgeflechte, Fries- und Füllungs-Ornamente aller Art auf die glatt bleibenden Flächen gemalt werden. Hierbei wird zuweilen ein Mofaik aus verfchiedenfarbigen Hölzern nachgeahmt; ächtes Holzmofaik der geftemmten Arbeit wird fich immer nur auf kleine Wandftücke feinfter Ausftattung im Innern befchränken.

Bei der von beiden Seiten fichtbaren Bretterwand find Fafen und Kehlungen von parallelen Bretterkanten, Fugenleiften, Frieskanten auf beiden Seiten durchgeführt, und zwar entweder übereinftimmend oder mit verfchiedenen Profilirungen. Als weiteres Ziermittel kommt hier die ausgefägte Arbeit, das Durchbrechen der Bretterfläche hinzu. Die herausgefägten Figuren gehen entweder von den Bretterfugen aus, indem fie fich darauf befchränken, dem einzelnen Brett eine reichere Umrißlinie zu geben (Fig. 684 [199]), oder fie durchbrechen es aufserdem innerhalb feiner Umrißlinie, oder endlich, mehrere Bretter mit Nuth find und Feder und Verleimung zu einer gröfseren Fläche vereinigt und diefe ohne Rückficht auf die Fugen durchbrochen. Solche gröfsere Flächen ausgefägter Arbeit müffen mit reichlichem Spielraum in den von ihren Rand-

Fig. 679.
Fig. 680.
Fig. 681.
Fig. 682.
Fig. 683.

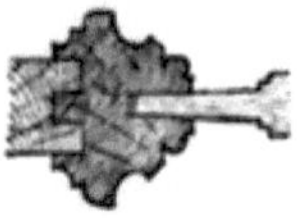

leisten gebildeten Nuthen sitzen und sich darin ungehindert zusammenziehen können, um nicht durch das Schwinden oder Quellen zu zerreißen.

Indem eine solche durchbrochene Brettfläche auf eine volle aufgesetzt wird, entsteht ein weiteres plastisches Ziermotiv der Bretterwand, das eigentlich schon oben bei den Reliefmustern einzureihen gewesen wäre. Ueber die Randbildungen der Bretterwand (siehe Art. 220).

187.
Lattenwand. Die Lattenwand tritt auf, wo ein Wandabschluß erzielt und doch der Durchzug der Luft nicht gehindert werden soll. Sie ist entweder aus parallelen Latten mit bestimmten Zwischenräumen oder aus zwei auf einander liegenden Bogen sich rechtwinkelig oder schiefwinkelig kreuzender Latten gebildet (siehe unter C, Kap. 16, unter b des vorliegenden Heftes); auch radial gestellte Latten

Fig. 684 [188].

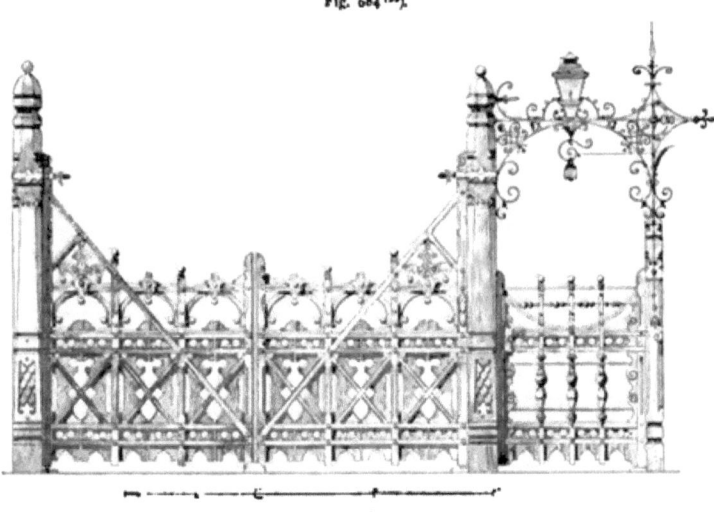

Arch.: Lange.

kommen in Halbkreisöffnungen vor. Zur Bildung eines gefälligen Linienfystems der Stabaxen mit rhythmischer Abwechselung und Gegensätzen der gebildeten Felder, worin ein erstes Ziermittel liegt und wofür Fig. 43 ein einfaches Beispiel, ist an Hochbauwandflächen aus Latten nur selten die Möglichkeit geboten. Die häufigsten Schmuckformen sind Fasen und Kehlen der Lattenkanten, wobei die ersten entweder auf die ganze Länge durchlaufen oder »abgestochen« sind. Fig. 685 zeigt zwei rechtwinkelig sich kreuzende Lattenlagen mit kurzen Fasenstücken an den gebildeten Quadraten. Reichere Formen des Fasens kommen wohl nur bei allein stehenden Lagen paralleler Latten vor. Ein drittes Motiv ist das Ausfägen der Latten nach einer lebhafteren Umrißlinie (Fig. 48); auch Fig. 787 u. 789 könnten als Beispiele gelten, wenn die dort dargestellten radial gerichteten Bretter schmaler und aus einander gerückt wären. Fig. 686 bietet zwei sich kreuzende überblattete Lattenlagen, welche nach Ausschneiden ihrer Ränder achtstrahlige Sterne einschliefsen. Viertens ift die gedrehte und gefchnitzte Arbeit zu nennen. Lothrechte Latten treten hierbei in der Form fchlanker Balufter auf, wofür Fig. 148 und viele unter C, Kap. 17 (unter b) gebotene Beifpiele find. Für die gedrehte Arbeit bei gekreuzten Latten ift Fig. 687 ein Beifpiel; die Latten find an den quadratifchen Ueberkreuzungs-

Fig. 685.

flächen auf einander geblattet; viele ähnliche Motive finden fich in der Mohammedanifchen Architektur. Als ein Beifpiel mit fchiefwinkeliger Stabkreuzung kann Fig. 147 gelten.

Wie die Schindelwand als äufsere Schutzverkleidung einer Fachwerk- oder Blockwand hergeftellt wird, ift aus Fig. 729 erfichtlich. Meift find die Schindeln unten halbrund abge- rändert, wobei der mit einer fei- nen Kegelfläche gebildete Halbkreis durch Ausfchlagen mit einer Hohl- form oder ausfchliefsliche Mafchinen- arbeit rein und genau erzielt wird. Es giebt äufserst verfchiedene Gröfsen der Schindeln; an vielen Häufern im oberen Rheinthal (Cant. St. Gallen), waren fie 55 ᵐᵐ breit und die wag- rechten Linien durch die tiefften Punkte der Halbkreife 30 ᵐᵐ von einander entfernt[209]). Die Ueber- deckung der Reihen ift eine vier- fache oder fünffache. Aufser dem halbrunden unteren Rand kommen der concave Segmentbogen, der Spitz- bogen, der ausfpringende Winkel als rechter oder fpitzer oder regelmäfsi- ger Sechseckswinkel, wie in Fig. 753, vor. Linienmufter einer folchen Schindelwand werden erhalten, in-

186.
Schindelwand.

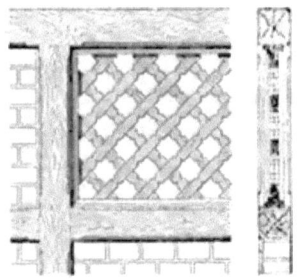

Fig. 686.

Fig. 687.

dem man wagrechte gleich oder ungleich hohe Streifen von je 5 bis 15 Schindelreihen regelmäfsig mit einander ab- wechfeln und die unteren Schindelränder des einen Strei- fens einen Gegenfatz zu denen des anderen bilden läfst (alfo z. B. Halbkreisfchindeln im einen, concave Segmentbogen- fchindeln im anderen wählt). Bei Bildung von Farbenmuftern wird daffelbe Verfahren eingefchlagen wie bei der Back- fteinmauer aus zwei oder drei verfchiedenfarbigen Steinen; man ftreicht beftimmte Schindeln in anderer Farbe, als der- jenigen des Grundtons an; oder man wählt, wenn ein Anftrich wegbleibt, zwei oder drei verfchiedene Holzarten für die Schindeln, die ftark verfchiedene Farben

---

[²⁰⁹) An einem Schwarzwälder Bauernhaus fand fich eine Schindelbreite von 60 mm und ein Höhenabstand der wagrechten Linien durch die tiefften Punkte von 60 mm; hier ift alfo die Schuppenlage nur halb fo dicht.

zeigen. Fig. 688 zeigt zwei Beispiele; auch zickzackförmig auf- und absteigende Zierstreifen kommen vor. Ueber die Randbildung der Schindelwand siehe Art. 121 (S. 350).

Fig. 688.

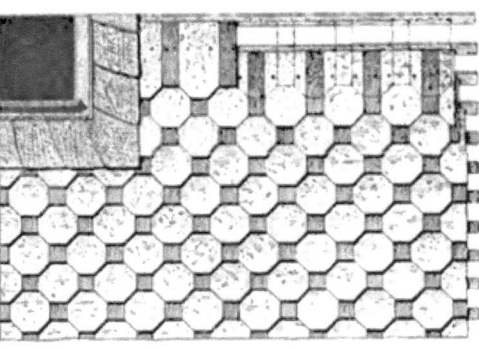

Die Ziermotive einer Schutzverkleidung der Fachwerkwand mit Schiefern find als Linien- und Farbenmuster ganz diefelben, wie bei der Schindelwand: gefällige Schuppenzeichnung aus den unteren Randlinien, Gegenfätze der Schuppenzeichnung wagrechter Streifen oder anderer Flächenabfchnitte, erzielt durch Verfchiedenheit der unteren Randlinien (Fig. 725). Gegenfätze zweier oder dreier verfchiedener Farben der Schiefer. Die Eindeckung ift, fobald ein folcher Schmuck angestrebt wird, im Allgemeinen nicht die rheinifche, fondern eine folche in wagrechten Reihen (englifche Manier); doch kommen auch Linien- und Farbenmuster mit zickzackförmig auf- und absteigenden Reihen vor. Fig. 689 zeigt ein einfach hübfches Farbenmuster in zwei Farben; die achtfeitigen Felder find hellröthliche und die quadratifchen fchwarze Schiefer. Häufiger als an der Wand find folche Ziermotive am Schieferdach verwirklicht. Ueber die Randbildung der Schieferwand fiehe Art. 221 (S. 350).

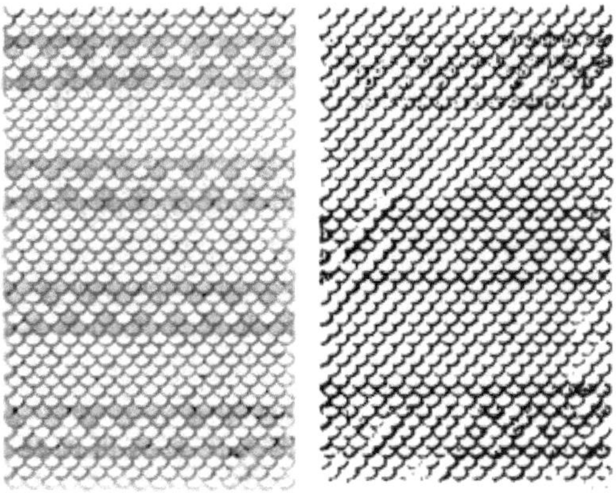

Fig. 689.

Aus Sachfenhaufen.

Die befonders an hohen Giebelwänden häufige Schutzverkleidung aus Ziegeln ift entweder eine folche aus ebenen Dachplatten (Biberfchwänzen) oder aus Dachpfannen, oder aus Falzziegeln (Mafchinenziegeln), wobei die Steine unglafirt oder glafirt find. Die erften können durch halbrunde, fegmentbogige, fpitzbogige, mit ausfpringendem Winkel auftretende, auch wohl abwechfelnd verfchieden geftaltete untere Ziegelränder eine gefällige Schuppenzeichnung

als Linienmufter bilden; Farbenmufter erhält man bei allen drei Arten von
Ziegeln mit verfchiedenfarbigen Steinen auf demfelben Wege, wie bei der Backfteinmauer (Fig. 859); doch find folche Ziermotive, die auf großen Dachflächen
günftig wirken können (gothifche Kirchendächer), bei Wandflächen felten brauchbar, da fich wegen anfehnlicher Größe der Steine meift nur größere Figuren
erzielen laffen, die fich dem Maßstab der übrigen Wandverzierungen und der
Fenfterumrahmungen nicht einordnen. Als plaftifche Mufter wirken Mafchinen-
ziegel mit lebhaftem Relief der Oberfläche, befonders die fog. Thurmziegel, die
kräftige Schattirung liefern (vergl. den Giebel in Fig. 717 oben, ferner Theil III,
Band 2, Heft 5 [Abth. III, Abfchn. 2, F, Kap. 37, unter k] diefes »Handbuches«).

Schutzverkleidungen der Wandflächen mit Metalltafeln haben ihre Ziermotive in mehr oder weniger ornamentreichen Schuppen, die den einzelnen
Tafeln oder Rauten aufgepreßt find. Häufiger als auf der Wand findet fich
auch diefer Schmuck bei fteilen Dachflächen, befonders kleineren an Thürmchen,
Erkern, Vordächern. Beifpiele find in Fig. 882 u. 883 dargeftellt. 191.
Blechfchuppen-
wand.

Obgleich Holzfparrengefimfe über Eifenwand-Conftruction kaum vorkommen
werden, fo mögen doch der Vollftändigkeit der vorliegenden Zufammenftellung
zu Liebe die Wandfchmuckmotive des Eifenbaues mit einigen Worten angefügt
werden. 192.
Eifen-Fachwerk
mit
Backftein-
feldern.

Die Eifen-Fachwerkwand mit Backftein-Ausfüllung der Felder verziert im
Allgemeinen nur die Backfteinfläche in bekannter Weife. Wenn je die Eifenftäbe Schmuck aufnehmen, fo find es Rofetten, Schilder, Ranken-Ornamente auf
den Kreuzungspunkten. Ein Beifpiel ift in Fig. 897 enthalten.

Die volle Gußeifenwand hat Füllungen mit oder ohne Ornament in den
Feldern als häufigftes Ziermotiv (Fig. 871 u. 876). 193.
Gußeifenwand.

Die durchbrochene Gußeifenwand wirkt mit dem Umriß der Durchbrechungen und außerdem mit Relief-Ornament auf der Fläche. Beifpiele
bieten Fig. 864, 865 u. 866.

Die volle Eifenblechwand bildet meift Füllungen von Rechtecks- oder
intereffanteren Formen mit aufgefetzten Schmiedeeifenftäben, wozu glatte oder
fculpirte Gefimszierleiften in der Art der in Fig. 837 bis 849 veranfchaulichten
beigezogen werden; außerdem zeichnet fie wichtige Punkte der Füllungen
(Mittelpunkte, Ecken, Seitenmitten) durch Rofetten, Rankenwerk, Blattwerk
in Schmiedeeifen aus. Bei fchmaleren Flächen treten fortlaufendes Rankenwerk und
Auszeichnung beftimmter Punkte auch ohne Felderbildung auf. Faft immer find
Nietreihen für den Schmuck mitverwerthet. Weniger ächte Arbeit ergiebt die
Wahl der aufzufetzenden Gefimfe und Ornamente aus Gußeifen. Die mittlere
Einzelabbildung in Fig. 861 ift ein bezeichnendes Beifpiel für den Reliefschmuck
der ebenen Blechwand, eben fo die Brüftungstafel in Fig. 869 unten und der
Fries unter der Rinne in Fig. 854. 194.
Eifenblech-
wand.

Die durchbrochene Eifenblechwand kann nur mit gefälligen Umrißlinien und
Figuren der Durchbrechungen wirken (Fig. 859, 861 außen u. 866).

Die Eifengitterwand findet ihre Ziermittel in der Schattenwirkung aus den
Querfchnittsformen der Stäbe und deren Gegenfätzen, in einem gefälligen Linien-
fyftem der Stabaxen, insbefondere in der Rankenbildung, im fchraubenförmigen
Verdrehen beftimmter Stäbe, im Ausfchmieden der Stabenden zu ornamentalen
Formen, im Auffetzen von Nietköpfen, Blechrofetten und ebenem oder getriebenem
Eifenblech als Blattwerk, Schilderwerk, Figurenwerk irgend welcher Umriß-
bildung, in Ringen und Spangen an den Stabberührungen, in Durchdringungen 195.
Eifengitter-
wand.

und Ueberblattungen fich kreuzender Stäbe Fig. 72, 73, 87, 88, 96 bis 101, 832 u. 833). Das Anfetzen von Eifen- oder Bronze-Gufstheilen als Rofetten, Pfeilen, Lanzen-fpitzen, Kelchen, Kugeln, Knäufen, Spangen, Kapitellen, Fufsgefimfen, Ring-gefimfen um die Stäbe u. f. w. ift der lebhaften Formenwirkung oft fehr förder-lich, wird aber bei feinerer Arbeit vermieden. Ein Beifpiel ift Fig. 872.

196.
Glas- und
Eifenwand.Die Glas- und Eifenwand wird felten verziert; der Schmuck kann ein folcher der Eifenftäbe oder des Glafes fein. Im erften Falle erfcheinen Ge-fimsfproffen in gefälliger Felderbildung mit oder ohne Auszeichnung der Kreuzungspunkte durch Rofetten, Schilder u. f. w., im zweiten der Gegenfatz durchfichtiger und matt geätzter, auch wohl farbiger Glasflächen, wobei ent-weder ganze Scheibenflächen oder Ornamente auf der einzelnen Scheibe den Gegenfatz bilden (Fig. 852 u. 896).

c) Sparrengefimfe am Giebel.

197.
Einfachfte
Giebel am
Sparrendach.Die einfachfte Giebelbildung des Sparrendaches, bei welchem die Dach-unterfläche aufsen fichtbar wird, befteht darin, dafs die Latten oder Bretter, welche die Ziegel oder Schindeln oder Schiefer oder Metallblechtafeln des Daches tragen, nach Fig. 690 um ein geringes Mafs (etwa bis zu 35 cm) über den auf der Giebelwand oder Giebelmauer liegenden Sparren hinausgeführt und durch ein an ihre Unterfläche genageltes Brett fammt einer Zierleifte verfteift find. Die Stirnleifte wird dabei für Ziegel- und Schindelbedachung ftaffelförmig ausge-fchnitten, oder fie nimmt bei diefen und den anderen Bedachungsarten die Form des fpäter zu befchreibenden Flug-brettes an. In die Ecke zwifchen der Giebelwand oder -Mauer und jenem Brett kann eine gehobelte Gefimsleifte eingefetzt werden, und für die Bekrö-nung der Wandfläche unter dem Brett

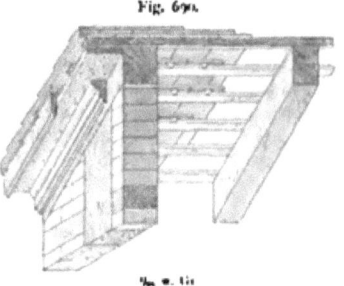

Fig. 690.

oder der Gefimsleifte find alle Gefimsformen möglich, welche für den Steingiebel früher befchrieben wurden und für den Fachwerkgiebel im Folgenden vorgeführt werden.

198.
Conftructive
Grundlage
der Gefims-
bildung.Diefe bei ländlichen Bauten gebräuchliche Giebelbildung gehört jedoch ftreng genommen zu den unten befprochenen Brettergefimfen und wird, obgleich fie ein Stück der Dachunterfläche aufsen fichtbar macht, noch nicht als Sparren-gefims-Giebel bezeichnet. Von einem folchen fpricht man erft, wenn die Sparren felbft fichtbar find. Das dem Sparrengefims am Giebel zu Grunde liegende Zimmerwerk befteht — ein Pfettendach vorausgefetzt — gewöhnlich darin, dafs die Pfetten des Daches über die Giebelwand hinaus fortgeführt werden und aufserhalb derfelben noch ein Sparrenpaar oder mehrere tragen (Fig. 691, 692 u 693). Die einfachfte Ausbildung ift wieder das Hobeln und Fafen der von unten fichtbaren Dachverfchalung und der Zimmerhölzer, ferner das Profiliren der Pfettenköpfe und Einfetzen der fchon bei den Traufgefimfen erwähnten Eck-leiften zwifchen Dachverfchalung und Sparrenfeitenflächen. Der äufserfte Sparren

Fig. 691.

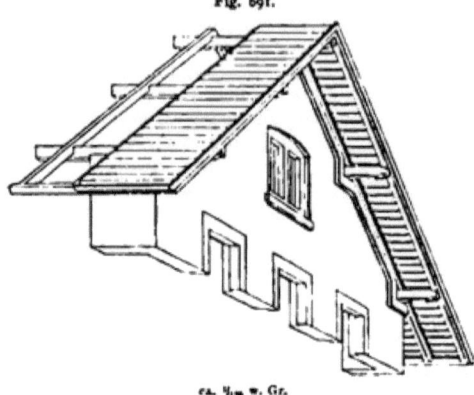

ca. ¹⁄₁₀ w. Gr.

heifst der Flugfparren; die Stirnflächen der Pfettenköpfe ftehen um 1 bis 2 ᶜᵐ hinter feiner Fläche zurück, um die Hirnholzfläche der Pfette nicht in unfchöner Weife in die Sparrenvorderfläche einfchneiden zu laffen. Beffer ift das Schützen der Pfettenftirn durch ein darauf gefetztes hängendes Brett, das mit gefälliger Umrifslinie ausgefchnitten oder auch durchbrochen die Pfette nach unten weit überragt und entweder bündig mit der Sparrenvorderfläche fitzt oder mit dem fpäter zu nennenden Flugbrett in einen Umrifszufammen gezogen wird (Fig. 456 u. 693).

Die Pfettenvorfprünge verlangen bei jedem nicht ganz geringen Mafs des Vortretens eine fcheinbare Unterftützung von der Giebelwand aus durch Bügen oder Bretter-Confolen mit einiger architektonifcher Vorbereitung ihres Urfprunges auf der Mauer oder Fachwerkwand. Die lothrechten Linien, welche hierdurch auf der Giebelwand erfcheinen, bilden oft den Ausgangspunkt für ihre architektonifche Gliederung. Beim Backftein- und Bruchftein-Rohbau werden z. B. gern Lifenen unter die Pfettenköpfe gerichtet (meift übrigens ohne Einbeziehung der Firftpfette), und auf diefe Weife eckbildende und theilende Streifen und Felder für die Fenfter gefchaffen (Fig. 702). Beim Fachwerkbau mit Rohbau-Mauerwerk in den Feldern richtet fich die Pfofteneintheilung der Wand nach den Pfettenköpfen, da ein Pfoften jene Bügen oder Streben aufnehmen mufs; eben fo mufs die verfchalte Fachwerkwand mit der Eintheilung ihrer lothrechten Fugenleiften auf die Stellung der Pfetten Rückficht nehmen, wenn jene Unterftützungen der Pfettenköpfe in das Linienfyftem der Wand günftig eingreifen follen.

190.
Unterftützung der Pfettenköpfe.

Fig. 692.

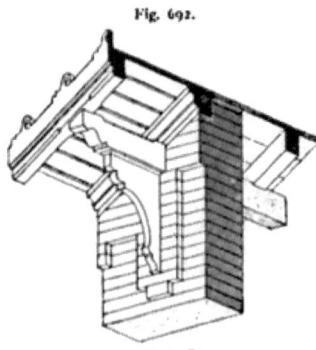

ca. ¹⁄₁₅ w. Gr.

Wenn der Dachvorfprung gröfser wird, fo ift nicht nur mit Rückficht auf das folide Ausfehen und zur Beruhigung des ftatifchen Gefühles, fondern fchon zur Verhütung von Formveränderungen eine folche confolenartige Stütze unter den Pfetten nothwendig, und fie kann dann ein gröfseres Fachwerk gehobelter und gefafter Hölzer mit oder ohne Ausfüllung der Felder bilden, wie die Zimmerwerke nach Fig. 634 für die Traufgefimfe. Beim Blockhausbau bilden zum Theile die Aufsen- und Scheidewände, die fenkrecht zur Giebelwand ftehen, die Unterftützung des grofsen Giebeldach-Vorfprunges, indem ihre liegenden Hölzer gegen oben allmählich weiter und weiter vorkragen und dabei nach einem lebhaften Umrifs ausgefchnitten find; anderentheils wird die fo entftehende Form durch weniger weit in das Innere reichende Hölzer auch an denjenigen Stellen nachgeahmt, wo keine Scheidewände des Inneren liegen und doch eine Unter-ftützung des Giebeldach-Vorfprunges nothwendig ift (Fig. 764).

Ift das Dach ein Kehlbalkendach, fo erfcheinen anftatt der Köpfe der Pfetten diejenigen der Unterzüge der Kehlbalken (die übrigens oft auch Pfetten

Fig. 693.

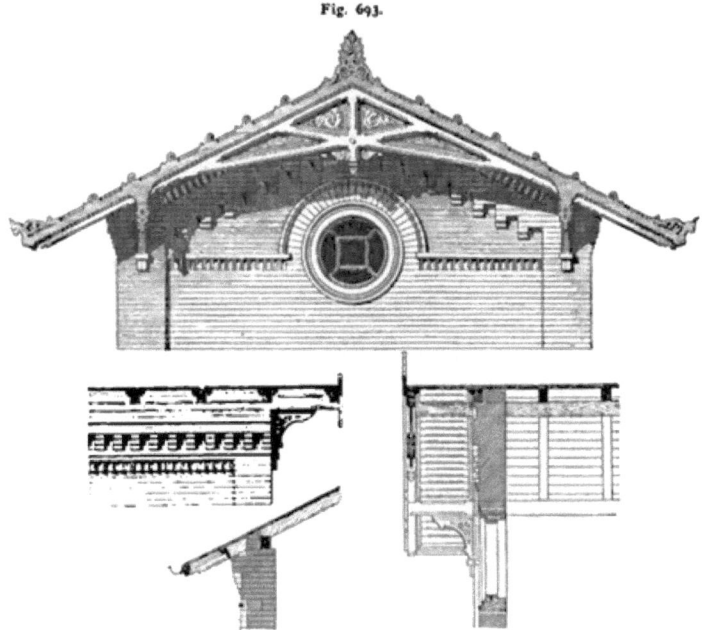

Entwurf des Verf. — ca. $^1/_{10}$ w. Gr.

genannt werden), mehr oder weniger vor die Giebelmauer oder -Wand tretend. Während aber beim Pfettendach die Sparren unmittelbar von den Pfettenköpfen geftützt werden, liegen die Kehlbalken-Unterzüge gewöhnlich entfernt vom Flugfparren, fo dafs Hilfshölzer zu feiner Abftützung auf deren Köpfe noth-wendig find. Streng genommen follte der ganze Kehlbalken der inneren Gebinde fich auch zwifchen den Flugfparren wiederholen, und dies gefchieht auch zuweilen, fei es zur Bildung eines Balcons, fei es als Ausgangspunkt für einen weiter gehenden Schmuck des Giebels durch die unten genannten fchweben-den Fachwerke (Fig. 910 fammt Variante). Mit folchen Kehlbalken, die zugleich Zangen find und ein ficheres gefchloffenes Dreieck mit den Flugfparren bilden, find diefe am beften auf die Unterzüge abgeftützt. Meift aber ift nur je am Flugfparren ein kurzes Endftück des Kehlbalkens vorhanden und bildet mit dem Flugfparren und einem kleinen Pfoften oder einer Strebe ein Dreieck, das in minder ftandficherer Weife die Abftützung erzielt. Diefes Dreieck ruht auf dem Kopf des Unterzuges mit verfchiedenen Stellungen auf: entweder liegt der Unterzug mitten auf dem Dreieck, oder unter dem Pfoften des Dreieckes, oder neben diefem Pfoften gegen die Trauffeite zu (Fig. 694, 695, 696 oben, 910 Variante und Einzelheiten). Auch am Fuß des Daches wird in diefer Weife conftruirt; nur tritt dann die Pfette einer Fachwerk-Langwand oder ein kurzes wagrechtes Stichholz an die Stelle des Unterzuges. Für die Unterftützung des vorfpringen-

Fig. 694.

ca.

¼ w. Gr.

Arch.:

Weber.

Tyroler Haus auf der Weltausftellung zu Paris 1867 *).

den Theiles der Kehlbalken-Unterzüge, fo wie der oben genannten Hölzer am Fuß des Daches durch Confolen, Bügen und Fachwerke gilt daffelbe, wie für die Pfettenköpfe; auch die fchmückenden Formen der Köpfe felbft können diefelben fein.

Die Kehlbalken im Flugfparrenbinder (Fig. 697) mögen den Anlaß zu einem Ziermotiv gebildet haben, das bei reicheren Sparrengiebeln fowohl mit Pfetten- als mit Kehlbalkendach-Conftruction faft immer beigezogen wird: dies find fchwebende Fachwerke, die mit gefälliger Stellung ihrer Stäbe eine größere oder kleinere Fläche füllen und eingefetzt find zwifchen das Flugfparrenpaar oder zwifchen ein eigenes Sparrenpaar, das 10 bis 50ᶜᵐ hinter den Flugfparren fteht, fo daß diefe noch einen Schlagfchatten auf das Fachwerk werfen. Ent-

Schwebende Fachwerke.

*) Facf.-Repr. nach: NORMAND, L'architecture des nations étrangères — exposition universelle 1867. Paris 1870. Pl. 66.

weder befchränkt es fich
auf den oberen Theil des
Winkelfeldes beider Spar-
ren, oder es fteigt tiefer
herab, indem es die Pfettenköpfe oder die Köpfe der
Kehlbalken-Unterzüge oder
andere, eigens zu diefem
Zweck aus der Wand vor-
tretende Hölzer als Stützpunkte benutzt. Beim Kehlbalkendach wird immer der
oberfte Kehlbalken einbe-
zogen, manchmal auch noch
die tiefer liegenden, wenn
folche vorhanden find. In
Fig. 698[103], die neben Fig.
697 als bezeichnendes Beifpiel für das befprochene
Geftaltungsmittel gelten

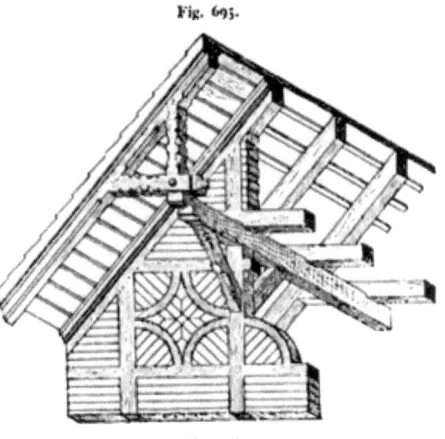

Fig. 695.

⁹/₁₀ w. Gr.

kann, ift fogar ein der Dachbalkenlage entfprechendes wagrechtes Holz am Fufs des
Daches vorhanden.

Das fchwebende Fachwerk kann das
Flugfparrenpaar auch nach oben überfchreiten. Hierher gehört ein lothrechter Pfoften
in der Mitte des Giebels, bündig mit dem
Sparrenpaar oder etwas vortretend, nach
gefälligem Umrifs ausgefchnitten oder gedreht oder mit Krönungsgefimfen verfehen
und oft der fpäter zu nennenden Giebel-
blume einen Halt bietend. Hierher gehören
ferner Auffätze an der Giebelfpitze nach
Fig. 709, 711 u. 714, mit einer Verlängerung
der Sparren oder lothrechen Pföftchen erzielt, durch ein eigenes kleines Dach bekrönt, verwerthbar für Glocken und Uhren
und oft zu diefem Zwecke als Dachreiter
mit rechteckigem Grundrifs ausgeftaltet, die
auch in der Seitenanficht zwei Pfoften darbieten und mancherlei reichere Formen annehmen können. Hierher gehören endlich
lothrechte Pfoften nach Fig. 699, die den
Sparren auch zwifchen feinen Enden in
regelmäfsiger Wiederholung überragen und
dadurch einen lebhaften Umrifs des Giebels
erzeugen.

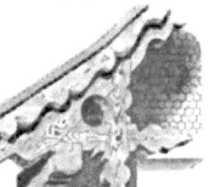

Fig. 696[104].

Fig. 697[105].

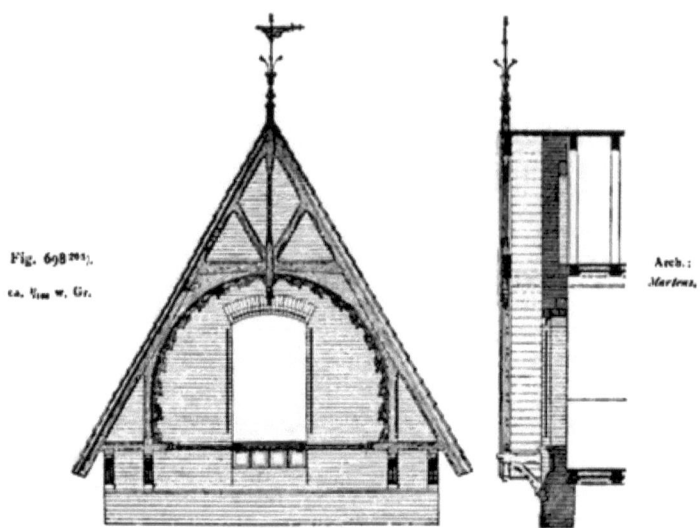

Auch gekrümmte Hölzer können bei den genannten fchwebenden Fachwerken auftreten; ein grofser Rundbogen oder Spitzbogen unter dem Flugfparrenpaar, die Giebelfenfter in feinen Rahmen faffend, ift z. B. ein beliebtes Motiv reicherer Giebel in Holz-Architektur (Fig. 698 u. 721). Die Felder des Fachwerkes bleiben entweder offen, oder fie werden mit ausgefägten ornamentalen Füllbrettern gefchloffen, die in der Nuth zweier Eckleiften fich frei ausdehnen und zufammenziehen können. Die Hölzer felbft werden entweder gefaft (mit geraden Fafen oder gefchweiftem Umrifs des Fafens) oder profilirt, oder als gedrehte und gefchnitzte Stäbe behandelt. In Fig. 700²⁰¹) ift gefchnitzte Arbeit auch als Ausfüllung der Felder verwerthet.

Fig. 699.

ca. ⅟₁₀₀ w. Gr.

Entwurf des Verf.

Abgesehen vom Schmuck durch ein reicheres Liniensyftem, das diese Fachwerke an die Stelle der zwei einfachen Sparrenlinien setzen, geben sie, wie die außen sichtbaren Kehlbalken, das Gefühl größerer Sicherheit für die Lage der Flugsparren, indem sie diese zu verknüpfen und gegen Losreißen durch den Sturm zu schützen scheinen.

201.
Flugbrett.

Für die Behandlung des oberen Flugsparrenrandes find zunächst zwei Wege möglich. Entweder wird ein (meist eichenes) Brett, das »Flugbrett« oder »Sturmbrett« oder »Stirnbrett«, auf denselben genagelt, seine obere Hälfte bedeckend und so viel darüber hinausreichend, daß es Verschalung und Bedachung ebenfalls reichlich bedeckt und gegen den Angriff des Sturmes schützt (Fig. 692). Dieses Flugbrett kann auch mit Eckleisten über den Sparren gesetzt werden (Fig. 714), etwa um günstig an eine Firststange oder andere Firstauszeichnung anzuschliessen. Oder es wird eine niedrige rechteckige oder profilirte Leiste mit staffelförmig ausgeschnittenem Oberrand auf den Sparren genagelt, so daß die äußersten Dachziegel genau anschließend darauf aufliegen, indem sie die Leiste nach vorn um 5 bis 10 mm überragen Fig. 698). Die letzte Anordnung, günstiger bezüglich des Schutzes des Flugsparrens gegen

Fig. 700.

Von der Villa *Rofenbaum* zu Osterode [101].
Arch.: *Börgemann*.

Waffer, aber minder sicher gegen den Angriff des Sturmes auf die Bedachung, wird gewöhnlich nur bei Ziegeleindeckung irgend welcher Art und bei Schindeldächern angewendet, übrigens auch bei diesen nicht allzu häufig; aber sie läßt sich auf andere Bedachungen, z. B. Schiefer- und Zinkrauteneindeckung, leicht übertragen. In der Mehrheit der Fälle eines architektonisch auszubildenden

Sparrengiebels wird man die Flugbrett-Conftruction wählen; fie giebt Gelegenheit zu einer Auszeichnung der Giebelfpitze und Fufspunkte durch Einbeziehen ausgefägter Akroterien oder Giebel- und Traufblumen in das Flugbrett, ferner zur Erzeugung fchmückender Linien an feinem oberen oder unteren Rande oder an beiden Rändern durch ausgefägtes oder gefchnitztes Ornament im Charakter der Reihung, endlich zum Auffetzen glatter gehobelter oder auch fculpirter Gefimsftäbe auf das Flugbrett, die eine kräftigere Bekrönung des geneigten Dachrandes bilden können. Das Flugbrett erfcheint zuweilen fo, dafs es den Sparren auch nach unten weit überragt, alfo ihn ganz bedeckt, und dann am unteren Rand nach einer lebhaften Linie ausgefchnitten oder durchbrochen ift, indem es

Fig. 701.

Von einem Nebengebäude zu Stuttgart. — $\frac{1}{10}$ w. Gr.
Arch.: *Göller*.

alle feine Linien auf dem dunkeln Hintergrund des Schlagfchattens fcharf auszeichnet (Fig. 303, 701 u. 702).

Eine dritte Conftruction für den Oberrand des Giebeldach-Vorfprunges ift feine Verkleidung mit Terracotta (Fig. 703 zu). Diefe tritt entweder nur in Form ebener Tafeln mit Relief-Ornament auf, die mit gefalzten, fenkrecht zum Giebelrand ftehenden Stofsfugen an einander gereiht und auf die Sparrenftirn genagelt und gefchraubt werden, oder fie bildet prismatifche Stücke von winkelförmigem oder T-förmigem Querfchnitt, indem ein Schenkel des Winkels, bezw. die Mittelrippe der T-Form fich auf die Dachfläche legt und dort in geeigneter Weife an die Bedachung anfchliefst. Bei Falzziegel-Eindeckung ift ein Eingreifen diefer Giebelrandftücke in den Verband der Ziegel möglich. Die Terracotta-Verkleidung kann ebenfalls den Sparren nach unten überragen und als oberen und unteren Umriß entweder die gerade Linie als Kante eines Gefimfes oder lebhaftere Linien als Reihung wiederholt darbieten; reicher geftaltete höher ragende Akroterien in gebranntem Thon, der Giebelneigung angepaßt, erfcheinen

Fig. 702.

Von der Villa *Mannftadt* zu Steglitz [704]).
Arch.: *Sering*

gewöhnlich als Auszeichnung der Giebelfpitze und der Traufpunkte (Fig. 704 u. 705 [705]). Diefe Verkleidung der Stirnfläche der Flugfparren ift nicht mit einer vollftändigen Umhüllung des Zimmerwerkes mit Terracotten nach Fig. 802 zu verwechfeln, wodurch der Charakter des Sparrengefimfes verwifcht wird und keine Holztheile mehr fichtbar find.

Unter dem vorfpringenden Dach kann die obere Randbildung der gemauerten Giebelwand alle früher aufgeführte Giebelgefimsformen verwerthen.
Die krönenden Gefimfe gehen dabei entweder unter den Pfetten geradlinig
fort, ohne von ihnen beeinflufft zu werden, wobei zwifchen Flugfparren und
Gefims hoch ein ungegliedertes Stück lothrechte Wandfläche bleibt. Oder fie
werden um die Pfetten mit einer wagrechten und lothrechten Liniengruppe
herumgekröpft (fiehe Fig. 691); dies ift nur bei niedrigen, wenig ausladenden
Gefimfen möglich. Zuweilen find die Pfettenköpfe bei der architektonifchen

Fig. 703 303).

Fig. 704 303).

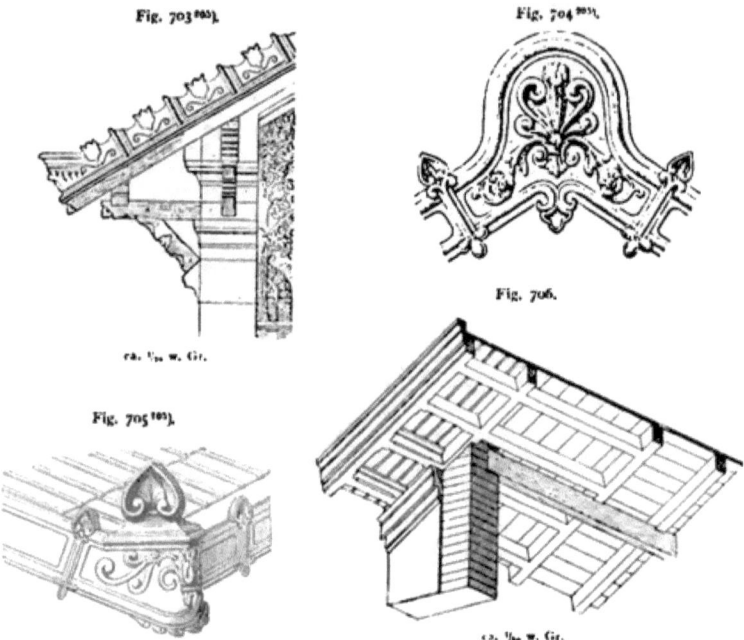

Fig. 706.

ca. 1/24 w. Gr.

Fig. 705 303).

co. 1/80 w. Gr.

Gliederung der Giebelmauer läftig; fie laffen fich nach Fig. 706 durch wagrechte Sparrenwechfel erfetzen, die den Flugfparren mit Verzapfung und Eifenbändern tragen und hebelartig wirkend ihr inneres Auflager am dritten oder
vierten Sparren, ihr äußeres auf der Giebelmauer finden. Derartige Dachvorfprünge am Giebel find wie die unten befchriebenen der ›Dächer aus Pfetten‹ zu
behandeln.

Auch bei Giebeln mit Fachwerkwänden bildet die fchmückende Auszeichnung der geneigten oberen Ränder der Wand ein wefentliches Hilfsmittel
reicherer Geftaltung. Die beigezogenen Motive richten fich nach der Flächen-
behandlung der Wand; bei Rohbau-Ausmauerung finden fich friesartig auffteigende fchmale Fachwerkfelder, ausgefüllt mit Linien- oder Farbenmuftern
der Backfteine oder mit Terracotten; in den anderen Fällen erfcheinen die unten

befprochenen Brettergefimfe in mannigfaltigen Formen, aufgefetzt entweder auf die fichtbaren Fachwerkhölzer oder auf eine Bretterfläche, Schindelfläche, Schieferfläche, Zinkrautenfläche, Putzfläche u. f. w. Auch für die meiften Gliederungen der Fachwerk-Giebelwände wählt man die oben erwähnten Unter-ftützungen der Pfettenköpfe als Ausgangspunkte. Das Umgehen außen ficht-barer Pfettenköpfe durch Wechfelfparren, die den Flugfparren hebelartig tragen, ift auch beim Fachwerkbau möglich.

Die reichere architektonifche Ausgeftaltung der Sparren-Giebelgefimfe kann fich auf Grund der betrachteten allgemeinen Züge aller folchen Gefimfe in vier Richtungen bewegen:

1) Ausbildung des Flugbrettes;

2) Auffuchen rei-cherer Formen für die Unterftützung der Köpfe von Pfet-ten und Kehlbalken-Unterzügen mit Ver-werthung derfelben zur lothrechten Glie-derung der Giebel-wand;

3) Auffuchen intereffanter Stab-figuren, Stabumriffe und Felderausfüllun-gen der fchweben-den Fachwerke im Flugfparren-Win-kelfeld;

4) fchmücken-des Auszeichnen der geneigten Ränder der Giebelwand.

Das Geftalten nach diefen vier Richtungen ift im Folgenden durch Befprechung der ge-wählten Beifpiele an-fchaulich gemacht.

Fig. 707.

Entwurf des Verf. — 1/100 w. Gr.

Ziermufter der Giebelwand, die fich unter ihrem Rande über die ganze Fläche verbreiten, können in derfelben Weife mit einem Giebelgefims zufammen wirken wie mit einem Traufgefims, wonach die in Art 180 bis 190 (S. 287 ff.) auf-gezählten Wandmotive auch für die Ausgeftaltung des Sparrengiebels wichtig find. Fig. 579 bietet z. B. als Farbenmufter die Einfügung von Mettlacher Plättchen in das Backfteinmauerwerk unter einer Saumbildung mit folchen. Zugleich ift diefer Giebel ein Beifpiel für das ftufenweife Vortreten der Giebel-wand über jeder Kehlbalkenlage unter Bildung eines Gefimfes mit Hilfe von

Fig. 708.

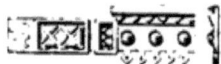

Von der ruffifchen Section der Weltausftellung
zu Paris 1867 [306]). — ca. 1/33 w. Gr.

Fig. 709.

Vom Pavillon der Parifer Gasgefellfchaft auf der Weltausftellung zu Paris 1878 [307]). — ca. 1/60 w. Gr.

Arch.: Sauveftre.

Stichbalkenköpfen, wie dies bei
älteren Kehlbalken-Dachgiebeln fo
oft zu günftiger Wirkung gelangt.

Die einfachften Formen des
Sparren-Giebelgefimfes mit Flugbrett erfcheinen in Fig. 691 u. 694.
In Fig. 721 bildet das Brett ein
einfaches krönendes Gefims und
hat eine Firftauszeichnung erhalten; in Fig. 717 ift es ebenfalls mit
Krönungsgefims verfehen und unten nach einer Bogenreihe ausgefchnitten. Die Variante in Fig.
717 zeigt neben Firft- und Traufblumen den Oberrand mit ornamentalen Zacken, eben fo Fig. 693
u. 727; reichere Umriffe nach oben
und unten nimmt es bei noch
immer fichtbarer Sparrenunter-
kante in Fig. 712 u. 723 an. Fafen
mit lebhafterem Umrifs hat es in
Fig. 707 erhalten; zugleich ift hier
die Firftauszeichnung kreuzblumen-
artig mit Umrifs in zwei zu einander fenkrechten lothrechten
Ebenen geftaltet, und zwar durch
Beiziehen zweier Zierbretter in
der Richtung der Firftlinie, von
denen das äufsere auf dem Kopf
der Firftpfette auffitzt.

In Fig. 651, 701, 718, 747 u.
759 überragt das Flugbrett den
Sparren auch nach unten mit ausgefägter Umrifslinie. Zu beachten
ift im letzten Falle feine Bildung
aus zwei auf einander gefetzten
ausgefägten Brettern, von denen
das obere feinen Umrifs auf dem
Grunde des unteren zeichnet und
felbft durch eine gefchnitzte Gefimsleifte geziert ift, eben fo das
theils gefchnitzte, theils aufgemalte
Ornament in Fig. 708 [306]), 747, 758
u. 759. Die reichfte Form des
Giebelrandes bietet Fig. 709 [307]);
hier ift das Flugbrett die durch-

305.
Ausbildung
des
Flugbrettes.

[306]) Facf.-Repr. nach: Normand, a. a. O., Pl.60.
[307]) Nach: Cuisat. La brique et la terre
cuite. Paris 1881.

brochene Ausfüllung der Felder zwifchen einer Reihe lothrechter Hängepfōftchen mit gedrehten Endigungen, die nach oben und unten einen lebhaften Umrifs bilden helfen.

Hier find auch die Auszeichnungen von Eck- und Mittelpunkten der Flug-bretter am Krüppelwalmdach und am Traufbruch der Dachfläche hervorzuheben, wie fie in Fig. 710 erfcheinen.

Fig. 710.

Entwurf des Verf. — ¹⁄₁₀₀ w. Gr.

205.
Unterftützung
der Pfetten
und
Kehlbalken-
Unterzüge.
Die Unterftützungen der Pfetten und Kehlbalken-Unterzüge zeigen in den meiften gewählten Beifpielen keine weiter gehenden Zierformen; nur in Fig. 719 find gefchnitzte Streben auf Stein-Confolen, in Fig. 698 Streben mit je zwei gedrehten Dreiviertelfäulchen an der geneigten Vorderfläche und in Fig. 325 ge-fchnitzte Fachwerk-Confolen mit gröfserer Ausladung verwerthet. Als andere reichere Formen für denfelben Zweck können die Streben oder Confolen in

Fig. 711.

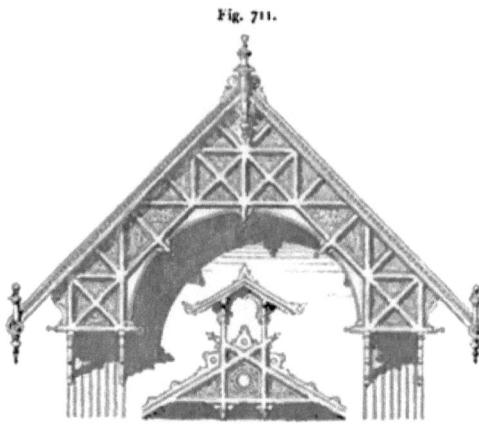

Motiv aus dem Tivoli zu Kopenhagen.
¹/₁₀ w. Gr.

Fig. 280, 291, 292, 294, 298, 299 u. 735 gelten und bei fehr bedeutenden Ausladungen grüssere Confolen-Fachwerke in der Art von Fig. 634 u. 641.

Die fchwebenden Fachwerke im Flugfparrenfeld beftehen in der einfachften Form aus einem wagrechten Spannriegel nahe der Giebelfpitze, der von einem Hängepföftchen gehalten wird (Fig. 727). Dann folgen die Motive in Fig. 693, 712, 722 u. 723, alle noch mit kleineren Flächen und geraden Stäben. In Fig. 651 u.

707.
Schwebende
Fachwerke.

715 verbreiten fich dagegen die Stabfiguren fchon über die ganze Breite des Giebels und bedürfen zweier Unterftützungen an jedem Fufs, da fie mit wagrechten Umrifslinien endigen. Eine Fortfetzung der flachen Sparrenden bei einem Traufbruch des Daches verwerthen im fchwebenden Fachwerk Fig. 724, 731 u. 809. Der Bogen erfcheint auf der Anfangsftufe in den gefasten Brettern, die in Fig. 707 die Zwifchenpfettenköpfe verbinden, eben fo in Fig. 713, weiter ausgebildet in Fig. 720, 721, 726 u. 731, und mit ausgefägtem Innenrande verziert in Fig. 213 u. 698. Befonders linienreiche Stabfiguren mit Bogen zeigen Fig. 325, 699, 710 u. 711, die Variante zu Fig. 713, und in Fig. 713 ift als weiteft gehende Zierform der Kleeblattbogen mit

Fig. 712.

Entwurf des Verf. ¹/₁₅ w. Gr.

Zackenrand erreicht. Die meisten Beispiele weisen ausgesägte Brettflächen in den Feldern auf; andere haben durchaus leere Felder; wieder andere wirken durch einen Contrast von leeren und ausgefüllten Feldern, indem sie zugleich die ganz frei gelegten Stäbe durch Drehen und Schnitzen auf feineren Querschnitt und reicheren Umriß gebracht haben (Fig. 699, 809 u. 720, wagrechter Spannriegel in Fig. 698 und Variante zu Fig. 717). Fig. 726 bietet den befonderen Fall, daß Giebelfenster im oberen Theil des fchwebenden Fachwerkes

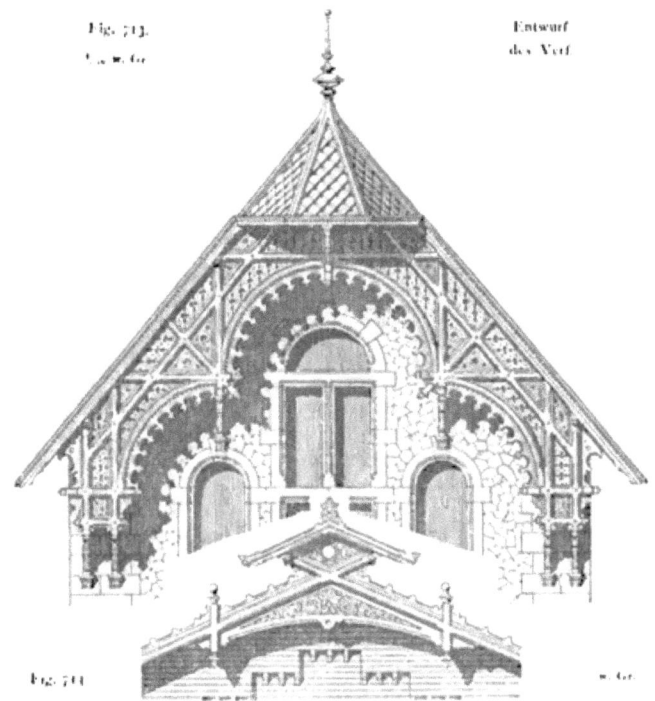

Fig. 713.
Ca. w. Gr.

Entwurf
des Verf.

Fig. 711.

w. Gr.

auftreten, wodurch diefer Theil zur Außenwand des Haufes wird. Eine wagrechte Decke zwischen der unteren Giebelwand und diefer neuen oberen ist zu diefem Zweck hinter dem Kehlbalken eingefügt. Die Ausfüllung der Felder mit durchbrochenen Flächen aus zwei Lagen fich kreuzender Latten oder mit gestemmter Arbeit oder mit gefchnitzten Relief-Ornamenten oder mit gemalten vollen Brettflächen umfchließt eine Reihe weiterer Ausbildungsformen der fchwebenden Fachwerke (z. B. Fig. 700 u. 726).

Das Zurückfetzen der lothrechten Ebenen diefer Stabfiguren hinter das Flugfparrenpaar zeigen die Beifpiele in Fig. 710, 711, 713 u. 715; im letzten Falle

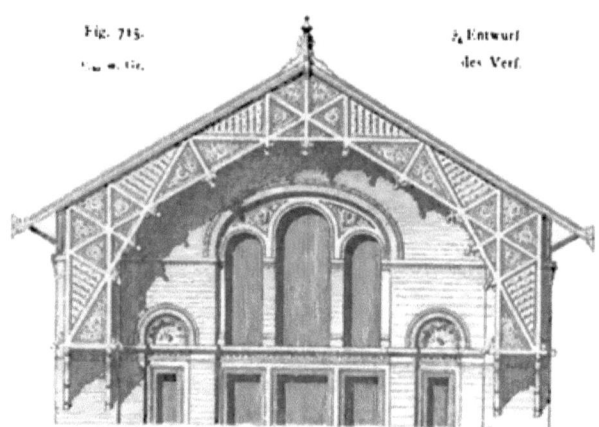

Fig. 715.

Entwurf
des Verf.

ift nur der Flugfparren etwas breiter als die Hölzer des Fachwerkes. In Fig. 716
hat das fchwebende Fachwerk fein eigenes oberes Rahmholz, und der etwa um
30 bis 50ᵐᵐ weiter vortretende Flugfparren ift nach Fig. 712 getragen, wobei die
Sparrenwechfel auf jenem Rahmholz aufliegen. Diefes Beifpiel enthält allen
anderen gegenüber den neuen Fall, dafs das fchwebende Fachwerk nicht nur
aufsen am Giebel, fondern auch in der Mitte feine Stützpunkte findet, und dafs
für das Giebelfenfter eine gröfsere Durchbrechung angeordnet ift.

Fig. 566 ift in fo fern verwandt, als dort das fchwebende Fachwerk nahe
der Mitte von Kehlbalken-Unterzügen mit getragen ift, die mit Streben auf
Fenfterpfoften der Giebelwand abgeftützt find.

Fig. 716.

Entwurf des Verf. — ca. 1/100 w. Gr.

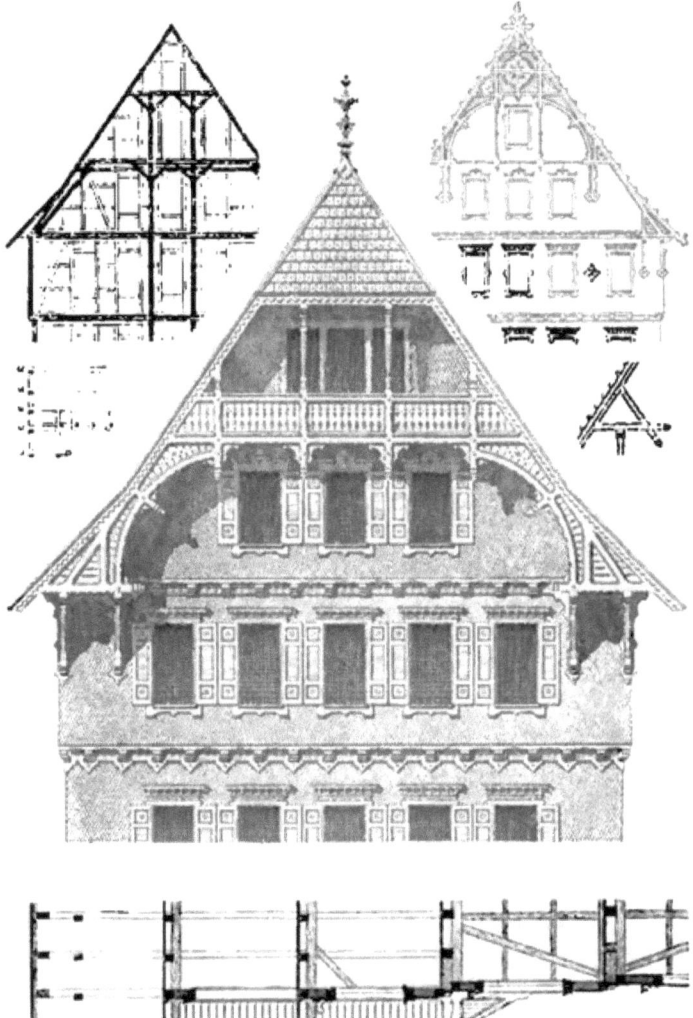

Entwurf des Verf. — ca. 1/100 u. 1/400 w. Gr.

Wenn die Fachwerke mit wagrechten Grundlinien beiderfeits auf zwei Stützpunkten ruhen, von denen der innere meist nur durch eine Dreiecks-Confole ohne Benutzung einer aus dem Inneren kommenden Pfette gebildet ist, so bedarf es zur Sicherheit gegen den Sturm meist einer Verbügung der beiden Confolen durch ein wagrecht liegendes Stabkreuz, das entweder zwifchen den Confolen oder auf denfelben liegt. Solche Kreuze müfften z. B. angeordnet fein bei

Fig. 718.

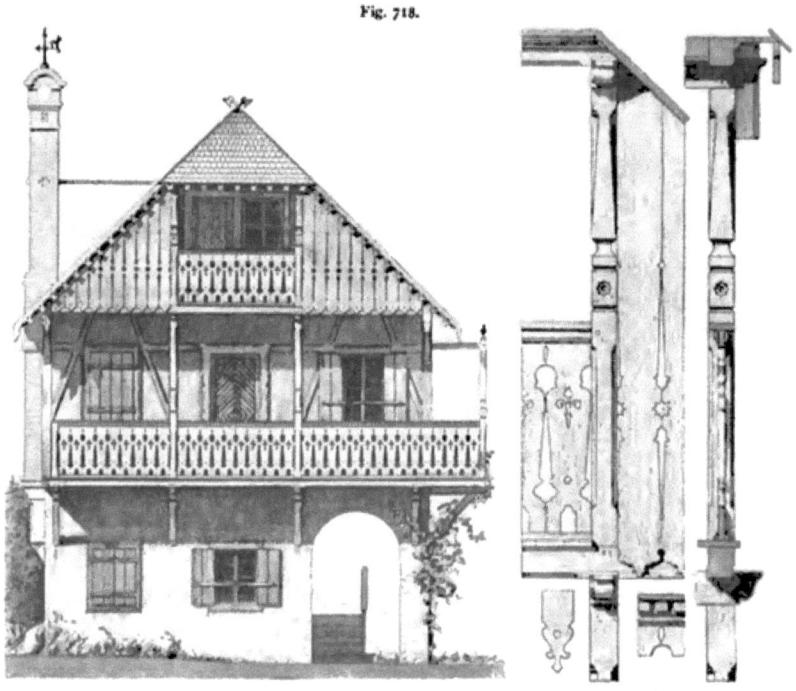

Oberofterreichifches Haus auf der Weltausftellung zu Paris 1867.
Arch.: Weber.

Fig. 710, 711, 713 u. 715; entbehrlich find fie am Giebel in Fig. 698, weil hier der Spannriegel die Sparrenfüfse verbindet.

Einen befonderen Fall des fchwebenden Fachwerkes bietet Fig. 717 durch die Benutzung eines aufsen liegenden Kehlbalkens zur Bildung eines Balcons. Eben fo ift ein folcher in Fig. 718) fchon am Fuß des Giebels durch den aufsen liegenden Dachbalken erzielt, und zwar unter Abftützen der Köpfe der Kehlbalken-Unterzüge auf die Balken eines tiefer liegenden Balcons, ferner unter Verfchluß der feitlichen Dreiecksfelder des Fachwerkes durch eine Verfchalung,

Facf.-Repr. nach: Normand, a. a. O., Pl. 64.

welche über die Zimmerhölzer weggeht. Mit Hilfe diefer letzten Anordnung kann der Umrifs einer fchwebenden Bretterfläche im Flugfparrenfeld fich von den Stäben des tragenden Fachwerkes unabhängig machen und diefes ganz verdecken; diefer Weg ift bei den Zierbrettflächen mit gefchnitzter Arbeit in den Giebeln von Fig. 759 eingefchlagen.

Die Ueberfchreitung der Giebelränder mit den fchwebenden Fachwerken und die Geftaltung von Firftauffätzen als Ausläufern derfelben machen Fig. 699, 709, 711 (unten) u. 714 anfchaulich; in allen vier Fällen fetzen fich die Sparren über den Firftpunkt fort; doch ift dies für derartige Auszeichnungen der Spitze nicht wefentlich. Die Auffätze in Fig. 711 (unten) u. 714 find mit eigenen kleinen Satteldächern abgedeckt, die aus 2 oder 3 Gefpärren beftehen und auf kurzen Pfetten aufruhen. Confolen unter diefen Pfetten bilden auch für die Seitenanficht lebhaftere Umriffe; um denfelben Zweck für die Vorderanficht zu erreichen, ift in Fig. 711 (unten) das Flugbrett mit Eckleiften

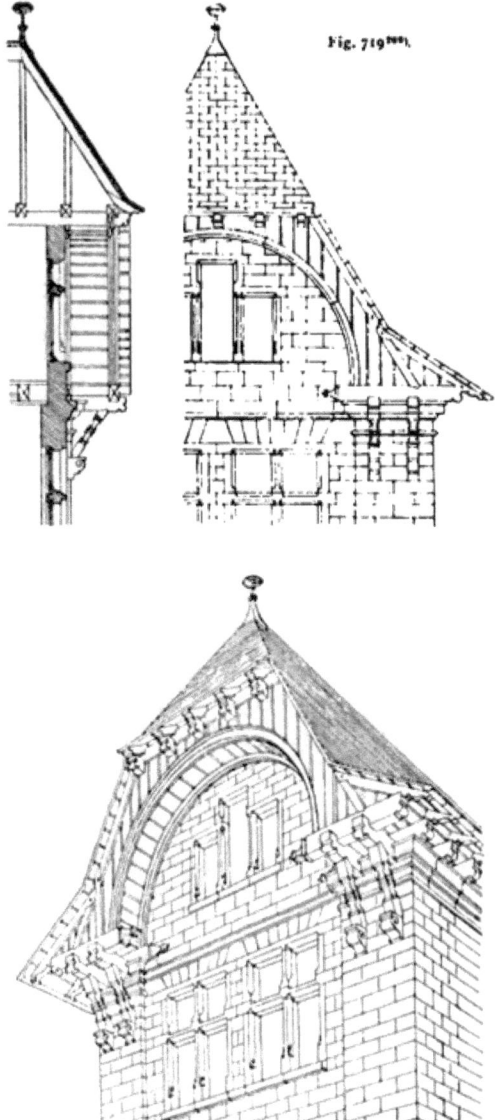

Fig. 719*).

*) Aus der Autographien-Sammlung von Oberbaurath Profeffor *Dollinger* zu Stuttgart.

auf die Sparren-Deckfläche gefetzt und mit abfchliefsender Volutenverzierung feitlich an die Auffatzhölzer angefchloffen.

Bei den fchwebenden Fachwerken im Flugfparren-Winkelfeld fowohl der Pfetten- als der Kehlbalkendächer erfcheint zuweilen eine Bretterverfchalung eingefetzt zwifchen die unteren Hölzer des Fachwerkes und die Giebelwand, ge-hobelt, gefaft oder gekehlt oder mit Fugenleiften befetzt. Bei jenem Bogen-motiv im Fachwerk nimmt diefe Verfchalung Tonnengewölbeform an und bildet zuweilen die Decke eines weit vortretenden Balcons. Die Fachwerkfelder find dann durch volle Verfchalung gefchloffen, oder das ganze Fachwerk ift mit Brettern verfchalt und wohl auch verfchindelt. Diefe Anordnung dürfte, ab-gefehen vom befferen Schutz für den vom Dachvorfprung bedeckten Raum, weniger mit der Abficht auf das Ausfehen des Giebels, als mit derjenigen auf

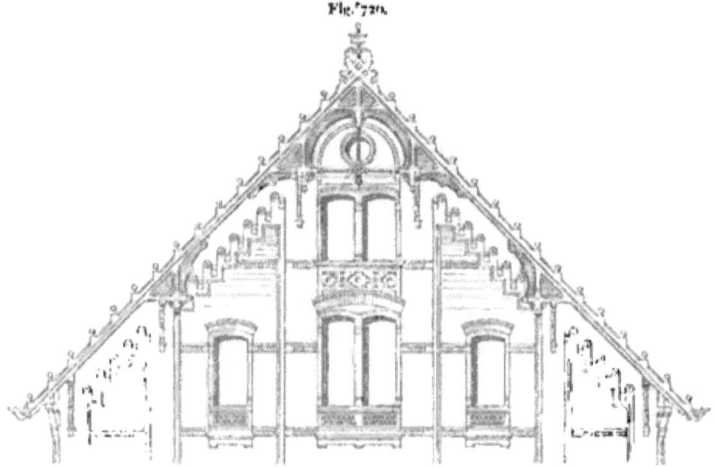

Fig. 720.

Entwurf des Verf. — ca. ¹/₁₅₀ w. Gr.

größere Widerftandsfähigkeit des Dachvorfprunges gegen Sturm und Regen ausgeführt werden. Dies ift auch aus den Orten ihres urfprünglichen Vor-kommens zu fchliefsen; das Motiv findet fich bei alten Gebäuden in den Alpen und im Schwarzwald, wird nun aber häufig rein decorativ und meift im Gewand reicher Buntfarbigkeit und in der modernen Landhaus-Architektur verwerthet. Ein Beifpiel ift in Fig. 719[208]) dargeftellt.

Die Auszeichnungen der Oberränder der Giebelwand können nur dann zu einem wichtigen Schmuck des Giebels werden, wenn fie nicht oder nur wenig durch die fchwebenden Fachwerke verdeckt werden; diefe beiden Geftaltungs-mittel drängen einander zurück. Von den vorliegenden Sparrengefims-Giebeln haben die meiften aus dem angegebenen Grunde keine nennenswerthen Krönungs-gefimfe oder andere Randauszeichnungen der Wandflächen aufzuweifen.

Backfteingefimfe aus rechteckigen Steinen und Formfteinen über Backftein-Rohbauflläche zeigen Fig. 693, 707, 712, 714 u. 720; dabei find meiftens die Unter-

ftützungen der Pfettenköpfe als Ausgangspunkte für die lothrechte Gliederung
der Giebelwand benutzt, wofür Fig. 720 das anfchaulichfte Beifpiel giebt. In
Fig. 721[219]) findet fich das Backfteingefims als Bekrönung der Putzfläche; diefe
ift als Befenwurf mit Umrahmung durch glatte Bänder hergeftellt, die um die
Pfetten-Confolen in gebrochener Linie herumgeführt find.

Eine befondere Stellung nimmt Fig. 699 ein, indem hier das Backfteingefims
nicht dem Giebelrand, fondern dem Unterrand des fchwebenden Fachwerkes folgt;
hierdurch konnten beide Geftaltungsmittel gleichzeitig zur Geltung kommen.

Fig. 721[219])

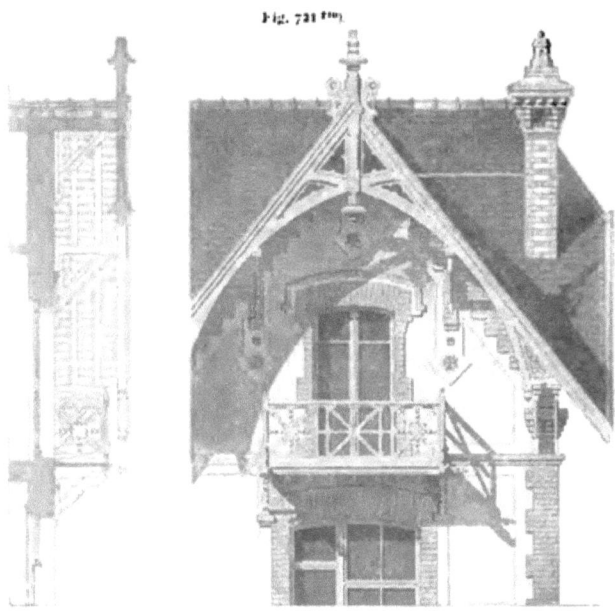

¹/₁₀ w Gr.

Putzgefimfe oder Putzflächen zeigen Fig. 691 u. 701; dort ift nur ein
leichtes Gefims um die Pfettenköpfe gekröpft, hier gerade durchgeführt, und
die Pfetten — wenn folche vorhanden wären — würden darüber liegen.
Für die Putzwand find aber auch weit reichere Formen des Oberrandes fehr
häufig, und zwar in grofser Mannigfaltigkeit mit und ohne Confolen oder
Büge unter den Pfettenköpfen. Im erften Falle weifen diefe Unterftützungen
meift wieder den Weg zu einer ganzen Lifenen-Architektur oder wenigftens zu
kurzen, vorgekragten Lifenftücken mit gefälligen Umrifslinien oder Gefims-
umrahmungen, welche die Confolen aufnehmen und fich nach oben in irgend
welcher Weife in das Gefims auflöfen. Neben dem plaftifchen Schmuck oder
ohne ihn ift der farbige ein ftilgerechtes Ziermittel der Putzwand, als *Sgraffito*

oder Wandmalerei, und bei fehlenden Gefimfen liegt hier die Auszeichnung des Oberrandes durch Friefe oder Säume nahe.

Weniger gut als die Putzwand kann fich der Hauftein einem Sparrengiebel mit Pfettenköpfen oder gar mit Confolen unter diefen anpaffen; das Einbeziehen diefer Theile in die Hauftein-Architektur fetzt ein Losfagen von den hiftorifchen Stilrichtungen oder wenigftens die Aufnahme ftilfremder Motive voraus, die bei diefem Material immer in Willkür ausartet. Damit find aber die Hauft-informen unter dem Sparrengiebel durchaus nicht ausgefchloffen; den Weg zur Er-möglichung der ftrengften, fogar der griechifch-römifchen Giebelgefimsformen zeigt Fig. 712, über welche fchon früher gefprochen worden ift. (Ein Beifpiel für den römifchen Giebel unter den wagrechten Stichfparren ift die Façade von *San*

Fig. 722.

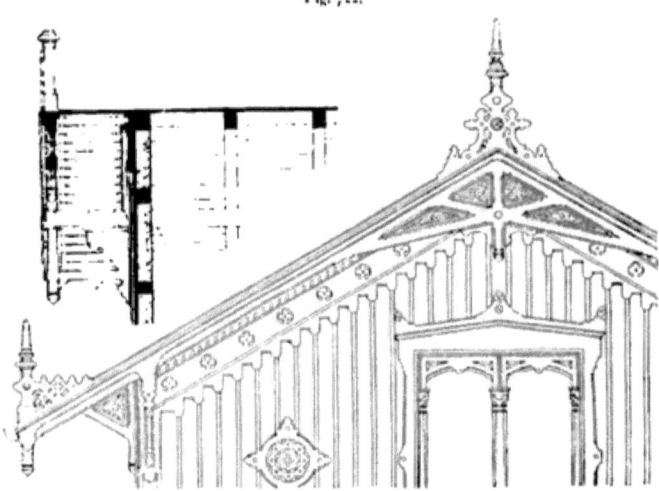

Entwurf des Verf. — $^1/_{50}$ w. Gr.

Bernardino zu Perugia; doch fehlt hier der Flugfparren.) Daffelbe, wie für den Hauftein, gilt für Gefimfe aus reicheren Terracotten im Stil der Renaiffance.

Beim Fachwerkbau find meift die unten befchriebenen Brettergefimfe das Geftaltungsmittel für den oberen Rand der Giebelwand, und zwar fowohl über der Bretterverfchalung, als über der Fachwerkwand mit Rohbaufeldern oder Beftichfeldern, als über der verfchindelten Wand u. f. w. Zwei Beifpiele find in Fig. 722 u. 723 dargeftellt; dort löft fich die Fugenleiftenreihe der Wand in ein durchbrochenes Krönungsbrett mit Zahnfchnittleifte auf; hier ift durch die fichtbaren Fachwerkhölzer ein auffteigender Fries mit durchbrochener Brettfläche gebildet. Aber wie bei den Traufgefimfen, fo wären auch hier weit reichere Formen der Brettergefimfe möglich, z. B. die Uebertragungen von Fig. 645, 739 oder 740 auf flach geneigte Giebellinien oder Gefimfe mit gefchnitzter Arbeit. Ein Beifpiel für gemalte Beftichfelder in der Giebelwand unter einem Sparren-gefims bietet Fig. 725.

21*

209.
Dachflächen
aus
Pfetten.

Den bisher vorausgefetzten Sparrendächern mit ebenen Flächen ftehen die Sparrendächer mit anderen Formen und die Dächer aus Pfetten gegenüber. Bei diefen letzten erfcheinen als conftructive Grundlage des Giebelgefimfes die Köpfe der Pfetten mit 0,9 bis 1,3 ᵐ Entfernung von einander, aufliegend auf den geneigten Rändern der Giebelmauer oder auf einer fchrägen Wandpfette. Die Neigung ift meift ziemlich flach; für fteilere Dächer kommt diefe Conftruction kaum vor. Die Wege zur Geftaltung des Giebelgefimfes, das in diefem Falle ftreng genommen ein Pfettengefims heifsen follte, find diefelben, wie beim Sparrengefims an der Traufe.

Der dort befchriebenen Randbildung entfprechen hier folgende Ziermittel: Profiliren der Pfettenköpfe oder Anfetzen einer Saumleifte an unprofilirte Pfetten

Fig. 723.

Entwurf des Verf. — ¹/₅₄ w. Gr.

oder Profiliren der Pfettenköpfe unter einer niedrigen Saumleifte; Erfetzen der Saumleifte durch ein lothrechtes Flugbrett, das entweder oben oder unten oder oben und unten nach reicherem Umrifs ausgefägt, auch wohl durchbrochen und mit einer Gefimsleifte gefchmückt fein kann, zu Gunften gröfserer Dauerhaftigkeit übrigens beffer auf eine ftärkere Saumleifte, als auf die Pfettenftirnen felbft gefetzt wird, und entweder feinen unteren Umrifs auf die Saumleifte zeichnet oder diefe nach unten überragt, wie die Flugbretter nach Fig. 701 den Sparren.

Die früher befchriebenen Unterftützungen der Sparren durch Confolen, Büge oder auskragende Stabwerke werden, lothrecht gerichtet, auch zuweilen unter die Pfettenköpfe flacher Giebel der befprochenen Conftruction geftellt und bilden zwifchen fich fchiefwinkelige Felder, die meift von der Wand getrennt und felbftändig decorirt werden. Auch Unterfchüblinge, einfach oder doppelt, können bei flacher Dachneigung ein brauchbares Motiv fein.

Die confolenartigen Fachwerke, die bei grofser Ausdehnung an den Binderfparren der Trauffeite auftreten und nach Fig. 634 u. 641 äufsere Pfetten tragen,
finden fich an den Giebeln der Dächer aus Pfetten als Unterftützungen aufsen
liegender Hauptfparren wieder, wenn eine fehr bedeutende Gröfse des Dachvorfprunges eine folche äufsere Unterftützung der Pfetten erfordert.

Was endlich die Auszeichnung der oberen Wandränder betrifft, fo richtet
fich diefe wieder nach der Art der Wand, und fowohl zwifchen etwa vorhandenen Confolen, als auch unter denfelben oder unter den Pfetten unmittelbar find
die meiften Motive brauchbar, die früher bei den wagrechten Sparrengefimfen
genannt wurden.

110,
Traufbruch
und
Krüppel-
walm.

Die Veränderungen der Dachform, welche gegenüber den bisher vorausgefetzten zwei ebenen Sattelflächen auf das Giebelgefims Einflufs haben, find bei
einem Traufbruch des Daches gegeben, ferner beim Manfarden-Dach, beim
Tonnendach, beim Krüppelwalmdach, bei Bildung der Giebelfpitze durch vorkragende Krüppelwalmflächen.

Ein Traufbruch erfcheint in den Beifpielen Fig. 413, 488, 710, 717, 719 u. 724.
Er bildet in einem Theile der Fälle fehr kräftige Neigungsänderungen gegenüber der oberen Dachfläche, in anderen nur ge-

Fig. 724.

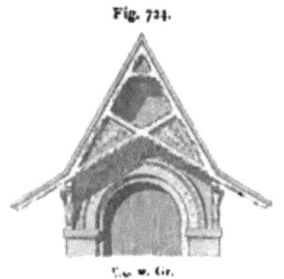

Fig. w. Gr.

ringe; der obere Sparren ift in den meiften
Fällen unter dem flacheren Sparrenftück durchgeführt, in anderen nicht (Fig. 488); bei Fig. 406
u. 413 wurde diefes nach oben fortgefetzt und
als Stab eines fchwebenden Fachwerkes verwerthet; Fig. 566 hat eine reichere Stabfigur
derfelben Art. Das Flugbrett folgt dem Dachbruch mit oder ohne Betonung der einfpringenden Ecke durch ausgefägtes Ornament (Fig. 710).

Von den übrigen Veränderungen der Dachform bedürfen die Manfarden- und Tonnendächer
keiner befonderen Geftaltungs- und Conftructionsmittel der Giebelgefimse.

Beim fog. Krüppelwalmdach (einem Giebeldach mit Abkantung der Giebelfpitze durch einen kleinen dreifeitigen Walm, oder einem Walmdach, bei welchem
die Walmtraufen höher liegen, als die der Langfeiten) erfcheinen zwei geneigte
Giebelränder durch eine wagrechte Traufe verbunden. Diefe weist gewöhnlich
keine Rinne auf; die Ziegel, Schiefer oder Schindeln der Bedachung ftehen an
diefer Traufe ein wenig über eine entfprechend profilirte Gefimsleifte vor, die
auf die Flugfparren, bezw. auf die bündig mit ihnen liegende Traufleifte des
Krüppelwalms gefetzt ift, auch wohl in nach unten weit vorragende ausge-
fchnittene und durchbrochene Stirn- und Traufbretter fich verwandeln kann
(Fig. 625 u. 780). Die Anordnung einer Traufrinne am Krüppelwalm mit oder
ohne Fortfetzung derfelben an den geneigten Giebelrändern ift übrigens nicht
ausgefchloffen und bei größerer Walmfläche zu empfehlen; fie kann aufsen fichtbar oder in den Winkel zwifchen der Dachfläche und den Stirn- und Trauf-
brettern eingelegt fein; dies ift in Fig. 710 der Fall. In Fig. 719 ift die Traufe
des Krüppelwalms durch ein wenig vortretendes Sparrengefims gebildet, und
zwar mit Auflagerung der Sparrenköpfe auf Stichbalken, die vom Kehlgebälk
des Daches ausgehen. Auch ftärker ausladende Sparrengefimfe kommen an
diefer Stelle vor; in Fig. 801 tritt die Trauflinie des Krüppelwalms mit ebener

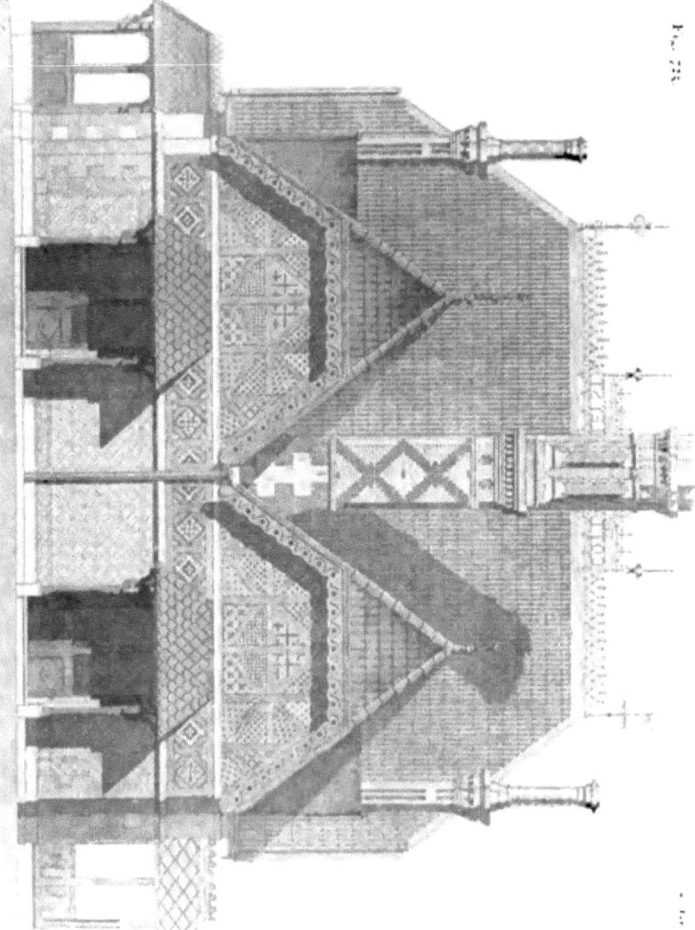

Fig. 75.

Englisches Landhaus von der Weltausstellung zu Paris 1867[1]).

Unterfläche erheblich vor die Giebelränder. Was für den Satteldach-Giebel bezüglich der Ausfüllung des Flugfparren-Winkelfeldes durch fchwebende Fachwerke und ihre Behandlung mit oder ohne Verfchalung der Unterfläche, ferner auf die Pfettenköpfe und Kehlbalken-Unterzüge mit ihrer Unterftützung gefagt worden ift, dies läfft fich meift auch auf das Krüppelwalmdach anwenden.

Die Krüppelwalmfläche ift oft weit fteiler, als die anderen Dachflächen; ja fie kann fogar in die lothrechte Linie, d. h. in eine Verkleidung eines oberen Giebeldrei-

Fig. 726

Vom Schloß Holzhaufen [116].

eckes, mit Ziegeln, Schiefer oder Schindeln übergehen. Ein Beifpiel ift in Fig. 717 dargeftellt. Viele norddeutfche Städte bieten zahlreiche ältere Giebel diefer Art; hierher gehört derjenige am Knochenhaueramtshaus zu Hildesheim.

[116] Farl. Repr. nach: Normann, a. a. O., Pl. 69.
[117] Nach: Neumeifter & Härfur, a. a. O., Taf. 48.

Anschließend an die Krüppelwalme find zu nennen: die Giebelfpitzen mit
fchwebend vortretenden Abwalmungen des Daches, die gewöhnlich mit zwei
oder drei ebenen Walmflächen auftreten, aber auch cylindrifche Flächen mit
wagrechten Mantellinien oder Kegelflächen oder Drehungsflächen bilden können
und befonders bei Lucarnen-Giebeln beliebt find. Eine häufig vorkommende
Form der erften Art bieten Fig. 713 u. 726; cylindrifche Flächen hat Fig. 344.
Urfprünglich waren diefe vorkragenden Walme als Ueberdeckung der Rolle
einer Hebevorrichtung begründet, wie die kleinen Nafen in Fig. 606; gegenwärtig werden fie aber wegen ihrer lebhaften Umriffe und Schattirung meift
rein decorativ verwendet. Größere Ausladungen erhalten fcheinbare Unterftützungen durch Bretter oder Streben oder Fachwerk-Confolen. Bezüglich der
Traufbildung gilt daffelbe, wie für den gewöhnlichen Krüppelwalm.

Im Schwarzwald kommt der vorkragende halbachteckige Krüppelwalm
derart umgebildet vor, daß zwar feine Seitenflächen die Fortfetzung der Satteldachflächen bilden, aber feine Vorderfläche fich mit einer kurzen wagrechten
Firftlinie an ein lothrechtes Wandftück anfchneidet, das als ein kleines Giebel-
dreieck mit geringem Dachvorfprung über dem fchwebenden Walme fichtbar
wird. In Verbindung mit diefer Form oder mit dem gewöhnlichen Krüppelwalm
erhalten die geneigten Ränder des Giebeldach-Vorfprunges oft oben größere
Ausladung als am Dachfuß, fo daß fie in der Längenanficht des Haufes als nach
außen geneigte Linien auffteigen. Diefe letzte eigenartige Veränderung der normalen Satteldachform ift wohl urfprünglich in dem Streben nach befferem Schutz
der Giebelwandmitte gegen den Schlagregen begründet; die moderne Landhaus-
Architektur verwerthet fie nun aber ebenfalls in rein decorativer Weife fowohl
bei Hausgiebeln als bei Lucarnen.

Für Giebelfeiten mit gedrückten Maßverhältniffen wird oft das Hilfsmittel
eingeführt, eine Mittelpartie der Giebelwand etwa 6 bis 20 ᶜᵐ weit vortreten zu
laffen und mit eigenem Sparrengiebel-Gefims, insbefondere eigenen Traufblumen
zu geftalten, während die Giebelfäume der Seitenpartien, obgleich fie in der
Vorderanficht als Fortfetzung desjenigen der Mittelpartie erfcheinen, um das genannte Maß zurücktreten und ihre eigenen Flugbretter mit Traufblumen, aber
ohne Auszeichnung ihrer oberen Endpunkte, erhalten. Die Giebelanficht fcheint
durch die zwei bis oben hinaus geführten lothrechten Theilungen fchlanker
zu fein; hierin liegt für den Holzgiebel ein ähnliches Aufeinanderlegen zweier
Giebelumriffe, wie es in Art. 169 (S. 256) für die Steingiebel befchrieben worden
ift. Auch für ftärkeres Vortreten der Mittelpartie einer Giebelwand, wie es die
Grundrißeintheilung mit fich bringen kann, ift diefelbe Löfung möglich. Das
Zurücktreten einer Mittelpartie wird dagegen im Giebelfaum nicht berückfichtigt.
Es bildet meift ein dankbares Architektur-Motiv, befonders wenn die Außen-
partien als Mauern oder Fachwerkwände gefchloffen auftreten und die Mittel-
partie hallenartig offen ift.

Hiermit find alle Fälle der Geftaltung des Sparrengefims-Giebels erfchöpft
und nur noch feine Beziehungen zum Traufgefims ins Auge zu faffen. Der Anfchluß an diefes geftaltet fich einfach; es ift nur zu wiederholen, daß die Traufleifte — wenn eine folche vorhanden — mit dem Flugfparren auf Gehrung
zufammengefchnitten wird, um kein Hirnholz fichtbar werden zu laffen. Die Traufblume des Flugbrettes wird zuweilen fo geftaltet, daß fie die Stirnfeite der
Traufrinne ganz bedeckt; doch ftört es nicht im mindeften, wenn das Stirnblech
der Rinne noch neben der Traufblume fichtbar wird. Wohl aber verdeckt man

gern mit diefer oder in irgend welcher anderen Weife die Stirnfeite eines Trauf-
brettes, fei es, dafs diefes als Hängebrett die Sparren nach unten überragt, wie
in Fig. 645, fei es, dafs daffelbe Sparrenköpfe bekrönt, wie in Fig. 646. Auch
auf die fchon erwähnte Giebeleckbildung mit Hilfe eines profilirten Hänge-
pfüftchens nach Fig. 722 ift hier zu verweifen.

Nicht immer ift das Giebelgefims ein Sparrengefims, wenn das Traufgefims
ein folches ift. Wenn z. B. die Giebelwand der Nachbargrenze nahe fteht oder
fogar auf derfelben fteht, fo kann ihr Gefims nur geringe oder gar keine Ausladung erhalten, und es bleibt dann nur die Wahl des maffiven Giebels übrig;
aber auch ohne diefen Grund, rein als eigenartiges Architektur-Motiv, findet fich
zuweilen im Anfchlufs an ein Sparrengefims der Traufe ein maffiver Giebel.

Fig. 727.

Fig. 728.

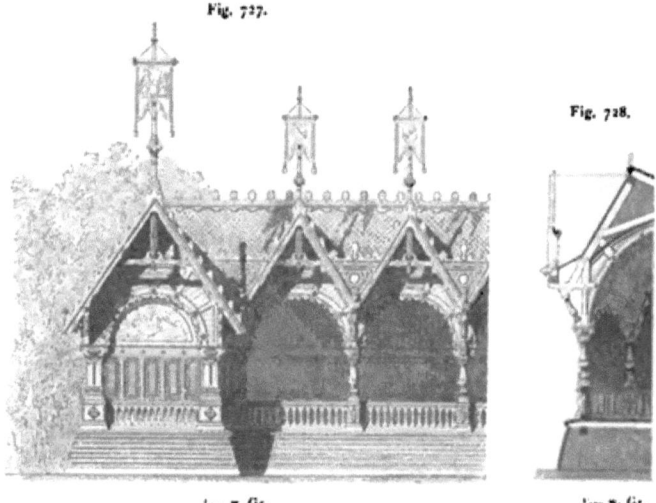

'... w. Gr.   '... w. Gr.

Von der Probirhalle der rhein. Wein-Producenten auf der Weltausftellung zu Philadelphia 1876 [20].
Arch.: Ende & Boeckmann.

Gewöhnlich erhält diefer eine Auskragung am Fufs nach Fig. 590 u. 597 u. f. w.
Diefe Auskragung kann jedoch felten fo grofs werden, dafs das ganze Sparrengefims der Traufe dahinter Platz findet; daher erfcheint meift ein Theil deffelben
neben dem maffiven Giebelfufs, in dem der unmittelbar hinter der Giebelmauer
liegende Dachfparren fammt einem darauf gefetzten Flugbrett mit oder ohne
Traufblume fichtbar wird. Das Flugbrett ftöfst an die Giebelmauer ftumpf an.

Der umgekehrte Fall, dafs ein maffives Traufgefims in ein weit ausladendes
Sparrengefims des Giebels übergeht, ift im Allgemeinen von ungünftiger formaler
Erfcheinung und wird nur felten, etwa in Folge beftimmter Nachbargrenzver-
hältniffe, vorkommen. Die Löfung geftaltet fich auch hierfür einfach. Die Stein-
oder Backfteinglieder des Traufgefimfes gehen entweder in irgend welcher

[20] Farf.-Repr. nach: Architektonifches Skizzenbuch. Berlin.

Weife auf die Giebelmauer über, oder fie verlieren fich an einer feitlichen Auskragung derfelben, während die Traufrinne als oberftes Glied des Traufgefimfes
fich von ihnen trennt und bis an das Flugbrett des Giebels weiter geführt ift.

Ein weit ausladendes Sparren-Traufgefims ftößt oft an ein Sparren-Giebel-
gefims, das ihm im Grundriß parallel ift, indem die Giebelwand nur wenig über
die Wand unter dem Traufgefims vorfteht. Die gewöhnliche Löfung hierfür ift
das Ineinanderüberführen beider Trauflinien. Oft liegen aber die Fußpunkte
des Giebels höher, als das Traufgefims, fo daß fie ihm keinen Anfchluß bieten
können; das Thürmchen in Fig. 731 bietet diefen Fall. Hier erhält gewöhnlich
die vorfpringende Stirnfläche des Traufgefimfes ein eigenes Flugbrett, ohne mit
dem Giebel in Verbindung zu treten; als fchönere Löfung läßt man aber zuweilen Confole oder Strebe der Fußpfette des Giebels fo hoch werden und fo
weit ausladen, daß fie die Stirnfläche des Traufgefimfes völlig bedeckt. Ift der
Höhenunterfchied beider Traufen fehr bedeutend, fo kann das Confolen-Motiv
in Fig. 331 ein willkommenes Hilfsmittel fein.

Zu den hier behandelten Fällen gehört auch die Auflöfung eines Traufgefimfes in eine Reihe von Sparren-Giebelgefimfen nach Fig. 727 u. 728[218]).

d) Balkengefimfe.

43.
Conftructive
Grundlage.
Sie haben als conftructive Grundlage die Reihe der außen fichtbaren Köpfe
der Balken zwifchen zwei Gefchoffen. Selbftverftändlich find die Wände folche
in Fachwerk oder Blockwände; oder wenigftens find diejenigen des oberen Gefchoffes fo conftruirt, während das untere Gefchofs auch in natürlichem Stein
oder Backftein gemauert erfcheinen kann. In beiden Fällen fteht entweder das
Obergefchofs in derfelben lothrechten Ebene, wie das untere, oder es fteht über
das untere mehr oder weniger vor, oder es ift ein Balcon gebildet. Die Fachwerkwände treten entweder mit Rohbau-Ausmauerung der Felder, oder mit
Bretterverfchalung, oder mit Verfchindelung, oder Schieferbedeckung, oder Zie-
gelbedeckung oder Putz u. f. w. auf, und zwar kann — wenn beide Wände
Fachwerkwände find — die Behandlung beider eine verfchiedene fein.

44.
Geftaltungs-
mittel.
Die Gefimsbildung befteht einerfeits in einem Profiliren oder Schnitzen der
Balkenköpfe, andererfeits in der Ausfüllung des Raumes zwifchen je zwei
Balken, Schwelle und Pfette, bezw. Mauer des Untergefchoffes. Diefe Ausfüllung gefchieht entweder in der Art der gewöhnlichen Backfteingefimfe mit
Rollfchicht oder Stromfchicht und liegender Deckfchicht, die auch aus Dach-
platten beftehen kann, oder mit einem Fries in gebrannten Formfteinen, oder
mit Terracotten, oder mit ausgefägten, auch wohl bemalten Füllbrettern, oder
mit Wechfelbalken, die gefaft, gekehlt und reicher gefchnitzt fein können. An
der Giebelfeite des Haufes find die Balkenköpfe von den Stichbalken gebildet,
die vom letzten Deckenbalken ausgehend die Wandfchwelle des Obergefchoffes
tragen; an der Ecke des Haufes fitzt ein Gratftichbalken, der mit feiner Profilirung oder anderen Stirnbehandlung zur Hälfte der einen, zur Hälfte der
anderen Seite des Haufes angehört. Zuweilen ift auch nur jeder zweite oder
dritte Balkenkopf außen fichtbar, und die übrigen greifen in einen Balken-
wechfel ein, der zwifchen die fichtbaren Balken gelegt ift. Dazu gehört aber,
daß die Oberwand etwas vorfteht.

Die Balkengefimfe verlangen eine ganz oder annähernd regelmäßige Eintheilung der Balken, da außen keine allzu ungleichen Abftände der Balkenköpfe

erſcheinen dürfen. Wenn daher die Grundrißbildung eines Hauſes unregelmäſsig wechſelnde Balkenabſtände mit ſich bringt, ſo iſt die Ausführung eines ſolchen Geſimſes oft ſchwierig, oder durch Anordnung von Balkenwechſeln, an welchen kurze Stichbalken angeſetzt werden, muſs für das Aeuſsere die regelmäſsige Eintheilung hergeſtellt werden, obgleich ſie im Inneren fehlt. Dies wird auch immer nothwendig, wenn die Balkenköpfe des Geſimſes paarweiſe gruppirt ſein oder irgend eine andere reichere geſetzmäſsige Eintheilung darbieten ſollen.

An Treppenhäuſern, wo gar keine Balken im Inneren liegen, treten anſtatt der Balken kurze Klötzchen auf, die durch lothrechte Mutterſchrauben mit Pfette und Schwelle verbunden ſind. Wenn die Oberwand in dieſem Falle über die untere vorſteht, ſo müſſen die inneren Enden dieſer Stichbalken oder Klötzchen hinabgeankert oder ſonſt in genügender Weiſe gegen Kippen nach auſsen geſchützt werden.

Steht bei einem Balkengeſims das Obergeſchoſs ſehr ſtark vor oder iſt ein Balcon gebildet, ſo verlangt das Auge eine Unterſtützung der Balkenköpfe, wenn nicht eine ſolche ohnehin zur Verhütung einer Formveränderung nothwendig iſt. Je nach der Größe der Ausladung und der Conſtruction der Unterwand treten dann unter jedem Balken Conſolen auf in Hauſtein oder Backſtein oder in Terracotta oder Cement oder geſchnitztem Holz oder in ausgeſägter Arbeit, auch wohl Unterſchüblinge wie bei den Traufgeſimſen; anderenfalls ſind die Balkenköpfe von einem Unterzug getragen, der ſelbſt durch Conſolen oder Bügen oder reichere conſolenartige Fachwerke auf die Wand ſchräg abgeſtützt wird. Bezüglich der Behandlung der Hölzer und gebildeten Felder iſt auf die Trauf- und Giebelgeſimſe in Holz zu verweiſen.

315. Große Ausladungen.

Zu den Balkengeſimſen ſind auch ſolche Balcone zu rechnen, bei welchen nur ein Balken parallel zur Wand liegend auſsen in der Vorderanſicht erſcheint, ſei es, daſs dieſer das einzige Auflager des Balconbodens im Aeuſseren bildet (Fig. 318 und Balcon in Fig. 717), ſei es, daſs er als Saumbalken die Köpfe vorſtehender Deckenbalken verdeckt, ſo daſs dieſe nur von unten ſichtbar ſind und Caſſetten mit dem Saumbalken bilden. Bügen und Conſolen können auch in dieſem Falle die ſcheinbare oder wirkliche Unterſtützung des Balcons bilden (Fig. 301).

Als weſentliche Glieder der Balkengeſimſe mit Balconen oder Plattformen treten zu den oben genannten die Brüſtungen. Sie ſind gewöhnlich durch ein Fachwerk aus leichten Zimmerhölzern mit einer ſtark vortretenden, meiſt eichenen profilirten Deckleiſte gebildet, die für günſtigen Waſserablauf zu ſorgen hat. Dabei geht man entweder auf gefällige Figurenbildung der Stäbe bei offen bleibenden Feldern aus, oder man benutzt ausgefügte Bretterflächen in den Fachwerkfeldern als Ziermittel, oder man verdeckt das Fachwerk gegen auſsen vollſtändig durch die Brettfläche, ſo daſs nur dieſe mit der Deckleiſte in der Vorderanſicht erſcheint und durch einen nach reicherem Umriſs ausgeſägten unteren Rand der Bretter als ſchwebend charakteriſirt iſt. Ein Ausſägen der oberen Ränder iſt ſelten, weil für die Benutzung der Balcone oder Plattformen unbequem. Für die Muſter der ausgeſägten Arbeit ſind meiſt die Bretterfugen und Brettermitten als Axen verwerthet. Reichere Formen dieſer Geſimsbrüſtungen geſtaltet man mit Hilfe von gedrehten oder geſchnitzten Stäben, lothrecht oder ein Stabnetz bildend, mit geſtemmter Arbeit, mit geſchnitzten Relief-Ornamenten oder mit figürlichen Darſtellungen.

116.
Beispiele.

Einige Formen, welche die aufgezählten Glieder der Balkengefimfe annehmen können, find im Folgenden dargeftellt und befprochen.

In Fig. 729 ift die Reihe der Balkenköpfe auf der Deckplatte eines in
Rohbau gemauerten Untergefchoffes aufgelegt; das Obergefchofs ift mäfsig vorgekragt und verfchindelt, fo dafs von feinen Hölzern nur der untere Theil der
Schwelle fichtbar wird. An der Ecke bildet der Gratftichbalken den Umrifs und
zeigt hierdurch die Form der Balkenprofilirung. Die Zwifchenräume der Balken
find mit einem Backfteingefims aus Stromfchicht und Deckfchicht ausgefüllt.

Bei Fig. 730 ift die Unterwand Fachwerk mit Rohbau-Ausmauerung, die
Oberwand verfchalt und ebenfalls mäfsig vorgekragt. Die Balkenfelder find
mit durchbrochenen Brettern gefchloffen, die mit Eckleiften an die Zimmerhölzer
anfchliefsen; unter diefen Brettern und den Balkenköpfen ift eine Gefimsleifte
als Krönung der Wandpfette durchgeführt. Die Fachwerkfelder unter der

Fig. 729.

Fig. 730.

Entwürfe des Verf. — ca. 1/10 w. Gr.

Balkenreihe bilden lang geftreckte Streifen mit Terracotta-Decoration, fo dafs
fie als Fries des Gefimfes mitwirken. In ähnlicher Weife find die Balkengefimfe
in Fig. 717 geftaltet, in welcher beide über einander geftellte Wände verfchindelt
find; nur hat hier die Unterkante der Wandfchwelle mit gefchweiften Fafen
Umriffen erhalten, und im unteren Gefims ift die glatte Krönungsleifte durch
eine Erweiterung der Füllbretter nach unten mit hängenden Zacken unter jedem
Balkenkopf und mit gefchnitzten Säumen erfetzt. Glatte fchräg ftehende Füllbretter hat das Balkengefims in Fig. 325.

Unter dem größeren Giebel in Fig. 731[216] ift ein Balkengefims durch zahn-
fchnittartige Ausfüllung der Balkenfelder gebildet, und die Balkenftirnen
find nur an der Unterkante gekehlt, dafür aber fcheinbar durch hohe Confolen mit
fchwach vortretendem gefchweiftem Profil geftützt, welche quadratifche Felder
mit Beftich und Terracottaflächen einfchliefsen und fammt der Wandfchwelle
auf einem Haufteingefims gelagert find. Die Confolen bereiten zugleich die
Pfoften der Oberwand vor, die je über den Balken ftehen, und bilden einen
hohen Fries zum Balkengefims mit kräftigen Farben-Contraften, wie fie auch
auf der maffiven Unterwand beigezogen wurden.

[216] Fafl.-Repr. nach: Revue gén. de l'arch. 1861, Pl. 50

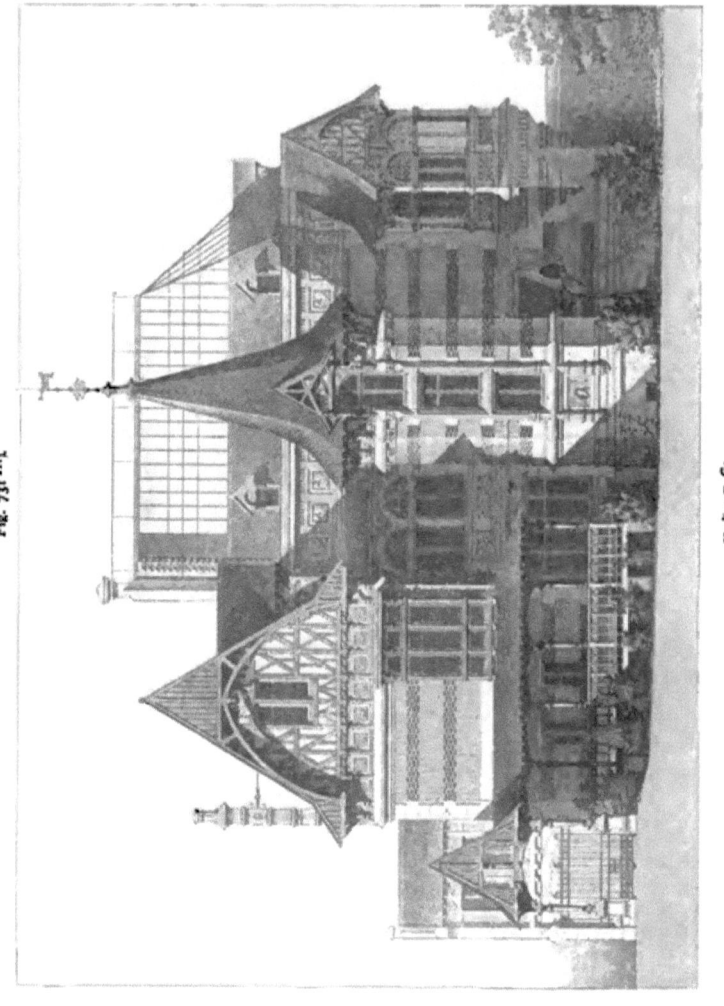

Fig. 731 bis

Ch. Tre. w. Gi.

Geschnitzte Gefimsleiften zwischen reicher geschnitzten Balkenköpfen bietet das Wandgefims in Fig. 635 (linke Seite; auch erscheint hier wieder ein hängendes Zierbrett zur Verdeckung des Oberrandes der Verschindelung unter den Balken. Bei Fig. 732[115]) ift die geschnitzte Arbeit schon weit reicher und auch die Schwelle der Oberwand mit linienreichen Ornamenten in die Gefimsbildung einbezogen.

Fig. 732[115]).

ca. 1/9 w. Gr.

Fig. 733.

Von der Stadtwage zu Halle[116]. — 1/9 w. Gr.

Bei allen diefen Beifpielen ift die Oberwand um 10 bis 20 cm über die Unterwand vorgekragt; der Fall ohne diefes Vorkragen ift ziemlich felten. Hierfür mufs entweder eine Profilirung oder geschnitzte Stirnbehandlung der Balken gewählt werden, die mit einer geneigten Deckfläche auf den urfprüng-

[115] Mit Benutzung einer Abbildung in: Bötticher, C. Holzarchitektur des Mittelalters.
[116] Facf.-Repr. nach: Ortwein & C. Scheffers Holzarchitektur vom 14. bis 18. Jahrhundert. Berlin 1883 ff.

lichen Grund zurückgeht, wie dies Fig. 324 anschaulich macht; oder die von ihnen gebildete Ausladung ift durch eine oben zurücktretende Profilirung der Wandfchwelle wieder aufzuheben. Auch eine befondere, für günftigen Wafferablauf profilirte Gefimsleifte oder ein Deckbrett auf den vorftehenden geneigten Balkenoberflächen, oder fogar ein vollftändiges Brettergefims mit hängender Zierwand vor den Balkenftirnen und mit geneigter Deckfläche könnte

Fig. 734.

Vom Schloß zu Hinnenburg [*]
Arch. Schäfer.

zum genannten Zweck eingeführt und durch Zinkblechbedeckung gefichert werden. Solche Motive find übrigens auch bei vortreten- der Oberwand nicht ausgefchloffen und würden größeren Linienreich- thum mit ftärkerer Schattenwir- kung ergeben.

Bezüglich der fcheinbaren oder wirklichen Unterftützungen der Balkenköpfe, welche bei ftar- kem Vortreten der Oberwand nöthig werden, ift auf die Bretter- Confolen oder Bügen oder Fach- werk-Confolen in Fig. 280 bis 299, zu verweifen, indem diefe für Bal- cone dargeftellten Formen auch für den hier betrachteten Zweck verwerthbar find. Weitere Bügen und Confolen zeigen die Balken- gefimfe in Fig. 166, 733 [**], 734 [**], 755 u. 756, welche zugleich als Beifpiele für die Ausfüllung der Balkenfelder durch gefchnitzte Wechfelhölzer oder durch Zier- bretter, ferner für das Einbeziehen der Schwelle der Oberwand durch mehr oder weniger reiche ge- fchnitzte Arbeit gelten können. Nur ift bei den meiften diefer Ge- fimfe der conftructive Zweck der Confole nicht ein Stützen des Vor- fprunges, fondern ein Verfteifen des Winkels zwifchen den Balken und den unmittelbar unter diefen ftehenden Wandpfoften, indem eine Wandpfette entweder ganz fehlt oder nur als Riegel zwifchen den Wand- pfoften behandelt, oder wegen geringer Höhe für die Conftruction von unter- geordneter Bedeutung ift. (Vergl. hierüber das vorhergehende Heft diefes »Hand- buches« Art. 159, S. 173).

Sehr weit vortretende Oberwände geben zu einer Ausbildung der Decke zwifchen den fichtbaren Balkenköpfen Gelegenheit, fei es durch reichere Fugen-

[*] Fach-Repr. nach; Allg. Baus. 1868–69, Bl. 4

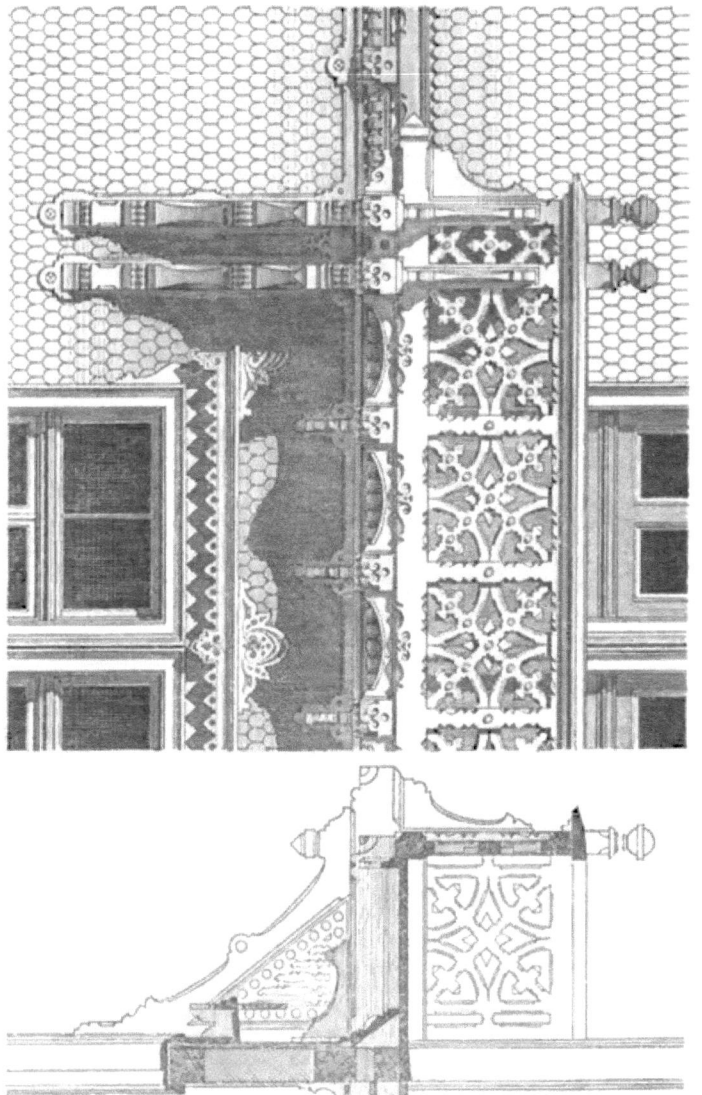

Fig. 735.

Entwurf des Verf. — ca. 1/9 w. Gr.

behandlung einer Verschalung aus parallelen Brettern, sei es durch Caffetten-bildung nach Fig. 657, sei es durch gestemmte oder geschnitzte Arbeit. Hierbei sind auch für eine polychrome Behandlung günstige Grundlagen geboten.

Bezüglich der letzten Gruppe von Balkengesimsen, der Balcongesimse, ist auf die frühere Darstellung der Balcone in Holz zu verweisen, und zwar für die Unterstützungen auf Fig. 280 bis 299, für die Brüstungen auf Fig. 41 bis 49, 143 bis 169, 274 bis 276, 294, 299, 303, 304, 324, 325, 328 u. 717, mit hängenden Pfosten Fig. 649 u. 718.

Ein größeres Balcongesims mit verschieden starkem Vortreten der Balken, mit Abstufung in den Formen der Unterstützung und mit einer Fachwerkbrüstung in reicheren Linien bietet Fig. 735; eine Neuerung find hier ferner die bogen-förmig ausgeschnittenen Füllbretter zwischen den Balkenstirnen und die ge-schweiften Bretterstreben an den Ecken zur Umrißbildung und Sicherung der lothrechten Stellung der Brüstung.

Das Balcongesims in Fig. 710 ist durch Stichbalken unter Randbildung mit einer Saumleiste gebildet, welche die Schwelle einer hängenden Brüstung darstellt. Die Balken find durch Bretter-Consolen gestützt und die Felder zwi-schen diefen als Füllungen ausgebildet. Die Pfosten der Brüstung, abwechselnd enger und weiter gestellt, überschreiten die wagrechte Linie nach oben und unten durch geschnitzte und gedrehte Knäufe, an welche umrißbildende Zier-bretter anschließen.

e) Brettergesimse im Holzbaustil.

e)
Erklärung
und
formale
Ausbildung

Hierunter find Gesimse auf Holzwänden oder Putzwänden, auch wohl in Rohbau gemauerten Wänden verstanden, bei denen zwar keine Sparren, Pfetten, Balkenköpfe oder Dachunterflächen fichtbar werden, die aber, abgesehen von ihren glatten Gesimsgliedern, mit den Hilfsmitteln des Holzbaustils, nämlich mit ausgefägter Arbeit, mit Fafen der Holzkanten bei geradem oder geschweiftem Umriß des Fafens, mit geschnitzten Säumen, mit gestemmten Flächen, mit Con-folen aus Brettern, mit gedrehten Stäben und Knäufen hergestellt find. Solche Gesimse können wohl auch zuweilen vorspringende Balken- oder Sparrenköpfe als Unterlage benutzen; aber diefe bleiben dabei nicht fichtbar.

Meift find fie nur aus Brettern und profilirten Leiften gebildet, und wenn je ftärkere Zimmerhölzer an ihnen auftreten, fo find folche ausfchließlich Zier-hölzer und keine ftatifch thätigen Conftructionstheile von Dächern oder Balken-decken. Als bezeichnende Beifpiele feien zunächft Fig. 730, 737, 739 u. 746 ge-nannt. Der formalen Erfcheinung nach überfetzen fie gewöhnlich den Grund-gedanken der Haupteingefimse in die Sprache der Holz-Conftruction, indem fie zwar ebenfalls eine vortretende Kranzplatte mit krönenden und tragenden Gliedern, auch wohl ebenfalls architrav- und friesartige Streifen unter den tragenden Gliedern darbieten, aber alle diefe Theile der Holzbearbeitung ent-fprechend verändern. Anftatt der wagrechten unteren Randlinie der fteinernen Kranzplatte kann z. B. ein ausgefägter Bretterrand auftreten; anftatt der glatten krönenden oder tragenden Gefimsleiften erfcheinen die geschnitzten Säume des Holzes, die Pyramidenreihe, die Reihe kurzer bogenförmiger Fafen u. f. f.; an-ftatt des Zahnfchnittes der Stein-Architektur findet fich etwa eine Reihe drei-kantiger Einfchnitte oder im Grundrifs rechteckiger, der Höhe nach aber profi-lirter Zähne; anftatt der Akroterienreihe der Steingefimse wird ein reicher aus-

gefägter oberer Bretterrand eingeführt; anstatt der Confolen im Steincharakter
folche aus Brettern ausgefchnitten mit oder ohne Durchbrechung der Fläche,
von den kleinften Abmeffungen bis zu den gröfsten, die das Holz geftattet; anftatt Architrav und Fries glatte gehobelte und gekehlte Streifen oder ausgefägte
wagrechte Streifen oder folche in geftemmter Arbeit mit rechteckiger oder
reicherer Umrifslinie der Füllungstafeln. Hier ift ein grofses Formengebiet, das
feine Elemente zur einen Hälfte der Tradition entlehnt, zur anderen aus der
Conftruction oder nahe liegenden Bearbeitungsweife des Holzmaterials ableitet
und damit zwei entlegene äfthetifche Factoren vereinigt.

Diefe Gefimfe erfcheinen meift im Schmuck vieler und kräftiger Farben
mit aufgemalter Decoration der Gefimsglieder im Charakter der Reihung und
mit Ornamenten auf den ebenen Flächen. Aber auch in einer einzigen Farbe,

Fig. 736.

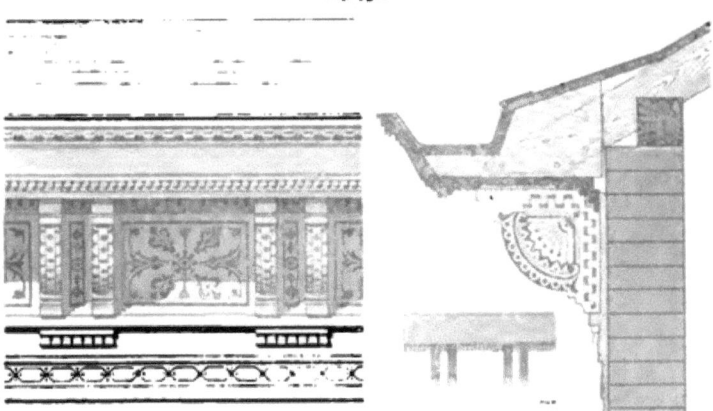

Entwurf des Verf. — ca. ¹/₁₅ w. Gr.

dem Holz angemeffen, oder mit einem herrfchenden Grundton und einer wenig
contraftirenden, auf kleine Flächen befchränkten anderen Farbe finden fie häufige
Verwerthung.

Die Anlehnung an die Formen der Hauftein-Tradition ift nicht auf den
Stil des claffifchen Alterthums und der Renaiffance befchränkt; die gothifchen
Steingefimfe mit ihren ftark geneigten Deckflächen, mit ihrem Unterdrücken
der Kranzplatte, wie der anderen wagrechten und lothrechten Profillinien, endlich mit ihren Knäufen in Hohlkehlen können dem Holzbauftil nicht minder als
Grundlage feiner der Holzbearbeitung angemeffenen Variationen und Phantafien
dienen, als diejenigen der römifchen Tradition.

Was die Herftellung folcher Gefimsformen betrifft, fo werden fie meift nur
aus Brettern und gekehlten Leiften zufammengenagelt und die eine Reihung
bildenden Elemente, als Confolen, Zähne, Perlen u. f. w., darauf gefetzt. Stärker
vortretende plattenartige Theile bilden der Grundform nach hohle prismatifche
Kaften aus Brettern, die mit Falzen oder mit Spunden und Nuth verbunden,

(Randnote:) Conftruction.

Fig. 737.

Gartenhaus des Baugeschäftes
A. Hangleiter
auf der Landes-Gewerbeausstellung
zu Stuttgart 1881.

Arch.: *Geller.*

Fig. 738.

ca. ¹⁄₂₀ w. Gr.

¹⁄₃₀ w. Gr.

22*

auch wohl nur ftumpf an einander geftoßen find und ihren Zufammenhang durch eingeletzte Querfchablonen aus Brettern erhalten, auf welche fie genagelt find. An diefe Kaften find die gekehlten Leiften, Confölchen u. f. w. genagelt. Die Verbindung mit der Wand hängt von ihrer Herftellungsweife ab; auf Fachwerk können wenig vortretende Theile an die Pfoften, Bügen und Riegel gefchraubt oder genagelt werden; zu ftärker vortretenden find Bankeifen, Winkelbänder u. f. w. nothwendig, eben fo zum Auffetzen folcher Gefimfe auf gemauerte Wände in Rohbau oder mit Putz. Ueber die wafferdichte Abdeckung mit Zinkblech fiehe Art. 224 (S. 360). Zuweilen finden fich folche Gefimfe auch mit Schindeln abgedeckt, und wenn die Oberwand ebenfalls mit Verfchindelung behandelt ift, fo erfcheint diefe in einem concaven Bogen auf die Gefimsdeckfläche übergeführt (Fig. 742). Daffelbe gilt für Schieferbedeckung von Wand und Gefims.

Auf Wandflächen mit Verfchindelung und Putz (auch wohl auf folchen mit Bretterverfchalung) kommt eine Architekturgliederung der befchriebenen Art nicht nur in der Form wagrechter Gefimfe vor, fondern auch in derjenigen von lothrechten Lifenen.

Im Folgenden find die gewählten Beifpiele erklärt.

Das Brettergefims in Fig. 736 ift ein Traufgefims mit eingebetteter Rinne über geputzter Mauerfläche. Das Kranzgefims bildet mit dem Holzcanal für die Rinne einen Bretterkaften, der durch lothrechte Bretterfchablonen, an welche feine Bretter genagelt werden, fowohl zufammengehalten, als an die Dachfparren befeftigt ift. Die geneigte Kranzplatte ift profilirt und gefchnitzt; ihre Unterfläche ift als geftemmte Arbeit in flache Caffetten zwifchen paarweife gruppirten Bretter-Confolen gegliedert. Die Wandfelder zwifchen diefen find geputzt und mit einer Zahnfchnittleifte bekrönt; ein zweiblätteriger Architrav mit dem Motiv der dorifchen Tropfenleiften unter jedem Confolenpaar ift das unterfte Gefimsglied; Holz- und Putzflächen erfcheinen mit gemaltem Ornament in voller Buntfarbigkeit.

Ein ähnliches Hauptgefims über Holz-Fachwerk mit durchbrochenen Bretterfüllungen bieten Fig. 737 u. 738; doch ift hier ein Blechrinnleiften oberftes Gefimsglied, und über ihm ift noch die Trauflinie der Zinkdachung mit kleinen Akroterien und größeren Eckpalmetten fichtbar. Das Hängebrett enthält als im Früheren nicht genannte Zierform Confölchen unter der Krönungsleifte, die den Zacken feiner Umrißlinie entfprechen. Die Unterfläche des Kranzgefimfes ift hier eine Verfchalung aus fchmalen Brettern, deren gefafte Kanten als Linien im aufgemalten Ornament verwerthet find; die Wandfelder zwifchen den Bretter-Confolen find ungegliederte Brettflächen. Unter der Confolenreihe folgt eine profilirte Leifte, die mit einem als Füllung ausgehobelten Friesbrett die unmittelbare Bekrönung der Wandpfette bildet.

Auch diefes Gefims ift fammt dem an der Laterne befindlichen polychrom behandelt, und zwar wie folgt. Den Grundton der Wandflächen, der Hängebretter beider Gefimfe und der Confolen bildet die röthlichgelbe, mit einer Lafur überzogene Föhrenholzfläche fammt der feinen Belebung durch die Jahreslinien; die Fafenflächen, Randlinien und Ornamente find auf diefem Grunde braunroth aufgetragen. Das eichene Friesbrett über der Wandfläche erfcheint ebenfalls nur mit Lafur und trennt fich als dunkles Band entfchieden von der Wandpfette. Die Felder zwifchen den Confolen find purpurroth mit goldenen (oder chromgelben) Randlinien und Perlenreihen, eben fo das Wandbrett unter den Sparren der Laterne; die Unterfläche der Kranzplatte ift ein wenig gedämpftes, ziemlich dunkles Blau mit goldenem Ornament. Als Metalltheile find durch dunkelgrüne Bronzefarbe mit Linien, Zahntheilungen, Perlenreihen und Band-Ornament in Gold charakterifirt die Rinnleiften beider Gefimfe fammt den Akroterien, die Zierformen der Dachfpitze, die tragenden Glieder über dem Eichenfries, bezw. über der Pfette der Laternenwand, die Rofetten und Knäufe auf den Kreuzungs-punkten der Fachwerkhölzer, ferner die Obertheile der Säulen-Kapitelle fammt dem Wandkrönungsgefims zwifchen ihnen, endlich die Säulenfüfse und das Sockelgefims unter der Wandfchwelle. Die Sockelmauern mit den Stufen find in rothem Sandftein, die Dachflächen in Zinkblech ausgeführt.

In Fig. 739 ift ein verwandtes, aber frei tragendes Brettergefims mit ein-gebetteter Rinne und Confolenftellung gezeichnet, das in feiner entfchiedenen Dreitheilung wie in der Einzelbehandlung der Glieder ein befonders deutliches Durchfcheinen von Hauftein-Motiven darbietet. Diefer freien Ueberfetzung der Formen des einen Materials in folche des anderen entfprechen auch die

Fig. 739.

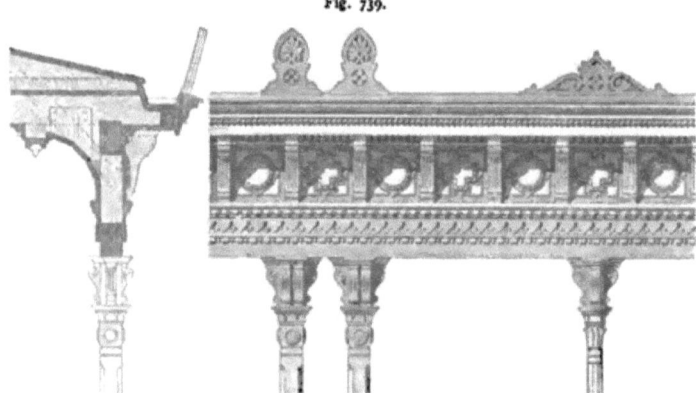

Entwurf des Verf. — ca. ¹⁄₃₅ w. Gr.

Stützen, indem fie den regelmäfsigen Wechfel feiner Säulen und gekuppelter Pilafter durch cannelirte und gedrehte Mitteiftützen und quadratifche Pfoften nach-bilden, eben fo die Bretter-Akroterien mit ihrem Gegenfatz als hoch ftrebende und flach liegende Randauszeichnungen. Das Gefims kann eben fowohl poly-chrom als mit einfacher Lafirung der Holztheile oder eintönigem Anftrich be-handelt werden. Zur Conftruction ift zu bemerken, dafs die Deckenbalken zur Aufnahme der Gefimsbretter und des Brettercanals für die Rinne ausgefchnitten werden müffen und mit Hilfe einer Saumleifte die Kranzplatte tragen. Diefe bildet eine doppelte Bretterlage mit aufgefetzter Gefimsleifte; die inneren Bretter mit aufrechter Holzfafer find durch Winkelbänder an der Rückenfläche feft ge-halten und bieten den durchbrochenen Akroterien-Brettern eine fichere Rücklehne.

Auch das innere Gefims in derfelben Abbildung, aus einer Hohlkehle von gefaften und gefalzten Brettern und einfaffenden gekehlten Leiften beftehend, gehört zu den Brettergefimfen. Die Bretter der Hohlkehle find einestheils an Schablonen befeftigt, die an die Seitenfläche der Balken genagelt find, anderer-

feits mit Unterlagsklötzchen an die Pfoften, wobei innerhalb des Gefimfes nach
Bedarf Zwifchenpföftchen gefetzt werden. In ähnlicher Weife find die oberen
Gefimsleiften an die Balken befeftigt. Die Winkel zwifchen Pfoften, Balken und
Sparren find durch Bretterbügen, welche im Gefims verfteckt und durch Schwalben-
fchwanzanblattung mit den drei Hölzern verbunden find, verfteift.

Fig. 740.

Entwurf des Verf. — 9/10 w. Gr.

Während das Gefims in Fig. 736 durch feine Frieseintheilung und die
Tropfenleiften einen Anklang an die dorifche Ordnung und Fig. 739 durch die
Formen von Architrav, Confolenreihe und Kranzplatte einen folchen an die
korinthifche Ordnung darbietet, der auch noch in Fig. 737 fühlbar ift, gelangt
in Fig. 740 der Charakter des Jonifchen zur Geltung. Er liegt wieder in der
Dreitheilung des Ganzen, im ungegliederten, durch einen aufgemalten Mäander

Fig. 741.

Vom Vogelhaus im *Jardin des plantes* zu Paris[***]. — ca. ¹/₁₂ w. Gr.

geschmückten Fries und in den Sculpirungen der Glieder. Das Gefims eignet sich ebenfalls für polychrome Behandlung. Was die Conftruction betrifft, fo ift das Kranzgefims als Bretterkaften an Bretterfchablonen befeftigt, die an

Fig. 742.

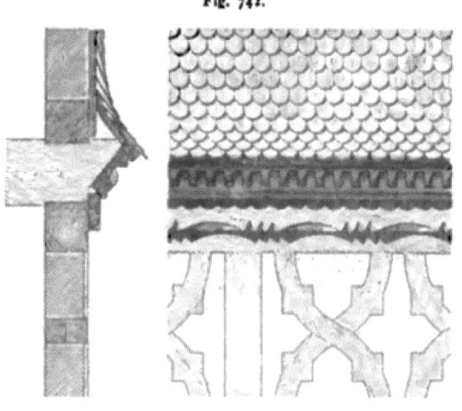

Entwurf des Verf. — ¹/₂₀ w. Gr.

[***] Faci.-Rept. nach: *Revue gen. de l'arch.* 1848, Pl. 55.

die Seitenflächen der Freiftützen genagelt find. Das
Obergefchofs bildet eine
offene Halle mit Holzce-
ment-Fufsboden; wie feine
Randbleche fich in die Verkleidung der Innenwand
und Abdeckung des Gefim-
fes fortfetzen, geht aus der
Zeichnung hervor. Um den
Luftdurchzug zwifchen den
Balken herzuftellen, den
die Abdeckung mit Holz-
cement erfordert, ift die
Schwelle der Oberwand an
jedem Balkenfeld lothrecht
durchlocht, eben fo das
Brett der Kranzplatten-
Unterfläche.

Das Traufgefims in

Fig. 705 bietet wegen der durchbrochenen Bretterfüllungen und ihrer gefasten Umrahmungen im Fries den Anklang an die Hauftein-Architektur fchwächer; polychrome Behandlung ift angedeutet.

Zu diefer Gruppe von Gefimfen, die gleich den Hauftein-Kranzplatten

römifchen Stils ihre Ausladung durch ftarkes wag- rechtes Vortreten gewinnen, gehört auch Fig. 741[211]). Die Kranzplatte ift hier durch ein vier- kantiges Zimmer- holz gebildet und von ftärkeren ge- fchnitzten und durchbrochenen Holz-Confolen ge- tragen; an ihrer Unterfeite find vierfeitige, unpro- filirte Füllungen durch geftemmte Tafeln gebildet. Ueber der Kranz- platte erfcheint eine lothrechte Terracotta - Wand mit Füllungen, Ro- fetten und hängen- den Lifenen geglie- dert; über ihre Befeftigung fiehe Kap. 22 (unter b, 5: Eingebettete Dachrinnen). Die Wandfelder zwi- fchen den Confolen find ebenfalls ge- ftemmte Tafeln ohne Friesprofili- rung, aber mit ge- maltem Ornament gefchmückt.

Das Gefims in

[Fig. 743.]

Vom Kaiferlichen Pavillon bei den Rennen zu Longchamps[212]). — $\frac{1}{100}$ w. Gr.
Arch.: Bailly & Daviond.

Fig. 752 vermittelt den Uebergang der Putzwand eines unteren Gefchoffes in die Schindelwand eines oberen. Die Balkenköpfe find durch ein ausgefägtes

212) Farf.-Repr. nach: Revue gén. de l'arch. 1868, Pl. 15 u. 16.

Hängebrett mit Krönungsleiste verdeckt, eben fo die Mauerlatte durch ein glattes Wandbrett.

Ein Durchfcheinen mittelalterlicher Stilformen ift in Fig. 742 zu erkennen, es liegt in dem geneigten Auskragen und der Profillinie des Gefimfes, in den Bogenlinien und Zacken der Fafen, welche in den Nachbildungen des römifchen Stils vermieden werden, und in den Nafen der mit rauhem Beftich ausgefüllten Fachwerkfelder. Das Gefims benutzt als Unterlage die abgefchrägten Stirn-flächen der Deckenbalken und ift wie dasjenige in Fig. 752 durch ein concav cylindrifches Vortreten der Verfchindelung der Oberwand abgedeckt.

Derartige Gefimfe finden fich auch als Sockelgefimfe über rauhem Mauer-

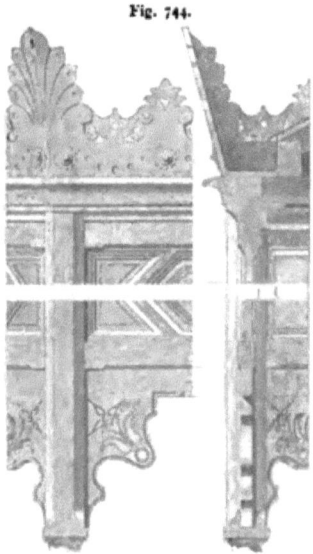

Fig. 744.

Einzelheiten zu Fig. 743 [110].
ca. ⅟₁₀ w. Gr.

werk aus natürlichem Stein oder Backftein oder Beton. In diefem Falle liegen die Balken durch Vermittelung einer außen nicht fichtbaren Mauerlatte auf der Mauer, und die lothrechte gefafte Leifte bedeckt den Oberrand der Mauer, fo daß an diefer jedes Steingefims entbehrlich ift.

Hierher gehört ferner als noch ein-fachere Brettergefimsbildung in Gebälk-höhe die Verdeckung der lothrechten, mit Ober- und Unterwand bündig ftehenden Balkenftirnen und ihrer Zwifchenräume durch ein wagrechtes, irgend wie profi-lirtes Brett oder ftärkeres Holz ohne ftar-kes Vortreten, an welches oben und unten entweder Putzflächen oder Bretterverfcha-lungen anfchließen, und welches wie die Leifte in Fig. 750 mit Zinkblech abgedeckt fein kann. Tritt eine folche Gefimsleifte zwifchen zwei Schindelwänden auf oder ift wenigftens die Oberwand eine folche, fo wird die Leifte wie in Fig. 742 abgedeckt.

Ein fehr bezeichnendes Beifpiel für die Gruppe der Brettergefimfe ift durch Fig. 743 u. 744 [110] dargeftellt. Es ift ein frei tragendes Hauptgefims und im Wefent-lichen nur eine profilirte Leifte auf der Wandpfette mit Bekrönung durch ausgefägte Bretter und mit einem hohen ge-ftemmten Bretterfries zwifchen Pfette und Riegel; feine Unterftützung findet es in Confolen, die an die Freiftützen über deren Kapitell angefetzt find. Im Gegenfatz zu den früheren Beifpielen erfcheint hier eine fehr geringe Ausladung. Die Geftaltung diefes Gefimfes läßt deutlich die Abficht erkennen, den Rang und Zweck des kleinen Mittelbaues als des kaiferlichen Warteraums durch Anklänge an eine Zackenkrone fühlbar zu machen. Sie liegen eben in der fchwachen Ausladung, in den Zacken und der vorgeneigten Wandfläche der Be-krönung, in den Rauten des bandartigen hohen geftemmten Friefes. Sogar die Diamanten und Perlenreihen wollten wiedergegeben werden (Fig. 744). Trotz des befcheidenen Materials ift diefer eigenartige Verfuch des Architekten als gelungen anzuerkennen.

Fig. 745.

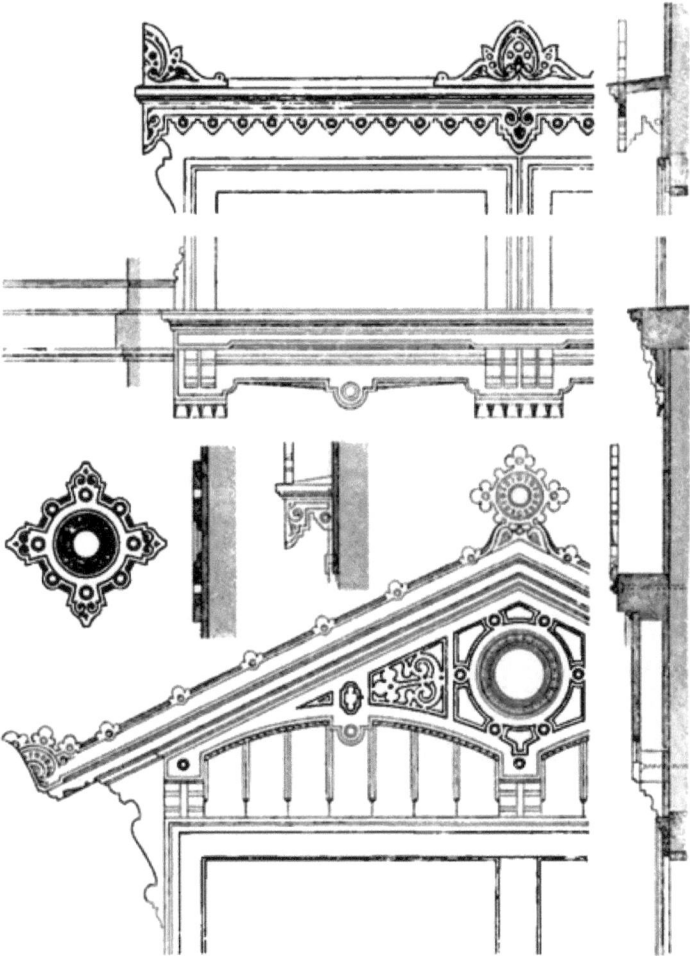

Von einem Nebengebäude zu Stuttgart. — $^{3}/_{16}$ w. Gr.

Arch.: *Göller*.

In Fig. 745 finden fich Brettergefimfe als wagrechte Bekrönung, Fufsbildung und
Giebelkrönung von Fenftern, bezw. als Zierftücke für ausgezeichnete Wandpunkte,
und zwar wieder als eine mehr oder minder freie Ueberfetzung von Steinmotiven
in die Sprache der Holzbearbeitung. Die Conftruction bedarf keiner Erklärung.

Fig. 746.

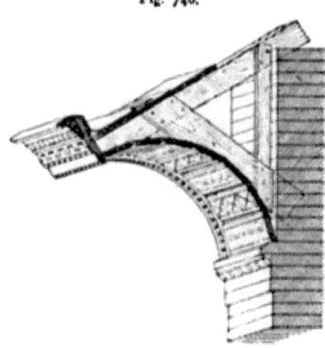

Entwurf des Verf. ca. $\frac{1}{25}$ w. Gr.

Fig. 747.

Zu Fig. 748[130]

Das Hauptgefims in Fig. 649 mit der Brüftung ift ebenfalls ein Brettergefims, nur beftehend aus eben der Brüftung und einem ausgefchnittenen Hängebrett mit Krönungsleifte und geneigtem Deckbrett. Zur Unterftützung der Ausladung fitzt wohl eine profilirte Leifte auf der Wandpfette oder den lothrechten Balkenftirnen.

Fig. 746 ift ein Traufgefims aus Brettern über Backftein-Rohbaumauerwerk die Dachrinne liegt auf den Sparren hinter einem profilirten und bemalten Hängebrett, das fenkrecht zu den Sparren mit Winkelbändern an fie befeftigt ift. Die Bretter der Hohlkehle werden durch Schablonen aus zwei Brettftücken gehalten, die oben an die Sparrenfeitenflächen genagelt und unten in der Mauer verkeilt find. Die Stöße der Kehlbretter, den Pfeileraxen des Haufes entfprechend, werden durch ftärkere, gekrümmt auffteigende, weng vortretende Gefimsleiften vermittelt, in welche die Bretter eingefpundet find.

Ein wagrechtes Brettergefims im ruffifchen Holzbauftil bietet Fig. 747[110]) in Längenanficht und Durchfchnitt; es erfcheint mit Architrav, Fries, Kranzgefims und Akroterienreihe, frei tragend, wie die Gebälke der Ordnungen in Stein, auf ftarke gedrehte und gefchnitzte Freiftützen aufgelagert, und überragt von einer fteilen Dachfläche aus Brettern mit Firftgefims famt ausgefägtem Firftbrett. Die Architrav-Unterfläche ift durch eine eingehobelte Füllung gegliedert. Der Conftruction nach ift es ein vierfeitiger Kaften aus ebenen und profilirten Brettern. Die Abdeckung entfpricht einer Aufftellung des Architekturftückes in bedecktem Raume. Weitere Brettergefimfe find die Brüftungen derfelben Abbildung.

f) Randbildungen von Bretter- oder Schindelwänden und von Dachflächen.

Hierher gehören folgende Motive:

1) Die Randbildungen von Wandverfchalungen mit lothrechten oder wagrechten oder geneigten

176. Bretterflächen.

110) Facf.-Repr. nach: *Kerve gen de Zarch.* 1808, Pl. 42 u. 43.

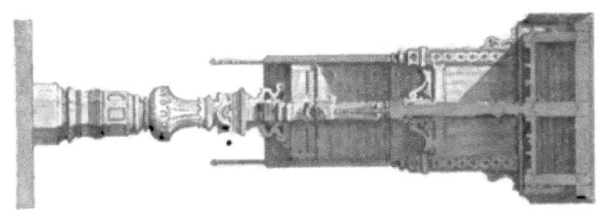

Fig. 748.

Von der russischen Section der Weltausstellung zu Paris 1867 [2]. — ca. ⅓₀ w. Gr.
Arch.: *Paterson & Bernard*.

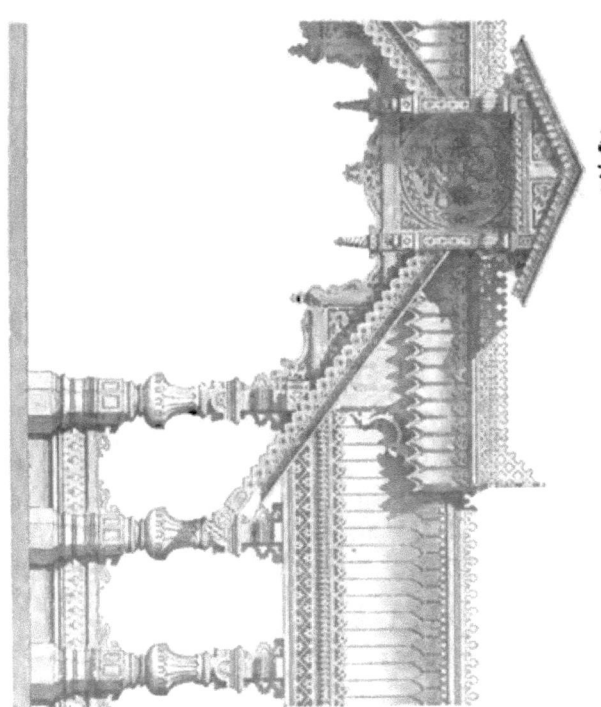

Fugen durch Ausfchneiden der Bretterenden nach einem gefälligen Umrifs oder Durchbrechen derfelben nach einer gefälligen Figur, wobei entweder alle Bretter diefelbe Endform zeigen, oder zwei Endformen abwechfeln, oder mehrere Bretterenden in eine Umrifsfigur zufammengefafst fein können (Fig. 649, 730, 748, 749 u. 750 für den erften Fall, 751 für den zweiten; der dritte ift nicht dargeftellt. Fafen oder Kehlungen folcher Bretterflächen hören gewöhnlich in einiger Ent-

fernung von den Fugenenden auf, wie bei den Zimmerhölzern. Diefe Art von Randauszeichnung ift am häufigften für untere wagrechte Ränder lothrechter Verfchalungen, aber auch möglich für ihre oberen Ränder, eben fo für feitliche und geneigte Ränder bei wagrechten und geneigten Fugen der Bretter, endlich für radiale Fugenftellung.

Fig. 749.

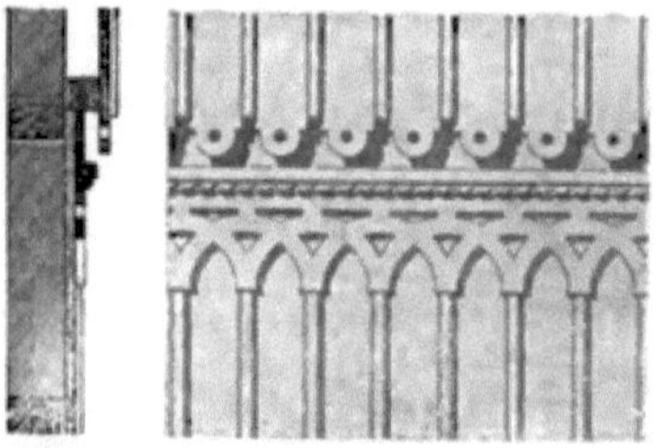

Fig. 750.

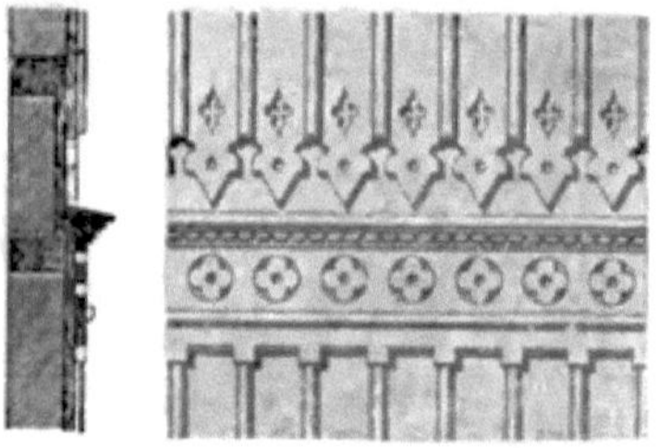

Fig. 751.

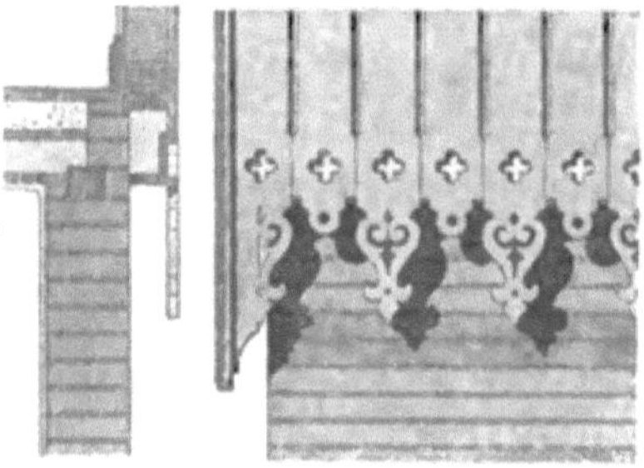

¹/₁₀ w. Gr.

2) Die Bekrönung einer Bretterwand durch ein ausgefägtes Zierbrett oder eine profilirte oder gefchnitzte Zierleifte ohne Zufammenhang mit der Fugenbildung der Wand. Das Motiv ift übertragbar auf fufsbildende und feitliche Ränder.

3) Die Auflöfung der Fugenleiften einer Wandverfchalung in eine gerade oder gefchweift ausgefchnittene krönende oder fufsbildende Leifte oder in ein breiteres Brett mit oder ohne ausgefägte Figuren, mit oder ohne aufgefetzte, gekehlte oder gefchnitzte Gefimsleiften, mit oder ohne gedrehte oder gefchnitzte Knäufe, als wagrechte Randbildung oder an-

fteigend als Rand einer Giebelwand (Fig. 645 u. 722). Zuweilen bilden die Fugenleiften felb noch friesartige Streifen unter dem Zierbrett durch Einbeziehung wagrechter und geneigter Stäbe, die eine Reihung regelmäßig geformter Felder bilden (Fig. 740). Im Inneren ift das Motiv auch auf Verfchalungen mit wagrechten Fugen als lothrechte oder geneigte Randbildung anwendbar.

Wo eine Bretterwand zu hoch ift, als dafs die im Handel vorkommende Bretterlänge ausreichen würde, alfo wo zwei Wandverfchalungen über einander gefetzt werden, mufs fchon zur Vermeidung der fchädlichen wagrechten Hirnholzfuge eine Art von Gefimsbildung Platz greifen, fei es auch nur durch Einfchalten eines geeignet profilirten, vorfpringenden (eichenen) Querftabes zwifchen den Schalbrettern, da eine ungefchützte Hirnholzfuge ein ftarkes Anfaugen des Waffers und baldiges Zugrundegehen der Bretterenden zur Folge hätte. Gewöhnlich benutzt man aber diefes Aufeinanderfetzen zweier Bretterflächen zu einem weiter gehenden Schmuck der Wand, indem man die obere etwas über die untere vortreten läfst und die foeben unter 1, 2 u. 3 befchriebenen Randbildungen auf die Säume der Verfchalungen anwendet. Das Vortreten der Oberwand wird durch wagrechte Querleiften erreicht, die auf ihr Fachwerk gefchraubt oder genagelt werden. Ein Beifpiel bietet Fig. 749.

Müffen aus irgend welchen Gründen beide Verfchalungen in derfelben lothrechten Ebene ftehen, fo läfst fich die ungefchützte Hirnholzfuge mit einer Zinkblechabdeckung der Querleifte vermeiden, etwa nach Fig. 750.

4) Ausgefägte Bretter als Auszeichnung der Firftlinien von Bretter-, Schindel- und Schieferdächern. Auszeichnung von Dachfpitzen durch gedrehte oder gefchnitzte Stangen in Holz mit oder ohne Beifügung von umrifsbildenden Zierbrettern. Verzierung der Schneelatten am Fufs von Dachflächen durch Ausfägen des oberen Randes nach einem gefälligen Umrifs, der in der Erfcheinung des Traufgefimfes mitwirkt. Einige Motive find in Fig. 651, 708, 727, 718, 750 u. 763 zu finden.

Im Zufammenhang mit den Holzmotiven diefer Art mag auf diejenigen in gebranntem Thon, Eifen und Blech hingewiefen fein. Ornamentale Firftziegel zeigen Fig. 707 u. 859. Firftauszeichnung durch Schmiedeeifen-Gitterarbeit Fig. 614 u. 725, folche durch Zinkblechgefimfe und durchbrochene Brüftungsflächen in Gufs oder geprefstem Zink Fig. 881 u. 882. Eine Gratlinienverzierung durch Zinkgefimfe erfcheint in Fig. 870, 881 u. 882; für das Motiv einer Reihung von weiter vortretenden Zierformen in der Art der gothifchen Krabben oder Kantenblumen, das in gebranntem Thon und Eifen an Gratlinien von Ziegel- und Metalldächern auftreten kann, ift kein Beifpiel aufgenommen. Einen Metallfchmuck der Trauflinie haben über dem Traufgefims Fig. 864 u. 876; doch kann diefer bei beiden Beifpielen eben fo wohl als Schmuck der oberen Randlinie des Traufgefimfes erklärt werden. Eine unzweifelhafte Auszeichnung der Trauflinie würde erft vorliegen, wenn die Ornamente (etwa als Schneefang) hinter der Rinne ftänden, was ebenfalls vorkommt.

5) Bretterwände, die mit Schindeln oder Schiefern bedeckt find, erhalten am Oberrand gewöhnlich Auszeichnungen durch Sparren- oder Balken- oder Brettergefimfe oder auch nur durch ausgefägte Bretter oder profilirte Zierleiften, wie fie oben unter 2 genannt wurden. Die feitlichen Ränder als Ecken des Haufes bleiben meift ohne Schmuck, können aber ebenfalls durch folche Bretter oder Zierleiften ausgezeichnet werden unter Auflöfung derfelben in das Krönungsgefims, oder man theilt die Fläche regelmäfsig damit ein, wie in der Backftein-Architektur mit Lifenen. Die unteren Ränder können aber des Wafferablaufes wegen folche plaftifche Zierformen, wenigftens im Freien, nicht aufnehmen und find dann auf Linien- und Farbenmufter der Bedeckung felbft befchränkt. Jene beftehen für Schindeln gewöhnlich in der Wahl einer anderen Umrifslinie der Schuppen für einen Streifen beftimmter Höhe, z. B. einer Umrifslinie mit con-

Fig. 752.

Entwurf des Verf. (mit Benutzung eines Gebäudes in Landquart). — ca. $\frac{1}{90}$ w. Gr.

Fig. 753.

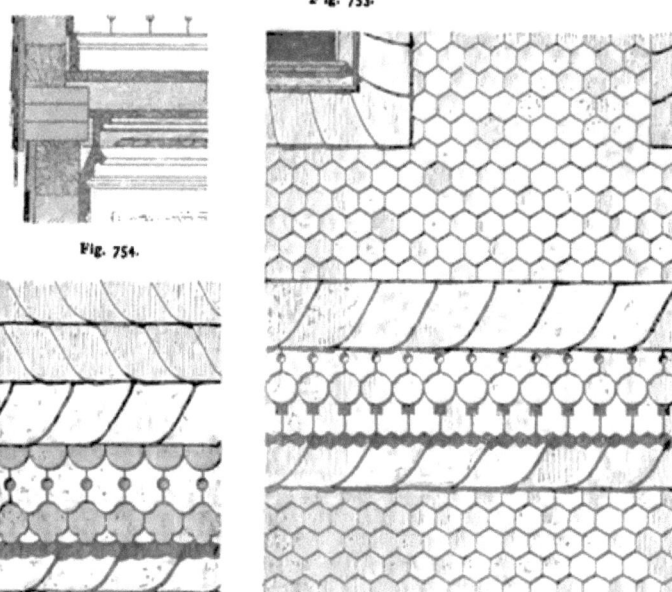

Fig. 754.

Motive aus Goslar. — $\frac{1}{20}$ w. Gr.

caven Bogen, anftatt der convexen, oder mit concaven Seiten des ausfpringenden
Winkels anftatt der Geraden (Motive, durch welche fich allerdings der Saum
nur wenig von der übrigen Wandfläche unterfcheidet), oder auch in der Wahl
größerer Schuppen für eine Schicht oder mehrere.

Kräftigere Ziermittel gewinnt man nach Fig. 752 durch einen Gegenfatz
der Farben der Schindeln, der entweder durch verfchiedene Holzarten oder durch
verfchiedene Oelfarbenanftriche zu erzielen ift. Hierbei wird ein Saum mit
einer Höhe von 3 bis etwa 12 Schindelreihen gebildet und diefer ganz wie
die Bandfriefe in Backftein nach Fig. 408 in zwei oder drei Farben behandelt. Diefer Randfchmuck einer Schindelwand wird befonders gern über
oder unter Balkengefimfen nach Fig. 729 u. 730 beigezogen und erhöht ihre
Wirkung erheblich; aber auch unter Hauptgefimfen, über Sockelgefimfen und
an lothrechten Rändern ift er verwerthbar. Mit einer Lafur verfchiedenfarbiger
Holzarten oder durchfichtigem, leicht gefärbtem Anftrich erreicht er eine recht
feine Wirkung.

Bei Schieferbekleidung der Wand find, abgefehen vom Anftrich, die Ziermittel im Wefentlichen diefelben. Ein reicheres Motiv für diefes Material zeigt
Fig. 753; dabei ift durch Vortreten der Oberwand und Ausbrechen des feitlichen
Randes beftimmter Schiefer eine hübfche Schattirung erzielt. In Fig. 754 ift
auch für Schiefer ein Gegenfatz der Flächen beigezogen und durch helle und
dunkle Schiefer ein Farbenmufter gebildet.

g) Gefimfe mit gedrehter und gefchnitzter Arbeit im Holzbauftil.

Die reicheren gefchnitzten und gedrehten Formen in Holz entfernen fich
eben fo weit vom vierkantigen Zimmerholz und der ebenen Brettfläche, wie die

feineren Terracotten
vom rechteckigen
Backftein oder ein-
fachen Formftein,
und wie durch die
Terracotten in der
Backftein-Architek-
tur, fo entftehen
durch die gedrehte
und gefchnitzte Ar-
beit in der Holz-
Architektur Motive,
welche die Grenzen
des Conftructionsftils
überfchreiten und
daher in einer auf
die Conftruction ge-
gründeten Einthei-
lung der Holzge-
fimfe keinen Raum
finden. Die Form
kann fich hier faft

Fig. 755.

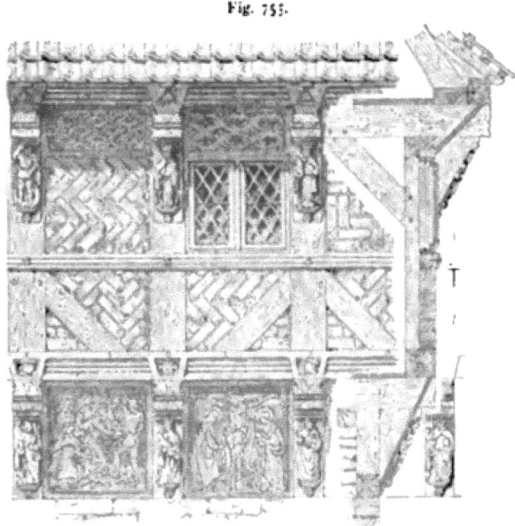

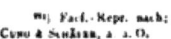
Vom Trinitatis-Hofpital zu Hildesheim[***]. — $\frac{1}{60}$ w. Gr.

unabhängig von der Conftruction geftalten; daher können die Gefimfe mit folcher Arbeit zwar wohl auch Sparren-, Balken- oder Brettergefimfe fein; aber fie müffen es nicht fein, fondern bilden zum anderen Theile eine felbfländige Gruppe.

Sparrengefimfe mit gefchnitzter Arbeit erfcheinen in Fig. 324, 325, 651, 659,

Fig. 756.

Vom Knochenhauer-Amtshaus zu Hildesheim[110]. — ca. 1/60 w. Gr.

748 (Giebel), 755 u. 759; Balkengefimfe in Fig. 166, 280, 294, 299, 324, 325, 732, 733, 734, 755, 756, 758[111]) u. f. w.; Brettergefimfe in Fig. 730, 748 u. 758.

Da die gefchnitzten Formen von den Conftructionslinien kaum oder nicht mehr abhängig und daher auf den ftrengen oder freien Anfchlufs an überlieferte

[110] Facf.-Repr. nach: Lacoux, C. Gefchichte der Holzbaukunft in Deutfchland. Bd. I, Leipzig 1887 S. 65.
[111] Facf.-Repr. nach: Encyclopédie d'arch. 1885, Pl. 617.

Handbuch der Architektur. III. 2, b (2. Aufl.)   23

Fig. 757.

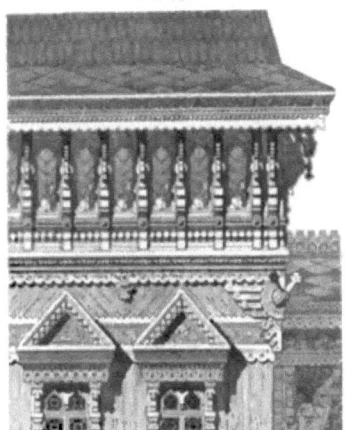

⅛ w. Gr.

Fig. 758.

⅛ w. Gr.

Arch.: *Renard.*

ornamentale Stilrichtungen angewiesen find, so verleihen sie auch den Gesimsen, an welchen sie auftreten, einen über den reinen Constructionsstil mehr oder weniger weit hinausgehenden Charakter, ganz wie mit dem Einfügen ornamentaler Terracotten in ein Backsteingesims immer ein Hinneigen zu einem historischen Baustil fühlbar wird.

Diese Thatsache lehren in erster Linie die ausgewählten Gesimse aus dem russischen Holzbaustil. Hier treten überall die Züge einer älteren, überlieferten Formenwelt zu Tage, entweder auf unverwischte Motive der Construction übertragen, wie etwa in Fig. 758 u. 759, oder

Von den russischen Pferdeställen
auf der Weltausstellung
zu Paris 1867 ***).

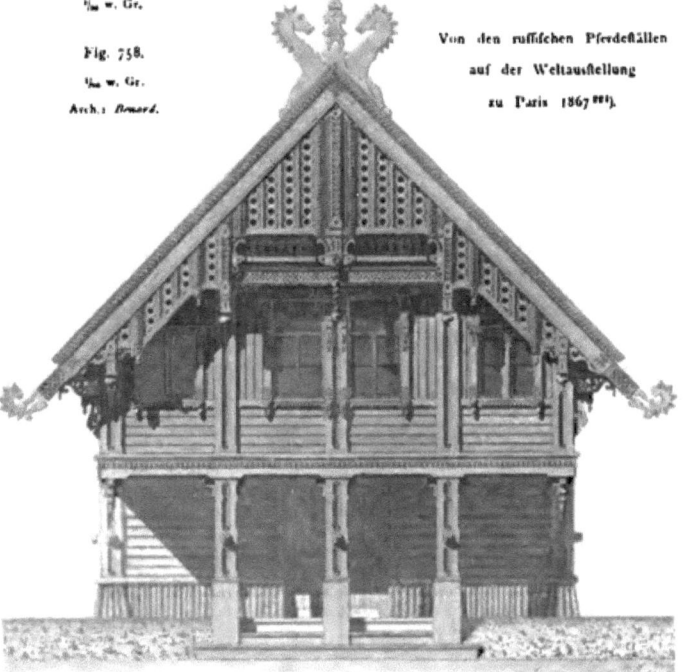

fie ftärker zurückdrängend, wie in Fig. 748 (Giebel) oder endlich ganz ohne Benutzung einer conftructiven Grundlage erfunden, fo dafs die Conftruction nur der hiftorifchen Bauftilform einen Körper zu fchaffen hatte, wie in Fig. 748 (Traufgefims und Stützen) u. 757. Die erftgenannte Verwerthung des Ueberlieferten geftaltet fich befonders anfprechend in Fig. 758[224]) u. 759[225]); hier ift fchon mit geringen Zuthaten hiftorifcher Motive zu den Conftructionslinien ein bedeutendes ftilvolles Gepräge erreicht, das den reinen Conftructionsftil weit hinter fich läfst.

Fig. 759.

Ruffifches Haus (Isbau) auf der Weltausftellung zu Paris 1878[225]).
Arch.: *Ropett.*

Der ruffifche Holzbauftil tritt übrigens nicht immer mit gefchnitzten Formen auf; er umfchliefst auch eine einfachere Richtung, in welcher nur ausgefägte Arbeit und gemalte, rein geometrifche Ornamente mit lebhaften Farben-Contraften auf dem Grund eines hellen Holzes als Geftaltungsmittel verwerthet find.

Die Verbindung überlieferter Motive mit den aufrecht erhaltenen Conftructionslinien erfcheint auch in Fig. 324 u. 325. Sie find Giebelgefimfe und

[224] Facf.-Repr. nach: NORMANN, a. a. O.
[225] Facf.-Repr. nach: *Revue gén. de l'arch.* 1879, Pl. 38—40.

zeigen das früher befchriebene Flugbrett durch
ein gefchnitztes Gefims mit aufgefetzter Meeres-
welle und reichen Firft- und Traufblumen erfetzt;
eben fo haben die Streben unter den Pfettenköpfen gefchnitzten Flächenfchmuck erhalten.
Hierdurch ift ein eigenartiger, freier Holzbauftil
entftanden, in welchem zwar nicht überlieferte
Holzformen, wohl aber Hauftein- und Terracotta-
Motive durchfcheinen, ähnlich wie in Fig. 657 u.
739. Daffelbe gilt für die Balcon-Gefimfe in den
zwei oben genannten Abbildungen.

223.
Gefimsformen
ohne
Verwerthung
der
conftructiven
Grundlage.

Selbftändige Gefimfe mit gefchnitzter und
gedrehter Arbeit, in welchen keine conftructive
Grundlage die Formen mitbeftimmt hat und zu
welchen, abgefehen von ihrer Eigenfchaft als Bret-
tergefimfe, auch die oben genannten ruffifchen Beifpiele in Fig. 748 (Traufbildung) u. 757 zu rechnen wären, bieten Fig. 168, 170, 271 bis 276, 760 bis 763[226])
ferner die meiften Wandgefimfe im
Blockhausbau, wofür Beifpiele in
Fig. 764 u. 765[225]). Sie benutzen zumeift das in der Höhe der inneren
Balkenlagen fich ergebende geringe
Vortreten eines Holzes über das darunter liegende zum Anfchnitzen von
Reihungen mit Confölchen, Bogen
und mannigfaltigen anderen Motiven
an die Kante; auch zwifchen den
Rändern eines Holzes finden fich
oft durch geringes Zurückfetzen des
Grundes oder Kerbfchnitt leichte
Zeichnungen erzeugt. In Brüftungs-
höhe der Fenfter werden zum Zweck
der Gefimsbildung wagrechte Hölzer
aufgefetzt und diefe in gleicher
Weife behandelt. Uebrigens find
auch reicher gefchnitzte Balkengefimfe im Blockhausbau möglich und
bei einigem Vortreten der Oberwand
leic t zu anfprechenden Architekturftücken zu geftalten, wie z. B. die Gefimfe nach Fig. 732, 733 u. 734 u. a. auch
dem Blockbau angehören könnten.

Fig. 760[221].

Zu Fig. 763. — ca. ⅟₆₀ w. Gr.

Fig. 761[220].

Zu Fig. 763. — ca. ⅟₆₃ w. Gr.

h) Aeufsere Holzgefimfe als Nachbildung von Haufteinformen.

224.
Wagrechte
Gefimfe.

Derartige äufsere Gefimfe werden von einem ftrengeren Gefchmacksurtheil
mit Recht getadelt, weniger in ihrer Eigenfchaft als Vorfpiegelung eines edleren

[225]) Fac.-Repr. nach: *Revue gén. de l'arch* 1851, Pl. 37.
[226]) Fac.-Repr. nach: Gladbach, E. Der Schweizer Holzftil etc., Darmftadt 1865—68. 19. K. I.

Materials durch ein geringeres, als wegen der Formveränderungen, die fie früher oder fpäter erleiden und durch welche der Eindruck der verkündeten Architektur hier weit empfindlicher geftört wird, als bei Formen im Holzbauftil. Auch forg-fältige Unterhaltung und regelmäfsige Wiederholung des Oelfarbenanftriches nach je 2 bis 3 Jahren können ein geringes Verdrehen der Bretter und Leiften

Fig. 762).

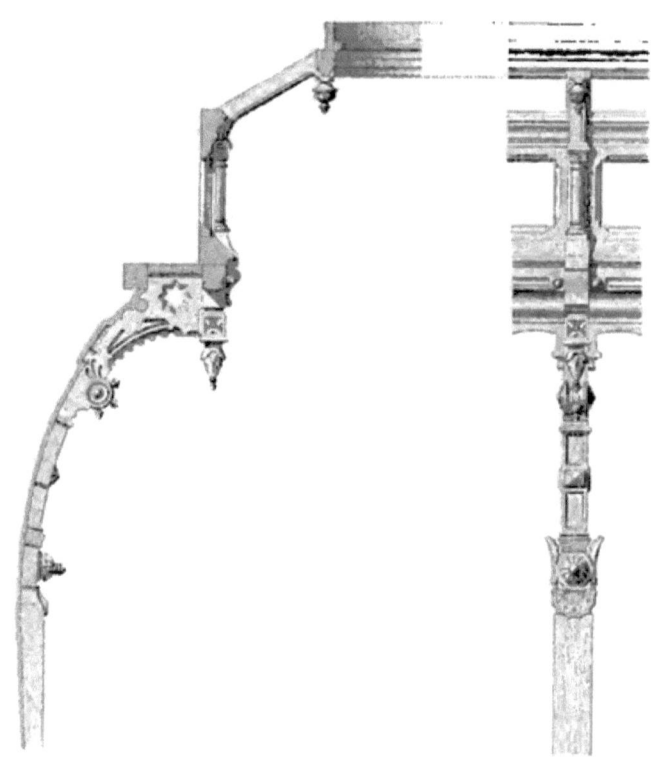

Zu Fig. 763. — ca. 1/20 w. Gr.

oder ein Oeffnen der Gehrungsfugen nicht hintanhalten, und jede fcharfe Sonnenbeleuchtung läfst folche Mängel gröfser erfcheinen, als fie find, fo dafs die Störung gerade dann am gröfsten wird, wenn ein echtes Material die höchfte Wirkung erreichen würde. Diefe Thatfachen fchaffen aber aus bekannten Gründen die Ausführung folcher Gefimfe nicht aus der Welt; daher mufs die Conftructionslehre von ihnen reden. Als Beifpiele zur Darftellung ihrer allge-meinen Züge feien zunächft genannt Fig. 763 u. 772.

Die größeren ebenen Flächen derartiger Gesimse werden aus Brettern kastenartig zusammengesetzt, mit oder ohne Falze oder Spunde mit Nuth, und auf

Fig. 763.

Von einem Pavillon auf der Weltausstellung zu Paris 1878[*].
ca. ¹⁄₁₀ u. ¹⁄₂₀ w. Gr.
Arch.: Waaser & Bougleux.

diese Flächen die gehobelten Gesimsleisten genagelt, die der vorgeschriebenen Profilirung entsprechen. Architrave und Friese sind einfache gehobelte oder profilirte Tafeln, durch Einschubleisten gegen das Werfen geschützt oder als

Fig. 764.

Vom Schulhaus zu Rougemont [117]).

geftemmte Arbeit hergeftellt; häufiger werden übrigens diefe Gefimstheile auch bei hölzernen Kranzgefimfen in Putz gezogen oder gegoffen. Als Gurtgefimfe erfcheinen folche Brettergefimfe wohl nur an Fachwerkbauten, welche die Stein-Architektur nachahmen; fie werden dann durch rauhe Querfchablonen aus Brettern, die in das Innere des prismatifchen Kaftens gefetzt find, verfteift und finden ihren Halt an den Zimmerhölzern der Wände mit Hilfe von Bankftiften oder angefchraubten Winkelbändern. Als Hauptgefimfe treten fie aber auch über gemauerten Aufsenwänden auf, befonders dann, wenn die Mauerftärke des letzten Gefchoffes die gewünfchte Ausladung an einem maffiven Gefims nicht mehr geftatten oder die früher befchriebenen künftlichen Hilfsmittel erfordern würde. Die Unterlage, auf welcher hier die Brettergefimskaften genagelt werden, bilden entweder die Balken- oder Sparrenköpfe unmittelbar, indem fie ent-fprechend nach loth- und wagrechten Ebenen abgefchnitten werden; oder es find auch noch auskragende Bretter an die Seitenflächen der Zimmerhölzer genagelt oder gefchraubt, welche nach unten die

Schablonen des Gefimfes bilden, oder endlich, als folche find eigene Geftelle aus Zimmerhölzern oder Brettern fachwerkartig zufammengefetzt und mit den Sparren und Dachbalken, bezw. den Wand-pfoften oder der Mauer durch Eifentheile verbunden, auch wohl in die Mauer hineinftechend angeordnet und im Inneren mit den Dachhölzern in einen un-verfchieblichen Zufammenhang gebracht. Diefe Schablonen follen in Entfernungen von 0,8 bis 1,1 ᵐ gefetzt fein.

Fig. 765 ᵐ').

Die wafferdichte Abdeckung diefer Gefimfe, fo wie auch der unter e genannten Brettergefimfe im Holzbauftil, gefchieht mit Zinkblech Nr. 13, das am Vorderrand die Holzkante um 1 bis 3 ᶜᵐ überragt und durch aufgenagelte Haften oder beffer Rand-ftreifen aus verzinktem Eifenblech in derfelben Weife gehalten wird, wie bei den Hauftein- oder Putzgefimfen mit Blechabdeckung. Der innere Rand des Deckbleches wird bei Gurtgefimfen auf maffiver Mauer in die nächfte Lagerfuge gefteckt und darin verkeilt; für Gurtgefimfe auf Fachwerkwänden zeigt Fig. 772 die Befeftigung des inneren Blechrandes. Bei Hauptgefimfen ift diefer am Traufbrett aufgebogen und angenagelt.

Rofetten und Confolen werden in Gyps- oder Cementgufs oder als gebrannte Thonfchalen an die Holztheile des Gefimfes (meift nur die Bretter der Kranz-platten-Unterfläche) hinaufgefchraubt und Confolen aufserdem am Unterrande gut unterftützt; die hieraus entftehende Belaftung ift bei der Beftimmung der Holzabmeffungen im Auge zu behalten, eben fo die Zerbrechlichkeit von Gyps-Confolen bei der Wahl ihrer Formen und Befeftigungsweife. Schwerere Con-folen und Rofetten erfordern unbedingt Mutterfchrauben. Eierftäbe, Blattftäbe und andere sculpirte Glieder, als Gyps- oder Cement-Gufsftücke, den gehobelten Gefimsleiften der tragenden Glieder eingefügt, werden einfach aufgenagelt und bei größerem Querfchnitt mit Holzfchrauben befeftigt; ihre Verwendung ift aber nur unter der Kranzplatte, nicht in ihren krönenden Gliedern zuläffig. An der Unterfläche einer größeren Kranzplatte werden die Bretterfugen fehr leicht

Fig. 766.

Fig. 767.

¹⁄₁₀ w. Gr.

¹⁄₁₀ w. Gr.

fichtbar; man macht fie zuweilen minder ftörend, indem man fie durch Fafen der Bretterkanten verftärkt; ganz vermeiden laffen fie fich durch Einfetzen geftemmter Tafeln in die Deckenfelder zwifchen den Confolen; man erreicht hierdurch außerdem eine Annäherung an die römifche Caffettenbildung in der Kranzplatten-Unterfläche.

Confolen-Gefimfe finden fich auch derart, daß die Köpfe der Dachbalken (oder der Stichbalken eines Kehlbalkendaches mit Knieftock) die Confolenreihe bilden, wozu fie im Steincharakter einfach profilirt und wohl auch etwas gefchnitzt find.

Ueber dem Kranzgefimskaften fitzt die Rinne, fei es aufgehängt an den Sparrenköpfen oder an Auffchüblingen über den Sparrenköpfen mit Hilfe der Rinnenträger und an der Vorderfläche verkleidet mit einem Rinnleiften aus Zink oder verzinktem Eifenblech, der das oberfte Gefimsglied darftellt, fei es als Zinkblech-Canal eingebettet in einem Kaften aus Brettern, der durch die in feinem Inneren liegenden, aus Flacheifen abgebogenen Rinnenträger zufammen

Fig. 768.

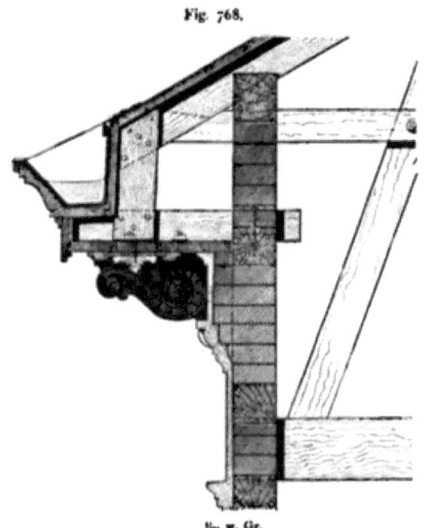

gehalten und deffen äußeres aufrechtes Brett als Rinnleiften des Gefimfes ausgehobelt ift. Auch noch andere Verbindungsweifen der Rinne mit dem Gefims kommen vor.

Fig. 769.

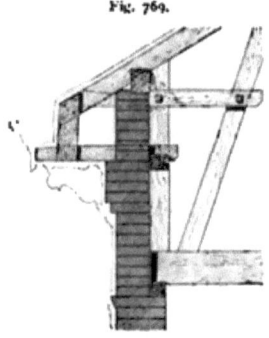

¹⁄₁₀ w. Gr.

¹⁄₁₀ w. Gr.

Im Folgenden find die gewählten Beifpiele nach ihren Einzelheiten befprochen.

In Fig. 766 find die Gefimsbretter unmittelbar an den Sparren genagelt, wogegen in Fig. 767 wagrechte Dübel in Entfernungen von etwa 80 ᶜᵐ eingemauert und die Bretter an diefe genagelt find.

Fig. 770.

Von einem Wohnhaus-Umbau zu Stuttgart.

Arch.: *Göller*

Die Rinnenbretter werden durch ⊔-förmig abgebogene Flacheifenbänder zufammengehalten, die im Inneren des Brettercanals fenkrecht zu feiner Längenrichtung verfenkt angefchraubt werden. Für die tragenden Glieder find Brettfchablonen feitlich an die Dübel genagelt.

Ein größeres Confolen-Gefims über einer Fachwerkwand ift in Fig. 768 dargeftellt. An jedem Sparren fitzt als Rücklehne der Bretter ein Geftell aus einem lothrechten Brett und einem wagrechten

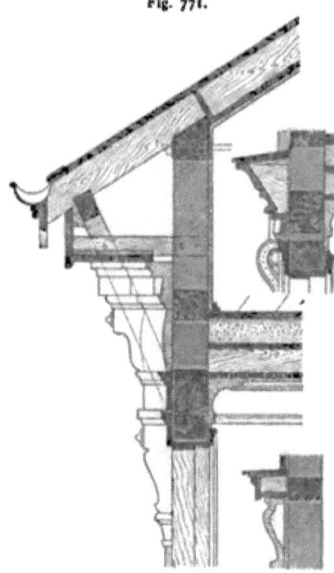

Fig. 771.

Einzelheiten zu Fig. 770. — $^1/_{25}$ w. Gr.

Zimmerholz, das innen an einen Wandriegel geblattet und genagelt ift. Die Kranzplatten-Unterfläche befteht aus drei gefalzten Brettern, und an diefe find die Gyps- oder Cement-Confolen mit je zwei Mutterfchrauben aufgehängt, wozu zwei wagrechte Flacheifenftäbe quer liegend in die Confolen einzugiefsen find. Bei kleinen Confolen genügt neben dem inneren Auflager das Aufhängen durch eine Mutterfchraube, welche die Gyps-Confolen der ganzen Höhe nach durchbohrt. Zwifchen den Confolen ift eine geftemmte Tafel mit Gyps- oder Cement-Rofette an die Bretter gehängt. Die Unterglieder und Zwifchenflächen der Confolen find in Putz hergeftellt, eben fo Fries und Architrav. Die Variante für das Unterlager deffelben Gefimfes auf maffiver Mauer ift in Fig. 769 dargeftellt und bedarf keiner Erklärung.

Fig. 770 u. 771 bieten ein reicheres Hauptgefims deffelben Art. Streng genommen ift es übrigens zu den Sparrengefimfen zu rechnen, indem die Sparren ein wenig von aufsen fichtbar find und auch die Traufbildung mit gezacktem Hängebrett dem Holzbauftil entfpricht. Nur die Auszeichnung des Oberrandes der Wand ift ein Holzgefims mit Haufteinformen, und feine grofse Ausladung verdeckt grofsentheils die Unteranficht des Sparrengefimfes. Fig. 770 ift im unteren Theile als Durchfchnitt durch das Fenfter und gegen oben als Durchfchnitt am Pfeiler gezeichnet; fie macht erfichtlich, dafs Bretter und Gyps-Confolen an Geftellen aus einer Strebe und einer Zange hängen, welche an Wandpfette und Fenfterpfoften, bezw. an ein wagrechtes Holz unter den Sparren befeftigt find. Fig. 771 giebt Durchfchnitte der unteren Fenfterbekrönung und des Gurtgefimfes darüber; in beiden Fällen beftehen die Confolen aus Gyps.

Die Conftruction eines Gurtgefimfes als eines Kaftens aus glatten und profilirten Brettern mit Zahnfchnittleifte darunter macht Fig. 772 erfichtlich; Fries und Halsglieder darunter find geputzt. Die Eifen, die das Gefims halten, wiederholen fich an jedem Wandpfoften.

Wo Gefimfe der befprochenen Gattung am Giebel auftreten, bietet ihre Herftellungsweife keinen wefentlichen Unterfchied gegenüber den wagrechten. Die Unterlage für die Kranzplattenbretter erzielt man bei etwas gröfseren Ausladungen durch wagrechte Sparrenftiche, die vom erften inneren Sparren ausgehen und über die Wand oder Mauer vorkragen; fie werden in Entfernungen von etwa 1 ^{m} gelegt und nehmen entfprechendenfalls

Fig. 772.

$^1/_{15}$ w. Gr.

für die unteren Gefimstheile Bretterfchablonen auf, die einerfeits an ihre Seitenflächen genagelt, andererfeits an der Mauer oder Fachwerkwand unverfchieblich befeftigt find. Fig. 773 bietet den Durchfchnitt eines folchen Gefimfes fenkrecht zum Giebelrand, wobei als zugehöriges Traufgefims Fig. 768 vorausgefetzt ift. An der Giebelecke bildet fich ein ziemlich verwickeltes Zimmerwerk als Unterlage der Gefimsbretter und Leiften. Anftatt des Holzrinnleiftens in Fig. 773 erfcheint — wenn das Traufgefims eine Blech-Sima erhalten hat — ein folcher in Zink- oder Eifenblech als oberftes Gefimsglied des Giebels und eine Rinne da-

225
Giebel-
gefimfe.

hinter, die ihr Waffer am Fuß in die
Traufrinne abgiebt, und bei kleinen
Gefimfen findet fich endlich (im Zu-
fammenhang mit einer Form der
Traufrinne etwa nach Fig. 766) der
Rinnleiften in Eifenblech, zuweilen
allein über die Bedachung hinaus-
ragend, genagelt auf den Rand der
Verfchalung, mit Wafferfalz für den
Anfchluß der Bedachung und mit
aufgelötheten Schutzkappen über den
Nagelköpfen.

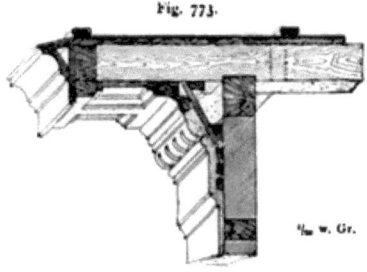

Fig. 773.

¹⁄₂₀ w. Gr.

170.
Frei
tragende
Gefimfe.

Frei tragende äußere Holzge-
fimfe mit Haufteinformen find als Verkleidung von Holzbalken oder Eifenträgern fehr häufig über Schaufenftern,
Einfahrten und anderen großen Lichtöffnungen in Fachwerkwänden oder gemauerten Außenwänden. Fig. 774
bietet den verkleideten Eifenträger mit der Annahme
einer Oberwand in Fachwerk; leicht abzuleiten ift die
(übrigens ziemlich feltene) Conftruction für die gemauerte
Oberwand. Um die Unterlage zum Aufnageln der Gefimsbretter und -Leiften herzuftellen, werden wagrechte
Zimmerhölzer oder Bretter an die Mittelrippe des Trägers
angefchraubt, auch wohl nur hochkantig geftellte Bretter-
oder Zimmerholzftücke in Entfernungen von 60 bis 80 ᶜᵐ.

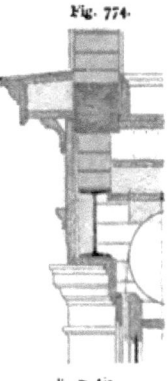

Fig. 774.

¹⁄₂₀ w. Gr

An Schaufenftern treten unter den Eifenträgern oft eiferne Zwifchen-
ftützen auf; fie bleiben meift als verzierte Gußeifenfäulen fichtbar, und die
Kapitell-Oberkante muß um die Dicke des unterften Gefimsbrettes unter
der Trägerunterkante liegen. Weniger häufig ift die Nachbildung von
Steinpfeilern, Rahmengefimfen oder Pilaftern als einer Verkleidung von
Walz- oder Gußeifenftützen mit geftemmten oder glatten Breitflächen und
profilirten Leiften; beim Anfetzen folcher Holztheile an die Stützen ift
derfelbe Weg einzufchlagen, wie beim Verkleiden der Träger.

i) Innere Holzgefimfe als Nachbildung von Haufteinformen.

171.
Wand- und
Decken-
gefimfe.

Wand- oder Deckengefimfe im Inneren find bei kleinerem Querfchnitt ausgehobelte, bezw. gefchnitzte und fculpirte Stäbe oder Bretter, bei größerer Ausladung wieder zufammengefetzte und inwendig verfteifte Kaften aus Brettern
und profilirten Leiften, die an Wandhölzern oder Balken mit Eifenbändern oder
Bankftiften befeftigt werden. Beifpiele find Fig. 775, 776ᵗᵉʰ u. 777ᵗᵉʰ. Fehlen Wand-
hölzer zum Anfetzen der Eifentheile, fo werden diefe entweder an eingemauerten
Eichendübeln angefchraubt oder, als Bankeifen, einfach in eine Mauerfuge getrieben. Nur bedeutende Ausladungen von Wand- und Deckengefimfen bedürfen
als Unterlage einer Reihe von Schablonen, die aus zufammengenagelten Brettern
ausgefchnitten find und fenkrecht zur Gefimsrichtung ftehend fich in Entfernungen von 0,8 bis 1,0 ᵐ wiederholen. Sie werden entweder an die Seitenflächen der Deckenbalken angenagelt oder mit Eifentheilen an der Mauer be-

*) Facf.-Repr. nach: CHABAT, P. *Dictionnaire des termes employés dans la conftruction*. 2. Aufl. Paris 1881—82.
Bd. 2, S. 115.
**) Facf.-Repr. nach: *Revue gén. de l'arch.* 1856, Pl. 14.

Fig. 775.

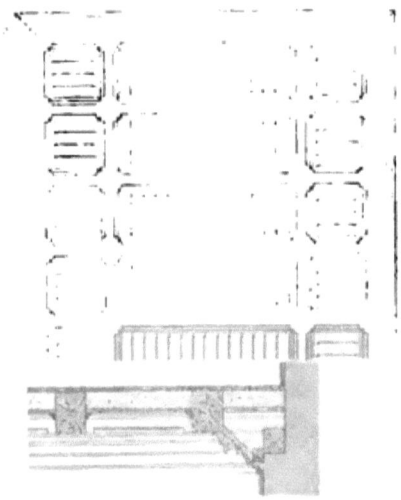

feftigt. Die gröfsten Ausladungen endlich erhalten als
Schablonen wieder vollftän-
dige Fachwerke aus Bret-
tern oder leichten Zimmerhölzern, wie bei den Gefimfen
in Art. 151 (S. 233) angegeben. Auf die Stirnfeiten
der Schablonen nagelt man
die Gefimsbretter und -Lei-
ften; Holz-Confolen, Rofetten,
Schilder, Ornamente aller
Art werden auf diefe aufge-
fchraubt. Nicht felten werden übrigens derartige Zierftücke und felbft fculpirte
Gefimsleiften auch bei fonft
in Holz hergeftellten inneren
Gefimfen in Gypsgufs hergeftellt und mit Nägeln oder
Schrauben den Holztheilen
angefügt.

Erfcheinen Holzgefimfe
als Verkleidung eiferner

216.
Frei
tragende
Gefimfe.

Unterzüge, fo geben meift wieder die Deckenbalken Gelegenheit zum Annageln
der nöthigen Schablonen. Anderenfalls fchafft man fich durch Bretter oder
Zimmerhölzer, die an die Mittelrippe der Träger gefchraubt werden und auf
deren Unterflanfchen aufliegen, die Unterlage, auf welcher genagelt werden

Fig. 776 ***).

kann; ja es ift eine genügende Befeftigung
der Holztheile am Träger oft fchon durch
ihren eigenen Zufammenhang, ohne Durchbohren der Trägerwand, zu erreichen. Ein
Beifpiel bietet Fig. 778.

Bezüglich der Verwerthung von Holzgefimfen bei geftemmten Decken ift auf das
in Art. 186 (S. 295) über die geftemmte Arbeit im Allgemeinen Gefagte und auf das
dort für eine folche Decke aufgenommene
Beifpiel (Fig. 677) zu verweifen.

Wo die befcheidene Schattenwirkung
der geftemmten Fläche, welche übrigens
nach Fig. 681 u. 682 gefteigert werden kann,
nicht für genügend erachtet wird, da tritt
die Caffettendecke auf, entweder in Putz
oder Holz hergeftellt. Stucktheile find auch
im letzten Falle faft immer beigezogen.
Fig. 779 ***) bietet ein Beifpiel aus der Re-

***) Nach: Raynaud, L., *Traité d'architecture*. Bd. 1.
4. Aufl. Paris 1875.

naiffancezeit mit quadratifchen Caffetten. Diefe find Kaften aus ausgehobelten und fculpirten Brettern und haben die Form hohler, abgeftumpfter Pyramiden; zwifchen je zwei Deckenbalken ift eine Reihe folcher Kaften eingefetzt und an

Fig. 777.

Vom Chorgeftühl in der Kirche *St. Sernin* zu Touloufe (XVII. Jahrh.[***]).
ca. ⅓₀ w. Gr.

fie hinaufgehängt. Die Friefe zwifchen den Caffetten find an die Balkenunter-fläche unmittelbar befeftigt, fo weit fie in der Richtung der Balken liegen, und im Uebrigen zwifchen die Bretterkaften eingefetzt. Bei reicheren Umrifsformen der Caffetten würden diefe an eine ftarke Decke aus rauhen Brettern anzuhängen fein, die unter allen Balken weggeführt wäre.

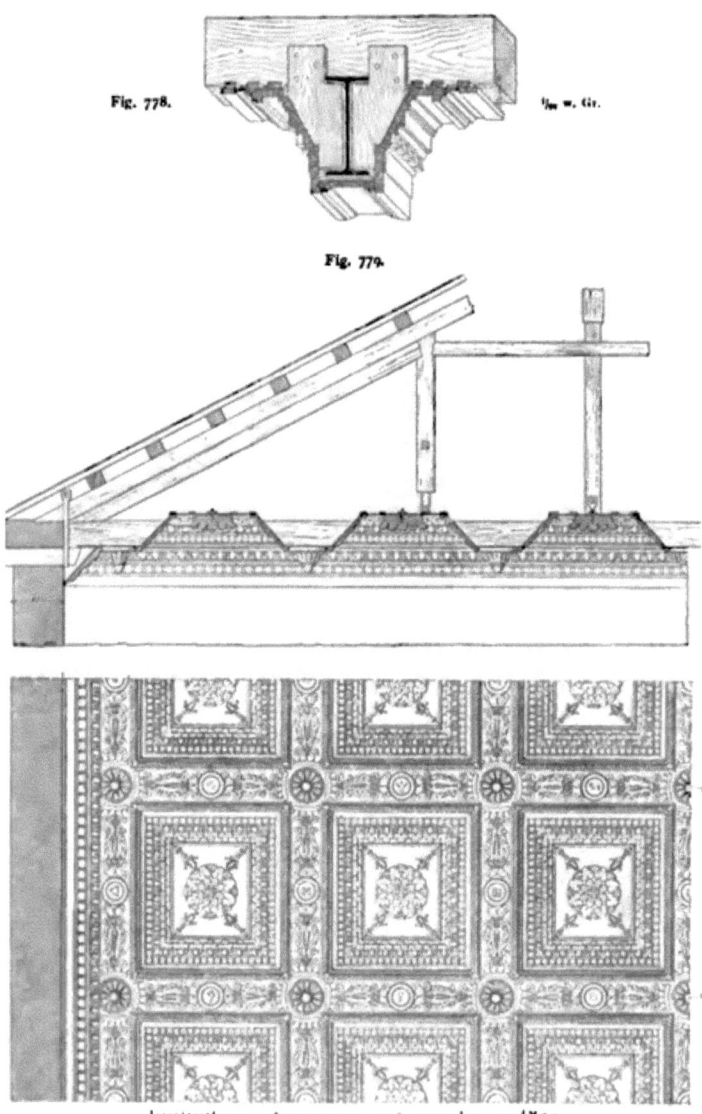

Fig. 778.

⁹/₁₀ w. Gr.

Fig. 779.

Decke aus *Santa Maria maggiore* zu Rom[20].

k) Gefimfe in Holz an Umrahmungen von Fenftern und Thüren.

Umrahmungen in Holz-Architektur können nicht nur auf Wänden in Holz, fondern auch auf maffiven Mauern auftreten, und hiernach find als Hintergrund einer Fenfter- oder Thürumrahmung mit Holzgefimfen folgende Arten von Wand-flächen möglich: die Fachwerkwand in Rohbau mit Feldern in Backftein-Roh-bau oder Putz, die Fach-

werkwand mit einge-fchnittener Verbrette-rung in den Feldern, die durchaus verputzte Fachwerkwand oder Mauer, die Rohbau-mauer in Hauftein, Bruchftein, Backftein, Beton, die Blockwand mit vierkantigen oder zweifeitig befchlagenen oder ganz runden Höl-zern, die Bohlenwand, die Bretterwand, die Schindelwand, die mit Schiefern oder Ziegeln verkleidete Wand. Als ein befonderer Fall ift die Lichtöffnung in der offenen Fachwerkwand der Halle und Veranda zu nennen.

Auch der Schmuck der Holzeinfaffungen läfft die zwei Grund-gedanken erkennen, die am Haufteinfenfter in mannigfaltigfter Weife verwirklicht erfcheinen und in Art. 125 (S. 192) an den Formen der Backfteinumrahmungen erklärt worden find: entweder Stütze und Ueberdeckung find durch den Schmuck als folche charakterifirt, wo-

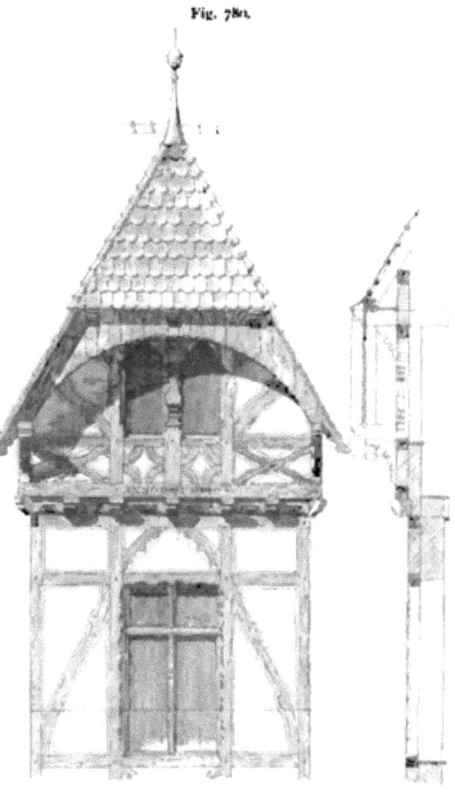

Fig. 780.

Von einem Landhaus zu Herrfching[111].
Arch.: Heubach.

durch die »Trägereinfaffung« entfteht, oder die Einfaffung fpricht fich als »Rahmen« aus, der um die Lichtöffnung, wie um einen an der Wand hängenden Spiegel gelegt ift. Der erfte Grundgedanke ift beifpielsweife in Fig. 814 ver-wirklicht; die Freipfoften find durch das Kapitell als Stützen verkündigt, und

[111] Nach: Neumeister & Härlein, a. a. O., Taf. 37.

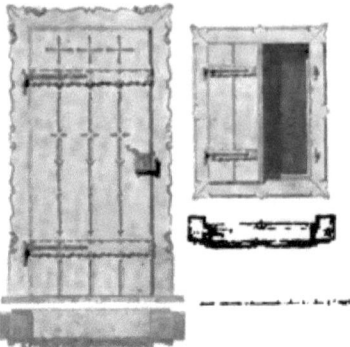

Fig. 781.

Vom öſt. Haus auf der Weltausſtellung zu Paris 1867[***]).
(Siehe Fig. 718.)
Arch.: *Weber*.

die Ueberdeckung iſt eine der Formen, die der geſchmückte Träger
oder Balken auch anderwärts annimmt, wogegen Fig. 783 den Gedanken des Rahmens zu deutlichſter
Anſchauung bringt, indem darin die
Vorſtellung ſtützender und frei tragender Theile des Ganzen nicht geboten iſt. Die in Art. 125 (S. 193)
beſchriebenen »Combinationen«, die
der Hauſtein- und Backſteinbau mit
Trägereinfaſſungen und Rahmen,
oder im Umſchliefsen eines Rahmens durch einen zweiten u. ſ. f.
vornehmen, find in der Holz-Architektur ebenfalls möglich, wofür zunächſt auf Fig. 722 als ein bezeichnendes Beiſpiel hingewieſen
ſein mag.

Bei manchen Fenſterformen in
Holz wird übrigens die Unterſcheidung von Rahmen und Trägereinfaſſung un-
ſicher. Der Schmuck der Fachwerkwand und der Blockwand in Rohbau geht
im Allgemeinen nicht darauf aus, die Functionen der einzelnen Stäbe als Stützen,
Streben, Träger, Schwellen, Spannriegel auszuſprechen, ſondern behandelt alle
mit denſelben Schmuckformen, meiſt den Faſen. Im Zuſammenhang hiermit
kann die Fenſteröffnung in der Fachwerkwand in einer Form auftreten, bei der
Stütze und Ueberdeckung zwar als ſolche deutlich vor Augen ſtehen, aber doch
im Schmuck nicht als ſolche charakteriſirt find. Fig. 674, 780 u. 792 gehören
hierher. Dieſer Fall iſt dem Rahmen zuge-
rechnet, auch wenn das Rahmengeſims nur
ein Faſen iſt; ſtreng genommen bilden ſolche
Fehler eines Stabwerkes eine beſondere Kunſt-
formengruppe der »Rahmenwerke.«

Fig. 782.

Der Conſtruction und Form nach wären
die meiſten Fenſterumrahmungen bei den
»Brettergeſimſen im Holzbauſtil« einzutheilen,
deren Grundzüge als ſolche der wagrechten
Geſimſe in Art. 217 (S. 337) erklärt worden
find; an ihren Verdachungen kommen aber
auch »Sparrengeſimſe an der Traufe« und
eben ſolche »am Giebel« vor; eben ſo fehlen
die Nachbildungen der Formen des Hauſtein-
fenſters nicht. Gedrehte und geſchnitzte Arbeit findet ſich nur an den reicheren Umrahmungen.

Die ſchmuckloſe Werkform des Holz-
fenſters in der Fachwerk- und Blockwand erſcheint in Fig. 731 Giebelfeld, 734 oben, 755 u. a.
Den einfachſten Schmuck, das Faſen der

Fensterpfosten und des Sturzriegels als Vorstufen eines Rahmengesimses, zeigen Fig. 645 unten u. 792; im letzten Falle ist die Lichtöffnung selbst mit kleinen Stützen (gedrehten Balustern) so weit geschlossen, daß der Durchzug der Luft noch gewahrt ist. Reichere Fasung der Holzkanten zeigen Fig. 780 unten [***]) u. 794, geschnitzte Zierformen an den Holzkanten Fig. 674, 790 u. 822.

232.
Rahmen.

Vollständig ausgebildet, aber noch immer von einfachster Gestalt, ist der Rahmen in Fig. 781. Hier erscheint nur eine Bewegung im Umriß in Verbindung mit dem Fasen als Ziermittel; auch dieser könnte noch fehlen. Ein kräftigerer Gegensatz von Oben, Unten und Neben ist in Fig. 782 erzielt und eine sehr reiche Umrißlinie mit ausgefägter Durchbrechung des Rahmens in Fig. 783; genauer betrachtet sind hier schon zwei Bretterrahmen auf einander gelegt, wovon der innere mit zickzackförmigem Rande sich abgrenzt.

Ein Gesims aus ausgehobelten Brettern als Rahmen ist ohne Zugabe ein der strengeren Holz-Architektur fremdes Motiv, weil zu sehr als Nachbildung des Hausteinrahmens, auffaßbar; doch ist es an der

Fig. 783.

Entwurf des Verf. — ca. ⅒ w. Gr.

überwiegenden Zahl von Wohnhaus-Zimmerthüren verwirklicht. In Fig. 735, 745, 780, 791, 795, 796 u. 799 erscheint es mit unzweifelhaften Holzformen eng verbunden und dadurch des Anklanges an den Hausteinrahmen ledig; am letztgenannten Beispiel ist es als Halbkreisrahmen aufgesetzt auf einen Rahmen der ersten Art. Dieselbe Verbindung ist in Fig. 784 dadurch entstanden, daß ein Gesimsrahmenholz mit starkem Vortreten die Führung für die nach unten zu schiebenden, in gestemmter Arbeit hergestellten und reich bemalten Fensterläden zu bilden hat. Die »Ohren« des Hauftein-Gefims-rahmens bildet das Fenfter in Fig. 730 mit Beifügen umrifsbildender Theile nach. Der mit farbigen Zuthaten gefchmückte Rahmen in Fig. 740 fchliefst ebenfalls mit wenig bewegtem Umrifs an die Ohrenbildung an und fetzt ein feines Gefimsglied an den inneren Rand. Aehnlich Fig. 722.

In Fig. 791 ift der Rahmen, abgefehen von den fpäter zu betrachtenden äußeren Theilen der Einfaffung, durch ein reicheres Fafen der Zimmerholzkanten in Verbindung mit aufgefetzten Gefimsleiften gebildet. Fig. 797 zeigt ein nach der Zickzacklinie ausgefchnittenes Brett mit Beifügung von Gefimsleiften. Der innere Theil der in Fig. 812 dargeftellten Kunftform ift ein fculpirter Gefims-rahmen, der auf einen nach lebhafter Umrifslinie ausgefchnittenen, theilweife durchbrochenen Bretterrahmen aufgefetzt ift, eine Rahmenform, die fchon für

Fig. 781.

Vom Tyroler Haus auf der Weltausftellung zu Paris 1867 ***).
Arch.: Weber.

fich allein, ohne die gedrehten Stützen und den Giebel, zu den reicheren zu rechnen wäre. Fig. 785 bietet den durchbrochenen Bretterrahmen, aufgefetzt auf einen vollen umrifsbildenden und Fig. 786 den glatten Gefimsrahmen auf einem durchbrochenen, der ebenfalls einen lebhaften Umrifs der ganzen Fenfterform zu erzielen hat. In Fig. 787 bilden vier überblattete Zimmerhölzer einen Rahmen. Schon diefes Motiv an fich kann mit einfacher Fafung und Kopfbildung der Hölzer eine Fenftereinfaffung darftellen, ohne dafs eine Bekrönung irgend welcher Art hinzutreten müfste; ja es läfst fich durch Einfügen weiterer Hölzer, etwa folcher mit 45 Grad Neigung oder bogenförmiger, noch manches andere Motiv derfelben Art erfinden, das auf der Putzwand oder Schindelwand oder Backftein-Rohbauwand brauchbar wäre. Im dargeftellten Falle ift die Fafung eine folche der reicheren Form und der Zimmerholzrahmen nicht unmittelbar auf die Wand, fondern (fcheinbar) auf einen zweiten Rahmen aus Brettern gefetzt, der den erften nach allen Seiten überragt und den lebhaften Umrifs des Ganzen liefert. Die Bekrönung ift fpäter in Betracht zu ziehen.

Ein nicht durch ein Beifpiel vertretener, oben erwähnter und dem Rahmen zuzurechnender Fall ift diejenige Ausbildung der offenen Fachwerkwand, bei welcher alle Zimmerhölzer in gleicher Weife einfacher oder reicher gefaft und Pfoftenfüße oder Kapitelle nicht eingeführt find, fo dafs die Functionen von Pfoften, Streben, Pfetten und Spannriegeln nicht im Schmuck zum Ausdruck gelangen.

332.
Rahmenwerk
als
Hallenwand-
Motiv.

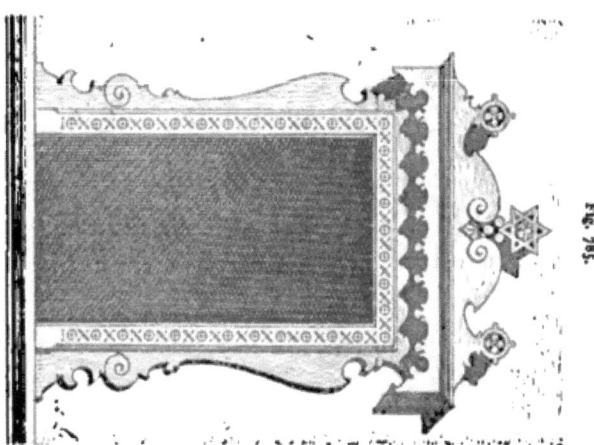

Fig. 785.

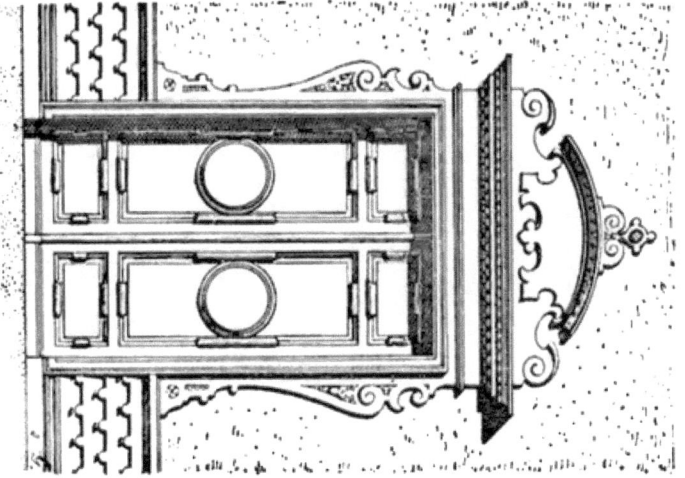

Fig. 786.

Reichere Formen gewinnt beim Holzfenfter der Rahmen durch die Bekrönungen oder Verdachungen, deren Gedanke offenbar nicht nur vom Haufftein-
oder Backfteinrahmenfenfter herüber genommen ift, fondern welche im Holzbau
im Allgemeinen weit mehr einen wirklichen Schutz der Lichtöffnung zu bieten
haben, als im Steinbau. Allerdings trifft dies nur für die fpäter zu betrachtenden, ftärker vortretenden Bekrönungen zu; die einfachften Formen find auch im
Holzbau nur Zierformen.

Fig. 787.

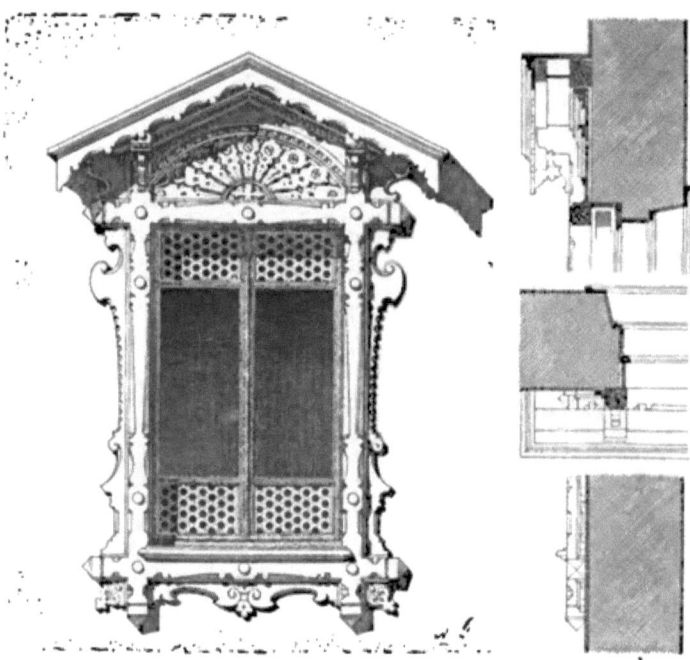

Entwurf des Verf. — ca. 1/10 w. Gr.

Diejenige in Fig. 788 kann als eine folche gelten; fie ift nur ein wagrechter,
ausgehobelter Gefimsftab; eben fo in Fig. 717 ganz oben. In Fig. 786 ift das
wagrechte Gefims fchon reicher und durch einen aufgefetzten Schild mit Bogen-
bekrönung ein lebhafter Umrifs der Rahmenform auch nach oben gewonnen.
Diefelben Ziermittel verwerthen in Fig. 801 die Fenfter im Erdgefchofs. Fig. 701
zeigt das Beiziehen der Farbe an einem einfach bekrönten Rahmenfenfter. In
Fig. 730 hat die fchwach vortretende wagrechte Bekrönung die geneigten Randlinien und die Auszeichnung der Eckpunkte eines flachen Giebels erhalten; in
Fig. 722 u. 740 folgen fchon alle der Krönungsleifte angehörigen Linien einer
Giebelneigung. In Fig. 717, Gefchofs mit den drei Fenftern, ift ein hierher ge-

höriges Motiv angedeutet, das fich noch mit anderen Einzelformen mannigfaltig umbilden läfft. Das Krönungsgefims ift in drei Theile zerlegt, die durch ihre getrennte Umrifsbildung einen lebhafteren Linienreiz erzielen, aber doch einheitlich behandelt find.

Zur vollftändigen Giebelbekrönung ift die fchwach vortretende Gefimsleifte in Fig. 789 geworden; diefes Beifpiel ift bezeichnend für diejenigen Holzgefimfe, die den Gedanken einer Haufteinform aus einer beftimmten Stilfchattirung in die Sprache der Holz-Architektur zu überfetzen fuchen. Fig. 790 zeigt über einem Bogenfenfter die krönende Gefimsleifte mit Fries und fegmentförmigem Auffatz, der einen Anklang an den Segmentbogengiebel bietet, in reicher gefchnitzter Arbeit; der Rahmen ift hier ein aus der Zimmerholzkante gefchnittener, fchraubenförmig verzierter Stab mit ornamentalen Endauflöfungen; ein ebenfalls mit

Fig. 788.

gefchnitzter Arbeit verziertes Losholz mit feft ftehendem lothrechten Stab darüber theilt die Lichtöffnung. Die Brüftung findet ihren Schmuck in einer im Kerbfchnitt behandelten, zwifchen die Zimmerhölzer eingefügten Holztafel mit Bekrönung durch ein dem Riegel aufgefetztes Gefims unter der Fenfterbankdiele.

Ein ftärkeres Mafs des Vortretens der Bekrönung wird erreicht, wenn diefe als ein Bretterkaften mit Holzbauformen als Anklang an die lothrechte Hängeplatte der Steinbekrönung geftaltet wird.

Fig. 789.

Entwurf des Verf. — ca. ¹/₄ w. Gr.

Hierher gehören Fig. 722 u. 745 (oben), die Fenster in den zwei unteren Gefchoffen; im letzten Beifpiel ift die Bekrönung durch eine Dielen Confolenreihe fcheinbar unterftützt. In Fig. 785 ift das Hängebrett der Bekrönung nach oben in einem Auffatz fortgefetzt, um auch nach oben einen reicheren Umriß des Ganzen zu erhalten. Aehnlich ift es in Fig. 791; doch erfcheint hier die weitere Neuerung, daß die Bekrönung durch feitliche Doppelconfolen im Sinne beftimmter

Fig. 790.

Entwurf des Verf. — ca. ⅒ w. Gr.

Formen des Haufteinfenfters unterftützt und mit Benutzung von Fugenleiften der Bretterwand eine Lifene unter jede Doppelconfole gefetzt ift, wie überhaupt diefes Beifpiel den Anklang an ein Haufteinmotiv mit Hilfe polychrom behandelter Holzbauformen fo ftark als thunlich zu gewinnen fucht, ohne den Holzbau-Charakter aufzugeben.

Stärker fchon im Sinne eines Daches ausgebildet ift der bekrönende Bretterkaften in Fig. 792, 793[224], 794, 795 u. 796, und zwar find in den drei erften

[224] Nach: GLADBACH, a. a. O.

Fig. 791.

Entwurf des Verf. — ca. 1/15 w. Gr.

Fig. 792.

1/10 w. Gr.

Entwurf
des
Verf.

Fig. 703 *²²).

Fig. 794.

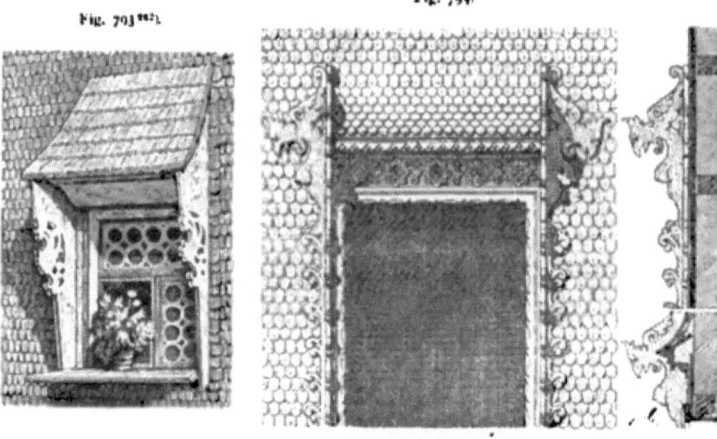

Entwurf des Verf. — ca. ⅟₄₅ w. Gr.

die Form des Pultdaches, in der vierten diejenige des Giebeldaches, in der letzten diejenige des Walmdaches als »Verdachung« verwerthet. Bei Bekrönungen auf der Schindelwand geht im Allgemeinen der Schindelpanzer ftetig mit einer concaven Cylinderfläche von der Wand in die Deckfläche über, wie dies zwei der Abbildungen zeigen; auch bei Schiefern ift es zuweilen fo. In Fig. 794 u. 795

Fig. 795.

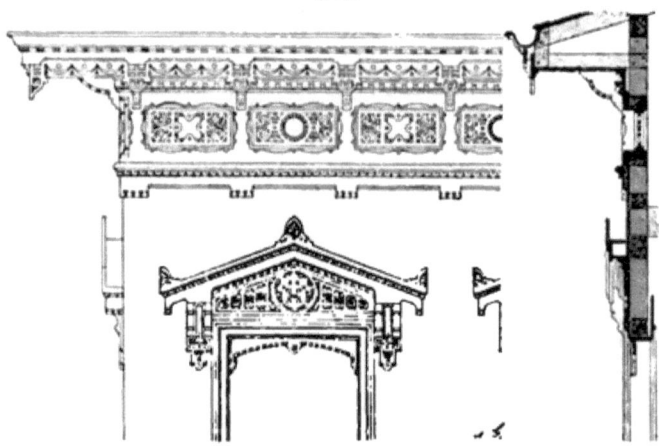

Entwurf des Verf. — ca. ⅟₄₅ w. Gr.

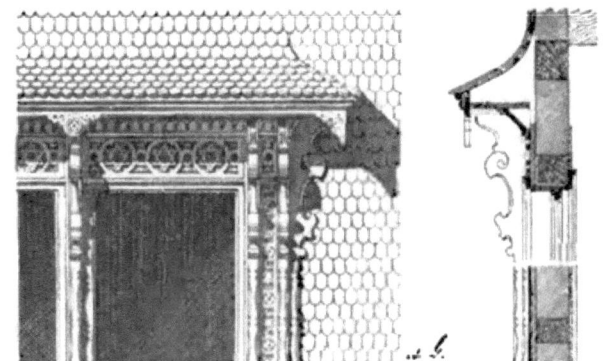

Fig. 796.

Fig. 797.

Entwürfe des Verf. — ⁹⁄₁₀ w. Gr.

Fig. 798.

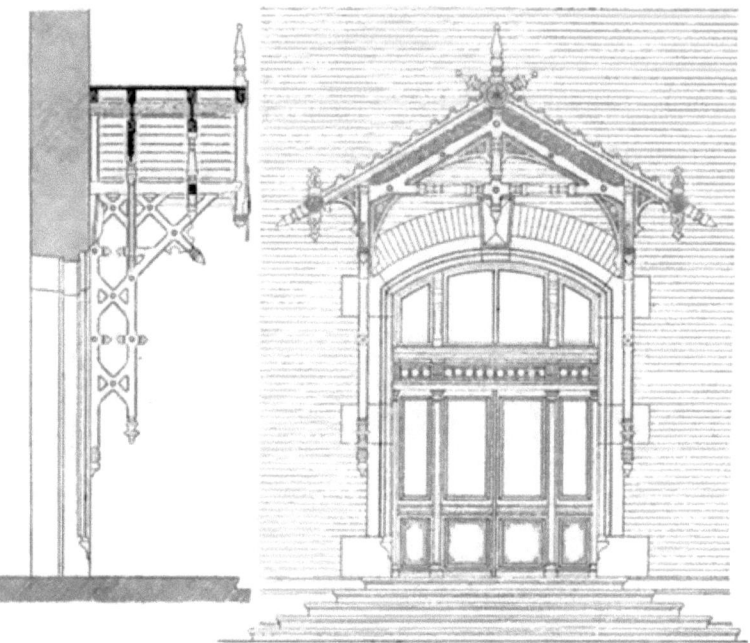

ca. ¹/₆₃ w. Gr.

Fig. 799.

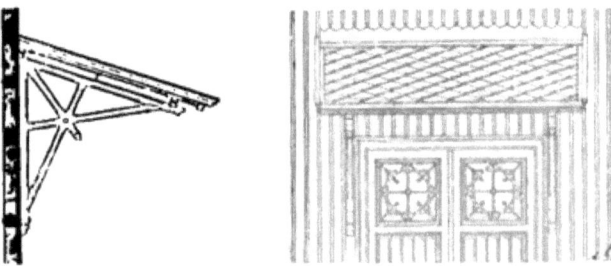

Entwürfe des Verf.

find die Bekrönungen von Seitenconfolen getragen, die auf hängenden Wand-
brettern fitzen; in Fig. 796 finden die Confolen ihre Verlängerung nach unten in
gefaßten Stäben, die auf der Bank auffitzen würden, wie in Fig. 797, fo daß
ftehende Stützen gebildet find. Den zwei nach vorn profilirten Stützen ift eine
gleich gestaltete, nach der Seite profilirte auf der Wand beigefügt, um einen
lebhafteren Umriß der ganzen Kunftform auf der Schindelfläche zu bilden. Derfelbe Gedanke erfcheint in Fig. 794 mit der Variante, daß das bekrönende Pultdach zwifchen den beiden nach vorn profilirten Stützen fitzt, alfo von ihnen
überragt wird. Auch in Fig. 793 ift das krönende Brett zwifchen zwei nach

vorn profilirten Con-
folenbrettern einge-
fchloffen; doch wer-
den diefe felbft von
der feitlich vortreten-
den Bedachung über-
deckt, womit fich die-
fes Motiv demjenigen
in Fig. 792 annähert.
In Fig. 795 tragen
beide Seitenconfolen,
wie dies der Höhen-
fchnitt zeigt, das
Brett, das die Dach-
fläche bildet, unmit-
telbar, und die unten
fichtbaren Gefimfe
mit ihrem eigenen
Deckbrett fchneiden
fich feitlich an die
Confolbretter an; das
lothrechte Stirnbrett
des Kaftens bedeckt
den oberen Theil der
Stirnflächen der Con-
folen.

Wenn auch in
der zuletzt betrachte-
ten Gruppe von Be-
krönungen die Dach-
fläche nur die Deck-

Fig. 800.

Entwurf des Verf. — $^{1}/_{100}$ w. Gr.

fläche eines Bretterkaftens darftellt, fo kann doch das Maß des Vortretens
fchon ein großes und ein guter Schutz der Lichtöffnung gegen den Schlagregen durch folche Verdachungen erzielt fein. Vollftändiger aber ift diefer
Zweck erft dadurch zu erreichen. daß die Bekrönung als ein ausgebildetes Dach
mit eigenen Sparren geftaltet wird, das auf Wandconfolen aus Dielen oder Fachwerk ruht. Solche ›Verdachungen‹ im wahren Sinne des Wortes erfcheinen in
Fig. 745, 787, 797, 798, 799, 800, 805 u. 812 und über mehreren Fenftern fort-
laufend in Fig. 789 u. 801. In den fünf erften bilden fie Giebeldächer, in
Fig. 799 und bei den zwei letzten Abbildungen Pultdächer, wogegen Fig. 800

Fig. 801.

Haus zu Wolfenſchieſſen [20].

den Fall einer ftark zufammengefetzten Dachform darftellt, der noch in anderen Verbindungen mehrerer Dachflächen Geftalt gewinnen könnte. Während in einem Theile der Beifpiele die Ausladungen wenig über diejenigen in der zuvor betrachteten Gruppe hinausgehen, find fie in anderen fo grofs, dafs die Verdachung auch ein ›Vordach‹[339] heifsen könnte. Nicht alle dargeftellten Beifpiele, über welchen diefe Bekrönungen erfcheinen, find Rahmen; da die fpäter ins Auge zu faffenden ›Trägereinfaffungen‹, und eben fo Lichtöffnungen in Stein- und Backfteinmauern, ganz in denfelben Formen bekrönt werden können, wie Rahmen, fo find die für fie dargeftellten Verdachungen hier mitbetrachtet.

In Fig. 797 ift die Giebelverdachung ein vollftändiges ›Sparrengefims am Giebel‹ mit Flugbrett, an welches ein kurzes Traufgefims anfchliefst; nur die Pfetten des Daches find hier noch durch Confolen erfetzt, die fich nach unten in fchon befchriebener Weife als profilirte und gefafte Stäbe fortfetzen. Ein hängendes Zierbrett, das fich an das Flugbrett anfügt, verdeckt die Stirnfläche der Confolen, wie fonft beim Giebelfparrengefims diejenigen der Dachpfette. In Fig. 787 find dagegen die Pfettenköpfe fichtbar und auf die Rahmenpfoften mit Confolen abgeftützt; das Flugbrett überdeckt hier den Sparren vollftändig, fo dafs es den reicheren Umrifs am unteren Rande erhalten konnte. Bei beiden Beifpielen bilden fich Giebelfelder zwifchen Rahmen und Bekrönung, die mit durchbrochenen Brettflächen gefchmückt find. Fig. 805 hat diefelbe Bekrönung über der Trägereinfaffung wie Fig. 797 über dem Rahmen; nur fehlen die hängenden Zierbretter vor den Confolen, und das Giebelfeld ift mit gefchnitzter anftatt ausgefägter Arbeit verziert. In Fig. 812 ift das Motiv über dem Rahmen mit mehrfacher Steigerung geboten, indem unter dem Wandfparren ein Zierdreieck aus Spannriegel mit Hängefäule und umrifsbildende Confolen eingefügt find, welche vom Flugfparren befchattet werden und felbft einen Schatten auf die Giebelfeldfläche werfen, indem ferner der ganze Sparrengefimsgiebel auf gedrehten Baluftern aufgefetzt ift, die neben dem Rahmen ftehen.

In Fig. 745 (unten) bildet ein einziges Sparrenpaar das ganze Giebeldach; eine durchbrochene Brettfläche fitzt als frei fchwebende Giebelwand in einem Falz diefes Sparrenpaares und ift durch Dielen-Confolenpaare unterftützt, die auf dem Gefimsrahmen fitzen.

Fig. 798 zeigt die weit vortretende Giebelverdachung mit vier Sparrenpaaren und drei Pfetten, von denen die äufseren auf Fachwerk-Confolen aufgelagert find; die Firftpfette ift, abgefehen von ihrer Befeftigung in der Mauer, von einem Hängewerk getragen, das unter dem dritten Sparrenpaar fitzt und vom Flugfparren befchattet ift. In der Ebene des zweiten Sparrenpaares ift unter den beiden Streben anftatt des Spannriegels ein Dielenbogen angeordnet, der an Pfoften der Fachwerk-Confolen feine Unterftützung findet. Die wagrechte Verfteifung des Zimmerwerkes gegen Sturm, welche bei Vordächern auf Confolen nothwendig ift, würde in ftarken Bandeifen beftehen, die von den inneren Traufpunkten aus gegen den äufseren Firftpunkt fchräg auffteigend von oben her in die Dachverfchalung verfenkt und auf jedem Sparren genagelt wären. In anderen Fällen wären wagrechte Kreuze zwifchen den Fufspfetten möglich.

In Fig. 799 ift das weit vortretende Pultdach auf Fachwerk-Confolen gelagert. Der Schutz gegen wagrechte Verdrehung durch Sturm befteht in einem Strebenkreuz, das zwifchen beide Pfetten eingelegt und deffen Schnittlinie in der Seitenanficht fichtbar ift. Pultdächer als Vordächer bedürfen im Allgemeinen

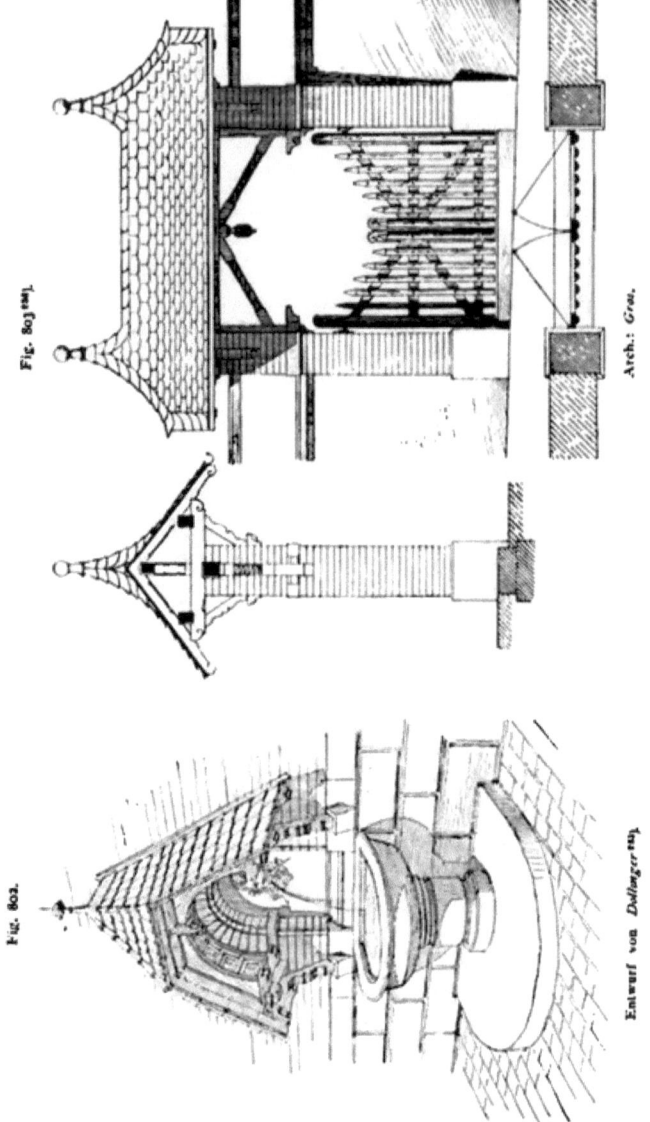

Fig. 803[989].

Arch.: *Grü.*

Fig. 802.

Entwurf von *Dollinger*[990].

einer Dachrinne an der Traufe, die entweder von Wafferfpeiern an den Endpunkten oder Ablaufröhren entwäffert wird.

Auf vier Fachwerk-Confolen ift die zufammengefetzte Vordachform in
Fig. 800 aufgelagert. Gegen Verdrehung find die Confolen durch wagrechte
Kreuze gefchützt, welche im Grundrifs fichtbar find und jedes Confolenpaar zu
einem fteifen Gerüft machen. Die verfchiedenen Dachneigungen haben zur
Folge, dafs die Fufspfetten nicht in gleicher Höhe liegen können, fondern die
Längspfettenftücke auf den fenkrecht zum Haufe gerichteten Fufspfetten des
Giebeldaches aufliegen, wie aus der Seitenanficht zu erkennen ift. Eine ab-
gewalmte Giebelverdachung in den in Art. 210 (S. 325) befchriebenen Formen
hat Fig. 802 [100]), und zwar über der in Backftein gemauerten Trägereinfaffung
einer Brunnennifche.

Die auf die ganze
Hauslänge durchlaufen-
de Holzverdachung er-
fcheint in ihrer urälte-
ften Geftalt am Block-
haus in Fig. 801 [102 u. 104].
Mit einigem Schmuck
der Confolen und Dach-
ränder ift das Motiv in
Fig. 789 dargeftellt.

Fig. 803 [100]) bietet eine
ganz frei ftebende Thorver-
dachung in Holz auf gemauerten Pfeilern

Die allein ftehende
Trägereinfaffung ift als
eine folche der mit Glas-
flügeln zu verfchliefsen
den Lichtöffnung nur
durch drei der größer
dargeftellten Beifpiele
vertreten, und zwar
durch Fig. 804 (ruf-
fifche Holz-Architek-
tur), 805 u 806.

In den beiden erften
ift die Kunftform als
eine hängende verkün-

Fig. 804.

Von der Weltausftellung zu Paris 1867. — Ruffifche Section [101])
Arch.: Renard.

digt; fchwebende aus der Wand vortretende Pfoften find als Stützen unter einem
wagrechten Träger charakterifirt, der im erften Beifpiel oben als Gefimsbalken,
in der Variante unten als Gitterbalken auftritt, im zweiten durch eine Gefimsleifte
mit Giebelfparrengefims darüber bekrönt ift. Das Ziermittel von Stützen und
Trägern ift vorwiegend gefchnitzte Arbeit. In Fig. 806 find die Pfoften durch
Kapitelle als Stützen bezeichnet; die Ueberdeckung ift ein Fachwerk, deffen
Felder mit durchbrochenen Brettern gefchloffen find, und das durch eine Ver-

---

[100]) Vergl. Theil II, Band 2 (Fig. 180, S. 209) diefes »Handbuches«.
[101]) Nach: Architektonifche Rundfchau. Stuttgart.
[102]) Nach: Neuwirth & Bivirin, a. a. O.

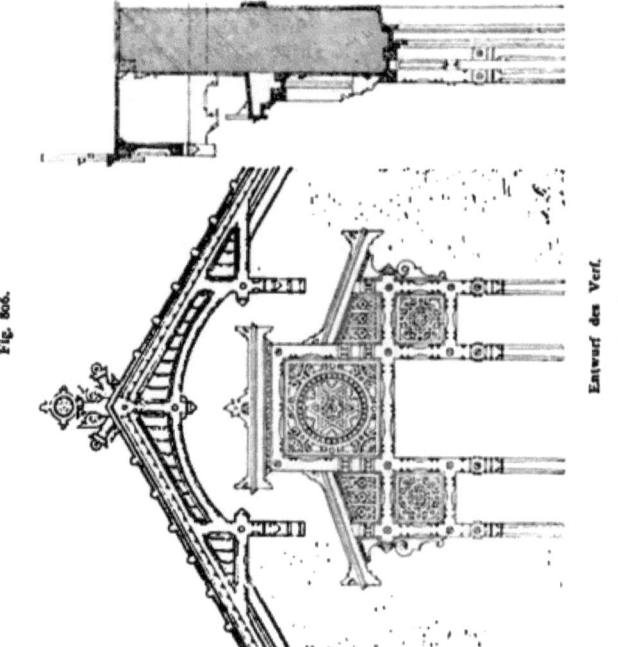

Fig. 805.

ca. $\frac{1}{30}$ w. Gr.

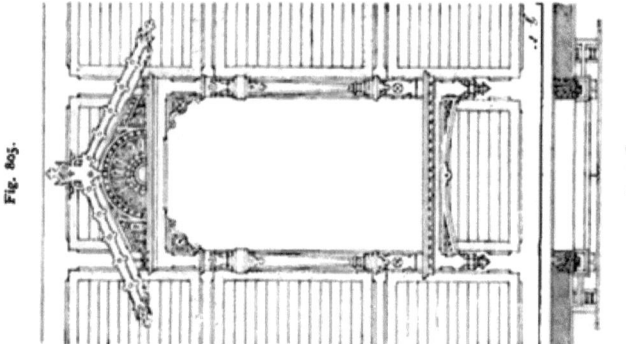

Fig. 806.

Entwurf des Verf.

ca. $\frac{1}{30}$ v. Gr.

Handbuch der Architektur. III. 2, b. (2. Aufl.)

25

dachung theils in der Form eines Bretterkaftens, theils in derjenigen eines Giebel-
fparrengefimfes überdeckt ift.

In einen Rahmen eingefchloffen erfcheint die Trägereinfaffung in Fig. 722.
Die Stützen find auch hier durch Kapitelle als folche verkündigt; der Träger
ift ein fegmentbogenförmig ausgefchnittenes, an der Kante profilirtes Dielenftück.

Fig. 807 zeigt eine Trägereinfaffung als folche eines Schiebethores; die
Pfoften find wie die anderen Wandpfoften nur gefaßt; der überdeckende Träger
ift ein einfacher Hänge-
bock, deffen Felder mit
ausgefägter Arbeit ge-
fchmückt find. Die
Dielen-Confolen, die an
diefem Beifpiel, wie an
einigen zuvor betrachte-
ten, in den Ecken der
Lichtöffnung auftreten,
find feitlich aus der
Hauptftütze vorkragen-
de Nebenftützen, deren
Dienftleiftung nur eine
fcheinbare ift und nur
als Vorwand dient, um
einen lebhafteren Um-
riß der Lichtöffnung zu
erzielen.

Weitere Träger-
einfaffungen an Fen-
ftern find in kleinerem
Maßftabe dargeftellt in
Fig. 726 (gefchnitzte
Arbeit), 780 oben (Ba-
lufter als Mittelftütze,
gefchnitzte Streben als
Ueberdeckung, 808[116]),
809 (äußere Stützen zu-
gleich folche der Dach-
pfetten)[116], 810 (Stützen
gedrehte Balufter, Trä-
ger, Nachbildung des
Haufteinarchitravs und
Krönungsgefimfes)[116]),

Fig. 807.

Entwurf des Verf. — 1/45 w. Gr.

757 (ruffifche Holz-Architektur, gefchnitzte Arbeit in Formen alter Ueberlieferung), eben fo Fig. 759, das Fenfter unter dem Giebel rechts. Fig. 734 zeigt
am gothifchen Fachwerkhaus den Sturzriegel der zwei Lichtöffnungen in der
Form eines Kleeblattbogens und darunter eine gefchnitzte Stützenform für den
Zwifchenpfoften.

235. Als ein erftes Beifpiel der Verbindung zweier Einfaffungen ift fchon Fig. 783
Combinationen. bezeichnet worden; die zwei auf einander gelegten, ausgefägten Bretter können
als zwei verfchiedene Rahmen aufgefaßt werden. Eben fo ift in Fig. 786 ein

Gefimsrahmen, in Fig. 285 ein durchbrochener Bretterrahmen, in Fig. 787 ein
Zimmerholzrahmen auf einen Bretterrahmen mit lebhafter Umrifslinie gefetzt,
und auch die Umrahmungen in Fig. 794, 796 u. 797 find Verbindungen derfelben
Art; denn die umrifsbildenden Wandbretter find eben fowohl Rahmen, wie in
Fig. 785 u. 786. Ein an die Holzkante gefchnitzter halbrunder Rahmen ift in
einen ebenfalls aus dem Zimmerholz gefchnitenen rechteckigen Rahmen reicher
Form eingefchachtelt in Fig. 811 [287]); die entftandenen Zwickel find mit Kerb-
fchnitt-Ornament aus-
geftattet.

Die Beifpiele in
Fig. 792 u. 795 haben
Zierbretter als ›Deck-
galerien‹ erhalten,
hinter denen die Rol-
le eines Zugjaloufie-
ladens verfteckt wer-
den kann, und wel-
che fonft gewöhnlich
in geprefftem Zink-
blech, wie in Fig. 797,
hergeftellt find. Sie
bilden dem Gedan-
ken nach Bogenträger,
die durch kleine
Seiten-Confolen auf
den Rahmen abge-
ftützt find.

Ein neuer Fall
der Verbindung er-
fcheint in Fig. 791,
792, 795, 799 u. 800;
dies ift derjenige der
›Trägerbekrönung‹.
In letzterer ift eine
Bekrönung, oder die
Pfettengruppe eines
Vordaches, auf Con-
folen, d. h. Krag-
ftützen oder auch auf
lothrechten Stützen
aufgelagert und da-
durch dem von der

Fig. 808.

Aus dem Schlofspark zu Tangerhütte [288]).
Arch.: Marck.

Form ausgedrückten Gedanken nach als ›Träger‹, d. h. als frei tragendes, nur an
feinen Endpunkten unterftütztes Conftructionsftück bezeichnet, ganz wie die Con-
folenbekrönung eines Hausfeinfenfters. (Daß diefer Gedanke der thatfächlich
vorhandenen Kräftewirkung nicht oder wenig entfpricht, ift eine Thatfache, die
fich in der Schmuckformenfprache aller Bauftile oft wiederholt, und wofür die
Wandfäulenordnung das nächftliegende Beifpiel.) Den entgegengefetzten Fall

236.
[Träger-
krönung.

bieten die Bekrönungen in Fig. 785, 786 u. 788, weil diese auf ihre ganze Länge vom Rahmen unterstützt, also nicht frei tragend gedacht, daher keine »Träger« sind.

Hiernach bietet Fig. 800 eine Trägerbekrönung in Holz über einer Trägereinfaffung aus Backstein und Haustein; Fig. 787, 791, 792, 795 u. 799 haben Trägerverdachungen auf Consolen über Gesimsrahmen; in Fig. 794, 796, 797 u. 812 find giebel-, pult- und walmdachförmige Trägerbekrönungen von lothrechten Stützen getragen, die, wie ein Theil jener Consolen, in einem der Beispiele gekuppelt auftreten. Die Kunstform in Fig. 812 ergiebt sich hiernach als die Verbindung zweier auf einander gelegter Rahmen mit einer auf gedrehten Stützen aufgelagerten Trägerbekrönung in Giebeldachform.

In Fig. 722 ist die Trägereinfaffung zweier gekuppelter Lichtöffnungen in einen bekrönten Rahmen eingeschloffen, in Fig. 748 (Mitte) ein runder Rahmen in eine rechteckige Trägereinfaffung mit Giebelbekrönung.

Die Bildung weiterer solcher Verbindungen führt zu manchem brauchbaren neuen Motiv für Fenster und Thüren der Holz-Architektur, wie der römische Stil und die Renaissance, die mit solchen Combinationen in der Stein-Architektur vorangingen, die große Menge ihrer schönen Fenster-

Fig. 800 [110].

Arch.: Schwertfeger & Mufer.

motive auf diesem Weg gewonnen haben [111]. Somit ist die hier der Erklärung der Formen zu Grunde gelegte Entzifferung der von der Schmuckformensprache verkündeten Leistungen der Bauglieder, obwohl sie zunächst in die Aesthetik der Baukunst gehört, auch in der Formenlehre kein müsiger Gedanke, sondern fruchtbar sowohl für das Verständnis des Vorhandenen, als für das Erfinden des Neuzugestaltenden.

§ 3.
Rankbildung.

Sowohl Rahmen als Trägereinfaffungen werden durch die Form ihres unteren Randes entweder als hängende oder als stehende Kunstformen verkündigt; bei Thürumrahmungen ist nur der letzte Ausdruck möglich.

[110]) Vergl.: Göller, A. Die Entstehung der architektonischen Stylformen. Stuttgart 1888. S. 136, 309 u. ff., 373 u. ff.

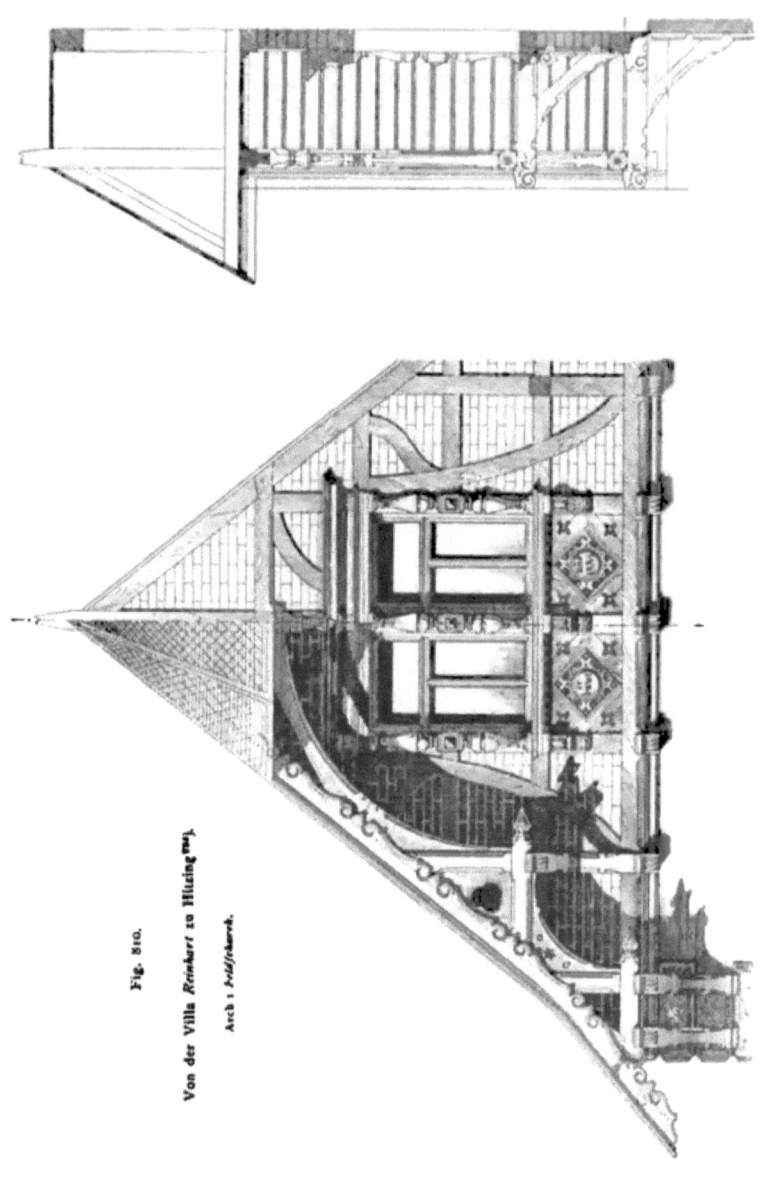

Fig. 810.

Von der Villa *Reinhart* zu Hitzing [**]).

Arch : *Fellserbarod*.

Der hängende Rahmen erscheint in Fig. 783, 787, 788, 701, 717, 745, 797, 783, 781 u. 784, die hängende Trägereinfaſſung in Fig. 804 u. 805, der ſtehende Rahmen in Fig. 785, 786, 790 u. 812, die ſtehende Trägereinfaſſung in allen ſpäter zu betrachtenden Hallenwand-Motiven, ferner in Fig. 810-822 u. 726 (dreifaches Fenſter).

In den zwei erſten Fällen iſt der Ausdruck für das Hängen der Umrahmung an der Wand (gegenüber dem Geſtütztſein von unten her) theils durch die Umriſsbildung, theils durch hängende Zapfen, Zacken, Tropfen erzielt. Bei den ſtehenden Fenſterkunſtformen beider Arten erſcheint immer entweder eine Bank oder ein durchlaufendes Geſims (Fuſsgeſims, Gurtgeſims, Brüſtungsgeſims) als ſcheinbare Unterſtützung; bei den Thüren der Fuſsboden, oder ein Fuſsgeſims, oder ein Brüſtungsgeſims. Wenn eine Bank durch eine Geſimsleiſte unter ihr oder auch durch Seitenconſolen getragen und Rahmen oder Trägereinfaſſung auf ſie geſtellt iſt, ſo iſt die Kunſtform eine ſtehende, weil der ganze Wandkörper unter der

Fig. 811.

Hausthur aus Caſſel [?].

Bank als ſtützend vorgeſtellt wird (Fig. 810); anders dagegen, wenn die Bank ſelbſt auf Theilen des Rahmens oder der Trägereinfaſſung aufruht.

Sowohl die hängenden als die ſtehenden Kunſtformen können einen Schmuck der unter ihnen liegenden Brüſtungsflächen aufweiſen; ſo hat z. B. die hängende Trägereinfaffung in Fig. 805, die ftehende in Fig. 810, der ftehende Rahmen in Fig. 790, die Combination in Fig. 812 eine gefchmückte Brüftung. Selten, aber auch nicht ganz ausgefchloffen, ift diefe unter dem hängenden Rahmen. In Fig. 784 wird fie von den nach unten gefchobenen Fenfterläden gebildet; durch ein anderes Beifpiel ift fie nicht vertreten.

Fig. 812.

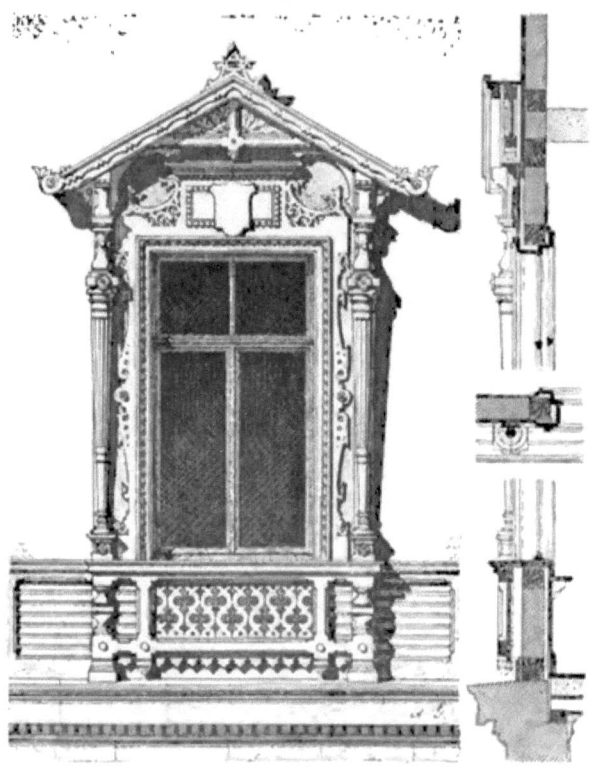

Entwurf des Verf. — ¹/₁₀ w. Gr.

Die Brüftungen der Hallenwand-Motive find faft immer zwifchen die Stützen eingeftellt; der andere Fall, in welchem die Brüftung durch ein eigenes Krönungs-gefims abgefchloffen und die Stützen auf diefes geftellt find, erfcheint in Fig. 822; auch Fig. 737 kann hierher gerechnet werden.

Die Trägereinfaffung an der nicht mit Glasflügeln zu fchliefsenden Licht-öffnung erfcheint am Hallenbau auf Freiftützen, welcher der Säulenordnung und den Bogenftellungen in Hauftein und Backftein entfpricht. Und zwar find hier-

238.
Träger-
einfaffung
als Hallen-
wand-Motiv.

bei meist viele Einfaffungen gleicher Form an einander gereiht; die einzeln ftehende tritt etwa als Eingang zu Vorhallen, als Thüröffnung in Scheidewänden oder als Einzelfenfter der Veranda auf. Hierher gehört aber auch diejenige Stützenreihe in Holz mit darauf gelegtem Unterzug, welche im Inneren die Unterftützung einer Holzbalkendecke bildet, wenn es fich auch in diefem Fall nicht um »Lichtöffnungen« im wahren Sinne handelt.

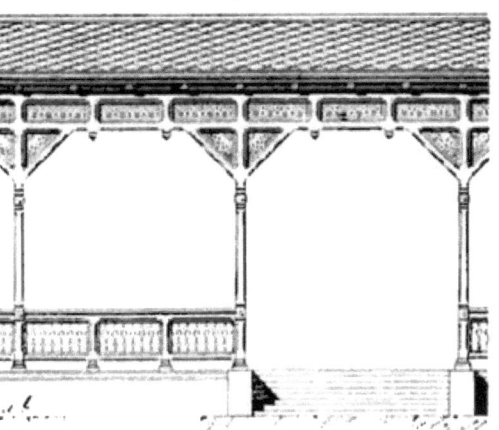

Fig. 813.

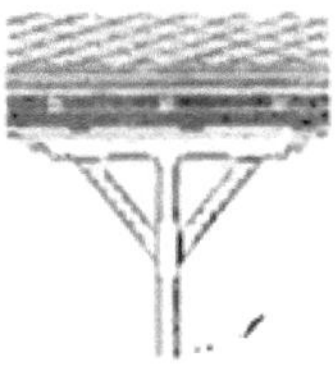

Das einfachfte Motiv an einander gereihter Träger-einfaffungen diefer Art erfcheint in Fig. 813 rechts unten. Die Wandpfette oder der Unterzug ift der Freiftütze unmittelbar oder mit Einfchaltung eines »Unterfchüblings« aufgelagert (einen folchen zeigt die Abbildung); zum Zweck der Längsverfteifung find Streben in die gebildeten Ecken eingefetzt Fafen oder andere einfache Schmuckformen bilden die über die bloße Conftructionsform hinausgehende Ausftattung. In Fig. 814 (Hauptabbildung) hat fchon der Pfoften ein einfachftes Kapitell erhalten; die Form der Verftrebung ift variirt und durch ausgefägte Bretter-füllungen in den Drei-ecken reicher gewor-den; die Pfette ift durch einen Fach-werkträger einfacher Eintheilung erfetzt, deffen Felder eben-falls mit durchbro-chenen Bretterfüllun-gen gefchmückt find.

Fig. 814.

Entwürfe des Verf. — 1/50 w. Gr.

Fig. 815 giebt zwei Motive für gefchnitzte Streben, die auch für Pfoften und Zugftäbe dienen könnten; viele Strebenmotive für Holz find auf S. 83 u. 84 dargeftellt.

Anftatt der Strebe tritt eben fo häufig eine Dielen-Confole in der Ecke zwifchen Pfoften und Träger auf; Fig. 816 bietet ein Motiv diefer Art. Der Fufs der Freiftützen ift am beften eine mit Gefimfen verzierte Gufs-eifenkapfel in der beigezeichneten Form, wobei darauf zu achten ift, dafs das untere Stirn-Ende des Holzes dem Zutreten des Waffers möglichft entzogen ift.

Fig. 815.

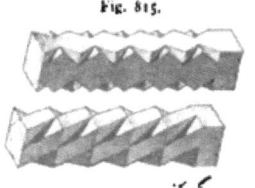

Weitere Variationen des Knotenpunktes von Freiftütze und geradem Holzträger zeigen

Fig. 817[…], 818 Stützenform ohne Strebe)[…], 717 (desgl), 649 (Ziermotiv für
den Träger; die Stütze mit den Confolen befteht aus Eifen), 645 (der Klebepfoften ift zur Freiftütze ergänzt zu denken; oben Fußbildungen), 739 (Brettergefims im Sinne der Säulenordnung geftaltet), 743 (Träger
in Form einer hohen geftemmten Wand mit Gefimsgur-
tungen), 747 u. 748 (ruffifche Holz-Architektur, fchwere,
reiche, ftilvolle Formen alter Ueberlieferung in gefchnitzter
Arbeit), 758 u. 759 (ebenfalls ruffifche Holz-Architektur),
819 u. 820 (reiche, gefchnitzte Arbeit)[…]).

Fig. 816.

Der bogenförmige Träger ift in Fig. 821 an die Stelle
des geraden getreten und zwar als fegmentförmiger
Bogen-Fachwerkträger mit Bretterfüllungen der Felder;
Fig. 731 zeigt das Motiv mit gedrehten Stützen und
vollen Bogen, wie fie auch in Fig. 302 auftreten. Der gefchnitzte Halbkreisbogen auf der gefchnitzten Säule erfcheint in Fig. 821[…]), der gefafte Zackenbogen in Fig. 823,
der Zimmerholzbogen mit angefetztem Zackenbogen ausgefasten Dielen in Fig. 727
(reiche gedrehte Stütze), der an gerade Fachwerkftäbe angefügte Bogen in
Fig. 824, der Dielenbogen mit an die Kante gefchnitztem Zierftab in Fig. 737 u. 825.
Bemerkenswerth durch die Form ihres Bogenträgers, ihrer Ueberdeckung überhaupt, ift die einzeln ftehende, in einer Scheidewand auftretende Trägereinfaffung
Fig. 826 (ruffifche Holzarchitektur).

Zum Hängewerk, und zwar zum doppelten Hängebock, ift der Träger in
Fig. 827 geworden. Die Längsverfteifungsftreben find gegenüber Fig. 814 über
die untere Gurtung des Fachwerkbalkens hinausgewachfen und greifen an
Hängefäulen an; die gezogenen Theile find als gedrehte oder gefchnitzte Stäbe
mit erheblichen Querfchnittsverminderungen ausgebildet. Fig. 828 zeigt den einfachen Hängebock« in derfelben Verwerthung; doch ift hier die Stütze doppelt
und über das Gefims hinaus fortgefetzt, um einen reicheren Umriß der ganzen
Kunftform zu gewinnen.

Unter den Ziermitteln der Fachwerkwand ift früher das Auffuchen eines
gefälligen, intereffanten Liniennetzes für die Stabaxen genannt und dabei ausgefprochen worden, daß auch bogenförmige Stäbe
Verwendung finden können. Die Hallenwand, als
offene Fachwerkwand, greift ebenfalls oft zu diefem
Ziermittel, und fchon die Motive in Fig. 822 u. 827
gingen auf reichere Stabfiguren aus. Ausgiebiger
kann das Streben nach folchen aber erft dann werden, wenn die Einzelftütze durch zwei gekuppelte
erfetzt oder ein Wechfel einfacher und gekuppelter
Stützen eingeführt, höhere und niedrige Eintritts-
öffnungen in einem beftimmten Wechfel gebildet und
noch andere Fälle rhythmifcher Formenfolge beigezogen werden.

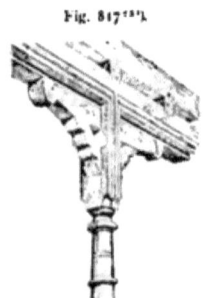

Fig. 817[…].

Einige Motive diefer Art mit gekuppelten Freipfoften zeigen Fig. 824, 828, 829, 723 (bei diefer ift die

[…] Nach: Gladbach, a. a. O.
[…] Nach: Neumeister & Häffele, a. a. O.
[…] Nach: Cuno & Schäfer, a. a. O.

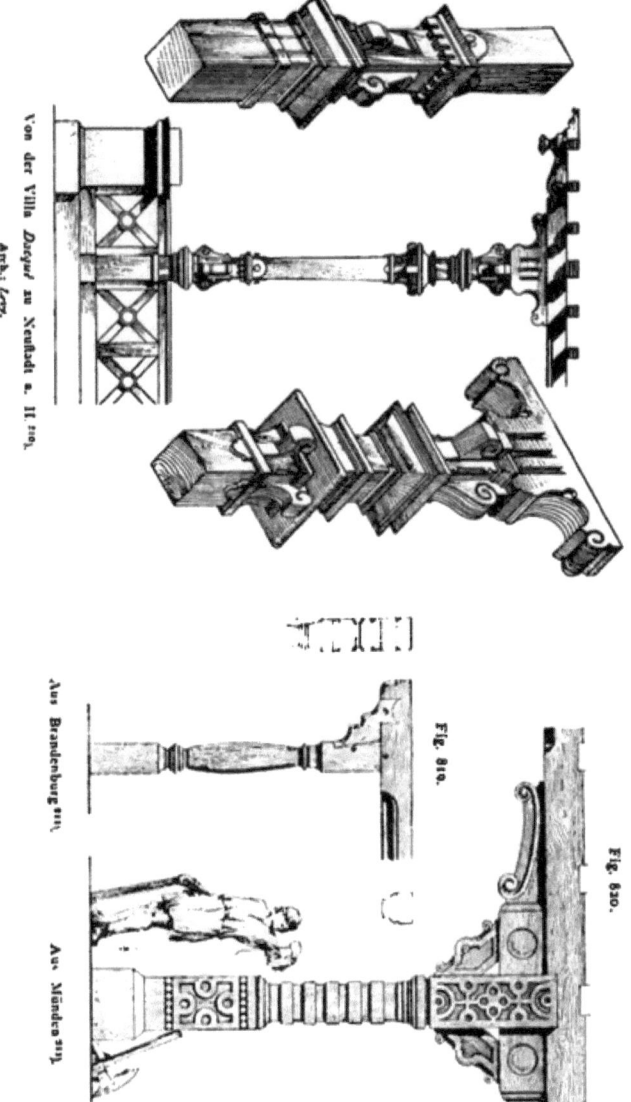

Fig. 818.

Von der Villa *Dangus'* zu Neustadt a. H.[116].

Arch.: *Levy.*

Fig. 819.

Aus Brandenburg[117].

Fig. 820.

Aus München[118].

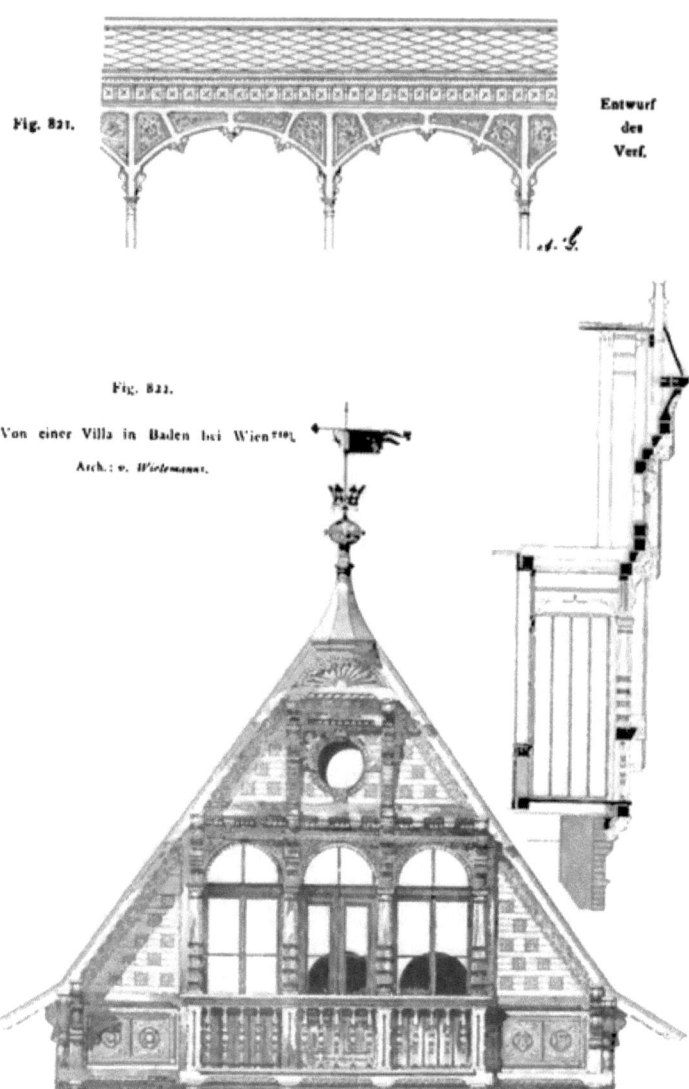

Fig. 821.

Entwurf
des
Verf.

A. G.

Fig. 822.

Von einer Villa in Baden bei Wien.
Arch.: v. Wiedemann.

Hallenwand eine Giebelwand, 659. 737 u. 825; viele andere find möglich. Bei einigen der dargeftellten treten auch bogenförmige Hölzer auf. An der zweigefchoffigen Veranda in Fig. 825 ift im Obergefchoß der Wechfel einfacher

Fig. 823.

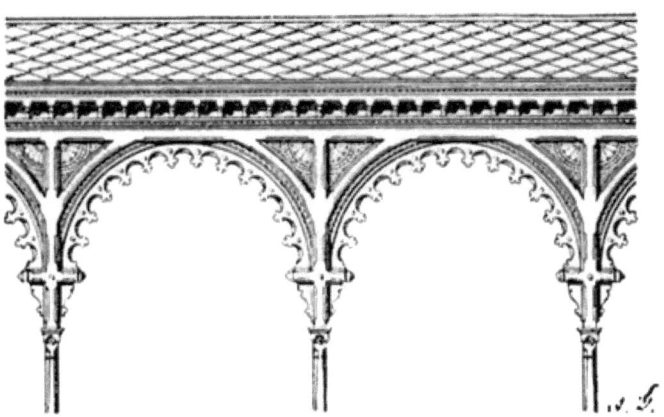

Fig. 824.

Entwürfe des Verf.

runder und gekuppelter quadratifcher Stützen verwerthet; das Motiv in Fig. 824 wirkt zugleich durch einen Gegenfatz leerer Fachwerkfelder und folcher mit durchbrochenen Bretterfüllungen.

Ein fehr einfaches und an ländlichen Gebäuden oft verwirklichtes Veranden-Motiv ift in Fig. 830 dargeftellt; die zwei Gefchoffe bieten zwei Formen deffelben

Grundgedankens. Das mehr oder weniger zufammengefetzte Fachwerk, das die Pfette mit den Streben, Obertheilen der Freiftützen, Riegeln u. f. w. bildet, ift durch eine Bretterverkleidung mit lothrechten Fugen verdeckt, unterhalb welcher nur die Freiftützen mit oder ohne Kapitell fichtbar find. Für das Auge ift hier die Bretterfläche mit ihrem mehr oder weniger gegliederten unteren Umriſs und

Fig. 825.

Entwurf des Verf. (Vergl. Fig. 739.)

ihrem oberen Gefims- oder Zierbrettrand der Träger, der mit der Freiftütze zufammen die Trägereinfaffung bildet. Gekuppelte oder anderweitig gruppirte Stützen führen zu Varianten der Trägerumriſslinie.

In Fig. 823 läſst fich der Zackenbogen mit den Confolen, auf welchen er ruht, herausnehmen; alsdann bleibt noch immer das Grundmotiv aus Freiftützen, Pfette und Streben, wenn auch letztere bogenförmig find; demnach ift der

139. Combinationen.

Fig. 826.

Von der Weltausstellung zu Paris 1867. — Ruſſiſche Section[111].
Arch.: *Renard.*

Zackenbogen mit feinen Kragſtützen eine eigene Trägereinfaſſung, die der im Grundmotiv enthaltenen hinzugefügt iſt, und die Kunſtform iſt Combination zweier Trägereinfaſſungen. Das Gleiche gilt von Fig. 659, 737, 822 u. 825. (Fig. 864 wäre Gußeiſenmotiv derſelben Art, ähnlich Fig. 865.)

290. Nachbildung von Hauſteineinfaſſungen.

Wie die wagrechten und die Giebelgeſimſe in Hauſtein, ſo werden auch die Umrahmungen in dieſem Bauſtoff zuweilen durch Holzgeſimſe in Verbindung

Fig. 827.

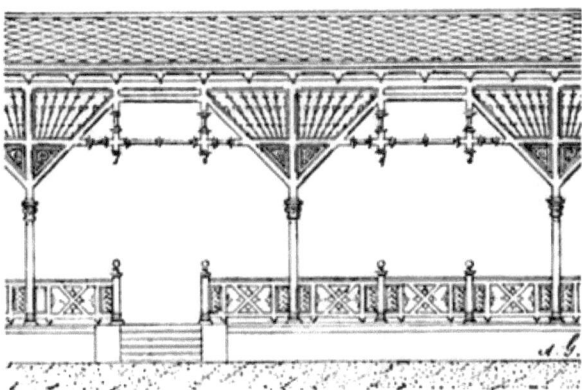

Entwurf des Verf.

Fig. 828.

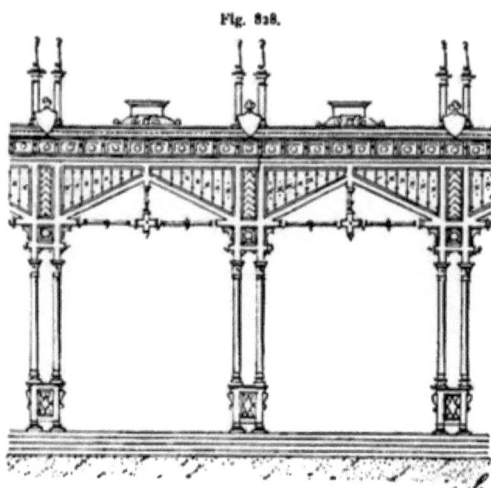

Fig. 830.

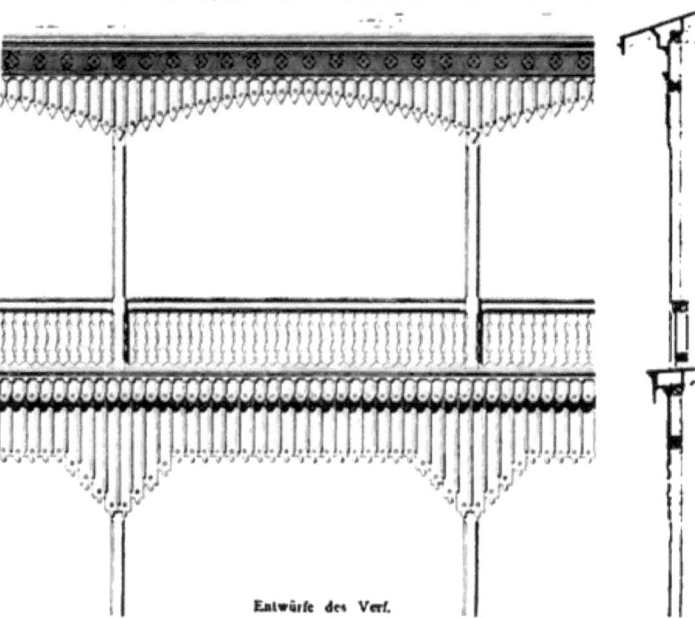

Entwürfe des Verf.

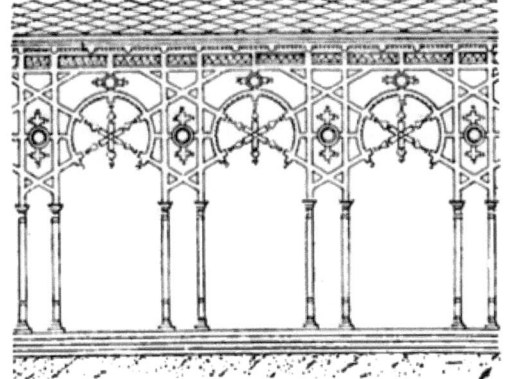

Fig. 829.

Entwurf
des
Verf.

mit Gyps- und Cementgußtheilen nachgebildet.
Doch iſt zur Erklärung der Conſtruction ſolcher
Umrahmungen ſammt ihrer Blechabdeckung das
in Art. 224 (S. 360) über die wagrechten Geſimſe
Geſagte ausreichend. Die Rahmengeſimſe ſind
ausgehobelte Bretter, die Bänke und Bekrönungen Kaſten aus ſolchen, die Conſolen, Fries-
füllungen und ornamentalen Auffätze, meiſt
Gypsguſs. Beiſpiele ſind, wenigſtens als An-
ſichten, in Fig. 770 u. 831[445]) dargeſtellt. Das
letztere gehört einer zweiten Gruppe von Holzgeſimſen mit Nachbildung von Hauſteinformen
an, welche nicht auf Täuſchung über den Bauſtoff ausgehen, wie die mit Steinfarbe ange-
ſtrichenen Façaden, ſondern das Holz als ſolches
zeigen, wie etwa die Hauſtein nachbildenden
Formen eines Eichenſchrankes im Inneren[446]).

Fig. 831[446]).

21. Kapitel.

Geſimſe in Metall.

241.
Formale
Erſcheinung.

Auch dieſe Geſimſe ſcheiden ſich nach der formalen Erſcheinung in die zwei Gruppen, die bei
den Holzgeſimſen ſich gefunden haben: entweder die Durchführung des eigenthümlichen Materialſtils
oder die Nachahmung der Formen des Hauſteines. Aber auch hier haben die unterſcheidenden Merkmale
der äußeren Form nicht auch nothwendig Verſchiedenheiten der Conſtruction zur Folge; denn es wird
z. B. ein Gußeiſengeſims mit Metallformen auf dieſelbe Weiſe hergeſtellt, wie ein ſolches mit Hauſteinformen; eben ſo iſt es bei den Geſimſen aus Zinkblech und Zinkguſs, und ſogar das gewalzte Schmiedeeiſen muſs ſich ſeit einiger Zeit zur Nachbildung von Hauſteinformen bequemen. Die Geſimsgruppe

445) Nach: Neumeister & Häraer, a. a. O.
446) Vergl. Theil III, Band 2, Heft 1 (Fig. 243) dieſes Handbuches. — Vergl. auch Fig. 770 u. 777.

mit durchgeführtem Metallfil hat allerdings noch kein fo großes Gebiet aufzuweisen wie der Holzbauftil, einmal weil eine felbftändige Architektur des Eifens erft im Werden begriffen ift, befonders aber, weil der übermächtige Reichthum der Stein- und Holzformenwelt die Bildung felbftändiger Eifenformen erfchwert, indem er fich dem Formenfuchenden immer wieder aufdrängt und das Streben nach Eigenart durchkreuzt.

Zudem findet ein Beftreben in diefer Richtung wenig Dank. Ein Gefims, mit den herkömmlichen Renaiffance-Ornamenten überzogen, wird bald für fchön erklärt, während völlig neuartige Formen, wie fie ein bewußter Schritt zu einer felbftändigen Eifen-Architektur nothwendig ergreifen muß, nur denen zufagen, die des Alten überdrüffig find. Noch fehlt zumeift die Erkenntniß, daß das Stilgefühl nur durch die Erinnerung an bekannte Formen geweckt wird, und daß deshalb der erfte Schritt zu neuen Grundformen für irgend einen Zweig der Baukunft immer den Klageruf über Stillofigkeit hervorrufen muß. Erft wenn ein folcher neuer Formenkreis einige Zeit in Uebung geftanden und Gemeingut geworden wäre, würde man anfangen, »Stile darin zu finden«. Wer dazu den erften Schritt macht, muß bezahlen, ift aber noch zuerft am Ziel. In Frankreich ift das Beftreben, im Schmuck der Eifen-Conftruction die überlieferten Formen zu vermeiden und ihr im engen Anfchluß an die Bearbeitungs- weife des Materials eine eigene Architektur zu fchaffen, weit mehr vorhanden als in Deutfchland, und wenn auch manche Gründe dafür fprechen, daß ein durchaus felbftändiger Eifenftil nicht möglich ift oder fehr mager ausfallen müßte, fo follten doch diefe fremden Verfuche nicht gering angefchlagen werden. Die feinen, am Häuflein lieb gewonnenen Renaiffance-Gefimfe und -Ornamente im Guß nach- zubilden oder in gepreßtem Zinkblech um Eifenftäbe zu hüllen, ift gewiß nicht verwerflich, bedeutet aber doch mehr ein Umgehen, als ein Ueberwinden der Aufgabe, einen Eifenftil zu fchaffen.

Die Metallgefimfe find entweder weit ausladende Traufbildungen und Giebelränder allein, wie z. B. bei Perrondächern und weit ausladenden Hallendächern, oder zugleich Bekrönungen einer Wand in Eifen oder Stein; in jenem Falle entfprechen fie den Sparrengefimfen, in diefem den maffiven Hauptgefimfen des Steinbaues. Ueber die Conftruction der zu ihnen gehörigen Dachrinnen wird Kap. 2: das Erforderliche ausführen.

a) Beftandtheile der Metallgefimfe.

Die Zergliederung der hierher gehörigen Conftructionen ergiebt die nach- folgend genannten Elemente, von denen jedes für fich allein oder mit anderen verbunden ein Gefims bilden kann.

1) Gefims-Motive als Einzelheiten der fchmucklofen Schmiede- eifen-Conftruction, d. h. Formen, welche die zu verwendenden Schmiedeeifen- Materialftücke ihrer Herftellungsweife gemäß erhalten haben oder die gebräuch- lichen Verbindungsweifen der Eifentheile ergeben.

Die Walzeifen in Rundeifen-, Flacheifen- und Quadrateifenform, ferner in Winkelform, T-Form, I-Form, L-Form, Quadranteifenform u. f. w. können fchon als einfache Parallel-Linienzüge und mit ihrer Schattirung, ohne jeden Schmuck und unbefchadet ihrer Leiftung für die Conftruction, zu wichtigen Beftandtheilen der architektonifchen Erfcheinung eines Wand- oder Dachrandes werden; eben fo bilden oft die regelmäßige Reihung und Doppelreihung der Nietköpfe oder die verfetzte Stellung derfelben eine günftige Auszeichnung der Flächenränder. Ein Gitterträger mit einfachen oder gekreuzten Diagonalen ift oft ohne jede Decoration der Stäbe und Knotenpunkte, lediglich durch fein regelmäßig durch- brochenes Umrißbild, ein gefällig gegliederter Streifen unter einem eifernen Kranz- gefims, entfprechend dem Architrav oder Fries der Steingefimfe. Auch eiferne Geländer am Rande flacher Dächer oder an Laufftegen neben den Dachrinnen oder an Brücken in Stein oder Eifen können fchon ohne jedes Auffuchen reicherer Linien oder Beifügen fchmückender Theile nur durch die Regelmäßig- keit der Wiederholung oder gefetzmäßige Abwechfelung der von den Eifen- ftäben gebildeten Figuren eine architektonifche Auszeichnung des Flächen- randes darftellen.

145.
Conftructions-
Elemente.

2) Selbftändige Ziermotive des Schmiedeeifens, d. h. fchmückende Formen, welche mit Benutzung der zweckmäfsigen Bearbeitungsweife diefes Materials gewonnen werden. Hierher gehören:

α) Die fchraubenförmig verdrehten Flacheifen-, Quadrateifen- und Kreuzeifenftäbe (Fig. 58, 94 u. 96).

β) Die in der Längenrichtung nach gefälligen Linien gebogenen und zu gefälligen Figuren zufammengeftellten Eifenftäbe, d. h. Flacheifen, Quadrateifen, fchwache Rundeifen und Winkeleifen in Form von Kreifen, Kreisbogen, Ranken, Spiralen, regelmäfsig gebrochenen oder gefällig zufammengefetzten Linien.

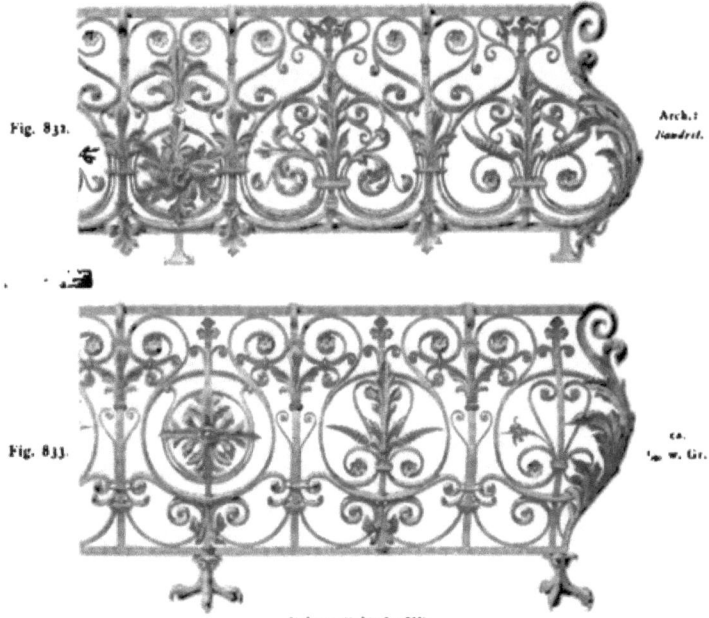

Fig. 832.

Arch.: *Baudrit.*

Fig. 833.

ca. 1/20 w. Gr.

Balcon-Geländer [944]).

Quadrateifen und fchwache Winkeleifen werden hierbei auch fo verwendet, dafs ihre Flächen einen Winkel von 45 Grad mit der Gitterebene bilden, alfo an gekrümmten Stäben kegelförmig erfcheinen. Solche Winkeleifen bieten der wichtigeren Anfichtsfläche den ausfpringenden Winkel (Fig. 69 bis 73, 96 bis 110, 193 bis 195, 862 u. a.).

γ) Gehämmerte ornamentale Endigungen von Eifenftäben, z. B. Aufrollungen, Blattbildungen, gerades Abfchneiden platt gefchlagener Stäbe irgend welchen Querfchnittes, pfeilartige Spitzen, pyramidale und conifche profilirte Spitzen, Kelchbildungen, Knaufbildungen u. f. f. (Fig. 58 bis 86, 94 bis 110, 832, 833 [944]) u. a.

[944]) Nach: *Revue gén. de l'arch.* 1876, Pl. 31.

δ) Ausgefchnittenes ebenes Eifenblech, fei es in Form gefälliger geometrifcher Figuren oder Blätter, Rofetten, Schilder u. f. f., fei es mit Durchbrechung

Fig. 834.

der Blechfläche in der Art der ausgefägten Arbeit der Holz-Architektur, z. B.
als Durchbrechung der Mittelrippe eines
leichten Blechträgers durch regelmäfsig
wiederholte Vierpäffe, fternförmige Figuren u. f. f., oder als friesartiger Blechftreifen zwifchen Winkeleifen unter einem
eifernen Kranzgefims (Fig. 851, 853, 857,
858, 861, 866 u. a.).

ε) Gehämmerte Blecharbeit in Form
von gewölbten oder concaven Blech-
Rofetten, einfach oder in einander gefchachtelt, oder in Form von Laubwerk
mit Flächen-Modellirung, oder als
Schilderwerk mit vorwärts oder rückwärts aufgerollten Rändern u. f. f. (Fig.
832, 833, 834, 835, 836 [13]) u. 858).

ζ) Ornamentale Ausbildung der verbindenden Theile, z. B. pyramidenförmig
gefchmiedete Nietköpfe; Schraubenköpfe
oder -Muttern als gefchmiedete Rofetten; Spangen und Ringe in reicheren
gefchmiedeten Formen zur Vereinigung
fich kreuzender oder fich berührender
gerader oder bogenförmiger Stäbe (Fig.
59, 72, 96, 889, 891 u. 892).

Fig. 835.

Fig. 836.

η) Gewalzte glatte oder fculpirte Gefimsglieder aus Schmiedeifen. Nach
einem neueren oder wenigftens erft in
neuerer Zeit vervollkommneten Verfahren wird das Schmiedeifen zu glatten
Gefimfen mit einer größeren Zahl von
Gliedern ausgewalzt, ferner im Auswal-
zen zu fculpirten Gefimsgliedern gepreßt.
Die Wandftärke folcher Gefimsftäbe ift
etwa 2 bis 5 mm. Die Sculpirung erfcheint mit mäfsig hohem Relief in Form
einer Reihung oder Wechfelreihung von
Blättern, Rofetten, Scheiben, Perlen,
Pyramiden, verfchlungenen Flachranken,
Bandgeflechten, Mäandern u. f. w., die
gewöhnlich von glatten Flächenftreifen
eingefaßt find. Während folche Stäbe
früher nur fehr fchmal und in ganz
flachem Relief ausgewalzt wurden, er-

Entwürfe von Zaar[14])

fcheinen fie nun auch in größerer Breite bis zu 20 und 25 cm, mit weit kräftigerem

[14] Nach: Architektonifches Skizzenbuch, Berlin, 1883.

26*

Relief und weit fchärferer Modellirung. Sie geftatten das Zufammenfchneiden auf Gehrungen und das Biegen nach gekrümmten Linien. Entweder bilden fie in Verbindung mit gewalzten glatten Gefimsgliedern ein Metallgefims, deffen Formen fich an diejenigen feiner Haufteingefimfe anfchliefsen, oder fie find zur Flächenbildung von durchbrochenen Gefimsfriefen beigezogen, oder fie dienen zur Umrahmung, Bekrönung oder Theilung von Metallgefimsflächen aus Elementen irgend welcher anderer Art. Die Koften derfelben find etwas niedriger als für Gufsleiften. Die gewählten Beifpiele in Fig. 837 bis 849 find dem Mufterbuch der Firma *Mannftädt & Cie.* in Kalk bei Cöln entnommen.

Die unter α, β, δ und ζ aufgezählten Ziermotive für die Eifenftäbe und verbindenden Theile werden in hämmerbarem Gufseifen nachgebildet, indem man ein oft wiederkehrendes Zierftück einmal in Schmiedeeifen herftellt, abformt und durch Giefsen vervielfältigt. Auch für fchon mehrfach zufammengefetzte Theile ift das Verfahren möglich; feinere Arbeit verfchmäht jedoch diefes Hilfsmittel.

3) **Selbftändige Ziermotive des Gufsmetalls**, d. h. Gufstheile in Eifen oder Erz oder Zink, felten in Zinn, welche zwar mit den Haufteinformen verwandt fein können, aber durch gröfsere Feinheit des Mafsftabes und gröfsere Schärfe der Modellirung den Charakter des Gufsmetalls wahren. Hierher gehören ge-

Fig. 837.

Fig. 838.

Fig. 839.

Fig. 840.

Fig. 841.

Fig. 842.

⅔ n. Gr.

Fig. 843.

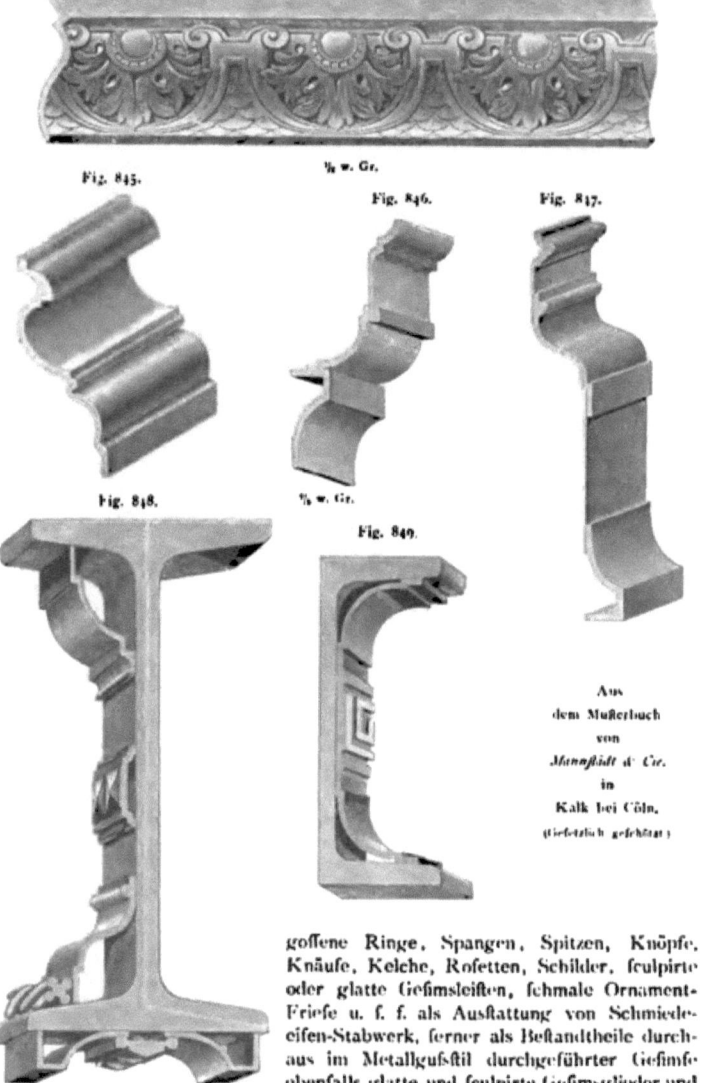

Fig. 844.

⅛ w. Gr.

Fig. 845.

Fig. 846.

Fig. 847.

Fig. 848.

⅘ w. Gr.

Fig. 849.

Aus
dem Musterbuch
von
Mannstädt & Cie.
in
Kalk bei Cöln.
(Gesetzlich geschützt.)

gossene Ringe, Spangen, Spitzen, Knöpfe,
Knäufe, Kelche, Rosetten, Schilder, sculpirte
oder glatte Gesimsleisten, schmale Ornament-
Friese u. s. f. als Ausstattung von Schmiede-
eisen-Stabwerk, ferner als Bestandtheile durchaus im Metallgußstil durchgeführter Gesimse
ebenfalls glatte und sculpirte Gesimsglieder und

ornamentale Friese, sodann Rinnleisten, Akroterien, hängende Säume und aufrechte, zusammenhängende Randmotive mit Relief-Ornament oder durchbrochener Fläche (Fig. 51 bis 54, 197, 864 u. 873).

4) **Nachahmung von Haustein-Gesimsformen in Metallguss.** Diese Nachahmung bildet ein Hilfsmittel zur Herstellung grosser Ausladungen von Hauptgesimsen über verhältnissmässig schwachen Mauern, eben so in bestimmten Städten ein Hilfsmittel zur Kostenersparniss gegenüber Hausteingesimsen mit Umgehung der vergänglichen und in ihrer Form zu leicht veränderlichen Holzgesimse. Gewöhnlich wird nur das Kranzgesims in Metallguss ausgeführt, während Architrav und Fries, zuweilen auch die tragenden Glieder der Kranzplatte, in Stein oder Putz bleiben. Anfangs erschien als Material solcher Gesimse nur der Eisenguss, später auch der mit geringerer Gussstärke ausführbare und dem Rosten nicht ausgesetzte Zinkguss, der übrigens selb im Zurücktreten begriffen ist zu Gunsten der nachstehend unter 5 und 6 genannten Gesimstheile aus Zinkblech.

Zinkgussstheile werden auch zuweilen auf Zinkblech aufgesetzt, und zwar für solche Formen mit Unterschneidung, welche durch das später genannte Pressen des Bleches nicht oder wenigstens umständlich und theuer herstellbar wären. Dabei geht die Gussdicke des Zinks bei geübten Arbeitern und guter Werkstätteneinrichtung bis auf 2 mm herab.

5) **Glatte Gesimsstücke aus Zinkblech oder Kupferblech.**

Das Zinkblech, gewöhnlich Nr. 12 bis 16, je nach der Grösse des Gesimses, da sich schwächere Sorten leicht verbiegen, wird zuerst in die vorgeschriebene mehrgliederige Profilform gebracht, indem man die Enden der künftigen Kanten durch eingeschlagene Punkte auf der ebenen Tafel bezeichnet, dann für jede Kante mit Hilfe der zwei zusammengehörigen Punkte die Tafel möglichst genau in der richtigen Lage zwischen die beiden Wangen der Abbiegmaschine klemmt, endlich durch Umlegen der beweglichen Maschinenwange die Kante anbiegt. Dabei beginnt man mit den mittleren Kanten des Gesimses und arbeitet nach beiden Seiten gegen aussen; einspringende und ausspringende Kanten werden durch Umlegen nach zwei verschiedenen Richtungen erhalten; gekrümmte Glieder bilden sich während des Herstellens der Kanten annähernd richtig durch geeignetes Drücken der Tafel mit freier Hand. Die Kanten sollen wo möglich senkrecht zur Walzrichtung der Zinktafel, also parallel zu ihrer kurzen Seite liegen, so dass die abgebogenen Gesimsstücke im Allgemeinen in Längen von 80 cm oder 1 m erhalten werden. Sie kommen nach dem Abbiegen in die Ziehbank. Diese besteht aus zwei in einer lothrechten Ebene stehenden Metallschablonen, den »Ziehwangen«, von denen die eine den Gesimsquerschnitt als Hohlfläche, die andere als Vollfläche darbietet, und welche durch Stellschrauben einander so weit genähert werden können, dass sie überall einen Zwischenraum gleich der Blechdicke der abgebogenen Zinkgesimsstücke haben. In diesen Zwischenraum wird das eine Ende jedes Stückes von der Vorderseite der Schablonen her eingesteckt; eine Klemmzange fasst es hinter den Schablonen (breite Stücke werden durch 2 solcher Zangen gefasst), und indem diese Zange durch eine geeignete Vorrichtung an der Maschine genau geradlinig und senkrecht zur Schablonenebene rückwärts bewegt wird, zieht sie das Zinkgesims stetig durch den Zwischenraum der Ziehwangen. Hierdurch erhält es nicht nur scharfe, streng geradlinige Kanten und reine Flächen, sondern es wird auch dauernd weit steifer, als es nach dem Abbiegen war. Eine erhöhte Temperatur des Zinkblechs ist bei dieser Arbeit nicht erforderlich. Da die Ziehwangen für jedes Gesimsprofil eigens hergestellt werden müssen, so wird ein kurzes gezogenes Zinkgesims, das nicht ein vorräthiges Profil benutzt, verhältnissmässig theuer.

Kleinere Spenglerwerkstätten haben meist keine Ziehbank; deshalb werden Zinkgesimse auch zuweilen ungezogen, nur in abgebogenem Zustand verwendet. Doch genügen sie dann nur geringeren Ansprüchen an Schönheit der Form und Sicherheit gegen Formveränderung.

Nicht jede Gesimshöhe ist in einem Stück herstellbar, weil jede Ziehbank nur ein bestimmtes Mass zwischen den äussersten Kanten gestattet. Die abgewickelte Profillinie der in einem Stück herstellbaren Blechgesimse geht im Allgemeinen über 75 bis 85 cm nicht hinaus, so dass höhere Gesimse in 2 oder 3 Theile ihres Profils zerlegt und längs einer Kante zusammengelöthet werden müssen.

Gesimsstücke, die im Grundriss oder Aufriss gebogen sind, lassen sich nicht durch Ziehen herftellen, fondern müffen in unten befchriebener Weife gezogen werden. Ausnahmen bilden nur fehr große Krümmungshalbmeffer, bei welchen ein Stück von 60 bis 80 cm Länge fo geringe Pfeilhöhe darbietet, daß es durch ein gerades erfetzt werden kann.

Die gezogenen Gefimsftücke werden meift fchon in der Werkftätte zu größeren Längen zufammengefetzt (wenn nicht ihre Befeftigung am Bauwerk hierdurch gehindert wird, fiehe unten). Dies gefchieht am beften dadurch, daß je zwei Stücke ftumpf an einander geftoßen und verlöthet werden, und daß außerdem ein Zinkblechftreifen, 1 bis 2 cm breit, von innen her auf die Fuge gefetzt wird, deffen Ränder mit beiden Stücken zu verlöthen find. Bei geringeren Anfprüchen werden die Stücke nur überlappt und verlöthet.

Ein- und ausfpringende Ecken werden durch Zufchneiden der zwei gezogenen Stücke nach der Gehrungsfuge und Verlöthen im Inneren hergeftellt; zur Sicherheit gegen das Auffpringen der Gehrungsfuge wird noch ein Zinkblechftreifen, 1 bis 2 cm breit, in das Innere gelöthet. Hiernach ift das Löthen am Stoß und an der Ecke nicht zu vermeiden. Die hierbei entftehende Temperaturerhöhung verbiegt fchwaches Zinkblech leicht, fo daß auch aus diefem Grunde nur ftärkere Bleche für Gefimfe zuläffig find.

In gleicher Weife zu glatten Gefimfen verarbeitet erfcheint bei reichen Bauwerken das Kupferblech; ja es ift feine Verwerthung in diefer Form weit älter, als die des Zinkblechs. (Thurmafffätze norddeutfcher, niederländifcher und fcandinavifcher Städte, ältere Monumentalbauten von Dresden u. f. w.)

Der formalen Erfcheinung nach find diefe glatten Zink- und Kupferblechgefimfe entweder felbftändige Metallformen, mit feinem Maßftab der Glieder und eigenartiger Profilirung, oder Nachbildungen von Haufteinformen, die fpäter durch Anftrich die Farbe des Haufteines erhalten.

6) Gefimstheile aus geprefftem (oder »geftanztem«) Zinkblech, nämlich Glieder mit glatter oder fculpirter Fläche, Friefe mit flachem Relief-Ornament, Akroterien oder zufammenhängende aufrechte Auszeichnungen eines Gefimsrandes, hängende ornamentale Randbildungen u. f. f., der formalen Erfcheinung nach ebenfalls entweder felbftändigen Charakters oder den Metallgußformen fich annähernd, oder Nachbildung von textilem Stoff unter Erfatz der farbigen Zeichnung durch flaches Relief, oder endlich Nachbildung von Haufteinformen mit Anftrich dem Stein entfprechend.

Zur Herftellung einer beftimmten ornamentalen Form in geprefftem Zinkblech wird diefe zuerft modellirt, dann in Gyps abgegoffen. Nach der Gypsform gießt man zwei Formen, eine Hohlform in Zinkguß, welche die Vorderfläche des Ornamentes concav darbietet, und eine convexe Form in Zinn, die »Patrize«, welche der Rückenfläche des zu bildenden Blechkörpers genau entfpricht. Beide Formen werden im »Druckwerke« oder »Fallwerke« fo vereinigt, daß die convexe Form, durch einen Hebel gehoben und wieder herabgelaffen, genau eingepaßt in die feft unter ihr liegende Hohlform fällt. Das Zinkblech, in einem Wärmofen erhitzt und dadurch weich und nachgiebig, wird zwifchen beide Formen gebracht und durch wiederholtes Heben und Herabfallen der Patrize allmählich der Hohlform aufgepreßt, wodurch es die verlangte Form annimmt. Aus diefer Darftellung geht hervor, daß nur Ornamente preßbar find, die aus ihrer Hohlform herausfchlüpfen können, die alfo unterfchnittene Relieff ormen nicht in einem Stück mit ihrem Grund gepreßt werden können. Sie find nur dadurch zu erhalten, daß man ihre nicht unterfchnittene Sichtfläche für fich preßt und dem Uebrigen auflöthet. Daffelbe gilt für ganze Gefimfe; ift ein folches fo profilirt, daß es nicht aus feiner Hohlform fchlüpfen kann, etwa in Folge von Waffernafen und anderen Unterfchneidungen der Glieder, fo muß feine Profillinie in zwei, drei oder mehr Theile zerlegt werden, von denen jeder einzeln gepreßt werden kann. Diefe Theile werden an geeigneten Kanten mit Ueberlappung verbunden und innen und außen verlöthet.

Auch durch die Größe der einer Werkftätte zur Verfügung ftehenden Druckmafchine ift die Breite der preßbaren Gefimsftreifen befchränkt. Die meiften Mafchinen reichen nur bis zu einer Breite von 45 cm aus.

Die befchriebene Herftellungsweife gepreßter Zink-Ornamente läßt erkennen, daß fich das Verfahren nur für Streifen eignet, die ein beftimmtes Motiv als Reihung wiederholen, überhaupt für Formen, welche in oftmaliger Wiederholung Verwendung finden. Für ein nur einmal gebrauchtes Ornament oder Gefimsftück wäre diefe Art der Herftellung fehr unökonomifch, und zwar in noch höherem Grade als bei glatten Zinkgefimfen, indem die Modelle und die beiden Gußformen weit theurer find als die Ziehwangen glatter Gefimfe.

Das Aneinanderreihen der gepreßten Gesimsstücke zu größeren Längen geschieht, wie bei glatten Gesimsen, durch stumpfes Aneinanderstoßen mit Auflöthen eines Zinkblechbandes über die Fuge im Innern.

Wenn an einem Gesims nur einige Glieder mit Ornament auftreten, als Eierstäbe, Blattstäbe, Perlstäbe, Zahnschnitte u. s. w., so wird das Gesims zuerst in Zinkblech gezogen, wie oben beschrieben, und dann die Sculpirung als gepreßter Streifen den betreffenden Gliedern aufgelöthet, wozu diese zuerst hinter der Profillinie zurückbleiben. Besonders wenn große ebene oder cylindrische Gesimsflächen auftreten, ist dieses Verfahren nothwendig, weil solche Flächen durch das Ziehen weit schöner erhalten werden, als durch das Pressen. Nur bei schmalen glatten Gliedern und Ueberwiegen der sculpirten wird das ganze Gesims gepreßt.

Auch aus Kupferblech werden Gesimse mit sculpirten Gliedern und Friese mit Relief-Ornament hergestellt, als getriebene Arbeit, und sie vermögen auf diese Weise ihre Form mit derselben Schärfe und Schönheit zu erreichen wie in Marmor. Doch handelt es sich hier um zeitraubende künstlerische Handarbeit, die mit hohen Kosten verbunden ist.

Endlich ist noch das Walzblei zu nennen, welches in der gothischen Zeit als getriebene Metallfläche zu Gesimsgliedern und Ornamenten beigezogen wurde und hierfür während der letzten Jahrzehnte in Frankreich wieder zu Ehren gekommen ist.

Die Walzbleitafel in der Dicke von 2 bis 8 mm wird über eine Gußeisen-Hohlform gelegt und zuerst durch Schlagen mit abgerundeten Pappelholzhämmern, dann mit Werkzeugen aus Buchsbaum- oder Weißbuchenholz eingetrieben. Da die fertig getriebene weiche Bleischale ihre Form verändern würde, so muß sie eine Versteifung durch Löthmetall mit einem Drittel Zinn erhalten, das in die Vertiefungen der Rückenfläche eingeschmolzen wird, ferner durch das Auflöthen weiterer Bleistreifen auf die Ränder der Ornamente; bei größeren Stücken setzt man auch Eisenstäbe in das Innere, an welchen sich die Bleischale mit Spangen fest hält. First- und Dachbruchgesimse mancher monumentaler Pariser Bauten sind in dieser Weise hergestellt; ihre Formen erscheinen schärfer und edler, als in gepreßtem Zink. Uebrigens kann auch das Walzblei in derselben Weise gepreßt werden, wie oben für das Zinkblech beschrieben.

7) Holzleisten als Zierglieder sonst eiserner Gesimse. Die Gesimse an Eisendächern sollten zwar folgerichtig keine Holztheile beiziehen; doch giebt es da und dort ein Beispiel hierfür (siehe Fig. 853). Einer Erklärung bedarf die Construction nicht.

8) Die Rinne als Bestandtheil von Traufgesimsen in Metall.

9) Farbige Zuthaten an Metallgesimsen. Schon um das Rosten des Eisens zu verhüten, bedürfen Gesimse in diesem Material immer eines Oelfarbenanstriches. Auch Zinkguß- und Zinkblechgesimse brauchen im Allgemeinen einen Anstrich, nicht zum Schutz des Materials, weil die dünne Oxydschicht, die sich bald darauf bildet, eine schützende Decke für das innere sein und die Oxydation zum Stillstand bringen würde, sondern weil die dunkelgraue Farbe dieser Oxydschicht mißfällig und die Fläche fleckig ist, so daß die Schattirung und Modellirung der Formen nicht zur Geltung gelangen könnte. Da somit eine Farbschicht wenigstens im Aeußeren fast immer beigezogen werden muß, so liegt eine mehrfarbige Behandlung der Gesimse in selbständigen Eisen- und Zinkformen nahe; ob man sie anwenden kann und wie weit sie gehen darf, hängt natürlich von dem Grade der Farbigkeit der übrigen Theile des Bauwerkes ab. Für Zinkgesimse eignet sich am besten ein Anstrich mit Silicatfarbe; Oelfarbe blättert leicht ab. Durch ein bestimmtes Verfahren kann man der Zinkblechfläche die Farbe und den Glanz des blanken Kupfers verleihen; doch bleibt das Ansehen so behandelter Zinkformen erheblich hinter solchen aus Kupferblech zurück, und die Fläche wird bald trübe und fleckig.

Die echte Polychromie, diejenige des sichtbaren Materials, etwa mit Verwendung von Vergoldung neben grün oder braun oxydirten Erzflächen oder verſilberten Flächen, war — wie es ſcheint — im Holz- und Metallbau der älteſten Zeit nicht ſelten zu Haufe, findet aber in unſerer Zeit, der hohen Koſten wegen, mehr nur im Inneren und an Gefimſen in kleinen Abmeſſungen Verwerthung.

Um den Aufbau ganzer Metallgefimſe aus den aufgezählten Elementen zu zeigen, find im Folgenden bezeichnende Beiſpiele ausgewählt und beſprochen

b) Gefimſe ausſchliefslich oder vorwiegend aus Schmiedeeiſen.

Das Traufgefims an der Perſonenhalle des Hauptbahnhofes in Frankfurt a. M. (Fig. 850²¹⁰) zeigt im unteren Theile ausſchliefslich ſchmuckloſe Conſtructionsformen und macht in dieſer Beziehung die oben unter a, 1 beſprochene Gefimsbildung anſchaulich. Die grofsen Halbkreislinien und die Sproſſentheilung der Fenſter (die übrigens in der Ausführung eine etwas andere Form angenommen hat, als die dargeſtellte), die regelmäſsige Reihe der vortretenden Blechpfeiler zwiſchen den Fenſtern, die zur Randbildung und Verſteifung der Blechflächen aufgeſetzten geraden und im Kreis gebogenen ⌐-Eiſen mit ihren Niet-

Fig. 850a.

Von der Perſonenhalle des Hauptbahnhofes zu Frankfurt a. M.²¹⁰)

reihen, endlich das den Gefimsrand bildende gröfsere ⌐-Eiſen mit ſeiner Unterſtützung durch je zwei quadrantförmige Blech-Conſolen an jenen Pfeilern, dieſe einzigen Beſtandtheile der Architektur der unteren Gefimshälfte find zugleich die nothwendigen Beſtandtheile der Conſtruction von Wand und Traufe.

Dagegen iſt der obere Theil des Gefimſes, die Brüſtung, einen Schritt weiter gegangen, indem ſie einige der oben unter a, 2 genannten ſelbſtändigen Ziermotive des Schmiedeeiſens beigezogen und auch die zur Sicherung ihrer lothrechten Stellung nothwendigen Streben nach reicheren Linien ausgeſtaltet hat. Ornamentale Gufstheile oder Zinkblechtheile wurden hier vermieden und der Schmiedeeiſen-Charakter der Conſtruction rein durchgeführt.

Auch in Fig. 851 find im Weſentlichen die Formen der Conſtruction zugleich diejenigen der Architektur; doch find hier abermals weitere Ziermotive beigezogen. Dargeſtellt iſt das Traufgefims der Perronhalle zu Châlons-ſur-Marne, einer offenen Halle auf zwei Reihen gufseiſerner Säulen, die mit Falzziegeln auf Eiſenlatten eingedeckt iſt.

Die Gefimsbildung beſteht aus dem Längsträger und der Rinne, die aus drei Eiſenblechen mit Eckwinkeln zuſammengeſetzt iſt und deren Vorderwand eine Verſteifung durch aufgenietete Flacheiſen und eine Bekrönung durch eine gufseiserne Gefimsleiste erhalten hat. Letztere ift um die Säulen mit gröfserer Ausladung verkröpft und als Kranzplatte mit Untergliedern ausgeftattet. Diefe Gufsglieder und die Ausfchnitte der Confolen-Bleche find mit den Endformen der Confolen die einzigen reinen Zierformen der Gefimsbildung; im Uebrigen verwerthet fie nur die Conftructionslinien und die Nietreihen. Am Anfchlufs

der Rinne an die Säulen find ihre Wände durchbrochen, fo dafs das Regenwaffer im Hohlraum der Säulen feinen Ablauf findet.

Fig. 852[14]) bietet das Traufgefims der Langflügel am Hauptgebäude der Parifer Weltausftellung von 1878; das Eifen erfcheint hier mit bunten Farben in Verbindung mit emaillirten Tafeln in gebranntem Thon. Die Hauptftützen der Glas- und Eifenwand find Blechkaften von ⊥-förmigem Querfchnitt, der durch ein grofses Rechteck mit Anfügung zweier kleineren gebildet ift. Das Hinausragen diefer Hauptftützen über die Dachtraufe unter Endigung mit Wappenfchildern und Flaggenftangen ift durch die Wiederholung in langer Reihe ein wichtiges Motiv der Gefimsbildung. Die Vorderfeite der Eifenpfeiler ift durch breite lothrechte Randbleche und fchmale wagrechte Flachftäbe gebildet, die rechteckige Flächen aus emaillirten Thontafeln mit buntem Ornament einfchliefsen. Als Wandpfette und zugleich als frei tragendes Hauptgefims zwifchen jenen Stützen erfcheinen zwei wagrechte, genietete Blechträger,

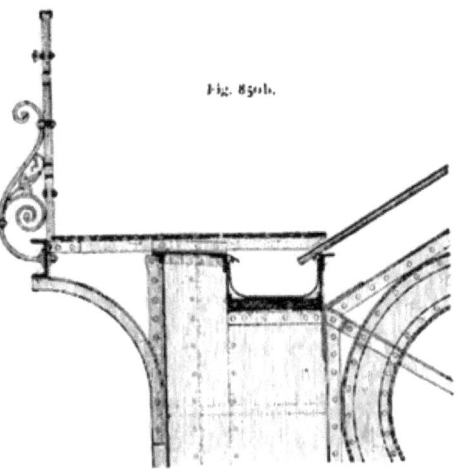

Fig. 850b.

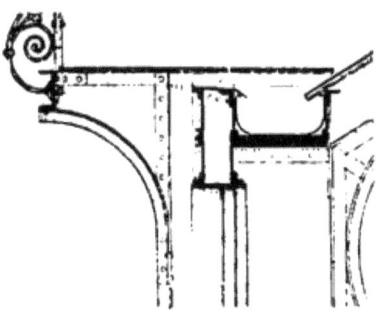

Hauptgefims zu Fig. 850a[14].

fcheinbar unterftützt durch grofse Gufs-Confolen an den Seitenwänden der Stützen; im Zwifchenraum der Träger ift die Dachrinne eingebettet. Der untere Theil des äufseren Trägers ift als Architrav des Hauptgefimfes ausgebildet und durch einen Mäander gefchmückt. Darüber folgt ein hoher Streifen aus Gufseifen mit glatten, krönenden Gefimsgliedern und aufgefetztem Ornament mit

Fig. 851.

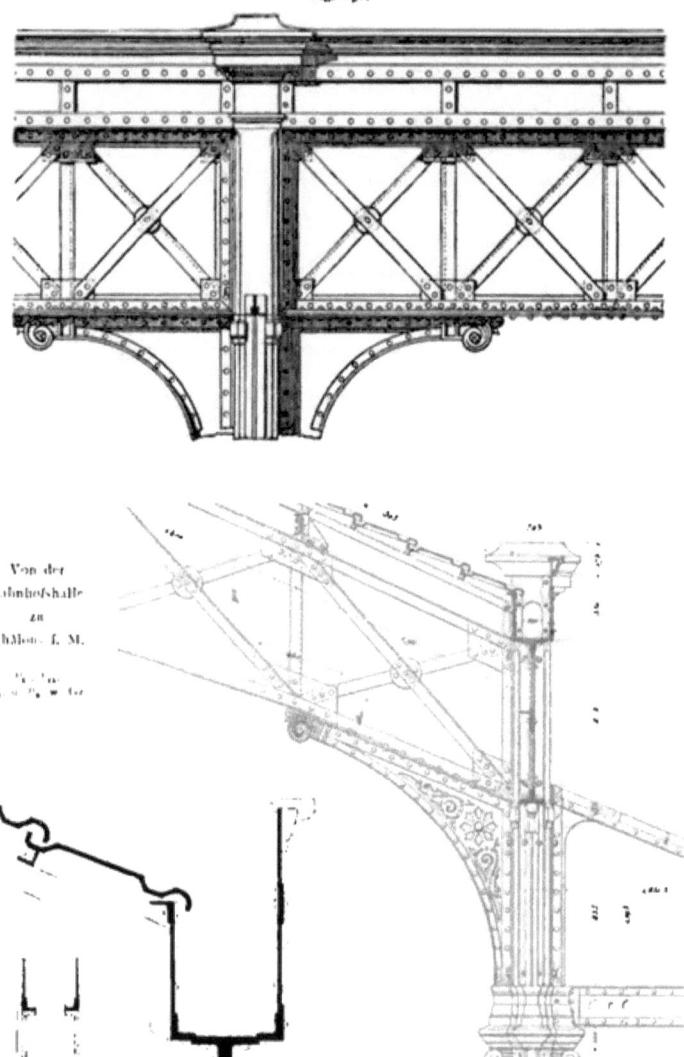

Von der
Bahnhofshalle
zu
Ch.Mons. f. M.

Fig. 852.

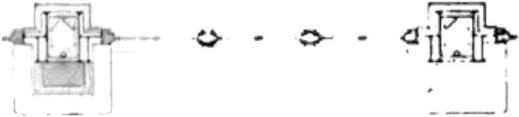

Vom *Palais du Champ de Mars* zu Paris 1878-79.
ca. ⁹⁄₁₀ w. Gr.

dem Ausdruck der freien Endigung nach oben, das architektonifch als äußere Wand der Dachrinne gelten kann. Das glatte Gefims ift in blauer Metallfarbe mit vergoldeten Stäben, Nietköpfen und Rofetten gehalten, wogegen das Ornament in bunten Farben auftritt und dadurch den Einklang mit der Vielfarbigkeit der Pfeiler herftellt. Auch die von den Pfeilern und dem Hauptgefims umrahmte Glaswand ift durch Vergoldung der Nietreihen, durch Goldfterne auf den Kreuzungspunkten der Sproffen und durch farbige Ornamente auf den Glasflächen mit der Vielfarbigkeit des Uebrigen zufammengeftimmt. Der erreichte Gefammteindruck war, in Folge des Losfagens von allen bekannten Stilformen, fremdartig; doch kam eben hierin das anerkennenswerthe Streben zur Geltung, dem Eifen zu einer felbftändigen Architektur zu verhelfen.

Während bei diefem und dem vorhergehenden Gefims die Rinne auf der Eifenwand liegt und die Ausladung daher nur gering ift, erfcheint fie bei Fig. 853, 915 u. 854 ausgekragt, und zwar bei der erften fcheinbar durch eine der unter 7 genannten Zierleiften in Holz geftützt, bei der zweiten durch Confolen aus T-Eifen, bei der dritten durch Gufs-Confolen. Diefes Auskragen der Rinne liefert kräftigere Schattenwirkung. In Fig. 853 ift als Hauptbeftandtheil des Gefimfes das Hängeblech mit Durchbrechung, reicherer Randlinie und aufgemaltem Mäander hervorzuheben; bei Fig. 915 ift das Hängeblech durchaus fchmucklos; Fig. 854[216], das

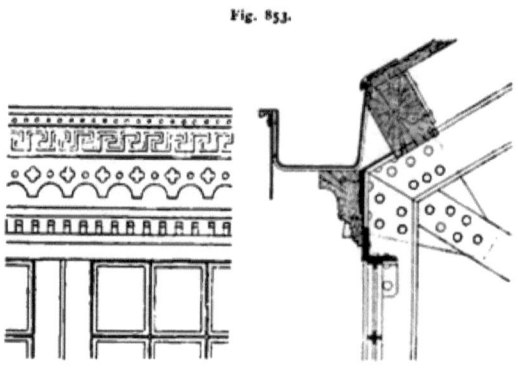

Fig. 853.

Entwurf des Verf. — ca. 1/15 w. Gr.

Traufgefims einer Markthalle in Rouen, ift mit dem zugehörigen Giebelgefims im Folgenden befprochen.

Die Wand ift zwifchen den gegoffenen Hauptftützen durch eng geftellte T-förmige Pfoften mit feft ftehenden Glas-Jaloufien dazwifchen gebildet; jedes Wandfeld ift oben vor der Jaloufiefläche mit einem Flacheifenbogen verziert. Das Traufgefims befteht aus einem Fries und einer vorftehenden Deckplatte, die über jedem Wandpfoften von einer Gufs-Confole geftützt ift. Der Fries ift ein Blechträger, eingefetzt zwifchen die Hauptftützen der Wand- und Dach-Conftruction; die Gufs-Confolen fitzen auf feinem Stehblech; die von ihnen gebildeten rechteckigen Felder find durch aufgenietete Füllungen aus Blechwinkeln verziert. Die Deckplatte bildet die mit Winkeln gefäumte Vorderwand und Unterwand eines rechteckigen Blechkaftens, in welchem die Dachrinne als Zinkcanal eingebettet ift. Die Ableitung des Dachwaffers gefchieht durch die gufseifernen Säulen.

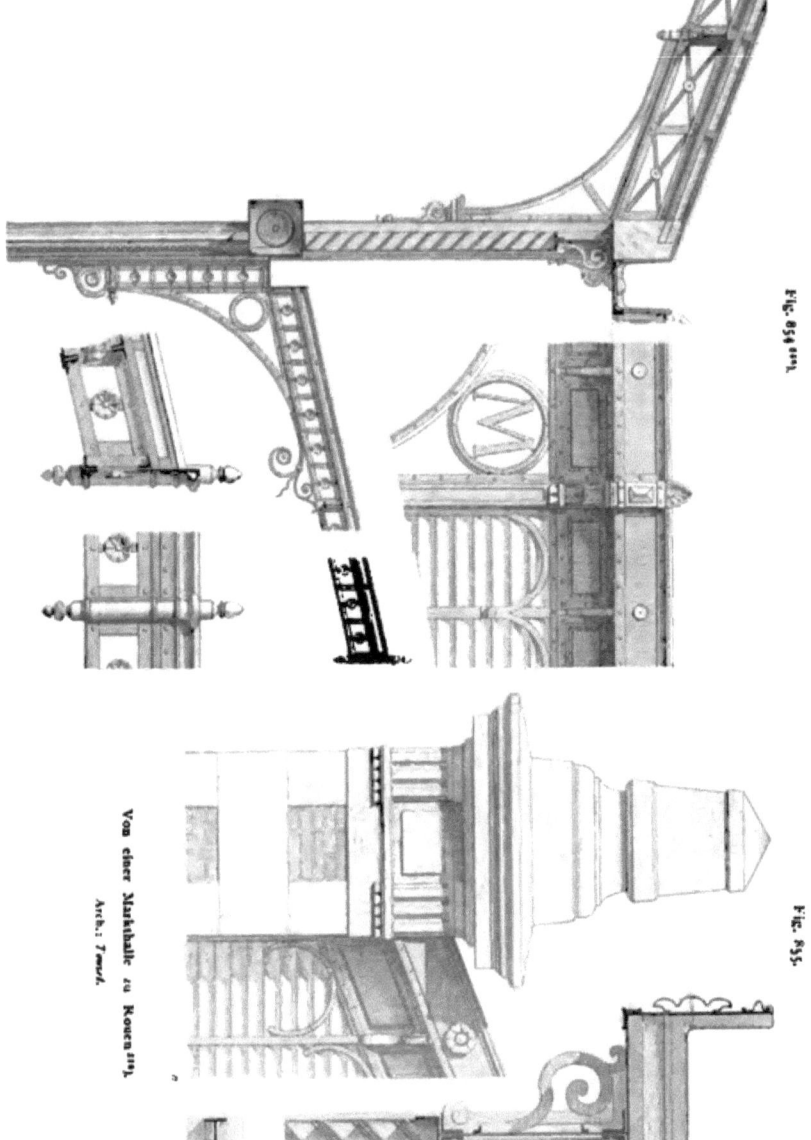

Fig. 854 bis.

Fig. 855.

Von einer Markthalle zu Rouen[1].

Arch.: Tonnel.

Fig. 854[***]) bietet auch ein Gefims am Firft eines Pultdaches. In Ueber-einftimmung mit den confolenförmigen Bindern ift es durch einen Fries aus Eifenftabwerk gebildet, der mit Gufs-Rofetten und Gufsgliedern befetzt und von kleinen Hängepfoften aus Gufseifen regelmäfsig durchbrochen ift.

444.
Giebelgefimfe
ohne
Dachvorfprung.

Das Giebelgefims der Halle in Fig. 855[***]) befteht ebenfalls aus Fries und Deckplatte; jener ift ganz wie beim wagrechten Gefims geftaltet, nur anfteigend. Die Deckplatte bildet ein lothrechtes Eifenblech, gefäumt mit Gefimfen aus Zinkblech, befetzt mit Blech-Rofetten und gehalten von einem hochkantig ge-legten Brett, welches an die am Rand verftärkte Dachverfchalung durch winkel-förmig abgebogene Flacheifen befeftigt ift. Um bei Sonnenhitze die Aus-ftrahlung der Zinkbedachung gegen unten zu mildern, ift diefe nicht auf eine einfache Bretterdecke gelegt, fondern auf zwei Bretterlagen mit einem etwa 5 cm hohen Ifolirraum dazwifchen, der durch Einlage von wagrechten Hölzern mit etwa 50 cm Abftand erzielt ift.

Ein ähnliches Giebelgefims einer Hallenwand, wie in Fig. 855, ift in Fig. 856[***]) dargeftellt, welche zugleich feine Wirkung in der Gefammt-erfcheinung der Wand anfchaulich macht. Eingefügt find die Felder mit ge-kreuzten Diagonalen unter dem Gefims. Hier ift aber auch noch die Gliederung der Giebelwand durch eine Reihe grofser Bogen aus Eifenblech hervorzuheben, deren Ziermittel neben den Nietreihen der umfäumenden Winkeleifen wieder durchbrochenes Blech ift, und zwar in Form von Rofetten, geometrifchem Orna-ment und Schriftzeichen. Zugleich bietet Fig. 855 ein Pultdach mit aus-gefchnittenem Hängeblech ohne Rinne.

Die bisher befchriebenen Traufgefimfe find zugleich die Bekrönung einer Eifenblechwand oder Glaswand mit Eifen-Fachwerk und entfprechen bezüglich des Verhältniffes zur Wand dem maffiven Steingefimfen. Im Gegenfatz hierzu bietet Fig. 857 (und eben fo die fpäter in das Auge zu faffende Fig. 895) ein Traufgefims als Randbildung eines weit über die Wand oder Stützenreihe vor-tretenden Dachvorfprunges, wonach auch bei der Eifen-Conftruction Sparren-gefimfe als Gegenfatz der wandbekrönenden auftreten. In der fchmucklofen Conftruction würden nur die Rinne mit den an die Fufspfette in Entfernungen von 0,8 bis 1,0 m angefetzten Rinnenträgern und die Binderfparren mit gerader Endigung erfcheinen, und meiftens ift die Traufe wirklich in diefer einfachen Geftalt ausgeführt, oder es find wenigftens nur bei T-förmigen Binderfparren ihre Stege nach einer reicheren Linie ausgefchnitten, ähnlich den fichtbaren Sparrenköpfen der Holzgefimfe. Die Rinnenträger find dabei häufig nur an das Wellblech felbft, nicht an die Fufspfette angenietet. — Bei einiger Anforderung an die formale Erfcheinung bildet dagegen die Traufe einen breiteren Gefims-zug in Eifen- oder Zinkblech, der die Köpfe der Binderfparren verdeckt. Bei Fig. 857 ift ein decorirtes Eifenblech unter die Rinne gehängt und die Ecke zwifchen beiden Theilen durch eine in Zinkblech gezogene, oder nach z, η in Schmiedeeifen gewalzte, oder gegoffene Gefimsleifte ausgefüllt; das ausge-fchnittene und mit Rofetten befetzte Eifenblech ift auf lothrechte Flacheifen-ftäbe aufgenietet, die mit den Rinnenträgern vernietet find. Dagegen ift bei Fig. 895 die Rinne hinter einem höheren geprefsten Zinkgefimsftreifen verfteckt; über feine Befeftigung ift unter d das Erforderliche zu finden. Fig. 896 bietet die Uebertragung des Motivs auf die Firftlinie eines Pultdaches oder des Auf-

445.
Traufgefimfe
mit
Dachvorfprung.

bugs, wie er nun bei Perrondächern der Eifenbahn überwiegend häufig auftritt. Der Blechträger in Fig. 857, der etwa die Unterftützung der Sparren bei einem Perrondach bilden könnte, ift ein Beifpiel für die friesartige Decoration mit Durchbrechung des Stehblechs.

Ein weiteres Sparrengefims mit hohem reicherem Hängeblech und mit Durchführung reiner Schmiedeeifenformen am Firft eines Pultdaches ift durch

Fig. 856.

Von einer Markthalle zu Paris[119]).
Arch.: Magne.

Fig. 858 u. 859 [180]) dargeſtellt. Bevorzugtes Motiv iſt das ebene, durchbrochene Eiſenblech. Es bildet die Stehbleche der Wandbogen zwiſchen den eiſernen Säulen, eben ſo die Stehbleche der Conſolen, welche das aufgebogene Pultdach auf die Säulen abſtützen, endlich die ſaumbildende Hängewand am Firſt des Pultdaches, welche die Kranzplatte des Geſimſes darſtellt. In allen drei Fällen erſcheint es umſäumt und zwiſchen den Rändern verſtärkt durch Blechwinkel und aufgeſetzte Flachſtäbe, deren Nietreihen ebenfalls als Ziermittel verwerthet wurden, und am Hängeblech ſind noch Blechſchilder mit Aufrollung als Auszeichnung der Axenpunkte beigefügt.

Das Hängeblech nach Fig. 860 [181]) bildet im oberen Theile die Vorderwand eines rechteckigen Canals für die Einbettung der Dachrinne, der aus Eiſenblechen und Eckwinkeln zuſammengeſetzt und mit einem weiteren Eckwinkel an die Unterfläche der Sparren eines Glasdaches angenietet iſt. Dieſe Vorderwand iſt mit glatten Geſimsgliedern in Guſs decorirt und von Schmiedeeiſen-

Fig. 857.

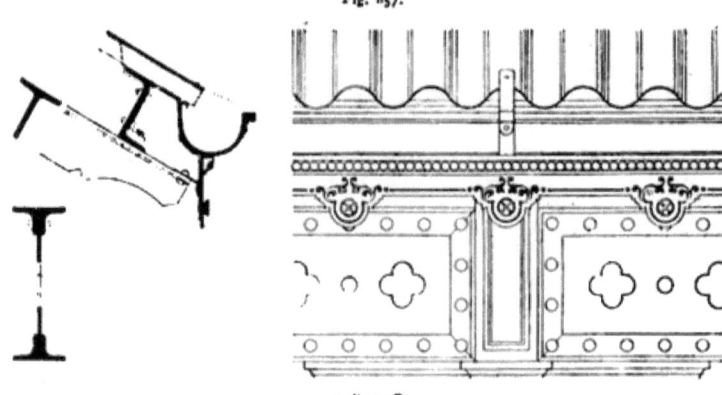

ca ⅙ w. Gr.

Rankenwerk bekrönt, deſſen lothrechte Stäbe durch Ueberplattung mit den zwei äußeren Eckwinkeln gehalten ſind. An den nach unten vorſtehenden Rand dieſer Wand iſt der zweite, untere Theil des Hängebleches angehängt, ein als Nachbildung einer gepreſſten Lederfläche geſtaltetes und bemaltes Eiſenblech, deſſen ausgezackter Umriſs mit gegoſſenem Relief-Rankenwerk geſäumt iſt.

Die Hängebleche der beſchriebenen Sparrengeſimſe in Eiſen entſprechen den Saumleiſten und Hängebrettern an den Sparrengeſimſen der Holz-Architektur (ſiehe Art. 174, S. 271). Auch die drei anderen Ziermotive, die für ſolche Holzgeſimſe aufzuzählen waren, kehren im Eiſenbau wieder. Die Conſolen-Fachwerke an den Hauptbindern verwandeln ſich in groſse Conſolen aus Guſseiſen oder winkeleiſenumſäumtem, meiſt durchbrochenem Eiſenblech, welche an die Freiſtützen vieler offener Hallendächer und an die Wandſtützen mancher Dächer über geſchloſſenen Räumen geſetzt ſind, um die Ausladung der Binderſparren

[180]) Facſ.-Repr. nach: *Revue gén. de l'arch.* 1886, Pl. 51.
[181]) Facſ.-Repr. nach ebendaſ. 1865, Pl. 59.

zu ſtützen oder wenigſtens die Winkel zwiſchen Sparren und Stützen zu verſteifen (Fig. 859). Weniger häufig iſt dagegen die Theilung der Geſimslänge durch eine Reihe von Conſolen unter den Zwiſchenſparren, da dieſe letzteren bei

den meiſten Bedachungsarten des Eiſenbaues fehlen und anderenfalls gewöhnlich am unteren Ende durch eine Fußpfette geſtützt ſind, alſo ohne freie Ausladung auf- treten. Der ſchmückenden Auszeichnung der oberen Wandränder bei den Sparren- Traufgeſimſen in Holz ent- ſpricht im Eiſenbau entweder ein Schmuck der geraden oder bogenförmigen Längs- träger zwiſchen den Frei- ſtützen, etwa nach Fig. 851, 857, 858 u. 864, oder ein deco- rirter Fries über geſchloſſe- ner Wandfläche, wie er in Fig. 852, 865 u. 897 erſcheint.

Fig. 858.   ⅟₁₀₀ w. Gr.

Fig. 859.

246.
Giebelgeſimſe
mit
Dachvorſprung.

Giebelgeſimſe mit vor- ſpringenden Dachflächen oder Sparrengeſimſe am Gie- bel ſind nicht dargeſtellt. Ihre conſtructive Grundlage finden ſie in der über die Giebelwand vortretenden Reihe der Dachpfetten, wel- che gewöhnlich, wie in Fig. 893, die Bedachung unmittel- bar tragen und nur etwa bei Glaseindeckung oder Falz- ziegel-Eindeckung auf Eiſen- latten eine Sparrenlage auf- zunehmen haben. Die Ge- ſimsbildung ergreift die fol- genden Motive vollzählig oder mit Auswahl; ſie ent- ſprechen den in Art. 204 (S. 312) aufgezählten Geſtal- tungsmitteln für die Sparren- giebel der Holz-Architektur.

⅟₁₀₀ w. Gr.

Vom bedeckten Spielplatz einer Mädchenſchule zu Paris[246].
Arch.: Chipiez.

1) Aufſetzen einer Saum- leiſte auf die Stirnflächen der Pfetten, bezw. auf den äußerſten Sparren, als Nachbildung des Flugbrettes der Holzgiebel. Die Saumleiſte kann aus durch- brochenem und gezacktem Eiſenblech beſtehen, wie die Hängebleche in Fig. 857 u. 850; ein reicheres verwandtes Motiv wäre die Uebertragung des Pultdachrandes

Fig. 860 [441).

in Fig. 854 auf den Giebel. Ferner finden fich Saumleiften mit glatten und fculpirten Gefimsgliedern aus den oben unter a, 1 genannten gewalzten Ziereifen, aus Gufseifen, aus gezogenem und geprefstem Zinkblech.

2) Profiliren der Pfettenköpfe (wie der Sparren in Fig. 857) und Unterftützung derfelben durch Confolen aus Gufseifen oder Blech, die ähnlich wie bei Fig. 855 u. 856 auf die Wandfläche oder Wandftützen gefetzt find.

3) Schwebende Zierflächen vor der Giebelwand, den fchwebenden Fachwerken im Flugfparren-Winkelfeld der Holz-Architektur entfprechend, etwa als Eifenftabwerk mit oder ohne durchbrochene Blechflächen und mit reicherem Umrifs nach unten zwifchen die Pfettenköpfe, bezw. äufseren Sparren eingefetzt, ein reines Ziermotiv, das im Eifenbau der conftuctiven Begründung entbehrt und daher weit geringere Bedeutung hat, als jenes im Holzbau. Grofse Flächen find durch die Rückficht auf den Sturm ausgefchloffen.

Fig. 861.

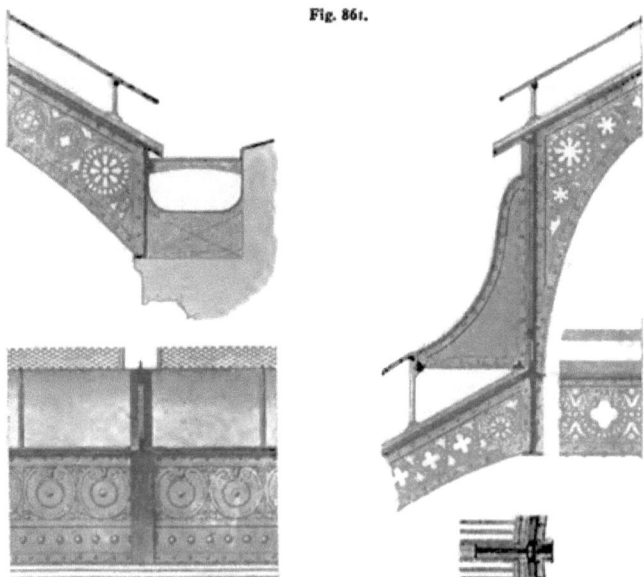

Von der Hofüberdachung des Gefchäftshaufes der *Société de dépôts et des comptes courants* zu Paris [441].
ca. ¹⁄₄₀ w. Gr.

Arch.: *Blondel.*

27*

Fig. 862.

Von einem Geschäftshaus zu Paris[285]).

Arch: *Sedille.*

4) Schmückende Auszeichnungen des Giebelbinderfparrens oder des oberen Randes der Giebelwand durch Friefe, durch Ziermotive in den Wandfeldern, durch einen Gefimszug aus irgend welchem Material, wofür als Beifpiele Fig. 855, 856, 863, 889, 892 u. 894 gelten können.

Fig. 861[361]) bietet das Fußgefims eines Glas- und Eifendaches an feiner Auflagerung auf der Mauer eines kreisförmigen Hofes, ferner das Fußgefims an der kreisförmigen Laterne des Daches. Auch hier erfcheint als bevorzugtes Ziermittel das ornamentale Durchbrechen der Blechfläche, entweder mit freier Durchficht oder mit reliefbildendem Auffellen vor einer vollen Blechwand, ferner die Benutzung der Niet- und Schraubenkopfreihen an umfäumenden Winkeleifen, Alles vermuthlich in Verbindung mit Farben-Contraften. Der Zugring, in welchen die Blechbogenbinder des kegelförmigen Daches zeltftangenartig eingefpannt find, hat gleiche Höhe mit ihrem Fuß erhalten und ift als umfäumter Blechfries mit

447. Innere Gefimfe.

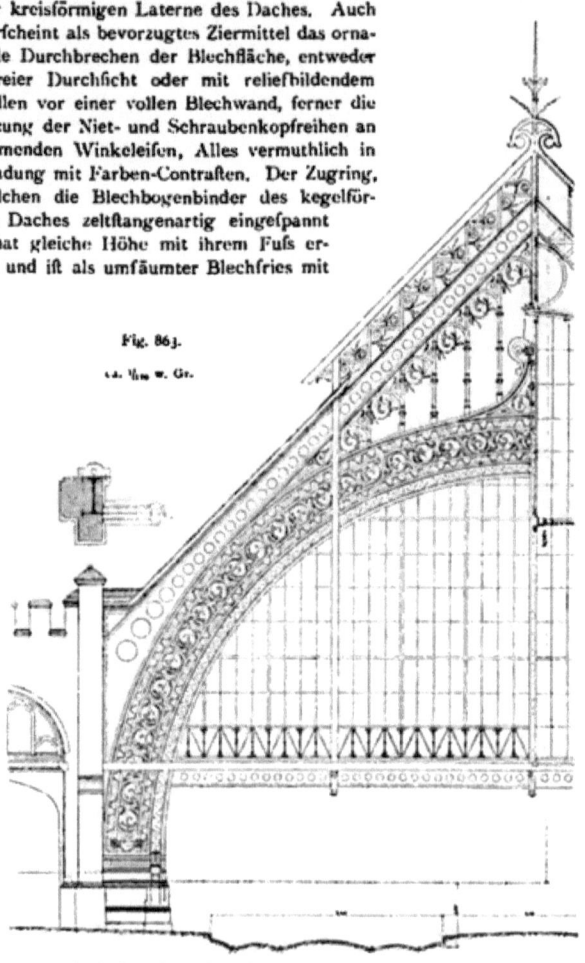

Fig. 863.

ca. ¹⁄₁₁₀ w. Gr.

Giebelgefims der Bahnhofshalle zu Brügge[361]). — ca. ¹⁄₁₁₀ w. Gr.
Arch.: Schadde & Beyaert.

361) Facf.-Repr. nach: Revue gén. de l'arch. 1873, Pl. 49.

dem genannten Relief-Ornament ausgeftattet. In derfelben Weife bildet der Druckring, gegen den die Sparren fich ftemmen, das Fufsgefims der Laterne mit durchbrochenem Blechfries.

Die reicheren Ziermittel der reinen Schmiedeeifenarbeit, die unter β, γ u. ζ genannten Bogen, Ranken, Endigungen u. f. w., ferner die getriebene Blecharbeit find in grofser Höhe oder anderer grofser Entfernung vom Auge weniger fchätzbar, als für die Betrachtung aus der Nähe. Da fie auch theuerer find als die anderen Schmiedeeifen-Motive, fo befchränken fie fich, fo wichtig fie für Thore, Gitter, Treppen, Zierbrücken u. f. w. fein mögen, bei den Gefimfen mehr nur auf kleinere Werke und auf Brüftungen. Bezüglich der letzteren ift fchon oben auf Fig. 832 u. 833 verwiefen worden; Fig. 862[25]) ift ein Beifpiel der erften Art, das Randgefims eines Vordaches aus Glas und Eifen. Aufser den Friefen aus geraden Stäben und Rankenwerk bietet es eine Reihe von Confolen aus aufgerolltem Blech mit unverfchloffenen Zwifchenfeldern, hängende Zierformen, die den fchwebenden Fries regelmäfsig unterbrechen, eine Rofettenreihe auf einer Blechwand, durchbrochene Blechftegflächen und glatte Gefimsglieder in Walzeifen.

Ein gröfseres Architekturftück mit den reicheren Ziermotiven des Schmiedeeifens erfcheint in Fig. 863[26]), der Darftellung des Giebelgefimfes der Perronhalle zu Brügge. Grofse Bogenlinien verbinden fich mit glatten Gefimsgliedern, ebenem ausgezacktem und durchbrochenem Eifenblech, Netzwerk aus geraden und aufgerollten Stäben, getriebener Blecharbeit. Wie beftimmte Formen der Brettergefimfe, fo fchliefsen hier die Eifenformen an einen hiftorifchen Bauftil an, und zwar an den fpät-gothifchen. Er kommt in der fteilen Dachneigung, in der Kielbogenlinie, in der Gefimsprofilirung, in der Kleeblattbogenreihe, aus Blech gefchnitten, im Ranken- und Blattwerk, in der ganzen mafswerkartigen Flächendurchbrechung zur Geltung. Ein verwandtes Eifen-Architekturftück ift das Dach der Börfenhalle zu Antwerpen.

c) Gefimfe ganz oder vorwiegend aus Gufseifen oder Gufszink.

245.
Gufseiferne
Gefimfe
mit
Metallformen.

Fig. 864 zeigt die Verwerthung der unter 3 genannten felbftändigen Ziermotive des Gufseifens in einem Gefims, das die Bekrönung einer in Gufseifen ausgeführten offenen Bogenreihe auf Gufseifenfäulen bildet. Diefe find über dem Kämpfer-Kapitell von quadratifchem Querfchnitt und oben durch einen gewalzten ⌐-Träger verbunden, der mit Blechwinkeln zwifchen fie eingefetzt ift. Die Kranzgefimftücke find dünne Gufsfchalen, durch Rippen auf ihrer Rückenfläche verftärkt und an Randrippen unter fich verfchraubt. Lothrechte Blechwinkel, eingefetzt in die Ecken zwifchen diefen Rippen und dem Trägerfteg, find an beide Theile angefchraubt und verbinden dadurch das Gefims mit dem Träger. Auch noch an die Fufspfette des Daches find die Gefimftücke angebunden, zu gröfserer Sicherheit gegen Drehen nach aufsen. An die Nebenfeiten des Säulenobertheiles legen fich die Bogenftücke der Wand und die Friesftücke des Gefimfes mit angefchraubten Randrippen an; auch unter fich find fie durch folche verbunden. Die untere Gurtung des Bogens ift, um hohl gegoffen werden zu können, in einen oberen und unteren Theil zerlegt; beide find längs ihrer Flanfche verfchraubt. Zwifchen den Rahmen der Bogenftücke find die

**) Facf.-Repr. nach ebendaf. 1883, Pl. 27.
**) Facf.-Repr. nach: Costad, a. a. O., Taf. 11.

durchbrochenen Füllungen als dünnere Gußplatten mit Falzverbindung und Verfchraubung eingefetzt.

In Fig. 865[255]) ift ein gröfseres Traufgefims mit einem Gurtgefims in Gufseifen dargeftellt, überhaupt die Gefimsgliederung einer grofsen zweigefchoffigen Wandfläche in Gufseifen, Schmiedeeifenfproffen und Glas. Die Hauptftützen find gufseiferne Säulen von etwa 4.30 ͫ Axenweite, im Erdgefchofs je verbunden durch einen einzigen Segmentbogen in Gufseifen, im Obergefchofs durch drei Rundbogen mit hohem Fries darüber. Das Traufgefims ift im Zufammenhang mit einem Krönungsgefims der Innenwand geftaltet und befteht einerfeits aus glatten und geprefften oberen Gliedern aus Zinkblech (wohl an einer nicht dargeftellten Holzunterlage befeftigt), andererfeits aus glatten Untergliedern, die an den Gufs-

Fig. 864.

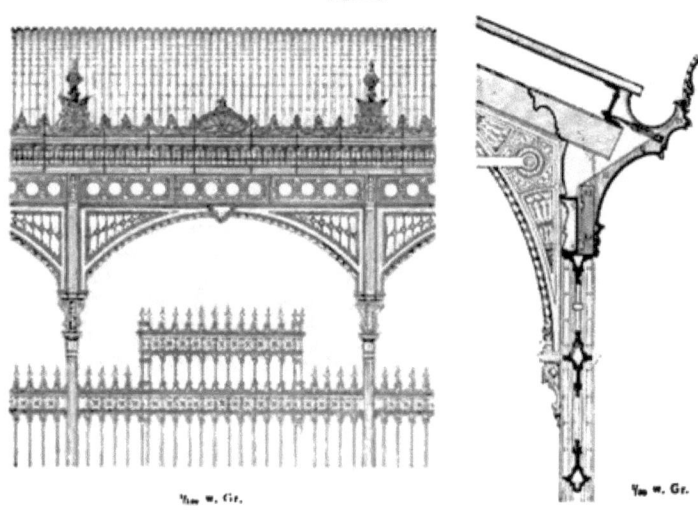

¹/₁₀ w. Gr.

Entwurf des Verf.

¹/₁₀ w. Gr.

eifenrahmen des oben genannten Friefes angegoffen find. Gurtgefims über dem Erdgefchofs und Brüftungsgefims im Obergefchofs bilden profilirte Gufseifenfchalen, deren Stücke an Randrippen unter fich und mit den Stützen verfchraubt find.

Fig. 866[256]) bietet das Hauptgefims einer Markthalle zu Paris. Es bekrönt eine durchbrochene Wandfläche aus Gufseifen und ift nur durch die kaftenförmige Dachrinne mit profilirter, rofettenbefetzter Vorderwand und ihre unterftützende Confolenreihe gebildet. Die vortretende Wandfäule verwandelt fich über dem Kapitell in eine hohe Confole, die ebenfalls die Rinne ftützt und mit einer Löwenmaske auf der Rinnenvorderwand endigt. Die Rinne ift ein blechumhüllter

²⁵⁵) Facf.-Repr. nach: Zeitfchr. f. Bauw. 1860, Bl. 19-20.
²⁵⁶) Facf.-Repr. nach: Revue gén. de l'arch. 1867, Pl. 20, 21.

rechteckiger Canal aus drei Brettern, angefetzt an die hölzerne Dachfchwelle und getragen von jenen Confolen, die an die Wand angegoffen find.

Ein Hauptgefims mit hoher Gefimsbrüftung in Gufseifen am Dachfuſs,

Fig. 865.

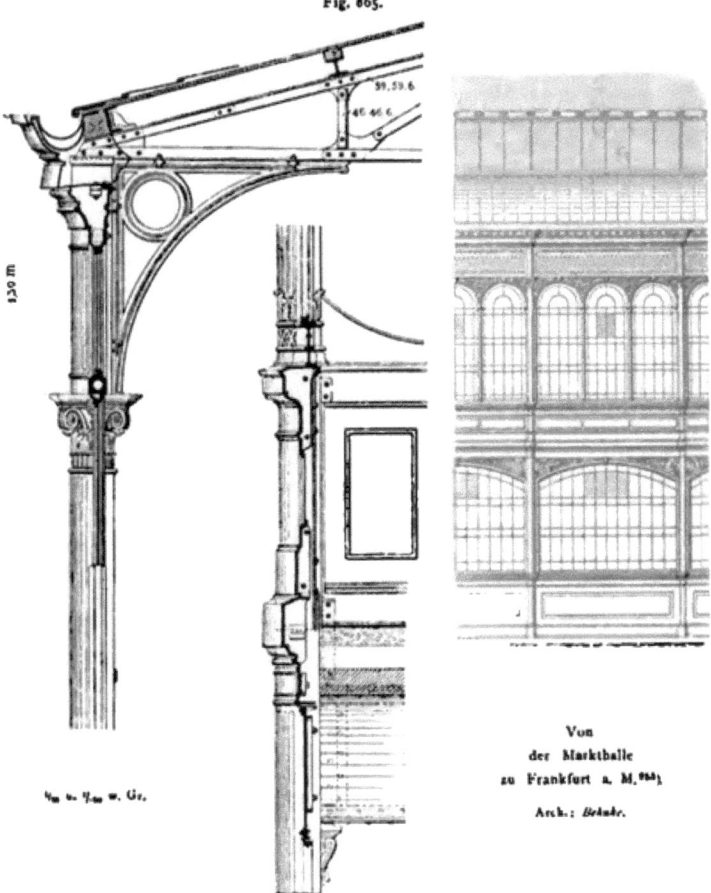

¹⁄₈ᵤ ᵤ. ¹⁄₄₀ ᵥ. Gr.

Von
der Markthalle
zu Frankfurt a. M.²⁸⁷)

Arch.: *Behnke.*

übrigens bei fehr einfacher Bildung des eigentlichen Gefimszuges, erfcheint in Fig. 867²⁸⁷). Es bekrönt eine Wand aus einem Fachwerk von Eifenftäben mit Eifenblechfüllung der Felder und mit grofsen Glasflächen.

²⁸⁷) Facf.-Repr. nach: Allg. Bauz. 1867, Bl. 11 u. f.

Die Entfernung der Hauptſtützen, die zugleich die ſegmentbogenförmigen Dachbinder aufnehmen
iſt 15,0 ᵐ, die Höhe vom Boden bis zur Dachrinne etwa 20,0 ᵐ; doch iſt nur der Obertheil mit etwa
12,0 ᵐ Höhe außen ſichtbar. Zwiſchen je zwei Hauptſtützen erſcheinen drei große Rundbogenfenſter,
von 4,0 ᵐ Lichtweite und 9,3 ᵐ Höhe. Der Sicherheit der hohen Wand gegen den Druck des Sturmes
iſt zunächſt durch einen kaſtenförmigen, gut in ſich verſteiften Querſchnitt der Hauptſtützen von 1,3 ᵐ
Breite und 90 ᶜᵐ Länge Rechnung getragen (ſiehe den Grundriß); außerdem haben die Wandflächen
zwiſchen je zwei Fenſtern eine Verſteifung durch ein ſenkrecht zur Wand ſtehendes lothrechtes Blech
erhalten und ſind mit dieſem durch wagrechte Bleche in Höhenabſtänden von 1,0 ᵐ zu einer kräftigen
Stütze vereinigt (ihr wagrechter Schnitt iſt in Fig. 867 ebenfalls dargeſtellt). Zu dieſen lothrechten
Verſteifungen der Wand treten zwei wagrechte; die obere, die zugleich die Wandpfette darſtellt, iſt
durch die kaſtenförmige Dachrinne aus ſtarkem Eiſenblech und Winkeleiſen gebildet, im Lichten 35 ᶜᵐ

Fig. 866.

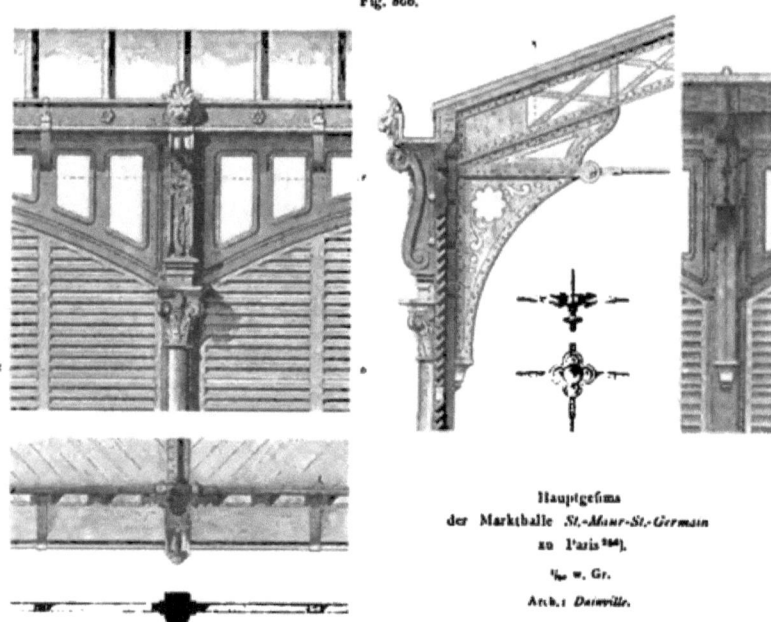

Hauptgeſims
der Markthalle *St.-Maur-St.-Germain*
zu Paris [264].
¹⁄₆₀ w. Gr.
Arch.: *Dainville.*

hoch und 48 ᶜᵐ breit, die untere durch einen 1,0 ᵐ breiten Laufſteg aus Eiſenblech am Fuß der
Fenſter ſammt ſeiner Unterſtützung durch Blech-Conſolen. Im Uebrigen iſt die volle Wandfläche durch
leichte wagrechte und lothrechte Stäbe aus T-Eiſen und Flacheiſen in rechteckige Felder getheilt,
wobei dieſe Stäbe zugleich die Fugen der meiſt 1 ꟴᵐ großen, 5 ᵐᵐ ſtarken Wandbleche verdecken.
Die Dach-Conſtruction mit einer Spannweite von 33 ᵐ hat kaſtenförmige Binder, deren Seitenſchub auf
die Stützen über der Dachfläche durch wagrechte Träger aufgehoben wird, ſo daß die Hallen-
Conſtruction im Inneren als tonnenförmige Decke, nur gegliedert durch die Binder und Pfetten, ohne
alle Störung der Perſpective durch Zugſtangen und Streben geſtaltet werden konnte.

Die Geſimsbildung beſteht in einem glatten Geſimsband über den Wandfeldern mit einer darüber ſtehenden durchbrochenen Dachbrüſtung, unter regelmäßig wiederkehrender Durchbrechung ſeiner wagrechten Linien durch die
hoch über die Traufe hinaufgeführten, mit Schildern und Flaggen geſchmückten

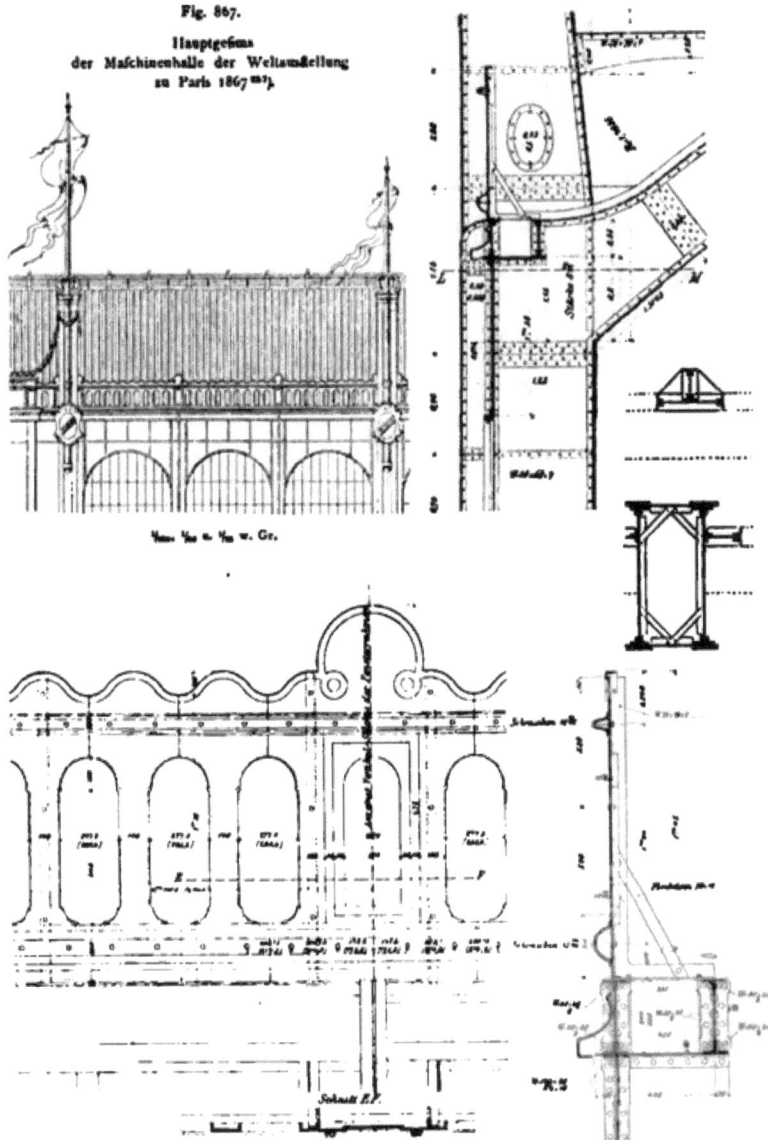

Fig. 867.

Hauptgesims
der Maschinenhalle der Weltausstellung
zu Paris 1867.

427

Hauptftützen. Das Gefimsband, welches zugleich die äußere Wand des Rinnen-
kaftens bedeckt, ift eine einfache Gußeifenfchale, die an die Rinnenwand gefchraubt ift; die durchbrochene Brüftung, 1,45 ᵐ hoch, befteht ebenfalls aus einer
Gußeifenwand oder vielmehr aus an einander gereihten Gußplatten von 42 ᶜᵐ
Breite mit Randrippen; fie ift 10 ᵐᵐ dick und erhält Zufammenhang und Verfteifung durch zwei aufgefchraubte wagrechte Zorès-Eifen, die gleichzeitig zur
Erhöhung der Schattenwirkung dienen. Der obere wellenförmige Rand der
Brüftung ift durch gekröpfte Randrippen ebenfalls gleichzeitig verfteift und verziert. Die Brüftung wird in ihrer lothrechten Stellung durch innere Verbügung
aus Winkeleifen und Flacheifen erhalten, die in mittleren Abftänden von 1,30 ᵐ
auf die Dachrinne gefetzt und mit den Wandplatten verfchraubt find.

Gefimfe aus Guß- und Schmiedeeifen mit felbftändigen Metallformen er-
fcheinenauch in Fig.868ᵇⁱˢ), und zwar als Conftructionsgeripppe einer Haufteinwand.

Die (nicht mit einbezogene) Gefammtdarftellung der Façade zeigt, daß die Seitenwände des
Haufes durchaus in Hauftein aufgeführt find, fo daß die Wand-Conftruction mit Eifen nur für die
20,5 ᵐ lange Straßenfront gilt. Dort ift die Conftruction durch 6,0 ᵐ breite Schaufenfter im Erdgefchoß
begründet, die einer Entlaftung von dem Gewicht der Mauer der fünf Obergefchoffe bedurften.
Symmetrifch zur Mittelaxe des Haufes find mit 6,0 ᵐ Abftand zwei Gußeifenftützen geftellt, die mit
20,0 ᵐ Höhe durch alle fechs Gefchoffe reichen und je aus fechs über einander geftellten Stücken
beftehen. Ihren wagrechten Durchfchnitt bietet der Grundriß, und die lothrechte Stoßverbindung, die
ja in der Höhe der inneren Decken-Conftruction liegt, erfcheint im Höhenfchnitt auf der linken Seite
der Abbildung. Die Breite diefer Stützen nimmt nach oben ab; fie beträgt im Erdgefchoß 0,50 ᵐ, im
I. Obergefchoß 0,45 ᵐ, in den übrigen 0,40 ᵐ; die Tiefe der Stützentheile ift dagegen in allen Gefchoffen
diefelbe, nämlich 0,50 ᵐ, eben fo die Gußdicke mit 4,5 ᶜᵐ.

In die Felder zwifchen diefen zwei Stützen und den Außenpfeilern der Façade find je fechs
wagrechte Schmiedeeifenträger in Kaftenform eingefetzt, deren Höhenfchnitt in der Abbildung rechts
dargeftellt ift. Ihre Breite beträgt 22 ᶜᵐ, ihre Höhe 50 ᶜᵐ, ihre Blechdicke 8 ᵐᵐ; die Bleche find
durch Eckwinkel von 50×50×8 ᵐᵐ vereinigt, und durch einige lothrechte Bleche im Inneren
verfteift. Ein Verfchrauben der Träger und Stützen hat nicht ftattgefunden; diefe ruhen frei aufgelegt
auf einem Vorfprung der Stützen, find aber durch die Form des Kapitells gegen Verfchieben nach
außen oder innen gefchützt. Auch auf den fteinernen Eckpfeilern ruhen die Träger ohne Verankerung.

Diefes Eifengeripppe wird in feiner lothrechten Stellung durch die Verbindung mit den eifernen
Deckenbalken erhalten, die in I-Form mit Eckwinkeln an die Gußftützen und wagrechten Kaftenträger
angefetzt find. Die Decken felbft erfcheinen als Cementguß ohne weitere Unterftützung oder als
Gypsguß über einem Roft von Eifenftäben. Die Steinwandflächen und Fenfteröffnungen des Haufes find
in den Feldern zwifchen jenen Hauptftützen und Trägern dadurch hergeftellt, daß E-förmige Schmiede-
eifen-Zwifchenftützen als Fenfterpfoften zwifchen die Träger eingefetzt find (fiehe den Grundriß). An
der äußeren Stegfläche diefer Pfoften ift der Falz für die Fenfterzargen durch ein aufgefetztes Winkeleifen
hergeftellt; die Ausfüllung der übrigen Felder bilden je 6 bis 7 über einander geftellte Haufteinplatten
von nur 17 ᶜᵐ Dicke, die zwifchen den Flanfchen der E-Eifen, bezw. zwifchen Kantenrippen der Hauptftützen ihren Halt finden. Vor einem Theile der Fenfter ift ein Balcon durch ein 8 ᵐᵐ dickes, fchwach
nach außen geneigtes Riffelblech auf einem Rahmen und Roft aus leichten E-, bezw. I-Eifen gebildet,
der an die wagrechten Träger gefchraubt und von den Fenfterpfoften aus durch Guß-Confolen geftützt
ift; vor den übrigen Fenftern erfcheint nur ein Eifengeländer in den Formen der Balconbrüftung. Zu
beachten ift ferner der Schutz des Oberrandes der Fenfter durch ein abgebogenes wagrechtes Zierblech,
welche das Waffer weit vor dem Fenfter zum Abtropfen bringt.

Der architektonifche Schmuck der Eifen-Conftruction, die eigentliche Gefimsbildung, erfcheint in etwas fremdartigen Formen, und zwar an den Hauptftützen in die Gußwand einbezogen, an den Trägern, Fenfterpfoften und Balconen
dagegen durch aufgefetzte Gußgefimsglieder, Rofetten. Halbfäulen in Guß u. f. w.
erzielt. (Auch die Scheidewände des Haufes find mit nur 11 ᶜᵐ Dicke aus
Schmiedeeifenpfoften und -Pfetten mit Backfteinausmauerung gebildet, jedoch
ohne jeden Gefimsfchmuck in Metall.)

*) Fach-Kept. nach: *Revue gén. de l'arch.* 1879, Pl. 27.

Fig. 868.

Von einem Geschäftshaus zu Paris[200].

ca. 1/14 w. Gr.

Arch.: Paraire & Englebert.

Von einem Geschäftshaus zu Paris[*].

Arch.: *Guillaume.*

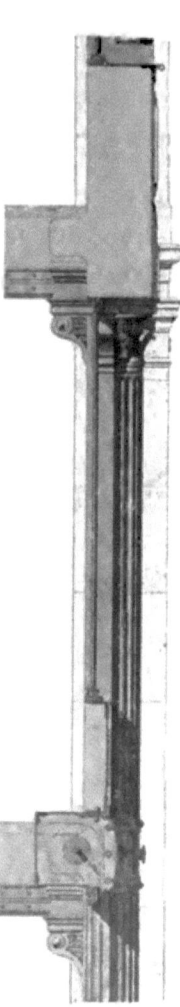

Fig. 869.

ca. 1/100 u. 1/25 w. Gr.

Fig. 870.

Von den *Magafins réunis* zu Paris[180]).
ca. 1/100 w. Gr.
Arch.: Donnod.

Fig. 871.

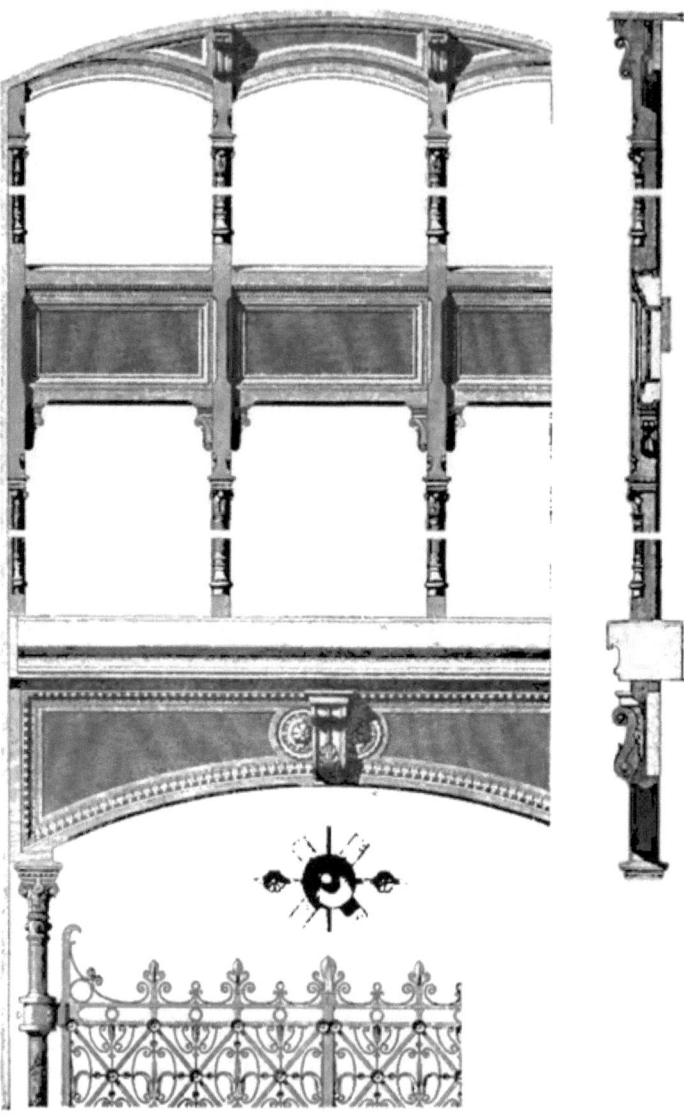

Einzelheiten zu Fig. 870***).
ca. ⅗₁₀ w. Gr.

Fig. 869[259]) ift ein Beifpiel für die Gefimsgliederung einer großen Wandfläche in Gufseifen und Glas, die innerhalb einer Umrahmung von Hauftein-
Mauerflächen durch vier Gefchoffe hindurch die Aufsenwand eines Haufes bildet.
Wie in Fig. 860 treten hier hohe Eifenftützen mit Blechkaftenträgern dazwifchen
als Hauptftäbe der Wandbildung auf; doch ift die Gefimsbildung eine wefentlich
verfchiedene durch das Aufnehmen von Marmorplatten neben die Gufseifenformen, die den Blechwänden aufgefetzt find, eben fo durch das Auftreten einer
Gufseifenwand anftatt einer äufseren Blechwand der Träger, unter Einfchliefsen
einer Rollladentrommel in den Trägerkaften, endlich durch das Zurückdrängen
des fichtbaren Schmiedeeifens zu Gunften von Gufseifengliedern und ·Ornamenten.

Eine verwandte Conftruction bieten Fig 870 u. 871[260]); doch ift hier das
Gufseifen auch für die wagrechten Gefimfe das einzige Material, und das
Schmiedeeifen als Blechfläche, als Winkeleifen u. f. w. ausgefchloffen. Die
Formen find Nachbildung von Holz-Architektur mit gedrehter, gefafter und ge-
ftemmter Arbeit.

Fig. 872.

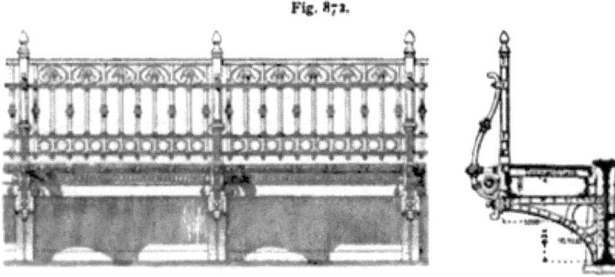

Von der Stadteifenbahn zu Berlin[261].

¹⁄₂₀ w. Gr.

Fig. 872[261]), ein Gefims aus Schmiede- und Gufseifen von der Berliner
Stadtbahn, bildet zwar Rand und Brüftung einer Brücke, liefse fich jedoch mit
feineren Abmeffungen der Eifenftäbe und Bodenbleche auch als weit ausladendes
Traufgefims mit Lauffteg über einer Eifenwand verwerthen. Es befteht aus einer
Blech-Confolenreihe, welche zwei Pfetten in C-Form trägt; die äufsere Stegfläche
der äufseren Pfette bildet die glatte Hängeplatte des Gefimfes; über ihr folgen
fculpirte krönende Gefimsglieder in Gufseifen und eine durch gefchweifte Streben
verfteifte durchbrochene Brüftung im gleichen Material. Die Dachrinne würde
an das innere C-Eifen, unter dem inneren Rande des Lauffteges liegend, in der
gewöhnlichen Weife mit Flacheifenhaken angefetzt werden (fiehe auch Kap. 22).

Gufseifengefimfe verfchiedener Art erfcheinen in Fig. 873 (wozu die neben
ftehende Tafel mit den Einzelformen[262]) vereinigt, und zwar die folgenden:

1) Zwei frei tragende Gefimfe aus Gufseifen über gufseifernen Säulen, bezw.
Confolen, jedes als Verkleidung eines zufammengefetzten Eifenträgers den Rand
einer Decken-Conftruction aus Eifenbalken und Gypsgufs bildend, oben ab-

²⁵⁹) Facf.-Repr. nach: Revue gén. de l'arch. 1880. Pl. 30, 35–39.
²⁶⁰) Facf.-Repr. nach ebendaf. 1870–71, Pl. 61; 1877, Pl. 15–21.
²⁶¹) Facf.-Repr. nach: Zeitfchr. i. Bauw. 1884, Bl. 12.
²⁶²) Facf.-Repr. nach: Revue gén. de l'arch. 1884, Pl. 59.

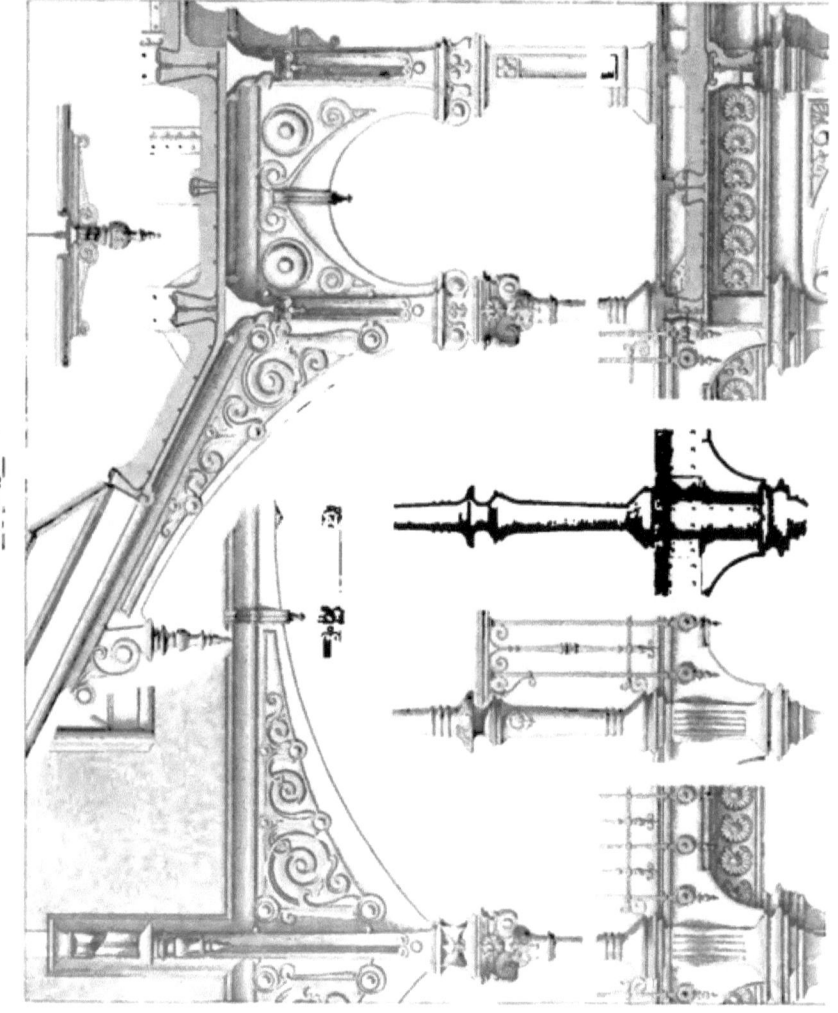

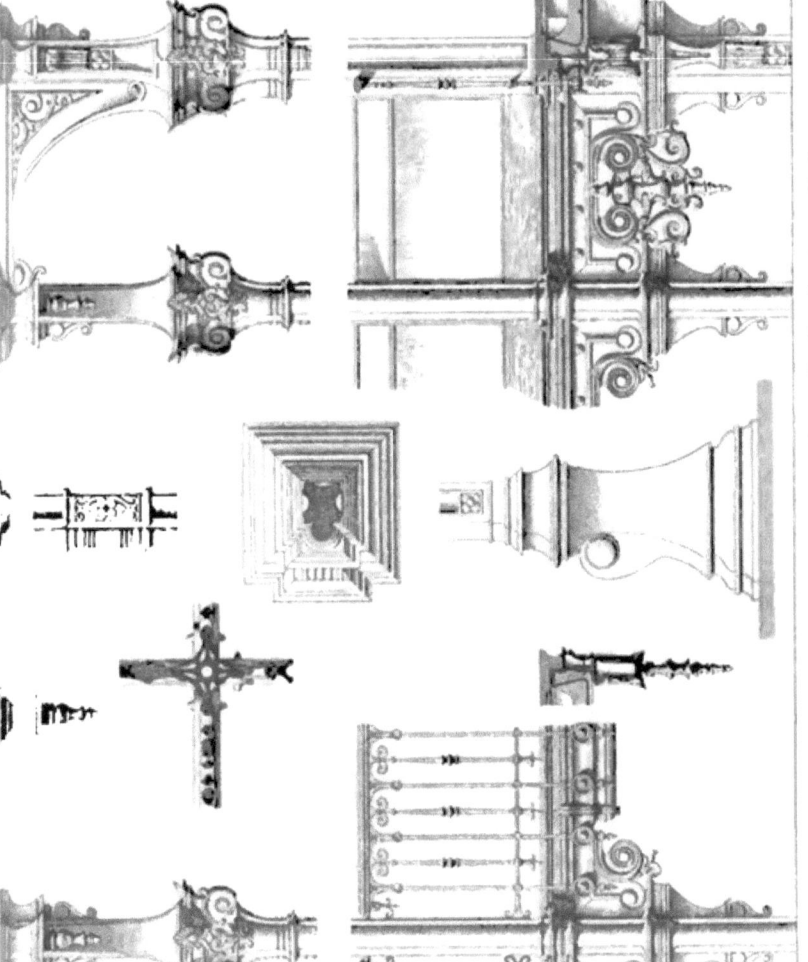

Einzelheiten vom Ausstellungsaal des Museums für Naturkunde zu Paris.
(Siehe Fig. 673, S. 433.)

Handbuch der Architektur. III. 2, b. (2. Aufl.)

ch. ¼ n. Gr.

Facf.-Repr. nach: Revue gén. de l'arch. 1883. Pl. 62–64.

gefchloffen durch den profilirten Rand eines Holzfufsbodens und eine Brüftung in Gufseifen. Der Anfchlufs an die Säulen ift durch Voluten, derjenige an die Confolen durch bogenförmiges Abftützen auf fchwebende Knäufe bewerkftelligt, welche zugleich die Säulen des Obergefchoffes architektonifch vorbereiten.

Fig. 873.

Vom Ausftellungsfaal des Mufeums für Naturkunde zu Paris[***].
Arch.: *André*.

2) Ein Architrav-Gefims aus Gufseifen über gufseifernen Säulen, als Verkleidung eines zufammengefetzten Eifenträgers in **I**-Form den Unterzug einer Decken-Conftruction bildend, mit Anfchlufs an die Säulen durch Confolen.

3) Gufseifen-Gefimsgliederung am Anfchlufs einer Dach- und Decken-Conftruction aus Eifenträgern, Eifenftabroft und Gypsgufs an Arcaden und Confolen aus Gufseifen.

4) Gufseifengefims als Verkleidung von zufammengefetzten Eifenpfetten und -Sparren, die Hauptftäbe der Architektur einer Glasdecke bildend, mit Auszeichnung der Kreuzungspunkte durch hängende Knäufe und Confolen.

Bei allen diefen Gefimfen ift das Beftreben fühlbar, die Formen der Haustein-Architektur zu vermeiden und neue Motive für Stützen, Träger und Bogen in Gufseifen zu fuchen, wie auch für die Verbindung von wagrechtem Träger und Stütze, Bogen und Stütze, Brüftung und Wand u. f. f. Dadurch ift der Eindruck ein ähnlich ungewohnter, fremdartiger wie bei Fig. 852.

447.
Nachahmung
von
Steinformen. Die Gefimfe in Gufsmetall mit Nachahmung der Steinformen (Fig. 874, 877 u. 880) bilden, wie das Kranzgefims in Fig. 864, dünne Schalen von überall möglichft gleich grofser Wandftärke, und zwar bei Gufseifen je nach der Gröfse der Stücke etwa 7 bis 10 ᵐᵐ, bei Gufszink etwa 4 bis 7 ᵐᵐ. Bei kleineren Gefimfen ift das ganze Gefims der Höhe nach in einem Stück gegoffen; bei gröfseren ift das Profil in 2 oder 3 Theile zerlegt, die in geeigneter Weife über einander greifen oder Randrippen nach innen bilden, fo dafs fie längs der zwei auf einander liegenden Wandflächen oder Randrippen verfchraubt werden können. Wo jeder Theil des Profils durch feine Befeftigung an der Mauer für fich im Gleichgewicht ift, kann das Verfchrauben der Theile auch entfallen. Die prismatifchen Gufsftücke find etwa 1,5 bis 3,0 ᵐ lang; beim Zerlegen des Profils in mehrere Theile forgt man für einen Verband, d. h. man verfetzt, wie beim Steinverband, die Stofsfugen der einen Schicht zur anderen.

Fig. 874 bietet ein Kranzgefims mit Zahnfchnitt und Confolen in Gufseifen, und zwar als lothrechten Durchfchnitt unmittelbar neben den Eifenträgern. Das Profil ift in zwei Theile zerlegt. Der Obertheil, die Kranzplatte mit dem Rinnleiften, ruht auf **I**-Trägern, die verborgen in den Gefims-Confolen in der Mauer ftecken und durch das darauf gelagerte Mauerwerk genügend belaftet find. In beftimmten Fällen find diefe Träger nach Art von Fig. 487 an tiefere Mauerfchichten hinabzuankern, über deren Umfang eine Vergleichung der ftatifchen Momente des Gufsgefimfes und der Mauermaffen um eine wagrechte Axe zwifchen dem erften und zweiten Drittel der Mauerdicke zu entfcheiden hat. Die Gufsfchale ift durch Längs- und Querrippen nach innen verfteift, um fich bei geringer Gufsftärke von einem Träger zum anderen frei tragen und den Auflagergegendruck der Träger mit Schaden aufnehmen zu können; die Kranzgefimsftücke find auf jeder zweiten Trägermitte geftofsen und fowohl unter fich, als mit den Trägeroberflanfchen verfchraubt. Die Rinne liegt im Inneren des Kranzgefimfes, begehbar und ohne diefes zu belaften, indem die Trageifen nicht auf der Gefimsvorderkante aufliegen. Durch Löcher in der Kranzplatten-Unterfläche ift dafür geforgt, dafs das Waffer beim Schadhaftwerden der Rinne austreten kann und der Hohlraum der Luft zugänglich ift. Der Untertheil des Gefimfes ruht einerfeits mit einer Bleiblechunterlage auf den Quadern der Friesfchicht, und zwar in Verbindung mit einer leichten Verankerung nach innen; andererfeits ift er durch kurze Winkeleifen gehalten, die an die Unterflanfche der Träger angenietet und mit dem Gefimsftück verfchraubt find. Diefe Winkel

werden, wie die Träger felbft, durch die Confolen verdeckt und find fo breit,
als diefe es geftatten; am Durchgang der Träger find die Gefimsftücke rechteckig ausgefchnitten. Die Confolen werden nach dem Aufftellen der übrigen
Gefimstheile angefetzt; fie find auf der Rückfeite und oben offen, ruhen mit der
Unterkante auf einem Gefimsvorfprung und find andererfeits an die Träger durch
Schrauben hinaufgehängt, welche die feitlichen Confolenwände und die Träger-
ftege durchbohren. Die Köpfe und Muttern diefer Schrauben erfcheinen als
Rofetten auf den Confolen-Seitenflächen, einbezogen in ihr Ornament. Durch
die fchräge Stoßfuge an der Wiederkehr des Deckgefimfes find die Confolen
auch gegen feitliches Verfchieben gefchützt. Zwifchen je zwei Confolen ift die

Fig. 874.

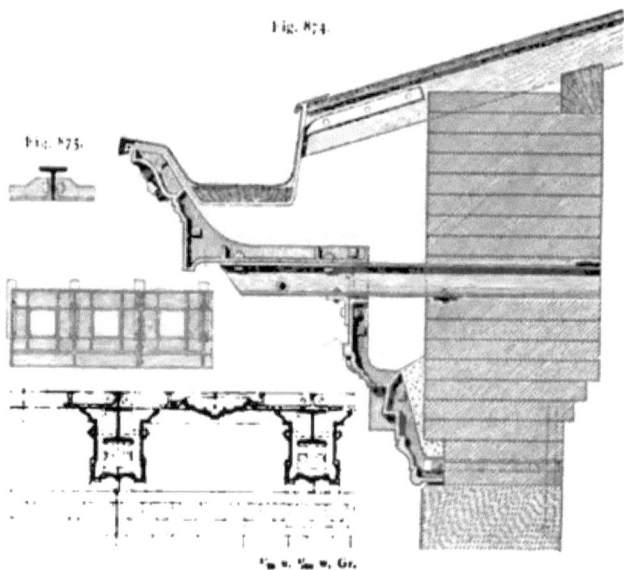

Fig. 875.

½ u. ⅒ w. Gr.

Unterfläche der Kranzplatte den römifch-korinthifchen Gefimfen entfprechend
gegliedert durch eine tiefe Füllung mit Rofette fiehe den Längenfchnitt; auch
im Querdurchfchnitt entfpricht die dargeftellte Lage der Verftärkungsrippen
diefer Gliederung der Kranzplatten-Unterfläche). Die Deckfläche der Füllung
ift nicht in einem Stück mit dem Kranzgefims gegoffen, fondern wird fammt
ihrer Rofette als befonderes Gußftück eingelegt.

Die dargeftellte Unterftützungsweife ift bei Eifenguß-Gefimfen ohne Confolen nicht anwendbar. Bei folchen kommen die Träger mit T-förmigem Querfchnitt in das Innere des Kranzplattenftückes zu liegen, und die Gußfchale wird
durch Verfchrauben ihrer Verftärkungsrippen mit den Trägerftegen an diefe
hinaufgehängt. Fig. 875 ift ein Theil des Längenfchnittes für diefen Fall.

Die Nachahmung der Hauftein-Gefimsformen in Gußeifen fetzt eine lange
und ununterbrochene Fluchtlinie des Gefimfes und genau gleiche Confolen-

28*

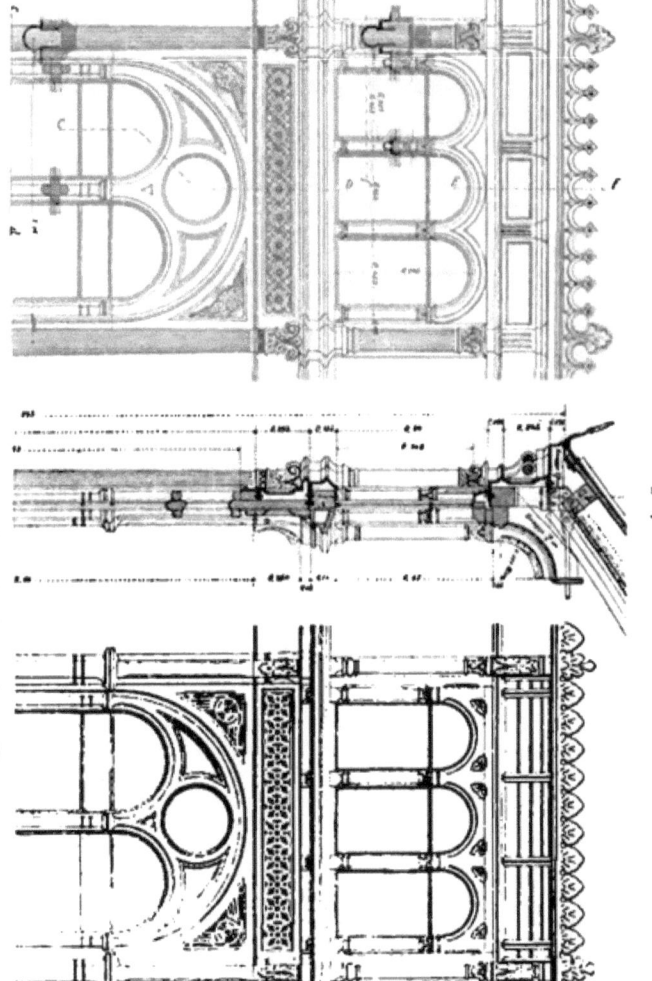

Vom Wartesaalbau auf dem Zwischenbahnsteig des Bahnhofes zu Hannover [20]).

Fig. 876.

abſtände voraus oder wenigſtens — wenn Verkröpfungen über Säulen oder Liſenen vorhanden — eine regelmäßige Wiederholung derſelben in gleichen Entfernungen. Wo die Architektur eines Hauſes viele Verkröpfungen des Hauptgeſimſes mit verſchiedener Breite der vor- und zurücktretenden Wandſtücke und dem entſprechend ungleiche Conſolenfelder darbietet, da kann das Geſims in Gußmetall der hohen Modellkoſten wegen nicht ökonomiſch ſein.

Eine ganze Wandgliederung in Gußeiſen mit verfeinerten Hauſteinformen erſcheint in Fig. 876[***]), indem hier nicht nur wagrechte Geſimſe, ſondern auch Bogenſtellungen mit Säulen, Archivolten und Rahmen in demſelben Material ausgeführt ſind. Das dargeſtellte Feld iſt in langer Flucht wiederholt und tritt an den Ecken des Bauwerkes mit quadrantförmig gebogenem Grundriß und geſchloſſenen Flächen anſtatt der Fenſter auf. Alle Einzelſtücke der Wand ſind als Gußſchalen geſtaltet und mit Randrippen zuſammengeſchraubt; die größeren auf einander geſtellten Säulen bilden die durchlaufenden Hauptſtützen der Conſtruction, und die wagrechten Geſimſe mit innen liegenden Hölzern verbinden und verſpannen ſie, wie die Pfetten und Riegel der Fachwerkwand ihre Pfoſten verſpannen. Auf den Hauptſtützen ſind zugleich die bogenförmigen Dachbinder mit wagrechter Fußfläche aufgeſchraubt. Gegen das Innere zeigt die Wand auf der vom Eiſen gebotenen Rücklehne eine Gliederung in Holz mit der in Art. 217 (S. 337) für Brettergeſimſe beſchriebenen Verwerthung der Hauſteinmotive neben der Wahrung des Holzbau-Charakters; dabei ſind die größeren wagrechten Geſimſe kaſtenartig aus profilirten Brettern zuſammengenagelt.

Fig. 877 u. 878 ſind lothrechte Durchſchnitte von Geſimſen in Zinkguß. Da das Einheitsgewicht des Zinks etwas geringer iſt, als das des Eiſens, und der Zinkguß bei Geſimſen nur 4 bis 7 mm ſtark, alſo erheblich ſchwächer hergeſtellt werden kann, als der Eiſenguß, ſo erreicht man den Zweck, große Ausladungen mit geringem Gewicht herzuſtellen, meiſt beſſer mit Zinkguß als mit Eiſenguß. Die Formen erſcheinen auch bei jenem Metall ſchärfer als im Eiſen; endlich iſt es dem Roſten nicht ausgeſetzt, das beim Eiſenguß nicht nur dem Material ſelbſt ſchädlich iſt, ſondern auch häßliche braungelbe Flecken und Streifen auf den Flächen unter dem Geſims zur Folge haben kann. Daher griff man eine Zeit lang eher zum Zinkguß, als zum Eiſenguß, ſo lange man die Steinformen noch nicht in gezogenem und gepreßtem Zinkblech nachbilden konnte.

Der Zinkguß iſt ſelbſt löthbar; daher kann er mit anderen Conſtructionstheilen vielfach durch aufgelöthete Haften oder Oeſen aus ſtarkem Eiſenblech verbunden, auch mit anderen Zinkgußtheilen unmittelbar verlöthet werden. Er iſt ferner von erheblicher Druck- und Scherfeſtigkeit (900 kg für 1 qcm), aber ſehr ſpröde und gegen Zug und Biegung ſchwach (Zugfeſtigkeit 198 kg für 1 qcm); daher läßt er ſich zwar mit anderen Theilen durch Mutterſchrauben verbinden, bei geringer Wandſtärke jedoch nur derart, daß die Bolzen der Schrauben auf Abſcheren, nicht auf Zug in Anſpruch genommen ſind, es ſei denn, daß es ſich um kleine Kräfte handelt. Anderenfalls würde leicht die Zinkgußwand unter dem Druck des Kopfes oder der Mutter ſammt Legſcheibe ausbrechen, eben ſo bei coniſch im Zinkguß verſenktem Kopf der Lochrand. Daſſelbe gilt für Nägel, mit welchen dünner Zinkguß an Holztheilen zu befeſtigen iſt; ſolche Nägel hätten am beſten länglich rechteckigen Querſchnitt des Schaftes, mit der größeren Rechteckſeite ſenkrecht zur Richtung des Druckes geſtellt.

730.
Geſimſe
in
Zinkguß.

***) Facſ.-Repr. nach: Zeitſchr. d. Arch.- u. Ing.-Ver. zu Hannover 1866, Bl. 15.

Auf die ftarke Ausdehnung des Materials durch die Wärme ift nach Möglichkeit Rückficht zu nehmen (von der niedrigften bis zur höchften bei uns vorkommenden Temperatur dehnt fich ein meterlanger Zinkftab um faft 2 mm).
Daher find die Stücke einer Gefimsfchicht nicht mit Randrippen zu verbinden,
fondern ftumpf zu ftofsen und die Stofsfugen etwas offen zu halten; diefe können
im Inneren durch abgebogene fchmale Zinkblechftreifen, die auf eines der beiden
benachbarten Stücke zu löthen find, beweglich überdeckt werden. Schrauben
und Nägel, welche die Gufswand auf eine unbewegliche Unterlage zu heften
haben, follen in ihren Löchern in der Längenrichtung des Gefimfes einigen
Spielraum erhalten, eben fo Oefen zum Anhängen an Eifenftäbe. Bei aller Vorficht bekommen Zinkgufs-Gefimfe leicht Riffe; daher find fie, abgefehen von
Innenräumen, zu Gunften der Blechgefimfe faft verlaffen.

Grofse Gefimfe müffen der Höhe nach wie beim Gufseifen in zwei oder
drei Schichten zerlegt werden, da fich beim Giefsen die Gleichheit der Temperatur
für grofse Höhe der Zinkgufsftreifen nur fchwer erreichen läfst und ungleich-
mäfsige Wärme und Abkühlung dem Gufsftück fchädlich ift. Das Befeftigen
der Gefimsftücke gefchieht einestheils durch einfaches Auflagern des unteren

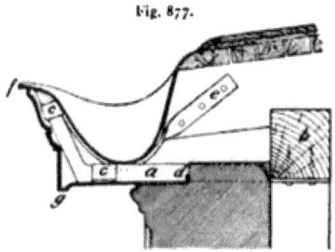

Fig. 877.

Vom ehemaligen preufsifchen Oberpoftamts-
Gebäude zu Hamburg [**]).

Randes auf der Mauer oder einem Riegel der Holz-Fachwerkwand oder einem
Querftab der Eifen-Fachwerkwand — in
den letzten zwei Fällen unter Anfchrauben, fonft durch Anheften an Eifenftäben
— oder confolenartigen Eifen-Fachwerken
oder Holzgerüften oder Brettern, welche
im Inneren des Gefimskaftens an der
Mauer, bezw. an den Eifenftäben oder
Hölzern des Dachwerkes oder der Wand
angebracht find. Auch die Unterftützungsweife nach Fig. 874 kann in beftimmten
Fällen geeignet fein. Die tragenden
Stäbe oder Gerüfte wiederholen fich in
Entfernungen von 0,8 bis 1,0 m.

Bei Fig. 877[**]) ift nur die Kranzplatte mit dem Rinnleiften in Zinkgufs
ausgeführt; die tragenden Glieder beftehen aus Cement-Mörtel. Die hochkantigen
Flacheifenträger a find aufsen knieförmig abgebogen, innen mit Verdrehung
ihres Querfchnittes an die Unterfläche der Dachfchwelle b genagelt und wiederholen fich in Abftänden von 86 cm. An diefe Träger find die 6 mm dicken, 2,58 m
langen Gufsfchalen mit je zwei ftarken Zinkblechfpangen c angehängt, die mit
langen Armen an ihre Rückenfläche gelöthet wurden. Aufserdem liegen fie auf
der Mauer auf und werden durch den Aufbug d, der fich fatt an das Mauerwerk
anlegt, gegen Verfchiebung gefchützt. An der Waffernafe g find lothrechte
Löcher eingebohrt, durch welche das aus der befchädigten Rinne austretende
Waffer ausfliefsen kann; zugleich verhindert ein fchwaches Anfteigen der Kranzplatten-Unterfläche in Verbindung mit jenem Aufbug das Vordringen diefes
Waffers nach innen. Der vordere Rinnenrand f liegt, wie in Fig. 874, nicht auf
dem Gefims auf, fchützt aber durch fein Vorragen die gebildete Fuge.

[**]) Nach: Breymann, G. A. Allgemeine Bau-Conftructions-Lehre. 4. Aufl. von H. Lang. Stuttgart 1877.
Taf. 91.

Fig. 878 [263]) bietet ein reiches Kranzgefims mit Confolenreihe in Zinkgufs mit nahezu 1 m Ausladung und Höhe. Es ift der Höhe nach in drei Theile zerlegt, und zwar fo, dafs der mittlere Theil lofe und mit verfchieblichen Rändern auf den äufseren aufliegt, ohne herausfallen zu können. Der Länge nach meffen die Gufsftücke 2,82 m; fie hängen an Confolen aus Flacheifenftäben mit 94 cm Abftand, welche fich auf grofse Höhe an lothrechte Rückenflächen anlegen und die Gufsfchale nur unter Beanfpruchung auf Abfcheren durch kleine Mutterfchrauben mit conifch verfenkten Köpfen faffen. Diefes Zerlegen und Befeftigen des Gefimfes trägt in Verbindung mit einem genügenden Spielraum in den

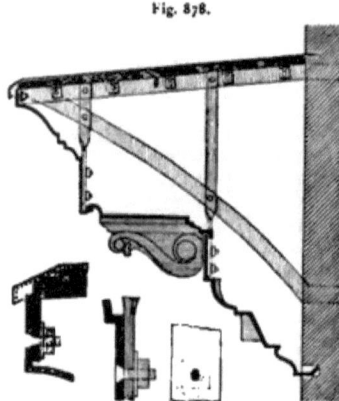

Fig. 878.

Am Univerfitäts-Gebäude zu Berlin, ausgeführt i. J. 1838 [264]).
¹/₁ a. ¹/₄ w. Gr.

Stofsfugen der Längenänderung des Materials in finnreicher Weife Rechnung, indem die Beweglichkeit des mittleren Gufsftückes an den Längsfugen keine grofse Spannung in der Richtung der Profillinie aufkommen läfst, indem ferner die fchwachen lothrechten Stäbe der Confolen durch ein leicht federndes Ausbiegen einer Spannung auch in der Längenrichtung nachgeben können, fo weit nicht die ovalen Schraubenbolzenlöcher an ihrem unteren Ende hierzu ausreichen (fiehe die Einzelfigur). Die Abdeckung des Gefimfes ift mit Zinkblech unmittelbar auf den Eifenftäben ausgeführt, in Fig. 878 aber durch Einfchalten einer Unterlage von Brettern verändert worden, wodurch fie gegen Durchbiegen weit beffer gefchützt wäre. Die Bretter würden mit kleinen Winkelbändern an den oberen Confolenftab gefchraubt.

d) Gefimfe aus Zinkblech.

Eine weit gröfsere Verbreitung, als das Gufszink, hat bei Architekturftücken aller Art in neuerer Zeit das gezogene und geprefste Zinkblech aufzuweifen; Façaden-Gefimfe von den kleinften bis zu den gröfsten Profilen, Fenftereinfaffungen und Bekrönungen von den einfachften bis zu den reichften Formen, insbefondere für Dachluken, glatte und fculptirte Gefimfe und Friefe als Randauszeichnungen fteiler Dachflächen an Firftlinien, Gratlinien und Fufslinien, innere Gefimfe, wo folche wegen Nähe der Feuerungen nicht in Holz ausgeführt werden dürfen, Dachreiter bis zu fehr grofsen Abmeffungen, decorative Dachfpitzen, Poftamente, Balufter, Säulen, Pilafter, Hermen, Akroterien, Vafen, Figuren, Verkleidungen äufserer Wandflächen unter Nachahmung der Ruftika oder Füllungs-Architektur, Voluten, Obelisken und Mufcheln in Nifchen als Ausftattung von Deutfch-Renaiffance-Giebeln, gothifche Thurmhelme fammt Krabben und Kreuzblumen, decorative Dachdeckungen nach dem Rautenfyftem mit den reichften Relief-Ornamenten auf den Schuppen — es giebt kaum mehr eine architekto-

iss.
Verwendungsgebiet.

[264]) Mit Benutzung von: Mittheilungen des Architekten-Vereins in Berlin. Berlin 1839.

nifche Zierform, deren die Zinkblech-Induftrie nicht fchon Herr geworden wäre,
und wenn diefe Art der Nachbildung von Hauftein- und ächteren Metallformen
auch noch immer hinter der Wirkung des edleren Materials zurückbleibt und
insbefondere felten ohne Anftrich auftreten kann, fo vermag fie doch die nach-
geahmte Form, dem Wetter ausgefetzt, länger zu bewahren, als das Holz, und
ift in vielen Fällen das einzig mögliche Hilfsmittel, eine beabfichtigte Form zu
mäfsigen Koften dauerhaft genug zu verkörpern. Allerdings gereicht andererfeits die fabrikmäfsige Herftellung im Vorrath mit oftmaliger Wiederholung
eines Hauptgefimfes oder Gurtgefimfes oder Fenfters über daffelbe Modell und
deren Verwerthung an vielen Bauwerken zugleich, wozu das Streben nach dem
Herabdrücken der Preife für folche Zink-Architekturftücke nothwendig führen
mufste, der Wohnhaus-Architektur der Grofsftädte nicht eben zur Förderung;
auch in der Wahl zu fchwacher Blechforten hat diefes Streben fchon vielfach
zu fchlechten Erfahrungen geführt und dadurch der Zink-Architektur noch von
anderer Seite her manches verwerfende Urtheil zugezogen.

Das Zinkblech wird als Gefimsmaterial auch in Verbindung mit anderen
Materialien verwendet, derart, dafs es z. B. bei Trauf- und Giebelgefimfen nur
die Kranzplatte und die Rinnleiften bildet, während die weniger dem Wetter
ausgefetzten tragenden Glieder, Confolen u. f. w. in Putz gezogen, bezw. in
Gyps oder Cement gegoffen und eingefetzt werden. Eben fo kommen geholbelte
Holzgefimfe unterhalb der Zinkblech-Kranzgefimfe nicht felten vor.

152.
Befeftigung
am
Bauwerk. Die Zinkblechgefimfe find der Conftruction nach dünne Metallfchalen gleich
denen in Zinkgufs, nur noch weit dünner; ihre Herftellung in der Werkftätte ift
in Art. 242 (S. 406) in den Grundzügen befchrieben worden. Während aber das
Gufszink ein fehr fprödes Material ift, wird das Zinkblech in der Wärme fo
weich, dafs ein gezogenes oder geprefstes Zinkgefims von gröfserer Profilhöhe
und gewöhnlicher Blechftärke, nur an den Rändern befeftigt und der Sonne ftark
ausgefetzt, feine Form verändern oder gar in fich zufammenfinken würde. Es
bedarf alfo nicht nur einer ftarken Zinkblechforte und einer guten Befeftigung
an den Rändern, fondern auch noch einer weiteren Sicherung gegen eine Formveränderung zwifchen den Rändern. Häufig find folche Gefimfe auch äufseren
Angriffen ausgefetzt, z. B. dem Anlegen von Leitern, dem Betreten ihrer Ober-
flächen, dem Stofs abrutfchender Schneemaffen, befonders ftarkem Druck des
Windes, und auch diefen äufseren Kräften gegenüber mufs eine Sicherheit
erreicht werden, die allerdings je nach dem Rang der Gebäude gröfser oder
kleiner fein kann.

Das verwendete Zinkblech hat bei gezogenen Gefimfen, je nach der Gröfse
der Flächen zwifchen den Befeftigungspunkten, die Nummern 12 bis 16. Einige
empfehlen weit ftärkere Nummern bis zu 20, indem fie behaupten, dem Entftehen von Beulen, Dallen und windfchiefen Flächen fei nur durch fehr ftarkes
Blech zu begegnen. In der That beruht das Gelingen der Nachahmung des
Haufteines wefentlich auf dem Fernhalten diefer Mängel; aus ihnen erkennt das
Auge fofort, dafs ihm eine Oberfläche aus Blech und nicht eine folche von Stein
gegenüber fteht, und zwar ift diefe Rückficht um fo wichtiger, je mehr es fich
um grofse ebene oder cylindrifche Flächen und lange gerade Kanten handelt.
Andererfeits ift aber das Abbiegen der ftarken Bleche weit fchwieriger und das
Aufreifsen und Brechen an den Kanten weit weniger leicht zu vermeiden, als
bei mittleren und fchwachen Nummern. Gefimfe mit reicher Sculpirung der
Glieder und geprefsten Ornamenten auf allen gröfseren Flächen laffen jene

Mängel weit weniger fühlbar werden und gestatten daher eher die leichteren Zinkblechsorten, wie auch die selbständige Zink-Architektur, die nicht die Formen anderen Materials nachahmt, den glatten großen Flächen aus dem Wege geht und gleich der Terracotten-Architektur alles mit Relief-Ornament überzieht.

Das Befestigen der Gesimse am Bauwerk hat wie beim Zinkguß dem starken Ausdehnen und Zusammenziehen der Zinkfläche durch die Temperaturänderung so viel als möglich Rechnung zu tragen. Daher soll das Zinkgesims nirgends unmittelbar auf seiner Unterlage genagelt oder gelöthet, und eben so wenig an irgend einer Stelle oder gar längs seines ganzen Randes eingeklemmt werden. Die ganze Metallschale, die es darstellt, soll nur durch Vermittelung angelötheter oder mit Falz angreifender Haftbleche und Spangen an seiner Unterlage oder Rücklehne fest gehalten werden, und zwar nach allen Seiten so weit beweglich, als der Verschiebung seiner Flächentheile in Folge der Temperaturänderung entspricht. Das beschriebene Aneinanderlöthen der Stücke ihrer Länge nach, das entweder schon in der Werkstätte oder am Bauwerk selbst vorgenommen wird, entspricht allerdings der verlangten spannungslosen Beweglichkeit schon nicht ganz; doch ist es bis zu Längen von etwa 5 m unschädlich, wo fern nur im Uebrigen die Beweglichkeit gewahrt wird. (Bei größeren Gesimslängen wären etwa nach je 5 m bewegliche Stöße anzuordnen und so zu gestalten, daß die Fuge immer geschlossen und ein Verbiegen der freien Enden aus der Gesimsfläche heraus nicht möglich wäre. Eine solche Verbindung könnte erreicht werden mit Hilfe zweier lose über einander greifender Deckstreifen, die auf die Rückenfläche beider Stücke gelöthet würden.) Wo das Zinkblech der Gesimse selbst auf der Unterlage fest genagelt wird, da zerreißt es um das Nagelloch, und die Befestigung wird bald werthlos; eben so verbiegen sich Gesimse mit eingeklemmten Rändern, oder sie bekommen Risse. Allerdings ist zuzugeben, daß die aufgestellte Forderung der freien Beweglichkeit der Zinkfläche nicht überall streng erfüllt werden kann, und daß es oft das kleinere Uebel ist, wenn ein Gesims in Folge Einklemmens seines Randes sich verbiegt und dadurch gegen Losreißen durch den Sturm sicherer wird. Wo ein Festnageln der Zinkfläche selbst nicht zu vermeiden ist, soll der Nagelkopf mit einer aufgelötheten Blechhaube überdeckt werden. Nägel mit stark länglichen, liegend rechteckigen Schaftquerschnitten wären besser als quadratische oder als Drahtstifte.

Die Unterlage der Zinkblech-Gesimse am Bauwerk wird gewöhnlich in Holz hergestellt; sie bildet die Form im Rauhen derart nach, daß sie die meist vortretenden Kanten und die größeren ebenen oder gewölbten Flächen, welche dem Verbiegen zumeist ausgesetzt wären, unmittelbar unterstützt, aber in die Hohlräume der Zwischenglieder nicht eingreift, sondern nur etwa durch Schmiegen für ihre Kanten einen Rückhalt bietet. Meist ist diese Unterlage eine zusammenhängende Holzmasse aus Brettern oder leichten Zimmerhölzern; doch kann sie sich auch auf getrennt liegende, durchlaufende Bretter und Leisten oder sogar auf vereinzelt eingemauerte Dübel beschränken.

Wo Holztheile vermieden werden sollen, da wird die Unterlage der Zinkblech-Gesimse durch ein Gerippe von Eisenstäben, und zwar meist nur von Flacheisen, leichten Winkeleisen oder Blechwinkeln gebildet, wobei für seine Form, abgesehen von der Verschieblichkeit der Blechschale, wieder maßgebend ist, daß die meist vortretenden Kanten und großen Flächen einer möglichst unmittelbaren Unterstützung bedürfen.

Bei geringer Höhe des Gefimfes und mäfsig bewegter Profillinie genügt im Allgemeinen die Unterlage oder Rücklehne in Holz oder Eifen für fich allein als Verfteifung zwifchen den Rändern, und zwar bei Holzunterlage etwa bis zu 25 und 30 cm Höhe, bei Eifen etwa bis zu 20 cm. Bei größerer Höhe bedarf es meift noch eines Anbindens innerer Punkte der Rückenfläche an die Unterlage; aber es ift nicht möglich, über ihre Zahl und Lage beftimmte Vorfchriften zu geben; denn ihre Wahl ift abhängig von der Blechftärke und Profilform, insbefondere von der Richtung der Hauptflächen. Grofse wagrechte Unterflächen ohne Unterftützung durch Confolen haben ein großes Beftreben, fich nach unten auszubiegen, bedürfen daher meift des Hinaufheftens an Zwifchenpunkten; im Uebrigen findet fich die zweckmäfsige Lage der Haften und Spangen durch Erwägung von Fall zu Fall. Man wird fich immer die Frage vorlegen: »In welchen Richtungen wäre ein Verfchieben oder Ausbiegen der Blechfchale möglich durch äufsere Angriffe oder durch das eigene Gewicht bei Abnahme der Starrheit, und durch welche Lage der Haftbleche oder Spangen kann eine folche Bewegung ohne Klemmen und Anfchrauben der Blechfchale verhindert werden?«

Wenn ein Gefims feine Unterlage durchwegs bedeckt, fo ift die Rückenfläche der Blechfchale nach dem Anfetzen an das Bauwerk nicht mehr zugänglich, und es ift dann unmöglich, an inneren Punkten der Rückenfläche Haftbleche oder Spangen anzubringen, weil diefe nicht an der Unterlage genagelt werden könnten, auch wenn fie zuvor an der Rückenfläche angelöthet worden wären. In diefem Falle find Haftbleche zwifchen Ober- und Unterrand nur an den Stoßsfugen der Gefimsftücke möglich, die nach dem Früheren gewöhnlich 1 m lang aus der Werkftätte kommen. Die Haftbleche find am feitlichen Rand des zuerft gefetzten Stückes an feine Rückenfläche angelöthet und ftehen über den Rand um einige Centimeter vor; die vorftehenden Lappen werden auf die Unterlage genagelt; zum Schluß löthet man das nachfolgende Gefimsftück auf die Lappen und zugleich mit ftumpfem Stoß an das vorhergehende (auch wohl mit Ueberlappung auf das vorhergehende). Damit erzielt man, ohne die Blechfchale felbft feft zu nageln, innere Befeftigungspunkte, wenigftens von Meter zu Meter der Länge.

Früher wurden Gefimfe in Zinkblech bis zu den größten Abmeffungen von beftimmten Werkftätten durch Auffetzen der Zinkfchale auf ein ftarkes abgekantetes Eifenblech hergeftellt, das der Profillinie mit lothrechten, wagrechten und geneigten Ebenen fich möglichft nahe anfchloß, an den Kranzplattenflächen und anderen größeren lothrechten und wagrechten Flächen mit ihr zufammenliel und durch die Vereinigung mit ihr eine genügend fteife Metallfchale ergab, die mit Oefen und leichten Hängeftangen an einer Reihe von T-Eifen oder confolenartigen Eifen-Fachwerken aufgehängt werden konnte. Diefe Conftruction hat zwar den Vorzug, Holztheile zu vermeiden, ift aber weit theurer, als die gegenwärtig meift gewählte Befeftigung auf einer Holzunterlage; auch trägt fie der ftärkeren Ausdehnung des Zinkblechs gegenüber dem Eifen nicht Rechnung.

451
Beifpiele. Im Folgenden find die ausgefprochenen allgemeinen Sätze über die Conftruction der Zinkblech-Gefimfe an der Hand von Beifpielen erläutert.

Fig. 879 u. 880 bieten ein Dachbruchgefims in gezogenem Zinkblech mit zugehörigem Gratgefims, das unter dem Dachbruch wiederkehrt. Die Unterlage ift Holz. Am Oberrand hat das Gefims einen Umbug nach außen und ift an

Fig. 879.

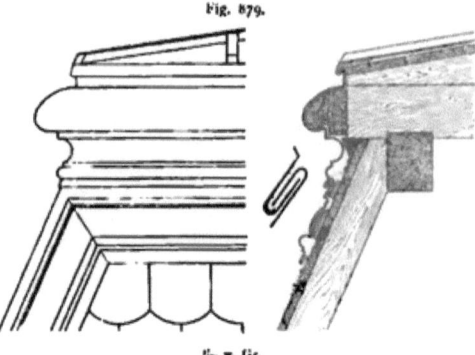

$^9/_{10}$ w. Gr.

Fig. 880.

$^9/_{10}$ w. Gr.

Fig. 881.

Vom Palais Kronenberg zu Warschau[**).
Arch.: Ihlig.

diefem von Blechhaften gehalten, die in Abftänden von etwa 50 cm an die Verfchalung genagelt find; in diefen Umbug und den der Blechhaften greifen die Zinktafeln der oberen flachen Dachfläche ein und find dadurch an ihrem unteren Rande ebenfalls feft gehalten. Diefelbe Befeftigung an der Unterlage wiederholt fich in der Fuge zwifchen dem eigentlichen Dachbruchgefims und dem wagrechten Streifen, der vom Gratgefims herkommt. Diefelbe Befeftigung erfcheint endlich am unteren Rande und für die Ränder des Gratgefimfes, wobei die Dachfchiefer unter die Umbüge greifen. Aehnlich werden Firftgefimfe in Zinkblech behandelt.

Weitere Dachbruch-, Firft- und Gratgefimfe in gepreßtem Zinkblech und mit fehr reichen Formen find in Fig. 881[***]) u. 882[***]) dargeftellt.

In Fig. 883[***]) erfcheint ein Dachreiter aus Zinkblech auf einer Unterlage von Zimmerhölzern und Brettern, und zwar nicht nur mit wagrechten Gefimfen, fondern auch mit Pilaftern und Archivolten. Die letzteren find durch Preffen hergeftellt; gepreßt find ferner die Akroterien, die Dachfchuppen und der Fuß der Auffangeftange der kleinen Kuppel. Zu bemerken ift das Einfügen der tragenden Glieder des oberen Kranzgefimfes, die nicht vom Regen getroffen werden können, nur in Holz, ohne Zinküberzug. Diefe Anordnung ift gewählt, um der heifsen Luftfchicht, die bei Sonnenhitze im Inneren des Obertheiles fich anfammelt, einen Ausweg zu laffen, um überhaupt die Holztheile unter der Zinkfchale einem ftärkeren Luftwechfel auszufetzen. Daffelbe Beftreben ift bei franzöfifchen Dachbruchgefimfen in

[**) Facf.-Repr. nach: Zeitfchr. f. Bauw. 1874, Bl. 8.
[***) Facf.-Repr. nach: Encyclopédie d'arch. 1884, Pl. 931.
[***) Facf.-Repr. nach: Revue gén. de l'arch. 1863, Pl. 10.

Zinkblech zu beobachten; fie beftehen meift aus völlig getrenntem Unter- und Obertheil; letzterer überragt den unteren mit genügend verfteiftem, eingerolltem Traufrand und fchützt dadurch die Fuge gegen Eindringen des Waffers, ohne den Luftzutritt zur Holzunterlage zu hindern.

Zu den Zinkgefimfen mit Holzunterlage gehören auch die Rinnleiften nach Fig. 866, 884[***]) u. 910, eben fo in Fig. 920 die ornamentale Verkleidung eines lothrechten Brettes, welches fowohl die vordere Rinnenwand, als den Stirnabfchluß einer Dachbalkenlage darftellt. Die Befeftigung der oberen Ränder ift bei den zwei letztgenannten Figuren diefelbe, wie fie fpäter bei den Zierwänden der Dachrinnen befchrieben werden wird; fie zeigt im Widerfpruch mit den oben aufgeftellten Forderungen das Einklemmen des Blechrandes; aber diefes ift hier unvermeidlich. Die beiden erften (franzöfifchen) Beifpiele zeigen den Rand des Zierblechs über die äußere Rinnenwand hergefchlagen und daran angelöthet.

Größere Gefimfe in Zinkblech, zum Erfatz der Haufteingefimfe ge-

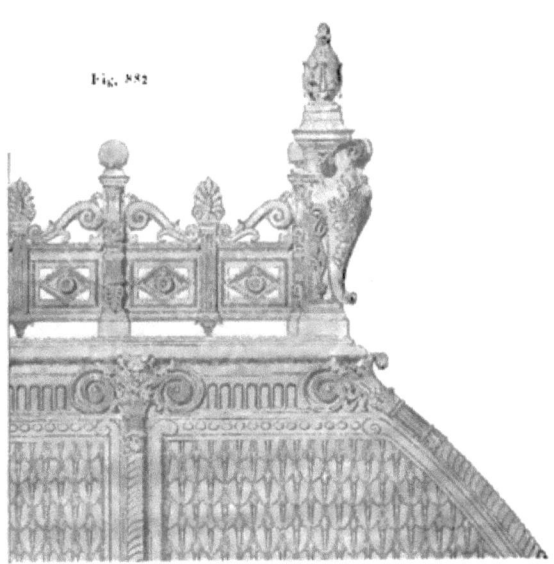

Fig. 882

Von den *Grands magafins du Printemps* zu Paris[***]).
ca. 1/50 w. Gr.
Arch.: *Sédille.*

mauerter Gebäude beftimmt, zeigen Fig. 885, 886, 887 u. 888[***]); erftere find Gurtgefimfe, letztere Hauptgefimfe. Bei ihrem fehr geringen Gewicht erreichen Hauptgefimfe diefer Art beffer, als alle anderen Metallgefimfe, den Zweck, große Ausladungen auf fchwachen Mauern möglich zu machen; auch find fie an beftehenden Mauern oder Fachwerkwänden am einfachften zu befeftigen, daher ein willkommenes Hilfsmittel beim Ausftatten alter Häufer mit einem reich ausfehenden neuen Formengewand. Dazu find die Koften verhältnißmäßig kleine, wefshalb nicht nur beftehende Gebäude oder fchwache Mauern, fondern auch

---

[***] Farb.-Repr. nach ebendaf. 19. 6. Pl. 49.
[***] Nach: Wiener Bauind.-Zeitg., Jahrg. 4, S. 271, 295, 307.

Fig. 883.

Dachreiter auf dem Gebäude der *Mairie* des XII. Arrondiffements zu Paris[***]).

ca. ⅟₇₀ w. Gr.

Neubauten, die ganz wohl echte Steingefimfe erhalten könnten, mit diefer Nachahmung ausgeftattet werden.

Im Gegenfatz zu der oben befchriebenen Befeftigung mit Haftblechen und Spangen find bei den dargeftellten Gefimfen die Blechfchalen nach einem anderen, in Oefterreich-Ungarn privilegirten, aber nicht veröffentlichten Verfahren an die Unterlage befeftigt. So viel fich nach den Abbildungen vermuthen läfft, werden ftarke Zinkblech- oder Eifenblechlappen an die Rückenfläche gelöthet und diefe durch geeignetes Biegen und Drücken der Blechfchale beim Aufftellen in Einfchnitte eingefchoben, die mit der Säge in Dübel vor deren Einmauern gemacht werden. Wo nicht das ganze Gefims in diefer

Weife angefchoben werden kann, da ift es der Höhe nach zu zerlegen und fpäter an den Fugen zu verlöthen. Da die unteren Ränder eingeklemmt find und die oberen zum Schlufs von Vorfchufsftreifen gefafft werden, fo wirken die Blechlappen nach vollendeter Befeftigung durch ihre verfchiedenen Richtungen einem Loslöfen des Gefimfes von der Unterlage entgegen. Sollten die betreffenden Linien aber ein Annageln bedeuten, fo wäre die Befeftigung im Widerfpruch mit allen Regeln der Zinkarbeit. Unter Beibehaltung derfelben Holzunterlagen kann auch die Befeftigung mit angelötheten Haftblechen

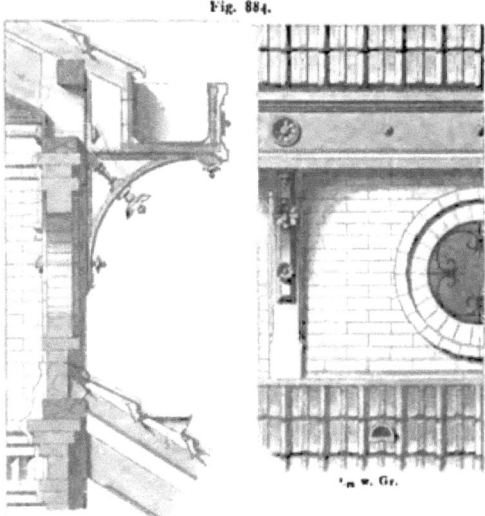

Fig. 884.

'm w. Gr.

Von der *Banque coloniale* zu Nuumea[111].
Arch.: *Marchand.*

nach den oben aufgeftellten Forderungen durchgeführt werden, entweder von oben her zwifchen den Sparren durch oder an den Stofsfugen der Gefimftücke. Die Gurtgefimfe müfften ein Brett als Unterlage ihrer Deckfläche erhalten.

Eine Befeftigung der Zinkblechfchale mit Hilfe von Eifentheilen erfcheint in Fig. 889[171]).

Der Binder der Halle ift ein genieteter Blechträger in I-Form nach einem Kreisfegmentbogen gekrümmt, mit Zugftangenverbindung der Auflager und dreimaligem Aufhängen der Zugftange am Binderfparren. Die Pfetten, gewalzte I-Eifen, find zwifchen die Binderfparren eingefetzt, und die Eindeckung der tonnenförmigen Dachfläche befteht aus Rohglastafeln, die auf rinnenförmigen Sparren mit Filzunterlage und Spannfedern gelagert find. Eine Giebelwand ift nicht gebildet, die Halle ift am Giebel bis unter den Sparren offen.

Die Architektur des Giebels läfft den Sparren fichtbar, verfieht ihn mit

---

111) Die Aufcht nach einer Zeichnung der Bauleitung.

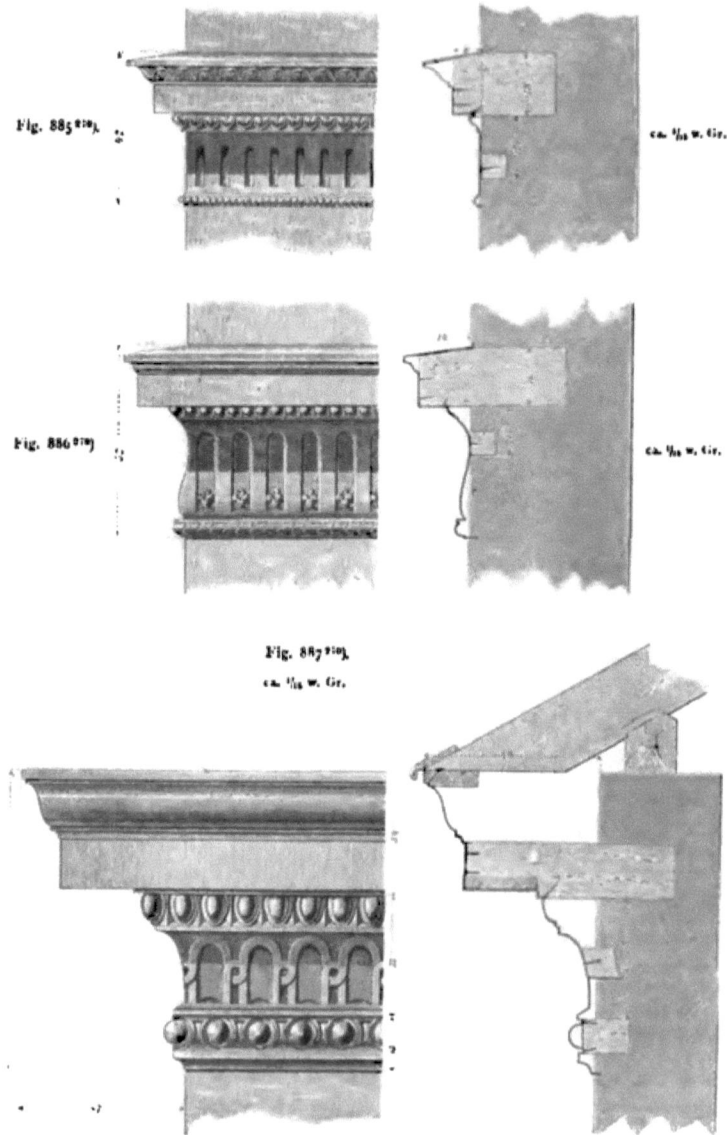

Fig. 885 ²¹⁰). ca. ⁴/₁₀ w. Gr.

Fig. 886 ²¹¹) ca. ⁴/₁₀ w. Gr.

Fig. 887 ²¹⁰). ca. ⁴/₁₀ w. Gr.

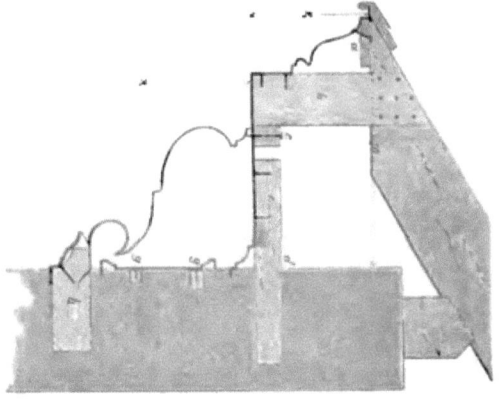

einer Bekrönung in gepreßtem Zinkblech, decorirt feine Mittelrippe mit Zink-Rofetten und erfetzt die lothrechten Hängeftangen der inneren Binder durch eine gröfsere Zahl geneigter Stäbe, indem fie die Knotenpunkte ebenfalls mit Rofetten und hängendem Zink-Ornament bezeichnet.

Im Höhendurchfchnitt zu Fig. 889 ift eine Befeftigung des Zink-Ornaments am Sparren dargeftellt, die mit Ausfchliefsung von Holztheilen den oben aufgeftellten Vorfchriften entfpricht. Ständer aus Flacheifen find in Abftänden von etwa 70 bis 80 ᶜᵐ auf die obere Gurtungsplatte gefchraubt, die unten einen Stab aus ſ-förmig gebogenem verzinktem Eifenblech, oben ein Flacheifen mit liegendem Profil tragen. Der untere Rand der Zinkblech-fchale, verftärkt durch einen angelötheten Winkel aus dickerem Zinkblech, fitzt auf der Gurtungsplatte, findet am ſ-förmigen Blechftab fowohl eine Rücklehne, als einen Schutz gegen Loslöfen oder Ausbiegen nach oben und ift durch angelöthete verzinkte Eifenblechlappen, die um den inneren Rand der Gurtungsplatte gebogen find, auch gegen Ausweichen nach aufsen gefchützt, ohne dafs die freie Beweglichkeit in der Längenrichtung aufgehoben wäre. In der Mitte ihrer Höhe hält fich die Schale mit Spangen an den Ständern feft. Der obere Rand, mit einer Reihe von kleinen Segmentbogen erfcheinend und urfprünglich mit einem Umbug

Fig. 889.
ca. ¼ w. Gr.

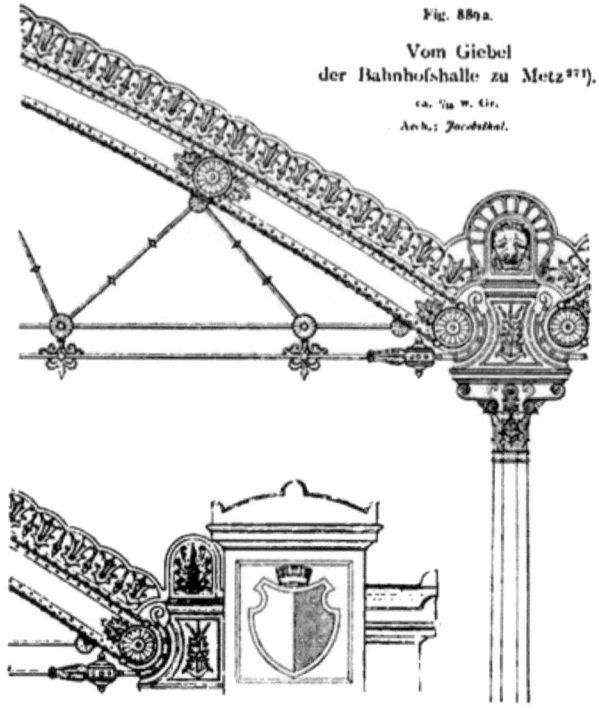

Fig. 889a.

Vom Giebel
der Bahnhofshalle zu Metz[371]).

ca. ⅟₁₀ w. Gr.

Arch.: *Jacobsthal.*

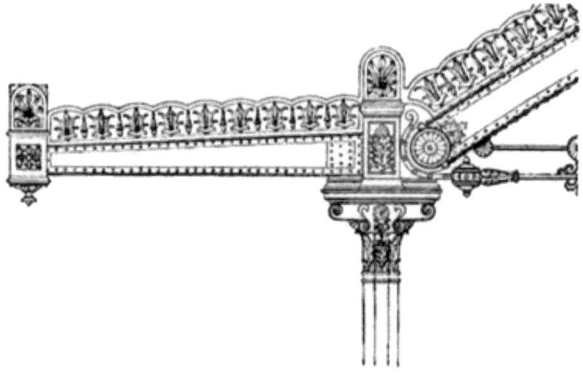

von 10 bis 15 ᵐᵐ Breite endigend, findet feine Rücklehne an dem oben genannten Flacheifen und fafft es ebenfalls mit Blechhaften. (Das Ornament geftattet, daß das Flacheifen noch ftetig concentrifch zum Sparren durchläuft; bei tieferem Einfchneiden der Segmentbogen müffte es wellenförmig abgebogen werden.) Die Abdeckung der Bekrönung ift von einem eigenen Blech gebildet, das in Form einer Reihe flach fegmentförmiger Cylinderflächen gepreßt ift und erft nach Befeftigung des Stirn-Ornamentes diefem aufgelöthet wird. Zuletzt ift das Rückenblech anzubringen, indem man feinen Oberrand an das Deckblech löthet, den unteren Rand am Rinneifenfparren durch Falzen um ein aufgenietetes Eifenblech befeftigt und die lothrechten Ränder je vor Anlöthen der nächften Blechtafel mit Haften an einen Ständer bindet. — Die gepreßten Blech-Rofetten auf dem Stehblech des Sparrens werden je durch drei kleine Mutter-fchrauben mit breiten Legfcheiben gegen ihre Unterlage gedrückt, wovon die mittlere im Durchfchnitt erfcheint. Die Köpfe diefer Schrauben find durch aufgelöthete Blechhauben in Form eines gedrehten Knaufes, bezw. eines Blattes verdeckt. Als Material der Rofetten auf den Knotenpunkten der Hängeftangen erfcheint nicht Zink-blech, fondern Zinkgufs mit Anfchrau-ben an die Stäbe.

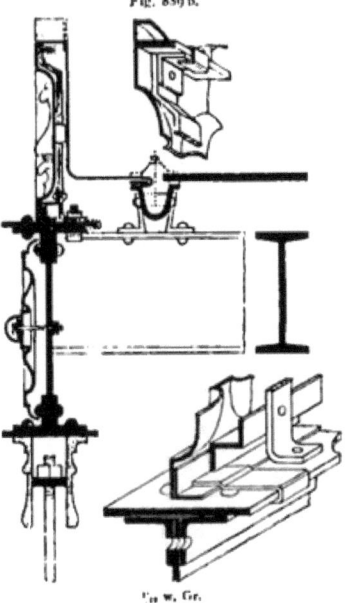

Fig. 889 b.

⅛ w. Gr.

Fig. 890[171]) bietet das Traufgefims eines Pultdaches mit Wellblechdeckung. An die Stege der ⊏-förmigen Fufs-pfetten, die auch hier zwifchen die Binderfparren eingefetzt auftreten, find die zweitheiligen Rinnenträger ange-fchraubt; der innere Theil trägt die Rinne felbft und ift ihrem Gefälle an-gepafft; der äufsere Theil hat die ge-preßte Zinkblechverkleidung zu halten, die aus zwei verlötheten Streifen be-fteht. Der innere Rand umfafft die Unterflanfche der Pfette, der obere Rand, wie am Giebel der Halle durch eine Reihe von Segmentbogen gebildet, ift an die Trageifen in ähnlicher Weife befeftigt, wie das gleich geftaltete Giebel-Ornament in Fig. 889, und das Deckblech erfcheint auch wie bei diefem. Zwifchen den Rändern ift die Zinkverkleidung durch Spangen an die Trageifen geknüpft; die Rinne kann erft nach Befeftigen der Blech-Ornamente in ihre Träger gelegt werden, und das Auflöthen des Deckbleches bildet den Schlufs der Arbeit. Die Traufbildung ift zugleich ein Beifpiel der Verankerung der äufseren Enden der Rinnenträger mit dem Traufrand.

In einfacheren Formen giebt fich ein Traufgefims in Zinkblech als Ver-kleidung einer Dachrinne in Fig. 891; die Befeftigung an den Rinnenträgern und am inneren Rande durch Spangen und Einklemmen ift aus der Abbildung

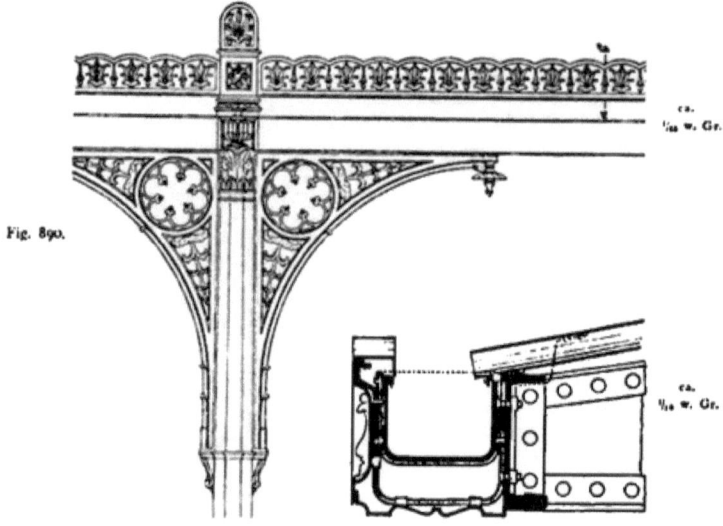

Fig. 890.

Vom Traufgefims der Bahnhofshalle zu Metz[273]).

Arch.: *Jacobsthal.*

deutlich. Die Unterglieder des Gefimfes find von einem profilirten Bretterftück auf eingemauerten Dübeln gebildet.

Verwandt mit der zuvor befchriebenen Giebelbildung ift die von demfelben Baumeifter entworfene nach Fig. 892[273]). Der Giebelbinder befteht aus zwei nicht concentrifchen Kaftenträgern von hochkantig rechteckigem Querfchnitt mit einer wagrechten Zugftange und 5 Hängeftangen. Die Träger fetzen fich an eine gufseiferne Säule an durch Vermittelung eines lothrechten Kaftenftückes von demfelben Querfchnitt, wie die Träger. Diefe Conftructionstheile blieben bei der Giebelbildung unverändert fichtbar; letztere füllte nur den Zwifchenraum der Träger mit Ornament aus und gab dem oberen Träger eine Akroterien-Bekrönung, ähnlich wie in Fig. 889. Der Contraft zwifchen den glatten Flächen an den conftructiv thätigen Stäben und den reich gegliederten der ornamentalen Zuthaten ift, in Verbindung mit dem Reiz der Bogenlinien, fehr anfprechend. Weiteres Ornament erhielten die Knotenpunkte der Zug- und Hängeftäbe am Binderfparren und an ihren eigenen Kreuzungspunkten.

Fig. 891.

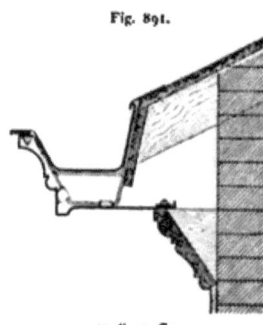

ca. ⅟₃₀ w. Gr.

Fig. 893 bietet ein breiteres Zinkblech-Gefims als Bekrönung der Stirnwand eines tonnenförmigen

273) Parf.-Repr. nach: GOTTGETREU, R. Lehrbuch der Hochbau-Conftructionen, Bd. III. Berlin 1885, Taf. XXVI.

29*

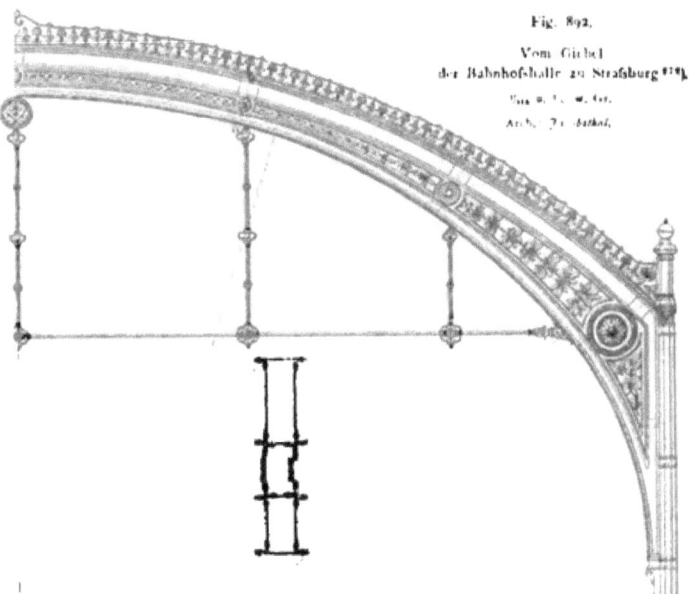

Fig. 892.

Vom Giebel
der Bahnhof-halle zu Straßburg [22].

Ma. w. 4r.
Arch. ? bathol.

Hallendaches; der Binderfparren erfcheint hier nicht als Beftandtheil des Gefimfes.

Er ift durch zwei gekuppelte C-Eifen gebildet, zwifchen welche die lothrechten Hängefäulen der gefchloffenen Hallenwand mit kaftenförmigem, innen offenem Querfchnitt aus zwei Winkeleifen durch unmittelbare Vernietung, bezw. durch Eckwinkel eingefetzt find. Ein hohes Flacheifen, concentrifch zum Sparren außen auf die Hängefäulen aufgefetzt, bildet den unteren Abfchluß des Gefimfes. Die Pfetten, mit C- oder I- oder Z-förmigem Querfchnitt, treten über die Sparren vor.

Um das Zinkgefims, das der Höhe nach aus 3 verlötheten Streifen zufammengefetzt ift, an der Eifen-Conftruction feft zu halten, find verzinkte Eifenftäbe eingeführt, die ebenfalls dem Sparren concentrifch find, und zwar die

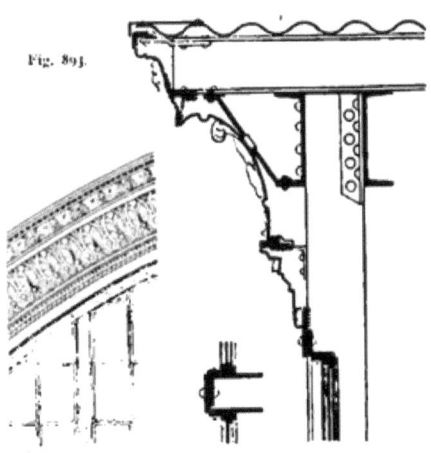

Fig. 893.

Entwurf des Verf. — ca. ¹⁄₆₆ a. ¹⁄₇₀ w. Gr.

folgenden: ein ungleichfchenkeliger Blechwinkel, an den Pfetten-Oberflanfchen mit gekröpften Flacheifen befeftigt, verfteift den oberen Gefimsrand und hält ihn mit Hilfe von verzinkten Eifenblechlappen feft, die an das Zinkgefims angelöthet und um die Oberflanfche des Winkels gebogen find, fo dafs ein Ausweichen des Gefimsrandes weder nach aufsen, noch nach innen, noch nach oben, noch nach unten möglich ift. Die Wellblechbedachung, mit einem Blechwinkel abgefchloffen, wird erft nach Anfetzen des Gefimfes aufgebracht und überragt den Gefimsrand, ohne mit ihm zufammenzuhängen. Ein liegendes Flacheifen, am Unterflanfch jeder Pfette befeftigt, verfteift eine weitere Gefimskante und

Fig. 804.

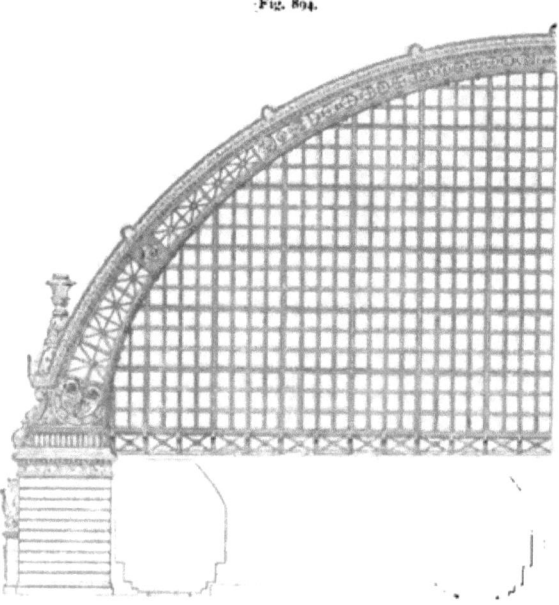

i Von der Perfonenhalle auf dem Bahnhof Alexanderplatz der Stadt-Eifenbahn zu Berlin[114].

[om w. Gr.

hält das Gefims ebenfalls mit einer Reihe von Blechhaften. Die Kranzplatten-Unterkante ift durch die Ueberlappung der an ihr verbundenen Gefimszonen verfteift und lehnt fich an eine Reihe von Blechwinkeln, die mit kurzen Zwifchenräumen an das vorgenannte Flacheifen angenietet find. Auch am Oberrand des Architravftreifens, der den unteren Theil des Gefimfes bildet, ift es durch ein liegendes Flacheifen verfteift und von Blechlappen gehalten; diefes Flacheifen ift mit winkelförmigen Trägern an die Hängefäulen befeftigt. Der unterfte Gefimsrand legt fich an das oben genannte hochkantige Flacheifen und fafst es ebenfalls mit Blechlappen. Um die grofse geprefste Hohlkehle auch

[114] Facf.-Repr. nach: Zeitfchr. f. Bauw. 1885, Bl. 10.

noch zwifchen ihren Rändern zu halten und zu verfteifen, find Träger aus Flacheifen eingeführt, radial geftellt mit etwa 60 ᶜᵐ Abftand, auf die Unterflanfche
des äußeren Sparreneifens aufgefetzt und oben von einem liegenden Flacheifen
gehalten, das an die Pfetten-Unterflanfche genietet ift. Das Gefims hält fich
an diefen Trägern mit Blechfpangen, die mit beiden Enden an feine Rückenfläche gelöthet find. Als zierende Beftandtheile des Giebels erfcheinen auch
Nietreihen am unteren Gefimsrand und an den Hängefäulen.

Ein weiteres Beifpiel wenigftens für die formale Richtung der reichften
Zinkblech-Gefimsgliederung und -Ornamentik ift Fig. 894 ¹⁷³). Dem Bogen-Fach-
werk des Schürzenbinders find ein krönendes Tiefims mit fculpirten Gliedern und
ein hoher Rinnleiften mit Blätterreihe beigefügt; die untere Gurtung ift durch
den auch beim Steinbogen in Berlin häufigen bandumflochtenen Bündelftab verziert. Die Einförmigkeit des Fachwerkes ift zu einem günftigen Wechfel gegen-
fätzlicher Formen durch Ausfüllung beftimmter Felder mit vollem Ornament
umgeftaltet; eben fo ift die Blätterreihe des Rinnleiftens durch regelmäßig
wiederholte höhere Akroterien günftig unterbrochen. Das fußbildende Feld des
Giebelbinders ift durch reiches Ornament mit Ausfprechen des Gelenkauflagers
und mit kräftiger Betonung des Widerlagers durch ein wagrechtes Gefims
ausgefüllt.

In Fig. 895 ift ein Traufgefims aus gepreßtem Zinkblech mit Vorfpringen
des Daches über Wand oder Säulenreihe dargeftellt, wobei im Gegenfatz zu
Fig. 857 die Rinne hinter dem ornamentalen Hänge-
blech liegt. Um die Metall-Conftruction rein
durchzuführen, find Holzunterlagen vermieden, und
die profilirte gepreßte Zinkblechwand ift durch lothrechte Zinkblech-Schablonen, fog. »Böden«, verfteift,
die mit etwa 40 ᶜᵐ Abftand fenkrecht zur Längenrichtung auf die Rückenfläche gefetzt und mit Hilfe
von winkelförmigen lothrechten Zinkftreifen, die in
den einfpringenden Ecken fitzen, an fie gelöthet
find. Diefe Böden fchließen überall an die Profillinien der gekrümmten Glieder an und verhindern
dadurch bei ftarker Erwärmung der Zinkblechfchale
die Formveränderung. Die Befeftigung an der
Eifen-Conftruction ift mit Hilfe lothrechter Flacheifenftäbe, die mit den Rinnenträgern vernietet find,
alfo mit etwa 80 ᶜᵐ Abftand fich wiederholen, und
eines wagrechten Flacheifens erreicht, das an jene
angefchraubt ift. An den lothrechten Stäben hält
fich die Blechwand mit je zwei wagrechten Blechfpangen feft, von denen die obere an einen Boden,
die untere an die Rückenfläche gelöthet ift, und
diefe ift außerdem mit lothrechten Spangen an den
wagrechten Eifenftab gebunden. Am oberen Rande
tragen die Stäbe einen wagrechten Blechwinkel und
ein oberes Eifenblech; jener bietet dem oberen Gefimsrand eine Rücklehne und hält ihn mit Blechhaften feft; diefes wird von dem äußeren Rinnenrand mit einem Falz umfaßt und verhütet fein

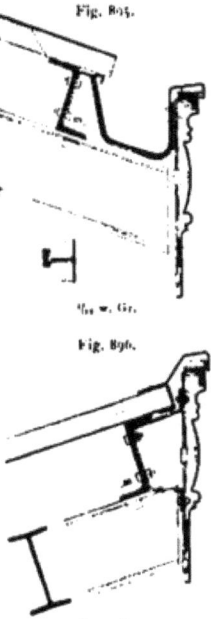

Fig. 895.

¹/₂₀ w. Gr.

Fig. 896.

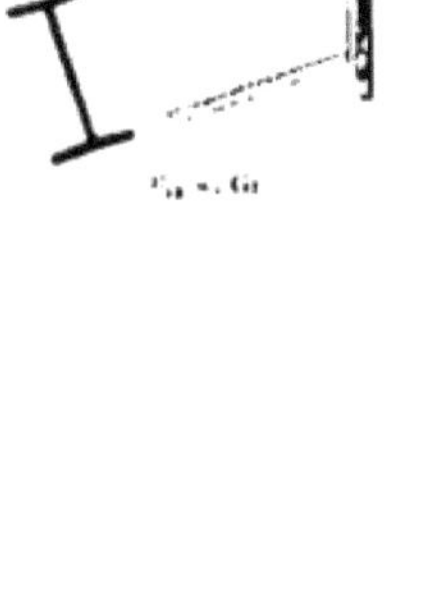

¹/₂₀ w. Gr.

Heben durch den Sturm. Die Mutterfchrauben find vom Rinnenblech überdeckt; daher kann die Rinne erft nach dem Anbringen der Zierwand eingelegt
werden, und zwar durch Kippen um ihren Außenrand. Die Wellblechbedachung

Fig. 897.

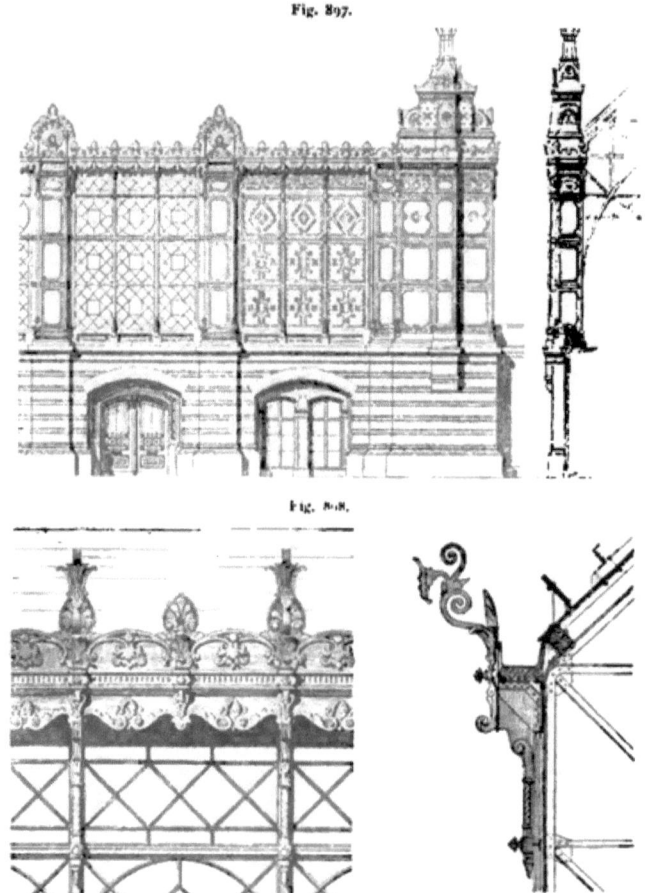

Fig. 898.

Von der Stadt-Eifenbahn zu Berlin (Schlefifcher Bahnhof[24]).
ca. 1/100 u. 1/50 w. Gr.

fchliefst fich nach dem Legen der Rinne an. In ähnlicher Weife könnten auch
weit höhere, frei fchwebende Zierwände gegen Verbiegen und Losreifsen durch
Sturm genügend gefichert werden; es wären nur etwa zwei oder mehr wagrechte
Flacheifen anftatt des einen einzuführen.

Fig. 896 bietet die Uebertragung derselben hängenden Zierwand auf den First eines Pultdaches; die Befestigung entspricht der zuvor beschriebenen mit geringen Aenderungen.

Das Ansetzen der Zinkblechschale an eine Rücklehne in Eisen erscheint auch bei dem weit reicheren Traufgesims nach Fig. 897 u. 898 [370]. Es bildet ebenfalls eine hohe Zierwand vor der Dachrinne und ihren unterstützenden

Fig. 899.

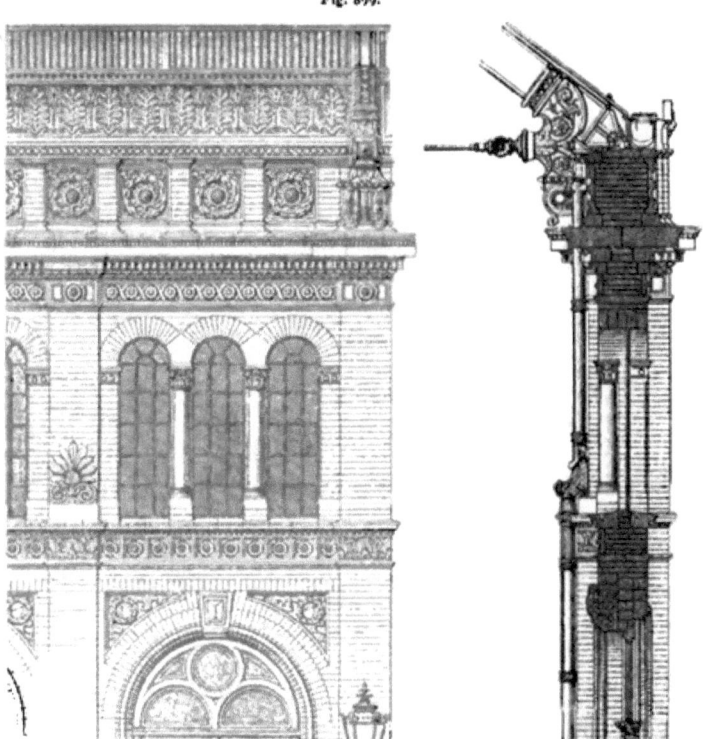

Vom Empfangsgebäude der Berlin-Potsdam-Magdeburger Eisenbahn zu Berlin [370]. — ca. 1/20 w. Gr.
Arch.: Quassowski.

Consolen und ift gleichfalls an lothrechten Flachftäben befeftigt; doch find diefe hier zugleich als Verfteifung weit vortretender und hoch aufragender Rankenausläufer verwerthet, welche in regelmäßiger Wiederkehr den oberen Umriß beleben. Die bekrönte Wand ift in einem Theile der Felder in Eifen und Glas, in einem anderen aus Eifen-Fachwerk mit Backftein-Rohbaufeldern conftruirt;

[370] Zum Theile Farb.-Repr. nach: Zeitfchr. f. Bauw. 1885, Bl. 4 — zum Theile nach einer autographirten Zeichnung der Bauleitung.

im erften Falle bilden die Sproffen, im zweiten farbige Backfteinmufter einen friesartigen Streifen unter der Bekrönung. Auch die Akroterien der Zwifchenpfeiler und der ornamentale Auffatz des Endpfeilers beftehen im Wefentlichen aus Zinkblech mit Verfteifung durch Eifen, bezw. mit Ausmauerung in Backftein-Rohbau.

Fig. 899 [278]) u. 900 [279]) zeigen die formale Ausbildung für den Anfchluß eiferner Hallendächer an die Seitenmauern mit Hilfe von grofsen Hohlkehlen aus Gufseifen und geprefftem Zinkblech, ferner eine decorative Verknüpfung der Binderfparren und Zugftangen durch Umhüllung mit demfelben Hilfsmaterial

Fig. 900.

Vom Centralbahnhof zu Magdeburg [280]).

Arch.: *Heim & Peterfen*.

22. Kapitel.

Dachrinnen als Beftandtheile von Trauf- und Giebelgefimfen [277]).

a) Allgemeines.

Bei Gefimfen in Stein oder Backftein bildet die Rinne entweder das oberfte und äußerfte Gefimsglied (die Sima) oder einen lothrechten Auffatz über dem Gefims, fo dafs eine nach außen geneigte Deckfläche des Gefimfes vor der Rinne liegend erfcheint (zurückgefchobene Rinne), oder die Rinne liegt höher

[278]) Facf.-Repr. nach: Zeitfchr. f. Bauw. 1877, Bl. 15
[279]) Facf.-Repr. nach ebendaf. 1879, Bl. 51.
[277]) Weiteres über Dachrinnen fiehe in Theil III, Band 2, Heft 5 (Abth. III, Abfchn. 2 G, Kap. 4): Entwäfferung der Dachflächen) diefes Handbuches.

als der mit der Vorderkante des Gefimfes beginnende Dachfuſs auf dem Dach,
fo daſs ein Stück Dachfläche zwiſchen Traufkante und Rinne fichtbar iſt und
diefe zur Gefimsbildung nicht mitwirkt, oder endlich die Rinne liegt hinter dem
Gefims, wobei die Deckfläche des letzteren entweder nach auſsen oder gegen
die Rinne zu geneigt iſt und oft eine Brüſtung am Dachfuſs (Baluſtrade oder
maſswerkartig durchbrochene oder volle Steinwand) angeordnet iſt. Die als
äuſserſte Gefimsglieder auftretenden Rinnen haben gegenüber den anderen Arten
den Vorzug, daſs keine Deckfläche vor ihnen übrig bleibt, welche das Waffer
ungeſammelt an der Traufe abtropfen läſst oder eine befondere Anordnung zum
Ableiten des Waffers erfordert. Breite derartige Flächen find zeitweife un-
angenehme Traufen, wenn nicht bei Regenwetter, fo doch bei Thauwetter.

Bei Holzgefimfen hängt die Rinne entweder an den Sparrenköpfen oder
an einer Saumleiſte, oder fie iſt auf die Sparrenköpfe und die Dachverſchalung
am Fuſs des Daches aufgeſetzt, oder fie liegt wieder höher als der Dachfuſs, fo
daſs ein Stück Dachfläche zwiſchen Rinne und Traufkante erſcheint. Der letztgenannte Fall iſt felten und nur etwa durch die Güterſchuppenrinnen der Eifen-
bahnen vertreten, wo die Rückficht auf das Normalprofil des lichten Raumes
die Ableitung des Waffers aus Traufrinnen unmöglich machen würde.

Bei Gefimfen in Metall iſt die Rinne faſt immer an die unterſte Pfette oder
eine Wellblech-Bedachung, bei Glasdächern auch wohl an die Sparren angehängt
und entweder von auſsen fichtbar oder hinter den oberen Gefimsgliedern und
anderen Randauszeichnungen verſteckt. Die anderen für Stein- und Holzgefimfe
angegebenen Lagen der Dachrinne find übrigens nicht ausgeſchloffen.

Der letzte Fall der Traufbildung bei Stein- oder Holz- oder Metallgefimfen
iſt der einfachſte; es iſt derjenige, bei welchem die Rinne ganz fehlt und nur
durch ein genügendes Vortreten der Bedachung über die oberſte Gefimskante
auf ein günſtiges Abtropfen des Waffers ohne Ueberſtrömung des Gefimfes
Rückficht genommen iſt.

Das Material der Dachrinnen iſt meiſt Zinkblech, feltener verzinktes
Eifenblech, verbleites Eifenblech und Weiſsblech (verzinntes Eifenblech);
die beiden letzteren bedürfen eines Oelfarbenanſtriches innen und auſsen, wogegen Zinkblech und verzinktes Eifenblech ohne einen folchen bleiben können.
Verſteckt liegende, fchwer zugängliche Rinnen oder folche, deren Schadhaftwerden dem Gebäude groſsen Nachtheil bringen würde, ſtellt man am beſten
aus dem allerdings weit theureren Kupferblech her. Rinnen aus 2,5 bis
5,0 ᵐᵐ dickem Walzblei finden fich zuweilen an monumentalen Bauten, befonders
in Frankreich, jedoch immer auf den ganzen Umfang in Stein oder Holz eingebettet. Gewalzte ⌐-Eifen oder kaftenträgerartig zufammengenietete Canäle
aus ſtarken ebenen Eifenblechen mit Eckwinkeln bilden die Traufrinnen
an manchen gröſseren Dächern in Eifen. Ferner werden viele Dachrinnen als
Canäle in gebranntem Thon und innen glafirt ausgeführt, weniger in Deutſchland, als in Frankreich und England. Die Dachrinnen der alten Bauten
gothiſchen Stils, befonders der Kirchen, erſcheinen meiſt als Hauſtein-Canäle
am Dachfuſs, aufgelegt auf Confolen oder hinter einer Maſswerkbrüſtung aus
der Mauer ausgeſpart; in der erſten Form wird die Conſtruction auch bei
neueren Bauten mittelalterlicher Stilrichtung verwerthet. Rinnen aus Portland-
Cementguſs find nicht auf die Dauer wafferdicht zu erhalten. Rinnen aus
Dachpappe für Pappdächer find vergänglich und unanfehnlich, aber billig
und befonders für proviforifche Bauten wohl noch brauchbar. Holzrinnen,

hergeftellt als ausgehöhlte Stämme und innen getheert, finden fich nur an ländlichen Gebäuden und find ebenfalls fehr vergänglich. Dachrinnen aus Gußeifen mit Verfchrauben der Stücke an Randrippen find in Frankreich ausgeführt. Gußzink kann der Riffebildung wegen als Rinnenmaterial nicht in
Frage kommen.

Die Größe der Rinnen richtet fich nach der Größe der Dachfläche, deren
Waffer aufzunehmen ift, jedoch mit Berückfichtigung des rafcheren Zulaufes, der
bei fteilen Dachflächen eintritt und der bedeutend größeren Waffermenge, die
bei Querhäufern und Dachanftößen aus den Kehlen an einem einzigen Punkte
in die Rinne tropft. Für jedes Quadrat-Meter Grundfläche des zu entwäffernden
Daches foll ein mittlerer Querfchnitt der zugehörigen Rinne von 0,8 bis 1,0 qcm
vorhanden fein. Für Holzcement-Dächer kann, des verzögerten Wafferzulaufes
wegen, diefes Maß etwas eingefchränkt werden. Dabei find Abfallrohre in Entfernungen von 15 bis 20 m anzuordnen, fo weit nicht die Dachform durch Vorfprünge und Kehllinien die Punkte für die Abfallrohre vorfchreibt. Diefe haben
meift kreisrunden Querfchnitt von etwa 8 bis 16, meift 11 bis 14 cm Durchmeffer
und find aus Zinkblech Nr. 12 oder 13, bei verfteckter Lage am beften aus
Kupfer hergeftellt. Weiteres hierüber fiehe in Theil III, Band 2, Heft 4
(Abth. III, Abfchn. 2, G, Kap. 23: Entwäfferung der Dachflächen) diefes
»Handbuches«.

Der Querfchnitt der Dachrinnen ift entweder halbrund oder halbelliptifch
oder rechteckig oder rechteckig mit abgerundeten Ecken, oder der Rinnenquer-
fchnitt erweitert fich mit geneigten Seitenlinien nach oben. Letzteres ift mit
Rückficht auf das Einfrieren beffer als lothrechte Grenzflächen. Der Boden der
Rinne, wenn eben, wird gern nach außen geneigt, um etwa in der Rinne ftehen-
bleibendes Waffer möglichft vom Traufrand abzulenken und bei Befchädigung
der Rinne das Waffer außen zum Abtropfen zu bringen. Immer foll der äußere
Rinnenrand tiefer als der innere liegen, damit bei Ueberfüllung der Rinne
während ftarker Regengüffe oder wegen Verftopfung das Waffer früher nach
außen überläuft, als gegen das Dach und das Innere.

Die Vorfchriften des preußifchen Minifteriums der öffentlichen Arbeiten
für die Conftruction der Dachrinnen an Staatsbauten haben über die Bildung
des Rinnenquerfchnittes noch die Beftimmung, daß bei Dächern bis zu einer
Neigung von etwa 45 Grad die Vorderkante der Rinne über die verlängerte
Dachfläche fich nicht erheben foll.

Im Allgemeinen werden die Dachrinnen in das Gefälle gelegt oder
wenigftens ihre Sohlen in das Gefälle gelegt, wenn die Oberkante wagrecht
bleiben muß, wobei dann der Querfchnitt der Rinne zwifchen dem höchften und
tiefften Punkte fich ftetig ändert und das oben angegebene Querfchnittsmaß für
die Mitte der Länge zu gelten hat. Das Gefälle foll 0,8 bis 1,0 cm für jedes
Meter der Länge betragen; doch können nach Anficht vieler Baumeifter kurze
Rinnenftücke, etwa bis zu 8 oder 10 m Länge, ohne Schaden ganz wagrecht
gelegt werden; in welchen Fällen diefe Möglichkeit ergriffen wird, geht aus
dem Späteren hervor. Nur foll dabei der Boden der Rinne nicht eben, fondern
der Querfchnitt halbkreisförmig oder elliptifch fein.

Das Schadhaftwerden der Dachrinnen ift als früher oder fpäter ficher ein-
tretend im Auge zu behalten, und die Conftruction foll fo getroffen werden, daß
das aus der befchädigten Rinne austretende Waffer nicht in das Innere des
Gebäudes dringen kann, fondern nach außen unfchädlich abtropft, und daß wo

256.
Größe
und
Querfchnitts-
form.

257.
Gefälle.

258.
Maßregeln
gegen die
Mißftände
fchadhafter
Rinnen.

möglich die fchadhafte Stelle fich von aufsen leicht bemerkbar macht. Am
beften find in diefer Beziehung die unverdeckten Blechcanäle, weil bei diefen
die Durchlöcherung der Rinnenwand unmittelbar von aufsen fichtbar wird. Bei
anderen Conftructionen der Rinne läfst fich meiftens das durchdringende Waffer
auf einer unter der Rinne liegenden fteilen Blechfläche oder mit Schiefer ab-
gedeckten Fläche auffangen, auf welcher es unter der Rinne nach aufsen ab·
läuft und dort wieder auf die Lage der fchadhaften Stelle fchliefsen läfst.
Selbft über Hauftein-Gefimfen ift eine folche Blechfläche unter der Rinne zu empfehlen, um das Durchnäffen der oberften Gefimsfchicht und die Moosbildung
auf derfelben zu verhüten. Die befprochenen Auffangebleche erfcheinen in
Fig. 907, 908 u. a. Minder gut begegnen den Gefahren aus einem Schadhaftwerden der Rinne die Anordnungen nach Fig. 767 u. 919, bei denen die Rinne
in einem Holzkaften eingebettet liegt, und am gefährlichften find in der angegebenen Richtung die hinter dem Gefims oder einer Attika liegenden Rinnen,
indem hier der Schaden am Mauerwerk und im Inneren fchon fehr erheblich
geworden fein kann, ehe er aufsen fichtbar wird. Wo diefe Lage der Rinne
nicht zu vermeiden und auch ein ficherer Ablauf des aus der fchadhaft gewordenen
Rinne austretenden Waffers nicht zu ermöglichen ift, da wird man wenigftens
dafür forgen, dafs fie vom Dachraum aus fichtbar und leicht zugänglich bleibt
(Fig. 379).

550
Zugänglichkeit
der
Rinnen. Ueber die Zugänglichkeit der Rinnen zum Zweck der Ausbefferung und
Reinigung fagen die oben erwähnten Vorfchriften für Dachrinnen an den
preufsifchen Staatsbauten Folgendes: »Hoch gelegene Rinnen auf mehr-
gefchofsigen Gebäuden find fo zu geftalten, dafs fie von den mit dem Ausbeffern,
bezw. Nachfehen beauftragten Bauarbeitern ohne Nachtheile begangen werden
können. Mit Rückficht hierauf bedarf es hauptfächlich entfprechender Vorkehrungen dafür, dafs durch das Betreten des Rinnenbodens Einbauchungen des
letzteren zwifchen den Rinnenträgern nicht herbeigeführt werden und fomit ein
gleichmäfsiges Gefälle in der Rinne möglichft erhalten wird.

Zu diefem Zwecke ift der Rinnenboden entweder forgfältig zu unterfchalen
(vergl. Fig. 874 u. 916, wobei das Holz der Unterfütterung durch Tränken mit
Holztheer oder Carbolineum gegen Fäulnifs zu fchützen ift), oder es ift auf den
oberen Haltern des Rinnenträgers ein fchmales, für ein Begehen aber aus-
reichendes Brett zu befeftigen, welches ein Betreten des Rinnenbodens felbft
verhindert. Statt diefer Vorkehrungen genügt es unter Umftänden auch, dem
Rinnenboden eine gegen Ausbauchung fichernde, etwa korbbogenförmige Geftalt zu geben, wenn die Rinne aus einem entfprechend ftärkeren Bleche angefertigt und diefelbe in Entfernungen von höchftens 60 zu 60 ᶜᵐ ficher unterftützt wird.

Bei niedrig gelegenen Rinnen, welche fich von einer Leiter aus ohne
Schwierigkeit reinigen oder ausbeffern laffen, kann von einer befonderen Sicherung
der Sohle überhaupt abgefehen werden, da ein Betreten derartiger Rinnen in
der Regel kaum vorkommen wird, auch verlangt werden mufs, dafs folches vermieden wird.«

Anftatt der Bretter werden zuweilen auch gerippte Eifenblechtafeln oder
durchbrochene Gufseifentafeln mit Oelfarbenanftrich als Lauffteige auf die Rinnen
gelegt, wobei allerdings eine etwa fich bildende Schicht von Roft, durch das
Regenwaffer in die Rinne geriffen, dem Rinnenmaterial fehr fchädlich wird.
Zum Zweck des Reinigens und Ausbefferns der Rinne mufs der Laufiteg in

kurzen Stücken abgehoben oder mit Drehbändern aufgeklappt und umgelegt werden können, da er in der gewöhnlichen Lage die Rinne felbft verdeckt (folche Drehbänder roften übrigens leicht ein); oder die Bretter müffen in der Längenrichtung der Rinne verfchiebbar bleiben. Wenn man einen Lauffteg feitlich oberhalb der Rinne anbringen kann, fo wird man diefe Lage vorziehen, um beim Reinigen und Ausbeffern der Rinne ein Abheben oder Rücken von Brettern oder Blechtafeln nicht nöthig zu haben. Am Fufs fehr grofser Dächer erfcheint ein breiterer Lauffteg gewöhnlich in der letzten Geftalt; befonders bei grofsen Glasdächern ift er zum Befeitigen der Schneedecke und zum Befteigen des Daches unentbehrlich. Dabei ift dem Steg meift ein Geländer beigegeben.

Der Lauffteg auf der Rinne kann durch Querfproffen erfetzt werden, die auf Schrittlänge von einander entfernt über die Rinne weggehen und fo breit find, dafs man auf ihnen ficher Fufs faffen kann. Dabei ift die Rinne ebenfalls ohne Rücken und Heben von Brettern zum Reinigen zugänglich. Der Lauffteg wird — abgefehen von den oben genannten Fällen — bei den zurückgefchobenen Rinnen und bei flacheren Dächern ganz entbehrlich, indem man bei diefen ohnehin neben der Rinne zum Stehen und Gehen Raum findet. Im Uebrigen kann über die Nothwendigkeit und zweckmäfsige Lage des Lauffteges nur die Erwägung von Fall zu Fall entfcheiden.

In naher Beziehung zur Traufgefimsbildung ftehen gleich den Rinnen die Vorrichtungen, welche dem plötzlichen Abrutfchen der Schneemaffen von den Dachflächen begegnen follen. Die oft in Folge begonnenen Schmelzens zufammenhängende und fchwer abftürzende Maffe richtet nicht nur an der Rinne und dem Traufgefims, wie an tiefer liegenden vortretenden Bautheilen leicht Schaden an, fondern wird auch dem Strafsenverkehr gefährlich. Sehr fteile Dächer bedürfen der Schneeaufhaltevorrichtungen nicht, da fich der Schnee von Anfang an nicht auf denfelben anfammeln kann, flache Dächer ebenfalls nicht, weil er bei diefen nicht in das Gleiten geräth. Sie find bei Dächern von etwa 25 bis 55 Grad Neigung zu empfehlen, mit Ausdehnung oder Einfchränkung diefer Grenzen entfprechend den befonderen klimatifchen Verhältniffen eines Ortes. Auch das Dachdeckungs-Material ift von Einflufs; Dächer aus Ziegeln können noch bei minder flacher Neigung ohne Schneefangvorrichtungen bleiben, als folche aus Zink oder Schiefer.

Die Schneeaufhaltevorrichtung befteht in der einfachften Ausbildung in einem wagrecht gerichteten, mit der Breite fenkrecht zur Dachfläche ftehenden Brett nahe dem Dachfufs, das mit winkelförmigen oder ⊥-förmigen Stützeifen auf dem Dache befeftigt und oft zu weiterem Schmuck der Trauflinie nach einem reicheren oberen Umrifs ausgefchnitten ift. Zwifchen der Bedachung und der Unterkante diefes Schutzbrettes bedarf es eines Zwifchenraumes von 3 bis 4 cm, um das Abfliefsen des Waffers nicht zu hindern. Das Brett wird durch Anftrich mit Carbolineum oder anderweitiges Imprägniren gegen Fäulnifs gefchützt; die Stützeifen find zu verzinken. Bei fehr grofsen Dachflächen erfcheinen zwei Schneefangbretter parallel zu einander, das obere etwa in der Hälfte der Dachhöhe. Bezüglich der Dichtung der Bedachung an derjenigen Stelle, wo diefe von den Stützhaken durchbrochen wird, ift auf das vorhin angezogene Heft (Abth. III, Abfchn. 2, G, Kap. 44, unter a) diefes »Handbuches« zu verweifen.

Wo man anftatt des Holzes ein dauerhafteres Material haben will, erfcheinen verzinkte Drahtgeflechte zwifchen zwei parallelen Rundeifen, wobei

diefe in derfelben Weife an Stützhaken befeftigt find, wie jene Bretter. Oder
zwei wagrechte Winkeleifen oder Rundeifenftäbe find mit einem Zwifchenraum von 3 bis 4 ᶜᵐ und einem eben fo grofsen vom unteren bis zur Bedachung
an die Stützeifen angefetzt, wie dies Fig. 916 darftellt.

b) Dachrinnen aus abgebogenen Metallblechen.

Die Bleche find meift Zinkbleche, und zwar in den Nummern 12, 13 oder 14,
die erfte Nummer nur bei kleinem Querfchnitt. Das Zinkblech ift nach dem
Kupferblech das befte Rinnenmaterial wegen feiner Widerftandsfähigkeit gegen
Oxydation; es hat aber den Mangel, in der Wärme feine Form leicht zu verändern, wie fchon in Art. 251 (S. 440) ausgefprochen wurde. Diefer Mangel kann
zwar bis zu einer gewiffen Grenze unfchädlich gemacht werden durch Wahl
ftärkerer Blechforten, etwa Nr. 16, und genügend kleiner Entfernungen zwifchen
den Befeftigungspunkten oder -Linien der Bleche, macht fich aber doch überall
da früher oder fpäter fühlbar, wo das Zinkblech als aufsen fichtbare Rinnenwand auftritt. Daher werden die aufsen fichtbaren Rinnen oder die aufsen fichtbaren Verkleidungsbleche verdeckter Rinnen auch aus verzinktem oder verbleitem Eifenblech hergeftellt, leider nicht, ohne dafs für die befeitigte Gefahr
der Formveränderung die andere des Roftens der Fläche eingetaufcht würde.
Die Rinnen aus Weifsblech (verzinntem Eifenblech) roften noch ftärker, kommen
daher bei ftädtifchen Bauten mehr und mehr aufser Gebrauch. Verbleites Blech
und Weifsblech dürfen nie ohne äufseren und inneren Oelfarbenanftrich bleiben.
Die beften, aber theuerften Rinnen find diejenigen aus Kupfer; fie erfcheinen als
fichtbare Blechcanäle bei monumentalen Bauten häufig und empfehlen fich auch
fonft bei verfteckter oder fchwer zugänglicher Lage. Das Kupfer hat, abgefehen
von der Widerftandsfähigkeit gegen Oxydiren, den Vorzug grofser Zähigkeit
felbft bei niedriger Temperatur, widerfteht daher am beften dem heftigen Druck
des gefrierenden Waffers; auch verändert es in der Wärme feine Form weniger
leicht als das Zinkblech. Zu den beften Rinnenblechen gehört ferner das Walzblei, unter der Bedingung einer bedeutenden Stärke (2,5 bis 5,0 ᵐᵐ) und völliger
Einbettung in Stein und Holz. Zwar bedeckt es fich rafch mit einer Oxyd-
fchicht; aber diefe verhindert, wie beim Zink, das Fortfchreiten der Oxydation
nach innen; nur die fortdauernde Einwirkung von Wafferdampf und die Nähe
von Kalkmörtel oder unausgelohtem, feuchtem Eichenholz werden auch ftärkerem
Blei gefährlich.

Die Unterftützung der Blechrinnen und ihre Verbindung mit der Traufe
kann zunächft zwei Wege einfchlagen: entweder das Einlegen in eiferne Haken,
die fich längs der Trauflinie in beftimmten Abftänden wiederholen, oder das
Einbetten auf die ganze Länge in einem zweiten Canal aus irgend welchem
Material. Jene »Rinnenhaken« oder »Rinnenträger« oder »Rinneneifen« find
abgebogene Flacheifen, deren Form fich dem Querfchnitt der Rinne anpafst und
die an die Sparrenoberfläche, an die Seitenfläche, an die Traufleifte, an ein
Stirnbrett, oder auf die Dachverfchalung gefchraubt und genagelt find. Sie
erhalten gewöhnlich, da auf jeden Sparren ein folcher Träger gefetzt wird,
Abftände von etwa 80 bis 100 ᶜᵐ; wo fie etwa keinen Sparren finden und auf
das Stirnbrett oder die Dachverfchalung im Hohlen treffen, da find diefe durch
Unterfütterung von Bretterftücken zu verftärken, fo dafs die Schrauben auf ihre
ganze Länge im vollen Holze fitzen. So weit die Rinnenträger oder -Haken

mit dem Zinkblech in Berührung kommen, find fie zu verzinken oder zu verzinnen; weniger gut ift bei Zinkrinnen Anftrich mit Mennige oder Afphaltlack; bei Kupferrinnen dagegen ift diefer Anftrich vorzuziehen und Verzinnung unzuläffig.

Bei beftimmten Rinnenformen verändert fich die Form der Rinnenträger von einem Sparren zum anderen entfprechend dem Gefälle der Rinne und der damit zufammenhängenden Aenderung des Rinnenquerfchnittes; bei anderen Rinnenformen ändert fich wenigftens die Höhenlage der Träger.

Die Stärke der Rinneneifen bewegt fich etwa zwifchen 2,5 × 25 und 4 × 40 mm, und richtet fich, abgefehen von der Größe der Rinne, danach, ob ein Begehen derfelben in Ausficht genommen ift oder nicht. Im erften Falle verbindet fich der Rinnenhaken faft immer mit einem lothrechten Eifenftab, der ihn außen auf die Gefims-Deckfläche abftützt und in diefe eingegoffen ift, oder der Rinnenträger bildet eine fteife Figur aus Eifenftäben, die fich mit einem folchen auf die Gefims-Deckfläche und mit einem anderen an den Sparren anlegt und dort feft gefchraubt ift. Das Eingießen eines lothrechten Rinneneifenftabes in die Deckfchicht der Gefimfe wird man fo weit als thunlich vermeiden, um die Abdeckung der geneigten Deckfläche nicht zu durchbrechen. In vielen Fällen empfiehlt fich ein Verankern der äußeren Rinnenträgerenden mit dem inneren, auf den Sparren gefchraubten Arm durch Zugbänder aus verzinktem Eifenblech, die beiderfeits mit den Trägerarmen vernietet find oder in anderer Weife den äußeren Rinnenrand mit dem Traufrand verbinden. Diefe Verankerung bietet größere Sicherheit gegen das Verbiegen der Rinne durch den Wafferdruck und insbefondere gegen das Abreißen durch die Schneemaffen, die bei Thauwetter von Dächern mittlerer Neigung plötzlich abrutfchen.

Auch bei Einbettung der Rinnen in einen Holzkaften, wie etwa nach Fig. 767 u. 768, find ftarke abgebogene Eifenbänder nöthig, um die Bretter zufammenzuhalten und ficher mit dem Dachrand zu verbinden; hierbei werden die Flacheifen in das Holz verfenkt und daran angefchraubt. Aber diefe Eifenbänder find nicht mit den Rinneneifen zu verwechfeln; denn fie halten die Rinne nicht. Anftatt diefer mehrfach abgebogenen Bänder erfcheinen auch wohl nur kleinere Winkelbänder zwifchen je zwei benachbarten Brettern des Rinnenkaftens; doch ift diefe Verbindung weniger ficher gegen Formveränderung. Bei Fig. 919 find die Bänder an der Außenfeite der Bretter angebracht und dadurch das Zinkblech der Berührung des Eifens entzogen; doch ift diefe Lage nur in feltenen Fällen möglich.

Wie bei allen anderen Bauarbeiten in Zinkblech ift bei den Rinnen in diefem Material auf feine ftarke Ausdehnung durch die Wärme Rückficht zu nehmen, indem die Verbindung der Rinne mit dem Traufblechen oder mit einer lothrechten Vorderwand oder einer Blech-Sima nicht durch Löthen, fondern durch in einander greifende Falze herzuftellen ift. »Dabei follen fcharfe Kanten« (befonders bei gänzlichem Umlegen), »welche im Lauf der Zeit meiftens zu einem Bruch des Materials führen, möglichft vermieden und durch thunlichft große Abrundungen erfetzt werden.« Die Rinne an einer fehr langen Gebäudefront würde fich — wenn zu einem Stück verlöthet — in ihrer Längenrichtung fehr bedeutend ausdehnen und zufammenziehen (faft 2 mm auf das Meter). Man zerlegt dann die Rinne der Länge nach in zwei oder mehr getrennte Theile mit eigenen Ablaufrohren, fchließt jeden diefer Theile durch eigene Zinkbleche an den Enden ab, forgt für einen Zwifchenraum von 15 bis 20 mm zwifchen je zwei

263.
Vorkehrungen
gegen
Längen-
änderungen.

Stirnblechen und überdeckt denselben durch eine Blechkappe, die sich mit zwei Falzen an den eingebogenen Stirnblechrändern fest hält, indem sie der Bewegung der Rinnentheile nach beiden Richtungen genügend nachgeben kann. Der Zwischenraum der Stirnbleche wird von außen nicht sichtbar, indem der getrennte Abschluß der Rinnentheile nicht hindert, die cylindrischen Rinnenbleche verschieblich über einander greifen zu lassen.

464.
Eintheilung
der
Dachrinnen.
Beim Einlegen der Rinnen in Haken muß sich der Blechcanal im Allgemeinen von einem Haken zum anderen frei tragen; in diesem Falle sind die Rinnen im Folgenden als »frei tragende« bezeichnet. Doch kann auch durch Einlagern von Brettern oder stärkeren Eisentafeln in die Rinnenhaken dafür gesorgt werden, daß wenigstens der Boden der Rinne auf seine ganze Länge unterstützt ist; in diesem Falle wird die Rinne eine »aufliegende« genannt. Unabhängig von diesem Gegensatze ist ein zweiter, der sich nur auf die Rinnenhaken bezieht. Diese können entweder nur vom Traufrand selbst, an welchen sie angeschraubt und genagelt wurden, unterstützt sein oder auch noch an anderen Stellen, sei es an ihrem äußeren Ende, sei es längs eines lothrechten Außenarmes, sei es unter dem Boden der Rinne. Im ersten Falle heißt die Rinne im Folgenden eine »Hängerinne«, da sie nur mit einem Rand an die Traufe gehängt ist, im zweiten eine »Steh- oder Standrinne«, da hier der Träger auf einer Unterlage steht. Diese Fälle und die vorgenannten sind aber noch immer vom völligen Einbetten der Rinne in einen zweiten Canal zu unterscheiden, indem hier jeder Punkt der Rinne eine äußere Anlehnung findet und Rinneisen fehlen. Es giebt hiernach bezüglich der Unterstützungsweise für die Rinnen aus abgebogenen Metallblechen 5 verschiedene Fälle, und zwar die folgenden:

1) die frei tragende Hängerinne,
2) die aufliegende Hängerinne,
3) die frei tragende Steh- oder Standrinne,
4) die aufliegende Steh- oder Standrinne,
5) die eingebettete Rinne; dabei kann der einbettende Canal aus Holz, Stein, Cement, Terracotta und Eisen bestehen.

In jedem der Fälle 1 bis 4 kann die Rinne, d. h. der eigentliche Blechcanal, von außen sichtbar oder durch eine ebene oder profilirte Zierwand aus irgend welchem Material verdeckt sein, wogegen im Fall 5 höchstens der einbettende Canal außen erscheinen kann. Wo der Blechcanal selbst von außen sichtbar ist, erscheinen auch seine Rinnenträger, und sie werden dann zuweilen durch Schmiedeeisen-Zierwerk reicher gestaltet.

Die Constructionen aller dieser Arten von Rinnen sind im Folgenden mit ihren Vorzügen und Mängeln an der Hand der gewählten Beispiele besprochen.

1) Frei tragende Hängerinnen.

465.
Hängerinnen
als
fichtbare
Blechcanale.
In ihrer einfachsten Form erscheint die frei tragende Hängerinne in Fig. 901 am Steingesims, in Fig. 642 u. 643 am Sparrengesims, in Fig. 612 als zurückgeschobene Rinne und in Fig. 647 am Holzcementdach; auf das Holzgesims mit Hausteinformen ist sie leicht zu übertragen. Sie ist in dieser Gestalt nur ein halbrunder Blechcanal, eingelegt in die im Art. 262 (S. 462) beschriebenen Rinnenträger, deren gerader Arm an die Sparrenoberfläche, auch wohl auf die Dachverschalung, oder mit einer entsprechenden Querschnittsverdrehung an die Sparrenseitenfläche geschraubt und genagelt ist (meist nahe der Trauflinie eine

Fig. 901.

ca. ¼. w. Gr.

Holzfchraube und gegen oben 2 Nägel. Der innere Rand der Rinne erhält einen Umbug nach innen und ift an diefem durch Haften aus ftarkem Zinkblech oder beffer aus verbleitem oder verzinktem Eifenblech feft gehalten, die fich in Entfernungen von 40 bis 60 ᶜᵐ wiederholen und auf die Verfchalung genagelt, auch wohl an die Rinneneifen felbft angenietet find, wie fpäter für den äufseren Rinnenrand angegeben. Bei Ziegel- oder Schieferdeckung ift ein durchlaufender Blechftreifen (Vorfchufsblech oder Vorftofsblech) den Haften vorzuziehen. Die doppelte Abkantung des Vorfchufsbleches ift beffer, als ein einfacher Umbug. Zinkbedachungsbleche greifen mit Umbug nach unten in die Haften und den Rinnenumbug ein; Ziegel und Schiefer legen fich über die Vorfchufsbleche her; über den Anfchlufs der Holzcementbedachung an die Rinne fiehe Fig. 687 u. 915.

Für die Behandlung des äufseren Randes der Hängerinnen giebt es verfchiedene Verfahren. Bei Fig. 902 ift auf die Innenfeite des Rinnenträgers ein verzinkter Eifenblechftreifen genietet (innere punktirte Linie), der nach dem Einlegen der Rinne über ihren Rand hergebogen wird und fie gegen Heben durch den Sturm fchützt. Diefe Anordnung läfst für eine decorative Endigung des Rinnenträgers freie Hand. Der aufgerollte Rinnenrand wird bei Zinkrinnen durch eingelegten Draht verfteift. Anftatt nach innen kann der Rinnenrand in derfelben Weife nach aufsen aufgerollt und durch einen aufsen angenieteten Eifenblechftreifen gehalten werden (Fig. 904). Der Blechftreifen läfst fich im letzten Falle zugleich zur Verankerung des äufseren Rinnenrandes mit der Trauflinie benutzen, indem man ihn über die Rinne wegführt und unter der Bedachung auf die Verfchalung nagelt (Fig. 903). Diefe Verankerung ift für alle

Fig. 902.   Fig. 903, 904, 905.   Fig. 906.

folche Rinnen, deren aufsen fichtbare Wand dem Wafferdruck unmittelbar ausgefetzt ift, dringend zu empfehlen, alfo auch für die Hängerinnen. Sie ift in Fig. 902 ebenfalls aufgenommen, bildet aber dort einen befonderen Blechftreifen, der, wie das Haftblech, an den Rinnenträger genietet ift (äufsere punktirte Linie in Fig. 902). In Fig. 907 ift das obere Ende des Rinnenträgers nach innen abgebogen und vom Ankerblech fo gefafst, dafs der ebenfalls nach innen zweikantig umgebogene Rinnenrand eingeklemmt ift. Nach Fig. 905 umfafst die Rinne einen Umbug des Rinnenträgers, nach Fig. 906 einen wagrechten Eifenblechwinkel oder Bandeifenftreifen, der an die Träger angenietet ift. Die letzte Anordnung verhindert am beften das häfsliche Durchbiegen und feitliche Ausbiegen des oberen Rinnenrandes, das als Folge der Weichheit des Zinkblechs in der Wärme fo leicht eintritt, läfst fich auch mit jener Verankerung verbinden, indem die Zugbänder an die Träger mit angenietet werden können, und giebt eine kräftige architektonifche Abfchlufslinie der Rinne.

Die Bänder werden vor dem Einlegen der Rinne angenietet; das Einlegen gefchieht durch Drehen der Rinne um ihren vorderen Rand; nach dem Faffen des inneren Randes durch die Vorfchufsbleche werden die Zugbänder über die Rinne her gebogen.

Frei tragende Hängerinnen find nicht begehbar. Dafs fie felbft auf längere Strecken gefahrlos ohne Gefälle ausgeführt werden können, ift fchon ausgefprochen; doch empfiehlt fich dann eine ftärkere Blechnummer (14 bis 16), um Verfackungen zwifchen den Trägern zu verhüten. Auch in einer wagrechten Rinne, befonders einer folchen mit concav gewölbtem Boden, follte ja der Theorie nach nur wenig Waffer ftehen bleiben können, das rafch austrocknen würde. Wo trotzdem Waffer in einer Rinne ftehend gefunden wird — und dies ift allerdings vielleicht häufiger als das Gegentheil — da find meift Verftopfungen durch Ziegel- oder Schieferftücke, Kohlenftaub und Verunreinigung aller Art die Urfache, und diefe gröfsere Gefahr für die Rinne läfst fich durch ein Gefälle doch nicht befeitigen.

Will man bei der halbrunden Hängerinne trotzdem ein Gefälle haben und bei einem Dachrand mit wagrechten Gefimskanten diefe nicht durch die Linien der Rinne ftören, fo geht der grofse Vorzug der Einfachheit diefer Rinnengattung fofort verloren. Alsdann mufs ein zweiter Blechcanal mit dem Gefälle in den aufsen fichtbaren wagrechten eingelegt werden. Das Einlöthen eines concav gewölbten Blechbodens (Rinne mit eingelöthetem Fall) bewährt fich nicht; vielmehr mufs der innere Canal die Ränder des äufseren erreichen und durch Falze, nicht durch Löthen feft gehalten werden (Rinne mit eingelegtem Fall, Fig. 645). Dabei ift zu empfehlen, die äufsere Rinne unten mit eingefchlagenen Löchern (regelmäfsiger Geftalt und in gleichen Abftänden geftellt) zu verfehen, um das aus dem eingelegten Canal etwa austretende Waffer zum Abtropfen zu bringen und den Zwifchenraum beider Bleche der Luft zugänglich zu machen. Das anderenfalls in diefem Zwifchenraume ftehen bleibende, Winters gefrierende Waffer wäre der Rinne fehr gefährlich.

Fig. 901, 470, 642, 643 u. 647 find mit dem Voranftehenden erklärt; höchftens wäre noch auf die Verfteifung der Rinnenträger durch die unter ihnen liegenden Backfteinfchichten oder Zierleiften aufmerkfam zu machen, eine Verfteifung, die in Fig. 643 fehlt. In Fig. 565, der zurückgefchobenen Hängerinne, gelangt das bei Befchädigung austretende Waffer auf der Schieferabdeckung des Gefimfes unfchädlich nach aufsen.

Fig. 907 bietet eine den oben genannten preufsifchen Vorfchriften bei-

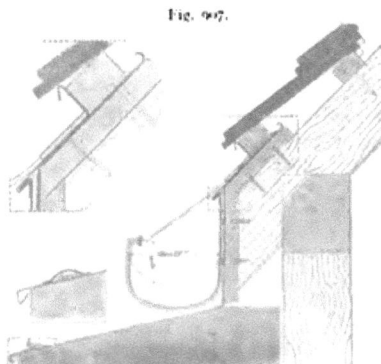

Fig. 907.

gegebene Darftellung der Hängerinne als Auffatz über dem Traufgefims (Mufter A), wobei eine mit Zinkblech gefchützte Deckfläche des Gefimfes vor der Rinne fichtbar wird. Die Zinkdecke ift am Hängebrett hinaufgeführt, fo dafs auch bei diefer Conftruction das etwa aus der Rinne austretende Waffer nicht in das Innere gelangen kann. Ein Gefälle der Rinne wird hier aufsen fichtbar, und die Rinne foll nicht begangen werden, wefshalb jene Vorfchriften diefes Mufter nur für einfache und niedrige Gebäude geeignet erklären.

Wenn an die Hängerinne weiter gehende Anforderungen bezüglich des Ausfehens und des Zufammengehens mit anderen Gefimsgliedern geftellt werden, fo erhält der Blechcanal entweder unten angehängte Zierbleche, oder er wird hinter folchen verfteckt.

Den erften Fall bietet Fig. 895; das Zierblech ift ein ausgefchnittenes und bemaltes Eifenblech; geprefste Zinkgefimsglieder bilden architektonifch die Unterftützung der Rinne. Die Rinnenträger bleiben fichtbar und können zu einem Schmuck der Traufe ausgebildet werden, ähnlich wie bei Fig. 766.

Häufiger ift der zweite Fall: das Verkleiden der Rinne mit einer Zierwand, die meift aus gezogenem oder geprefstem Zinkblech befteht, aber auch aus den anderen Blechforten, ferner aus Wellblech, Zinkgufs, Terracotta und fogar Holz gewählt werden kann. Diefe Zierwand ermöglicht, dem Blechcanal ein Gefälle

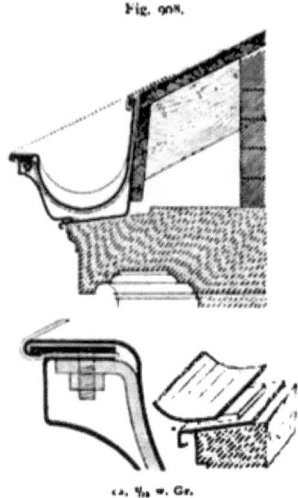

Fig. 908.

ca. ⅓ w. Gr.

zu geben, ohne dafs fallende Umrifslinien aufsen fichtbar werden, und ohne dafs das Einlegen eines zweiten Blechcanals nothwendig wäre.

Ueber Gefimfen aus Hauftein, Backftein und Putz erfcheint die Dachrinne zumeift als oberftes und äufserftes Gefimsglied in Form eines Glockenleiftens oder einer Kehle oder einer Welle oder eines Viertelftabes; die erfte Form ift am häufigften. Die Conftruction einer folchen Hängerinne mit Blech-Sima über einem Haufteingefims ift durch Fig. 908 dargeftellt; die Sima befteht hier entweder aus Zinkblech Nr. 14, beffer Nr. 16 bis 20, oder aus verzinktem Eifenblech. Hinter ihr liegt die eigentliche Rinne als halbrunder Canal mit Gefälle, von Rinneneifen getragen. Unter derfelben ift die Steinfläche mit Zinkblech abgedeckt, das am Hängebrett hinaufgeführt und dort feft genagelt wird. Für den Auslauf des etwa aus der Rinne fliefsenden Waffers ift durch einen fchmalen offenen Raum zwifchen Rinn-

leiften und Deckblech geforgt; durch kleine Blechfchemel, die fich in Entfernungen von etwa 40 cm regelmäfsig wiederholen, auf dem Deckblech aufgelöthet find und den Rinnleiften mit Löthung tragen, find diefer und das Deckblech genügend feft gehalten, ohne dafs eine Verbindung mit dem Hauftein durch Eichendübel oder eingegoffene Eifentheile, die fo leicht zu einem Ausfpringen des Haufteinrandes führen, angeordnet werden müfste. Das Uebertragen der Conftruction auf das maffive Backfteingefims erfordert keine Aenderung. Am Oberrand ift der Rinnleiften zwifchen den Rinnenträger und ein auf denfelben gefchraubtes Bandeifen eingeklemmt, das zugleich die Rinne feft zu halten hat. Diefe wird nach dem Einfetzen der kleinen Mutterfchrauben in derfelben Weife durch Drehen um den Vorderrand eingelegt, wie bei Fig. 895 u. 896.

Diefe Rinne hat gegenüber den zurückgefchobenen den Vorzug, dafs fie oberhalb des Gefimfes keine unentwäfferten Deckflächen liegen läfst, und gegenüber den unverdeckten Hängerinnen den Vorzug, dafs die Rinnenträger nicht

30*

fichtbar werden, dafs ein Gefälle gegeben werden kann. ohne dafs diefes aufsen fichtbar wird, dafs die Blech-Sima nicht durch den Wafferdruck beeinflufst wird, endlich dafs der Hauftein gut gefchützt und abgedeckt ift. Diefe Rinne wäre hiernach die befte über einem Stein- oder Backfteingefims. Leider aber lehrt die Erfahrung, dafs die Sima derartiger Rinnen, wenn aus Zinkblech, faft immer etwas verbogen ift, und wenn aus Eifenblech, faft immer an den Fugen oder auch zwifchen denfelben roftfleckig ift, fo dafs der Oberrand der Façade von einer folchen Rinne felten fo, rein und mangellos gebildet wird, als von einer Stein-Sima, die mit Zinkblech abgedeckt ift und über welcher man die zurückgefchobene Rinne von der Strafse aus nicht mehr fieht. Dies mag der Grund fein, wefshalb diefe letztere in der größeren Zahl der Grofsftädte zu Haufe ift. Aber der Fehler liegt nur in einer zu grofsen Sparfamkeit, in der Wahl zu fchwacher Blechforten und Rinnentrageifen (diefe finden fich oft nur an jedem zweiten Sparren!) Es ift nicht fchwer, für eine Zinkblech-Sima der befprochenen Rinnen-Conftruction genügende Steifigkeit zu erreichen, fei es durch die Wahl einer fehr ftarken Zinkblechforte, etwa Nr. 18 oder 20, fei es durch Auffetzen einer Zinkblech-Sima auf einer gleich geformten aus Holz. Auch das Auffetzen einer Zinkblech-Sima auf eine folche aus Eifenblech durch Auflöthen in kurzen Stücken mit Ueberlappung oder ftumpfem Stofs wäre eines Verfuches werth. Die Wichtigkeit diefes oberften Gefimsgliedes für die Architektur der ganzen Façade rechtfertigt fehr wohl gröfsere Ausgaben, als gewöhnlich dafür zugelaffen werden.

Wenn das Hauptgefims über einer Lifenenftellung der Façade Verkröpfungen bildet, fo mufs auch die Blech-Sima als oberftes Gefimsglied das oftmalige Vorfpringen und Zurücktreten der Gefimslinien mitmachen, obgleich der Traufrand des Daches geradlinig ift. Der halbrunde Blechcanal folgt in diefem Falle der gebrochenen Gefimslinie nicht, fondern dem geraden Traufrand, und über den Lifenen bildet fich dann ein breiter Hohlraum zwifchen der Blech-Sima und der Rinne felbft, der mit Blech überdeckt werden mufs. Die Löfung hierfür ift durch Fig. 909 in Durchfchnitt und Grundrifs dargeftellt. Der Rinnenträger unterftützt mit einem langen, wenig geneigten Arm ein Brettftück als Unterlage des Zinkblechftreifens, der zwifchen Rinne und Sima eingefchaltet ift. Er wird von Blechhaften gehalten, die auf das Brettftück genagelt find und zugleich Sima und Rinne faffen. Zum Schutz gegen Verbiegen des Rinnenträgers (etwa beim Auftreten auf die Blechfläche) ift er durch eine Strebe verftärkt, die ihn auf den Stein abftützt; unten ift diefe Strebe mit Blei umwickelt und an einen Dübel gefchraubt. Hierdurch geht allerdings an diefer Stelle die Hängerinne in eine Stehrinne über. Der Nothauslauf des Waffers bei Befchädigung des Blechcanals ift auch hier gewahrt.

In Fig. 603 (Traufschnitt und Anficht ift die Rinne mit Blech-Sima und Nothauslauf auf das Backfteingefims übertragen, in Fig. 561 auf das Putzgefims, in Fig. 651 u. 653 auf das Sparrengefims, endlich in Fig. 393 auf ein Giebelgefims in Hauftein. In den erften Fällen bleiben die Blechtheile in Fig. 908 völlig unverändert; im letzten ift der Nothauslauf wegen der Neigung der Rinnenaxe entfallen.

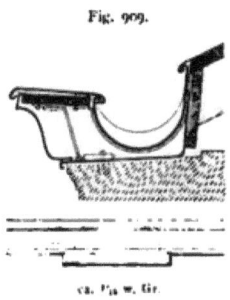

Fig. 909.

ca. 1/5 w. Gr.

Fig. 910 bietet ebenfalls die Uebertragung der Conftruction auf das Back-fteingefims, jedoch mit einigen Veränderungen. Die Blech-Sima hat ein reicheres Profil angenommen und findet eine Rücklehne an einer Holzunterlage, die an die Rinnenträger gefchraubt ift. Das Blech des Rinnleiftens ift zur Abdeckung der Backfteinfläche erweitert, am Traufbrett hinaufgeführt und dort mit Haften feft gehalten oder genagelt. Kleine lothrechte, kreisrunde Röhrchen, in Ab-ftänden von etwa 20 cm regelmäßig wiederholt und dadurch den Unterrand des Rinnleiftens verzierend, forgen für den Nothauslauf des nach unten aus der be-fchädigten Rinne austretenden Waffers.

Anftatt des glatten Zinkblech-Rinnleiftens in Fig. 908, 909 u. 653 u. f. f. findet fich zuweilen ein folcher aus gepreßtem Zinkblech mit Palmetten- und Ranken-Ornament, Ausgußmasken u. f. f., oder letztere werden auf glatte Rinnleiften aufgelöthet. Auch der Zinkguß in Form von aufrechtem Palmetten-oder Ranken-Ornament mit Masken, Rofetten u. f. w. und meift mit reicherer oberer Umrißlinie erfcheint nicht felten anftatt der Sima als obere Rand-auszeichnung und Stirnwand vor der Dachrinne über Steingefimfen; für beide Fälle kann Fig. 469 als äußere Anficht gelten. Die

Fig. 910.

(?) ⅛ w. Gr.

Gußfchale ift an den Rinnenträgern oder an ange-nieteten Flachftäben durch angelöthete Spangen in Eifen oder ftarkem Zinkblech feft gehalten. Die Fuge zwifchen der Rückwand der Gußfchale und Rinne kann durch ein Zinkblech gefchloffen wer-den, das auf jener längs der ganzen Fuge auf-gelöthet ift und über den Rinnenrand hergreift. Die höher ragenden Rinneneifen mit ihren oberen Spangen werden von diefem Blech nach allen Seiten überdeckt, alfo ganz eingehüllt. Ein Offen-bleiben jener Fuge ift übrigens — abgefehen von den Rinneneifen, welche der Umhüllung nicht ent-behren dürfen — kaum nachtheilig, da das hier eindringende wenige Waffer auf dem Deckblech wieder nach außen gelangt. Die befchriebene Befeftigungsweife fammt dem Fugenverfchluß ift auf gepreßtes Zink übertragbar, wenn ein reicherer Umriß feiner Ornamente die in Fig 908 gezeichnete Anordnung ausfchließt.

Die verkleidende Zierwand in glattem oder gepreßtem Zink kann auch auf die zurückgefchobenen Hängerinnen übertragen werden, fo daß eine geneigte Deckfläche des Gefimfes von der kleinften Breite bis zu etwa 50 cm vor ihr übrig bleiben kann; bei ftärkerem Zurücktreten würde fie aber in der per-fpectivifchen Anficht des Gefimfes meift nicht mehr mitwirken. Sie wird bei diefer Stellung architektonifch entweder als Gefims mit dem zurücktretenden Profil oder als niedrige Attika mit krönendem Gefims wie in Fig. 913, oder als Palmettenreihe, oder als anderes ftehendes Ornament ausgebildet. Der Noth-auslauf unter ihr muß gewahrt bleiben.

Der Blech- oder Zinkguß-Sima oder -Attika, welche auf irgend einer Unterlage aufruht, ftehen diejenigen Formen der verkleidenden Zierwand gegen-über, bei welchen fie fchwebt, d. h. nur an ihrer Rückenfläche gehalten ift. Ein folches fchwebendes Zierblech erfcheint in Fig. 895; auch Fig. 853 könnte nach Wegnahme der ftützenden Holzleifte als Beifpiel gelten. Im erften Falle ift die Blechwand ein gepreßtes, ornamentales Zinkblech, die Rinne weit nach unten

370.
Zurück-
gefchobene
Hängerinne
mit
ftehender
Zierwand.

371.
Rinnen
mit
fchwebendem
Zierblech.

überragend, im zweiten ein ebenes, gezacktes, durchbrochenes und bemaltes Eisenblech. Beide Beispiele gehören Eisendächern an, würden aber auch eine Uebertragung auf Sparrengefimse in Holz und auf Steingefimse geftatten.

Sowohl die Blech-Sima in Fig. 908 und in der zugehörigen Figurengruppe, als auch die hängende Zierwand in Fig. 895 läßt fich durch einen gehobelten Stab in Holz oder ein ausgefchnittenes durchbrochenes oder gefchnitztes Hänge- brett erfetzen, wenn etwa das Zufammengehen mit anderen Theilen eines Holz- gefimfes dies erfordert. So würde z. B. in Fig. 910 die Blech-Sima wegfallen und die Holzunterlage als fichtbarer Rinnleiften ausgebildet werden können, und eine hohe hängende Zierwand in Holz in Fig. 895 würde als wagrechtes Brett durch Anfchrauben an die lothrechten Stäbe befeftigt, oder könnte die in Fig. 648 dargeftellte Form einer Reihung lothrechter Bretter annehmen. Als drittes Material für die Zierwand wäre der gebrannte Thon zu nennen; feine Verwen- dung zu ftehenden Rinnleiften könnte die Formen annehmen, die in Fig. 922, 924 u. 925 für eingebettete Rinnen dargeftellt find; als hängende Zierwand bildet er die Traufe in Fig. 705.

473.
Verdeckte
Hänge-
rinnen. Ein letzter Fall für das Verdecken der Hängerinnen erfcheint, wenn fie im Inneren eines Metall- oder Holzgefimfes verfteckt wird (ohne jedoch eingebettet zu fein. Beifpiele bieten Fig. 801, 865, 890, 877 u. 864.

In Fig. 801 ift die Rinne in einem gezogenen Zinkblech-Gefims verfteckt, das an die Rinnenträger mit angehängt ift; Querftäbe der Träger in ver- fchiedenen Höhenlagen ergeben das Gefälle. Für den Auslauf des Waffers aus der befchädigten Rinne wird durch kleine Löcher in der Waffernafe geforgt. Diefes Gefims ift eigentlich nur ein weiter ausgebildeter Blechrinnleiften über einem Holzgefims; fchon Fig. 910 hätte als ein folcher Uebergangsfall aufgefaßt werden können.

Diefelbe Löfung bei anderen Formen und anderer Lage des umgebenden Zinkblech-Gefimfes bieten Fig. 865 u. 890; dagegen ift in Fig. 877 der halbrunde Blechcanal in einem Zinkguß-Gefims, bei Fig. 864 in einem Gußeifen-Gefims untergebracht, ohne daß jedoch die Rinnenträger auch außen geftützt wären, wodurch der Charakter der Hängerinne verloren ginge. Bei Fig. 877 überragt die Rinnenkante das Zinkguß-Gefims und fchützt hierdurch felbft die Fuge, die fie mit ihm bildet, ähnlich wie in Fig. 874; in Fig. 864, wo dies wegen der ge- zackten Umrißlinie des ornamentalen Auffatzes nicht möglich ift, wurde ein ver- zinkter Eifenblechftreifen an der Rückwand der Gußfchale durch Einklemmen zwifchen diefe und einen aufgefchraubten Eifenftab befeftigt; diefer Blechftreifen überdeckt den Rinnenrand und faßt ihn mit Umbug.

2) Aufliegende Hängerinnen.

474.
Beifpiel. Sie kommen felten vor; denn wenn einmal eine Dachrinne aufliegend aus- geführt wird, fo gefchieht dies, um die Begehbarkeit zu erreichen, und für diefe reicht im Allgemeinen das Aufhängen der Rinnenträger nur am Traufrand nicht aus. Ein Beifpiel bietet Fig. 874; hier durfte der Vorderrand des Guß- eifen-Gefimfes nicht von der begehbaren Rinne belaftet werden; daher war eine Hängerinne mit befonders ftarken Rinneneifen und Einlage eines Brettes (oder beffer zweier fchmaler Bretter mit kleinem Zwifchenraum, als Unter- ftützung des Rinnenbodens zu wählen. Für den Auftritt des Waffers aus der fchadhaften Rinne ift die Waffernafe der Kranzplatte in beftimmten Abftänden lothrecht durchbohrt, eben fo die Kranzplatten-Unterfläche neben den Confolen (fiehe Querfchnitt und Längenfchnitt).

3) Frei tragende Stehrinnen.

Der Blech-Canal trägt fich von einem Rinnenträger zum anderen frei; aber die Rinnenträger hängen nicht nur am Traufrand, fondern ftehen auf einer Bodenfläche oder find mit Eifenftäben auf fie abgeftützt. Hierher gehören Fig. 911, 912, 913, 914, 915 u. 485.

In Fig. 911, wozu die Anfichten in Fig. 723, 767 u. 768 gehören, liegen die Rinnenträger auf kleinen Pfeilern in Backftein oder Terracotta, und zwifchen

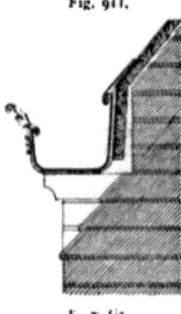

Fig. 911.

<small>Lg. v. Gr.</small>

diefen Pfeilern erfcheint eine ftark geneigte Deckfläche aus Nafenfteinen oder trapezförmigen Steinen, wo möglich glafirt. Die Conftruction liefe fich auch in Hauftein nachbilden. Sie verbindet die Einfachheit der halbrunden Hängerinne mit befferer Unterftützung der Rinneneifen und geftattet bei enger Stellung der Pfeiler ganz wohl ein Begehen. Das aus der befchädigten Rinne austretende Waffer gelangt auf den geneigten Deckflächen unfchädlich nach aufsen; auch verräth fich die Stelle der Befchädigung fofort. Aber diefe Vorzüge gehen auch hier grofsentheils verloren, fobald man ein Gefälle für die Rinne verlangt. Es bleibt dann nur wieder das Einlegen eines Gefälles mit regelmäfsiger Durchlöcherung der Unterfläche, wie in Fig. 645. In Fig. 769 ift diefe Rinne auf die Traufe hinter einer Gefimsbrüftung aus offenen Bogen in Backftein übertragen.

275.
Zurück-
gefchobene
Stehrinnen;
mit
ftehender
Zierwand;

Fig. 912, 913 u. 914 entfprechen den Mufterzeichnungen D, E und F, welche den mehrfach genannten Vorfchriften für Dachrinnen preufsifcher Staatsbauten beigegeben find. Sie zeigen entweder eine Lagerung der Rinnenträger auf der Deckfläche des Gefimfes oder das Abftützen auf diefe Fläche mit einem äufseren lothrechten Stab; bei den beiden erften ift die Rinne mit ihren abfallenden Linien durch eine lothrechte Blechwand verdeckt; bei der letzten bleibt fie fichtbar. Die beigefügten Erklärungen lauten wie folgt.

Zu Fig. 912, Mufter D: »Die hier gezeichnete Rinne eignet fich vorzugsweife für fteile Dächer. Die eifernen Bügel, welche im unteren Theile auf dem Hauptgefimfe lagern, find oben durch ftarke gekröpfte Halter mit der Dachfchalung verbunden. Die Halter werden einerfeits auf der Oberkante der Bügel, andererfeits am unteren Ende der in die Dachfchalung eingelaffenen Vorftofseifen (h) mit Schrauben befeftigt. Behufs Verlängerung des eingefchnittenen Gewindes zur Erhöhung der Haltbarkeit find an jenen Stellen Futterftücke i unterzulöthen. Um eine Ausdehnung des Vorftofsbleches, bezw. der Attikakappe nicht zu verhindern, müffen an den Durchdringungen der Schrauben gröfsere längliche Löcher in das Blech gefchnitten werden.

Auf den Haltern find Laufbretter angeordnet, welche fowohl ein Betreten des Rinnenbodens, als auch eine Befchädigung der Rinne durch den vom Dach abgleitenden Schnee verhindern, indeffen ein Begehen für Zwecke der Säuberung und Ausbefferung geftatten. Die Befeftigung der Laufbretter auf den Haltern erfolgt mittels eiferner Klammerhaken und Keile«

Zu Fig. 913: »Mufter E bringt eine für hoch gelegene, den Stürmen befonders ausgefetzte Dächer gröfserer Gebäude geeignete Rinne zur Anfchauung, deren Vorderkante durch fenkrechte, in der Abdeckungsplatte des Hauptgefimfes verbleite eiferne Stutzen in ihrer Lage gefichert wird. Der Rinnenboden, nach einer Korbbogenlinie geftaltet, erfcheint bei Anwendung von Zinkblech Nr. 14 und Anordnung der Rinneneifen in Entfernungen von nicht mehr als 60 cm ausreichend verfteift, um die Rinne ohne Nachtheil begehen zu können«

Bei Verwendung geringerer Blechstärken, bezw. Anbringung der Rinneneisen in größerer Entfernung muß indeß auch hier eine Unterschalung der Rinne vorgesehen, dann aber der Rinnenträger in seinem mittleren Theile gerade gestaltet werden.

Das Verkleidungsblech wird am oberen Ende um eine Verkröpfung des Rinneneisens mit der Rinne verfalzt und am unteren behufs Ermöglichung freier Bewegung bei Temperaturveränderungen um einen mit der senkrechten Stütze vernieteten, daumenartigen Ansatz frei herumgekröpft. Bei der getroffenen Anordnung kann übrigens das Verkleidungsblech ohne Nachtheil fortgelassen werden, und würde dann eine architektonische Ausbildung der Rinneneisen statt haben können (wie in Fig. 917)«.

276. ohne Zierwand;

Zu Fig. 914: »Muster *F* endlich zeigt die Anordnung einer Rinne in Verbindung mit einem Holzcementdache. Der Boden ist hier nur durch die Rinneneisen unterstützt, was in den meisten Fällen genügen wird, da die sehr flachen Holzcementdächer ein Begehen gestatten und ein Betreten des Rinnenbodens nicht bedingen.

Die vordere Kante der Dachdeckung ist durch starke, im unteren Theil durchlöcherte, vorn durch senkrechte Metallnasen abgesteifte Bleche abzuschließen.

Für eine zweckmäßige Verbindung der metallenen Traufeindeckung mit den Schichten der Holzcement-Eindeckung muß gesorgt werden.

Um die Vorderkante der Rinne in ihrer Lage zu sichern, sind an der oberen Verkröpfung der Rinnenbügel verzinkte Schwarzblechstreifen *k* untergelöthet, welche erst nach Einbringung der Rinne nach unten umgebogen werden«.

277. mit hängender Zierwand;

Eine frei tragende Stehrinne ist auch diejenige nach Fig. 915, welche an eine Holzcementbedachung über Thontafeln zwischen Eisenträgern in ⊤-Form anschließt, indem das äußere Ende der Rinnenträger aufruht auf dem verkleidenden Hängeblech, und dieses in einer Reihe von Consolen aus leichten Stabeisen unabhängig vom Rinneneisen seine Unterstützung findet. Eben so gehört hierher Fig. 853, indem hier die Rinnenträger von

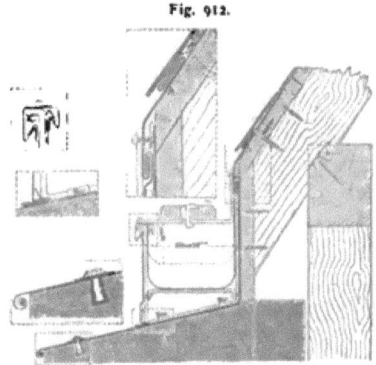

Fig. 912.

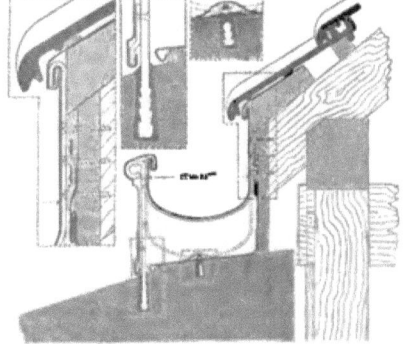

Fig. 913.

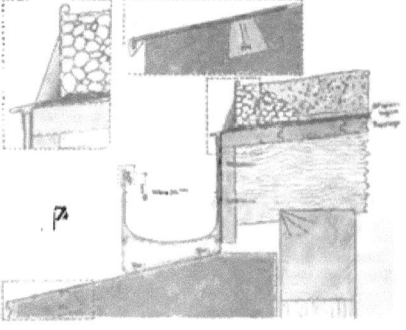

Fig. 914.

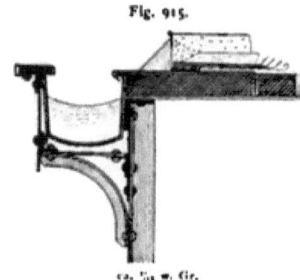

Fig. 915.

ca. ⅕ w. Gr.

unten durch die Gefimsleifte geftützt find.
Allerdings unterftützt fie nur einen Theil der
Unterfläche; die Rinne ift nicht begehbar
und bildet einen Uebergangsfall zu den
Hängerinnen. Ein Gefälle könnte fie nur
mit eingelegtem Fall erhalten oder mit Auf-
geben der Auflagerung auf der Holzleifte,
wodurch fie in eine frei tragende Hängerinne übergehen würde.

Ein letztes Beifpiel der frei tragenden
Stehrinne ift Fig. 485; die Rinnenträger legen
fich hier auf das geneigte Bodenbrett und
haben zur Herftellung des Gefälles Querftäbe
in verfchiedenen Höhenlagen erhalten, wie in Fig. 912. Das äußere Ende der
Rinnenträger ift verankert. Eine Sima aus gepreßtem Zinkblech verdeckt den
Blechcanal, ähnlich wie in Fig. 908; auch die Glieder unter ihr, die den Uebergang zur Terracotta-Kranzplatte bilden, beftehen aus Zinkblech.

4) Aufliegende Stehrinnen.

Die Rinnenträger find auch außerhalb des Traufrandes abgeftützt oder aufgelagert, und der Boden des Blechcanals ruht auf feine ganze Länge auf einer
Unterlage, die ebenfalls von den Rinnenhaken getragen wird. Solche Rinnen
find durch Fig. 766, 916, 917 u. 918 dargeftellt.

Die beiden erften entfprechen
den Mufterzeichnungen B
und C der wiederholt ge-
nannten Vorfchriften für
preußifche Staatsbauten.
Die Erklärungen lauten wie
folgt.

Zu Fig. 916: »Mufter B ftellt
eine aufliegende Rinne mit vorderer
Verkleidung dar. Der unterfte Theil
des Rinnenbügels ruht unmittelbar
auf dem Hauptgefimfe, während das
darüber angeordnete Zwifcheneifen
dem Gefälle der Rinne folgt. Damit letztere zur Ausführung von
Ausbefferungen oder zum Nachfehen
ohne Nachtheile begangen werden
kann, ift der Boden durch mehrere,
auf den Zwifcheneifen befeftigte und
zur Verhinderung des Werfens
möglichft fchmal zu haltende Bretter überall zu unterftützen.

Da auf Dächern der bei diefem Mufter angenommenen Neigung
Schneeablagerungen ftattzufinden
pflegen, find hier Schneefänge in
entfprechender Entfernung von der
Dachtraufe anzubringen.«

Zu Fig. 917: »Mufter C zeigt
eine Rinne mit vorderer Verkleidung

Fig. 916.

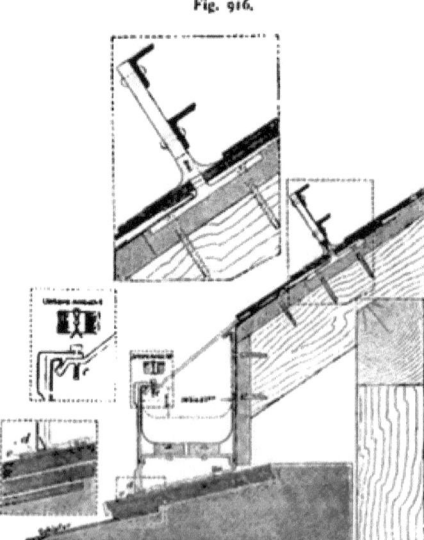

aus Wellblech für steile Dächer. Die Rinneneisen find an der Vorderseite durch Umbiegung des unteren Schenkels abgeteilt, wodurch eine Verbindung der Vorderkante der Rinne mit der Dachschalung entbehrlich wird. In geeigneten Fällen können die Rinneneisen eine architektonische Ausbildung erhalten.

Der Rinnenboden ift auch hier durch schmale Bretter zu unterftützen, welche auf Bohlenknaggen feft gefchraubt werden.

Die Befeftigung der vorderen Verkleidung wird durch Hafter bewirkt, welche mit dem Rinneneifen durch Nietung verbunden in zwei dem Wellbleche aufgeköthete Oefen eingreifen.«

480.
als
Blechrinne.

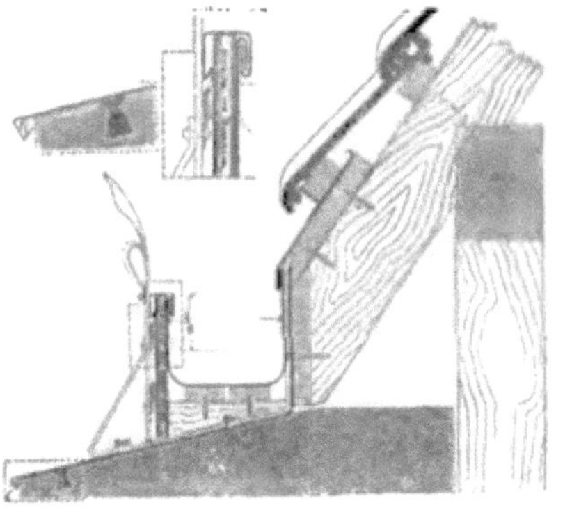

In Fig. 766 ift der fchmale Rinnenboden auf die ganze Länge durch die Bretter und

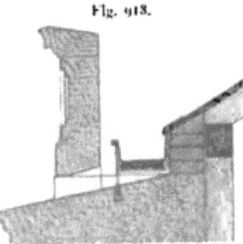

Fig. 917.

Leiften der Kranzplatte eines Holzgefimfes mit Steinformen geftützt; ein Gefälle wäre nur mit eingelegtem Fall möglich; die Rinnenträger find durch Blechranken, Blätter und Rofetten reicher ausgebildet. Da die Unterftützung der Rinneneifen durch jene Bretter mehr nur fcheinbar ift und die Laft überwiegend vom langen Oberarm auf das Dach übertragen wird, fo könnte das Beifpiel ebenfo wohl den Hängerinnen zugerechnet werden.

481.
hinter
gemauerter
Attika.

Fig. 918 bietet die aufliegende Stehrinne ähnlich abgeftützt, wie die frei tragende nach Fig. 913; das Gefälle ift durch verfchiedene Höhenlage des unteren Querftabes der Träger erzielt. Eine Schirmwand fehlt; dafür aber tritt die Rinne hinter einer hohen Attika auf. Eine folche Gefimsbrüftung vor tiefer liegendem Dachrand gilt an und für fich als für das Dach ungünftig, da fich der erzeugte Winkel leicht mit eingewehtem oder abgerutfchtem Schnee ausfüllt. Befonders gefährlich ift aber diefer Winkel als Ort der Rinne, wenn diefe — wie meift der Fall — an die Rückwand der Attika anfchliefst. Bei jedem Ueberlaufen der Rinne dringt dann das Waffer durch die Blechfuge am Traufrand in das Innere des Haufes; eben fo findet das Waffer, das bei Befchädigung der Rinne nach unten austritt, keinen anderen Weg.

Fig. 918.

¼ w. Gr.

Die dargeftellte Conftruction fucht diefe Nachtheile fo viel als möglich zu vermeiden, indem fie zwifchen Attika und Rinne einen breiten Zwifchenraum herftellt und die Brüftungsmauer unten mit möglichft grofsen Oeffnungen durchbricht. Der Boden diefer Durchflufsöffnungen ift ftark geneigt anzulegen und ihr Querfchnitt fo zu bemeffen, dafs die Gefahr des Verftopfens durch Einfrieren, abfallende Ziegel- oder Schieferftücke u. f. w. ausgefchloffen ift.

5) Eingebettete Dachrinnen.

482.
Vorzüge
und Mängel.

Das Einbetten einer Rinne in einen zweiten Canal aus Holz, Stein, Portland-Cement, Terracotta oder Eifen hat die Vorzüge, dafs keine verbogenen

Blechflächen am Aeufseren fichtbar werden können, dafs die Rinne gegen Druck
und Stofs von außen beffer gefchützt ift und überall eine äufsere Anlehnung als
Sicherung gegen den Wafferdruck findet, fo dafs hier auch fchwächere Bleche
ausreichen können; andererfeits die Nachtheile, dafs eine fchadhafte Stelle des
Blechcanals fchwer aufzufinden ift und dafs das austretende Waffer nicht unfchädlich nach außen gelangt. Immerhin können die eingebetteten Rinnen im
Ganzen für ficherer gelten, als die anderen. Am beften ift das Einbetten in Hauftein und gebrannten Thon, da diefe Materialien felbft dauerhaft find und die
Rinnenbleche nicht chemifch angreifen. Weniger gut ift das Einbetten in Portland-
land-Cement und in Kaften aus ftärkeren ebenen Eifenblechtafeln oder in Walz-
cifen, endlich dasjenige in Holz, als ein unter dem Einfluß der Feuchtigkeit
ftark veränderliches und vergängliches Material.

In Frankreich werden die Rinnen meift mit Einbettung ausgeführt, und
zwar oft mit Herftellung eines fatten Lagers für den Blech-Canal innerhalb des
einbettenden Canals durch Gyps.

In einen an der Traufe angehängten oder von unten geftützten, außen 283.
Einbettung
im
Brettercanal.
fichtbaren Bretter-Canal ift die Rinne eingebettet in Fig. 650, 736, 739, 741, 767 u.
768. Ueber das Zufammenhalten der Bretter für diefen Fall und das Anhängen
an die Traufe durch verfenkte Flacheifenbänder ift fchon in Art. 262 (S. 463)
gefprochen. Das Verbinden des Blech-Canals mit dem Traufrand gefchieht, wie
bei den anderen Rinnen, durch Vorfchußftreifen oder Blechhaften. Zur Befeftigung des äufseren Rinnenrandes wird auf die ganze Länge der Deckfläche
des äufseren Brettes ein Eifenblechftreifen genagelt, der feine Aufsenkante um
etwa 7 bis 10 ᵐᵐ überragt, auch wohl etwas nach unten abgebogen ift, und
diefen Blechftreifen faßt die Rinne mit einem Umbug nach unten, ganz wie in
Fig. 908, 910 u. f. w. Das Gefälle muß fchon mit dem Bodenbrett vorgebildet
werden, unter Umftänden durch Einlagern eines Querbrettes in einen prismatifchen Bretterkaften, wenn diefer, wie etwa in Fig. 767 u. 768, wegen Anfchluffes
an andere Holztheile überall gleich hohen Querfchnitt beibehalten muß. Wie

Fig. 919.[284]

auch in diefen Fällen der Bretterkaften durch
ein befonderes eingelegtes Blech gegen aus-
tretendes Waffer einigermafsen gefchützt
und wie diefem Waffer ein Nothauslauf verfchafft werden könnte, ift in Fig. 768 angedeutet; allerdings ift die Anordnung etwas
complicirt. Diefelbe Abbildung bietet eine
Verankerung des äufseren Rinnenrandes mit
der Traufe.

Ift die Vorderwand des Bretterkaftens
oben nach einer reicheren Umrifslinie ausgefchnitten, wie etwa in Fig. 744, fo wird
der äufsere Rinnenrand nach innen aufgerollt
oder umgebogen und von einem flach ſ-förmig abgebogenen Eifenblechftreifen überdeckt, der in einer flachen Nuth an die innere Brettfläche genagelt ift.

Eine Verkleidung der äufseren Brett-

[284] Facf.-Repr. nach: Chabat, P. *Dictionnaire des termes*
employés dans la conftruction u. f. Aufl. Paris 1881. Bd. 1, S. 510.

fläche des Rinnenkaftens mit Zinkblech bieten Fig. 866, 884, 919 u. 920; in den letzten dreien erscheint die in Frankreich bei ftädtischen Gebäuden meist übliche Rinnenform. Nach Fig. 919²⁷⁸) ift die verkleidende Blechwand unten durch Blechhaften gehalten, die an eingemauerte Dübel genagelt werden; für die drei erften Abbildungen ift fie in Art. 253 (S. 444) befprochen worden. Mit Terracotta-

Ornament ift das äufsere Brett in Fig. 741 verkleidet; die über einander gefalzten Terracottenftücke find über das Brett hergehängt und aufsen angefchraubt; das Rinnenblech legt fich in die Fuge zwifchen Brett und Terracotta.

Bei Lage der Rinne auf den Sparren oder bei fehr fteilen Dächern bildet die Dachfläche felbft mit dem unteren Theile ihrer Bretterverfchalung eine Wand des Rinnenkaftens. Diefer Fall erfcheint in Fig. 646, 648, 746 u. 920. Bei den drei letzten ift die äufsere Kaftenwand durch das Saumbrett des Hauptgefimfes gebildet, der Boden durch eine drei-feitige Leifte, die durch Veränderung ihrer Höhe das Gefälle der Rinne vorbildet. Der Innenrand des Blech-Canals wird durch ein Vorfchufsblech oder Haften gehalten.

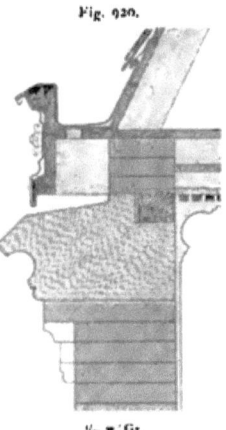

Fig. 920.

¹/₁₀ w. Gr.

²⁷⁹.
Einbettung
in
Hauft-in,
Cementgufs
und
Terracotta.

In Fig. 566 liegt die Rinne ebenfalls auf dem Dach, aber zurückgefchoben hinter die Trauflinie; das geneigte Brettftück, das die äufsere Wand des Rinnenkaftens darftellt, wird durch Winkelbänder geftützt; es ift auf der Aufsenfeite mit einem Zinkblech zu verkleiden, das zu-gleich den Traufrand eindeckt und auch an der einfpringenden Ecke durch an-gelöthete Blechhaften, die an das Brett genagelt werden, gehalten fein mufs.

In Fig. 921 ift die Blechrinne in einen Hauftein-Canal eingebettet; fie hält fich aufsen feft, indem fie einen Rundftab umhüllt. Beim Legen wird fie um

den äufseren Rand gedreht. Das Ge-fälle ift im Stein genau vorzubilden und das Zinkblech gegen Berührung des Mörtels in den Stofsfugen durch Ausfüllen derfelben mit Glaferkitt zu fchützen. Der cylindrifche Aufsenrand liegt tiefer, als die Oberkante des Hau-fteines am Traufrand. Diefe Rinne bie-tet bei forgfältiger Ausführung unter allen Rinnen-Conftructionen die gröfste Dauer und Sicherheit, und zwar letz-tere in jeder Richtung: gegen Aus-treten des Waffers, gegen abrutfchen-den Schnee, gegen Sturm, gegen Be-

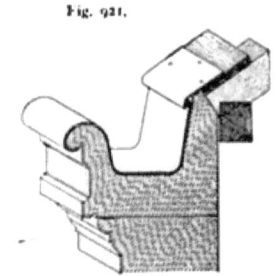

Fig. 921.

ca. ¹/₁₀ w. Gr.

fchädigung beim Begehen, gegen anderen Druck oder Stofs von aufsen, gegen Störung der formalen Erfcheinung, gegen Oxydation. Der Hauftein-Canal kann entweder felbft die Kranzplatte eines Hauptgefimfes in Hauftein darftellen oder — wie es die punktirten Linien andeuten — als Attika über der Deckfläche eines folchen ausgebildet fein. Auch als Hauftein-Deckplatte von Backftein- oder

Fig. 922.

Vom Kunftfchul- und Bibliothek-Gebäude zu Marfeille[1ˀ0]. — ca. $\frac{1}{40}$ w. Gr.
Arch.: *Esperandieu.*

Terracotta-Gefimfen wäre er anwendbar. Eine reichfte Ausgeftaltung für den zweiten Fall bietet Fig. 922[1ˀ9].

Der Erfatz des Haufteines durch gleich geformte Stücke in Portland-Cementgufs dürfte fich ebenfalls bewähren, wenn durch Einlegen eines Ifolirmaterials die Einwirkung der Cementmaffe auf das Zinkblech verhindert wird.

Fig. 923.

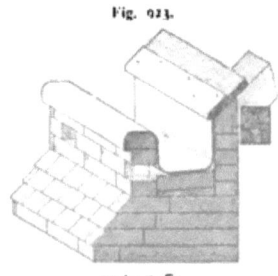

ca. $\frac{1}{20}$ w. Gr.

In Fig. 923 ift die Conftruction in Backftein nachgebildet, wodurch fie jedoch weit weniger Sicherheit erreicht. Der Boden würde etwas nach aufsen geneigt; die rechteckigen Oeffnungen in der Backfteinwand find Nothausläufe. Die hart gebrannten Backfteine wären in Cement-Mörtel zu verfetzen, wobei Fernhaltung des letzteren vom Zinkblech allerdings fchwer durchzuführen fein würde.

Einbettung in Backftein, Hauftein und Terracotta erfcheint in Fig. 924[180]; fie zeigt

[1ˀ9] Facf.-Repr. nach: *Revue gén. de l'arch.* 1876, Pl. 4–6.
[180] Facf.-Repr. nach ebendaf. 1885, Pl. 15–16.

Fig. 924.

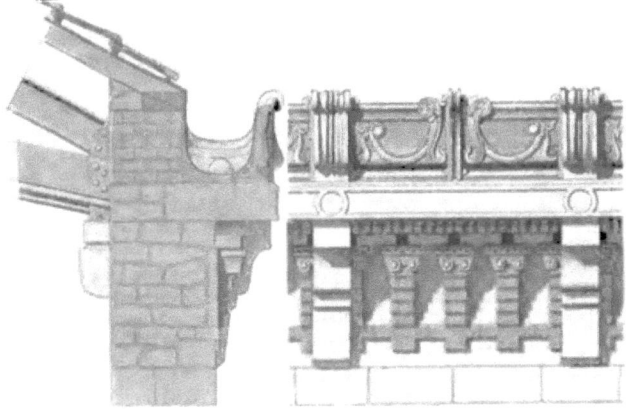

Von einem Mädchen-Schulhaus zu Neuilly-fur-Seine. — ¹⁄₁₅ w. Gr.
Arch. Gnauvl.

zugleich die oben erwähnte, in Frankreich oft vorkommende Vorbildung des Gefälles und der Rundung mit Gypsguſs. Der äuſsere Blechrand ist in einer Nuth der Terracottenwand befeſtigt.

Mit gröſseren Abmeſſungen tritt die Terracotta-Auſsenwand in Fig. 925[**] auf; die Befeſtigung auf dem Stein erfolgt mit Eiſenklammern, welche die Terracotten an den Stoſsflächen faſſen. Das Rinnen-material ist hier Blei.

Fig. 850 u. 860 zeigen die Einbettung der Blechrinne in einen Canal aus ſtarken ebenen Eiſenblechen; im erſten Fall ist der Boden durch ein eingelegtes Brett ge-tragen, das zugleich das Gefälle vorbildet; im zweiten ist dies durch Gypsguſs er-zielt. In Fig. 850 ist der guſseiſerne Lauf-ſteg über der Rinne zu beachten, der durch Drehen um Eiſenbänder ſtückweiſe aufgehoben und umgelegt, oder ohne Drehvorrichtung ausgehoben werden kann, um für das Reinigen oder Ausbeſſern der Rinne Raum zu geben.

**) Facſ.-Repr. nach: CHABAT, P. Dictionnaire des termes employés dans la conſtruction. 2. Aufl. Paris 1881. Bd. 1, S. 509.

285.
Einbettung in Eiſen.

Fig. 925.

Von der Kirche St. Pierre de Montrouge zu Paris[**].

c) Dachrinnen aus Eifen, Dachpappe, Hauftein, Portland-Cement und Terracotta.

Dachrinnen aus Eifen find entweder rechteckige Canäle aus ftarken ebenen Eifenblechen, die durch eingenietete Eckwinkel verbunden find, oder gewalzte ⌐-Eifen mit wagrecht liegenden Stegen. In der erften Form finden fie fich in Fig. 851 u. 867, dort geftützt durch einen Gitterträger, hier zugleich die Pfette einer Eifenwand bildend. Wenn aufserhalb der Wand liegend, find fie meift durch Nietreihen auf ihre ganze Länge an Wand- oder Dach-Conftructionseifen befeftigt; doch finden fich auch Trageifen, die fie an eine Fufspfette oder an die Binderfparren anhängen, oder fie find als architektonifche Kranzplatte durch

286.
Rinnen
aus
Eifen.

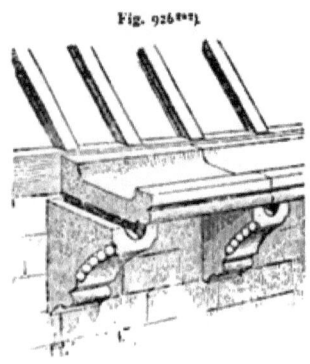

Fig. 926 *)

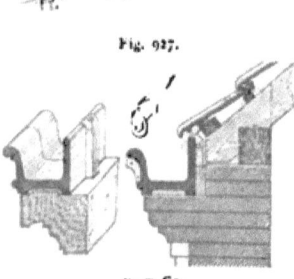

Fig. 927.

½ w. Gr.

eine Reihe von Confolen aus Gufseifen oder Stabeifen oder Eifenblech getragen. Solche Rinnen bieten grofse Sicherheit gegen Formveränderung, find auch leicht dicht zu halten, bedürfen aber eines guten und oft wiederholten Oelfarbenanftriches, um nicht durch Roften zu Grunde zu gehen.

Dachrinnen aus Gufseifen, mit Gefimsgliedern und Ornamenten auf der fichtbaren Aufsenwand, können über Stein- und Eifengefimfen auftreten und werden in 1 bis 3 ᵐ langen Stücken mit äufseren Randrippen zufammengefchraubt.

287.
Rinnen
aus
Dachpappe.

Als nächftes Rinnenmaterial mag die Dachpappe genannt werden, die zwar Rinnen von langer Dauer nicht liefert und wie die Pappdachdeckung eines regelmäfsig wiederholten Theeranftriches bedarf, aber in beftimmten Fällen wegen ihrer geringen Koften doch zweckmäfsig fein kann. Sie ift nichts Anderes, als die Verkleidung eines flach trapezförmigen Brettercanals mit Dachpappe. Die Seitenwände dürfen höchftens 30 Grad Neigung haben, um, wie bei Pappdach felbft, das Ablaufen des Theerüberzuges beim Erwärmen durch die Sonne zu verhüten. Die Verkleidung bildet nur die Erweiterung der Bedachung und bildet mit diefer keine

Längsfuge. Das Dichten der Stofsfugen gefchieht, wie bei der Bedachung felbft, und am äufseren Rinnenrand wird die Pappe eben fo befeftigt wie die Bedachung am Giebelrand.

288.
Rinnen
aus
Hauftein.

Fig. 926 **) bietet die mittelalterliche Haufteinrinne, und zwar auf Confolen, welche das etwa durch die Stofsfugen dringende Waffer in einem halbrunden Canal ihrer oberen Lagerfläche auffangen und nach aufsen leiten. Bei modernen Bauten gothifchen Stils findet fich diefe Conftructionsweife nicht felten, fo etwa bei Werken der Hannoverfchen Schule, eben fo in Fig. 600. Dabei werden die Rinnenftücke zu befferem Verfchlufs der Stofsfugen überfalzt. Mit breitem äufseren Rand ausgeführt, kann die Rinne eine volle oder maſswerkdurch-

*⁹⁾ Facf.-Repr. nach ebendaf.

brochene Steinbrüftung aufnehmen und geht dann in die Deckfchicht des Traufgefimfes der gothifchen Kirchen mit Umgang am Dachfuß (Fig. 363) über. Bedingung für die Dauerhaftigkeit ift ein hartes Steinmaterial, welches das

Waffer nicht leicht anfaugt; weiche und poröfe Steine gehen durch Gefrieren im durchfeuchteten Zuftande rafch zu Grunde.

Portland-Cementguß unmittelbar als Material einer Dachrinne zu verwenden, ift nicht räthlich; es giebt noch kein Mittel, die Durchfeuchtung der Cement-maffe zu verhindern.

Traufrinnen aus gebranntem Thon, glafirt im Inneren, finden in Deutfchland nur ausnahmsweife, in Frankreich und England dagegen nicht felten Verwer-thung, in diefen Ländern vielleicht noch als Ueberlieferung aus fpätrömifcher Zeit. Sie find Canäle in ⌣-Form, deren äufsere lothrechte Wand mit Gefimsprofilirung und meift auch mit Relief-Ornament unter geradem Rand oder reicheren Randlinien auftritt; entweder bilden fie das oberfte Glied eines Traufgefimfes in Hauftein oder gebrannten Steinen, oder fie find auf die Sparrenköpfe, bezw. die Traufleifte eines Sparrengefimfes aufgefetzt. Fig. 418, 927 u. 928[**]) bieten den erften Fall, Fig. 929 u. 930 den zweiten mit Varianten der Gefimsbildung. Die einzelnen, etwa meter-langen Stücke werden an Randrippen, die an der Vorder- und Rückwand angebracht find, mit kleinen Mutterfchrau-ben zufammengeheftet, unter Einlage von Cement-Mörtel oder beffer nicht fpröde werdendem Kitt, etwa Glaferkitt oder Afphaltkitt, zur Dichtung der Stofsfuge. Wo die Ornamentik der Vorderwand die Randrippen nach aufsen nicht geftattet, da werden fie nach innen gerichtet. Flacheifen-lappen, welche in die Schraubenbolzen der Rückwandrippen mit eingehängt werden, dienen zum Fefthalten der Rinne am Dach-werk; beim Verfetzen auf Stein wird fie zugleich in Mörtel ge-legt. Der Querfchnitt ift überall derfelbe, die Rinne hat alfo kein Gefälle; ein folches würde verfchiedene Formen aller Einzel-ftücke und dadurch ftark erhöhte Modellkoften zur Folge haben; auch wäre die Anfertigung im Vorrath, ohne Anpaffung an ein beftimmtes Bauwerk, hierdurch ausgefchloffen. Für die Verbindung mit den Abfallrohren werden an die betreffenden Canalftücke kurze lothrechte Rohr-anfätze an der Bodenfläche anmodellirt, die von den Blechrohren oder Thon-rohren umfafst werden; Ausgüffe, wie an den antiken Rinnen, find bei ftark ausladenden Sparrengefimfen nicht ausgefchloffen. Die häufigere Verwerthung folcher Rinnen wäre wohl auch in Deutfchland von Nutzen.

989.
Rinnen
aus
Cement.

990.
Rinnen
aus
Terracotta.

Fig. 928.

Von einem Haufe zu Pontoife[**]. — ca. 1/40 w. Gr. Arch.: Chabal.

Fig. 929.

Fig. 930.

¹/₄₀ w. Gr.

**) Fael.-Repr. nach: Chabat, P. *La brique et la terre cuite.* Paris 1881. Pl. LXXVII

Wichtigstes Werk für Architekten,

Ingenieure, Bautechniker, Baubehörden, Baugewerkmeister, Bauunternehmer.

Handbuch der Architektur.

Unter Mitwirkung von Prof. Dr. **J. Durm**, Geh. Rat in Karlsruhe und
Prof. **H. Ende**, Geh. Regierungs- und Baurat, Präsident der Kunstakademie in Berlin,
herausgegeben von Prof. Dr. **Ed. Schmitt**, Geh. Baurat in Darmstadt.

ERSTER TEIL.

ALLGEMEINE HOCHBAUKUNDE.

1. Band, Heft 1: **Einleitung.** (Theoretische und historische Uebersicht.) Von Geh. Rat † Dr. A. v. Essenwein, Nürnberg. — **Die Technik der wichtigeren Baustoffe.** Von Hofrat Prof. Dr. W. F. Exner, Wien, Prof. H. Hauenschild, Berlin, Prof. Dr. G. Lauboeck, Wien und Geh. Baurat Prof. Dr. E. Schmitt, Darmstadt. Zweite Aufl.; Preis: 10 M., in Halbfrz. geb. 13 M.

Heft 2: **Die Statik der Hochbaukonstruktionen.** Von Geh. Baurat Prof. Th. Landsberg, Darmstadt. Dritte Auflage. Preis: 15 Mark, in Halbfranz gebunden 18 Mark.

2. Band: **Die Bauformenlehre.** Von Prof. J. Bühlmann, München. Zweite Auflage. Preis: 16 Mark, in Halbfranz gebunden 19 Mark.

3. Band: **Die Formenlehre des Ornaments.** In Vorbereitung.

4. Band: **Die Keramik in der Baukunst.** Von Prof. R. Borrmann, Berlin. Preis: 8 Mark, in Halbfranz gebunden 11 Mark.

5. Band: **Die Bauführung.** Von Geh. Baurat Prof. H. Koch, Berlin. Preis: 12 M., in Halbfrz. geb. 15 M.

ZWEITER TEIL.

DIE BAUSTILE.

Historische und technische Entwickelung.

1. Band: **Die Baukunst der Griechen.** Von Geh. Rat Prof. Dr. J. Durm, Karlsruhe. Zweite Auflage. Preis: 20 Mark, in Halbfranz gebunden 23 Mark.

2. Band: **Die Baukunst der Etrusker und der Römer.** Von Geh. Rat Prof. Dr. J. Durm, Karlsruhe. (Vergriffen.) Zweite Auflage in Vorbereitung.

3. Band, Erste Hälfte: **Die altchristliche und byzantinische Baukunst.** Zweite Auflage. Von Prof. Dr. H. Holtzinger, Hannover. Preis: 12 Mark, in Halbfranz gebunden 15 Mark.

Zweite Hälfte: **Die Baukunst des Islam.** Von Direktor J. Franz-Pascha, Kairo. Zweite Auflage. Preis: 12 Mark, in Halbfranz gebunden 15 Mark.

4. Band: **Die romanische und die gotische Baukunst.**

Heft 1: **Die Kriegsbaukunst.** Von Geh. Rat † Dr. A. v. Essenwein, Nürnberg. (Vergriffen.) Zweite Auflage in Vorbereitung

Heft 2: **Der Wohnbau.** Von Geh. Rat † Dr. A. v. Essenwein, Nürnberg. (Vergriffen.) Zweite Auflage in Vorbereitung

Heft 3: **Der Kirchenbau.** Von Reg.- u. Baurat M. Hasak, Berlin. Preis: 16 Mark, in Halbfranz gebunden 19 Mark.

Heft 4: **Einzelheiten des Kirchenbaues.** Von Reg.- u. Baurat M. Hasak, Berlin. Unter der Presse

5. Band: **Die Baukunst der Renaissance in Italien.** Von Geh. Rat Prof. Dr. J. Durm, Karlsruhe. Preis: 27 Mark, in Halbfranz gebunden 30 Mark.

6. Band: **Die Baukunst der Renaissance in Frankreich.** Von Architekt Dr. H. Baron v. Geymüller, Baden-Baden.

Heft 1: **Historische Darstellung der Entwickelung des Baustils.** Preis: 16 Mark, in Halbfranz gebunden 19 Mark.

Heft 2: **Struktive und ästhetische Stilrichtungen. — Kirchliche Baukunst.** Preis: 16 Mark, in Halbfranz gebunden 19 Mark.

7. Band: **Die Baukunst der Renaissance in Deutschland, Holland, Belgien und Dänemark.** Von Direktor Dr. G. v. Bezold, Nürnberg. Preis: 16 Mark, in Halbfranz gebunden 19 Mark.

DRITTER TEIL.

DIE HOCHBAUKONSTRUKTIONEN.

1. Band: **Konstruktionselemente** in Stein, Holz und Eisen. Von Geh. Regierungsrat Prof. G. BARKHAUSEN, Hannover, Geh. Regierungsrat Prof. Dr. F. HEINZERLING, Aachen und Geh. Baurat Prof. † E. MARX, Darmstadt. — **Fundamente.** Von Geh. Baurat Prof. Dr. E. SCHMITT, Darmstadt. Dritte Auflage. Preis: 15 Mark, in Halbfranz gebunden 18 Mark.

2. Band: **Raumbegrenzende Konstruktionen.**

 Heft 1: **Wände und Wandöffnungen.** Von Geh. Baurat Prof. † E. MARX, Darmstadt. Zweite Auflage. Preis: 24 Mark, in Halbfranz gebunden 27 Mark.

 Heft 2: **Einfriedigungen, Brüstungen und Geländer; Balkone, Altane und Erker.** Von Prof. † F. EWERBECK, Aachen und Geh. Baurat Prof. Dr. E. SCHMITT, Darmstadt. — **Gesimse.** Von Prof. † A. GÖLLER, Stuttgart. Zweite Auflage. Preis: 20 M., in Halbfranz geb. 23 M.

 Heft 3, a: **Balkendecken.** Von Geh. Regierungsrat Prof. G. BARKHAUSEN, Hannover. Zweite Aufl. Preis: 15 Mark, in Halbfranz gebunden 18 Mark.

 Heft 3, b: **Gewölbte Decken; verglaste Decken und Deckenlichter.** Von Geh. Hofrat Prof. C. KÖRNER, Braunschweig, Bau- und Betriebs-Inspektor A. SCHACHT, Celle, und Geh. Baurat Prof. Dr. E. SCHMITT, Darmstadt. Zweite Aufl. Preis: 24 Mark, in Halbfranz gebunden 27 Mark.

 Heft 4: **Dächer; Dachformen.** Von Geh. Baurat Prof. Dr. F. SCHMITT, Darmstadt. — **Dachstuhlkonstruktionen.** Von Geh. Baurat Prof. TH. LANDSBERG, Darmstadt. Zweite Auflage. Preis: 18 Mark, in Halbfranz gebunden 21 Mark.

 Heft 5: **Dachdeckungen;** verglaste Dächer und Dachlichter; massive Steindächer, Nebenanlagen der Dächer. Von Geh. Baurat Prof. H. KOCH, Berlin, Geh. Baurat Prof. † E. MARX, Darmstadt und Geh. Oberbaurat L. SCHWERING, St. Johann a. d. Saar. Zweite Auflage. Preis: 26 Mark, in Halbfranz gebunden 29 Mark.

3. Band, Heft 1: **Fenster, Thüren** und andere bewegliche Wandverschlüsse. Von Geh. Baurat Prof. H. KOCH, Berlin. Zweite Auflage. Preis: 21 Mark, in Halbfranz gebunden 24 Mark.

 Heft 2: **Anlagen zur Vermittelung des Verkehrs in den Gebäuden** (Treppen und innere Rampen; Aufzüge; Sprachrohre, Haus- und Zimmer-Telegraphen). Von Direktor † J. KRAMER, Frankenhausen, Kaiserl. Rat PH. MAYER, Wien, Baugewerkschullehrer O. SCHMIDT, Posen und Geh. Baurat Prof. Dr. E. SCHMITT, Darmstadt. Zweite Auflage. Preis: 14 Mark, in Halbfranz gebunden 17 Mark.

 Heft 3: **Ausbildung der Fussboden-, Wand- und Deckenflächen.** Von Geh. Baurat Prof. H. KOCH, Berlin. Preis: 18 Mark, in Halbfranz gebunden 21 Mark.

4. Band: **Anlagen zur Versorgung der Gebäude mit Licht und Luft, Wärme und Wasser.** Versorgung der Gebäude mit Sonnenlicht und Sonnenwärme. Von Geh. Baurat Prof. Dr. E. SCHMITT, Darmstadt. — Künstliche Beleuchtung der Räume. Von Geh. Regierungsrat Prof. H. FISCHER und Prof. Dr. W. KOHLRAUSCH, Hannover. — Heizung und Lüftung der Räume. Von Geh. Regierungsrat Prof. H. FISCHER, Hannover. — Wasserversorgung der Gebäude. Von Prof. Dr. O. LUEGER, Stuttgart. Zweite Auflage. Preis: 22 Mark, in Halbfranz gebunden 25 Mark.

5. Band: **Koch-, Spül-, Wasch- und Bade-Einrichtungen.** Von Geh. Bauräten Professoren † E. MARX und Dr. E. SCHMITT, Darmstadt. — Entwässerung und Reinigung der Gebäude; Ableitung des Haus-, Dach- und Hofwassers; Aborte und Pissoirs; Entfernung der Fäkalstoffe aus den Gebäuden. Von Privatdocent Bauinspektor M. KNAUFF, Berlin und Geh. Baurat Prof. Dr. E. SCHMITT, Darmstadt. Zweite Aufl. (Vergriffen.) Dritte Auflage in Vorbereitung.

6. Band: **Sicherungen gegen Einbruch.** Von Geh. Baurat Prof. † E. MARX, Darmstadt. — **Anlagen zur Erzielung einer guten Akustik.** Von Geh. Baurat † A. ORTH, Berlin. — **Glockenstühle.** Von Geh. Rat Dr. C. KÖPCKE, Dresden. — **Sicherungen gegen Feuer, Blitzschlag, Bodensenkungen und Erderschütterungen; Stützmauern.** Von Baurat E. SPILLNER, Essen. — **Terrassen und Perrons, Freitreppen und äussere Rampen.** Von Prof. † F. EWERBECK, Aachen. — **Vordächer.** Von Geh. Baurat Prof. Dr. E. SCHMITT, Darmstadt. — **Eisbehälter und sonstige Kühlanlagen.** Von Stadtbaurat † G. OSTHOFF, Berlin und Baurat E. SPILLNER, Essen. Zweite Auflage. Preis: 12 Mark, in Halbfranz gebunden 15 Mark.

VIERTER TEIL.

ENTWERFEN, ANLAGE UND EINRICHTUNG DER GEBÄUDE.

Das »Handbuch der Architektur« ist zu beziehen durch die meisten Buchhandlungen, welche auf Verlangen auch einzelne Bände zur Ansicht vorlegen. Die meisten Buchhandlungen liefern das »Handbuch der Architektur« auf Verlangen sofort vollständig, soweit erschienen, oder eine beliebige Auswahl von Bänden, Halbbänden und Heften auch gegen monatliche Teilzahlungen. Die Verlagshandlung ist auf Wunsch bereit, solche Handlungen nachzuweisen.

Stuttgart,
im Februar 1903.

Arnold Bergsträsser Verlagsbuchhandlung
A. Kröner.

Handbuch der Architektur.

Unter Mitwirkung von Prof. Dr. **J. Durm**, Geh. Rat in Karlsruhe und
Prof. **H. Ende**, Geh. Regierungs- und Baurat, Präsident der Kunstakademie in Berlin,
herausgegeben von Prof. Dr. **Ed. Schmitt**, Geh. Baurat in Darmstadt.

Arnold Bergsträsser Verlagsbuchhandlung (A. Kröner) in Stuttgart.

Alphabetisches Sach-Register.